"十三五"国家重点出版物出版规划项目

生产计划与控制

第2版

主编 吴爱华 赵馨智
参编 张绪柱 王 平 赵秀霞
　　 孙家坤 殷复鹏 吴永春

机械工业出版社

本书从规划和设计的角度来描述和讨论企业生产计划与控制问题，并尽量采用系统分析的观点阐述生产计划与控制系统的结构、层次、运作模式以及它们之间的关系。本书从整体上呈现总-分-总的结构。第1章总论全书概要；第2~13章分别从生产运作系统战略规划、产品开发管理、综合计划、库存管理、主生产计划、物料计划和企业资源计划、生产能力计划、生产作业计划、生产作业控制、准时生产制与精益生产、项目型生产计划与控制、设备管理等角度，逐层逐项地介绍了企业的生产计划与控制活动；第14章从系统规划与设计的角度，将全书各章内容综合运用到整个生产计划与控制系统的设计过程中，并总结了全书。本书在不同的章节里包含了许多新环境下的企业组织形式、制造模式、计划与控制方法，如虚拟企业、服务型制造、智能生产控制等；在各章中有一些扩展知识的推荐书目和典型案例，将其作为阅读材料；在各章的习题后面设有拓展训练的题目。本书在内容编写上，力求全面系统、重点突出、深入浅出、通俗易懂，使学生在全面了解生产计划与控制基本概念和基本理论的基础上，较系统地掌握现代生产计划与控制系统的基本结构、层次和主要模式，尤其是使工业工程专业的学生掌握系统原理、结构、运行逻辑、系统主要参数等系统规划和设计方面的概念和方法。

本书可作为高等院校工业工程专业本科生和硕士研究生的教材，也可供相关企业的工业工程师和生产管理人员阅读参考。

图书在版编目（CIP）数据

生产计划与控制/吴爱华，赵馨智主编. —2 版. —北京：机械工业出版社，2019.5（2025.7 重印）

"十三五"国家重点出版物出版规划项目

ISBN 978-7-111-62522-3

Ⅰ.①生… Ⅱ.①吴…②赵… Ⅲ.①工业生产-生产计划-高等学校-教材②工业生产-生产过程-控制-高等学校-教材 Ⅳ.①F406.2

中国版本图书馆 CIP 数据核字（2019）第 070517 号

机械工业出版社（北京市百万庄大街 22 号　邮政编码 100037）
策划编辑：曹俊玲　　责任编辑：曹俊玲　刘　静
责任校对：张　力　　封面设计：张　静
责任印制：刘　媛
三河市骏杰印刷有限公司印刷
2025 年 7 月第 2 版第 11 次印刷
184mm×260mm・26 印张・692 千字
标准书号：ISBN 978-7-111-62522-3
定价：73.80 元

电话服务　　　　　　　　网络服务
客服电话：010-88361066　　机　工　官　网：www.cmpbook.com
　　　　　010-88379833　　机　工　官　博：weibo.com/cmp1952
　　　　　010-68326294　　金　书　网：www.golden-book.com
封底无防伪标均为盗版　机工教育服务网：www.cmpedu.com

第 2 版前言

最近几年，新一代信息技术呈现爆发式增长，数字化、网络化、智能化技术在制造业开始广泛应用，同时客户的个性化需求更加多样，整个生产环境和生产过程呈现出更加动态、分散和复杂的特征，大规模定制、多品种小批量生产、分布式协同设计和制造已经成为整个制造业的主要生产方式，引发了制造业在发展理念、制造模式和生产组织方式等方面重大而深刻的变革；生产计划与控制方法也有诸多发展。《生产计划与控制》第 1 版（以下简称第 1 版）已经出版 5 年了，有许多观点和内容已经陈旧，已不能满足高等院校工业工程专业广大师生和企业界读者的需求。因此，在机械工业出版社的大力支持下，决定对第 1 版进行修订。

此次修订本着"体系合理、理念先进、内容充实且深入浅出"的原则，对第 1 版做了较大幅度的修改和调整。

首先，在体系结构上做了较大幅度调整。主要包括：①将第 1 版的"按照 ERP 系统的基本模块"建立章节结构的做法，修改为"按照企业的生产计划层次和运作模式"建立章节结构，全书围绕最后一章中总结明确的"生产计划与控制系统的整体架构"展开前面各章节的论述，进一步体现本书内在逻辑的一致性，使本书"总-分-总"的特点更加突出，逻辑更加清晰；②将"物料需求计划"扩展为"物料计划层"的计划，突破了原章节只讲 MRP 的局限，并将各类计划的期量标准统一调整至该章；③按照"生产作业控制"的类型和内容，重新调整了该章的结构布局。另外，还有其他局部细节的调整，使整书的结构更趋合理。

其次，增加了一些新的内容。主要包括：①将第 1 版的"产品/服务设计与工艺设计"一章更改为"产品开发管理"，增加了产品开发过程及类型、产品平台、三维产品模型的 MBD、产品数据生命周期管理、技术状态管理等内容，并将第 1 版在"物料需求计划和企业资源计划"一章的产品 BOM 的内容纳入该章。这样可使学生更好地理解现代产品设计的方法以及和生产计划与控制的关系。②"项目型生产作业计划"一章更改为"项目型生产计划与控制"，增加或完善了项目型生产计划类型、工作分解结构（WBS）、关键链、项目型生产的物料需求计划、项目控制，以及项目集、项目族和项目组合的生产计划基本原理等内容，使项目型生产的计划方法特点更加突出。③在不同的章节里增加了许多新环境下的企业组织形式、制造模式、计划与控制方法等。例如，第 1 章中进一步完善了生产计划基本原理的内容，第 2 章增加了"企业内部物流"的相关概念，第 6 章进一步阐述了 MPS 的作用，第 10 章增加了"生产控制模式"和智能控制的内容。④增加了一些扩展知识和典型案例，将其作为阅读材料。⑤在各章的习题后面增加了拓展训练的题目。

最后，调整、删减了一些内容。例如，第 1 版的第 3 章需求管理的部分内容被分解到不同的计划层次来讲，这样后续每一层次的结构都变成了"需求-计划"的形式，与生产计划的原理更加吻合，更加切合实际，容易理解。另外，将该章的预测方法删除了，因为在前期的其他课程中已经讲授过。又如，第 1 版中讲了许多传统的手工编制作业计划的内容和方法，早已过时，这次修订一并删掉。

本书第 1、3、4、7、8、11、13、14 章由吴爱华负责修订，第 2 章由殷复鹏负责修订，第 5、6、12 章由赵馨智负责修订，第 9 章由赵秀霞负责修订，第 10 章由孙家坤负责修订。全书由吴爱华、赵馨智负责规划、审核和修改。在第 1 版中，张绪柱负责第 3、6 章的编写，吴永春负责第 5 章的编写，王平负责第 14 章的编写，由于种种原因，以上几位同志没有参加本次修订工作。山东大学管理学院硕士研究生刘帅参与了本书的资料收集、整理和部分内容的修改工作。

由于编者水平有限，对快速发展的现代生产计划与控制系统难免有把握不到位的地方，甚至有错误之处，敬请广大读者批评指正。

编　者

第 1 版前言

生产计划与控制是企业生产系统运行的神经中枢和指挥系统，决定着生产系统的活动内容和运行机制。如果将实物形态的生产过程视为企业生产系统的"硬件"，则生产计划与控制属于企业生产系统的"软件"。"硬件"和"软件"必须相互适应、相互配合，才能使整个生产系统产生较高的效益。

随着信息技术的发展和经济全球化进程的加快，国际化经营与突出核心竞争力逐渐成为新的企业模式，也带动了生产运营管理理论和方法的不断创新与发展，如供应链管理、敏捷制造、产品生命周期管理、精益生产、流程再造、ERP 与协同商务、制造执行系统、物联网技术等。这些给传统的生产计划与控制理论带来了巨大的冲击和新鲜的内容。

作为工业工程专业的教材，本书站在规划和设计的角度来描述和讨论企业生产计划与控制问题，并尽量采用系统分析的观点阐述生产计划与控制系统的结构、功能模块以及它们之间的关系。考虑到目前我国企业发展水平参差不齐，本书在内容安排上，一方面介绍一些较新的生产计划与控制理论和系统，如敏捷制造、供应链管理、精益生产、ERP 与协同商务、制造执行系统等，另一方面也介绍传统手工方式下的一些生产计划与控制理论和方法。

本书在内容编写上，力求全面系统、重点突出、深入浅出、通俗易懂，使学生在全面了解生产计划与控制基本概念和基本理论的基础上，较系统地掌握现代生产计划与控制系统的基本结构、层次和主要模式，尤其是使工业工程专业的学生掌握系统原理、结构、运行逻辑、系统主要参数等系统规划和设计方面的概念与方法。

本书从整体上呈现总-分-总的结构。第 1 章总论全书概要；第 2～14 章，逐层逐项地介绍各类生产计划与控制活动；第 15 章站在系统规划与设计的角度，将全书各章内容综合运用到整个生产计划与控制系统的设计过程中，并总结全书。

本书第 1、4、7、8、9、12、15 章由吴爱华负责编写，第 2 章由殷复鹏负责编写，第 3、6 章由张绪柱负责编写，第 5 章由吴永春负责编写，第 10、13 章由赵秀霞负责编写，第 11 章由孙家坤负责编写，第 14 章由王平负责编写。全书由吴爱华、张绪柱、王平负责规划、审核和修改。山东大学管理学院硕士研究生赵馨智、冯伟伟、蔡鑫、陈熙、王庆、米皓、许路等参与了本书的资料收集、整理和部分内容的编写工作。

本书可作为高等院校工业工程专业本科生和工程硕士的教材，也可供相关企业的工业工程师和生产管理人员阅读参考。

本书配有电子课件，凡使用本书作为教材的教师，可登录机械工业出版社教育服务网（www.cmpedu.com）注册后免费下载。

由于编者水平有限，对快速发展的现代生产计划与控制系统难免有把握不到位的地方，甚至有错误之处，敬请广大读者批评指正。

编　者

目 录

第2版前言
第1版前言
第1章 绪论 ·· 1
  学习要点 ·· 1
  1.1 生产与生产系统 ·· 1
  1.2 生产运作系统的类型 ·· 4
  1.3 生产运作系统的构成与组织形式 ·· 8
  1.4 互联网环境对企业生产运作系统构成的影响 ·· 11
  1.5 生产计划与控制系统 ·· 13
  1.6 生产计划与控制理论的演变过程及发展趋势 ·· 15
  阅读材料 ·· 19
  习题 ·· 19
  拓展训练 ·· 19
  参考文献 ·· 20
第2章 生产运作系统战略规划 ·· 21
  学习要点 ·· 21
  2.1 企业战略与生产运作战略 ·· 21
  2.2 产品/服务选择与供应链物流规划 ·· 27
  2.3 生产类型的选择 ·· 33
  2.4 生产能力规划 ·· 35
  2.5 生产技术选择 ·· 39
  习题 ·· 40
  拓展训练 ·· 41
  参考文献 ·· 41
第3章 产品开发管理 ·· 42
  学习要点 ·· 42
  3.1 产品开发概述 ·· 42
  3.2 产品设计 ·· 49
  3.3 工艺设计 ·· 60
  3.4 新产品的试制与鉴定 ·· 66
  3.5 服务设计 ·· 67
  3.6 产品数据管理 ·· 71

3.7　产品开发组织 ………………………………………………………… 81
阅读材料 …………………………………………………………………… 83
习题 ………………………………………………………………………… 83
拓展训练 …………………………………………………………………… 84
参考文献 …………………………………………………………………… 84

第4章　综合计划　86

学习要点 …………………………………………………………………… 86
4.1　企业综合计划概述 ……………………………………………………… 86
4.2　年度生产计划的编制 …………………………………………………… 88
4.3　产品产出进度计划的编制 ……………………………………………… 96
4.4　适应需求变化的生产计划方法 ………………………………………… 98
4.5　服务业的综合计划 ……………………………………………………… 107
习题 ………………………………………………………………………… 109
拓展训练 …………………………………………………………………… 109
参考文献 …………………………………………………………………… 110

第5章　库存管理　111

学习要点 …………………………………………………………………… 111
5.1　库存概述 ………………………………………………………………… 111
5.2　库存控制的目的和基本决策 …………………………………………… 114
5.3　有效库存管理的必要条件 ……………………………………………… 115
5.4　库存问题的基本模型 …………………………………………………… 118
5.5　确定型订货系统的库存控制模型 ……………………………………… 123
5.6　随机型订货系统的库存控制模型 ……………………………………… 124
5.7　供应链库存控制 ………………………………………………………… 127
阅读材料 …………………………………………………………………… 132
习题 ………………………………………………………………………… 132
拓展训练 …………………………………………………………………… 133
参考文献 …………………………………………………………………… 133

第6章　主生产计划　134

学习要点 …………………………………………………………………… 134
6.1　主生产计划概述 ………………………………………………………… 134
6.2　主生产计划的时间参数 ………………………………………………… 137
6.3　MPS的编制 ……………………………………………………………… 140
6.4　MPS的计划对象及处理方法 …………………………………………… 145
6.5　MPS编制的例子 ………………………………………………………… 148
6.6　MPS的编制和调整流程 ………………………………………………… 152
6.7　最终装配计划 …………………………………………………………… 154
阅读材料 …………………………………………………………………… 155
习题 ………………………………………………………………………… 155
拓展训练 …………………………………………………………………… 155
参考文献 …………………………………………………………………… 156

第7章　物料计划和企业资源计划　157

学习要点 · 157
7.1 制造业生产计划与控制系统的基础数据 · 158
7.2 期量标准 · 161
7.3 传统大量流水生产的物料计划 · 170
7.4 物料需求计划系统 · 172
7.5 制造资源计划 · 178
7.6 企业资源计划 · 181
阅读材料 · 185
习题 · 185
拓展训练 · 186
参考文献 · 186

第8章 生产能力计划 · 187
学习要点 · 187
8.1 生产能力的概念和测定 · 187
8.2 生产能力计划的作用、层次及其与物料计划的关系 · 192
8.3 生产能力计划的基础数据 · 194
8.4 粗能力计划 · 198
8.5 能力需求计划 · 202
8.6 投入/产出控制 · 207
8.7 服务能力 · 209
阅读材料 · 209
习题 · 209
拓展训练 · 211
参考文献 · 211

第9章 生产作业计划 · 212
学习要点 · 212
9.1 生产作业计划概述 · 212
9.2 大量流水生产作业计划 · 214
9.3 工艺专业化工作中心的生产作业计划 · 224
9.4 作业排序 · 228
9.5 约束理论和高级计划排程 · 238
阅读材料 · 249
习题 · 249
拓展训练 · 252
参考文献 · 253

第10章 生产作业控制 · 254
学习要点 · 254
10.1 生产作业控制概述 · 255
10.2 生产控制模式 · 256
10.3 作业分配 · 258
10.4 生产进度控制 · 262
10.5 在制品控制 · 268

10.6 生产调度	269
10.7 生产作业核算	271
10.8 制造执行系统	272
阅读材料	278
习题	278
拓展训练	278
参考文献	278

第11章 准时生产制与精益生产 — 280

学习要点	280
11.1 准时生产制与精益生产方式概述	280
11.2 准时生产制的实现基础	285
11.3 准时生产制的计划与控制系统	292
11.4 价值流分析	302
阅读材料	306
习题	306
拓展训练	306
参考文献	306

第12章 项目型生产计划与控制 — 308

学习要点	308
12.1 项目型生产计划与控制概述	308
12.2 项目范围管理与工作分解结构	312
12.3 项目进度计划	317
12.4 项目集制造计划	341
12.5 项目族制造计划	342
12.6 项目组合制造计划	344
阅读材料	345
习题	345
拓展训练	347
参考文献	347

第13章 设备管理 — 348

学习要点	348
13.1 设备管理概述	348
13.2 设备磨损与设备故障	355
13.3 设备维护与修理	362
13.4 全员生产维修制	367
13.5 维修备件管理	376
阅读材料	380
习题	380
拓展训练	381
参考文献	381

第14章 生产计划与控制系统设计 — 382

学习要点	382

14.1	生产计划与控制系统设计概述	382
14.2	生产计划与控制系统的需求分析和模式选择	385
14.3	主生产计划层可选项分析及模式选择	389
14.4	物料计划层可选项分析及模式选择	392
14.5	生产作业计划层可选项分析及模式选择	394
14.6	生产计划与控制系统的集成设计	396
14.7	面向供应链的生产计划与控制系统	400

习题 …… 402
拓展训练 …… 403
参考文献 …… 403

第 1 章
绪　　论

 学习要点

- 社会组织及其基本职能，生产运作活动在社会组织中的作用
- 生产运作系统的不同类型及其特点
- 工业企业生产系统的构成和生产过程的组织形式
- 生产计划的基本逻辑
- 工业企业生产计划与控制系统的层次及各层次的作用
- 生产计划与控制理论的演变过程

本章作为本书的绪论，首先从生产运作活动在社会组织中的作用谈起，然后从总体上介绍生产运作系统的不同类型、工业企业生产系统的构成和生产过程的组织形式。这些是生产计划与控制系统的基础，因为**生产计划与控制系统的模式与生产系统的类型、生产组织形式是相互影响、相互制约的**。这一点对于读者完整地理解生产系统从组织形式到系统运行的整个过程和架构是非常重要的。

在此基础上，本章介绍了工业企业生产计划与控制的概念和基本思想，概述了不同计划层次的作用以及各层次生产计划的不同内容，使读者对生产计划与控制系统先有一个大概的了解和认识，也作为后面各章的引言。

本章最后介绍了生产计划与控制理论的演变过程及发展趋势。

 ## 1.1　生产与生产系统

1.1.1　社会组织及其基本职能

一个社会组织的存在，是由于它向社会提供了有用的价值，即通过提供产品和服务为其他社会组织和居民服务。例如工厂、学校、医院、商店、银行、宾馆、饭店、车站等，都有其特定的功能。如果社会组织不能提供产品和服务，或者提供的产品和服务因品种、质量、价格、交货期等不为人们所接受，就得不到社会的承认。这样的社会组织就不能生存下去，就会被竞争淘汰。

任何社会组织为了生存和发展，必须具有三项基本职能：营销、生产运作和财务。营销是一个社会组织与市场、顾客之间关系的总和，是社会组织发现和发掘顾客的需求，研究向社会提供什么样的产品和服务，以及如何将产品和服务送到顾客手中的一系列活动。生产运作是制造市场所需的产品和提供所需的服务的一系列活动。生产运作是一切社会组织最基本的活动，一方面它体现了社会组织的基本属性和特点，如汽车制造公司的基本属性和特点是制造汽车，学校的基本属性和特点是教学，宾馆的基本属性和特点是提供住宿服务等。虽然汽车制造公司也要销售汽车，但是如果没有制造活动，就只能称之为汽车销售公司了；学校也要进行科研活动，但是如果没有教学活动，就不能称之为学校了；同理，宾馆也销售某些商品，但是如果不提供住宿服务，就不能称之为宾馆了；等等。另一方面，生产运作活动一般都占用了社会组织中的大部分人力、物力、财力等资源，因此把生产运作活动组织好，对于提高社会组织的经济效益至关重要。财务是为社会组织筹措资金并合理利用资金的一系列活动。财务部门除了负责预算、分析投资方案之外，还负责以有利的价格筹措到资金并将这些资金在组织内部分配，以及控制资金的使用等。从资金运动的观点看，社会组织可以被看作是资金汇集的场所，不断有资金进入，也不断有资金流出，只要进入的资金多于流出的资金，财富就会不断增加。

这三项基本职能是一切社会组织都有的，离开这三项基本职能，任何社会组织都不可能存在。但社会组织并不是只有这三项职能，还有人力资源管理、产品开发管理、供应管理、质量管理、设备管理、公共关系管理等许多职能。这些职能也都很重要，但是它们大部分被包含在三项基本职能之内，如产品开发、供应、质量、设备等均属于生产运作的范畴，公共关系属于营销的范畴等。人力资源管理具有普遍性，但是它与生产经营活动的关系不如这三项基本职能直接。

三项基本职能是相互依存的，其中营销是进行生产经营的前提，财务是基础，生产运作是核心。这里的核心是指社会组织的核心业务是生产运作。

1.1.2　生产运作活动

生产是人类社会获得一切财富的源泉。没有生产活动，人类就无法生存，社会也无法发展。随着时代的进步，人类社会生产活动的内容、方式不断变化，生产活动的领域也不断扩大。在前工业社会，人们主要从事农业和采掘业，从自然界获取所需的生活资料和生产资料。进入工业化社会后，人们主要从事制造业。工业的发展为农业提供了先进的生产工具和装备，促使农业劳动生产率大幅度提高，也促使农业人口向工业转移。工农业劳动生产率的提高，又促使大量剩余劳动力转入服务行业。从事服务行业的人数在全部就业人数中的比重不断上升，当从事服务业的人数超过工业和农业人数时，经济学家称这样的社会进入了后工业社会。例如美国在20世纪初，从事服务业的人数不到全部就业人数的40%，到1950年，这个比例上升到了55%，到目前已超过80%，而从事农业和采掘业的人数则下降到了5%以下。世界发达国家的服务业多数都达到了三个"70%"的水平，即服务业产值占70%左右，国内生产总值（GDP）增长的70%来自服务业的增长，服务业吸纳了70%的就业人口。我国的农业、工业、服务业占GDP的比例由1980年的30.1∶48.5∶21.4，变为2017年的7.9∶40.5∶51.6。这种趋势要求必须重视服务业管理的研究。

由于服务业的兴起，生产的概念得到延伸和扩展。过去，西方学者把与工厂联系在一起的有形产品的制造称作"Production"（生产），而把提供劳务的活动称作"Operations"（运作）。现在他们将两者均称为"Operations"。西方学者将有形产品和劳务都称作"财富"，把生产定义为创造财富的过程，从而把生产的概念扩大到非制造领域。表1-1列出了各种生产运作活动的例子。

表 1-1　生产运作活动分类

生产运作类型	例　子
产品生产	农业、采掘、建筑、制造、发电
储备/运输	仓库存储、货车运货、邮政服务、搬迁、出租车、公交车、飞机运输、住宿
交换	零售、批发、银行业务、租入或租出
娱乐	电影、广播、电视、戏剧演出、音乐会
通信	报纸、电台和电视台的新闻广播、电话、卫星

1.1.3　生产运作系统

任何生产运作都是通过一个生产运作系统来实现的。所谓生产运作系统，是指能将一定投入转化为特定产出的过程，这一过程中需要有特定资源的支撑。表 1-2 列出了典型生产运作系统的投入、资源、转换、产出。

表 1-2　典型生产运作系统的投入、资源、转换、产出

系　统	投　入	主要资源	转　换	期望产出
汽车工厂	钢板、发动机、部件	设备、工具和工人	装配和制造	高质量汽车
医院	病人	医生、护士、药品、设备	医疗、护理	健康人
餐厅	饥饿的顾客	食物、厨师和服务员、环境	精美的食物、舒适的环境	满意的顾客
大学	高中毕业生	教师、书、教室、实验室	传输知识和技能	受过高等教育的人
百货商店	顾客	商品展示、存储、售货员	吸引顾客、销售商品	顾客满意
修理站	损坏的机器	修理工、设备、工具	修理	修复的机器

生产运作系统的实质是在转化过程中带来价值增值。增值是指投入系统的成本与系统产出所形成的价值之间的差额。表 1-2 所展示的生产系统，投入是加工或服务的对象，产出是产品或服务，系统资源则被看作系统固有的，这是已经建成的生产运作系统的日常生产运作活动。如果把各种资源也看作生产运作系统的投入，则其系统如图 1-1 所示，这是从系统总

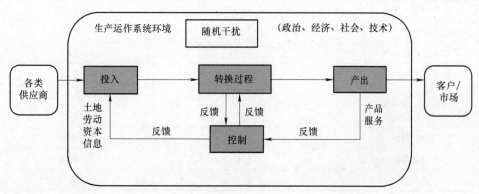

图 1-1　生产运作系统

投入和总产出的角度展示的生产运作系统图。其中投入、转换过程、产出都需要计划与控制。另外，生产运作系统不仅面对客户/市场和各类供应商，还要受到社会大环境的影响或干扰，包括政治、经济、社会、技术等方面。这些影响或干扰都是随机的，企业生产运作系统只能不断地适应。

1.2 生产运作系统的类型

学习和研究生产运作系统，首先要分析生产运作系统的类型。由于行业不同，各种生产运作系统响应市场需求的策略不同，采用的生产工艺方法和运作方式不同，运用的管理模式和方法也不同。生产运作系统的类型划分方法很多，一般可按以下几种原则进行划分。

1.2.1 按照工艺特点划分

按照工艺特点（生产方法和工艺流程的性质），可以将生产运作系统划分为流程型生产（连续型生产）和加工装配型生产（离散型生产）。

流程型生产的工艺过程是连续进行的，且工艺过程的顺序是固定不变的。生产设施按照工艺流程布置，原材料按照固定的工艺流程连续不断地通过一系列装置设备加工处理成产品。典型的流程型生产包括化工、石油精炼、金属冶炼、纺织、烟草、酿酒等工业的生产。

加工装配型生产的产品是由许多零部件构成的，各零件的加工过程彼此独立，所以整个产品生产工艺过程是离散的，制成的零件通过部件装配和总装配成为最后的产品。典型的加工装配型生产包括汽车、机床、电子设备、计算机、服装等产品的制造。

流程型生产与加工装配型生产，在产品、市场特征、生产设备、原材料等方面有不同的特点，如表1-3所示。

表1-3 流程型生产与加工装配型生产的比较

特 征	流程型生产	加工装配型生产
产品品种数	较少	较多
产品差别	较多标准产品	较多用户要求的产品
营销特点	依靠产品的价格与可获性	依靠产品的特点
资本/劳动力/材料密集程度	资本密集	劳动力、材料密集
自动化程度	较高	较低
设备布置的性质	流水式	工艺"机群"或流水生产
设备布置的柔性	较低	较高
生产能力	可明确规定	模糊的
扩充能力的周期	较长	较短
对设备可靠性的要求	高	较低
维修的性质	停产检修	多数为局部修理
原材料品种数	较少	较多
能源消耗	较高	较低
在制品库存	较低	较高
副产品	较多	较少

1.2.2 按产品品种、产量和重复程度划分

按产品品种、产量和重复程度，可以将生产系统划分为大量生产、成批生产和单件生产三种类型。

大量生产是指企业生产的产品品种少，每一品种的产量大，生产稳定且不断地重复进行。一般这种产品在一定时期内具有相对稳定且很大的社会需求。例如，螺钉、螺母、轴承等标准件，电视机、家用空调机等。大量生产通常采用高效的专用设备和专用工艺装备，采用流水线的生产组织形式；在生产计划和控制方面也由于生产不断重复进行，规律性强，有条件应用经过仔细安排及优化的标准计划和应用自动化装置对生产过程进行监控。工人也易于掌握操作技术，迅速提高熟练程度。总之，大量生产效率高、成本低，质量相对稳定，生产管理也相对简单。但是，这种生产类型对产品品种变化的适应性较差，一旦产品品种变化，其所有的专用设备和专用工艺装备以及整个生产线都要做很大的调整，甚至报废而重新设计。

成批生产是指企业生产的产品品种较多、每一品种的产量较少，各种产品在计划期内成批地轮番生产。这种企业传统上一般按工艺专业化原则，采用机群式布置的生产组织形式。大多数工作地要负担许多道工序，当更换产品时，工作地上的设备和工艺装备都要做相应的调整。这样就使得生产效率较低，产品生产周期较长，在制品占用量较大，生产成本较高，生产计划与控制、质量控制等管理工作比大量生产要复杂得多。但是这种生产类型对产品品种的变化有较好的适应性。由于每种产品有一定的社会需求量，所以组织生产还是有一定的规律可循，包括合理地确定生产批量，组织好多品种的轮番生产等，这些是成批生产类型生产管理的重要问题。

单件生产是指企业生产的产品基本上是一次性需求的专用产品，一般不重复生产。因此产品品种繁多，生产对象不断在变化，生产设备和工艺装备必须采用通用的，工作地的专业化程度很低，只能按工艺专业化原则采用机群式布置的生产组织形式，生产效率低、生产周期长、成本高。由于没有多少规律可循，生产管理工作相当复杂，生产作业计划的编制一般采取多级编制、自上而下逐级细化的方法，在生产控制上要使基层能够根据生产的实际运行情况有较大的灵活处置权，以提高生产管理系统的适应能力。单件生产要求工人具有较高的技术水平和较广的生产知识，以适应多品种生产的要求。

表 1-4 列出了三种生产类型的主要区别。

表 1-4 三种生产类型的主要区别

类　　型	大量生产	成批生产	单件生产
品种	少	较多	很多
产量	大	中	小
设备	专用	部分通用	通用
生产周期	短	长短不一	长
成本	低	中	高
追求目标	连续性	均衡性	柔性

1.2.3 大批量定制

大批量定制（又称大规模定制、客户化大生产或大量客户化）这个词是美国学者斯坦·戴维斯（Stan Davis）在 1987 年的《完美未来》一书中首次提出的，他认为当时的技术条件还

不能使批量生产和个性化结合起来,但是在未来一定能实现,而且大批量定制能成为社会生产的主导方式。戴维斯设想了一种既不牺牲规模效益又能按顾客的个性要求制造的产品,在这种情况下,顾客能以大批量生产的价格购买个性化的产品。大批量定制的目标是在合理的价格下提供足够多的产品花色、品种、类型,使几乎每个人都能从中找到自己想要的。这些也被认为是大批量定制的广义式概念。

大批量定制实质上是由两个截然不同的概念结合起来的。在大批量生产的黄金时代,经营理念十分简明:要实现较低的单位生产成本就必须有较大的生产批量,这就必须标准化;个性化或者定制化则直接与低生产量和高单位成本相关。**大批量定制就是要把大批量生产的高效率、低成本,与多品种、单件小批生产的适应性有效地结合为一体而形成的一种新的生产类型。**

大批量定制的特征可以通过其与大批量生产的区别来表述,如表1-5所示。

表1-5 大批量生产与大批量定制的区别

项 目	大批量生产	大批量定制
焦点	通过加强稳定性和控制来提高效率	通过柔性和快速反应来实现多样化和定制化
目标	进行产品和服务的有效生产、销售与配送,尽可能降低产品价格,使几乎每个人都能支付得起	进行产品和服务的有效生产、销售与配送,提高产品的多样性和个性化,使每个人都能找到自己所需要的产品和服务
主要特征	稳定的需求	多样细分的非同质需求
	大的同质市场	小块分割的市场
	低成本,一贯质量,标准产品与服务	低成本、高质量、个性化产品与服务
	较长的产品研发周期	较短的产品研发周期
	较长的产品生命周期	较短的产品生命周期

实现大批量定制需要对产品的研发、生产、配送和销售全过程,以及顾客从产品选择购买决策到接收到产品成品全过程做系统性的思考。所以许多研究者提出了相对狭义和实践性的概念,他们认为,**大批量定制就是一个系统,这个系统运用信息技术、柔性流程和组织机构等,以近乎批量生产的成本向顾客提供能满足其个性化要求的较大范围的产品和服务。**

也就是说,大批量定制的实际应用是一个非常复杂的系统工程,包括产品结构的重新确定、增值链的完备、各种技术的引入和知识共享型企业文化以及机构的组建等涉及企业经营管理各方面的内容。这些内容在本书后面的各章里均有所介绍。大批量定制的成功有赖于多种内外部因素,所以大批量定制并不适合所有企业,它受到特定市场条件和顾客类型的限制。

1.2.4 按照企业响应市场需求的策略划分

按照企业响应市场需求的策略,可将生产运作系统划分为存货型生产和订货型生产两种。

(1)存货型生产是在对市场需求量进行预测的基础上,有计划地进行生产,产成品设置库存。为防止库存积压和脱销,生产管理的重点是抓供、产、销之间的衔接,按"量"组织生产,使生产过程各环节之间保持平衡。这种生产方式是针对那些社会需求量很大的通用产品,通常是进行标准化、大批量的生产,其生产效率比较高。

(2)订货型生产是在收到顾客的订单之后,才按照顾客的具体要求组织生产活动,包括进行产品设计、物料采购、制造、装配和发货等工作。由于是按照顾客要求定制的,所以在规格、数量、质量和交货期等方面可能各不相同。这种生产方式一般不设置产成品库存。

订货型生产方式还可以进一步按为顾客定制的程度划分为按订单装配型生产、按订单制造型生产、按订单设计型生产。

1）按订单装配型生产是指产品设计标准化和模块化程度较高的企业，通过从一系列标准化通用部件、模块和可选部件中进行选择和组合来生产，以满足顾客订单中品种的变化。这种生产类型在性质上类似于存货型生产，也适用于社会需求量比较大的产品。不同的是不设置产成品库存，而对于各种通用部件、模块和可选部件，根据预测组织大批量生产，并设置库存，然后根据顾客订单要求组装成不同的产品。例如在汽车工业中，用相同的底盘、发动机配以不同的车形和内部装饰，组装成不同型号的汽车。这种生产类型既适合采用流水生产以提高生产率、降低成本，又可满足顾客的不同要求，代表了一种产品设计和制造综合改进的方向。许多传统的存货型生产企业都在向这种按订单装配的类型转变。

2）按订单制造型生产是指根据客户订单生产一些标准或定型产品。这种企业的产品品种很多、很杂，产量较小。所以，很难进行最终产品的预测，也不能组织零部件的大批量生产。但产品都是标准或定型的，一般不需要新的设计，不设置产成品库存和零部件库存，接到订单后开始采购、加工和装配等作业。这样，产品的交货期限基本上等于产品的采购和制造周期。为了进一步缩短交货期，可对一些基本的原材料和基础零部件，根据市场预测提前进行采购和加工，形成一定的库存。

3）按订单设计型生产是指根据顾客要求进行产品设计并制造。采用这种生产方式的企业，其产品一般都是较复杂的、大型的专用产品，产量很小或仅为单件，品种很多，生产周期较长。例如高压开关成套装置和高压组合电器产品、大型船舶、大型矿山机械等。在收到订单后先要进行工程图设计，待工程图设计完成后，才进行采购、生产准备、外协和制造。这种生产类型的交货期是最长的，包含了产品设计周期，而且由于产品订单的"一次性"，在制造过程中还存在设计方案的修改等不确定因素，进一步延长了交货期。按订单设计型生产管理的重点是如何缩短设计周期，提高零部件的标准化和通用化水平，使制造系统的整体响应速度大大提高。

存货型、按订单装配型、按订单制造型、按订单设计型，它们响应市场需求的速度（如图1-2所示的需求周期）排序分别是：存货型最快，只是发送时间；按订单装配型次之，是装配时间加发送时间；再次是按订单制造型，是采购与加工时间加装配时间，再加发送时间；最慢的是按订单设计型，它比按订单制造型还要多一个设计时间。

图1-2 不同生产系统类型响应市场需求的速度

这里引出了一个非常重要的概念——顾客订单分离点（Customer Order Decoupling Point,

CODP），是指企业的全部生产经营活动中按照预测进行的部分与按照订单执行的部分的分界点。CODP 之前的活动主要根据预测进行，CODP 之后的活动主要根据订单进行。上述四种生产类型中，存货型生产的 CODP 在成品库存处，按订单装配型生产的 CODP 在零部件库存处，按订单制造型生产的 CODP 在原材料库存处或供应商处，按订单设计型生产的 CODP 在供应商处。

顾客订单分离点的设计是企业响应市场需求的重要策略，也是生产运营系统整体设计的一个关键概念，它将影响生产运营系统的运行机制和生产计划与控制系统的模式选择。

1.2.5 服务业运作

1. 服务业的特点

服务业的特点可以通过其与制造业的差异来体现。

（1）服务业的产出。制造业的产品是有形的，而服务业的产品是无形的。服务在被消费前是看不见、听不到、摸不着的，服务的购买者要对提供者具有很大的信心才可能购买。制造业的产品可以存储，而提供服务都要符合顾客的个性化需求，服务不能存储。相应地，制造业的产出可以有提前期，而服务业没有提前期，即使有也很短。制造业产品的质量标准偏重客观，容易衡量；服务质量标准偏重主观，难以规范。

（2）服务业的投入。制造业投入的主体是物料，而服务业投入的主体是人力。

（3）服务业的转换过程。制造业属资本密集型生产过程，而服务业属劳动密集型生产过程。制造业容易建立标准化的生产流程，而服务业较难建立标准化的运作流程。制造业在生产转换过程完成以后才提供产品，而服务业在生产转换过程中就为顾客提供服务。由于服务和运作过程不可分离，服务型企业和顾客之间的关系是高接触型，提供服务的一方与顾客之间在服务过程中保持密切接触。

2. 服务业的运作类型

（1）纯服务型运作和一般服务型运作。按照是否提供有形产品，可将服务业划分为纯服务型运作和一般服务型运作两种。纯服务型运作不提供任何有形产品，如咨询、指导和讲课等；一般服务型运作则提供有形产品，如批发、零售、邮政、运输、图书馆书刊借阅等。

（2）高接触型运作、混合型运作和准制造型运作。按照与顾客直接接触的程度，可将服务型运作划分成高接触型运作、准制造型运作和混合型运作三种。高接触型运作是指那些与顾客直接打交道或直接交往的服务型运作，如旅馆的接待服务、保险公司的个人服务、餐厅的上菜服务、零售企业的柜台销售服务、医院的门诊服务以及学校的课堂教学等；准制造型运作就是不与顾客直接打交道，而是从事业务和信息处理的服务性工作，如企业的行政管理、会计事务处理、存货管理、计划与调度、采购作业等；混合型运作是指性质和内容介于高接触型运作和准制造型运作之间的各种服务性工作，如银行的出纳作业、火车站的售票作业、售后服务部门的修理工作、超市的上货工作等。

（3）技术密集型运作和人员密集型运作。这种分类方式的区别主要在于人员与设施装备的比例关系。前者需要更多的设施及装备投入，后者则需要高素质的人员。前者更注重合理的技术装备投资决策，加强技术管理，控制服务交货进度与准确性；后者更注重员工的聘用、培训和激励，工作方式的改进，设施选址和布置等问题。

1.3　生产运作系统的构成与组织形式

1.3.1 工业企业生产系统的构成

不同的行业，不同的产品，或者不同规模的企业，由于生产工艺和管理方式不同，其生产系统也不同。但不论是哪一类生产系统，一般都由以下几部分组成：

（1）产品研发与工艺技术子系统。该系统主要完成产品研发与设计、工艺设计、工艺装备的设计与制造、产品试制、标准化、技术资料与文档管理等工作。

（2）基本生产子系统。该系统主要完成以销售为目的，为满足市场需要进行的与构成基本产品直接有关的各种生产和物流活动。例如，机械产品的基本生产系统一般包括产品总装、部件装配、自制零件加工、外购外协件采购、毛坯制造、原材料采购以及相关的运输、仓储等物流活动等。

（3）辅助生产子系统。该系统主要完成为保证基本生产系统正常进行所必需的各种辅助性生产活动。例如，不以销售为目的，仅为本企业需要而进行的动力、工具的生产，设备维修，以及设备修理用备件的生产、采购和存储等。

（4）生产服务与支持子系统。该系统为基本生产和辅助生产提供服务和支持工作。例如质量管理、人力资源管理、成本管理等。

（5）生产计划与控制子系统。该系统决定企业生产系统在何时、何处生产什么产品，生产多少，随时掌握和控制各生产环节的生产进度和数量。

上述生产系统组成中，**产品研发与工艺技术子系统和基本生产子系统是企业生产系统的关键**，它们代表了企业的基本特征和经营的方向及水平。辅助生产系统是根据基本生产系统的需要来设置的，与企业的经营特点和专业化、协作化程度有关，没有统一模式。传统的"大而全""小而全"的企业，什么都自己做。而现代企业一般都侧重于专业化，尽可能采用社会协作的方式来获取辅助产品（代表企业独特工艺技术的工具除外），甚至有的企业设备都是租赁的，有的企业设备维修也采用外包方式等。**生产服务与支持子系统是不可缺少的，应根据产品研发与工艺技术系统和基本生产系统的需要来设置，它代表了企业生产系统综合管理的水平。生产计划与控制子系统是整个生产系统运行的神经中枢和指挥系统，决定了生产系统的运行机制和效率、效益。**

上述各个子系统需要进行整体的规划、设计和不断优化，只有形成一个协调配合的生产系统，才能有效地实现企业的生产经营目标。

1.3.2 生产过程的组织形式

生产过程的组织形式是指按什么样的分工协作方式来组织生产过程中的生产单位（包括车间、工段或班组）。机械工业企业的生产单位有两种基本组织形式：工艺专业化和对象专业化。

1. 工艺专业化

工艺专业化也称工艺原则，就是按照生产工艺的特点划分生产单位。在工艺专业化的生产单位内，集中了同类型的机器设备和同工种的工人，对各种产品（零件）进行同一工艺方法或同一工艺阶段的加工。每一个生产单位只完成产品生产过程中的部分工艺阶段或部分加工工序，不能独立地完成产品的全部加工和出产产品。例如机械加工车间、铸造车间、装配车间以及机械加工车间中的车床组、铣床组、钻床组、磨床组等。

按工艺专业化建立生产单位，适用于多品种、成批生产和单件小批生产类型的企业。这种企业由于产品品种很多，只能用"以不变应万变"的方式按照相同的工艺来建立生产单位，各种产品（或零部件）依据其工艺流程，在各个工艺专业化的生产单位之间流转。各种产品（或零部件）的工艺流程不同，它们的流转路径也就不同。

（1）优点。工艺专业化的优点如下：

1）采用通用设备和通用工装，能完成各种产品的同类加工要求，对产品品种变化的适应性强。

2）同类型设备成机群式集中布置，便于进行专业性的工艺技术管理和技术指导。

3）受个别设备出故障的影响不大，便于分配设备的任务量。

4）便于采用与个人产量相关联的激励政策。

(2) 缺点。工艺专业化的缺点如下：

1）由于采用通用设备和工装，在更换产品时需要大量的调整时间，生产率和设备利用率较低。

2）产品需经过多个生产单位才能完成其生产过程，所以要经常进行工艺路线选择和进度安排。

3）生产过程的连续性差，工件运输路线长，运量大、运输费用高。

4）生产周期长、在制品量大，相应的费用支出高。

5）对工人的技能要求较高，需要较多的培训时间和培训费用。

6）对每一产品（或零部件）都需要特别注意，而产量低，导致单位产品成本高。

7）各生产单位之间的联系和协作关系复杂，使计划管理、生产调度、质量管理、在制品管理、成本管理等工作变得复杂。

2. 对象专业化

对象专业化也称对象原则，就是以产品（零件、部件）为对象来建立生产单位。在对象专业化的生产单位内，集中有为制造该生产对象所需要的各种不同类型的机器设备和不同工种的工人，对同类对象进行不同的工艺加工。每一个生产单位能完成该种产品的全部或大部分的工艺过程。例如，汽车制造厂的发动机车间、底盘车间以及发动机车间中的气缸体生产线、曲轴生产线等。

对象专业化生产单位适用于大量大批生产类型的企业。这种企业由于产品品种很少，产量很大，可以将某一种（类）产品（或零部件）作为生产对象建立专门的生产单位，设备按生产对象的工艺路线顺序布置，形成生产线或流水线的布置方式。

(1) 优点。对象专业化的优点如下：

1）针对生产对象的加工要求采用专用的设备和工装，生产效率高。

2）工艺路线选择和进度安排在流水线设计时就确定了，运转过程中无须再考虑。

3）产品（零件、部件）能在一个生产单位内完成其全部或大部分工艺过程，使工件运输路线大大缩短，并减少或消除产品在生产过程中的等待停留时间。因此，生产周期短、在制品量少。

4）流水作业分工很细，对工人的技能要求较低，需要的培训时间和费用较少。

5）由于产量大、生产效率高，单位产品成本低。

6）生产计划、调度、质量管理、成本管理等工作相对较简单。

(2) 缺点。对象专业化的缺点如下：

1）对产品品种变化的适应能力差。

2）个别设备故障或工人缺勤率高，对整个生产系统影响大。

3）劳动分工过细，使作业重复单调，而且技术水平低的工人可能对如何提高产品质量和设备维护缺乏兴趣。

4）流水线上的设备一般需要采用预防性维修制度，并且迅速修理和备件库存都是必不可少的，相应地需要增加这方面的费用。

5）不能采用与个人产量相关联的激励政策。

成组生产单元也是一种对象专业化的生产单位。它是在多品种生产企业，将结构和工艺相似的一组或几组零件归并在一起进行生产的一种组织形式,可以扩大生产批量,达到或接近流水生产的效率和效益。采用成组生产单元是实现大批量定制的重要措施之一。

在实际生产中,常常把这两种基本组织形式结合起来,形成混合的生产组织形式。即在一个生产单位内,既有对象专业化单位,又有工艺专业化单位。例如,在按对象专业化原则组织的齿轮车间内,分别(根据)工艺类型划分出车床组、滚齿机组、插齿机组、剃齿机组、磨齿机组等工艺专业化的生产单位;某些汽车零部件生产企业,在按工艺专业化原则建立的机加工车间里,分别按零件建立对象专业化的流水线等。

1.4 互联网环境对企业生产运作系统构成的影响

21世纪以来,随着科学技术特别是信息技术和网络技术的发展,兴起了供应链管理模式。

在网络和供应链管理环境下,人们对制造业提出了新的要求。一方面,产品更加精良、多样和个性,给制造技术和设计、分析、管理等诸多环节提出了更高要求;另一方面,全球化环境下的协同制造对企业之间的协同合作提出了要求,这也使企业生产运作系统的构成发生了许多变化。

1.4.1 虚拟企业

美国理海大学艾科卡(Iacocca)研究所的三位学者于1991年在《21世纪制造企业的战略》报告中总结了当今成功企业的经验,并在此基础上提出了一种新型生产模式——以动态联盟为基础的敏捷制造,概括出了一种新型企业组织形式——虚拟企业。

虚拟企业是为了迎合某一个特定的市场机遇而联系起来的联盟组织。当一个市场机遇出现时,某个企业就会根据该市场机遇,召集相关其他企业发起建立企业联盟即虚拟企业,其中其他企业既可以是本企业内部的某些部门或分厂,也可以是本企业以外的其他独立企业,这样一个从虚拟企业建立、实施、运行,直到本次市场机遇完成,虚拟企业解散的过程,构成了此虚拟企业的生命周期,如图1-3所示。

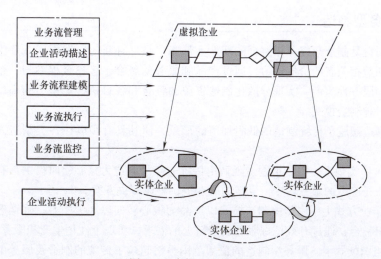

图1-3 虚拟企业示意图

虚拟企业具有以下特点:

(1)虚拟企业使传统的企业组织界限模糊化。虚拟企业不是法律意义上完整的经济实体，不具备独立的法人资格。一些具有不同资源及优势的企业为了共同的利益或目标走到一起结盟，组成虚拟企业，这些企业可能是供应商，可能是顾客，也可能是同业中的竞争对手。这种新型的企业组织模式打破了传统的企业组织界限，使企业界限变得模糊。

（2）虚拟企业具有流动性和灵活性。各企业出于共同的需要和共同的目标走到一起结盟，一旦合作目的达到，这种联盟便可能宣告结束，虚拟企业便可能消失。因此，虚拟企业可能是临时性的，也可能是长期性的，虚拟企业的参与者也是具有流动性的。虚拟企业正是以这种动态的结构、灵活的方式来适应市场的快速变化的。

（3）虚拟企业是建立在当今发达的信息网络基础之上的企业合作。虚拟企业的运行中信息共享是关键，而使用现代信息技术和通信手段使得沟通更为便利。采用通用数据进行信息交换，使所有参与联盟的企业都能共享设计、生产及营销的有关信息，能够真正协调步调，保证合作各方能够较好合作，从而使虚拟企业集成出较强的竞争优势。

（4）虚拟企业在运行过程中运用并行工程来分解和安排各个参与企业要做的工作。虚拟企业在完成某一项目或任务时，项目或任务按照并行工程的思想被分解为相对独立的工作模块，促使承担分解任务的各方能够充分调动和使用他们的资源，而不必担心核心技术或核心知识被泄露，并且各个合作模块可以并行作业，项目或任务的主持者可以利用先进的信息通信手段在其间不断地沟通与协调，从而保证各个工作模块最终的互相衔接。这样既缩短了时间，又节约了成本，同时还促进了各参与企业有效地配置自己的资源，以及虚拟企业整体资源的充分利用。

（5）虚拟企业一般在技术上占有优势。由于虚拟企业是集合了各参与方的优势，尤其是技术上的优势而形成的，因此在产品或服务的技术开发上更容易形成强大的竞争优势，使其开发的产品或服务在市场上处于领先水平，这一点是任何单个实体企业都很难相比的。

（6）虚拟企业可以被看作是一个企业网络。该企业网络中的每个成员都要贡献一定的资源，供大家共享，而且这个企业网络运行集合的竞争优势和竞争力水平大于各个参与者的竞争优势和竞争力水平的简单相加。

虚拟企业的上述特点，决定了虚拟企业具有较强的适应市场能力的柔性与灵捷性，各方优势资源集中更能催生出极强的竞争优势与竞争力。

1.4.2　服务型制造

服务型制造是制造与服务相融合的新产业形态，是一种新的制造模式，是为了实现制造价值链中各利益相关者的价值增值，通过产品和服务的融合、客户全程参与、企业相互提供生产性服务和服务性生产，实现分散化制造资源的整合和各自核心竞争力的高度协同，达到高效创新的一种制造模式。

服务型制造摆脱了传统制造的低附加值的形象，使其具有和以往各类制造方式显著不同的特点：

（1）在价值实现上，服务型制造强调由传统的产品制造为核心，向提供具有丰富服务内涵的产品和依托产品的服务转变，直至为顾客提供整体解决方案。

（2）在作业方式上，由传统制造模式以产品为核心转向以人为中心，强调客户、作业者的认知和知识融合，通过有效挖掘服务制造链上的需求，实现个性化生产和服务。

（3）在组织模式上，服务型制造的覆盖范围虽然超越了传统的制造及服务的范畴，但是它并不去追求纵向的一体化，它更关注不同类型主体（顾客、服务企业、制造企业）相互通过价值感知，主动参与到服务型制造网络的协作活动中，在相互的动态协作中自发形成资源优化配置，涌现出具有动态稳定结构的服务型制造系统。

（4）在运作模式上，服务型制造强调主动性服务，主动将顾客引进产品制造、应用服务过程，主动发现顾客需求，展开针对性服务。企业间基于业务流程合作，主动实现为上下游客户提供生产性服务和服务性生产，协同创造价值。

1.5 生产计划与控制系统

1.5.1 计划与控制的关系

计划是管理的第一职能，是管理者为实现组织目标对工作所进行的筹划活动。计划工作是根据对组织外部环境与内部条件的分析，提出在未来一定时期内要达到的组织目标以及实现目标的方案和途径。

计划是其他管理职能的前提和基础，并且还渗透到其他管理职能之中。计划不仅是组织、指挥、协调的前提和准则，而且与控制活动紧密相连。计划为各种复杂的管理活动确定了数据、尺度和标准，它不仅为控制指明了方向，而且还为控制活动提供了依据。未经计划的活动是无法控制的，也无所谓控制。因为控制本身就是要通过纠正偏离计划的偏差，使管理活动保持与目标的要求一致。

1.5.2 生产计划

1. 生产计划的概念和作用

生产计划是关于企业生产运作系统总体方面的计划，是企业在计划期通过对目标、需求、任务、资源的平衡，确定应达到的产品品种、质量、产量和产值等生产任务的计划和对产品生产进度的安排。

生产计划的作用是指导企业如何通过制造和销售产品获取利润。具体体现为以下几点：

（1）合理规划企业的产出（包括产品和服务），以满足市场需求。

（2）有效地利用企业的各种资源，合理组织生产。

（3）使投入能以最经济的方式转换为产出。

2. 生产计划的基本逻辑

企业生产计划必须是切实和可行的。任何一个计划都包括需求和供给两个方面，在制造业的计划系统中表现为需求管理和能力管理。需求是不断变化的，而能力在一定时间内是相对稳定的，两者不可能做到完全平衡。另外，由于受空间和时间的限制，以及生产技术（工艺流程与方法、运输方式）、经济性和生产组织形式的约束，供给不得不考虑批量、生产（订货）周期等因素，这就使得供给与需求之间又增加了许多不协调的成分，造成供给不可能完全准确地满足需求的局面。因此，计划系统必须在某些环节设置库存和时间缓冲等措施，来调节供给与需求的不平衡。用最经济的方式做好需求与供给的平衡是对计划工作的基本要求。

在生产计划与控制系统的各个层次上都必须有需求管理、能力管理和库存管理。每一个计划层次都要回答以下三个问题：

（1）需求：生产什么？生产多少？何时需要？何地需要？

（2）供给：需要多少能力资源？

（3）平衡：是否存在需求与供给的不平衡？怎样设置库存和时间缓冲来协调和平衡才更经济？

另外，各层次计划与控制活动的运行，离不开基础数据管理、生产技术管理、质量管理、设备管理、人力资源管理以及信息化平台的支持。

1.5.3 生产控制

生产控制即按照生产计划的要求,组织计划实施,全面掌握生产过程,了解偏差和异常,及时调整进度、人力、设备、物料、运输等资源配置情况,达到预定目标。

1.5.4 生产计划与控制系统的层次

生产计划与控制系统是企业生产系统运行的神经中枢和指挥系统,决定着生产系统的活动内容和运行机制。如果将实物形态的生产过程视为企业生产系统的"硬件",则生产计划与控制属于企业生产系统的"软件"。"软件"和"硬件"必须相互适应、相互配合,才能使整个生产系统发挥出较高的效率和效益。

企业生产计划与控制系统一般分为五个层次,即经营规划、销售与运作计划(综合计划)、主生产计划、详细物料计划、生产作业计划与控制,如表1-6所示。

表1-6 生产计划与控制系统各层次的主要内容

阶段性质	计划层次		计划期	计划时段	主要内容	主要编制依据	编制主持人
	名称	对应习惯					
宏观计划	经营规划	5年计划	3~7年	年	经营战略、产品发展、市场占有率、销售收入、利润	市场分析、市场预测、技术发展	企业最高管理层
	销售与运作计划(S&OP)	年度大纲	6~18个月	月	产品系列(品种、数量、成本、售价、利润)、控制库存	经营规划、销售预测	企业最高管理层
	主生产计划(MPS)	无对应,近似于销售计划	视产品生产周期而定	周、日	最终产品	S&OP、合同、预测、其他需求	主生产计划员
微观计划	详细物料计划	无对应,近似于加工/采购计划	视产品生产周期而定	周、日	组成产品的全部零件	MPS、产品信息、库存信息	主生产计划员或分管产品的计划员
执行	生产作业计划与控制	车间作业计划	日、周	时、日	执行计划、确定工序优先级、派工、结算	物料需求计划、工作中心生产能力	车间计划调度员

划分计划与控制层次的目的是体现计划管理从宏观到微观、由战略到战术、由粗到细的深化过程。在对市场需求的估计和预测成分占较大比重的阶段,计划内容比较粗略,计划跨度也比较长;一旦进入客观需求比较具体的阶段,计划内容就比较详细,计划跨度也比较短,处理的信息量大幅度增加。划分层次的另一个目的是明确责任,不同管理层次要对各自的计划实现负责。

在五个层次中,经营规划和销售与运作计划(综合计划)带有宏观规划的性质;主生产计划是宏观向微观过渡的层次;详细物料计划是微观计划的开始,是具体的详细计划;而生产作业计划与控制是进入执行或控制的阶段。

各企业的生产运营特点不同,表现在计划系统的各个层次的计划内容和计划模式存在很大的差异，表1-6列出了生产计划与控制系统各层次的主要内容。本书后面的各章将展开详细介绍和讨论。

1.6 生产计划与控制理论的演变过程及发展趋势

生产计划与控制理论是随着管理理论的发展而不断发展的。以下将划分几个阶段来分别介绍相关理论的演变过程以及发展趋势。

1.6.1 科学管理阶段

在科学管理理论出现之前，所有工作程序都由工人凭个人或师傅的经验去干，工作效率由工人自己决定。被称为"科学管理之父"的泰勒（F. W. Taylor）深信这不是最高效率，必须用科学的方法来改变。以泰勒为首的科学管理学派主张：以科学的方法降低生产成本，提高生产率；为工人的操作方法、工具以及作业环境制定标准化的准则；实行级差计件工资制；划分计划职能和执行职能；实行工长制；在管理控制上实行例外原则等。

在生产计划与控制方面，泰勒主张要把计划职能与执行职能分开并在企业设立专门的计划机构，改变了凭经验工作的方法，而代之以科学的工作方法：研究规律、制定标准，然后按标准执行；管理控制上要实行例外原则，最高管理者应该避免处理工作中的细小问题，集中精力处理企业方针政策、经营决策和人事任免等重大问题。与泰勒一起推行科学管理的甘特（Henry Laurence Gantt）发展了生产管理中的计划控制技术，创制出了"甘特图"，他提出工作控制中的关键因素是时间，时间应当是制订任何计划的基础。解决时间安排问题的办法，是绘出一张标明计划和控制工作的线条图，这种图就是在管理学界享有盛誉的甘特图——生产计划进度图，它以图示的方式通过活动列表和时间进度，形象地表示出任何特定项目的活动顺序与持续时间。甘特图形象简单，在企业管理工作中得到了最广泛的运用，如图1-4所示。

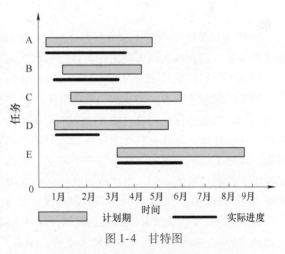

图1-4 甘特图

1913年，福特利用甘特图进行计划控制，创建了世界上第一条福特汽车流水生产线，实现了生产的大工业化格局，大幅度提高了劳动生产率，出现了高效率、低成本、高工资和高利润的局面。

1.6.2 运筹学应用阶段

第二次世界大战期间，由于欧洲战场有大量的人力、给养和物资运输，相应地出现了飞机和船只调度问题。为了解决如此复杂环境下的管理决策问题，形成了跨学科的以数学方法为基础的运筹学。有的学者认为，这个阶段管理就是制定和运用数学模型与程序，进行计划、组织、控制、决策等，求出最优的解答，以实现企业的目标。

运筹学的出现对生产计划与控制理论产生了重要的影响。运筹学在计划方面的应用很多：线性规划方法可用于生产计划编排、工作任务分配、合理下料、配料、物料管理、配送管理等方面；存储论研究企业存储环节，用于企业最佳订货期、订货量的确定；动态规划用于企业在各个阶段最佳生产决策，包括不同阶段生产量、采购量和存储量的确定；网络计划技术利用网络图表达计划任务的进度安排及各项活动间的相互关系，根据不同活动时间及先后顺序的定义以及一定的算法计算网络时间参数，找出关键活动和关键路线，并利用时差不断改善网络计划，求得工期、资源与费用的优化方案；等等。

运筹学已经深入到生活中的很多领域并发挥着越来越重要的作用，由于其兼有逻辑的数学和数学的逻辑的性质而成为系统工程学和现代管理科学中一种重要的基础理论和方法，从而应用到各种管理工程中，在现代化建设中发挥着至关重要的作用。

1.6.3 信息化时期

20世纪60、70年代，随着计算机技术的发展及其在管理问题中的应用，生产计划与控制也进入了信息化时代，主要以MRP、MRPⅡ和ERP为代表，它们的发展历程如图1-5所示。

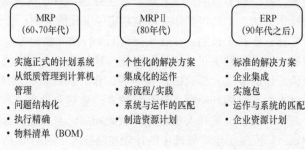

图1-5 信息化条件下生产计划与控制发展历程

1965年，美国的约瑟夫·奥利奇（Joseph A. Orlicky）与奥列弗·怀特（Oliver W. Wight）等管理专家一起在深入调查美国企业管理现状的基础上，针对制造业物料需求随机性大的特点，提出了物料需求计划（Material Requirement Planning，MRP）。MRP的基本思想是，围绕物料转化组织制造资源，实现按需求准时生产。它根据总生产进度计划中规定的最终产品的交货日期，编制所构成最终产品的装配件、部件、零件的生产进度计划、对外的采购计划、对内的生产计划，计算物料需求量和需求时间。物料需求计划源于物料清单（BOM）理论的发展，促进了纸质管理向计算机管理的转变。最初，它只是一种需求计算器，没有信息反馈，也谈不上控制。后来，引入生产能力之后，形成闭环MRP（Closed-loop MRP）系统，这时的MRP系统才成为真正的生产计划与控制系统。

20世纪80年代发展起来的制造资源计划（Manufacturing Resource Planning，MRPⅡ），它在闭环MRP的基础上引入成本与财务系统，涵盖了一个制造企业的供产销及财务等核心业务功能，实现了企业物流与信息流的统一。

20世纪90年代初，由美国的加特纳公司（Gartner Group Inc.）首先提出企业资源计划（Enterprise Resource Planning，ERP）的概念。ERP除了包括和加强了MRPⅡ的各种功能以外，还主张向内以精益生产方式改造企业生产管理系统，向外增加战略决策和供应链管理，并且支持多元化经营模式。

1.6.4 日本的准时生产制

20世纪60年代，日本丰田开始实行准时生产制（Just in Time，JIT）。准时生产制的核心是追求一种无库存的生产系统，或使库存达到最小的生产系统。为此而开发了包括"看板"在内的一系列具体方法，并逐渐形成了一套独具特色的生产经营体系。1973年以后，这种方式对丰田公司渡过第一次能源危机起到了突出的作用，后引起其他国家生产企业的重视，并逐渐在欧洲和美国的日资企业及当地企业中推行开来。1985年，美国麻省理工学院的技术、政策与工业发展中心发起了名为"国际汽车计划"（IMVP）的研究项目，筹资500万美元，组织了50多位专家学者，历时5年时间，造访15个国家，调查了90多家汽车制造企业，将美国的大量生产方式与日本的丰田生产方式进行比较分析，充分肯定了丰田生产方式的先进管理思想和方法，并以Lean Production命名如此高效的"精益生产"方式，以示其与传统生产方式的显著区别。1990年，詹姆斯·P.沃麦克（James P. Womack）、丹尼尔·T.琼斯（Daniel T. Jones）等在他们的研究著作《改造世界的机器——精益生产的故事》（*The Machine That Changed the World*：*The Story of Lean Production*）中，第一次以精益生产（LP）的概念精辟地表达了精益生产方式的内容，指出这是一种以丰田生产方式为核心的、适用于所有制造业的先进生产理念和管理模式。

对于JIT，有这样一种误解，即认为既然是"只在需要的时候，按需要的量生产所需的产品"，那生产计划就无足轻重了。但实际上恰恰相反，以看板为其主要管理工具的JIT，从生产管理理论的角度来看，是一种计划主导型的管理方式。在JIT中，同样根据企业的经营方针和市场预测制订年度计划、季度计划与月度计划，然后再以此为基础制订日程计划，并根据日程计划制订投产顺序计划。但是，其最独特的特点是：向最后一道工序以外的各个工序出示每月大致的生产品种和数量计划，作为其安排作业的一个参考基准，而真正作为生产指令的投产顺序计划只下达到最后一道工序。比如在汽车生产中，生产指令只下达到总装配线，其余所有总装之前的制造阶段和工序的作业现场，没有任何生产计划表或生产指令，而是在需要的时候通过看板由后工序顺次向前工序传递生产指令。这一特点与历来生产管理中的生产计划指令下达方式有明显的不同。

1.6.5 约束理论与高级计划排程

约束理论（TOC）最早是由以色列物理学家、企业管理大师犹太人艾利·高德拉特（Eliyahu）博士于20世纪80年代提出的。高德拉特在20世纪70年代末先提出"最优生产技术"（Optimized Production Technology，OPT），在此基础上发展而成为约束理论。在中国，约束理论常常被翻译为瓶颈管理、限制理论、制约因素、制约法等，其与木桶理论、短板理论、链条理论等相类似。

约束理论的计划与控制是通过DBR系统来实现的，即"鼓"（Drum）、"缓冲器"（Buffer）和"绳子"（Rope）系统。约束理论根据瓶颈资源的可用能力来确定企业的最大物流量，作为约束全局的"鼓点"。鼓点相当于指挥生产的节拍；在所有瓶颈工序和总装工序前要保留物料储备缓冲，以保证充分利用瓶颈资源，实现最大的有效产出。必须按照瓶颈工序的物流量来控制瓶颈工序之前各道工序的物料投放量。换句话说，瓶颈工序和其他需要控制的工序如同用一根传递信息的绳子牵住的队伍，按同一节拍，控制在制品流量，以保持在均衡的物料流动条件下进行生产。瓶颈工序前的非制约工序可以用倒排计划，瓶颈工序用顺排计划，后续工序按瓶颈工序的节拍组织生产。

约束理论擅长于能力管理和现场控制，专注于资源安排，通过瓶颈识别、瓶颈调度，并使其余环节与瓶颈生产同步，保证物流平衡，寻求需求和能力的最佳结合，使系统产销率最大，这是约束理论的优势所在。TOC也是对MRPⅡ和JIT在观念和方法上的发展。

高级计划排程（Advanced Planning and Scheduling，APS）最初的设计便是借助约束和排队论的简单理论来解决瓶颈问题和排序问题，但发展至今，APS理论本身不断扩展，从生产中的资源约束延伸到需求约束、运输约束、资金约束等多方面，并与整个供应链的管理相结合。

APS 在做决策时，会充分考虑能力约束、原料约束、需求约束、客户规则以及其他各种各样的实物和非实物约束，并将批量和提前期作为一种动态的、随实际情况变化而变化的数，利用各种基于规则、基于约束等的计划技术，自动根据工艺路线、订单、能力等复杂情况生成一个详细的、优化的生产计划，并加以检查和评估，它可以通过库存约束来保证物料的供应量，也可以通过对连续工序中重叠部分的时间处理来提升效率，甚至可以对供应链上的库存、资金、运输等资源进行同步优化。APS 的算法经常是综合性的，它除了包含传统的优化算法，如线性规划和复合整数运算以外，还包括多种启发式算法，比如解决约束规划的算法，可以归为系统搜索法、一致性计算法、约束传播算法、随机算法和推导算法、分支定界法等五类十余种算法。许多算法非常复杂，而且需要较深的专业基础。这一点也限制了它在一般企业的应用。

1.6.6 新环境下生产计划与控制方法的发展趋势

1. 新技术环境下的制造模式变化

新世纪以来，移动互联、超级计算、大数据、云计算、物联网等新一代信息技术日新月异、飞速发展，并被极其迅速地普及应用，形成了群体性跨越。这些历史性的技术进步，集中汇聚在新一代人工智能技术的突破上，实现了质的飞跃。新一代信息技术呈现爆发式增长，数字化、网络化、智能化技术在制造业广泛应用，制造系统集成式创新不断发展，形成了新一轮工业革命的主要驱动力，引发制造业在发展理念、制造模式等方面重大而深刻的变革，正在重塑制造业的发展路径、技术体系、产业业态和生产组织方式，从而推动全球制造业发展步入新阶段，制造模式呈现出以下新的特征：

（1）信息网络技术与制造业向深度融合发展。互联网技术发展正在对传统制造业的发展方式带来颠覆性、革命性的影响。信息网络技术的广泛应用，可以实时感知、采集、监控生产过程中产生的大量数据，促进生产过程的无缝衔接和企业间的协同制造，实现生产系统的智能分析和决策优化，使智能制造、网络制造、柔性制造成为生产方式变革的方向。

数据成为继劳动力、土地、资本、技术、管理之后的一种新型生产要素，日益成为经济发展的新动力源泉。工业大数据的及时性、完整性、开发利用水平，以及数据流、物质流和资金流的集成协同能力，有助于大幅提升优化配置制造资源的效率和水平。基于数据等新要素，人工智能将物理世界的客观规律以及人的经验智慧用数字化模型进行刻画、仿真并形成自我学习、持续迭代优化的新型能力体系。

（2）新业态、新模式对传统生产方式带来革命性变化。信息网络技术与传统制造业相互渗透、深度融合，正在深刻改变产业组织方式，加速形成新的企业与用户关系，实现劳动力、技术、设备设施、资本、服务、知识等资源的大范围动态共享和按需提供。

一是由大规模批量生产向大规模定制生产转变。互联网理念扩展到工业生产和服务领域，催生了众包设计、个性化定制等新模式，促进生产者与消费者实时互动，使得企业生产出来的产品不再大量趋同而是更具个性化。

二是由集中生产向网络化异地协同生产转变。信息网络技术使不同环节的企业间实现信息共享，能够在全球范围内迅速发现和动态调整合作对象，整合企业间的优势资源，在研发、制造、物流等各产业链环节实现全球分散化生产。企业的组织形态在逐步向扁平化、流程化、柔性化、网状化和分权化的方向发展。

三是由传统制造企业向跨界融合企业转变。企业生产从以传统的产品制造为核心转向提供具有丰富内涵的产品和服务，直至为顾客提供整体解决方案，互联网企业与制造企业、生产企业与服务企业之间的边界日益模糊。

2. 相适应的生产计划与控制方法展望

目前数字化、网络化、智能化环境下的生产计划与控制还没有形成具有代表性的系统理论和方法。但从技术发展趋势和制造模式转型的需求分析，在可预见的未来新的生产计划与控制方法会包含且不限于以下方面：

1）基于大数据的需求管理。
2）基于数字技术的智能化产品生命周期管理。
3）面向分布式供应链的计划、分析和优化。
4）基于制造过程实时状态数据的排程与控制方法。

阅读材料

1. 红领集团的大规模定制化服装生产

2. 服务型制造。推荐书目：

[1] 李刚. 服务型制造：基于"互联网"的模式创新 [M]. 北京：清华大学出版社，2017.
[2] 江志斌，等. 服务型制造运作管理 [M]. 北京：科学出版社，2016.
[3] 顾新建，方小卫，纪杨建. 制造服务创新方法和案例 [M]. 北京：科学出版社，2014.

3. 企业数字化转型。推荐书目：

彭俊松. 工业4.0驱动下的制造业数字化转型 [M]. 北京：机械工业出版社，2016.

习 题

1. 社会组织有哪些基本职能？生产运作活动在社会组织中有哪些作用？
2. 生产运作系统有哪些不同类型？各自的特点是什么？
3. 简述服务业运作的特点和主要类型。
4. 工业企业生产系统由哪些子系统构成？
5. 工业企业生产过程的基本组织形式有哪些？
6. 虚拟企业有哪些特点？
7. 服务型制造与传统制造有什么不同？
8. 生产计划的基本逻辑是什么？
9. 工业企业生产计划与控制系统的层次及各层次的作用有哪些？
10. 简述生产计划与控制理论的演变过程。

拓展训练

关于拓展训练：本书的拓展训练是在各章的理论学习和基本习题的基础上设立的一个综合训练环节。所谓拓展训练，是指在训练学生综合运用所学知识解决实际问题的能力的同时，也训练学生调查研究、采集数据资料以及与企业沟通的能力。这与传统的案例分析有所不同。

拓展训练的目的：培养学生的调查研究能力和理论联系实际的学风；使学生能够参与企业实践并可以为企业的生产计划与控制工作提供有益的（参考）解决方案；也促使学生边学习、边研究，不断提高分析研究和解决实际问题的能力；培养学生的社会交往能力、沟通和表达能力以及合作精神；同时也能够促进校企合作协同育人。

拓展训练的要求：①各章的拓展训练题目应在不涉及企业机密的前提下，尽量收集并采用真实的企业资料和相关数据。②每个拓展训练题目采用研究"项目"的形式，提出企业的一个简单的真实课题，要求学生运用所学理论知识，通过阅读文献、调查企业的资料和数据，对该问题进行综合分析与设计，最后做出一个综合分析报告或设计方案。③教师引导或协助学生选择一个或几个熟悉的企业，最好是生产和服务一体化的企业，如连锁餐饮企业、工业品或消费品制造企业，并与之建立较紧密的合作关系。训练方式有两种：一种是选择一家企业，能够把本书各章的所有拓展训练题目串起来形成一个综合课题，最后完成一个大案例，这种是最理想的；另一种是选择多家企业，分别针对某一部分的小课题进行研究，这种做法虽不能将各个题目串起来，但也可以实现对各部分内容的综合训练。④学生可以分组进行，完成各"课题"后进行讨论交流，让每个学生都有演讲的机会。教师可以针对训练课题的完成质量，对团队和个人进行综合评价。⑤教师可参考本书各章建议的训练题目，结合实际情况酌情细化和调整拓展训练题目和内容，各项训练课题的进行应在本课程教师和企业导师的指导下完成。

参 考 文 献

[1] 史蒂文森，张群，张杰. 运营管理 [M]. 北京：机械工业出版社，2008.
[2] 潘家轺，等. 现代生产管理学 [M]. 北京：清华大学出版社，2003.
[3] 李怀祖. 生产计划与控制 [M]. 北京：中国科学技术出版社，2001.
[4] 夏志坚. 生产计划与物料采购 [M]. 广州：广东经济出版社，2004.
[5] 王淑芬. 现代企业生产管理新论 [M]. 北京：企业管理出版社，1997.
[6] 应可福. 生产与运作管理 [M]. 北京：高等教育出版社，2009.
[7] 杨锡怀，冷克平，王江. 企业战略管理——理论与案例 [M]. 北京：高等教育出版社，2004.
[8] 程国平. 生产与运作管理 [M]. 2版. 武汉：武汉理工大学出版社，2007.
[9] 刘冀生. 企业经营战略 [M]. 北京：清华大学出版社，1995.
[10] 田英，黄辉，夏维力. 生产与运作管理 [M]. 西安：西北工业大学出版社，2005.
[11] 杨海荣. 现代物流系统与管理 [M]. 北京：北京邮电大学出版社，2003.
[12] 杨长春，等. 供应链管理 [M]. 北京：对外经济贸易大学出版社，2004.
[13] 张涛，等. 现代供应链管理 [M]. 成都：四川大学出版社，2003.
[14] BALLOU R H. 企业物流管理——供应链的规划、组织和控制 [M]. 王晓东，胡瑞娟，等译. 2版. 北京：机械工业出版社，2008.
[15] 刘航. 生产与运作管理 [M]. 哈尔滨：哈尔滨工程大学出版社，2009.
[16] 齐二石. 物流工程 [M]. 北京：中国科学技术出版社，2001.
[17] 孙林岩. 服务型制造理论与实践 [M]. 北京：清华大学出版社，2009.
[18] 周济. 智能制造——"中国制造2025"的主攻方向 [J]. 中国机械工程，2015，26（17）：2273-2284.
[19] 王喜文. 中国制造2025解读：从工业大国到工业强国 [M]. 北京：机械工业出版社，2015.
[20] 人民论坛. 中国制造2025：智能时代的国家战略 [M]. 北京：人民出版社，2015.

第 2 章
生产运作系统战略规划

 学习要点

- 企业战略的基本概念及企业战略管理的过程
- 企业生产运作战略的制定过程
- 订单赢得要素和订单资格要素分析
- 生产运作系统功能目标分析
- 生产运作系统构成要素分析
- 供应链和供应链定位
- 自制/外购决策
- 供应链物流及其规划
- 生产类型的选择及产品-生产过程矩阵
- 生产能力规划的内容及方法
- 自动化和生产技术的选择

生产运作战略是关于企业整个生产系统在较长时期内的发展方向和关系全局的重大问题。生产运作系统战略规划则是生产运作战略的具体体现。本章在介绍企业战略和生产运作战略基本概念的基础上,着重介绍企业生产运作系统战略规划的基本内容和方法。

 ## 2.1 企业战略与生产运作战略

2.1.1 企业战略与战略管理

1. 企业战略

企业战略一般泛指"重大的、具有全局性的或决定全局的谋划",即企业为了适应未来环境的变化,寻求长期生存和稳定发展而制定的总体性和长远性的谋划。制定企业战略需要回答三个问题:①我们现在在哪里?即要弄清楚企业所处的环境,包括宏观环境、行业环境和竞争环境;②我们想到哪里去?即确定企业的发展方向和目标,包括要进入哪个或哪些行业,满足哪些顾客的需求,想要取得的结果是什么;③我们如何到达那里?即应选择什么样的途径(竞争战略),是成本领先战略、差异化战略,还是快速响应战略等。

2. 企业战略管理

战略管理是企业高层管理人员为了企业长期的生存与发展,在充分分析企业外部环境和内部条件的基础上，选择和确定达到目标的有效战略，并将战略付诸实施和对战略实施的过程进行控制和评价的一个动态管理过程。

企业战略管理的过程一般分为四个阶段：确定企业使命和主要目标、战略分析、战略选择、战略实施，如图 2-1 所示。

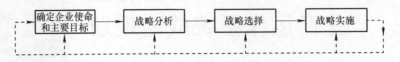

图 2-1　企业战略管理过程

（1）企业使命和主要目标。使命是一个组织的基础和组织存在的原因，它说明了企业在社会进步和社会、经济发展中所应担当的角色和承担的责任。没有一个明确的使命，就没有指导战略形成的方向。国际上著名的公司都有自己特色的企业使命，例如 IBM 的使命为"无论一大步，还是一小步，总是带动人类的脚步"，GE 的企业使命是"我们出售的产品是进步"，CISCO 的使命是"塑造未来"。

一般来说，企业的使命包括企业哲学和企业宗旨两个方面的内容。企业哲学是指一个企业为其经营活动或方式所确立的价值观、态度、信念和行为准则；企业宗旨是指企业现在和将来应从事什么样的事业活动，以及应成为什么性质的企业或组织类型。

目标是企业在一定的时期内执行使命时所预期达到的成果或经营指标。企业的战略目标会因企业及其使命的不同而呈现出多样化，常见的目标包括：市场目标（市场占有率、销售额、销售量等）、盈利能力目标（利润总额、投资收益率等）、顾客服务目标（交货期、顾客满意度等）等。

（2）战略分析。战略分析是指在制定战略目标时，对企业的环境进行分析，包括外部环境和内部条件。外部环境包括国内外宏观经济环境和产业经济政策、市场需求及其变化、技术进步、供应市场等；内部条件包括企业整体经营目标与各部门职能战略、企业能力等。

SWOT 分析是对企业内外部条件进行分析时常用的一种方法，它通过对企业内外部条件进行综合和概括，分析企业的优势（Strength）、劣势（Weakness）、机会（Opportunity）和威胁（Threat）。优劣势分析主要着眼于企业自身的实力及其与竞争对手的比较，而机会分析和威胁分析将注意力放在外部环境的变化及对企业可能的影响上。

（3）战略选择。战略选择是指在战略分析的基础上，企业的不同管理层次选择正确战略的过程。企业战略一般可分为三个层次，即企业总体战略、经营层战略和职能层战略（见图 2-2）。

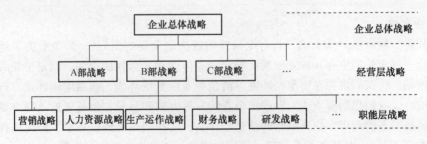

图 2-2　企业战略的组成

企业总体战略是企业的战略总纲，遵从企业的使命，选择企业的经营方向，从根本上影响企业的生存和发展。经营层战略又称为事业部战略，是企业某一经营单位对总体战略的具体化，决定企业如何竞争、如何配置资源等问题。职能层战略是由企业各职能部门制定的职能战略，包括营销战略、研发战略、财务战略、生产运作战略、人力资源战略等。

职能层战略涉及企业的职能领域，支持事业部战略，而事业部战略支持企业战略，企业战略支持企业目标和使命。战术是实施战略的方法和行动，战术指导运作，战术解决"如何做"的问题，运作解决"做什么"的问题。从企业使命到具体运作的层次关系如图 2-3 所示。

（4）战略实施。战略实施是一个自上而下的动态管理过程，一般可从三个方面来推进一个战略的实施：首先，将企业总体战略方案从空间上和时间上进行分解，形成企业各层次的具体战略，并确定企业资源的规划和配置方式，以及相应的步骤和措施；其次，构建能够适应所采取战略的组织机构，为战略实施提供一个有利的

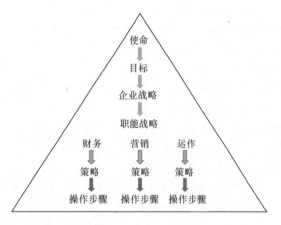

图 2-3 从企业使命到具体运作的层次关系

环境；最后，要使领导人的素质及能力与所执行的战略相匹配，即挑选合适的企业高层管理者来贯彻既定的战略方案。

在战略实施过程中，为了适应环境的变化，实现既定的战略目标，必须对战略的实施过程进行控制。管理人员应及时将反馈回来的实际成效与预定战略目标进行比较，及时发现偏差，采取有效的措施进行调整，以确保战略方案顺利实施。甚至可能会重新审视环境，制订新的战略方案，进行新一轮的战略管理过程。

2.1.2 生产运作战略的概念与特点

生产运作战略是企业根据所选定的目标市场和产品特点来构造其生产系统时所遵循的指导思想，以及在这种指导思想下的一系列决策规划、内容和程序。生产运作战略的作用是使企业在生产领域内取得某种竞争优势以支持企业总体战略，应在企业总体战略的指导下制定，并与组织的其他职能战略相互协调。

生产运作战略具有以下三方面的特点：

（1）目的性。生产运作战略以提高企业竞争优势为目的，通过对产品和服务目标的明细化，使企业生产运作系统的功能具有明确的优先级以保证竞争优势的突出，为企业竞争提供坚实的产品基础和后援保证。

（2）一致性。生产运作战略强调生产运作系统与企业整体战略要求的一致性，同时也强调生产运作系统内部各种构成要素的一致、协调关系，以此来保证整个生产运作系统的目标。

（3）操作性。生产运作战略强调战略既是一种计划思想，又便于贯彻实施。因此它注重使各个决策之间的目标分解、传递和转化过程具有可操作性，以利于各级人员达成共识并积极参与。

2.1.3 企业生产运作战略的制定过程

生产运作战略属于组织内部的职能层战略（见图 2-2），因此，其制定过程与企业总体战略是密切衔接的，如图 2-4 所示。

1. 企业环境分析与企业目标的确定

这属于企业整体战略制定阶段的内容。企业在不同时期、不同环境下和不同的发展阶段，其目标都可能是不一样的。例如，某些企业在建设初期，或者在遇到全球性金融危机时，可能将"生存"作为目标；某些新建企业可能在一定时期内将"投资回收"作为目标；也有企业将市场份额的"持续增长"作为目标；当然还有的将追求最大"利润"作为目标等。

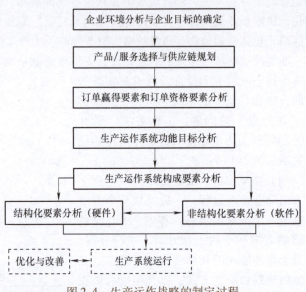

图2-4 生产运作战略的制定过程

2. 产品/服务选择与供应链规划

产品/服务选择即明确企业为社会提供什么样的产品或服务。**按照现代供应链管理理论，产品/服务选择也是确定企业在供应链中所处的环节**。例如，是从事产品的研发、制造，还是从事销售、售后服务，或是整个全过程都做。若从事制造的话，是做整机装配，还是只做某类零部件的制造等。这属于企业经营战略或营销战略的范畴，但是与生产运作战略密切相关，是制定生产运作战略的前提和依据。它包括市场营销定位、产品定位、供应链定位等内容。市场营销定位即明确产品市场细分，制定进入目标市场战略等；产品定位即确定产品组合策略，确定标准化程度等；供应链定位即企业在产品/服务选择的同时需要关注自身所处的供应链位置，进行纵向集成度和自制/外购决策等。这部分内容详见第2.2节。

3. 订单赢得要素和订单资格要素分析

在产品/服务选择和定位之后，面对激烈的市场竞争，企业以何种方式提供产品才能战胜竞争对手赢得订单，这又是一个重要的决策。**一般用户对产品的要求可以归纳为六个方面的要素：品种、质量、数量、价格、交货期和服务**。这些就是产品的市场竞争指标。不同用户对同一种产品在要求上往往有很大的差异。例如，有的用户追求款式新颖；有的希望产品经久耐用，并有良好的服务；有的对价格是否便宜有强烈的要求；有的则不惜高价要求迅速交货等。在现实的经济生活中，企业为了适应市场需求，并出于市场竞争的需要，常常是根据不同用户的不同需求采用市场细分的营销战略。

这就要求企业具有一定的特殊能力。所谓特殊能力，是指一个企业拥有的、使其具有竞争优势的特性和能力，也称为核心竞争力。特殊能力分析就是通过一定的方式寻找企业生产运作竞争的优势所在。针对企业竞争环境和竞争重点的不断变化，英国人德瑞·黑尔（Drey Hill）提出了订单赢得要素和订单资格要素这两种生产运作战略的概念。**订单赢得要素是指企业的产品或服务具有能够使企业赢得订单的某种（或某几种）竞争优势要素。订单资格要素是指允许一家企业的产品参与竞争的资格筛选标准，即企业可以获得订单必须具备的满足用户最基本要求的各项要素**。对于不同的产品和不同的目标市场，两种要素是不同的，需要根据目标市场的特点，将各竞争要素排列优先级，分清哪些是订单赢得要素、哪些是订单资格要素。例如，对于追求款式新颖（赶时髦人群）的细分市场，则产品的品种款式和交货期这两个指标就是其订单赢得要素，必须做得非常好，让用户非常满意，才有可能赢得订单；而质量、数量、价格、服务这些指标就属于订单资格要素，但是这些要素也必须能够满足用户的基本要求，否则将没有参与竞争的资格。另外，订单赢得要素和订单资格要素可能是变化的，因此，企业应时刻关注市场需求和竞争重点的变化。

订单赢得要素和订单资格要素分析，是分析市场和用户对企业产品的要求，这部分属于营销管理的范畴。

4. 生产运作系统功能目标分析

生产运作系统的主要功能是生产产品或提供服务，生产什么样的产品或提供什么样的服务决定了需要什么样的生产运作系统。因此，在进行生产运作系统设计时，应在对市场、用户对产品的要求（订单赢得要素和订单资格要素）分析的基础上，研究企业生产运作系统应该具有什么样的功能，即进行生产系统的功能目标分析。

产品或服务对其生产运作系统的功能要求也可归纳为创新与柔性、质量保证、生产弹性、低生产成本、按期交货、继承性六个方面。其中创新与柔性是针对企业环境不断变化、市场需求多样化和产品品种多变提出的，要求生产系统能够经常不断地推出新产品，并能够柔性地生产和提供多种产品或服务；质量保证是指生产系统的质量保证能力，反映系统的技术水平和质量管理水平；生产弹性是指生产系统对市场需求量波动的容纳能力，反映系统的生产能力及其柔性；低生产成本是指生产系统的成本控制能力，反映系统的效率和综合管理水平；按期交货是指生产系统保证按期交货的能力，反映系统的计划与控制水平；继承性也称兼容性，是指生产系统提供的产品在结构上的继承性和兼容性，反映产品设计的标准化和模块化水平，它对于产品的品种柔性、质量、成本、交货期以及售后服务均有很大影响。

实际上，企业生产运作系统的各项功能目标之间常常会发生"冲突"，一般表现为某些功能水平的提高可能会导致另一些功能水平的下降。例如，要迅速提高系统的创新功能和生产柔性，实行多样化产品生产，则会对产品质量保证能力提出挑战，还会因每种产品产量相对减少而达不到经济规模等原因引起成本指标的劣化。所以，生产运作系统的功能目标决策不是一个简单的问题，而是一项复杂的系统工程，需要在先进的经营理念指导下，运用先进的产品设计技术、工艺技术和生产组织与管理模式，才有可能解决这种"冲突"。

前面的订单赢得要素和订单资格要素分析，已经将产品的竞争要素划分了优先级。由此顺推，即可确定生产系统各项功能指标的优先级。这就是生产系统的功能目标体系决策的过程。

5. 生产运作系统构成要素分析

生产运作系统的功能目标体系不同，则生产运作系统的整体结构形式就有所不同，生产运作系统的结构形式取决于系统的构成要素及其相互关系的确定。如何正确设计生产运作系统结构是企业生产运作战略的重要问题。

生产运作系统的构成要素很多，按性质和作用来划分，一般分为结构化要素和非结构化要素（见表2-1）。

表2-1　生产运作系统的构成要素

结构化要素（硬件）		非结构化要素（软件）	
决定系统的功能性质	生产技术 生产设施 生产规模 生产一体化程度	生产计划与控制 库存管理 质量体系 人员与组织	决定系统的运行特点

（1）生产运作系统的结构化要素分析。**生产运作系统的结构化要素，主要是构成生产系统物质形式的那些硬件以及它们之间的相互关联，包括生产技术、生产设施、生产规模（能力）和生产一体化程度（集成化）等。**各结构化要素的内涵如下：

1）生产技术。生产技术是指生产工艺技术的特点、工艺技术水平、生产设备的技术性能等。它通过生产设备构成和技术性能反映生产系统的工艺特征和技术水平。

2）生产设施。生产设施是指各设施的构成和布置。例如企业中的基本生产、辅助生产、生产服务等部门的厂房、建筑物，各种供水、供电、供暖设施，道路、运输设施等，以及对它们的选址和布置。

3）生产规模（能力）。生产规模（能力）是指生产系统内机器设备等生产性固定资产的种类、技术性能、数量及其关系，它反映生产能力的大小。

4）生产一体化程度（集成化）。生产一体化程度（集成化）是指系统的集成范围、集成方向（即生产过程的纵向一体化、横向一体化）、系统与外部的联系等，它表达出企业生产运作系统专业化与协作化程度。

结构化要素是形成生产运作系统框架的物质基础，决定了系统的功能性质。建立这些要素需要的投资多，一旦建立起来并形成一定的组合关系，再进行调整难度就较大，所以决策风险较大，应该慎重。

（2）生产运作系统的非结构化要素分析。**生产运作系统的非结构化要素是指在生产运作系统中起支持和控制系统运行作用的要素。它大部分以"软件"的形式出现，主要包括生产计划与控制、库存管理、质量体系和人员与组织等。**各非结构化要素的内涵如下：

1）生产计划与控制。生产计划与控制是指计划与控制系统的模式、类型、编制、实施和控制。它决定着生产运作系统的顺利运行。

2）库存管理。库存管理是指库存类型、库存储备量、库存控制方式等。它是使生产系统正常运转的基本条件之一，直接影响生产系统的经济效益。

3）质量体系。质量体系是指质量标准的制定、质量检验、质量控制等体系。它是生产系统正常运作和产品质量的基本保证。

4）人员与组织。人员与组织是指人员素质特点、人事管理制度、劳动定额、定员、组织机构等。它是对系统进行组织，使其运作的决定因素。

建立非结构化要素，一般不需要花很大的投资，建成后对它的改变和调整也相对较容易，因此，决策的风险较小。但是，它决定了生产运作系统的运行特点，并且与结构化要素有一定的对应关系。随着企业不断发展和进步，非结构化要素的作用会越来越大。在某些情况下，它能够以很大的作用力影响结构化要素。

（3）生产运作系统构成要素与功能目标的关系。生产运作系统的构成要素反映的是系统内部状态和内部作用，它体现着系统本身具有对外部环境发生作用的固有能力或潜力；生产运作系统的功能反映的则是系统对外部环境（如市场、用户需求）发生作用时呈现出的外部状态和外部作用，是系统本身固有能力的外部表现。因此，系统的结构决定着系统的功能，系统结构一旦形成，若对系统的功能进行调整，就要改变系统的结构，如改变系统的构成要素或要素之间的组合关系，而系统结构的改变又必须服从和服务于系统的功能。所以，**设计生产系统时，首先应根据所需的功能和功能目标要求，研究系统的运行机制，在此基础上选择确定结构化要素和非结构化要素及其组合。**

生产运作系统功能目标随着市场需求的变化而变化，要求生产运作系统构成要素也应做出相应的调整，对生产系统进行优化和改善，使其具有柔性，满足日益变化的市场需求，保持企业竞争优势。

长期以来，我国一些工业企业生产系统的规划设计，一直沿用20世纪50年代从苏联引进的工厂设计模式。这种模式的最大特点就是，工厂设计院只对生产系统结构化要素的相关内容进行规划设计，而不管非结构化要素。这致使工厂建成投产后，需要花很长时间由企业自己摸索这些非结构化要素的具体形式，造成许多企业长期达不到设计能力，有的甚至终生达不到设计能力。一些企业从国外引进了一流的硬件设备，但是却达不到应有的一流效果。

上述问题产生的原因：一是许多企业还没有把生产运作战略提升到应有的重要程度来对待，这些企业的管理水平还较低，仍然采用传统的管理思想和经验式的管理方法，还不懂得生产运作战略的基本概念和决策过程，提不出对生产系统功能目标体系的需求以及对非结构化要素的要求；二是目前这些企业仍然沿用落后的工厂设计体制。这些都严重阻碍了我国企业生产运作管理水平的提高。

本章以下各节的内容主要介绍与结构化要素有关的战略规划问题，关于非结构化要素的战略规划内容放在第14章介绍。

2.2 产品/服务选择与供应链物流规划

2.2.1 产品/服务定位

产品/服务定位是指企业开展生产经营活动时决定进入哪些行业或经营领域，并确定产品/服务组合和标准化程度等。

1. 产品/服务定位的影响因素

在进行产品/服务定位时需要考虑以下一些影响因素：

（1）企业的主要任务。这是指企业战略所选定的企业经营范围，即企业要生产哪些类型的产品，满足哪些类型的顾客。企业的主要任务涉及企业的市场细分和目标市场策略。企业的目标市场虽然要随着环境的变化而变化，但是要相对稳定，产品/服务定位也应与之相适应。

（2）企业的特长。这是指区别于竞争者的特殊技能，包括企业的产品技术、设备水平、工艺先进性等，是企业为其经营范围服务的特殊优势。如果产品与企业的特长相距甚远，则可能导致其在技术、质量上丧失竞争优势。

（3）企业财务条件。这主要是指可用于新产品开发和扩大生产经营所需要的资金支持情况。若资金条件好，可适当扩大经营范围和产品组合的宽度；反之，则应适当缩减。

（4）企业内部各部门工作目标上的差别。由于各部门考虑问题的角度不同，所以要求的产品定位可能有冲突。企业最高管理者需要平衡冲突，使产品定位符合企业的总体目标。

此外，产品/服务定位还需要考虑社会效益、对环境的影响等因素。

2. 产品/服务组合

一般而言，企业所选择的产品或服务不是单一的，而是拥有多种产品，企业应该生产和经营哪些产品才是有利的，这些产品之间应该有些什么配合关系，这就是产品组合解决的问题。

产品组合是指一个企业提供给市场的全部产品线和产品项目的组合或结构。产品线是指产品在技术上和结构上密切相关，具有相同的使用功能，满足同类需求而规格不同的一组产品。产品项目是指产品线内不同品种、规格、质量和价格的特定产品。例如，某家电生产企业生产电视机、空调机、冰箱、洗衣机等，这就是产品组合；而其中"电视机"或"冰箱"等大类就是产品线；每一大类里包括的具体品种、规格为产品项目。

产品组合具有宽度、深度和关联性等要素。产品组合的宽度是指企业拥有的不同产品线的数目；产品组合的深度是指产品线上具有的产品项目数；产品组合的关联性则是指企业各条产品线在最终用途、生产技术、销售渠道或其他方面的密切相关程度。产品组合的宽度越宽，说明企业的产品线越多；反之，宽度越窄，则产品线就越少。同样，产品组合的深度越深，企业产品的规格就越多；反之，深度越浅，则产品规格就越少。产品组合的宽度越窄，深度越浅，则产品组合的关联性越大；反之，则关联性就越小。

优化产品组合，可依据不同情况采取以下策略：

（1）扩大产品组合。扩大产品组合包括拓展产品组合的宽度和加强产品组合的深度。前者是指在原产品组合中增加产品线，扩大经营范围；后者是指在原有产品线内增加新的产品项目。

（2）缩减产品组合。通过削减产品线或产品项目，特别是那些获利小的产品，以便集中力量经营获利大的产品线和产品项目。

（3）产品线延伸策略。这是指全部或部分地改变原有产品的市场地位，包括向下延伸、向上延伸和双向延伸三种。向上延伸是指原来生产经营低档产品的企业后来决定增加高档产品，即高档产品策略，就是在产品组合的某一条产品线中增加新的高档高价的产品项目，以提高企业现有产品的市场声望；向下延伸是指原来生产经营高档产品的企业后来决定增加低档产品，即低档产品策略，就是在原来产品组合的高档产品线中增加廉价的产品项目；双向延伸是指原定位于中档产品的企业掌握了市场优势以后，决定向产品的上下两个方向延伸，一方面增加高档产品，另一方面增加低档产品，把产品项目扩大到高、中、低三个档次。

在现代市场经济条件下，企业的产品大类具有不断延伸的趋势。但是，一家企业所能达到的最大产品大类的长度并不一定是其产品大类的最佳长度。产品大类并非越长越好，关键是要做切实有效的市场调查，不能盲目地实施产品延伸策略。

2.2.2 供应链定位

供应链是围绕核心企业，从采购原材料开始，经过制作成中间产品以及最终产品，最后由销售网络把产品送到客户手中，整个过程通过物流、信息流和资金流的控制，将供应商、制造商、分销商、零售商直到最终客户连成一个整体的网链结构模式（见图2-5）。

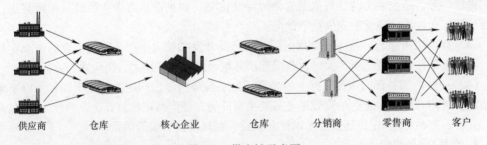

图2-5　供应链示意图

任何企业都处于供应链之中，构成供应链中的一个或多个环节。所以，企业都面临在供应链中定位的问题，问题的复杂程度与行业特征和企业自身的特点紧密相关。企业并不是在供应链中的每一个环节都占有优势，产品/服务选择的重点就是确定企业在供应链中适合自己生存和发展的最佳位置，即企业如何将内外部资源集中应用在竞争优势的供应链环节上。

1. 价值链的概念

价值链（Value Chain）是由美国战略管理学家迈克尔·波特首先提出来的，其含义是指企业从创建到投产经营所经历的一系列环节和活动。迈克尔·波特的企业价值链如图2-6

所示。

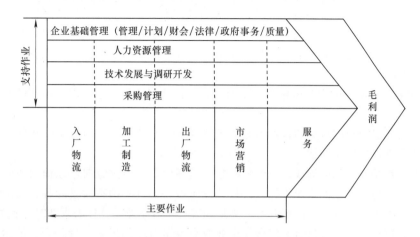

图 2-6 企业价值链示意图

从图中可以看出，企业的生产经营活动可以从两个方面进行考察：一方面是企业生产经营的基本活动，体现在各个生产经营环节，如入厂物流、加工制造、出厂物流、市场营销和服务等直接创造企业价值的环节；另一方面是企业生产经营的支持活动，体现在企业管理诸方面，如组织机构建设、管理制度完善、人力资源管理与配置、技术资源的配置与采购以及企业信息化管理方法的应用等，它们为企业生产经营基本活动的正常开展提供管理支持与运作保障。

价值链反映了供应链中各环节的价值增值的过程。而在企业的各种价值增值活动中，并不是每种活动都能创造出同等价值，企业内价值的增值大部分来自价值链上某些特定的活动。因此，企业要保持某一产品的竞争优势，并不是要在所有的价值环节上都保持竞争优势，而只需在这一产品价值链的某些环节上保持竞争优势，抓住了关键环节，就能够提高价值，从而确定企业在整个供应链中所处的位置。

2. 纵向集成度

纵向集成度是指一个企业从原材料供应到产品加工制造、装配完成，再到产品最终交付顾客的完整供应链的活动中，企业所控制的环节多少，或表示企业凭自己的能力承担的生产环节在供应链中所占的比重。纵向集成可以分为前向集成和后向集成。

前向集成是指以企业初始生产或经营的产品或服务为基准，生产经营范围的扩展沿着其生产经营链向产品销售的方向发展。例如生产柴油机的企业，生产经营范围扩展到汽车、工程机械等最终产品，并进行产品销售和售后服务，即为前向集成。

后向集成是指以企业初始生产或经营的产品或服务为基准，生产经营范围的扩展沿着其生产经营链向材料供应方向扩展。例如美国福特汽车公司曾经将生产经营领域向后延伸至钢铁、矿山、轮胎、橡胶和玻璃等，即为后向集成。

纵向集成对于企业来说具有重要的意义，主要表现在：

（1）供应链上的各个环节由不同企业所拥有，如果一个企业拥有较多的环节，这些环节之间的交易成本有可能降低。

（2）在后向集成的情况下，能够降低供应风险。

（3）在前向集成的情况下，有助于赢得和长期保持顾客。

（4）有利于协调整个供应链上的生产运作计划和实施控制，降低库存水平。

（5）有助于提高竞争壁垒。因为纵向集成度越高，竞争者想加入所需的投资也越高。

但是，企业在进行供应链定位时，如果所跨越的供应链环节过多，也会带来如下问题：

（1）所需投资越多，要想退出或转换也就越难，容易导致资源柔性的降低。所以纵向集成战略较适合资源依赖性高且比较单一的企业，如有实力的钢铁企业多采用后向集成战略。

（2）各个环节的生产运作容易产生不平衡，从而限制生产运作能力的充分发挥，难以保证各个环节都收到好的效益。

（3）如果不同阶段的生产运作内容差别较大，管理将变得复杂，需要高度的经营技术和管理方法。

因此，企业必须根据自身的特点和竞争优势确定核心业务，把无竞争优势的非核心业务外包，构建合理的供应链网络。

虚拟集成是相对于纵向集成的一个新概念，是指企业不通过纵向集成而利用外部资源的一种手段。进行虚拟集成的企业不拥有大量的设施设备，也不拥有大量的各方面的专业技术人才，而只是根据产品开发、市场开发、满足顾客订单等企业的具体需求随时寻找外部资源，借用外部资源进行生产过程整合，使合作企业双方或多方之间界限无缝融合，虽然构不成一个统一的企业实体，但为了完成某项任务而能像在同一个企业内一样运作，可称为"虚拟组织"。一旦任务完成，这种关系就结束。"虚拟组织"内的企业具有很大的柔性，能够灵活地进出某一市场，追赶产品的时尚和新技术潮流。当今市场需求日益多变、技术进步日新月异，越来越多的企业开始采用或部分采用这种战略。而且，网络技术的飞速发展也给采用这种战略提供了极大的便利条件。

3. 自制/外购决策

许多整机生产企业，产品的零部件很多，各种零部件有些需要自制，有些需要外购。因此通过自制/外购决策来确定产品在多大比例上应由自己生产，多大比例上应实行外购。实际生产过程中的某些零部件是通过外包（或外协）的方式，由其他企业去完成，这已超出外购原本的含义，所以自制/外购决策已发展成为"自制/外购/外包"决策。

纵向集成、虚拟集成、竞争优势等趋势使自制/外购/外包决策问题日益显得重要，已成为决定企业竞争力和生产率的关键决策之一，同时也影响到企业的整体规划布局和组织管理。因为一旦确定了自制/外购/外包方案，也就确定了企业的生产流程和外购（外包）的内容及流程。传统上，一些小企业由于资金和生产能力短缺，一般选用的纵向集成度很低。而大型企业都倾向于纵向集成度高的方案，自主掌握关键零件的制造和装配过程，外包项目主要是一般零件的制造，外购项目主要是原材料。现在的发展趋势则强调生产柔性，满足客户个性化需求和核心竞争优势，这些因素都促使企业扩大外购（外包），纵向集成度降低。外购的内容不断扩充，不仅是原材料和零部件，还包括供应链中的许多服务环节，如运输、仓储，甚至设备维护、人员培训、产品设计等。

在进行自制/外购/外包决策时，首先需要考虑的是成本因素，即比较自制的成本和从供应商处购买或外包的费用，实现成本最小化。另外，还需要考虑企业是否有足够的资金扩充生产能力，是否具有生产这种零件的技术能力，供应商提供零件的质量是否有保证，供应商是否成为直接竞争对手等因素。

2.2.3 物流规划

物流是指物品从供应地向接受地的实体流动中，根据实际需要，将运输、储存、装卸、搬运、包装、流通加工、配送、信息处理等功能有机结合来实现用户要求的过程。企业物流是企业在生产运作过程中，物品从供应、生产、销售，到废弃物的回收及再利用所发生的物流活动。物流规划是企业站在整体的角度对企业的物流活动进行比较全面的、长远的发展计划，是一种战略性的全局部署方案。物流规划包括企业内部物流规划和供应链物流规划两个方面。

1. 供应链物流规划

供应链物流是指供应链上各节点企业之间的物流活动。供应链物流规划是指企业站在供应链的角度，与供应商、协作商、客户共同协商确定相互之间的物流规划问题。供应链物流规划涉及三个层次：战略层次、策略层次和运作层次。供应链物流规划层次及内容举例如表2-2所示。

表2-2 供应链物流规划层次及内容举例

决策内容	规划层次		
	战略层次	策略层次	运作层次
选址决策	仓库、工厂、中转站的数量、规模和位置	—	—
库存决策	库存控制方法	存货点和安全库存水平	补货数量和时间
运输决策	运输方式的选择	临时租用设备	运输路线、发货安排
订单处理	订单录入、传输和订单处理系统的设计	—	—
客户服务	设计标准	决定客户订单的处理顺序	加急送货
存储决策	选择仓储设备、设计仓库布局	季节性存储空间选择，充分利用自有存储空间	拣货和再存储
采购决策	供应商关系建立	洽谈合同、选择供应商	发出订单、加急供货

供应链物流规划主要解决四个方面的问题：客户服务目标、设施选址战略、库存战略和运输战略，如图2-7所示。除了设定所需的客户服务目标以外，还可以用供应链物流决策三角形表示。这些领域是相互联系的，应该进行整体规划。

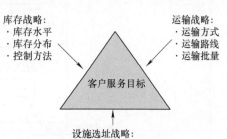

图2-7 供应链物流规划内容

2. 企业内部物流规划

企业内部物流是指企业从原材料的供应地一直到产品使用者之间存在的物流活动，以及对物流活动过程中的信息流进行组织和管理的过程，主要是生产物流，另外也涵盖采购供应物流、销售物流及废弃物回收物流等具体的物流活动。企业内部物流规划是企业在确定了自己在供应链中的定位和分工之后，对企业内部的物流活动进行整体的规划，包括确定企业的位置（选址决策），明确企业内各部门之间的基本物流量和运输、仓储方式，进行工厂布局规划等，是生产过程空间组织的重要内容之一。

企业由不同类型、不同层级的生产单位和部门组成，对企业内部进行划分并设置合理的生产单位是进行企业内部物流规划的先决条件。生产单位一般包括基本生产部门、辅助生产部门、生产服务部门和生产技术准备部门等，其具体组成会受计划模式、产品结构和工艺特点、生产专业化和协作化水平、生产规模等因素的影响。其中计划模式的不同主要影响到生产过程中仓库的构成、物料的流向及设施布置。

传统的推式生产模式下，企业各组成部分的生产联系以及生产过程中主要原材料、毛坯、半成品、成品的流向，用简明的生产系统图表示如图 2-8 所示。这种模式下，除了原材料仓库和成品库以外，原则上在生产过程相邻的两个环节之间都要设置半成品仓库。

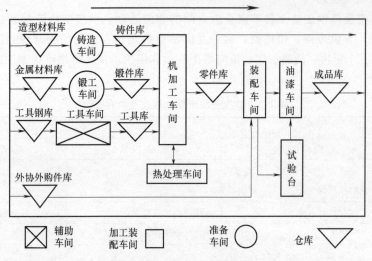

图 2-8 某机械制造厂生产系统简图

拉式生产模式下相邻两个生产环节间不需要设置半成品库，只需在各环节设置相应的半成品暂存区或线边库即可，如采用看板拉动的集成单元式生产系统可用图 2-9 表示。

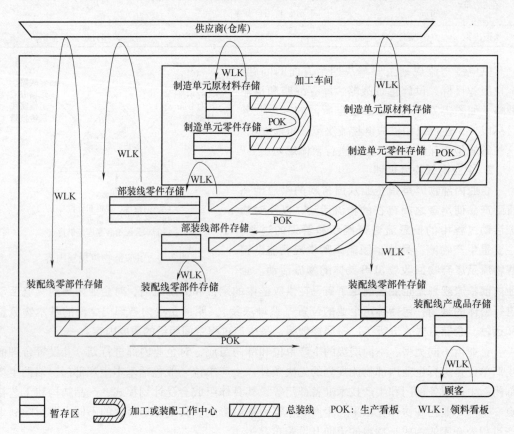

图 2-9 看板拉动的集成单元式生产系统简图

2.3 生产类型的选择

生产类型的选择是根据企业产品的市场需求特点、产品生命周期、产量大小等因素，决定企业具体的生产组织方式，通常也称为生产系统定位。

2.3.1 两种典型策略

在进行生产系统定位时，需要对产品设计类型、生产过程类型和产成品库存类型进行组合选择，包括选定客户产品或标准产品，按工艺原则或对象原则组织生产，按存货生产或按订单生产等。这种产品设计类型和生产过程类型组合可归纳为两种典型方式，如表 2-3 所示。

表 2-3 产品设计类型和生产过程类型组合策略

策　　略	产品设计类型	生产过程类型	库 存 类 型	生产系统类型
纯策略 I	客户产品	工艺原则	订单生产	单件小批生产
纯策略 II	标准产品	对象原则	存货生产	大量大批生产

纯策略 I 对应的是单件小批生产类型，这类企业完全按客户要求进行产品设计，产品品种很多且经常变化，产量很少，生产过程按照工艺原则建立生产单位，不设置成品库存；纯策略 II 对应的是大量大批生产类型，这类企业生产社会需求量较大的产品，表现为产品设计工作不是针对某个具体的用户要求，而是根据对整体市场的需求分析而做的标准产品设计，产品品种相对较少，产量很大，生产过程按照对象原则建立生产线或流水线，通常按照预测来组织生产，设置一定的成品库存来调节市场需求的波动。纯策略 I 具有较好的生产柔性，能够适应市场的不断变化，但是生产效率较低，产品质量的稳定性较差，成本较高；纯策略 II 生产效率较高，产品质量的稳定性较好，成本较低，但是适应市场变化的能力较差。

2.3.2 产品-生产过程矩阵

将上述两种纯策略进一步展开，可以更详细地分析生产系统的不同类型及其特点。根据产品品种、产量与生产过程连续性的直接关系，可以将生产类型分为项目型生产、单件小批生产、成批生产、大批流水生产、连续式生产，由它们构成的产品-生产过程矩阵如图 2-10 所示。

图 2-10 中横坐标表示产品的需求特性（产品品种与产量的组合特性），纵坐标表示生产过程连续性。图中各种生产类型沿对角线排列，从对角线的左上角向右下角进行系统性变化时，生产效率逐步提高，但应变能力逐步下降；反之，则应变能力增强，生产效率下降。

利用产品-生产过程矩阵，可以从理论上分析某种生产类型企业的"理论定位"。如项目型生产适合于一次性的规模较大的复杂工程或大型复杂产品的生

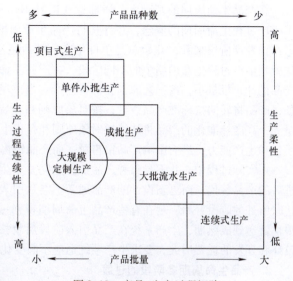

图 2-10 产品-生产过程矩阵

产；有些企业产品品种繁多，而产品需求量很少且极不稳定，完全按订单组织生产，这类生产在性质上与项目型生产类似，但产品的复杂程度和规模还达不到项目的等级，如某些模具工厂、专用设备制造厂、修配厂等，应选择单件小批生产类型组织生产；有些企业产品品种较多，但每种产品有一定的需求量和规律性，可以根据订单加预测来组织生产，这类企业可以选择成批生产类型；有的企业产品品种较少，社会需求量大而且较稳定，可以按预测组织生产，如标准件厂、冰箱厂、电视机厂、汽车厂等，可选择大批流水生产类型组织生产；有些企业产品较单一，社会需求量很大，即使有品种差异，其生产过程也是按照相同的固定流程进行，如炼油厂、水泥厂、钢铁厂等，这类企业可选择连续式生产类型。

过去很长一段时间，人们只能根据产品-生产过程矩阵中的"对角线规则"来进行生产系统定位，也就是按照上述的"理论定位"对号入座。随着"大规模定制"理论的产生和发展，人们开始研究产品-生产过程矩阵中左下角的位置，它既有单件生产的柔性，满足众多客户对产品品种的个性化需求，又能享有大量生产的高效率和低成本。

"大规模定制"彻底摆脱了"对角线规则"的制约，真正实现了人们追求的目标。但是，实行"大规模定制"需要企业有较高的技术水平和管理水平。目前，较成功地实现"大规模定制"的生产系统模式是 JIT 系统和计算机集成制造系统（CIMS）。

2.3.3　产品生命周期对生产类型选择的影响

产品生命周期是指新产品研究成功后，从投放市场为用户、顾客接受开始，一直到被淘汰为止的整个时间。它包括引入期、成长期、成熟期、衰退期等阶段。在进行生产类型选择时，应该考虑产品所处的生命周期阶段，针对产品生命周期的不同阶段，采用不同的生产类型。

1. 产品生命周期各阶段的生产组织特点

根据产品生命周期的内容，新产品在刚投入市场的时期属于引入阶段，刚开始接订单，只有支出，无利润可言。当产品订单快速增长、营销业务强劲、生产能力迅速扩充并开始有利润时，则进入产品成长阶段。此后，产品规模扩大，追求大量生产、低成本，营销致力于维持市场份额，增加销售量，利润已达高峰，则称为产品饱和阶段或称成熟期、稳定期。最后，产品进入衰退阶段，利润和销售额下降。

在产品生命周期的基础上，海耶思（R. H. Hayes）和费尔赖特（S. C. Wheelwright）提出了生产过程生命周期的概念，并将其与产品生命周期联系起来进行分析（见图 2-11）。从生产结构发展阶段来看，开始总是单件生产，然后是小批量、大批量生产，最后是大量生产，这就是生产过程生命周期中的不同阶段。在产品生命周期早期阶段，产品按客户需求即客户产品设计，批量小，按工艺原则和订货生产。当市场对此产品需求增加，批量和产量随之增长，产品将转向按标准产品设计，按对象原则和存货生产，一旦此产品达到饱和阶段，则产量大、高度标准化的产品将持续按对象原则和存货生产。生产过程阶段的变化影响产品成本、质量和生产能力，进而影响产品销售量，而产品销售量又影响生产类型的选择。

在实际过程中，并不是每种产品都会走完整个生命周期，有些产品在生命周期中途被改进后的产品替代，而更新设计的产品通常不会从引入阶段开始其生命周期，而从老产品被替代时所处的阶段开始。现在有些产品生命周期特别短，并不完全适合上述规律，如手机产品很快就达到成熟期，生产系统在产品引入阶段后就按成熟期的要求来设计。这样，由于产品设计和开发的耗费增大，要求生产系统适应不断变化的产品，对系统的柔性要求更高。

2. 产品生命周期各阶段的过渡

生命周期各阶段的产量需求不一样，相应有不同的生产类型，而不同的生产类型导致不

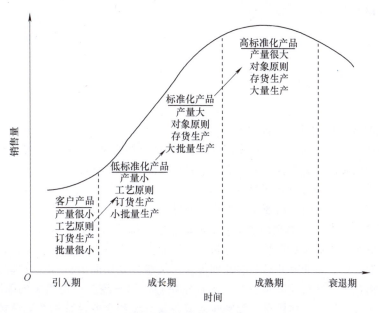

图 2-11 产品生命周期各阶段生产组织特点

同的生产流程和车间布置,而产品却不能停留在生命周期的某个阶段。生产过程规划中应主要按照哪个阶段设计呢?这是一个风险决策。如果在新产品引入阶段就选择生命周期后阶段的大量生产,则投资很大,万一将来的市场没有预想的那样好,将会造成巨额投资浪费;如果只根据当前市场需求情况来选择单件、小批生产类型,则可能丧失商机。即使以某个阶段为主,仍必须考虑生产过程如何过渡,以适应产品生命周期阶段的变化。一般有小步跟踪和大步跟踪两种方案。过渡过程中涉及生产能力决策问题,详见第 2.4 节。

2.4 生产能力规划

2.4.1 生产能力规划概述

生产能力是指一个作业单元满负荷生产所能处理的最大限度,其中作业单元可以是一个工厂、一个部门、一台机器。生产能力是企业运营的一项重要参数。合理地规划和调整生产能力,对于企业生产运营具有重要作用。

生产能力规划就是依据市场对产品的需求与企业的经营目标,采用某种方法来确定由设备、设施和总体劳动力规模等综合形成的总体生产能力大小,从而为实现企业的竞争战略提供有力的支持。生产能力规划的目的是使组织的供应能力与其需求量相匹配。

按照时间长短,生产能力规划可分为长期、中期和短期规划。长期生产能力规划一般为 3~5 年,其风险性大,一般由高层领导组织规划,与产品或服务选择、厂址选择、工艺流程选择、车间布局、设备选择等有关;中期生产能力规划一般为 1~2 年,以提供生产能力为目标;短期生产能力规划为 1 年以内,以生产能力的合理配置和利用为重点。

生产能力规划对企业生产经营和发展具有重要的战略意义。首先,企业的生产能力代表着企业能否满足市场需求,市场占有率的高低也直接反映了企业的市场竞争能力。其次,生产能力通常是初始投资的主要决定因素,不同的生产能力(投资)方案,将决定不同的生产运营成本。最后,生产能力规划意味着资源的长期性投入,属于风险决策,处理不当将会给企业造成巨大损失。

2.4.2 生产能力决策

生产能力决策主要回答以下基本问题：
(1) 需要哪一种生产能力？
(2) 需要多大的生产能力？
(3) 什么时候需要这种生产能力？

需要哪一种生产能力的决策，在供应链定位和自制/外购决策阶段就已经确定了。这里主要讨论需要多大的生产能力和什么时候需要这种生产能力的问题。

1. 规划生产能力方案应考虑的因素

在规划生产能力方案时，需要从以下几方面进行考虑：

(1) **满足需求**。生产能力规划的主要依据是需求。从长远来看，需求管理的主要任务包括对经济发展形势和行业发展形势进行分析，协助企业制定各方面战略决策，如资本扩展战略、新产品开发计划、企业兼并与收购计划等。在战略规划层面上，需求管理的指标包括一些宏观的经济指标与一些行业和企业整体的经营指标，如与经济形势相关的国民生产总值、人均收入、居民消费指数、居民可支配净收入等，与行业和企业经营相关的总销售量、市场占有率、总产出量等，这些指标全都是为了帮助企业规划未来的经营方向，确定能满足未来需求的生产能力。生产运营系统中需求管理的任务是使企业在客户的需求和供应能力之间达到平衡。它要预测需求，并将其与生产、采购和营销等活动紧密联系起来。一个好的需求管理体系能使企业对预测到的需求变得更加积极主动，对没有预测到的需求变得更加敏捷灵活。

(2) **考虑柔性设计和留有余地**。生产能力规划是依据长期预测而做出的长期性资源投入规划，必然存在许多预想不到的风险。所以，设计的生产能力方案应该适当留有余地，不要"满打满算"。实践中许多企业由于过分考虑节约投资，造成生产能力"紧张"而整天加班加点，不一定比生产能力略有富余更划算。另外，在规划生产能力方案时，应将柔性设计方法运用到设备布局、选址、装备选择、产品计划、生产日程安排和存货政策等方面。

(3) **寻找最优运行水平**。根据规模经济理论，随着科技进步，生产工艺不断改进，设备向高效化发展，当企业采用新设备和新工艺扩大其生产规模时，其单位产品的原材料消耗、能耗和工时消耗往往都会下降。另外，随着生产规模的扩大，摊入单位产品的固定费用也将随之下降。因此企业扩大生产规模时其单位产品成本呈下降趋势。但是当生产规模增大超过一定水平时，管理的复杂性急剧增加，使内部管理成本也相应增加，从而导致总成本升高，如图 2-12 所示。

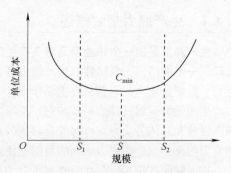

图 2-12 规模经济示意图

最优运行水平和最低成本都是运行单位总体生产能力的函数。例如，随着工厂总体生产能力增加，最优产量将增加，最优产出时的最低成本将下降。因此，工厂越大，最优产量越大，最小成本就越低。企业在选择生产能力时，必须考虑财务以及其他资源的可获得性与预期需求的关系，要做到这一点，就必须明确各种规模工厂设施的优缺点，以便比较各种工厂规模。在某些情况下，工厂设施规模是给定的；在另一些情况下，工厂设施规模则是连续可变的。在后一种情况下，可以选择一个理想的工厂规模。

另外，企业需要从不同角度评估未来不同的生产能力方案。从经济角度考虑，常用的评价方法有成本-产量分析、财务分析等。详见工程经济的相关教材。

（4）**全面考虑产品生命周期能力的变化**。生产能力与产品或服务在其生命周期中所处的阶段紧密相连。在引入阶段，要决定市场规模大小和企业最终的市场份额都是困难的。因此，企业在进行初始生产能力投资时要十分谨慎。在成长阶段，整个市场可能经历快速增长期。企业可以在考虑市场份额增长率、竞争对手发展趋势的情况下，通过增加投资扩张生产能力，同时避免生产能力过剩的风险。在成熟阶段，市场已经饱和，企业市场份额趋于稳定，可以通过降低成本和充分利用运营能力来提高盈利能力。在衰退阶段，由于需求下降，企业面临生产能力过剩的压力，可以将多余的生产能力出卖或推出新产品或服务，以化解多余的生产能力。

（5）**考虑生产能力的阶跃变化特点**。生产能力的增加通常是阶跃式的，而不是平滑的增加，这就使得期望生产能力和可行生产能力难以匹配。比如，某一作业的期望生产能力是每小时55件，假设用于这一作业的机器每小时能加工40件，只使用一台机器将产生15件/h的生产能力短缺，然而，若使用两台机器，就会富余25件/h的生产能力。

（6）**尽量避免生产能力的大起大落**。生产能力需求的不均匀会导致某些问题的产生。例如，恶劣天气时，公交车乘车的人数会比天气好的时候大大增加，这会导致系统经常处于利用不足和过度利用的变化之中。增加汽车或地铁车的数量会减小需求旺盛时带来的压力，但这将增加某些时候的生产能力过剩的情况，从而增加系统经营成本。

造成产品或服务需求不均匀的原因有多种，如乘车问题，是由随机性的因素造成的。需求变化的另一个原因是季节性因素。季节性因素与随机性变化相比，由于其可预测性，相对来说容易处理，管理者可以在计划、生产日程安排和存货上给予考虑。然而，由于季节性因素对系统需求影响的不均匀性，仍然可能导致某些问题，某些时候系统会超负载，有时候系统又会处于低负荷。

解决这一问题的可能方法是找到与其需求互补的产品或服务，从而相互抵消。例如，滑雪的需求和冲浪的需求，在某种程度上是互补的。冲浪需求一般在春天和夏天，而滑雪需求一般在秋天和冬天。类似的问题还有供热和空调设备的需求等。最理想的情况是互补需求的产品所用的是相同资源而处于不同生产时间，这样，总体生产能力要求就可能保持相对稳定。图2-13描述了互补需求的类型。

需求变化会给管理者带来问题，简单地通过扩大生产规模（如增加生产设施规模，增加人员或加工设备等）增加生产能力并不一定是一个最佳的办法，因为这将减小工厂的柔性和增加固定成本。通常，管理者会选择其他方法来应付超出

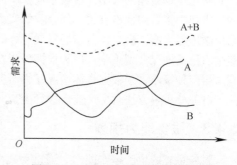

图2-13 A和B具有互补需求模式

正常水平的高需求情况：第一种方法是加班；第二种方法是分包部分工作；第三种方法是高需求时减少存货，低需求时补充存货。

2. 生产能力扩充策略

企业在发展过程中，扩大生产规模是企业发展的必然趋势，企业应该根据生产规模扩大的要求对其生产能力的发展进行规划。生产能力扩充通常有激进型策略（积极性的）和保守型策略（消极性的）（见图2-14）。

激进型策略是指针对生产规模扩大的需要，企业扩大生产能力的时间略超前于需求到来的时间，每次生产能力扩大的幅度较大。生产规模大，有利于应用先进制造技术，企业有较

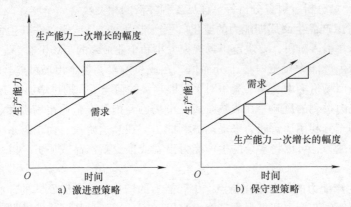

图 2-14 生产能力扩充策略示意图

多的富裕能力来应对市场需求。企业可以不依靠库存来应付实际需求的波动，还可以减少因能力不足引起的机会损失。但是当市场实际需求增长幅度较小时，会使企业的部分生产能力闲置，利用率低，导致产品成本升高。

保守型策略采取稳扎稳打的方针，在需求增长以后再扩大企业的生产能力，每次扩大的幅度不大。这样做，在预测不准、实际需求增幅不大、增长缓慢时，可以避免生产能力闲置，避免企业投资的浪费。但是在生产能力不能满足需求时，常常要加班加点，雇用临时工人，或者把部分任务转包出去，并需要利用安全库存应对需求的波动，导致产品成本的增加。

另外，还有一种介于上述两种策略之间的策略，称为跟随策略，即企业的生产运作能力跟随其他企业的生产运作能力的扩大而扩大。这意味着当其他企业扩大生产运作能力的决策正确时，跟随企业的决策也同样正确，但没有一个企业可以从中获得竞争优势；当其他企业决策错误时，跟随企业也同样错误，但所有企业要共同分担决策失误造成的损失。

企业生产规模的大小，以及企业采用何种扩充策略，与决策者对市场的分析判断、企业的实力和决策者的性格有关。当企业的实力雄厚、对需求增长趋势的估计十分乐观时，一般采取激进型策略。反之，对市场发展趋势的分析感到没有把握和企业的经济实力不强时，一般采取稳妥的保守型策略。因为根据预测在需求增长之前就先期大规模投资，风险太大。究竟采用何种策略，须根据具体情况仔细研究分析。另外，可以采用盈亏平衡分析、决策树方法、财务分析等方法对生产能力进行决策。

2.4.3 服务能力规划

服务系统的生产运作能力，通常称之为服务能力，是指服务系统提供服务的能力程度。由于服务的特殊性，服务能力的规划面临一些特殊的问题。

（1）服务过程密切影响服务质量。一般来说，服务地点必须接近顾客，因此在进行服务能力规划时必须考虑地点的影响，尽量采取接近顾客的策略。

（2）服务的产出不能存储。服务能力也必须同顾客需求的时间相匹配，交付速度或顾客等候时间是服务能力规划需要考虑的重要因素。

（3）服务需求波动性较大。提高服务能力的利用率和满足市场需求这对固有矛盾非常突出，因此，从战略高度认真研究均衡服务需求的措施，对服务能力决策显得尤为重要。

常见的服务需求均衡战略有：维持一个固定的服务时刻表、采用预约制度、推迟交货、在非需求高峰时提供经济优惠等。

2.5 生产技术选择

生产技术是指生产产品的方法及其所用的设备,如手工、半机械化、机械化、自动化等,它体现了一个生产系统自动化水平的高低。因此,生产技术选择实质是自动化程度的选择。

2.5.1 自动化技术

自动化是将先进信息技术和生产技术及生产过程集成一体的技术,是提高产品质量、扩大生产能力、提高生产柔性和降低成本的主要手段和途径。

在制造业生产领域,常用的自动化技术包括机器自动化附件、数控机床、机器人、自动质量控制和检验系统、自动识别系统等单个自动化技术,以及加工自动线、自动装配线、柔性制造系统、自动存储和检索系统等集成系统和计算机集成制造系统等。

柔性制造系统(Flexible Manufacturing System,FMS)是由自动装卸及传送机器连接并经计算机系统集成一体的一组按次序排列的机器,原材料和待加工零件在零件传输系统上装卸。零件在一台机器上加工完毕后传到下一台机器,每台机器接收操作指令,自动装卸所需工具,无须工人参与(见图2-15)。柔性制造系统的初始投资很大,但单位成本低,产品质量高,柔性程度大。

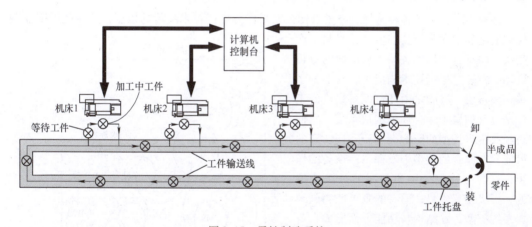

图2-15　柔性制造系统

柔性制造系统具有如下市场竞争优势:在接收到订单后能及时和客户签单;可迅速扩大生产能力以满足用户高峰需求;具有快速引入新产品以满足需求的能力。这些能力均可归结到前述的产量柔性和产品柔性,而产品柔性往往更加重要,即生产系统可快速转向生产其他产品。

计算机集成制造系统(CIMS)是由一个多级计算机控制硬件结构,配合一套订货、销售、设计、制造和管理综合为一体的软件系统所构成的全盘自动化制造系统(见图2-16),适用于多品种、小批量生产。

另外,自动化在仓储物流方面的应用也比较广泛,包括各种流通加工技术、物品包装技术、物品标识技术、物品实时跟踪技术等,常见的有条码技术、无线射频识别(RFID)技术、地理信息系统(GIS)技术、全球定位系统(GPS)技术等。

与制造业相类似,服务领域中应用的现代生产技术日新月异,应用的现代生产技术更加多样化,应用的方式更加灵活。服务领域常用的生产技术包括:办公自动化(OA)技术、图

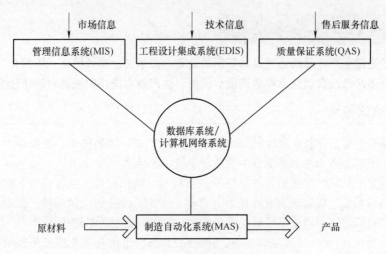

图 2-16　计算机集成制造系统示意图

形影像处理系统、电子数据交换技术、专家系统等。

2.5.2　生产技术与生产类型的关系

面对生产技术的各种选择，究竟以什么原则作为生产技术决策的依据，这在我国工业现代化的进程中尤为重要。生产技术与生产类型之间有着密切的关系。从前面的分析可知，在先进生产技术构成中，有的处于单台设备层，有的是由几台设备集成的工作站，有的属于综合性的集成系统。它们对经典生产类型的影响会有所不同，有的可能只在原有的类型中发挥生产设备的作用；有的可能位于经典类型的过渡交界处，形成兼有优势；而有的则可能突破经典系统类型，在结构与功能方面形成自身全新的特色。图 2-17 在原有产品-生产过程矩阵的基础上，总结了先进生产技术中主要技术与经典生产类型之间的关系，从中可以看出大部分先进生产技术都使传统的生产类型在不丧失其原有应变能力的基础上效率得以提高。

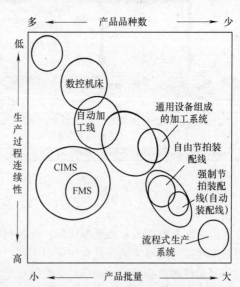

图 2-17　各种生产技术与生产类型之间的关系

从图 2-17 中可以看出，FMS 和以它为基础的 CIMS，已经远远偏离了对角线，显然这是先进生产技术给生产系统带来的又一新的生产类型，而且由于其新的结构特点，在很大程度上消除了生产系统功能"冲突"关系所形成的内部制约。

习　题

1. 生产运作战略与企业战略之间有何关系？
2. 试述生产运作战略的制定过程。
3. 分析目前我国生产手机的企业在生产运作中哪些要素是订单赢得要素，哪些是订单资格要素。

4. 生产运作系统构成的结构化要素和非结构化要素有哪些？两种要素之间有何关系？

5. 当今越来越多的企业都提出"核心竞争力"的战略，在这种战略之下，企业的纵向集成度应该朝着什么方向发展？

6. 进行自制/外购决策应该考虑哪些因素？

7. 推式生产模式和拉式生产模式下企业内部物流有何不同？

8. 什么是产品-生产过程矩阵？它在生产系统定位中有什么作用？

9. 什么是产品生命周期和生产过程生命周期？两者各阶段之间有何关联？

10. 生产技术与生产类型之间存在什么样的关系？

拓 展 训 练

1. 选择一家制造企业，分析其产品在产业链上的位置，并绘制其生产系统简图，写出分析报告。

2. 选择一家制造企业或服务企业，调查和分析其生产运营战略的构成，提出你的见解，写出分析报告。

参 考 文 献

[1] 史蒂文森，张群，张杰. 运营管理 [M]. 北京：机械工业出版社，2008.

[2] 潘家轺，等. 现代生产管理学 [M]. 北京：清华大学出版社，2003.

[3] 李怀祖. 生产计划与控制 [M]. 北京：中国科学技术出版社，2001.

[4] 夏志坚. 生产计划与物料采购 [M]. 广州：广东经济出版社，2004.

[5] 王淑芬. 现代企业生产管理新论 [M]. 北京：企业管理出版社，1997.

[6] 应可福. 生产与运作管理 [M]. 北京：高等教育出版社，2009.

[7] 杨锡怀，冷克平，王江. 企业战略管理——理论与案例 [M]. 北京：高等教育出版社，2004.

[8] 程国平. 生产与运作管理 [M]. 2版. 武汉：武汉理工大学出版社，2007.

[9] 刘冀生. 企业经营战略 [M]. 北京：清华大学出版社，1995.

[10] 田英，黄辉，夏维力. 生产与运作管理 [M]. 西安：西北工业大学出版社，2005.

[11] 杨海荣. 现代物流系统与管理 [M]. 北京：北京邮电大学出版社，2003.

[12] 杨长春，等. 供应链管理 [M]. 北京：对外经济贸易大学出版社，2004.

[13] 张涛，等. 现代供应链管理 [M]. 成都：四川大学出版社，2003.

[14] BALLOU R H. 企业物流管理——供应链的规划、组织和控制 [M]. 王晓东，胡瑞娟，等译. 2版. 北京：机械工业出版社，2008.

[15] 刘航. 生产与运作管理 [M]. 哈尔滨：哈尔滨工程大学出版社，2009.

[16] 齐二石. 物流工程 [M]. 北京：中国科学技术出版社，2001.

[17] 汤普金斯，怀特，布泽. 设施规划 [M]. 伊俊敏，等译. 北京：机械工业出版社，2008.

第 3 章
产品开发管理

 学习要点

- 产品开发的概念和内容
- 产品开发决策
- 产品开发的过程和类型
- 产品设计的工作内容和程序
- 产品设计中的应用技术
- 工艺设计的内容和程序
- 服务蓝图设计
- 产品数据管理、BOM、技术资料与技术状态管理
- PDM/PLM 系统
- 产品开发组织

本章主要描述产品开发与服务设计的基本流程,及各个阶段活动的具体内容,介绍在现代产品开发中出现的一些先进思想和技术方法,以及产品开发的不同组织模式及其优缺点。对于机电类企业,其产品设计与工艺设计体系较为成熟,与服务系统设计内容有很大的不同,因而本章也简单介绍关于服务蓝图的设计。

 ## 3.1 产品开发概述

3.1.1 新产品与产品开发

1. 产品与新产品的概念

与生产力的发展相适应,产品的概念也有一个发展的过程。产品的原始含义是人类为了生存和发展,通过有目的的生产劳动所创造的物质资料。随着生产力的发展和企业对消费者的重视,产品概念的内涵也越来越复杂,不仅包括产品的具体形态,还包括以功能为核心、与满足用户需要相关联的其他因素,如品质、价格、厂牌、商标、包装、服务、交货期、付款方式、保证程度等。因而,现代产品常常是指能够提供给市场,被人们使用和消费,并能满足人们某种需求的任何东西,包括有形的物品、无形的服务、组织、观念或它们的组合。**现代产品的含义一般由三个部分组成,即实质产品、形式产品和延伸产品**。实质产品,即构成产品概念最本质的部分,能够满足用户的特定欲望和需要,如功能、利益等;形式产品是指产品在市场上出现的物质实体外形，包括产品的品质、特征、造型、商标和包装等；延伸产品是指产品在销售和服务过程中必须提供给顾客的一系列服务活动，包括运送、安装、使用培训、维修等。

所谓新产品，是指在结构、材质、工艺等一方面或几方面比老产品有明显改善，或采用新技术原理、新设计构思，从而显著提高产品性能或扩大使用功能的产品，也就是指在技术性能上和使用功能上有较大改变的产品。但用进口散件组装的产品，或仅仅改变了外观、装潢的产品，不属于新产品。

具体来说，新产品应具备下列一个以上的特点：

（1）具有新的原理、构思或设计。
（2）采用了新材料，使产品的性能有较大幅度的提高。
（3）产品的结构有了明显的改进。
（4）扩大了产品的使用范围。

新产品按其具备的新质程度可以分为以下几种：

（1）全新产品。全新产品是指在产品的工作原理、产品结构方面具有独创性，与老产品截然不同的产品。全新产品是科学技术上的新发明在生产上的新应用。

（2）换代新产品。换代新产品是指产品的基本原理不变，部分地采用新技术、新材料、新元件或新结构，从而使产品的功能、性能或经济指标有显著改变的产品。例如，由电熨斗到自动调温电熨斗，又到无线电熨斗；又如，计算机的基本运算原理没有变，但是已经更换了很多代了，其运行速度和处理能力大大提高；等等。

（3）改进新产品。改进新产品是指在同一代产品上添加或使用一些新技术，使产品在性能、结构、包装或款式花色等方面有所改进的产品。此类新产品开发技术难度较小，只要具有一定开发能力的企业都可以进行开发，因而是企业新产品开发经常采用的形式。

在以上三种新产品中，换代新产品和改进新产品在市场上最多，也是企业进行新产品开发的重点。从企业经营的角度来说，新产品必须是：①能满足市场需求；②能够给企业带来利润。后者也正是企业进行新产品开发的动机。

2. 产品开发的概念

产品开发就是企业在开发新产品、改造老产品、采用新技术和改变生产组织时所进行的一系列技术活动。企业的研究开发分为产品开发（产品革新）、生产方法开发（工艺革新）和生产手段开发（生产设备、设施革新）等。产品开发包括开发新产品和改造老产品，它是企业技术开发的"龙头"。生产方法是指在生产过程中劳动者运用劳动工具作用于劳动对象的技术组合和加工方法。这种开发主要是伴随制造新产品或改进老产品和为降低产品成本提高生产效率而进行的新工艺的研究开发，如发明新的加工方法或操作方法等。机器设备和工具是企业的生产手段，是现代化生产的物质技术基础。生产手段开发主要包括对现有设备的更新改造、设计和制造各种先进的专业设备和工具，这种研究开发主要是围绕新产品的开发和生产能力的提高而进行的企业的技术设备和生产设施的改造。

当代科学技术迅猛发展，用户需求向个性化和多样化方向发展，产品生命周期急剧缩短。企业要生存和发展，一方面要不断采用新技术、新工艺、新设备，不断提高产品质量，降低产品成本，提高生产效率；另一方面要不断开发新产品，提高企业的竞争能力和适应能力，才能不断地提高经济效益。

3. 研究与开发的分类

关于研究与开发的分类方法，在国际上并无定论。但一般来说，可以分为三类，即基础研究（Basic Research 或 Fundamental Research）、应用研究（Applied Research）、开发研究

(Development Research)。

基础研究又可以分为纯基础研究（Pure Fundamental Research）与特定目标基础研究（Objective Fundamental Research）。纯基础研究以探索新的自然规律、创造学术性新知识为使命，与特定的应用、用途无关。纯基础研究主要在大学、国家的研究院所中进行。特定目标基础研究是指为取得特定的应用、用途所需的新知识或新规律，而运用基础研究的方法所进行的研究。一般来说，企业中所进行的基础研究大都属于此类。

应用研究是指探讨如何将基础研究所得到的自然科学上的新知识、新规律应用于产业或工业上而进行的研究，即运用通过基础研究所获得的知识，为创造新产品、新技术、新材料、新工艺的技术基础所进行的研究。所以也有人把应用研究称为工业化研究。

开发研究是指利用基础研究和应用研究的结果，为创造新产品、新技术、新材料、新工艺，或改变现有的产品、工艺、技术而进行的研究。这种研究是以生产为目标的。也就是说，在应用研究或工业化研究的阶段，并没有具体的产品意识，只有到了开发研究阶段，才开始与具体的新产品、新技术联系起来。因此，也有人把开发研究称为企业化研究。

一般来说，企业的研发主要是开发研究，也有一些研发实力较强的企业从事部分应用研究和特定目标基础研究。随着科技进步和市场竞争的日益激化，研发在企业中逐渐得到升级，从开始的开发研究，逐渐向应用研究和特定目标基础研究发展。

3.1.2 产品开发决策

产品开发决策是指企业在开发新产品或改造老产品时，需要进行的一系列分析和选择工作，主要包括以下几方面：

1. 调查与预测分析

产品开发的调查研究与预测分析包括市场和技术两个方面。前者就是要了解国内外市场对产品品种、规格、数量、质量、价格和供应等的需求，从而根据需要来开发新产品；后者则是调查有关产品的技术现状与发展趋势，预测未来可能出现的新技术，为制定新产品的技术方案提供依据。

2. 构思创意及其筛选

首先，根据调查掌握的市场需求信息及企业自身条件，充分考虑用户的使用要求和市场竞争情况以及相关技术的发展趋势，有针对性地在一定范围内提出开发新产品的构思创意。构思创意是新产品孕育、诞生的开始。新产品开发的构思创意主要来自以下四个方面：

（1）研发人员。研发人员掌握技术发展的规律和最新趋势，是提出新产品构思创意的主要力量，除本企业的研发人员提供的构思创意外，还可通过咨询有关专家、科研机构获得新产品开发的构思创意。

（2）用户。满足用户需求是开发新产品的目的，要通过各种渠道了解、掌握用户的需求信息，有时用户的投诉、抱怨等也是新产品构思创意的重要来源。

（3）本企业职工。他们熟悉企业的生产技术条件，也在不同程度上了解市场和用户的需求，特别是销售人员和技术服务人员，他们经常接触用户，因此，要鼓励他们提出新产品的构思创意。

（4）竞争者。任何一个具有市场意识的公司都会留意竞争者的一举一动。竞争者任何一个新的构思，都会给其在市场上带来一定的竞争优势，哪怕这种优势只是暂时的。因此，要时刻关注竞争者的产品开发动向，并据此决定是选择跟进策略，推出类似的产品或服务，还是推出一个有所区别的构思。

构思创意筛选就是从收集到的众多构思创意中筛选出具备开发前景的方案。从构思创意到产品开发方案的形成,需要经过多次筛选和评价,如图 3-1 所示。方案分析与评价也是产品开发的重要组成部分,必须给予高度重视。

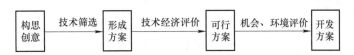

图 3-1　产品构思创意到产品开发方案形成的过程

3. 产品生命周期分析

产品生命周期是指从产品研制成功投放市场开始一直到最后被淘汰退出市场为止所经历的时间。产品生命周期大致分为引入期、成长期、成熟期和衰退期四个阶段,如图 3-2 所示。

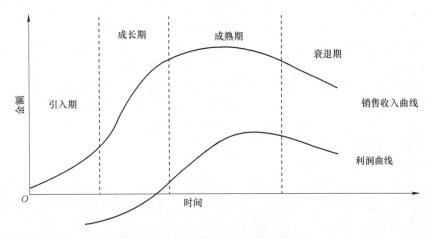

图 3-2　产品生命周期曲线

产品生命周期曲线揭示了大多数产品在市场上的销售收入(利润)随着时间变化的一般规律,它表明任何一种产品在市场上有兴旺也有衰退的现象。产品生命周期主要受四种因素的影响,即技术进步的推动、消费者需求和偏好的变化、市场竞争的压力和企业追求经济利益的驱动。在一般情况下,企业为了保持良好的经营状况,要不断地研究开发新产品,要求企业在生产第一代新产品的同时,试制第二代新产品、研制第三代新产品、构思第四代新产品,这样形成技术储备和新产品梯队,使企业不断地有新产品投放市场。

与此同时,还要注意新一代产品投放市场的时机选择:若投入过早,会使老一代产品还未结束成熟期就被新一代产品所取代;若投放过晚,则市场有被竞争者占领的危险。

另外,企业开发一代产品是很不容易的,不应该轻易就让它退出市场,应该想方设法延长其生命周期。如图 3-3 所示,可以通过以下几种方式延长产品生命周期:一是增加广告宣传;二是在不改变产品整体结构的基础上,对产品进行局部改进设计,如更换产品的外观和包装、增加某些新机构和新功能等,以吸引新用户和稳定老用户;三是开拓新市场,在产品尚未被认识的新销售区域或经济较落后的区

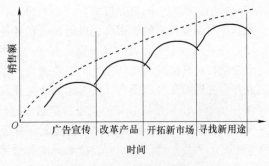

图 3-3　延长产品生命周期的途径

域争取新用户;四是寻找新用途,这一般需要对产品做较大的改进。总之,要千方百计地使这一代产品为企业创造更多的效益。

4. 产品开发策略选择

新产品开发策略一般归纳为领先型策略和跟随型策略两种。

(1) 领先型策略。领先型策略是指企业定位为该行业或领域的领跑者。在产品研发技术方面,能够掌握该行业或领域的技术前沿和发展趋势,具备很强的研发能力和雄厚的技术储备;在市场需求分析方面,不仅能够准确地掌握目前现实的消费者需求,还可以预测潜在的市场需求,即消费者对市场上还没有出现的产品的需求;在管理方面,具有很高的研发管理水平、生产管理水平和市场营销水平。这样的企业具有主动引导消费和主动创造新市场的能力。

当然,企业要采用领先型策略是很不容易做到的,需要有先进的经营理念、完善的运营机制和强大的财力支持。一般认为,对于一般的制造企业,若采用领先型开发策略,则每年的研发资金投入不得少于企业年营业收入的5%;对于技术进步较快的电子信息行业,不得少于企业年营业额的10%。

(2) 跟随型策略。跟随型策略是指企业发现市场上出现有发展前途的产品时,就不失时机地进行跟随和仿制,并迅速投入市场。一些中小企业常采用这种策略。这种策略也要求企业有较强的应变能力、高效率的开发组织和通畅的销售渠道。

5. 产品开发方式选择

产品开发方式通常有以下几类:

(1) 独立开发。独立开发是指企业自行独立开发新产品。采用这种开发方式的企业具备较强的科研能力、雄厚的技术力量和保持一定的技术储备。采用领先型开发策略的企业一般采用这种开发方式。

(2) 技术引进。技术引进是指企业直接引进国内外的先进技术如直接购买专利、技术诀窍等,来开发新产品的方式。技术引进是许多企业开发产品的成功经验。利用这种方式可以节省企业的科研经费,减少开发风险,加速企业技术水平的提高,缩短新产品开发周期。此方式适用于研究开发能力较弱的企业。

(3) 技术引进与独立开发相结合。这是指只引进关键的核心技术,外围的配套技术由企业自己开发。这种方式可以在充分消化吸收引进的核心技术的基础上,结合本企业的特点进行创新。这种开发方式投资少,见效快,不仅能引进先进技术,而且还能创造出具有本企业特色的新产品,适用于已有一定的开发条件、外部又有比较成熟的开发这类新产品的若干新技术可以借鉴的企业。采用追随型开发策略的企业经常采用这种开发方式。

(4) 联合开发。联合开发是指与有关大专院校、科研院所或其他企业合作进行研究开发的方式。采用这种方式的企业自身有一定的研究开发条件和能力,但尚不具备独立开发的能力,或基于对研究开发的费用高、风险大、联合各方实现优势互补等因素的考虑。

(5) 委托开发。委托开发是指企业有新产品的构思创意,但是没有开发能力,从而委托有关大专院校、科研院所或其他生产企业进行产品开发。采用这种方式的企业自身一般不具有研究开发的资源条件和能力,或考虑到研究开发费用太高、风险大等因素。

(6) 仿制。仿制是指对其他企业的产品进行分析、拆解、测绘后,形成本企业产品的一种开发方式。从市场竞争和企业经营角度看,在发展新产品的过程中仿制是不可排除的,因其有现成产品和技术可借鉴,所以技术难度和技术风险小,投入开发的人、财、物都相对少些,开发速度也最快。但是仿制不能照抄照搬,处理不好的话将会面临严重的侵权投诉,影响企业的形象和经营活动。

3.1.3 一般产品开发的过程

产品开发过程是指企业提出构思、设计产品、组织生产,最终投放市场的基本步骤和内容。有的企业界定和遵循清晰而细致的开发流程,而有的企业甚至不能描述出它们的流程来。事实上每一个企业使用的产品开发流程都与其他企业有所不同,甚至,同一企业对于不同的开发项目也可能采用不同的流程。

表 3-1 所示的是一般产品的开发过程,分为六个阶段,每个阶段都描述了参与产品开发的不同职能部门的关键活动和责任。

表 3-1 一般产品的开发过程

关键活动	第 0 阶段:计划	第 1 阶段:概念开发	第 2 阶段:系统设计	第 3 阶段:细节设计	第 4 阶段:测试和完善	第 5 阶段:投入生产
市场营销	计算市场机会 定义市场部门	收集客户需求 确定主要客户 确定竞争产品	产品选择和延伸产品的开发计划 设定销售目标的价格点	开发市场计划	开发促销方式 在小范围内进行测试	让关键客户试用样品
设计	平台的构建 评估新技术	调查产品概念的可行性 建立并测试实验的原型	设计新产品的结构 定义主要的子系统和接口 进行工业设计	设计零部件的工作图 选择原材料 设定误差容许量 完成工业设计 控制文档	可靠性测试 生命周期测试 性能测试 获得审批手续 进行设计修改	评估早期的产品样品
工艺和制造	确定工艺规格 建立供应链战略	设计生产过程 估计制造成本 评估生产的可行性	确定关键部件的供应商 进行外包分析 定义最终装配图表 建立目标成本	设计零部件工艺过程 设计安装工具 定义质量保证过程 开始为长期生产采购设备	不断为供应商提供便利 完善生产和组装工艺 培训劳动力 完善质量保证过程	开始整个生产系统的运行
其他职能	调查:证实技术的有效性 财务:提供计划目标 一般管理:分配项目资源	财务:进行经济分析 法律:调查专利问题	财务:执行外包分析 服务:确定服务问题		销售:制订销售计划	

第 0 阶段:计划。 该阶段的主要工作是从公司的战略出发,对前期研究和技术开发情况以及市场机会进行评估,做一系列产品开发决策(见上节内容)。该阶段的输出成果是项目陈述,详细说明产品的目标市场、经济目标和企业所需的新技术、开发平台、工艺技术、供应商战略、其他所需资源等关键假设和约束。

第 1 阶段:概念开发。 此阶段必须明确市场的确切需求和竞争产品情况,开发并评估新产品概念。概念设计是对产品的基本功能、原理、形状、规格、用途等特征的描述,还包含对竞争性产品的分析和项目经济情况的分析。概念开发阶段需要对产品的关键部位和技术的原理和功能建立模型并进行实验测试,需要进行工艺方案设计,评估生产的可行性,估计制造成本等。概念设计可以设计一个或多个概念方案。

第 2 阶段:系统设计。这一阶段的工作内容包括产品整体结构的定义、产品各子系统及其零部件的分解,以及最终装配图的设计。该阶段的成果包括产品总装配图、每个子系统的装配图和功能说明以及最终装配过程的初步流程图。该阶段市场营销部门需要设计产品的销售策略和售后服务方案。工艺设计和制造部门需要分析、设计和测试关键零部件的工艺技术或确定供应商,进行外包分析,建立目标成本。

第 3 阶段:细节设计。这一阶段的工作内容包括:营销部门编制开发市场计划;设计部门完成所有零部件的工作图、材料、公差设计,编制物料清单(BOM)、产品安装、使用、维修说明书等文档,完成工业设计;制造部门进行自制/外购/外包决策;工艺部门完成产品及其零部件的全部装配工艺和加工工艺设计以及工艺装备的设计和制造,确定并采购生产设备。

第 4 阶段:测试和完善。该阶段是对产品样品进行测试,看是否达到了概念设计阶段提出的产品的性能和功能以及可靠性,并进行设计修改;营销部门开始开发促销方式;工艺和制造部门不断完善加工和装配过程,培训劳动力,完善质量保证过程。该阶段一般分为样品测试与鉴定和小批量测试与鉴定两个部分。

第 5 阶段:投入生产。该阶段开始整个生产系统的运行,工作的主要内容是培训各类员工使其尽快适应工作岗位,同时解决生产中出现的各种问题,逐步从试生产发展到提升产量,营销部门可以让关键客户试用产品,最后在某一时期推出产品并大量销售。

3.1.4 产品开发过程的不同类型

表 3-1 描述的开发过程是一般性的,属于"市场拉动型",是企业根据市场机会开发新产品,并利用一切可行的技术满足市场需求,即市场"拉动"了开发的决策。除了一般的市场拉动的产品开发外,还有其他一些类型,如技术推动型、平台型、工艺集中型、面向顾客型、高风险型、速成型、复杂系统型等。以下简单讨论各种类型开发过程的特征以及和一般过程的区别。

1. 技术推动型

技术推动型开发是指依靠技术来推动产品开发。在技术推动型的产品开发过程中,公司从自己掌握的新技术出发,寻找适合应用该技术的市场。这种类型的产品开发,在计划阶段特别注重技术和市场的匹配研究,在概念开发阶段采用已有的技术。

2. 平台型

平台型开发是指应用现有的产品平台来开发新产品。在平台型产品开发过程中,概念开发是建立在给定的产品平台上的。对设计来说,新产品设计更多的是在产品平台的技术和结构基础上进行简单的修改,而不是重新设计,减少了设计工作量,提高了通用化率;对工艺设计来说,工艺设计量更多的是在原工艺平台上简单修订而非重新设计,使工艺方法、流程和工艺装备标准化、通用化,使制造成本大幅下降;对于物流规划来说,物流规划和物流器具具有更多的通用性。平台化还会降低生产管理、销售和售后管理的成本。

平台型与技术推动型是类似的,都体现了基于特殊的技术来开发新产品,所不同的是平台型已经体现出它在市场上满足顾客需求的功能,而技术推动型需要一个更复杂的市场研究过程。

3. 工艺集中型

工艺集中型开发是指那些生产工艺对产品的属性有很大影响,以至于不能把产品设计与生产工艺设计分开的产品,例如化工、冶金、食品、药品、半导体、报纸等的开发。通常工艺集中型产品都是批量生产的,产品生产过程高度集中。这种类型产品的开发,一开始就明确规定工艺流程,产品设计和工艺流程设计在初期就要同时进行。

4. 面向顾客型

面向顾客型开发是指必须根据顾客的特殊要求而快速开发、生产并交货的产品。例如定制的服装、定制的家用电器和家具等。通常面向顾客的产品是对现有产品的小改动(对标准配置做细微改动)。这种类型的产品由于相似性很高,可以用同一条流水线生产。通过使用高度模块化的设计和开发流程,企业就会快速生产出面向顾客的产品。

5. 高风险型

高风险型开发是指在技术或市场方面有较大的不确定性而存在较高风险的产品的开发。例如某些医药品、航空系统等。这种类型产品的开发过程,需要在早期进行大量的风险分析活动,以确定最大的风险。通常需要在早期进行一些设计和测试活动。例如关于产品技术性能方面的不确定性,就必须建立关键指标的工作模型并尽早测试;同时考察多种解决方案,以期其中一个方案能获得成功;在审查设计时评估常规情况下的风险水平,尽量降低风险,而不是让风险在后期才出现。

6. 速成型

速成型开发是指一些通过快速建立模型、快速设计、快速制造和测试就能完成开发过程的产品的开发。例如软件和许多电子产品(手机、电话)。以软件为例,其开发过程就是设计(需求分析、系统设计)——建立(编程)——测试这一循环的不断重复。对于这类产品(虽然一些复杂软件系统的开发过程也非常花时间,但是相对于"硬件"产品的开发过程来说,周期还是较短的),在系统设计阶段需要把产品分解成最重要、一般重要、次要等不同的部分。然后,从重要的部分入手进行设计、生产、合成以及测试活动,这样不断循环。当规定的开发周期结束或预算用完时,最重要和一般重要的部分通常已经完成,次要的部分也许留到下一阶段才能完成。

7. 复杂系统型

复杂系统型开发是指那些体积庞大、结构复杂、由许多相互作用的子系统和零部件构成的产品,如飞机、汽车等的开发。对于复杂系统的开发过程,通常在遵循表3-1所示的一般产品开发过程的基础上,特别强调系统整合与测试,以及并行工程和开发团队之间的配合。

3.2 产品设计

3.2.1 产品设计的重要性

产品设计是指从确定产品设计任务开始,到确定产品的具体结构为止的一系列技术工作和管理活动,是产品开发的重要环节。由于产品设计阶段要全面确定整个产品的具体结构和规格,从而也就确定了生产该产品的整个生产系统的构成,甚至售后的维修服务工作的构成和报废后的处理工作的构成,因此产品的设计阶段决定了产品的前途和命运,一旦设计出了错误或设计不合理,将导致产品的先天不足,工艺和生产上的一切努力都将无济于事。因此,产品设计的意义重大,具有"牵一发而动全局"的"龙头"作用。产品设计的重要性具体体现在以下几个方面:

(1) 产品能否在预定的使用环境中发挥预定的性能、机能，主要取决于设计阶段。

(2) 产品成本的主要责任在于设计阶段。一项研究表明，产品成本的80%取决于设计开发部门和生产技术部门，如图3-4所示。

(3) 产品设计影响产品的制造工艺性。在规定的产量规模条件下，能采用经济的加工方法，制造出合乎质量要求的产品，通常称为产品结构的工艺性。良好的结构工艺性，要求设计的产品结构能够最大限度地降低产品制造的技术难度和劳动量，减轻产品的重量，减少材料耗费，缩短生产周期等。

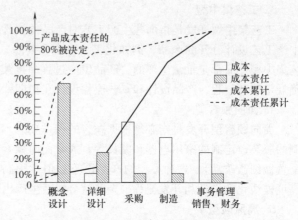

图3-4 设计开发中的产品成本责任

(4) 设计阶段对控制产品质量有重要的意义。因为在设计阶段将具体确定产品及其零部件的各种技术参数，如材料型号、公差、配合精度、表面粗糙度等，这些技术参数的设置不仅影响产品的性能、加工工艺性，还影响产品加工质量的保证程度和使用过程中的可靠度。因此，必须从设计阶段起就树立产品质量观念，尽量不使任何会带来产品不良的因素掺杂到设计中。

3.2.2 产品设计的内容和程序

以我国机电产品设计为例，产品设计的内容和程序通常如下：

(1) 初步设计。 初步设计是在概念设计的基础上进行总体方案设计，并编制技术任务书。技术任务书是产品设计的指导文件，是对总体设计方案的描述。其主要内容包括：确定新产品的用途、适用范围、使用条件和使用要求，设计和试制该产品的依据；产品的基本性能、结构和主要参数，概括地做出总体布置、传动系统略图、电气系统略图、产品型号、尺寸、标准系列等；概略地计算技术经济指标等。初步设计还要对新产品所用到的新原理、新结构、新材料进行研究试验，编写研究试验报告。初步设计需要经过必要的评审才能生效。

通用产品的技术任务书由企业产品开发部门编制。非标准产品的技术任务书则由用户提出（内容包括：用途、适用范围、工作条件、主要技术规范、特殊要求和完成期限），然后由开发部门编制技术建议书，详细回答用户提出的各项要求，并附以草图，进一步说明产品结构特征，以便用户了解企业的开发能力。对于大型产品，还应明确运输条件、产品最大尺寸和重量等限制条件。

(2) 技术设计。 技术设计是将初步设计中确定的基本结构和主要技术参数进一步具体化，根据技术任务书中的要求，进一步确定产品结构和技术经济指标，以总图、系统图、明细表等表现出来。技术设计的基本内容应视产品类别而异。对于机电产品，一般包括：试验、计算和分析确定重要零部件的结构、尺寸和配合，并画出机器总图、重要零部件图、液压系统图、冷却系统图和电气系统图等；编写部件、附件、通用件、标准件、外购件等明细表及特殊材料明细表；编写设计说明书，说明产品结构特点和结构间的相互关系以及重要零件强度、刚度和计算公式等；制定加工和装配的技术条件以及产品验收和订货的技术条件；计算产品的技术经济指标，进行技术经济效果分析等。

技术设计还要考虑企业的设备条件、生产技术水平，尽量简化结构、提高结构工艺性。

从设计方面提高结构工艺性的主要方法是尽量采用标准化零件、扩大产品结构的继承性和零部件的重复性。

（3）工作图设计。工作图设计的任务是将技术设计进一步具体化，在技术设计的基础上绘制供试制（生产）及随机出厂用的全套工作图样和编写必要的文件。主要内容包括：设计并绘制全部零件的工作图，详细注明尺寸、公差、配合、材料和技术条件；绘制产品总图、部件装配图、包装图和安装图；编写零件一览表（设计 BOM）；编制产品说明书和使用、维护保养规程；进行产品质量特性重要度分级和早期故障分析，编写早期故障分析报告；按照规定程序对图样及设计文件进行会签、审批、标准化审查等。

3.2.3 产品设计中的应用技术与方法

产品设计是一个创造性的综合信息处理过程，通过多种元素如线条、符号、数字、色彩等方式的组合把产品的形状以平面或立体的形式展现出来。它是将人的某种目的或需要转换为一个具体的物理或工具的过程；是把一种计划、规划设想、问题解决的方法，通过具体的操作，以理想的形式表达出来的过程。随着科学技术的不断发展，人们总结和归纳出许多进行产品设计的方法论和具体方法。本书不做全面叙述，只对部分典型的以及与生产计划与控制密切相关的产品设计方法和技术进行简单概述。

1. 基于需求-实现的设计方法

任何产品之所以能够在市场上销售，是因为它能够满足人们的某种需求，所以需求是所有产品开发的动力源泉。基于需求-实现的设计方法主要有以下几种：

（1）公理化设计。公理化设计方法是指存在着能够指导设计过程的基本公理，由公理来指导设计的方法。它是美国麻省理工学院（MIT）Suh Nam-Pyo 教授于 1990 年在《设计原理》（The Principles of Design）一书中正式提出的。公理化设计理论是设计领域内的科学准则，通过指导设计者在设计过程中做出正确的决策，为创新设计或改善已有的设计提供良好的思维方法。

公理化设计将设计过程分为四个域，即用户域（Customer Domain）、功能域（Functional Domain）、结构域（Physical Domain）、工艺域（Process Domain）。域的结构及域间的关系如图 3-5 所示。相邻的两个域中，左边的域是"要达到什么目标"（What），而右边的域是"选择什么方法来实现左边域的要求"（How）。四个域中的元素分别为：用户需求项（Customer Needs，CNs），表示用户使用产品的目的；功能需求项（Functional Requirements，FRs），表示在功能层次上对产品设计目标的说明；设计参数（Design Parameters，DPs），表示实现功能的载体；过程变量（Process Variables，PVs），表示制造过程所涉及的主要因素。图 3-5 中功能域和结构域之间是直接的"之"字映射关系，即把某个功能与某个（些）结构直接对应起来，如图 3-6 所示。这种直接映射只是表明了"载体具有的功能"的关系，而没有说明"功能被载体实现"的原因。所以，公理化设计存在以下不足：①公理化设计只是引导设计人员进行从功能域到结构域的"之"字形映射，并提供对映射进行评价的理论依据，但是并没有提供从功能域到结构域具体的映射实现手段；②公理化设计原理提倡进行创新性的设计，但是实际设计过程是一种以经验为基础的活动，设计人员往往会利用以前的设计案例，而公理化设计并不能支持这种经验性设计行为。

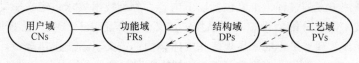

图 3-5 公理化设计的四个域

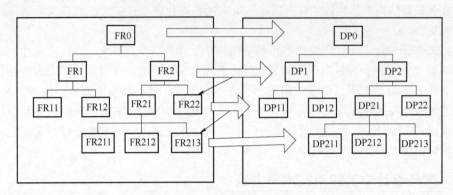

图3-6 功能与结构的对应关系

公理化设计是在价值工程的思想和原理下发展而来的。

(2) 价值工程。价值工程（Value Engineering，VE）是一种以提高产品附加价值为目的的定量分析方法，是设计方法中的一种现代管理技术。价值工程运用集体的智慧和有组织的活动，通过对产品（或服务）进行功能成本分析，用最低的生命周期成本，实现必要的功能。

价值工程的主要特点如下：

1）价值工程采取多种途径来提高价值。既不是单纯强调产品功能，也不是片面地要求降低成本，而是致力于提高两者的比值：价值＝功能/成本。根据价值工程的基本公式，提高价值的途径有：①功能不变，成本降低；②功能提高，成本不变；③功能提高，成本降低；④功能大幅度提高，成本略有提高；⑤功能略有下降，成本大幅度下降。

2）价值工程以功能分析为核心。功能分析是价值工程活动中的一个重要手段，它针对产品及其零部件，系统地分析和比较它们的功能，去除不必要的功能和过剩功能，改善必要功能，从而达到以最少的成本可靠地实现必要功能的目的。

3）价值工程强调有组织地运用集体智慧。开展价值工程要涉及研究、设计、制造、供应、财务、销售等许多部门，需要各种专业人员的经验和智慧，相互协作，博采众长，才能获得成功。

在新产品设计中应用价值工程的目的，是要设计出既能保证所需的特定功能，又能降低产品生命周期成本的新产品。

(3) 按订单设计产品的需求分析技术。在按订单设计（ETO）的产品开发过程中，必须始终以准确把握客户的需求为基本原则。客户需求主要包括产品的功能要求、衍生需求、特殊要求以及其他需求等。基本功能要求包括产品的性能要求、操作功能要求、任务功能要求和状态处理功能要求等；衍生需求是伴随基本性能的扩展要求，如产品交付后的服务需求和维护需求；特殊要求是对产品的专门要求，如可靠性、可维护性、可操作性、环境适应性等；其他需求多是指产品技术要求之外的需求，如商务合同要求、法律法规要求等。各类需求的集合定义按订单设计产品的总体需求。

正确识别和获取需求是一个反复的过程，如图3-7所示。左侧是需求从上而下的分解，分配给产品层，再分解零部件层。需求定义的目的是相应地提出产品及零部件的设计解决方案。从需求到解决方案的过程，主要包括以下内容：分配技术要求；定义驱动需求；定义子系统；将驱动技术需求分配给设想的子系统；定义子系统需求；产生可选择的子系统方案；评价并选择子系统；建立最终的产品规范和整体架构；定义子系统接口规范。需求定义和解决方案产生要通过多次迭代才能确定。每一层解决方案都是由上层分解而来的需求所驱动的。

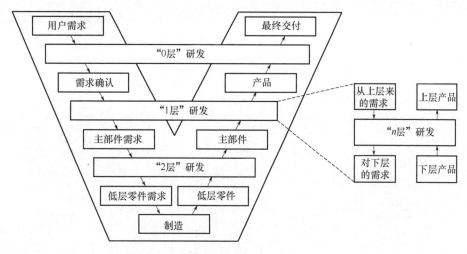

图 3-7　识别和获取需求的过程示意图

解决方案产生后，要评估解决方案对需求的符合性。符合性验证从零部件层开始，到产品层进行综合验证和确认。按订单设计产品的需求工程就是以自上而下和自下而上的方法，通过迭代和并行的流程，实现需求满足。

（4）质量功能展开法。质量功能展开（QFD）法于20世纪70年代由日本质量管理大师赤尾洋二（Yoji Akao）和水野滋（Shigeru Mizuno）提出，旨在时刻确保产品设计满足客户需求和价值。后来被日本其他公司广泛采用，现已成为一种重要的质量设计技术，得到世界各国的普遍重视，认为它是满足客户要求、赢得市场竞争、提高企业经济效益的有效技术。质量功能展开法以满足市场需求为出发点，以客户需求为驱动，将客户需求信息明确转变为设计、生产、销售部门直接所用的具体信息，保证企业最终能生产出满足客户需求的产品。它的工作原理是绘制客户需求关系图表——一种描述"客户想要什么"与"企业如何能够最好地交付"之间关系的矩阵图，也称"质量屋"。

图 3-8 所示是一个纸张供应商和印刷商（客户）之间关系的"质量屋"。该图的左侧列出了客户对产品的质量要求指标，并将这些质量指标对客户的重要性做出等级评价；中间上部列出了纸张质量的技术特性指标以及各项指标之间的相关关系，用强正相关、正相关、负相关、强负相关予以表达；右侧列出的是在纸张供应市场上，本企业与主要竞争者在满足客户对产品质量要求的各项指标的5个等级评价；中间的矩阵部分，将客户要求与产品的技术特性一一对应，评估出它们之间的相关关系，并用强、中、弱三级做出定量评价；然后，分别以产品的各项技术特性为对象（纵向），分别将该项技术特性和客户要求的关系评分值与客户要求的重要性数值（权重）相乘再累加，得到产品各项技术特性的重要度衡量数值；进一步确定产品各项技术特性的改进目标值，同时可以将各项技术特性与竞争者的相应指标做5级评价。

这样，在质量屋中既有客户要求特性及其重要性的信息，又有与客户要求特性相关的产品技术特性信息及产品技术特性之间的相互关系信息，再加上对客户需求特性和产品技术特性的竞争性评价，就可以借此分析判断该企业产品技术特性的规范是否符合客户要求，同时可以确定质量改进的目标。

质量功能展开法还可以延伸出一系列"房屋"，如图 3-9 所示。首先是设计特性，其次是组件特性，然后是工艺特性，最后是具体操作要求。这里不对每间屋展开讨论，但是它提供了一种可以不断改善的概念和思路。

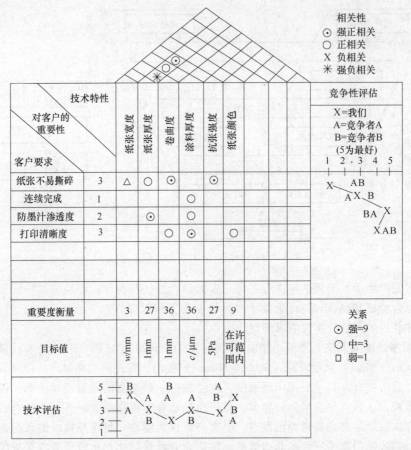

图 3-8 质量屋

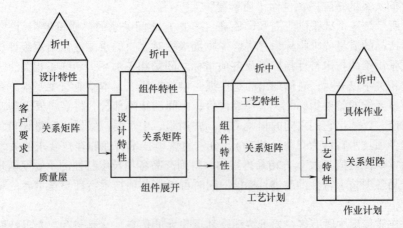

图 3-9 质量屋序列

(5) **DFX**。DFX 是 Design for X（面向产品生命周期各环节的设计）的缩写。其中，X 可以代表整个产品生命周期或某一环节，如制造、装配、使用、维修、回收、报废等，这里的设计不仅仅是指产品本身的设计，也是指与产品有关的制造、装配和服务等相关过程的设计。DFX 方法通过在产品的设计阶段最大限度地考虑与产品全生命周期有关的影响因素，以此达到提高产品质量、缩短开发周期和降低产品成本的目的。最常见的 DFX 技术有：面向装配的设计（Design for Assembly，DFA）、面向制造的设计（Design for Manufacturing，DFM）、面向成本的设计（Design for Cost，DFC）、面向服务的设计（Design for Service，DFS）等。

例如：面向装配的设计是一种针对装配环节来进行产品设计的思想和方法，是在产品设计过程中充分考虑产品的装配环节以及相关因素，如零件间的配合、定位、装配方向和装配角等，在满足产品性能与功能要求的条件下，改进产品的装配结构，使设计出的产品是可以装配的，并尽可能降低装配成本和总成本。其原则包括最小零件数、最少接触面和易装配等。

2. 基于标准化的设计方法

标准化是现代工业化的重要基础，标准化已经充斥于现代社会生活的各个领域。基于标准化的设计方法也是进行产品设计的最基本方法，主要有以下几种：

（1）标准化设计。标准化设计的基本原则是：统一、简化、最优。同类产品统一参数，统一计量单位，采用优先数列；简化规格品种；进行优化设计，取得最好的经济效益。

标准化是国家在产品设计方面的重要法规，要求产品设计贯彻"三化"（标准化、系列化、通用化）原则。标准化可以减少设计工作量，促进设计合理化，可以提高产品质量和经济效益，保障人和设备的安全。

机械产品的标准化包括技术要求的统一，安装连接尺寸的统一，性能参数的系列化，零部件的通用化、组合化等特定内容。标准化程度用标准化系数 K 表示，K = 标准件数/零件总数，K 值越大，标准件越多，产品制造周期越短，成本越低，质量越好。

实现标准化方法，首先是提高互换性，即在功能等效情况下，零部件连接尺寸能互换。其次是易于分解和组合，采用从整体到局部的系统分解方法，将整机或部件分解成标准零部件，用标准零部件加专用件也能组合成新产品。

零部件的标准化是在不同类型、不同规格的各种机器中，将相同的零部件加以标准化，并按尺寸不同加以系列化，设计者无须重复设计，可直接从有关手册标准中选用。

按标准的类别（表示标准实施的范围）可分为四类标准，即国际标准、国家标准、行业（协会）标准、企业（公司）标准。

（2）产品平台与模块化设计

1）产品平台。产品平台是整个系列产品所共享的、具有通用性的共同要素的集合，包括共用的系统架构、子系统、模块组件、关键零件、核心技术等，这些要素可以分为技术基础（核心技术、工艺、知识等）、结构基础（共用模块、零部件、系统架构）和业务基础（人员、制度、模式等）。不同的应用领域下，对产品平台的要素侧重有所不同，例如汽车开发过程中，平台通常是指技术基础（如基础材料技术、基础物理技术或化工技术）和结构基础（模块化结构和非模块化结构、承载结构和非承载结构、独立悬架结构和非独立悬架结构等），而较少指业务基础（如一体化开发模式或同步开发模式）。而其他一些公司的产品开发平台更突出业务基础，如华为所采用的 IPD（集成产品开发）模式。

2）产品族。产品族是指在产品平台的基础上建立的，共享产品平台的通用技术并定位于某一特定细分市场的一组产品。一个产品平台可以衍生出许多个产品族。如：大众汽车开发的 MQB 平台用于最新车型的共线生产，MQB 是德语"Modularer Querbaukasten"的缩写，英语为"Modular Transverse Matrix"，即横置发动机模块。MQB 模块化平台的基础（核心要素）就是统一不变的发动机模块位置，即加速踏板到前轮中心的距离是相同的，发动机安装倾角也相同，在此基础上，前悬（车头到前轴的长度）、前轮距、后轮距、轴距、后悬等都是可以调整的。MQB 平台的适用车型如表 3-2 所示，其中的每一个车型都是一个产品族，体现了基于车型、价格和面向应用群体的差异。

表 3-2　大众汽车 MQB 平台的适用车型示例

平　台	定　位	开发方	适用车型
MQB	横置发动机模块化平台	大众公司	A0 级：Audi A1，VW Polo A 级：Audi A3，Audi TT，VW Golf B 级：VW Passat，中型 SUV，CC

产品、产品族、产品平台的关系如图 3-10 所示。

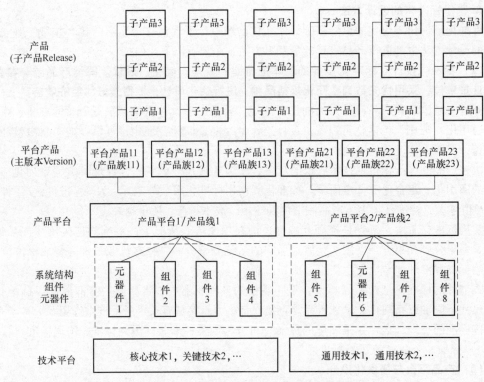

图 3-10　产品、产品族、产品平台的关系

3）产品平台的优势。 产品平台实现了产品定制设计和大批量生产效率的折中，具有独特的优势：

① 缩短创新周期，降低开发费用。采用平台模式，在平台产品的基础上进行二次开发，只需根据用户的需求，考虑技术进步的因素，对平台产品的特定部分进行改进和替换，无须进行全面的重新设计。尤其在今天技术被广泛应用的条件下，这一优势更为明显。

② 降低制造成本，提高产品质量。基于产品平台的产品族虽然性能各异，但组成产品的子系统和零部件都具有很大的相同性，当大批量生产或采购这些零部件时，可以获得显著的规模经济效益；同一产品族的产品生产工艺流程大同小异，可共享大部分加工设备，减少设备投资，还有利于通过熟练曲线较快提高员工的熟练程度和生产效率，从而降低生产成本，提高产品质量，这在多品种、小批量的产品生产中表现得尤为突出。

③ 更好满足客户需求，充分占领细分市场。今天的企业已经认识到，由于顾客众多、分布广泛，而且他们的购买要求不尽相同，因此，用单一产品满足所有顾客的时代已经成为过去。如果能开发出性能各异的产品，很好满足特定细分市场的不同需求，企业将赢得竞争优势，而平台模式较好地解决了这一矛盾。

④ 彻底根除产品开发中大量低水平重复工作。

⑤ 平台的知识集成减少了对企业个别员工的依附性。员工的正常流动不会影响企业的技术实力。

⑥ 平台的标准化、系列化、规范化设计非常有利于产品的生产、维修与更新。

4）模块化设计。产品平台设计方法的前提是产品结构模块化，在模块化产品结构的基础上根据通用型确定出产品平台，并根据产品平台和其他个性化组成模块建立通用的产品族结构，通过不同的产品变量实现个性化用户需求。

模块可以被定义为一组具有同一功能和接合要素（指连接方式和连接部分的结构、尺寸、配合等）的，但性能、规格或结构不同的可以互换的单元。由此可知，模块具有两个基本特征：一是模块具有特定的功能；二是模块具有通用的接口，即一个模块与另一个相关模块可以实现自由连接，相同或相似的模块之间可以实现互换。

模块化设计可以定义为：在对产品进行功能分析的基础上，划分出一系列通用的功能模块，然后根据客户的要求，对这些模块进行选择组合，就可以构成不同功能或功能相同但性能不同、规格不同的产品。

5）产品结构树与产品配置。产品配置是基于模块化产品平台进行产品开发设计的核心过程。产品配置的基础是产品结构树和模块分类。产品结构树描述了一个可配置的、包括所有标准组件的模块化产品系统的组成情况，界定了所有可配置模块之间的相关关系，可以根据不同客户的需求，从产品结构树中派生出客户定制产品的实例结构。

模块可以分为基本模块、必选模块和可选模块三类：①基本模块，是产品实例结构中必有的模块，只要产品平台确定，这些不变的模块就可以确定；②必选模块，是产品实例结构中必有的模块，但需要借助客户的特殊要求即辅助参数或其约束值才能完全确定结构；③可选模块，是指除了不变结构树之外的模块，在产品实例结构中可有可无，需要根据客户特殊需求进行添加或删减，这一部分模块也可能会进行重新设计或变形设计。图 3-11 是产品结构树及其不同模块组合的示意图。

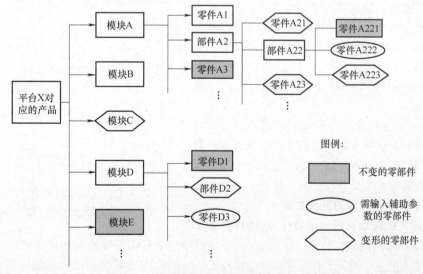

图 3-11 产品结构树及其不同模块组合的示意图

（3）延迟差异化设计。延迟差异化设计就是在设计产品和生产工艺时，将流程中形成多个产品的差异点尽可能向后延迟的一种设计技术。在这种技术下，生产产品或服务的程序直到了解到顾客的最终订单后才全部完成。

延迟差异化设计最典型的例子就是裤子的生产。裤子生产厂家生产不同尺寸的裤子，但每种尺寸裤子的裤脚都不缝制好,直到顾客确认购买时,再通过量身最后确定裤子的长度,这时生产厂家的服务流程才算完成。这样,生产厂家既可以大批量生产,又使产品具有定制的特色,还可以很快交货,满足顾客多样化和及时供货的要求。

一般来说,多种产品在生产流程的初始阶段可以共有一些共同的工艺和(或)零部件,不同产品的差别体现在工艺流程的某一点或某些点上,这就是产品差异点。延迟差异化设计的实质就是重新设计产品和工艺,以使产品差异点尽量向后延迟。这样,在差异点之前,大量的工作都是相同的,可以组织大批量生产并形成半成品储备,直到接到客户订单以后再进行后面的少量工作,这样就可以达到按订单及时供货的目的。

(4)成组技术。成组技术(Group Technology,GT)是一种利用零件的相似性原理来组织零件的设计、生产的方法。从设计属性和工艺属性考虑,许多零件具有相似性,将相似零件归并为一族(组),就可以采用相同或相近的设计和工艺组织方法,从而减少重复工作,节省时间,提高效率,改进工作质量和产品质量。

成组技术最基本的原理是"相似性"——产品零件的几何形状、结构特征的相似性,制造零件的工艺规程、材料毛坯的相似性,组织生产的机器设备、工艺装备的相似性,控制管理的信息手段、协调机能的相似性等。用相似性原理来分析任何工业企业的产品可以发现:不论是结构复杂还是简单的产品,都是由不同数量、规格、类别的零件所构成的,然而这些零件之中,总有一部分几何形状相同、结构特征相似的,在客观上可以分类归组。通常把这些零件归成几大类——齿轮类、轴件类、套件类、盘形类、支座类、拨叉类、杠杆类等,而在每类零件中,又有尺寸相近、性能相似的,这就为成组生产创造了良好的条件。

成组技术涉及企业的产品设计、标准化、制造工艺、生产组织、计划管理、劳动定额、投资规划、设备选择和布置等许多方面。其基本内容包括以下几个方面:

1)对企业生产的所有零件,按照几何形状、尺寸、加工方法、精度和表面粗糙度的要求,以及毛坯种类的相似性,进行分类编码并划分零件组。

2)零件组编制成组工艺规程,设计制造成组工艺装备。

3)根据零件的划分情况,建立成组生产单元和成组流水线。

4)按照成组技术的分类编码进行产品设计与零件选择。按成组技术进行产品零部件设计的过程如图 3-12 所示,可以大大提高产品零部件的继承性和标准化程度,减少新设计的零件数。

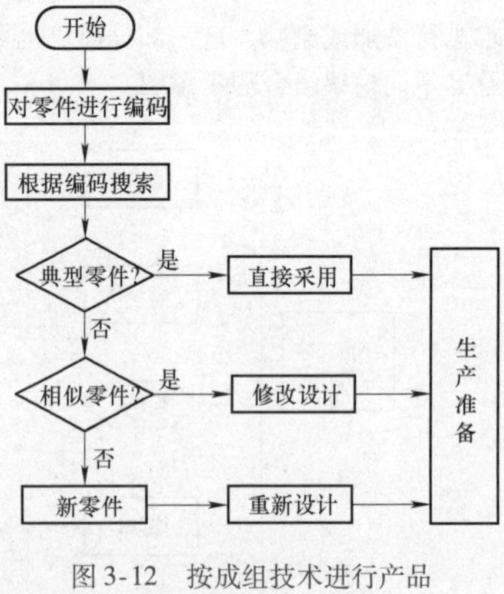

图 3-12 按成组技术进行产品零部件设计的过程

3. 基于信息化技术的设计方法

(1)计算机辅助设计(CAD)与计算机辅助工程(CAE)。计算机辅助设计(Computer Aided Design,CAD)是指利用计算机及其图形设备帮助设计人员进行设计工作。在设计中设计人员运用 CAD 软件将设计构思经过交互式设计过程转换成工程图,并可对不同设计方案进行大量的计算、分析和比较,以决定最优方案;各种设计信息,不论是数字的、文字的还是图形的,都能存放在计算机的存储器里,并能快速地检索;还可以进行与图形的编辑、放大、缩小、平移、复制和旋转等有关的图形数据加工工作。目前,CAD 技术已经被广泛应用,很多 CAD 系统广泛用于机械、电子、电气、建筑、纺织等领域的产品设计和开发之中。

相对于原始的二维 CAD，三维 CAD 的功能更加强大。三维 CAD 是将产品直接表示成一个完全立体化的模型。在计算机内部建立相应的三维实体模型，能够更直观、更全面地反映设计意图。同时，在三维模型的基础上可以进行装配、干涉检查、有限元分析、运动学分析等更高级的计算机辅助设计工作。

CAD 系统最明显的优点就是可以快速存取设计数据、对设计进行细节处理以及大幅提升设计效率。由于能够迅速对设计进行调整，CAD 系统还可以显著增加设计工作的柔性，大大加快对设计进行修改的速度。标准化图形和实体库的使用还能降低在设计过程中出错的概率。尤其是三维 CAD 技术的应用以及三维 CAD 技术与虚拟仿真方法结合起来使用，可以在全面生产之前对其设计方案进行全面评估。

计算机辅助工程（Computer Aided Engineering, CAE）是用计算机辅助求解复杂工程和产品结构强度、刚度、屈曲稳定性、动力响应、热传导、三维多体接触、弹塑性等力学性能的分析计算以及结构性能的优化设计等问题的一种近似数值分析方法。

（2）基于模型的设计 MBD。近年来，**MBD（Model Based Definition，基于模型的工程定义）**技术发展很快，是一个用集成的三维实体模型来完整表达产品定义信息的方法体，它详细规定了三维实体模型中产品尺寸、公差的标注规则和工艺信息的表达方法。MBD 改变了传统由三维实体模型来描述几何形状信息，而用二维工程图来定义尺寸、公差和工艺信息的分步产品数字化定义方法。同时，**MBD 使三维实体模型作为生产制造过程中的唯一依据，改变了传统以工程图为主、以三维实体模型为辅的制造方法，使产品设计、工艺设计、加工制造、使用维护等环节均在统一的三维数字化环境下进行。**

（3）拟实产品开发。拟实产品开发（Virtual-reality Product Development, VPD）是指以数字化方式在计算机上完成包含产品设计、分析、实验和测试各环节的开发过程，从而在实际原型制造出来之前就能对产品的各方面进行评价，减少了对物理模型的依赖，加速了设计进程。

拟实产品开发的技术特点包括：

1）数字化模型。在拟实产品开发中，产品为数字化模型，并在产品实现物理原型制造之前，实现数字形式的设计、分析、制造和评估，对产品相关的样式、配合、功能等进行评审，完成新产品的开发过程。

2）工作小组式组织结构。拟实产品开发跨越了时间、地域、组织的界限，可以由不同企业中从事产品设计、分析、制造、仿真等的专家和技术人员通过网络组建成一个虚拟的产品开发工作小组，将设计人员、分析专家、工程支持人员、供应商以及客户联系在一起，实现异地合作，利用数字化技术确认各自的工作任务，并进行任务委派。

3）协同工作管理。拟实产品开发可以使产品开发各个阶段的技术人员面向同一个产品模型来工作，减少或避免产品开发过程中因反复建造模型而造成的时间和费用浪费，尽早地发现和解决产品开发问题。

4）实时性评估。拟实产品开发环境为设计人员、分析专家、工程支持人员、供应商和客户等提供了相互配合和同时操作的可能性。拟实产品开发环境中，产品为数字化模型，各专业人员可以全方位实时地实现设计、分析、可制造性、可装配性、可维护性、可销售性等评估，并使得每个参与产品开发的人员及时地获取所需信息。

产品设计中的应用技术和方法除了上面陈述的还有许多：基于创新和优化的设计方法，如 TRIZ[⊖]、稳健设计、精益设计等；基于可靠性技术的设计方法，如可靠性设计、失效模式

⊖ TRIZ 是基于知识的、面向人的发明问题解决系统化方法学，译为发明式问题的解决理论。

分析等；基于安全技术的人因设计；基于环保技术的绿色设计；基于艺术的工业设计等。

3.3 工艺设计

3.3.1 工艺设计的重要性

工艺设计是指根据产品设计要求，设计或规划出从原材料到产成品所需要的一系列加工过程、加工方法、材料消耗和工时消耗、设备和工艺装备需求等技术文件。工艺设计过程是产品结构设计过程和制造过程之间的桥梁，它把产品的结构数据转换为面向制造的工艺过程数据。优良的工艺设计意义在于：①通过有效的工艺方法和工艺装备保证产品质量；②通过合理的工艺参数和标准的工艺过程提高生产效率或缩短生产周期；③通过相应的自动化装置降低劳动强度；④通过最大限度地利用有效资源，减少生产准备时间和降低生产成本。

3.3.2 工艺设计的内容和程序

1. 产品图样的工艺分析和审查

对产品图样进行工艺性分析与审查，是从工艺角度检查结构的合理性和经济性，以便使所设计的产品能制造、好制造，并符合本企业制造条件，力求达到最好的经济效益。产品图样工艺审查的主要内容是：技术要求的经济合理性；结构关系是否合理，零件的继承性如何，力争有较高的继承性系数；结构是否符合分解原则以及部件装配系数是否满足要求；结构的标准化与规格化程度如何，标准化系数是否足够高；材料选择是否经济合理，加工性能是否好；在本企业现有设备上能否加工制造，有没有条件采用高效率的先进工艺和先进生产组织方式；工艺装备系数是否合理，需要检查重新设计和制造的专用工具有多少，能否充分利用现有的工具和标准工具等。

2. 拟订工艺方案

工艺方案是工艺设计的指导性文件，是工艺准备工作的总纲。工艺方案的内容一般包括：规定工艺制定的原则；规定新产品试制及过渡到成批或大量生产时应达到的生产指标，包括质量、生产率、材料利用率等方面的目标要求；规定工艺装备的设计原则及工艺装备系数；确定工艺关键的解决方案和试验研究问题；确定工艺路线安排及生产组织形式；对工艺方案做经济效益分析。

3. 制定工艺文件，编制工艺规程

工艺文件包括：工艺路线表（或车间分工明细表）、工艺规程、工艺程序图、工艺装备图、工时定额及原材料消耗定额等。在大批量生产中，还要进行设备负荷计算、设备平面布置设计、劳动组织和工作地布置设计、运输方案设计、及其他服务于工艺过程的辅助设施设计等。

工艺路线是指产品或零部件在生产过程中，从毛坯准备到成品包装入库所经历的全部生产环节（车间）及其先后顺序。工艺路线设计完毕，应提出工艺路线表（或车间分工明细表），也有的企业采用"流程表"，进一步指导车间分工以及工艺过程卡等工艺文件的设计。

在工艺文件中，最主要的是工艺规程。它是安排生产作业计划、生产调度、质量控制、原材料供应、工具供应、生产组织、劳动组织的基础资料，是具体指导工人进行加工制造、进行操作的文件。工艺规程中包括：产品及各部分制造方法和顺序，设备的选择，切削规范的选择，工艺装备的确定，劳动量及工作物等级的确定，设备调整方法，产品装配与零件加工的技术条件等。

工艺规程的形式一般有四种：工艺过程卡片（见表3-3）、工艺卡片、工序卡片（见表3-4）和工艺守则（操作指导书）。除此之外，还有调整卡片和检查卡片等辅助性文件。

表 3-3　工艺过程卡片

机械加工工艺过程卡片				产品型号		零件图号				
				产品名称		零件名称		共 页	第 页	
材料牌号		毛坯种类	毛坯外形尺寸	每毛坯可制造件数		每台件数	备注			
工序号	工序名称	工序内容	车间	工段	设备	工艺装备		工时		
								准终	单件	
描图							设计(日期)	审核(日期)	标准化(日期)	会签(日期)
描校										
底图号										
装订号										
	标记	处数	更改文件号	签字	日期	标记	处数	更改文件号	签字	日期

表 3-4 机械加工工序卡片

机械加工工序卡片		产品型号		零件图号			共 页	第 页
		产品名称		零件名称				
		车间	工序号	工序名称		材料牌号		
		毛坯种类	毛坯外形尺寸	每毛坯可制造件数		每台件数		
		设备名称	设备型号	设备编号		同时加工件数		
		夹具编号		夹具名称		切削液		
		工位器具编号		工位器具名称		工序工时		
						准终		单件
工步号	工步内容	工艺装备	主轴转速/ (r/min)	切削速度/ (m/min)	进给量/ (mm/r)	切削深度 /mm	进给次数	工步工时
								机动	辅助
描图					设计 (日期)	审核 (日期)	标准化 (日期)	会签 (日期)
描校								
底图号								
装订号								
标记	处数	更改文件号	签字	日期	标记	处数	更改文件号	签字	日期

（1）工艺过程卡片。它是按零件编制的，规定工件制造过程所经历的全部工序及其顺序，各道工序名称、加工方法、采用的设备、工装、工时定额等。它是指导零件进行加工制造的概略的综合卡片，也是进行生产组织和计划的重要文件。单件小批生产、产品试制多采用此种卡片。

（2）工艺卡片。它是为零件加工制造的工艺阶段（车间）编制的，例如铸工、冷作、热处理、机械加工、装配等。工艺卡片列有某一工艺阶段的全部工序，其形式与工艺过程卡片相似，不同点是只针对一个工艺阶段。一般来说，使用工艺卡片的企业就不用工艺过程卡片了。

（3）工序卡片。它是按零件加工的每一道工序编制的，即一序一卡。工序卡片带有工序图，详细标明了工件在该工序的定位方式和加工表面。工序卡片还列出该道工序每一工步的详细操作，包括工步内容、所用工艺装备、切削速度、进给量、吃刀量、进给次数等详细的工艺参数，对工艺方法和要求都有具体而明确的规定。大量生产的全部零件、成批生产的重要零件，均需编制工序卡片；在单件小批生产中，只对特别重要的工序编制工序卡片。工序卡片一般与工艺过程卡片或工艺卡片配合使用，此时，工艺过程卡片的作用主要是标明工件加工所要经历的工序及顺序，工序卡片的作用则是说明各工序内部具体的工艺方法和工艺参数。

（4）工艺守则。它规定了操作的要领及其注意事项。它一般是根据同类工艺操作制定的，不受工厂具体条件限制，通常只对关键工序制定工艺守则。

编制工艺规程的详细程度取决于产品的生产规模、生产类型和产品的重要性及其复杂程度。工艺规程卡片编制的一般情况见表3-5。

表3-5　工艺规程卡片编制的一般情况

工艺文件	产品生产类型			
	单件	小批	成批大批	大量
工艺过程卡片	○	○	⊙	○
工艺卡片	—	△		○
工序卡片	—		▽	△

说明：○表示全部零件都编制；△表示重要和复杂的零件需编制；▽表示最重要和复杂的零件需编制；⊙表示只为简单零件编制。

4. 工艺装备的设计与制造

工艺装备是工具、夹具、量具、刀具、模具和工位器具等的总称，简称工装。工装分通用和专用两类。通用工装可用来加工不同的产品，专用工装只能用于特定的产品。工装是制造新产品不可缺少的物质条件，对保证产品质量、提高生产效率都有重要作用。同时，工装设计和制造又是新产品开发中工作量最大、周期最长的阶段。在此阶段应注意以下问题：

（1）正确地确定工装设计与制造的数量。工装数量应根据生产批量、产品结构和生产性质来确定。产品的生产批量越大，越应该相应地增加工装数量；产品结构越复杂，为了保证制造质量，也应增加工装数量；产品和工装的系列化、标准化和通用化程度高的企业，专用工装数量可适当减少。此外，不同制造阶段的工装数量也不同：样品试制阶段，只设计和制造必不可少的工装；小批试制阶段，应按工艺要求设计和制造主要工装；批量生产阶段，应设计和制造工艺要求的全部工装，包括保证质量的工装、提高效率的工装、保证安全生产的工装和减轻劳动强度的工装等。

（2）提高工装的继承性。在设计时，要充分利用企业中现有工装。设计工装时，首先从企业已有工装中选用，只有在无法选用时，才允许设计新的工装。

（3）加强工装的标准化、通用化。尽量减少工装结构的多样性和形式，包括工装中零部件的标准化、通用化和工装结构的标准化、通用化。如此可以减少工装设计、制造的劳动量，扩大工装的制造批量，从而缩短工装设计、制造周期，满足试制和生产的需要，提高工装质量，节约工装设计制造费用。

（4）加强工装设计和制造的计划管理。新产品需要的工装数量很大，但是多数工装的结构简单、设计制造周期短。应抓住结构复杂、工序多、周期长的关键工装，组织早设计、早投料，来带动全部工装的设计与制造。一个零件的加工往往经过许多道工序，需要数种不同的工装，应尽量使这些工装的设计和制造在时间上和数量上互相配合，保证成套供应。应按试制或生产的先后次序组织工装设计制造，早用的工装先设计制造，晚用的工装后设计制造，保证满足生产需要，同时使工装制造单位的能力得到充分的利用。

工装设计可采取集中领导和分级管理原则。通用的、重大复杂的工艺装备由工艺部门集中设计，简易工装可由车间（或分厂）自行设计。

3.3.3 工艺设计中的先进技术和方法

1. 成组工艺

成组工艺是把分布在不同或相同产品中的零件，按其特征（包括结构特征、工艺特征及管理特征等）的相似性，归类成一个个零件族（组），按零件组设计工艺过程，这样就扩大了批量（成组批量），以便采用高效率的生产方法，为多品种、小批量生产提高经济效益开辟了一条途径。

零件分组后，为零件组所设计的综合工艺，就是该零件组的成组工艺。**成组工艺的设计方法基本上有两种：复合零件法与复合工艺路线法。**

复合零件法的思路是先按各零件组设计出能代表该组零件特征的复合零件，制定复合零件的工艺过程，即为该零件组的成组工艺过程。再由成组工艺过程经过编辑处理，就可产生改组各个零件的目标工艺，即具体零件的工艺。

复合工艺路线法的思路是直接从零件组中各个零件的工艺路线产生一个能包含全组零件的工艺路线，即为成组工艺。

2. 典型工艺

典型工艺是指把某些形状和工艺路线相似的零件归为一类并为它们编制通用的工艺规程。最早的工艺设计标准化思想是典型工艺，其原理是在以结构特征进行分类的基础上，将结构形状、尺寸和精度等分类标志相同的零件构成典型零件，然后为每一类典型零件编制一套通用的工艺规程。这种方法叫作工艺规程典型化。它可以大大减少编制工艺规程的工作量，缩短工艺准备周期，可以使零件的加工工艺路线、加工方法、加工内容和工艺文件基本上统一起来。在那些产品及其零部件系列化、标准化程度较高，生产批量较大的企业，典型工艺是一种提高工艺准备工作质量、减少工艺准备工作量、缩短工艺准备周期的有效方法，而且典型工艺还可以促进整个工艺准备管理工作适当的标准化和有序化。

3. 计算机辅助工艺过程规划

计算机辅助工艺过程规划（Computer Aided Process Planning，CAPP）是连接计算机辅助设计（CAD）与计算机辅助制造（CAM）的桥梁，CAD 系统的产品信息需要经过 CAPP 系统才能转变成 CAM 系统的加工信息。同时，CAPP 系统的输出结果也是管理信息系统（MIS）的重要信息来源和生产计划与调度部门的重要依据。CAD 的结果能否有效地应用于生产实践,数控(NC)机床能否充分发挥效益,CAD 与 CAM 能否真正实现集成,都与工艺设计密切相关。因此,CAPP 是企业信息集成中的一个重要环节。

在设计方法上,CAPP 经历了检索式、派生式和创成式等主要模式。近年来,随着制造业信息化技术的不断发展,基于三维产品模型和知识管理的人-机交互式 CAPP 系统发展很快,并与产品、工厂、资源相互关联,形成了数字化产品定义(Product)、数字化工艺流程规划(Process)、数字化工厂布局规划(Plant)和数字化制造资源(Resource)的"3PR"数字化工厂集成设计模式。

4. 工艺知识管理

对于制造企业来说,知识中最为重要的当属工艺知识。工艺知识就是在企业产品的设计、生产准备、制造和经营管理活动中,贯穿产品全生命周期的与工艺有关的事实、规则、诀窍、各种经验等。知识从表现形式上可以分为显性知识和隐性知识两类。显性知识是指能够以一定形式表现出来的知识,比如事实、规则、定律等。隐性知识是指隐含在大量数据或事实当中而没有被总结出来的知识,比如诀窍、技巧、经验等。

工艺知识管理即对工艺知识进行分类、编码、表达、搜集、存储、检索、发布和挖掘,在此过程中个人和组织可以获得新知识和新经验,为企业技术创新提供技术支持,辅助企业进行决策。除具有知识管理的一般功能外,它还具有以下作用:

(1) 由于工艺知识涉及范围广,任何个人不可能拥有所有的工艺知识。通过工艺知识管理系统,将所有的工艺知识存放在一个工艺知识库中共享,员工可以快速检索到自己需要的工艺知识,并在系统导引下按流程完成工艺工作。

(2) 由于工艺知识的隐含性,必须建立工艺知识管理机制激励员工献出自己的知识,促进隐性知识的显性化。工作人员可以通过系统平台进行交流,不受时间、空间的限制。

(3) 由于工艺知识的动态性,通过工艺知识管理系统使工艺知识库时刻处于最新状态,工程师可以实时了解国内外最新的工艺情报。

(4) 由于工艺知识的复杂性,必须对企业的历史数据和知识进行存储和挖掘,才能辅助企业的决策者做出合理的决策。

3.3.4 材料消耗定额

1. 材料消耗定额的组成

材料消耗定额是指在一定的生产和技术条件下,生产单位产品或完成单位工作量所必须消耗材料的数量和质量标准。

机械产品或零件的材料消耗定额通常是由各种消耗和损耗构成的。所谓消耗,是指在产品的制造过程中,材料有效利用的部分;损耗是指在产品制造过程中损失的部分。

损耗一般分为工艺性损耗和非工艺性损耗。工艺性损耗($W_{工艺}$)是指在产品零件的制造过程中,按照工艺要求,制成零件所需的材料损耗,还包括从下料开始,到制成产品为止,整个生产过程中的损耗,即下料的料头、切口损耗、加工余量以及热加工工艺的各种损耗等。构成产品或零部件净重所消耗的材料,这是原材料有效消耗部分,称为材料的有效消耗($W_{有效}$)。

非工艺性损耗($W_{非工艺}$)是在产品制造过程中所发生的与工艺过程没有直接关系的损耗。非工艺性损耗主要包括:由于废品而产生的材料损耗,由于材料没有按材料定额所规定的规格尺寸供应、用其他材料代用所增加的材料损耗,运输保管过程中的丢失与损坏等。

2. 材料消耗定额的制定

工艺消耗定额（W）是指产品净重与工艺性消耗量之和，即有效消耗和工艺性损耗之和。其计算公式为

产品（或零件）工艺消耗定额 = 单位产品（或零件）净重 + 各种工艺性消耗量之和

即

$$W = W_{有效} + W_{工艺}$$

主要原材料消耗定额是按毛坯的种类分别计算的。常见的毛坯种类有以下几种：型材材料、棒材材料、板材材料、锻件材料、铸件材料等。在具体计算时，按照工艺过程的不同要求，对型材、棒材、板材、锻件、铸件等的计算方法也不相同。

下面以锻件为例，来说明其消耗定额的构成，如图3-13所示。

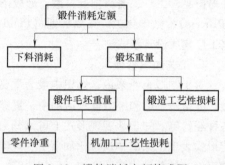

图3-13 锻件消耗定额构成图

3.4 新产品的试制与鉴定

新产品试制一般分为样品试制和小批试制两个阶段。两个阶段的目的不同，生产技术准备工作的重点也不相同。

3.4.1 样品试制与鉴定

样品试制的主要目的是：检验产品结构、性能及主要工艺，验证和修正设计图样、结构工艺性，根据暴露的问题修改图样和技术文件。

样品试制的工艺准备应力求简单，工艺规程采取工艺过程卡片，专用工装也仅在对质量有特殊要求的工序上使用。

样品试制出来后，要进行样品的鉴定和总结。样品鉴定的主要内容包括：

（1）检查产品设计的完整性及样品是否符合标准的技术任务书。
（2）检查样品精度是否符合精度标准。
（3）检查外观质量。
（4）检查零件的制造质量、装配质量、磨损情况和材料选用情况。
（5）检查空运转试验和负荷试验情况。
（6）对样品的结构、性能、工艺性、可靠性（包括安全和寿命）、经济合理性等做出总评价。
（7）对样品的优缺点做出总评价。

3.4.2 小批试制与鉴定

小批试制的目的是：考验产品的结构、工艺，验证全部工艺文件和全部工作，并对涉及的图样再一次进行审查与修改。它是在样品试制的基础上，通过鉴定和修改，根据成批和大量生产的要求，编制全部工艺规程和设计制造全部工装，以保证正式投产的应用。

小批试制鉴定的主要内容除上述部分内容外，还需检查工艺文件的完整性、正确性、统一性以及工艺规程为工艺服务的验证情况，以确保工艺准备工作的完善性。

新产品的鉴定，应由有关专业权威机构和企业组织鉴定委员会进行。

3.5 服务设计

3.5.1 服务设计概述

服务系统具有的最本质的特征是服务不能够存储,接受服务是即时的。从其本质特征考虑,服务系统设计与制造业存在如下差别:

(1) 在服务系统中,服务过程本身是作为产品出现的,而制造业并非如此。虽然制造业也有售后服务,但制造过程与售后服务不能同时进行。

(2) 支持服务的设备和软件作为有形的物品,其存在的价值能够受到知识产权法保护,但服务却不能受到知识产权法保护。例如,某个超级市场的经营具有特色,服务受到了顾客的称赞,竞争对手完全可以仿效,并且将其作为自己服务的内容,这种做法是不受法律约束的。

(3) 一般说来,必须经过一定的考试或者特殊的培训才能够获得提供某些服务的资质,如会计师考试、律师考试等,因此,这些组织的服务项目的确定,会受到取得证书的人员情况的影响。

(4) 由于服务业组织的投入资金小,设施占用少,受顾客需求影响比较大,因此很多服务业组织可以很快改变服务内容。而制造业企业由于设备的固定、产品的定型和库存资金的占用,改变经营方向比较困难,也较复杂,转变时间长。

(5) 许多服务业组织提供服务的时间很长,有些甚至是全天的,如通信、旅馆的24h服务等。

(6) 服务是可变的。这是由于不同的服务人员与不同的顾客使得服务的结果有所不同。尽管如此,现代优秀服务企业的经验表明,对消费者来说,服务的可靠性和一致性是衡量服务质量的重要标志。

3.5.2 服务系统及其设计

1. 服务系统的分类

服务活动经常是在与顾客直接接触的状态下进行的。因此,通常将服务创造过程中与顾客接触的程度作为服务系统分类的主要标志。顾客服务接触程度是指顾客在服务系统中的时间与服务所耗费的总时间之比值。按这种标志分类,可以将服务划分为以下几种基本类型:

(1) 高接触度服务系统。 所谓高接触度服务系统,是指那些与顾客直接打交道或直接交往的服务运作系统。提供服务的一方与顾客之间在服务过程中保持的接触程度很高,如旅行社的导游服务、旅馆的接待服务、保险公司的个人服务等。这类服务系统往往注重服务的质量和适应性,即根据具体顾客的需要来提供服务,而不着重追求效率。

(2) 低接触度服务系统。 所谓低接触度服务系统,是指在服务过程中顾客与服务提供方的接触程度比较低或不与顾客直接打交道的一种服务运作系统。例如服务企业的行政管理、会计事务处理、银行中的支票处理业务等。由于顾客参与服务过程少,大部分工作可以借助机器和标准程序与方法完成,因此这类服务系统较注重提高效率和降低成本。

(3) 混合型服务系统。 所谓混合型服务系统,是指性质和内容介于高接触度服务系统和低接触度服务系统之间的各种服务运作系统。例如银行的出纳业务、火车站的服务作业等。

2. 服务系统设计的指导原则

(1) 服务系统的一致性要求。这意味着服务系统的每一个要素都要与企业的运作核心相一致。例如,当运作核心为送货速度时,服务流程中的每一个步骤都应有助于加快速度。

(2)服务系统的便利性要求。这意味着顾客可以很容易地与系统进行交流,也就是说该服务系统有明确的标志、可理解的形式、逻辑化的流程,以及能够解答顾客疑问的服务人员。

(3)服务系统的稳定性要求。这意味着服务系统能够有效地应付可能出现的各种需求变化情况和可用资源的变化情况,都要有相应的对策。例如,如果计算机出现故障,有效的备用系统就会立即到位,以保证服务继续进行。

(4)服务系统的结构化要求。这意味着服务系统具有结构化特点,保证服务人员和服务系统提供一致性的服务,并要求需要由服务完成的任务有可操作性,服务系统的技术支持具有可靠性,并便于评价和考核。

3. 服务系统设计矩阵

服务系统设计的一个重要内容就是使服务系统与顾客需求相适应。服务流程的成功与失败和服务方式的选择有直接关系。有什么样的需求特征,就应该有什么样的服务方式。图 3-14 的服务系统矩阵给出了六种服务方式的选择。

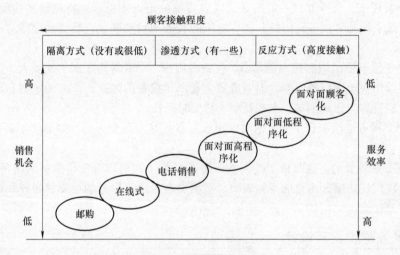

图 3-14 服务系统矩阵

设计矩阵的上端表示顾客与服务接触的程度:隔离方式表示顾客与系统完全分离或很少接触,顾客接触程度很低;渗透方式表示与顾客接触是利用电话或面对面沟通;反应方式表示既要接受又要回应顾客的要求。服务系统矩阵的左端表示市场定位的一种逻辑,即顾客接触程度越高,销售机会也就越大。右端表示随着顾客对服务系统参与程度的提高,服务效率变化的情况。顾客参与程度越高,对系统效率影响就越大。服务系统矩阵中列出了提供服务的途径。在某一个极端,服务接触仅通过邮件(或邮购),顾客只与系统有很少的接触。在另一个极端,顾客面对面地接触服务系统,可以按他们的要求获得服务。其余的四种途径则有不同的接触。

可以推断,服务系统的效率会随着顾客与系统接触程度的提高而降低。高接触度的系统如面对面接触,由于顾客对系统的影响较大,因此服务效率较低,但它可以提供更多的销售机会,从而可销售更多的商品,因而弥补了这一缺陷。反之,低接触度系统如邮购服务,可使系统高效运转,因为顾客对系统的干扰小,但由于接触顾客少,新创造的销售机会也就少。当然,每种方法都有可能发生变化。考虑图 3-14 中的面对面高程序化的情况,它是那种在服务过程中只有很小变化的情况,顾客和服务人员不可能改变服务程序,如快餐店和游乐场就是这种情况的典型例子。而面对面低程序化服务则是那种对服务过程做一般性说明,但在服务实施过程中可以根据情况灵活应变,如汽车销售商的运作。面对面顾客化服务有针对性地通过与顾客的相互交流来了解其特定的要求,提供其所需的服务,法律和医疗服务就是这一情况的典型例子。

3.5.3 服务蓝图的设计

1. 服务蓝图的概念

服务系统是指服务组织向顾客提供服务的整个过程和完成这个过程所需要的组合方式。它不仅包括前台服务活动的顺序安排,而且还应将后台的支持性活动考虑在内;不仅要将服务者、服务组织的活动列入设计范畴,还应把顾客活动及顾客与服务者的相互影响作为重要组成部分。

服务蓝图就是以简洁、明确的方式将服务理念和设计思路转化为服务系统的图示方法。蓝图设计原本是建筑设计的基本方法,这一方法后来为服务业所采用,用来进行服务系统的设计。服务蓝图按其表明内容的详细程度又可分为概念性蓝图和细节性蓝图两种。前者是对服务系统的总体描述,后者是对服务系统的某一部分的详细描述。进行服务系统设计,这两种蓝图都是必不可少的,其设计原理和方法是相同的。

2. 服务蓝图的绘制

服务蓝图设计理念源自系统分析方法和工程设计。在系统分析中,流程图是常用的。流程图一般用两种方法来表示流程的进行:一种是顺序(先做什么,后做什么),另一种是条件点(如果是这样,那么如何;如果是那样,那么又如何)。在流程图上,一般用"□"表示前者,"◇"表示后者。

服务系统不仅是一个"流程",还是一种"结构"。一般很容易会想到服务的设施环境结构,还有组织机构、信息系统结构、财务系统结构等。但是单独的"结构"还不能完全地描述服务,因为没有顾客的出现,服务结构本身是没有意义的,所以描述服务必须将"流程"与"结构"联系起来考虑,同时也应将顾客的参与和服务提供的系统结合起来。这就是服务蓝图的总体设计思路。

服务蓝图用水平和垂直两个方向的设计将"流程"与"结构"结合起来。图 3-15 所示为某汽车修理厂的服务蓝图。"流程"由水平方向上从左至右按时间先后顺序排列起来的行为框表示,图上箭头表明了服务的路线。

服务的"结构"在蓝图的垂直方向上表示出来。自上而下,出现三层结构,表示一般服务系统的组成:服务接触、后台支持性工作和管理活动。当然,也可以更详细地划分,这取决于蓝图的性质是细节性的还是概念性的。这里值得注意的是,蓝图的结构层次刚好是传统组织机构图的倒置,一线员工在上,管理者在下。这体现出直接服务者在服务组织中的作用,或者说服务蓝图实质上是在倒置的组织机构图上加入行为框而形成的。

在服务接触层,有一条"相互影响线"将顾客的行为和第一线服务者的服务行为联系起来。顾客的行为在这条线之上,而员工行为在这条线之下。他们的行为从左至右依次进行。

一条"可见部分线"将服务系统的前台和后台分开。所谓"可见",是相对顾客而言的。顾客"可见"部分就是服务系统的前台,而在"可见部分线"之下,即顾客不可见的部分就是服务系统的后台。后台员工为前台员工提供支持性服务,如餐饮店后台的厨师为前台服务人员的服务提供有形产品,餐厅文员在顾客离开后对顾客信息进行统计存档。

"内部相互影响线"将服务系统的后台和组织内的其他支持性功能部门分开。提供完善的服务,不仅需要直接服务者和后台服务者的努力,还需要组织内部其他职能部门的配合,如财务部门的费用核算。可以看出,服务蓝图生动详细地向服务组织展示了服务是如何组成

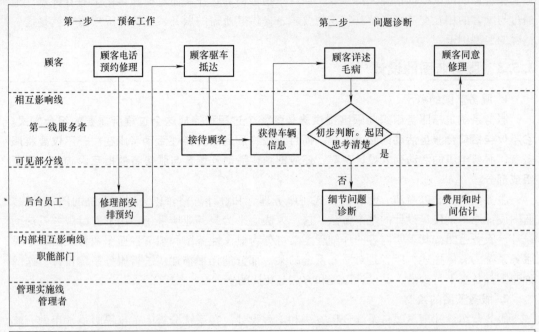

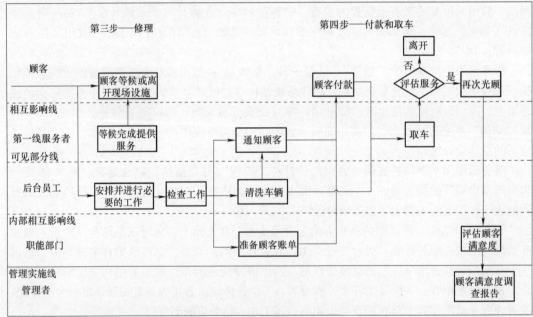

图3-15 某汽车修理厂的服务蓝图

的,有多少人、多少部门参与到服务提供的活动中来。

最后,"管理实施线"将管理职能活动与业务活动区分开来。在这条线之下是管理者的管理职能活动,如计划活动、组织活动、控制活动、评估活动等。当然,这条线只会出现在概念性服务蓝图中,而细节性服务蓝图则可省略这条线。

服务蓝图设计要符合两个要求:经济性要求和对称性要求。经济性是指图上任何两点之间的距离是最短的且无多余路线或行为框;对称性则要求把与决策框相关的重要性相等的逻辑路线放在同一行,即每个决策框引出的所有逻辑线都必须平行排列。

3.6 产品数据管理

产品数据目前尚未见到统一的权威定义,一般是指产品本身的数据和与产品相关的过程数据,如产品物料清单、产品技术文档、研发过程数据、评审信息、制造过程数据、销售数据、售后服务数据等。产品数据管理是产品开发管理的重要内容,同时也是生产计划与控制的重要依据。本节只对产品物料清单、技术资料和技术状态管理、产品数据管理(PDM/PLM)系统做简单介绍。

3.6.1 物料清单

物料清单(Bill of Material,BOM)是说明产品由什么组成、各需要多少的一种技术文件。由于 BOM 定义了产品的结构,因此它又称为产品结构表或产品结构树。在某些工业领域,可能称为"配方""要素表"或其他名称。在 ERP 系统中,物料一词有着广泛的含义,它是所有产品、半成品、在制品、原材料、配套件、协作件、易耗品等与生产有关的物料的统称。

BOM 是最基本的产品数据。它是编制生产计划、物料配套和领料、采购和外协、成本核算和报价等工作的重要依据;根据它可以进行加工过程跟踪和物料追溯;正确地运用 BOM 可使设计系列化、标准化、通用化;BOM 也是计算机识别物料的基础依据,是企业实现产品设计、生产、销售、售后服务等全过程集成化管理的最基础依据。因此,正确地设计、使用与维护 BOM 是现代企业管理系统十分重要的基础工作。

物料清单的种类可以从表现形式和用途两个方面来划分。按照表现形式划分,有产品结构树、单层 BOM、缩行 BOM、汇总 BOM 及模块化 BOM 等;按照用途划分,有设计 BOM、工艺 BOM、制造 BOM、计划 BOM、成本 BOM、销售 BOM 等。

1. 按照表现形式划分

(1)产品结构树。它是通过树状图形来表示产品的各部件、组件、零件的相互关系的一种形式。如图 3-16 所示:图中产品 1 包括两个部件 A、B 及一个零件 C;部件 A 由一个零件 D 和两个零件 E 构成,部件 B 由一个零件 C 和一个零件 F 构成;零件 F 由一个零件 E 和三个零件 G 构成。

产品结构树将各种物料按其隶属关系分为不同的层级,这样上下层级的物料为父子项关系。最终产品定为 0 级,与它相邻的下一层物料定为 1 级,以此类推。如果同一种

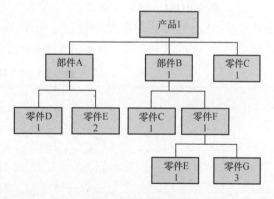

图 3-16 产品结构树

物料同时出现在不同层级上,则按最低层级的层级号标示,这叫作最低层级规则,也叫作降层处理。这样做是由于物料需求计划(MRP)的处理逻辑要求同一种物料的需求量只处理一次,否则容易出错。图 3-17 与图 3-16 的区别是对零件 C 及零件 E 的处理。在图 3-16 中,零件 C 同时出现在 1 级与 2 级,按照最低层级规则,将 1 级的零件下移一级,因此,在产品结构树中,零件 C 的层级为 2 级。现在的 ERP 系统在定义物料层次时一般都会自动处理这一过程。

产品结构树很形象直观,主要用于对产品结构的分析。而在数据库中实际存储的是单层

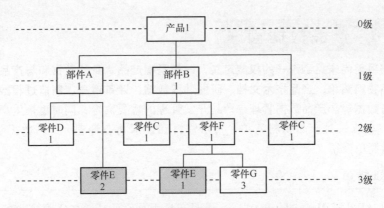

图 3-17 按最低层级规则绘制的产品结构树

表单形式。

（2）**单层 BOM**。它是只显示产品结构中某一父项及其直接子项的名称及数量的一种形式，如表 3-6 所示。单层 BOM 是所有其他形式 BOM 的基础，建立产品物料清单的过程应该是从建立一个个单层 BOM 开始的，系统会根据父子件之间的相互关系将各个单层 BOM 连接起来，最后形成整个产品的 BOM。

表 3-6 单层 BOM 格式

部件 B	
子项	数量
C	1 个
F	1 件

（3）**缩行 BOM**。它是针对某一上层物料（产品或部件）以缩行的形式列出它的所有下属物料所在的层次及其数量的一种形式，如表 3-7 所示。缩行 BOM 可以清楚地显示各种物料在产品中所处的位置和数量，可方便查询生产过程中组织各种物料的计划配送。

表 3-7 缩行 BOM 格式

产品 1				
子项			数量	单位
1	2	3		
A			1	件
·	D		1	件
·	E		2	个
B			1	件
·	C		1	个
·	F		1	件
·	·	E	1	个
·	·	G	3	个
C			1	个

（4）**汇总 BOM**。它是把产品各个层次上相同的物料汇总，列出组成最终产品的所有物

料的总数量。它反映的是一个最终产品所需的各种物料的总数,而不说明层次关系。汇总 BOM 主要用于测算物料总需求量和编制采购计划。

(5) 跟踪 BOM。它又称为反查 BOM,是显示使用某一物料的上层物料或者某物料在所有高层物料中的使用情况。跟踪 BOM 又分为单层跟踪 BOM 与多层跟踪 BOM,见表 3-8 和表 3-9。跟踪 BOM 主要用于生产控制,可方便地查找某种物料属于哪个产品或订单,然后根据生产负荷情况做出计划调整和进度控制。

表 3-8 单层跟踪 BOM

物 料	上层物料	数 量
C	B	1
	产品 1	1

表 3-9 多层跟踪 BOM

物 料	上层物料	数 量
C	B	1
	·产品 1	1
	产品 1	1

(6) 模块化 BOM。模块化 BOM 是指产品在模块化设计和平台化设计的基础上,对通用的和可选配置的产品组件进行模块化管理而形成的物料清单文件。如图 3-18 所示,它通常用于系列产品的描述。**在模块化 BOM 中通常将物料分为通用件、特征件和可选件**。通用件是所有产品都要用到的相同物料,是产品不可缺少的物料项;特征件是指一组可选的基本组件,是所有产品都不可少的组件,但是组件中有多种可选项,必须选择其一;可选件不是必需物料项,可以选择也可以不选择。这种将所有通用件、特征件和可选件都列出来的 BOM 形式也叫超级 BOM 或全 BOM。

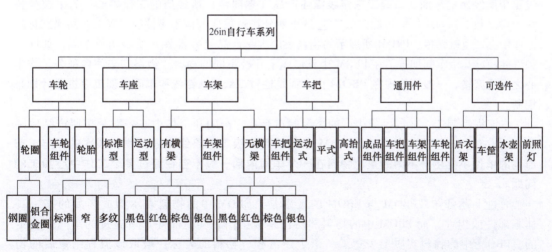

图 3-18 26in⊖自行车系列模块化设计 BOM 示意图

模块化 BOM 可减少 BOM 文件的数量,便于文件的维护,便于按模块进行预测(见第 6

⊖ 1in = 2.54cm。

章），适应产品多变的要求，有利于产品设计的系列化、标准化、通用化，另外，模块化 BOM 还可降低通用件的库存量。

2. 按照用途划分

物料清单按照用途可以分为：设计 BOM、销售 BOM、工艺 BOM、制造 BOM、计划 BOM、成本 BOM 等。

（1）设计 BOM（EBOM）。它是反映产品构成的技术文件，它站在产品构成的角度，表明构成产品的各种零部件及其相互关系和数量，包括产品的名称、零部件名称及其数量，产品装箱清单等。设计 BOM 是产品设计的结果，同时也是其他功能 BOM 的基础。

EBOM 也有多种表现形式，如单一产品 EBOM、超级 EBOM、Early-BOM。

单一产品 EBOM 是最基本的，无须再解释。超级 EBOM（见图 3-18）是面向产品族的模块化 BOM，在超级 EBOM 建立的过程中，设计部门在创建通用产品结构的基础上，通过识别特定需求确定特定部件的变量，并规定约束条件和配置规则，在这些特定变量、约束条件和配置规则下，可以根据用户的需求，配置出多种不同的产品单一 BOM。

Early-BOM 是在产品开发过程的早中期阶段制作的 BOM，它不是完整的产品设计 BOM，而是其中的主要部件或主体框架，Early-BOM 从产品概念阶段开始制作，先从顶层产品开始，不断加入各种已经基本确定的零部件，特别是关键零部件，逐步从 Early-BOM 发展为完整的产品 BOM。

（2）销售 BOM（SBOM）。销售 BOM 也称配置 BOM，是销售部门根据用户的特殊要求从超级 EBOM 中选择相关特性限制的组件进行配置而成的产品单一 BOM。

（3）工艺 BOM（PBOM）。它是反映产品完整结构信息和所有可能的制造过程信息的技术文件。它反映了产品的制造结构，是在 EBOM 的基础上经过工艺设计而成的。

PBOM 中的物料层次划分与企业的生产组织形式和产品（零部件）的工艺路线有关。一般来说，在多品种、单件小批生产的离散制造企业，车间和工作中心（班组）都是按照工艺原则组建的（成组生产单元除外）。产品的一级工艺路线描述产品（零部件）在生产过程中所经历的车间，二级工艺路线描述产品（零部件）所经历的工作中心。为了减少物料的层次数，PBOM 一般按照一级工艺路线划分物料层次，而不是按照二级工艺路线细化到工作中心。也就是说，PBOM 所展示的物料及层次是产品（零部件）所经历的车间，如同一种零件经过几个车间加工，在 PBOM 中就形成了几种不同的物料。物料在车间内部各工作中心之间的流转，一般不体现在 PBOM 中，而是通过二级工艺路线和车间内部工序进度计划来控制。

在流程型制造企业或大量生产的离散制造企业，车间和工作中心一般是按照产品原则建立的（包括成组生产单元）。PBOM 也是按照一级工艺路线来划分物料层次的。与工艺原则的单件小批生产不同的是，物料在一个车间内部一般不存在经过多个工作中心加工的问题。

通过上述可知，PBOM 与 EBOM 的区别是，EBOM 中的物料表示构成产品的某一具体零部件或组件，而 PBOM 中的物料和层次是根据产品（零部件）所经过的车间来确定的。PBOM 中的物料实质上表达了一个生产流程，物料的名称一般取该流程结束后的物料状态。

图 3-19 给出了自行车车把的 EBOM 和 PBOM。模块化 EBOM 表示了车把的三种样式——平式、运动式及高抬式。假设该企业高抬式、平式车把为自制件，车把组件和运动式车把为采购件。高抬式、平式车把的加工过程为：采购——下料——冲压——烤漆——组装。如果每一加工工序在不同车间完成，则形成了图 3-19 中车把 PBOM1；但是如果自制车把的下料、

冲压在一个车间完成，那么 PBOM 的层次就会发生变化，变为图 3-19 中的 PBOM2。

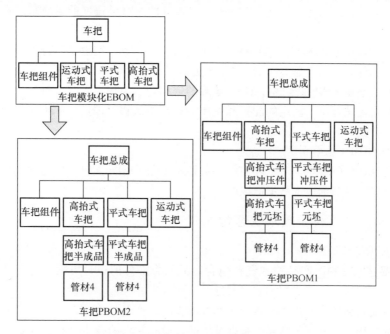

图 3-19　自行车车把的 EBOM 和 PBOM

通过图 3-19 的例子，可知 EBOM 向 PBOM 的转换过程需要考虑制造工艺、工厂生产组织形式及车间的划分等因素，这些因素若变化，则物料清单的层次、物料名称均发生变化。在这个过程中，通常要处理工艺拆分、工艺合件和虚拟件问题。

工艺拆分是指根据制造流程，将 EBOM 中的一种物料拆分为多种物料，如图 3-19 EBOM 中的平式车把和高抬式车把，变成 PBOM1 后被拆分为车把、车把冲压件、车把元坯、管材 4 等新物料。

工艺合件是指将 EBOM 中的两种或多种物料，考虑制造工艺的需要而组合在一起形成一种新的物料，但这种新物料在 EBOM 中没有名称，它们也要在车间之间转移，所以在 PBOM 中要体现。

虚拟件通常是指出现在产品结构中，但不进行计划管理的组件。虚拟件是建立 PBOM 常用到的一种说明产品结构的形式，通常有以下几种情况：

1）实际生产过程中并不形成的物料，通常是为了处理设计资料与制造过程之间的差异而设置的；或作为一种过渡件处理，一般不进行计划或库存管理，提前期为零。如图 3-19 中的车把组件，它是一个通用模块，包含座管、立管、快拆夹码和螺钉等零件（见第 7 章中图 7-9）。车把组件是虚拟件，不进行计划或库存管理，提前期为零，但是它包含的各种零件都是实际存在的。

2）代表一组规格和数量完全相同的物料，为了简化库存发料和计划处理工作量，如把产品上的螺钉、螺母汇总在一起，定义为紧固件。这类虚拟件一般无须加工，提前期也为零，但是可以有库存。

3）一组特征件的抽象统称，如图 3-19 所示的模块化 EBOM 中的车把，有运动式、平式、高抬式三种选择，必选其一，而车把就是一种没有具体化的抽象物料。

由于产品零部件的制造过程不是一成不变的，企业根据生产任务负荷情况的变化，对某些零部件的自制和外购可能进行转换；外购件可能有几个不同的供应商供选择；自制件也可能有不同的工艺路线或替代工艺路线。因此，PBOM 通常是在超级 EBOM 的基础上，经过工艺设计以后，表达产品所有通用件、特征件、可选件的所有可选项的供应来源和工艺路线的超级 BOM 形式。

（4）制造 BOM（MBOM）。MBOM 是制造（生产）部门根据实际订单（销售和设计部门提供的某一具体配置的产品 BOM）和生产负荷状况从 PBOM 中选择出的某一具体制造流程的技术文件，它是 ERP 系统进行 MRP 运算的依据。因为在实际制造过程中，对于同一件或一批产品只可能选择某一确定的配置和使用一种制造流程，因此，MBOM 是 PBOM 的一个子集。

（5）计划 BOM。见第 6 章。

（6）成本 BOM（CBOM）。它是反映产品成本构成的 BOM 文件。它是在 MBOM 或 PBOM 的基础上添加每一物料的成本数据而成的。

3.6.2 产品技术资料和技术状态管理

1. 产品技术资料管理

（1）**产品技术资料**。产品技术资料包含产品及零部件的设计方案、技术规格、技术规范、装配过程、制作方法等文档和技术文件。

产品技术资料包括产品技术文件和产品过程文档。产品技术文件是说明产品及其零部件的原理、功能、构成、外形、从属关系以及生产、检验要求的技术资料，并直接作为产品生产、维修、安装使用的依据。产品过程文档是说明产品、零部件的设计原理、系统结构、设计思想、设计方法的技术资料，主要用于设计过程中设计工程师之间共享和交流，或进行技术积累，而不能作为产品生产、检验、技术支持、销售等工作的依据。

产品技术文件和产品过程文档主要有两点不同：过程文档的应用范围是研发部门；产品技术文件的应用范围是生产、销售、服务等部门；过程文档是参考文件，产品技术文件是工作依据，具有强制性。

（2）**单一数据源管理**。产品单一数据源是一个存储所有产品数据的单一的逻辑仓库，用于支持面向客户的模块和系统架构，包括配置、定义、维护生产和服务所需要的一切产品信息。通过单一数据源管理，把产品的设计数据、制造过程数据、服务数据等统一在一个产品结构下，形成产品单一数据源，保证设计数据、制造数据和服务数据之间的关联性和唯一性，可以实现发送正确的数据和正确的版本在准确的时间给准确的使用者。

目前，业界公认产品生命周期管理（PLM）（见本章第 3.6.3 小节）和基于模型的工程定义（MBD）（见本章第 3.2.3 小节）是制造业全生命周期单一数据源管理的基础技术。

2. 产品技术状态管理

技术状态是指合同、研制任务书等文件中规定的并最终实现的产品（包括硬件、软件）的功能特性和物理特性。它是对整个产品的部件、组件、零件、原材料等规定的功能、技术要求、标准及交付状态。

技术状态管理是对设计文件以及据此生产出来的产品进行系统的文件化管理。技术状态管理对产品研制过程的技术状态变化进行控制，可以进一步规范产品研制过程，控制产品全生命周期状态变化，保证产品技术状态和数据的可追溯性和完整性。

在实施技术状态管理中涉及两个基本的管理要素：一是技术状态项目，二是基线。技术状态项目是技术状态管理的基本单元（对象）。基线是指已批准的并形成文件的技术描述。产品基线是一个已经确定的产品结构，是开展相应工作的标准和依据。

产品基线非常重要，因为研发项目管理者需要评估项目各阶段的产品属性，以便于掌握项目进度、规避风险、控制成本和提供决策依据。产品基线主要包括需求基线、技术基线、成本基线、进度基线以及风险基线。

与产品设计相关的基线主要包括以下内容：需求基线主要包括系列需求文件；功能基线是对产品及部件功能的定义，主要包括项目定义或研制任务书、项目顶层要求、项目约束和系统边界；初步设计基线主要有系统技术规范、产品架构、接口定义、各部件设计规范、研发进度计划；详细设计基线主要包括产品数据集、试验验证计划和任务书、制造装配计划等。全套的产品基线文件包括全套的已批准和发放的设计文件，如模型、图样、零件清单、产品说明书、使用手册、设计规范、工艺规范等。

产品基线的维护是一个动态过程，需要根据项目实际执行进度和状态，在初始基线建立基础上，将通过批准的更改合并到原有基线中，建立"当前"的产品基线。运用不同的基线对产品开发过程的不同阶段进行状态标注、追溯和控制。

技术状态管理主要是针对技术状态项目的基线实施的管理。技术状态管理要以技术基线的建立为根据，主要包括技术状态标识、技术状态控制、技术状态纪实、技术状态审核。

1. 技术状态标识

技术状态标识是指将技术状态项目的物理特性和功能特性以及接口和随后的更改形成文件。技术状态标识是技术状态管理的基础，主要包括：选择技术状态项目；确定每个技术状态项目所需的技术状态文件；制定技术状态项目及相应文件的标识号；发放技术状态文件；建立技术状态基线。

技术状态标识也是个动态的过程，涉及版本的标识和产品数据生命周期不同阶段的标识。

（1）版本标识。物料经常会因为各种原因发生变更，较大的更改会导致产生新的物料，但不是任何更改都会导致物料编码改变，如果更改未引起物料功能性能的显著变更，则物料编码可以不变，但是仍然需要记录这种更改。为了记录这个变化过程，定义物料版本是对具有相同编码的物料更改变化过程中的一个"快照"，用于表示物料功能性能的某个相对稳定状态。不同的物料版本仍然属于一个物料，共用同一个物料编码。使用物料版本的好处在于：减少物料编码，降低管理难度；记录变更之间的联系，体现升级、替代或兼容关系，便于追溯，便于产品维护和故障分析；减少BOM修改工作量。

与物料版本类似，产品资料也有版本的概念。物料会与多种产品资料存在关系。物料版本与产品资料版本之间是多对多的关系。物料与关联的产品资料存在两种关系：一是参考关系，对于任何物料都用当时最新的产品资料；二是依赖关系，具有依赖关系的产品资料版本升级将引起物料版本升级。

与物料版本升级不同，由于旧版本产品资料总是存在的，因此产品资料不涉及"兼容"的概念。因此，产品资料的版本升级原则相对简单，只要更改之后，产品资料原版本不再使用，而是全部采用新的产品资料，就可以做产品资料版本升级。

（2）产品数据生命周期状态的标识。产品数据有生命周期，经过设计工程师设计，相关专业人员评审后发布到产品数据管理系统，发布给使用部门投入使用，使用过程中因为各种原因进行工程更改，最后由于产品升级换代等原因老版本产品数据失效。整个过程数据经历了编制、评审、发布、使用、失效、存档、注销等各种数据状态，如图3-20所示。

2. 技术状态控制

技术状态控制主要包括判断技术更改的正确性并形成文件、评价更改后果、实施并验证

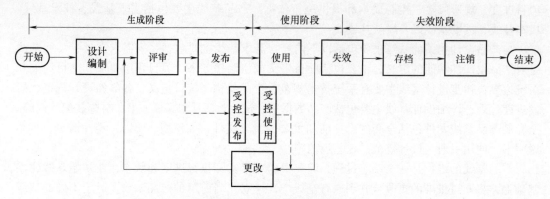

图 3-20 产品数据生命周期

更改，处理技术偏离。技术状态控制是技术状态管理的核心工作。它对产品及其组成因技术状态更改而影响的特性进行系统评价、协调、审批和实施，从而使研制周期内技术状态的任一更改得到系统控制。对更改的控制是技术状态控制的主要内容。

内外部环境变更导致工程变更不可避免。工程变更（Engineering Change，EC）是对产品及其零部件进行更改评审和综合处理的控制流程。当产品研发进展到一定阶段，零部件及其相应产品数据逐渐发布，零部件采购、测试和试制等各方面工作都已经启动，对产品及其零部件的任何设计更改都会涉及研发、采购、生产、销售、售后等各个业务环节，因此，为产品及其零部件的任何设计更改都要综合考虑对产品系统结构、功能、性能、研发进度、成本、工艺、制造过程、采购、安装、维修等各方面的影响。

EC 要确保不遗漏所涉及的所有产品和业务环节，更改必须经过相应的评审并采取综合处理措施，并且确保全过程闭环控制。

3. 技术状态纪实

技术状态纪实是指对所建立的技术状态文件资料的更改状况和已经批准更改的实施情况进行记录和报告，是对技术状态基线进行追溯比较的依据。技术状态纪实需要准确、全面地记录每一技术状态项目和已批准的技术状态文件及其更改的状况，确保每一技术状态演变的可追溯性。其内容包括：记录并报告各技术状态项目的已批准的技术状态文件及标识；记录并报告技术状态审核的结果，对不符合项记录状态和最终处理结果；记录并报告技术状态项目所有关键和重要偏离；记录并报告已批准的技术状态更改的实施状况，提供每一技术状态项目的所有更改对初始确定的基线的可追溯性。

4. 技术状态审核

技术状态审核是确定技术状态项目符合技术状态文件而进行的检查。技术状态审核包括功能技术状态的审核和物理技术状态的审核。功能技术状态审核是为核实技术状态项目是否已经达到了技术状态文件中规定的性能和功能特性所进行的正式检查，物理技术状态审核是为核实技术状态项目的建造/生产技术状态是否符合其产品技术状态文件所进行的正式检查。

如前所述，技术状态管理主要是针对技术状态项目的基线实施的管理。基线控制的基本原理是门禁管理。项目的门禁管理是由一系列"门槛"构成的，整个产品开发和实现过程从一个阶段到另一个阶段，阶段之间有门禁控制，每个门禁包括以下内容：定义任务开始点和终止点；定义工作范围和交付物；确认门禁管理所需资源；建立门禁管理的评审工作程序。当阶段完成后，通过对交付物的评审判断进程是否能够继续进行。ETO 产品的基线管理要综合考虑硬件、软件，图 3-21 所示是一个复杂产品的基线管控过程。

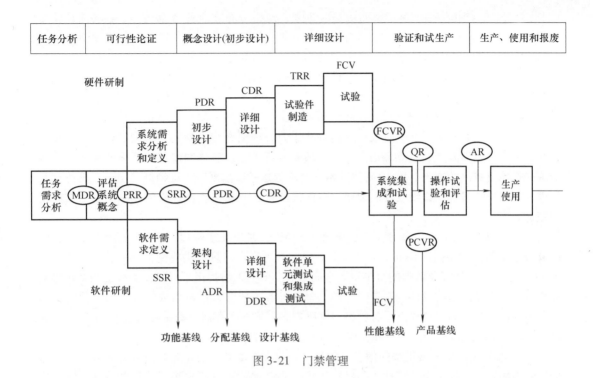

图 3-21 门禁管理

图 3-21 中,ADR——架构设计评审(Architectural Design Review);AR——验收评审(Acceptance Review);CDR——关键设计评审(Critical Design Review);DDR——详细设计评审(Detail Design Review);FCV——功能模块验证(Functional Configuration Verification);FCVR——功能模块验证评审(Functional Configuration Verification Review);MDR——任务定义评审(Mission Definition Review);PCVR——物理模块验证评审(Physical Configuration Verification Review);PDR——初步设计评审(Preliminary Design Review);PRR——项目需求评审(Project Requirements Review);SRR——系统需求评审(System Requirement Review);SSR——软件规范评审(Software Specification Review);TRR——试验准备评审(Test Readiness Review);QR——质量评审(Quality Review)。

3.6.3 PDM/PLM

1. PDM/PLM 的基本概念

20 世纪 70 年代,企业开始使用 CAD、CAM 等技术,但这些孤立的计算机辅助技术都自成体系,彼此之间缺少有效的信息共享和利用,形成所谓的"信息孤岛"。随着计算机应用的飞速发展,随之而来的各种数据也急剧膨胀,出现了数据种类繁多、数据重复冗余、数据检索困难、数据的安全性及共享管理等问题。许多企业已经意识到,实现信息的有序管理将成为在未来的竞争中保持优胜的关键因素。在这一背景下产生了一项新的管理思想和技术——产品数据管理(Product Data Management,PDM)。

PDM 是以软件为基础,管理与产品相关的信息(包括电子文档、数字化文件、数据库记录等)和所有与产品相关的过程(包括审批/发放过程、工程变更过程、一般工作流程等)的技术。PDM 是以产品为核心,实现对产品相关的数据、过程、资源一体化集成管理的技术。在企业的信息集成过程中,PDM 系统可以被看作起到一个集成框架的作用,各种应用软件诸如 CAD/CAPP/CAM/CAE、OA、MRPⅡ等将通过各种各样的方式,如应用接口、开发

（封装）等，直接作为一个个对象而被集成进来，使得分布在企业各个地方、在各个应用中使用（运行）的所有产品数据得以高度集成、协调、共享。

1985年9月，美国国防部首次在武器系统采办与保障过程中提出开展计算机辅助后勤保障（Computer Aided Logistic Support，CALS）计划，该计划支持并行设计、敏捷制造、协同设计和网络化制造等先进制造技术，由此产生了一个新概念——产品生命周期管理（PLM）。

产品生命周期管理的概念首先在经济领域提出，其目的是研究产品市场战略，主要分为引入、成长、成熟和衰亡几个阶段。人们将其作为一种策略和经验模型来指导产品的市场分析和计划，并不涉及产品资源和信息管理。随着并行工程、敏捷制造、协同设计和网络化制造等先进制造技术的提出，PLM研究开始从经济管理领域扩展到工程领域，提出了覆盖产品需求分析、概念设计、详细设计、制造、销售服务直至产品回收全过程的产品全生命周期管理概念。

20世纪90年代后期，随着供应链管理（SCM）、客户关系管理（CRM）等系统的出现，PLM发展成为以因特网（Internet）为基础，协同管理客户信息和供应链信息的管理模式。进入21世纪，PLM所涉及数据的范围得到全面拓展，研究人员提出了以产品为核心的企业协同运作方式，支持产品的设计、制造、管理、服务等各个环节，以及集成管理产品价值链上的企业内外部资源，同时还提出了各种整体解决方案。软件厂商们也纷纷将过去的PDM改名为PLM，软件系统逐步完善，支持和实现产品全生命周期管理。

由于PLM是一个发展很快的信息化领域，目前在学术界和工业界并没有公认的产品生命周期管理的定义。许多企业管理咨询机构和软件供应商都对PLM给出了自己的定义。综合各种观点，一般认为：首先，PLM是一项企业信息化战略，是一种管理理念和模式，它从生命周期的角度来控制产品。其次，PLM是一种将PDM的概念和内容进一步扩展和延伸的软件系统。在PLM理念产生之前，PDM主要是针对产品研发过程的数据和过程的管理；而在PLM理念之下，可以实现研发部门、企业各相关部门，甚至合作企业间对产品数据的协同应用。

2. PLM的基本功能

PLM"管得很宽"，凡是可以转换成计算机描述和存储的数据，它都可以一概管之，例如产品结构和配置、零件定义及设计数据、CAD绘图文件、工程分析及验证数据、制造计划及规范、NC编程文件、图像文件（照片、造型图、扫描图等）、产品说明书、软件产品（程序、库、函数等"零部件"）、各种电子报表、成本核算、产品注释、项目规划书、多媒体音像产品、硬拷贝文件、其他电子数据等，还包括制造过程的数据、销售过程的数据、售后服务的数据、报废回收的数据等，就不一一列举了。

目前，全球范围内商品化的PLM系统种类繁多，这些PLM产品各有特色，功能也不尽相同。但是，从实用角度，PLM系统的主要功能如下：

（1）**电子数据存储和文档管理**。电子数据存储和文档管理是PLM系统的核心功能之一。起初的PDM系统管理的数据主要是产品的工程设计与分析数据、产品模型数据、产品图形数据等，随着PDM的发展，PLM系统管理的数据延伸到产品生命周期，比如专家知识与推理规则、加工过程数据等。这些数据以图形文件、文本文件、数据文件、表格文件、多媒体文件等多种形式、多种存储机制和多种组织形式存储在计算机中。

文档管理提供了对分布式异构数据的存储、检索和管理功能，包括文档对象的浏览、查询与圈阅，文档的分类与归类，文档的版本管理，文档的安全控制等。

文档的管理方法包括"打包式"和"打散式"管理。"打包式"管理是将文档整体看作一个对象，将其描述信息放到PLM数据表中，而文档的物理位置却在操作系统的目录下。

"打散式"管理是将文档的内容打散,分门别类放到数据库中。

(2) **产品结构与配置管理**。产品结构与配置管理(Product Structure and Configuration Management)是 PDM/PLM 的核心功能之一。作为产品数据组织与管理的一种形式,产品结构与配置管理以电子仓库为底层支持,以 BOM 为组织核心,把定义最终产品的所有工程数据和文档联系起来,实现对产品数据的组织、管理与控制,按照一定的规则向用户或应用系统提供产品结构的不同视图与描述。通过建立相应的产品视图,企业的不同部门可以按其需要的形式对产品结构进行组织。而当产品结构发生变更时,可以通过网络化的产品结构视图来分析和控制更改对整个企业的影响。

产品结构与配置管理包括产品结构管理和产品配置管理两部分。其中,产品结构管理主要包括产品结构层次关系管理、基于文件夹的产品-文档关系管理和版本管理等;产品配置管理主要包括单一产品配置、系列化产品配置和产品结构多视图管理等。

(3) **工作流程管理**。工作流程管理是协调企业组织任务和过程以便获得最大生产效率的技术。为了完成一定的目标,工作组中的人员按照一定的顺序动态完成一定任务的过程,称为工作流程。工作流程管理包括审批流程和更改流程管理,具有传递文档、发送时间通知和接受设计建议等功能,能够保留和跟踪产品从概念设计、产品开发、生产制造直到销售及售后服务等整个过程的历史记录,以及定义产品从一个状态转到另一个状态必须经过的处理步骤。PLM 系统支持工作流程管理,并可以实现自动化管理,这样有助于工作组成员间共享和传递信息。

(4) **项目管理**。项目管理是在项目实施过程中实现其计划、组织、人员及相关数据的管理与配置,对项目运动状态的监视和对完成计划的反馈。项目管理是建立在工作流程管理基础之上的一种管理,包括项目自身信息的定义、修改及与项目相关的信息,如状态、组织等信息的管理。项目管理的内容应该包括项目和任务的描述、项目成员及角色分配、项目流程、项目费用及资源管理等。PLM 系统中的项目管理为控制项目开发时间、费用及协调项目各项活动提供了一个开放性及可视化平台。

(5) **电子仓库**。电子仓库可以形象地理解为存储文件、数据的仓库。它主要保证数据的安全性和完整性,并支持各种查询和检索功能。电子仓库可以管理档案及数据库资料的版本与权限,通过权限控制来保证产品数据的安全性。PLM 借助于电子仓库来管理产品数据的不同版本及相关信息,同时借助审批或更改流程修改产品数据或文档的版本。

PLM 除了具有以上功能之外,还具有零部件分类与检索管理、可视化浏览和圈阅管理、电子协作、工具与"集成件"管理等功能。

3.7 产品开发组织

3.7.1 传统的产品开发组织模式

(1) 手工作坊模式。泰勒制组织管理的思想出现之前,典型的产品开发组织模式是:同样的几个人员组成为一个团体,既负责产品的设计,又要将他们所设计的产品制造出来。这种模式因通常只有少数的几个成员,故其组织结构简单、工作协调方便、易于组织,但要求各成员既要懂设计又要能制造。它比较适合远古制造业手工作坊式简单产品的生产。

(2) 部门制组织模式。随着制造业步入机械化、电气化和大批量生产的时代,劳动分工的概念日趋明确,一种新的组织模式——职能部门制组织模式,逐步形成并在企业得到广泛应用。

这种模式的组织结构按管理职能从高层、中层到基层呈金字塔状依次分布，结构清晰，层次分明；各职能部门的职责、权限、义务和利益明确，管理流程严格、有序、可控。部门制有利于集成不同专业特长的技术力量，可极大地提高生产效率，比较适合大批量、机械化生产。它的不足在于：由于严格分工及潜在的部门利益，各职能部门相对趋于封闭，部门间协调困难，因此产品的协同设计和一体化开发受到阻碍。

3.7.2 并行工程

并行工程（Concurrent Engineering，CE）是对产品及其相关的各种过程（包括制造过程、服务过程、维修过程等支持过程）进行并行、集成设计的一种系统工程方法。实施并行工程的目的是在最短的时间内向市场提供最好的产品。

并行工程的本质特征是在任务开始进行早期规划（规划设计阶段）时就要考虑任务全生命周期内可能出现的各种问题。例如，在产品设计阶段就要解决好产品的可加工性、可装配性、可检测性以及废弃物处理的方便性和环保等方面的问题。这样可以避免很多问题在产品开发的后期才发现，并因此而不得不修改设计，进行大量的返工，既浪费人力、物力，又耗费了时间。CE 是为同时进行产品开发、生产、维护等相关工作而提供的系统方法论。利用此方法论使得开发者在产品开发初期就开始考虑产品从构思到设计、加工、使用、维修、废弃、回收的全过程中将要面对的包括质量、成本、交货期以及顾客的各种需求等方面的问题，如图 3-22 所示。并行工程在产品开发时是将开发过程各阶段的活动尽可能地平行交叉进行，即在新产品的上一个阶段的设计没有完全结束之前就开始进行下一个阶段的设计工作，把前后的开发设计阶段交叉起来进行，以缩短总的开发时间与生产周期，如图 3-23 所示。并行工程强调系统集成和整体优化，使得产品开发一次成功，避免反复多次。

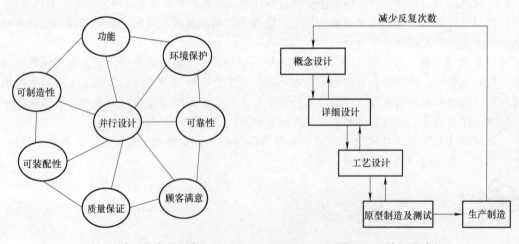

图 3-22 并行设计时考虑的因素　　　　图 3-23 并行设计方法

并行工程作为一种哲理和工作模式，其特点是：

（1）分布式的组织结构，将组织结构从层次式转变为平面式。并行工程的基本组织结构是产品开发团队。开发团队由各方面专家，如设计、质量保证、制造、采购、销售、售后服务及计算机等方面的专家组成矩阵式组织，团队成员有较大的权力和责任。为了便于有效地工作，通常将产品分解成多个部件，组成相应的产品开发小组，因而要求所有设计资源由各小组共享，同时也要求各小组之间能够及时进行信息交流。

（2）集成化的产品设计、制造、营销过程。既注重企业内部的集成，又重视与外部供应商、用户、经销商等的集成。集成地和并行地进行产品及其有关过程的设计,特别注意产品早期概念设计阶段的并行协调,并要注意持续地、尽早地交换、协调和完善关于产品的有关制造和支持等各种过程的约定和定义。

(3) 强调人的作用的管理体制。由设计工程师担任产品开发小组组长,简化各种过程,强调人的作用,注重整体效益。并行工程实质上是合作、协同的过程。

3.7.3　项目式的组织方式

项目管理就是以项目为对象的系统管理方法,通过一个临时性的专门的柔性组织,对项目进行高效的计划、组织、指导和控制,以实现项目全过程的动态管理和项目目标的综合协调与优化。

所谓实现项目全过程的动态管理,是指在项目的生命周期内,不断进行资源的配置和协调,不断做出科学决策,从而使项目执行的全过程处于最佳的运行状态,产生最佳的效果。所谓项目目标的综合协调与优化,是指项目管理应综合协调好时间、费用及功能等约束性目标,在相对较短的时期内成功地实现一个特定的成果性目标。项目管理的日常活动通常是围绕项目计划、项目组织、质量管理、费用控制、进度控制五项基本任务来展开的。

项目管理贯穿于项目的整个生命周期,是一种运用既有规律又经济的方法对项目进行高效的计划、组织、指导和控制的手段,并在时间、费用和技术效果上实现预定目标。一般来说,列作项目管理的一般是技术上比较复杂、工作量比较繁重、不确定性因素很多的任务或项目。

阅 读 材 料

1. 需求工程。推荐书目:
[1] 骆斌. 需求工程:软件建模与分析 [M]. 北京:高等教育出版社,2015.
[2] 杨克巍,等. 体系需求工程技术与方法 [M]. 北京:科学出版社,2011.
2. MBD 与 MBE。推荐书目:
陈明. 智能制造之路——数字化工厂 [M]. 北京:机械工业出版社,2016.
3. 产品开发管理。推荐书目:
乌利齐. 产品设计与开发 [M]. 杨青,杨娜,译. 北京:机械工业出版社,2018.
4. 集成产品开发体系(IPD)。推荐书目:
[1] 刘劲松,胡必刚. 华为能,你也能:IPD 重构产品研发 [M]. 北京:北京大学出版社,2015.
[2] 刘选鹏. IPD:华为研发之道 [M]. 深圳:海天出版社,2018.
5. 技术状态管理:《装备技术状态管理监督要求》(GJB 5709—2006)。

习　题

1. 什么是新产品?产品开发的内容是什么?
2. 产品开发决策的内容是什么?
3. 产品设计的重要性是什么?
4. 简述产品设计的内容和程序。
5. 产品设计中的主要应用技术与方法有哪些?
6. 产品工艺设计的内容是什么?
7. 工艺设计中的先进技术和方法有哪些?
8. 什么是材料消耗定额?它是怎样构成的?
9. 服务设计与产品设计的区别是什么?

10. 服务蓝图如何绘制？选择某一服务行业，设计其服务蓝图。
11. 为什么要进行单一数据源管理？其主要技术有哪些？
12. 什么是技术状态管理？其主要内容是什么？
13. 简述 PDM 和 PLM 的基本内容。
14. 产品开发组织模式有哪些？

拓展训练

1. 调查：各种先进产品设计方法在企业产品开发中的应用情况，进行统计分析，并写出分析报告。
2. 选择一种简单产品，对其做如下分析与设计：
(1) 列出其设计 BOM（包括单一 BOM 和超级 BOM）。
(2) 进行自制/外购分析与决策。
(3) 设计其工艺流程，绘制工艺程序图。
(4) 设计其生产组织方案（工厂的车间划分方案或生产系统简图）。
(5) 设计其工艺 BOM（超级 BOM 形式）。
(6) 假设一种用户订单的配置 BOM，设计其制造 BOM。
(7) 写出分析与设计说明书。

参考文献

[1] 潘家轺，曹德弼. 现代生产管理学［M］. 北京：清华大学出版社，2003.
[2] 李怀祖. 生产计划与控制［M］. 北京：中国科学技术出版社，2001.
[3] 陈容秋，马士华. 生产运作管理［M］. 北京：机械工业出版社，2004.
[4] 田英，黄辉，等. 生产运作管理［M］. 西安：西北工业大学出版社，2005.
[5] 斯莱克，钱伯斯，等. 运营管理［M］. 熊晓霞，谢明，等译. 北京：中国市场出版社，2009.
[6] 蔡斯，阿奎拉诺，雅各布斯. 运营管理［M］. 任建标，等译. 北京：机械工业出版社，2003.
[7] 蒋贵善. 生产计划与控制［M］. 北京：机械工业出版社，1995.
[8] 乔有让，徐明. 成组技术与看板管理［M］. 沈阳：辽宁教育出版社，1987.
[9] 俞明南，丁正平. 质量管理［M］. 大连：大连理工大学出版社，2005.
[10] 周尊英. 实用统计技术指南［M］. 北京：中国标准出版社，2003.
[11] 钱寿铨，白春林. 机械设计基础［M］. 北京：机械工业出版社，1996.
[12] 陈淑连，黄日恒. 机械设计方法学［M］. 徐州：中国矿业大学出版社，1992.
[13] 张世昌. 先进制造技术［M］. 天津：天津大学出版社，2004.
[14] 张和明，熊光楞. 制造企业的产品生命周期管理［M］. 北京：清华大学出版社，2006.
[15] 陈心德. 生产运营管理［M］. 北京：清华大学出版社，2005.
[16] 李治钧，陈国定，赵武. 计算机辅助工艺设计：CAPP［M］. 成都：成都科技大学出版社，1996.
[17] 王秀伦. 现代工艺管理技术［M］. 北京：中国铁道出版社，2004.
[18] 陈觉. 服务产品设计［M］. 沈阳：辽宁科学技术出版社，2003.
[19] 程国平. 生产与运作管理［M］. 武汉：武汉理工大学出版社，2007.
[20] 胡庆夕，方明伦，等. 并行工程原理与应用［M］. 上海：上海大学出版社，2001.
[21] 王墨春. 现代工业企业生产管理学［M］. 沈阳：辽宁人民出版社，1987.
[22] 高鹏举. 经济管理基础［M］. 上海：东华大学出版社，2002.
[23] 张伯鹏. 机械制造及其自动化［M］. 北京：人民交通出版社，2003.
[24] 雅各布斯，蔡斯. 运营管理［M］. 任建标，译. 北京：机械工业出版社，2015.
[25] 王凤岐. 现代设计方法及其应用［M］. 天津：天津大学出版社，2008.
[26] 国家机械工业局. 机械工业产品设计和开发基本程序：JB/T 5055—2001［S］. 北京：机械工业出版社，2004.

［27］杨克巍. 体系需求工程技术与方法［M］. 北京：科学出版社，2011.

［28］谭建荣. 机电产品现代设计：理论、方法与技术［M］. 北京：高等教育出版社，2009.

［29］王庆林. 基于系统工程的飞机构型管理［M］. 上海：上海科学技术出版社，2017.

［30］谭建荣，冯毅雄. 设计知识建模、演化与应用［M］. 北京：国防工业出版社，2007.

［31］江诗松，龚丽敏. 产品平台的概念、模式和管理过程［J］. 管理学家（学术版），2010（10）：59-66.

［32］赵海贤. 基于产品平台的产品配置方法研究［D］. 天津：河北工业大学，2006.

［33］王生辉，张京红. 基于核心技术的产品平台创新战略［J］. 科学学与科学技术管理，2004，25（2）：87-90.

［34］史康云，江屏，闫会强，等. 基于柔性产品平台的产品族开发［J］. 计算机集成制造系统，2009，15（10）：1880-1889.

［35］赵文燕. 面向复杂产品的稳健产品平台建立方法研究［D］. 天津：天津大学，2010.

［36］刘曦泽. 面向复杂机电产品的模块化产品平台设计方法研究［D］. 杭州：浙江大学，2012.

［37］李长永. 汽车零部件产业趋势和平台化技术研究［D］. 重庆：重庆大学，2015.

［38］东风汽车公司技术中心技术支持部. 汽车平台技术战略的演进与发展趋势［R］. 武汉：东风汽车公司，2013.

第 4 章
综 合 计 划

  学习要点

- 企业综合计划的概念
- 年度生产计划的主要指标
- 年度生产计划的编制步骤
- 年度产品出产进度计划的编制原则和步骤
- 编制年度生产计划的基本方法和优化技术

综合计划是由企业的年度经营目标和一系列职能计划经过综合平衡以后形成的整体计划。本章在介绍综合计划概念的基础上，重点介绍综合计划中年度生产计划的内容和编制方法。

 4.1 企业综合计划概述

4.1.1 综合计划的基本概念

在企业计划系列中，综合计划是一种中期的企业整体性计划，是企业对未来较长一段时间内资源和需求之间的平衡所做的概括的计划。它是根据企业所拥有的生产能力和需求预测，对企业的产出内容、产出量、劳动力水平、供应与库存水平、财务与成本等问题做的综合性分析与决策。综合计划是所有企业进行计划管理不可缺少的一个计划层次，它承上启下，是把企业发展战略规划转化为具体的实施计划（主生产计划）的纽带。综合计划的时间跨度为 2~18 个月，通常是一年，因此我国有些企业把综合计划称为年度生产经营计划。在国外的教材或 ERP 软件中，综合计划也被称为"销售与运作计划"（Sales and Operations Plan, SOP）。图 4-1 表示了综合计划与其他计划之间的关系。

综合计划的目标是制订一个总的经营计划，联系着企业的战略目标，协调着经营中的各项职能计划，包括营销计划、财务计划、资源计划等。因此，综合计划经常被称为"经营中的顶层管理活动"。传统上，我国企业的综合计划每年只编制一次，中间若市场或企业的经营情况发生变化，再做一些局部的调整。随着市场竞争的日益激烈，现代企业的综合计划已经变成了动态滚动的计划形式（见本章第 4.4.6 小节）。

4.1.2 面向综合计划的需求管理

综合计划与需求管理的联系是一个重要的关联。综合计划的重要功能就是在市场需求和

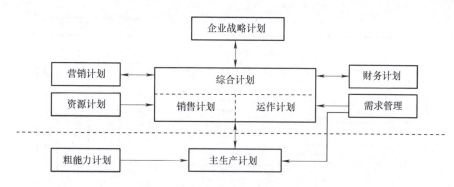

图 4-1 综合计划与其他计划的关系图

企业资源之间寻求平衡。面向综合计划的需求管理主要有以下几点:

(1) 汇总所有需求。 综合计划覆盖了企业的所有制造环节,相应地,需求管理的对象也要覆盖所有制造环节。除了制造环节,需求管理还要包含所有的需求信息来源。这些来源不只是市场销售,还要考虑其他的非直接销售或者非盈利需求。比如企业自己为应付突发状况而储存备件、促销与展销、试验、企业内部与企业之间的往来,甚至慈善、捐赠或其他公益事业等,这些事件都会干扰企业的制造,要通过需求管理确定合理的制造能力,就必须考虑这些意外事件。

(2) 针对不同的需求来源,需求信息的搜集采用不同的方法。 对市场以外的需求,一般企业会有专项记录,有固定规律可循。对市场需求,借助企业的各项管理措施,通过市场沟通和客户沟通,将各种产品的实际需求信息加以搜集,采用统计方法预测出未来各种产品的需求量,根据企业的营销计划、新产品开发计划等战略要素加以修正,得到各种产品的预测量,再根据这些预测量来制订和调整企业的综合计划。

(3) 进行需求指标的转换。 综合计划的着眼点是产品或产品族的产出和销售,对其度量一般采用金额或某些综合性指标,而不同需求来源提供的往往是具体产品,这就需要进行指标的转换。转换的方法通常是将这些不同的需求信息按照产品族、地理、部门等标志分类组合,然后对各个组合分别进行转换。

在综合计划层,高层领导的参与程度虽然比战略规划层要少得多,但他们的洞察力和判断力仍然起着举足轻重的作用。

4.1.3 综合计划的内容

年度综合计划是由企业的年度经营目标和一系列职能计划经过综合平衡以后形成的整体计划。 它的组成内容虽因行业特点、生产类型、企业规模等的不同而略有出入,但是其主要的功能和形式大体相同。图 4-2 所示是一个较典型的企业年度综合计划的构成。

企业根据长远发展规划的要求和对当年市场需求情况的预测,制定计划年度企业的经营目标。经营目标一般体现在企业的利润计划和产品与市场计划上。利润计划对企业计划期的销售额提出了要求;产品与市场计划表现为企业在计划年度的产品组合与市场开拓策略,并以销售计划的形式表示出来。企业要不断推出符合社会需要的新产品,是企业得以生存和发展的重要条件,所以企业的技术发展计划和研究与开发计划在企业的年度综合计划中应放在重要的位置。同时,一个现代企业保持员工队伍旺盛的士气和不断提高员工的素质,是企业能够克服各种困难、具有强大竞争力最重要的基础,所以员工工资福利计划和员工教育培训计划应纳入企业的年度经营目标。另外,企业的各项经营活动都离不开资金的支持,所以财

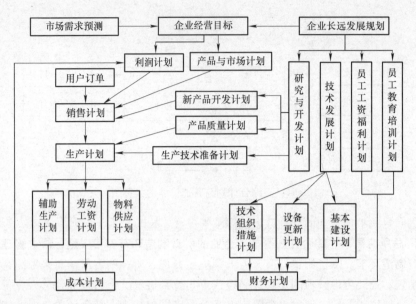

图 4-2　企业年度综合计划示意图

务计划也至关重要。

市场经济是以销定产，由销售计划决定生产计划，由生产计划决定物料供应计划、劳动工资计划和辅助生产计划。同时，物料供应和劳动力资源又制约生产能力和计划期的生产量，生产又制约销售。生产决定成本，成本又制约利润。以上各个计划既相互依存，又相互制约。所以年度综合计划的编制过程是各个计划反复协调和平衡的过程。只有各项计划之间达到了平衡，综合计划才算编制完成。

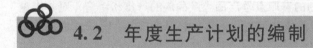

4.2　年度生产计划的编制

年度生产计划是年度综合计划的重要组成部分。制订年度生产计划的主要工作是确定企业在计划年度内各项生产指标应达到的水平，以及为保证这些指标的实现应当采取的措施。年度生产计划编制的内容一般分为制定年度生产计划大纲、编制产品出产进度计划两部分。

4.2.1　年度生产计划大纲

年度生产计划是决定企业生产经营活动的重要纲领性计划，很多企业称它为生产计划大纲。它确定企业在计划年度内生产的品种、质量、产量、产值等指标。

1. 产品品种指标

品种指标是指企业在计划年度内所要生产的产品的品名、型号、规格或品种类别等。品种是决定企业"生产什么"的决策。这项指标反映企业在品种方面满足社会需要的能力，也反映了企业在生产技术水平和管理水平上的不断提高。

确定品种指标的目的，一是根据企业现有的生产、技术能力，尽可能满足市场对产品品种的需要，不断增加品种数，尤其是增加新产品的品种数是发展企业的基本途径。在现有的产品市场中，老产品的需求一般已达到饱和状态。要扩大销售额，必须推出新产品，向社会提供具有新的性能、功能更强以及多功能的产品。二是根据潜在的生产技术能力以及市场对产品品种的潜在需求，发展新品种，以扩大企业的技术储备。在科学技术飞跃发展的今天，已出现了从价格竞争向非价格竞争转变的趋势，即企业不再是通过低廉的价格，而是通过产品的高技术含量来赢得竞争优势并取得经济效益。因此，企业应根据所在行业的技术进步和潜在需求，考虑企业的产品开发能力和生产能力，对产品品种的发展做出合理的计划。

2. 产品质量指标

产品质量指标是指企业在计划年度内生产的各种产品应该达到的质量标准。它反映了企业生产的产品能够满足用户使用要求的程度，同时也综合反映了企业的技术、生产和管理水平。

常用的产品质量标准有国际标准、国家标准、行业标准、企业标准和所订合同规定的技术要求等。产品质量指标可以分为两类：一类是反映产品本身质量的指标，常用的有产品平均技术性能指标和产品等级率指标，如一等品率、优良品率等；另一类是反映生产过程质量的指标，常用的有合格品率、废品率、返修率等指标。

产品质量是衡量产品使用价值的重要标志，可反映企业生产的产品能够满足用户使用要求的程度，也可以反映企业的技术水平和管理水平。因此，每个企业都应当努力提高产品质量，更有效地实现使用价值，以满足社会需要。

3. 产品产量指标

产品产量指标是指企业在计划年度内应当出产的符合质量要求的、可供销售的产品或劳务的数量，是决定企业生产多少的决策。产量指标一般以实物单位计量。例如汽车以"辆"、机床以"台"、轴承以"套"表示；有些产品用一种实物单位计量不能充分表明其使用价值的大小，则用复式计量单位，如拖拉机用"台/马力[⊖]"、电动机用"台/kW"表示。

产品产量包括成品及供销售的半成品的数量。成品是指完成生产过程全部阶段的最终产品。它包括企业的基本产品，供本企业非生产部门使用的最终产品，符合转入固定资产的自制设备，以及出售的工具、动力等。供销售用的半成品是指完成了某一个或某几个工艺阶段的零件或毛坯，它们主要是供维修用的备件或毛坯件。

产品产量指标反映企业向社会提供具有某种使用价值的商品数量及企业的生产发展水平。同时，它也是企业进行产、供、销平衡，计算实物劳动生产率、产值、原材料消耗、成本和利润等指标的基础，是企业组织生产活动的重要依据。

4. 产品产值指标

产品产值指标就是用货币表示的产品产量指标。产值指标能更确切、更综合地反映企业的生产总成果，并使生产成果具有较充分的可比性，因此在计划中显示出特殊重要的意义，成为分析研究企业生产规模和水平、生产发展速度，计算劳动生产率、资金利用率等许多重要指标的主要依据。根据产值指标包括的具体内容和作用不同，它进一步分为以下几种：

（1）商品产值。商品产值是企业在计划期内出产的可供销售的产品和工业性劳务的价值。它具体包括以下几类产品的价值：

1）本企业自备原材料生产的可供销售的成品、半成品价值。

2）外单位来料加工的产品加工价值。

3）承做的工业性作业价值（包括为本企业非工业生产部门完成的工业性作业价值）。计算时只计入加工价值，不包括作业对象本身的价值。

4）机械设备和交通运输工具的大修理。

商品产值是反映企业生产成果的重要指标，它表明企业在计划年度向社会提供的商品总

⊖ 1 马力 = 735.499W。

量，又是企业销售收入的来源，故一般按现行价格计算。

（2）总产值。总产值是以货币表现的企业在计划年度内应该完成的工业生产总量。在总产值中除了全部的商品价值之外，还包括外单位来料加工产品的材料价值和企业的在制品、自制工具、模型等期末与期初结存量差额的价值。

总产值指标反映企业在一定时期内生产的总规模和水平。一般都按总产值计算企业的生产发展速度、劳动生产率、产值资金率等技术经济指标，也常按总产值来比较不同企业的经营成果。故总产值要按不变价格计算，以消除产品价格变动对产值计算的影响。

（3）工业销售产值。工业销售产值是以货币形式表现的，工业企业在一定时期内销售的本企业生产的工业产品或提供工业性劳务活动的价值总量。工业销售产值与工业总产值的区别为：工业销售产值计算的基础是工业产品销售总量，不管是否为本期生产，只要是在本期销售的，都应计算工业销售产值，因此工业销售产值是以产品所有权的转移为计算原则的。工业总产值的计算基础是工业产品生产总量，只要是本期生产的，不论是已经销售的还是尚未销售的，都要计算工业总产值，所以工业总产值是以产品的生产为计算原则的。另外，工业销售产值不含半成品、在制品期末期初差额价值，而工业总产值包括它们的差额价值。

（4）工业增加值。上述产值中，都包含了相当大的一部分转移价值。例如，机床产品的工业销售产值与总产值中都包含了外购原材料、机电配件（电动机、轴承、电器元件）等的价值。这些外购物资的价值是由其他企业创造的，却被转移到机床产品产值中来。因此，上述两种产值都不能正确反映本企业生产活动的成果。为了反映真正由企业自身创造的生产成果，需要有增加值指标。

增加值是各生产单位在生产过程中新增加的价值，是常驻单位生产的物质产品和服务价值超过生产中所消耗的中间投入价值后的差额部分。国民经济中各生产单位的增加值总和即为国内生产总值。用生产法计算，增加值等于总产出减去中间投入；用分配法计算，增加值等于劳动者报酬、固定资产折旧、生产税净额和营业盈余四项之和。

上述各项计划指标是相互联系、相辅相成的。首先，质量是产量的前提，有质量才能有产量；质量又是产值的前提，产品只有满足预定的质量要求后才能达到应有的价值，否则将失去价值，至少会降低其价值。品种和产量则是计算产值的基础。其次，在市场经济体制下，产值往往又是制订计划的依据，要按预期的产值指标来选择产品的品种和确定产量。所以，编制生产计划大纲时，应全面考虑这四类指标的要求，做到统筹兼顾，从总体上保证计划指标的优化。

4.2.2　年度生产计划的编制步骤

年度生产计划的编制大致需要经过以下步骤：
（1）摸清市场需求。
（2）分析企业内部、外部生产条件。
（3）拟订生产计划指标方案，进行优化。
（4）综合平衡，制订计划草案。
（5）审核、批准。

1. 调查研究、收集资料

年度生产计划的依据来自三个方面：一是社会或市场对企业产品的需要；二是长期计划对计划年度提出的目标要求；三是上年度计划完成情况和企业拥有的生产、供应、库存等资源能力情况。为此，在编制生产计划前，首先需要收集和掌握有关这三方面的资料和信息。归结起来，应取得如下几个方面的资料：

（1）反映社会需求的资料

1）市场调研部门提供的计划期需求预测数据及分析报告。

2）销售部门提供的已签订的供货合同与协议。

（2）本企业的生产经营目标

1）计划期应达到的生产发展水平。

2）计划期应实现的利润指标和成本指标。

（3）反映生产资源供应方面的资料

1）供应部门提供的各种生产物料、动力的可靠供应量和可能获得的其他补充供应量。

2）外协部门提供的可以从外单位获得的生产能力和物料供应方面的信息。

3）仓库运输部门提供的能从外单位获得的运输、仓储等生产服务方面的信息。

（4）企业自身拥有的生产能力资料

1）各生产部门的生产能力状况。

2）库存资料。

3）新产品开发进度和生产技术准备能力状况。

4）人员状况。

（5）反映企业实际生产水平的资料

1）上期计划预计完成情况。

2）各种产品的工时定额、物料消耗定额资料。

3）各种产品和外购资源的成本和价格。

2. 确定生产计划指标，进行综合平衡

掌握制订生产计划必要的资料后，就可编制生产计划。这是一项十分复杂的工作，它既要适应社会或市场对产品的需求，又要有设备、原材料、劳动力、能源等的保证，还要使企业取得良好的经济效益，因此是非常细致的、要多次反复进行平衡的工作过程。

编制生产计划，一般分成三个工作层次进行。第一个层次是测算总产量指标，第二个层次是测算分品种产量指标，这两层工作属于编制生产计划大纲的工作。最后一层是安排产品的出产进度，编制产品出产进度计划。整个工作的流程如图4-3所示。

总产量指标的测算，主要是通过量（产量）、本（成本）、利（利润）三者之间相互关系的分析计算，确定出能保证实现计划利润指标的总产量指标的控制数，以规定企业在计划期应达到的生产总量，并作为产供销平衡的主要依据。

测算分品种产量指标就是确定应生产的品种及它们的产量。这时，首先应考虑增加的品种以及新品种的产量，这是企业取得进步与发展的根本途径。为此，在拟定这项指标时应检查新产品开发的进度和有关的生产技术准备能力情况。然后再考虑全部的生产能力与物料供应能力，当然，更主要的是根据已签合同的用户的订货和对市场需求的预测来确定全年的生产品种及各品种的产量。

拟订出指标计划的初步方案后，需要进一步从生产能力与其他生产条件方面检查计划的可行性，也要从企业的经营目标上检查计划能否最有利于实现企业的总体目标要求。这就是生产计划的综合平衡工作。

综合平衡中生产任务与生产能力及其他条件之间的平衡工作主要是：根据任务需要核定和检查设备、劳动力、物料供应和生产技术准备工作能否满足计划要求，若发现这些方面存在薄弱环节，就应及早制定必要的措施，克服薄弱环节，以保证生产任务的落实。为此，在这项工作中应包括生产任务与生产能力的平衡、生产任务与劳动力的平衡、生产任务与物料供应的平衡、生产任务与外部协作的平衡以及生产任务与生产技术准备工作的平衡等多项

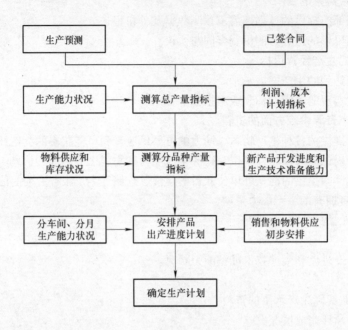

图 4-3　生产计划指标拟定的流程图

工作。

　　这里应强调一点，随着现代企业专业化、协作化水平的提高，一个企业往往仅从事自己具有核心竞争力的那部分工作，大量的工作都通过外协或外包的方式转给其他企业。所以，关于外协、外包零部件的品种、数量、厂家，以及供货时间的安排与平衡，在年度生产计划中是非常重要的一项工作。若落实不好，则将影响整个生产计划的完成。

　　生产计划是企业生产经营综合计划的一个组成部分，因此，还需与其他计划指标，如劳动生产率、成本、销售、利润等指标取得平衡。在这些指标之间的平衡中，生产指标与销售指标及利润指标之间达到平衡是平衡工作的中心。在这几项指标之间达到平衡，能使企业的生产满足社会需求，而又保证良好的经济效益。在测算生产指标的过程中，一般也考虑销售与利润等因素，但这种考虑由于受分析模式的限制，不能充分反映实际环境中存在的复杂性，使所制定的指标与企业的目标要求（销售指标、利润指标）仍会产生矛盾，故需要重新进行平衡。同时，还应采取相应的措施，如寻求降低成本的途径，或改变产品的品种构成，来保证指标之间的最佳平衡。生产计划大纲草案经企业领导部门或上级主管部门批准后，即成为正式计划。

　　3. 安排产品出产进度

　　编制出年度生产计划大纲后，需进一步将全年总的产量任务按品种、规格和数量安排到各季、各月中去，制订出年度的产品出产进度计划，以便具体指导企业的生产活动。

4.2.3　年度生产计划中产量指标的测算方法

　　如前所述，在编制生产计划时，需要对品种、质量、产量和产值等指标进行测算。关于产品品种指标的测算，应在产品与市场计划和销售计划中进行，在生产计划中只是表述和执行；同样，产品质量指标的测算在专门的质量计划中进行，在生产计划中也是表述和执行。所以，这里只介绍产品产量指标的测算方法。

1. 盈亏平衡分析法

测算总产量指标时，常用的定量方法是盈亏平衡分析法。这种方法能在成本形态分析的基础上找出成本、利润与产（销）量变化之间的依存关系，故又称为量本利分析法。它可为经营决策提供简明而又十分有价值的数据资料。总产量指标测算时所要研究的一些基本问题，如产量达多少正好保本；按预测的产量，可获利多少；要实现既定利润指标，应达到多大的产量水平；在预计产量下若开工不足，即生产能力有余时，会发生多大的亏损或盈利的最大值达多少，这时应采取怎样的生产策略与销售策略增加盈利等。这些都可以通过盈亏平衡分析得到答案。

（1）盈亏平衡分析法的基本原理。 盈亏平衡分析法是以成本形态为基础，对成本、利润与产量变化的关系所做的分析。所谓成本形态，是指成本变动与营业量，即产量之间的依存关系。按这种依存关系，即按成本形态，基本上可将成本分为可变成本和固定成本两种。可变成本是随产量变化而变化，且成正比例变化的成本；固定成本则是不因产量变化而增减的成本。

利用成本与产量之间的这些关系，可将产量、成本与利润三者的依存关系用图 4-4 的图解方式，即盈亏平衡图表示。

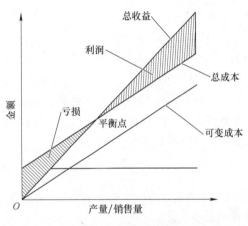

图 4-4 盈亏平衡图

图 4-4 的横坐标表示企业在一定时期内的产量或销售量，纵坐标为以金额表示的成本及收益。固定成本在计划期内为常数，在图上是平行于横坐标的横线。可变成本线是通过坐标原点的一条斜线，它的斜率代表单位可变成本。两部分之和为总成本线。同理，可作出总收益线，它是以产品单价为斜率的通过原点的斜线。总收益线与总成本线的交点为盈亏平衡点。在该点，即在该产量下产品的总成本与总收益相等，达到保本。在平衡点的右边，总收益大于总成本，取得利润；在平衡点的左边，总收益小于总成本，企业发生亏损。于是，总收益与产量及各项成本之间的关系为

$$R = PQ = F + VQ + E$$

式中 R——总收益；

P——产品单价；

Q——产量；

F——固定成本；

V——单位可变成本；

E——利润。

在这些关系中还包含了一个十分重要的概念——毛益贡献。它是从销售收入中减去可变成本后的余额。毛益贡献按单位毛益贡献（或称边际贡献）与产量的乘积计算。

设 C = 单位毛益贡献，则

$$C = P - V$$

单位毛益贡献在单价中的比率，称为单位毛益贡献率，以 C_r 表示，则

$$C_r = \frac{P - V}{P} = 1 - \frac{V}{P}$$

毛益贡献首先补偿固定成本，它的结余转为利润。在计算保本产量与利润水平时都要用

到毛益贡献的概念。单位毛益贡献率则是计算多产品生产中保本产量的重要工具。

（2）盈亏平衡分析在总产量指标测算中的应用。借助盈亏平衡分析中的量、本、利之间的定量关系，可对总产量指标测算中的许多问题加以分析。

1）确定盈亏平衡产量。盈亏平衡时利润 E 为零，故可得到此时的收益成本关系为

$$R = PQ = F + VQ$$

经移项演化后，得盈亏平衡产量，即保本产量为

$$Q^* = \frac{F}{P - V} = \frac{F}{C}$$

2）确定预定利润指标下的产量。若给定利润指标，要确定为达到所定利润的产量，将总收益与产量及各项成本之间关系的公式按产量未知进行移项，经演化后得

$$Q = \frac{F + E}{P - V} = \frac{F + E}{C}$$

3）确定预测产量下的利润。若已预测出计划年度中的产量水平，则可求出该产量下的利润为

$$E = (P - V)Q - F = CQ - F$$

4）确定预定利润与产量下的单位可变成本。当产品受客观条件限制，产量有限，而企业又希望获取预定的利润指标时，需要通过降低成本来实现利润。在确定产量、利润以及销售价格时，单位可变成本按下式确定

$$V = P - \frac{F + E}{Q}$$

5）计算安全边际和安全边际率。安全边际是指超过保本产量的那部分产量（或产值）。设 G 代表安全边际，则

$$G = Q - Q^*$$

安全边际率 F_r 是安全边际在计划产量中所占的比重。即

$$F_r = \frac{G}{Q}$$

这两项参数都可以用来检查所订计划产量在实现利润指标上的可靠性。安全边际表明计划产量超出保本产量的宽裕量，故安全边际越大，计划越保险；安全边际率表明宽裕的程度，它能更确切地反映计划的可靠程度。若安全边际率仅为 10% 左右，则说明离亏本不远，稍受干扰就可能亏损，在计划时应考虑必要的措施，以防止亏损。

6）确定多品种生产的盈亏平衡点。以上讨论的都是单一品种的产量指标问题。但实际上企业都同时生产多种品种的产品，故常用的是确定多品种生产的盈亏平衡点。

多品种生产的盈亏平衡点只能以综合的产值（销售额）表示。它的计算方法是：以各产品的产值（销售额）比率为权重，计算单位产值的毛益贡献率，然后求出保本的即盈亏平衡的综合产值（销售额），再进一步计算出每种产品的盈亏平衡产量。下面举例说明。

例 4-1：某企业生产 A、B、C 三种产品，它们的成本与销售资料如表 4-1 所示。已知企业的固定成本为 20 000 元。求其综合的盈亏平衡点，以及每种产品的盈亏平衡产量。

表 4-1　某企业成本与销售资料

产　品	售价（元/台）	单件可变成本（元/台）	年销售额比率（%）
A	40	30	20
B	50	40	30
C	70	50	50

解：1）求各产品的单位毛益贡献率。

$$C_{rA} = \frac{40 \text{ 元/台} - 30 \text{ 元/台}}{40 \text{ 元/台}} = 0.25$$

$$C_{rB} = \frac{50 \text{ 元/台} - 40 \text{ 元/台}}{50 \text{ 元/台}} = 0.20$$

$$C_{rC} = \frac{70 \text{ 元/台} - 50 \text{ 元/台}}{70 \text{ 元/台}} = 0.2857$$

2）计算单位销售额的综合毛益贡献率。

$$\begin{aligned} C_r &= 0.20 C_{rA} + 0.30 C_{rB} + 0.50 C_{rC} \\ &= 0.20 \times 0.25 + 0.30 \times 0.20 + 0.50 \times 0.2857 \\ &= 0.25285 \end{aligned}$$

3）计算多品种综合盈亏平衡点 W，即要达到多大销售额才能补偿完固定成本，使总收益与总成本相等。

$$W = \frac{F}{C_r} = \frac{20\,000 \text{ 元}}{0.25285} = 79\,098 \text{ 元}$$

4）分别计算各产品的盈亏平衡产量。

$$Q_A^* = \frac{79\,098 \text{ 元} \times 0.20}{40 \text{ 元/台}} = 395 \text{ 台}$$

$$Q_B^* = \frac{79\,098 \text{ 元} \times 0.30}{50 \text{ 元/台}} = 475 \text{ 台}$$

$$Q_C^* = \frac{79\,098 \text{ 元} \times 0.50}{70 \text{ 元/台}} = 565 \text{ 台}$$

2. 边际分析法

边际分析法是分析企业在一定产量水平时，再多增产一个单位产品，会对总利润产生什么影响的方法。所以，盈亏平衡分析法和边际分析法虽然都研究产量、成本和利润之间的关系，但盈亏平衡分析法主要研究这些变量之间的静态关系，而边际分析法研究变量之间的动态关系。

假设：MR 为边际收入，MC 为边际成本，ME 为边际利润，则

$$MR - MC = ME$$

如果 MR > MC，则说明 ME 为正值，即企业增加单位产量能使总利润增加。所以，此时企业产量不是最优，因为如果产量增加，还能使利润增加。

如果 MR < MC，则说明 ME 为负值，即企业增加单位产量反会使总利润减少。所以，此时企业产量也不是最优，如果减少产量，也能使总利润增加。

既然 MR 大于或小于 MC 都不是最优，所以只有 MR = MC 时，企业的产量才是最优的，这时，ME = 0，企业的总利润达到最大。

为什么 MR = MC 时企业的总利润最大？还可以从图4-5中得到解释。在图4-5中，假定总成本函数和总收入函数都是曲线。总利润等于总收入减去总成本。可以看到，只有在总成本曲线上的切线与总收入曲线上的切线相互平行，即两者

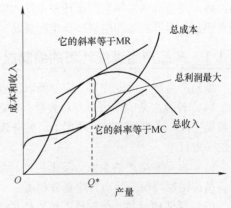

图 4-5　利润最大分析图

的斜率相等之处总利润才最大,这一处也就是 MR = MC 之处,此时的最优产量为 Q^*。所以 MR = MC 是企业利润最大化的条件。

3. 线性规划法

线性规划法是在环境条件已定,在满足规定约束的条件下,寻求目标函数的最大值(或最小值),以求取最优方案的方法。为了能用线性规划法来确定产品产量的最优组合,需要对有关的因素做一些假设。现假设:

(1) 每种产品的单位产量利润是已知的常数。

(2) 每种产品所使用的生产方法为已知,而且它们的规模收益不变,即如果投入要素增加 1 倍,产量也增加 1 倍。

(3) 企业能够得到的投入要素的数量有限,而且已知。

(4) 企业的目标是谋求利润最大。

以上假设大体是符合实际的。例如,如果产品的价格不变,企业生产产品的平均成本不变,那么单位产品的利润也就不变,这样,利润就成为产量的线性函数。在实际生活中,生产方法一旦确定,就不会轻易变动,这时要增加产量,就必须按比例增加投入要素,所以产量是投入要素的线性函数。在短期内,企业可以利用的投入要素的数量是固定的,因此,企业扩大产量要受资源条件的约束。

这样,企业的决策问题就可以写成如下线性规划问题的一般形式为

目标函数: $\max Z = C_1 x_1 + C_2 x_2 + \cdots + C_n x_n$

约束条件:
$$\begin{cases} a_{11}x_1 + a_{12}x_2 + \cdots + a_{1n}x_n \leq b_1 \\ a_{21}x_1 + a_{22}x_2 + \cdots + a_{2n}x_n \leq b_2 \\ \vdots \\ a_{m1}x_1 + a_{m2}x_2 + \cdots + a_{mn}x_n \leq b_m \\ x_1, \quad x_2, \cdots, \quad x_n \geq 0 \end{cases}$$

这个一般式由目标函数和约束条件组成,即要求企业所确定的产品产量在能满足企业资源数量的条件下,实现利润最大化。具体的解法在《运筹学》中有所讲述,这里不再赘述。

4.3 产品产出进度计划的编制

制定好年度生产计划大纲后,还需要进一步将企业全年的生产计划按照时间进度,分阶段(月或季度)分配到各个时间段上,这就是产品产出进度计划。在这层计划中,将分产品的品种、规格具体安排它们在计划年度内阶段的产量指标,有了产品产出进度计划,企业才能着手进行生产准备和组织产品生产活动。因此,它是生产计划工作中的一项重要内容。

4.3.1 产品产出进度计划的编制原则

编制产品产出进度计划,应遵循以下原则:

(1) 各种产品的产出时间和数量,应首先保证已有的订货合同的要求,以确保订货合同的按期完成。在安排产品的顺序上,要分清轻重缓急,如先安排重点客户的订货,再安排其他的一般订单。

(2) 多品种生产的企业,要做到产品品种的合理搭配,使各车间在全年的各季各月内的设备负荷比较均衡,劳动力能充分利用。

(3) 要使原材料、外购件、外协件的供应时间和数量与产品产出进度的安排协调一致。避免由于供应与生产脱节,使产品生产和产出进度受到影响。

（4）新产品要分摊到各季各月出产，以避免生产技术准备工作忙闲不均。若新产品生产是插入在正常产品生产车间进行的，则更要注意这两类任务的搭配，避免互相影响，引起生产秩序的混乱。

（5）要注意跨年度计划之间的衔接。例如安排在年初产出的产品，要根据上一年的产品在制情况，而第四季度则要考虑为下年产品的产出做好准备。

按照上述原则编制产品产出进度计划，一方面保证了各项任务的出产期限，另一方面又充分考虑了均衡生产的要求，这样，就可以为企业顺利进行各项任务的生产创造良好的条件。

4.3.2 产品产出进度计划的编制步骤

从上述各项制定原则看出，产品产出进度计划是将年度生产计划的总产量，按照市场和用户的需求以及企业的各种资源条件，转换成一个逐渐接近企业产品生产活动的计划。因此，对这层计划所强调的是现实可行；在编制计划时应充分考虑物料供应、生产提前期和生产能力等方面的条件。

不同生产类型、产品特点和产量大小的企业，其产品产出进度计划的安排方式也不尽相同。但在具体安排过程中，通常采用下列的计划编制步骤和方法：

1. 产品需求资料的准备

产品产出进度计划中的任务项目来自市场对企业所生产产品的需求。因此，编制工作的第一步是从各种需求渠道收集对产品的需求数据。

不同生产类型的企业，需求的来源往往不同。对存货生产，即大批大量生产类型的企业，一般根据历史资料产生未来的需求量。例如，按各种品种历年销售量占总销售量的比例数的统计资料推算出它们在新计划年度及各月份的需求量。对订货生产的企业，即主要是单件小批生产类型的企业，则根据积攒的用户订货，或通过走访用户而预计的订货来确定产品需求量。对那些向用户提供系列化定型产品的企业，即成批生产的企业，则从用户订货与预测两方面来确定需求量。

一般，可将需求来源分为以下几种：①用户订货；②代理商订货；③成品仓库进货需要量；④备件需要量；⑤预测；⑥安全库存量；⑦季节性存货需要量。

2. 制订产品产出进度计划草案

从各种需求渠道收集到的需求数据，并不能直接用于计划。要考虑以下问题来对需求资料进行调整，形成产品产出进度计划的草案：

（1）选择适当的批量和生产间隔期，以保证生产的经济性。

（2）检查负荷量，是否存在急剧的波动性，是否超过生产能力或过低于生产能力。

（3）某些需求过于笼统，应尽可能将它们具体化为产品品种、规格、型号等。

对于大批大量生产企业，一般将产量均匀地安排到各季各月，以便与流水生产方式相适应。对于成批生产企业，要着重考虑产品品种的合理搭配。对于产量较大、需求变动较小的产品，可分配到全年的各季各月中生产；对于产量较小的产品，尽量集中在某段时间内生产；对于同一系列不同规格的产品，当产量较小时也安排在同一时期为好，以便组织通用件的集中生产。当然，这种安排以不违反交货期要求为原则。对于单件小批生产，主要根据订货合同规定的数量和期限要求，适当兼顾其他方面的要求，如同类型产品集中安排，新产品和需要关键设备加工的产品错开安排等。

3. 检查资源供应能力

产品产出进度计划的任务量应与企业可以提供的资源能力相平衡，这是能力计划（资源计划）环节。这些资源包括生产能力、原材料和外购外协件的供应能力、新产品开发进度、库存、生产服务能力和流动资金等。如果测算得到的各种资源能力与产品产出进度计划的需要量不匹配或不平衡，就应修改计划，调整产品的品种、产量与产出时间。这种修改可使用经验试算的办法，通过调整某些变量，形成若干个产品产出计划方案，并检查其资源平衡的结果，如此反复进行，直到满意为止。

4. 召开调度会议确定计划

产品产出进度计划属于综合计划的一部分，涉及销售、生产、供应、库存、技术、财务等众多部门，所以，需要召开全企业的调度会议来共同协调解决各方面资源的平衡问题，最后确定一个满意或可行的产品产出进度计划。

国外教材称这个调度会为 SOP 会议，一般分 SOP 预备会议和 SOP 主管会议两次召开。预备会议是各个部门的有关人员一起讨论计划草案中存在的需求与供给、产量与产品组合不协调、不平衡的问题，提出不同的预案，将不能解决的问题提交给主管会议。主管会议是由经营中的高级主管人员参加的，主要内容是：对计划草案和预案做最后决策；将以货币形式表示的 SOP 与综合计划相协调；解决预备会议不能达成一致的问题；对客户服务水平和经营业绩做出评估。

综合计划是企业计划年度内生产经营活动的纲领，后面的各种计划，如主生产计划、物料需求计划、劳动力计划、生产技术准备计划以及生产作业计划等都要以综合计划为依据来加以制订。因此，制订好综合计划对企业的生产计划与控制来说是一项具有首要意义的任务，同时又是十分困难的工作。这项计划工作要处理的问题，无论是一个年度内的外部需求，还是内部能力，都因存在许多不确定因素而在不断变动。这给综合计划的编制和实施造成很多困难。处理好这些问题的关键在于如何形成一套使计划性和适应性相统一的计划管理机制。

4.4　适应需求变化的生产计划方法

4.4.1　适应需求变化的策略

编制年度生产计划需要解决的一个基本问题是，如何处理需求的变化。市场需求的起伏和波动是绝对的，而企业的生产能力又是相对稳定的，要解决这个矛盾，就要研究处理需求变化的策略。

1. 改变需求的办法

（1）**通过改变价格转移需求**。通过价格差别使高峰需求转移到低峰时期。例如，平时上班时间电话费率高，节假日、周末和夜间电话费率低；日间飞行票价高，晚间飞行票价低；晚上打保龄球费率高，上午打保龄球费率低；晚上 12 点以后过桥不收过桥费等。这些都是通过价差转移需求的例子。这种方法在服务业用得多，且对需求价格弹性大的产品和服务最有效。

（2）**推迟交货**。将某期间订货推迟一段时间交货，同时给顾客一定的价格折扣。能否成功应用这种策略取决于顾客的态度，推迟交货有损失销售额和失去顾客的危险。

2. 调整能力的办法

（1）**改变劳动力的数量**。任务重的时候多雇工，任务轻的时候少雇工。这种方法在服务业用得较多。一些旅游点具有明显的季节性，夏天或节假日游客多，服务能力不能满足需要；冬天及平时游客少，人员闲置。这种企业可以少用固定职工，在接待任务重时招募临时工。很多学生利用假期打工挣学费，正是这种策略为他们提供了机会。使用这种方法要求工作是非专业性的，一般人经简单训练或观摩就可以胜任。对于制造业企业，由于需要专门技术，难以随时招募技术员工,或者需要经过系统培训才能上岗,这种办法不可行。而且解雇职工会受到法律的限制和工会的反对,同时还会影响职工劳动情绪,遭到职工的反对。现在越来越多的企业视职工为最重要的竞争资源,而不是一种可变成本。

(2) **忙时加班加点,闲时培训**。加班加点是职工比较容易接受的策略,也容易实行,有利于企业维持稳定的职工队伍和增加职工收入。但这种方法也不是永远可行的,过多的超时工作会使人厌倦,工作效率和质量降低,甚至引起安全事故。在工作任务少时,抽调部分职工进行培训,可以提高他们的技能。

(3) **利用半时职工**。在一天工作时间内,有时工作负荷很重,有时又很清闲。如果按工作负荷最重的时候确定职工人数,会造成人员过多。利用半时职工可以解决这个问题。比如饭店和超级市场,在忙时用"钟点工"来提高企业的服务能力。

(4) **利用库存调节**。在制造业多采取利用库存调节生产的办法。如图4-6所示,市场需求如图中粗线所示,是波动的,而生产能力在一定时期是确定不变的。如果从总量上讲,生产能力与负荷是平衡的,为了使生产能力在一定时期满足任务的需要,可以利用库存来调节生产。从图4-6可以看出,当生产率和需求率相等时(在区间$0 \sim t_1$和$> t_3$),库存不变;当需求小于能力时(在区间$t_1 \sim t_2$),由于生产率维持不变,库存量就会上升;当需求大于能力时(在区间$t_2 \sim t_3$),将消耗库存来满足需要,库存就会减少。采取这种策略不必按最高生产负荷配备生产能力,从而节约了固

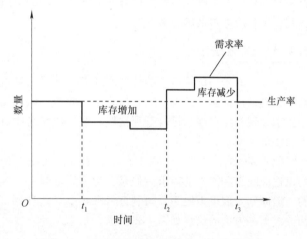

图4-6 通过改变库存水平来吸收需求波动

定资产投资,有利于企业内部和供应厂家组织均衡生产,是处理变化需求的常用策略。成品库存的作用好比水库,可以蓄水和供水,既防旱又防涝,保证水位正常。但是,通过改变库存水平来适应市场的波动,会产生库存费用,在市场需求急剧变化的今天,成品库存会带来极大的风险。同时,库存也破坏了生产的准时性,掩盖了管理问题,而且纯劳务性生产不能采用这种策略。

(5) **转包**。转包就是把一部分生产任务转给其他企业去做,利用其他企业的生产能力加工本企业的产品,相当于扩大了本企业的生产能力。当然,转包可能会带来能否按期交货的问题和质量问题,本企业会丧失部分控制权,会损失一部分收益。但是,处在激烈变化环境中的企业,不可能完全通过本企业的能力生产多变的产品或提供多样化的服务。与其花费巨大的投资去扩充生产能力,还不如借用其他企业的资源来满足特定的需要。

(6) **改变"自制还是外购"的决策**。如果能力不够,变某些自制产品或零部件为外购;如果能力有富余,变某些外购产品或零部件为自制。前提是市场可以提供所需的产品或零部件和本企业有能力制造原先确定为外购的产品或零部件。

4.4.2 满足需求变化的典型策略

在制订生产计划时,往往将上述六种调节能力的措施结合起来运用,形成满足变动需求的不同策略。有两种典型的策略:跟踪策略和均匀策略。

1. 跟踪策略

所谓跟踪策略,就是完全随需求的变化来变动计划的产量。在需求处于低水平的时期内,产量也跟着调低;需求增长时,相应地提高产量。显然,这种策略会使库存保管成本及可能的缺货成本很低,但是,会有相当大的与增减产量有关的成本,如采用加班、外包加工、增聘工人或者解聘工人等措施所发生的成本。

2. 均匀策略

均匀策略与跟踪策略正好相反,它让生产以均匀不变的速率进行。这时,劳动力数量保持不变,而用补充库存或消耗库存来满足变动的需求。因此,这种策略将造成很高的库存保管成本。

以上是两种极端的策略。它们都只利用了个别的生产能力调节因素,而忽略了其他可以利用的因素,往往会造成较高的成本支出。在一般企业中,实际上使用的是折中这两种策略的混合策略。例如,不是月月(季季)都调整生产率(变动劳力数),而只在适当的时候调整一次,从而实现既减少调整产量水平的成本而又不过多地发生库存保管成本。这样有可能找到一个总成本最低的方案。

4.4.3 试算法

企业一般采用试算法来制订生产计划。试算法通过试算不同初选计划方案的成本,从而确定成本最优的生产计划方案。试算法一般通过绘制简单的表格或图形,使计划者能够对预期需求和现有生产能力进行直观比较。对各种初选计划方案一般都以其总成本作为评价依据。下面举例说明。

例 4-2:某公司是一个需求有显著季节性变动的企业,通常需要制订全年的年度生产计划以适应旺季和淡季的需求。但是,为了清楚起见,本例在一个较短的计划期内说明试算法的一般原则。假设需要为公司制订未来 6 个月的计划,有关市场预测以及工作时间、库存与相关成本等方面的信息如表 4-2 所示。

表 4-2 公司制订年度生产计划的相关信息

时 间	7月	8月	9月	10月	11月	12月	总计
需求预测(件)	2000	1500	1000	900	1100	1500	8000
每月工作天数/天	22	19	21	21	22	20	125
成 本							
材料成本	500 元/件						
库存成本	5 元/(件·月)						
缺货成本	50 元/(件·月)						
外包边际成本	100 元/件(外包费用 600 元/件 − 材料成本 500 元/件)						
招聘与培训成本	1000 元/人						
解聘成本	1500 元/人						
单位产品加工时间	5h/件						
正常人工成本(每天工作 8h)	20 元/h						
加班人工成本(是正常人工成本的 1.5 倍)	30 元/h						
库 存							
期初库存 = 400 件							
安全库存 = 每月需求预测量的 25%							

在制订初选计划方案并确定相应的成本时可以不考虑材料成本,因为可能在所有的方案

中都考虑了这 500 元/件的材料成本。在考虑外包成本时，如果每件产品都有这 500 元的材料成本，就只需要考虑边际成本：外包费用是 600 元/件，但由于节约了材料成本，因此外包的实际费用为 100 元/件。

应该注意的是，许多费用的表达形式与会计记账形式不一样，因而不要指望能够直接从会计记账中得到所有成本，而应该从管理人员那里间接获取，他们能够帮助解释这些数据。

已知期初库存是 400 件，因为需求预测是有误差的，所以公司决定建立安全库存来提高服务水平，并设定安全库存是每月需求预测量的 25%。

在开始制订初选的计划方案之前，一般需要把需求预测量转化成实际的生产需求量，并需要考虑相应的安全库存水平。如表 4-3 所示，这些生产需求量表明安全库存从未真正被使用过，因此，每月的期末库存就等于当月的安全库存。例如，7 月的安全库存 500 件（即 7 月需求预测 2000 件的 25%）成为 7 月期末库存，7 月的生产需求量就是当月的需求预测加上安全库存再减去期初库存（2000 件 + 500 件 − 400 件 = 2100 件）。

表 4-3 年度生产计划的统计数据　　　　　　　　　　（单位：件）

时间	7月	8月	9月	10月	11月	12月	总计
期初库存	400	500	375	250	225	275	
需求预测	2000	1500	1000	900	1100	1500	8000
安全库存（需求预测×25%）	500	375	250	225	275	375	
生产需求量（需求预测+安全库存−期初库存）	2100	1375	875	875	1150	1600	
期末库存（期初库存+生产需求量−需求预测）	500	375	250	225	275	375	

现在开始初选公司可行的生产计划方案并确定相应的总成本，虽然可能有多个备选计划方案，为了便于说明试算法的一般原则，下面主要提出四个可行的计划方案，最终选择的决策依据是总成本最小化原则。

方案 1：按需生产，改变劳动力水平

如表 4-4 所示，通过改变工人人数，每天固定工作 8h，以使生产出来的产品数量恰好与产品需求一致。

表 4-4 计划方案 1

时间	7月	8月	9月	10月	11月	12月	总计
生产需求量（件）（见表 4-3）	2100	1375	875	875	1150	1600	
所需生产时间/h（生产需求量×5h/件）	10 500	6875	4375	4375	5750	8000	
每月工作天数/天（见表 4-2）	22	19	21	21	22	20	125
每人每月工时/h（每月工作天数×8h/天）	176	152	168	168	176	160	
所需人数（人）（所需生产时间/每人每月工时）	60	45	26	26	33	50	
每月期初人数（人）（假定 7 月初人数为 60 人）	60	60	45	26	26	33	
招聘人数（人）	0	0	0	0	7	17	
招聘费用（元）（招聘人数×1000 元）	0	0	0	0	7000	17 000	24 000
解聘人数（人）	0	15	19	0	0	0	
每月期末人数（人）	60	45	26	26	33	50	
解聘费用（元）（解聘人数×1500 元）	0	22 500	28 500	0	0	0	51 000
正常人工总成本（元）（所需生产时间×20 元/h）	210 000	137 500	87 500	87 500	115 000	160 000	797 500
总成本（元）				872 500			

方案2：劳动力水平不变，通过变动库存与延期交货策略，按平均需求率均衡生产

如表4-5所示，保持固定的劳动力水平，按未来6个月的平均需求率进行均衡生产。固定的劳动力水平是通过计划期内平均每天所需的工人人数计算得出的——先计算出6个月的总需求量，然后求出所需的工人人数，前提是按平均需求率均衡生产。具体计算过程为

$$\frac{8000 \text{ 件} \times 5\text{h/件}}{125 \text{ 天} \times 8\text{h/(天·人)}} = 40 \text{ 人}$$

允许库存积压，缺货通过延期交货用下个月的生产量补足。

表4-5 计划方案2

时间	7月	8月	9月	10月	11月	12月	总计
期初库存（件）	400	-192	-476	-132	312	620	
每月工作天数/天（见表4-2）	22	19	21	21	22	20	125
可用生产时间/h［每月工作天数×8h/(天·人)×40人］	7040	6080	6720	6720	7040	6400	
实际生产量（件）（可用生产时间÷5h/件）	1408	1216	1344	1344	1408	1280	
需求预测（件）（见表4-2）	2000	1500	1000	900	1100	1500	8000
期末库存（件）（期初库存+实际生产量-需求预测）	-192	-476	-132	312	620	400	
缺货损失成本（元）（缺货量×50元）	9600	23 800	6600	0	0	0	40 000
安全库存（件）（见表4-3）	500	375	250	225	275	375	
积压库存（件）（期末库存-安全库存）	0	0	0	87	345	25	0
库存费用（元）（积压库存量×5元/件）	0	0	0	435	1725	125	2285
正常人工总成本（元）（可用生产时间×20元/h）	140 800	121 600	134 400	134 400	140 800	128 000	800 000
总成本（元）				842 285			

方案3：固定劳动力水平下限，采用外包策略

如表4-6所示，利用固定的劳动力水平在规定的时间内保证满足最小需求预测量，同时采用外包策略来满足其余需求预测量。固定的劳动力水平是根据最小的月生产需求量（本例中即为9月和10月的生产需求量）来确定的，计算过程为

$$\frac{875 \text{ 件} \times 6 \times 5\text{h/件}}{125 \text{ 天} \times 8\text{h/(天·人)}} = 26 \text{ 人}$$

同时把每月的实际生产量与生产需求量之间的差额外包出去。

表4-6 计划方案3

时间	7月	8月	9月	10月	11月	12月	总计
生产需求量（件）（见表4-3）	2100	1375	875	875	1150	1600	
每月工作天数/天（见表4-2）	22	19	21	21	22	20	125
可用生产时间/h（每月工作天数×8h/(天·人)×26人）	4576	3952	4368	4368	4576	4160	
实际生产量（件）（可用生产时间÷5h/件）	915	790	874	874	915	832	
外包量（件）（生产需求量-实际生产量）	1185	585	1	1	235	768	
外包总成本（元）（外包量×100元/件）	118 500	58 500	100	100	23 500	76 800	277 500
正常人工总成本（元）（可用生产时间×20元/h）	91 520	79 040	87 360	87 360	91 520	83 200	520 000
总成本（元）				797 500			

方案4：劳动力水平不变，采用加班策略

如表4-7所示，在前两个月用固定的劳动力水平在正常的工作时间进行生产，同时采用加班策略满足其余生产需求量。值得注意的是，对于这个计划方案，固定的劳动力水平是很难计算出来的，但这个计划方案的目标是在计划期末（即12月）的库存尽可能接近当月（12月）的安全库存。因此，经过反复试算，可以得出37人是最合适的。

表4-7 计划方案4

时间	7月	8月	9月	10月	11月	12月	总计
期初库存（件）	400	0	0	243	586	789	
每月工作天数/天（见表4-2）	22	19	21	21	22	20	125
可用生产时间/h［每月工作天数×8h/（天·人）×37人］	6512	5624	6216	6216	6512	5920	
固定生产量（件）（可用生产时间÷5h/件）	1302	1125	1243	1243	1302	1184	
需求预测（件）（见表4-2）	2000	1500	1000	900	1100	1500	8000
加班前库存量（件）（期初库存＋固定生产量－需求预测）	－298	－375	243	586	789	473	
加班生产量（件）	298	375	0	0	0	0	
加班成本（元）（加班生产量×30元/h×5h/件）	44 700	56 250	0	0	0	0	100 950
安全库存（件）（见表4-3）	500	375	250	225	275	375	
积压库存（件）（加班前库存量－安全库存）	0	0	0	361	514	98	
库存费用（元）（积压库存量×5元/件）	0	0	0	1805	2570	490	4865
正常人工总成本（元）（可用生产时间×20元/h）	130 240	112 480	124 320	124 320	130 240	118 400	740 000
总成本（元）				845 815			

当劳动力水平固定为36人时，12月的期末库存为338件，小于12月的安全库存375件；而当劳动力水平固定37人时，12月的期末库存上升为473件，大于12月的安全库存375件。随着劳动力水平不断提高，计划期末的库存量也将不断增加。因此，当劳动力水平固定为37人时，12月的期末库存量最接近当月的安全库存。

方案评价：对四个方案的成本进行分析和评价

在表4-8中汇总了上述每个计划方案的相关成本。从表中可以看出，采用外包策略的方案3是成本最小的优选方案。

表4-8 四个生产计划方案的成本汇总　　　　　　　　（单位：元）

成本	方案1	方案2	方案3	方案4
招聘费用	24 000	0	0	0
解聘费用	51 000	0	0	0
缺货损失成本	0	40 000	0	0
库存费用	0	2285	0	4865
外包总成本	0	0	277 500	0
加班成本	0	0	0	100 950
正常人工总成本	797 500	800 000	520 000	740 000
总成本	872 500	842 285	797 500	845 815

注意本例中，其实还做了一个假设，即在制订计划时无论以何种劳动力水平开始运行，都不会发生招聘或解聘成本，因为计划是在现有工作人员的基础上做出的。这个假设是一种一般情况，可以用这种方法开始制订计划。

4.4.4 运输表法

假定产量、生产成本等有关变量之间的关系是线性的。设想一个简单的生产系统，有三种生产方式，第一种为正常班次时间生产，第二种为加班时间生产，第三种为转包生产；产品可在计划期长度内储存，不允许缺货。该生产系统的综合生产计划模型可表达为

$$\min Z = \sum_{i=1}^{m}\sum_{j=1}^{n}\sum_{k=1}^{n} c_{ijk} x_{ijk}$$

$$\text{s.t.} \begin{cases} \sum_{k=1}^{n} x_{ijk} \leq p_{ij} \\ \sum_{i=1}^{m}\sum_{j=1}^{n} x_{ijk} = D_k \\ x_{ijk} \geq 0 (i=1,2,\cdots,m; j=1,2,\cdots,n; k=1,2,\cdots,n) \end{cases}$$

式中 x_{ijk}——第 j 月中使用第 i 种方式生产的产品在第 k 月销售的数量；

c_{ijk}——第 j 月中使用第 i 种方式生产的产品在第 k 月销售产品的单位成本；

p_{ij}——第 j 月中使用第 i 种生产方式的能力；

D_k——第 k 月的需求量。

例 4-3：某汽车制造厂 2019 年 1～6 月大型轿车预计的市场需求量分别为 3000 辆、3600 辆、5200 辆、6000 辆、5000 辆、4400 辆，共计 27 200 辆，1 月期初库存量为零。该厂在三种不同生产方式下的生产能力和相应的单位制造成本数据如表 4-9 所示，单位产品每月的存储成本为 1000 元，请确定该厂 2019 年 1～6 月的综合生产计划。

表 4-9 三种不同生产方式下的生产能力和相应的单位制造成本

生产方式	生产能力（辆）	单位制造成本（元）
1. 正班生产	4000	20 000
2. 加班生产（可多生产）	600	21 000
3. 分包生产（可多生产）	1000	22 000

解：列出成本表，用运输表法求解。表 4-10 为该问题的呈报表，表中第一行月份为需求时间，与其对应的需求量列在最后一行；表中第一列月份为生产时间，每月都有三种生产方式，与其对应的生产能力列在最右边一列；表中间部分的成本数值为制造成本和存储成本两部分之和，表中空白部分表示不可能发生事件。例如，第一列空白的部分表示 2 月、3 月、4 月、5 月、6 月生产的产品不可能在 1 月销售。用运输表法求解，结果如表 4-11 所示，这是一个最优解。

表 4-10 运输成本表

月份	生产方式	1 月（元）	2 月（元）	3 月（元）	4 月（元）	5 月（元）	6 月（元）	生产能力（辆）
1 月	1. 正班生产	20 000	21 000	22 000	23 000	24 000	25 000	4000
	2. 加班生产	21 000	22 000	23 000	24 000	25 000	26 000	600
	3. 分包生产	22 000	23 000	24 000	25 000	26 000	27 000	1000

（续）

月份	生产方式	1月（元）	2月（元）	3月（元）	4月（元）	5月（元）	6月（元）	生产能力（辆）
2月	1. 正班生产		20 000	21 000	22 000	23 000	24 000	4000
	2. 加班生产		21 000	22 000	23 000	24 000	25 000	600
	3. 分包生产		22 000	23 000	24 000	25 000	26 000	1000
3月	1. 正班生产			20 000	21 000	22 000	23 000	4000
	2. 加班生产			21 000	22 000	23 000	24 000	600
	3. 分包生产			22 000	23 000	24 000	25 000	1000
4月	1. 正班生产				20 000	21 000	22 000	4000
	2. 加班生产				21 000	22 000	23 000	600
	3. 分包生产				22 000	23 000	24 000	1000
5月	1. 正班生产					20 000	21 000	4000
	2. 加班生产					21 000	22 000	600
	3. 分包生产					22 000	23 000	1000
6月	1. 正班生产						20 000	4000
	2. 加班生产						21 000	600
	3. 分包生产						22 000	1000
需求量（辆）		3000	3600	5200	6000	5000	4400	

表 4-11 综合生产计划表 （单位：辆）

	总计	1月	2月	3月	4月	5月	6月
需求量	27 200	3000	3600	5200	6000	5000	4400
计划数	27 200	3000	3600	5200	6000	5000	4400
正班生产	23 000	3000	4000	4000	4000	4000	4000
加班生产	2200		600	600	600	400	
分包生产	2000			600	1000	400	
库存数			400	400			

4.4.5 动态规划法

动态规划法适用于多阶段决策问题，只要研究对象可以处理成多阶段决策形式，有明确的状态变量用于判断计划优劣，就可采用此方法。

若企业的生产规则、生产能力固定不变，各个月份的需求量不等，每月初要对设备做一次调整，此时会发生调整费用，数值是固定的，如当月不生产，则不发生这笔费用；生产量大于需求量时，可以有库存，这时有存储费用发生，单位产品每月的存储费用是固定的；在以上条件下，时间为阶段变量，以月为阶段，每月产量为决策变量，每月库存量为状态变量，求生产成本最小的综合生产计划的动态规划模型为

成本函数：$C(X, I) = A + VX + MI$

递推公式：$f(I_j) = \min\{C_j(X_j, I_j) + f_{j+1}(I_j + X_{j+1} - D_j)\}$

状态方程：$I_j = I_{j-1} + X_j - D_j$

约束条件：$\begin{cases} 0 \leqslant X_j \leqslant N_j \\ X_j + I_j \geqslant D_j (j=1,2,\cdots,K) \end{cases}$

式中　X——月生产量，为决策变量；
　　　I——月库存量，为状态变量；
　　　N——生产能力；
　　　D——各月份的需求量；
　　　A——设备一次调整费用；
　　　V——单位产品可变成本；
　　　M——单位产品月存储费用；
　　　K——阶段的数量，即月份的数量。

例4-4：阳光电机有限公司2019年1—6月Y型电动机的需求量分别为1500台、1000台、500台、2000台、1000台、1500台，共计7500台。单位电动机的可变成本为2000元，每次设备调整费用为50 000元，单台电动机每月库存费用为100元，1月初和6月末的库存为0，最大生产能力为每月2500台，确定该公司的综合生产计划。

解：生产计划模型如下：

成本函数：$C(X,I) = A + VX + MI$

递推公式：$f(I_j) = \min\{C_j(X_j, I_j) + f_{j+1}(I_j + X_{j+1} - D_j)\}$

状态方程：$I_j = I_{j-1} + X_j - D_j (j=1,2,\cdots,6)$

约束条件：$\begin{cases} 能力约束 \ 0 \leqslant X \leqslant 2500 \\ 1月约束 \ 1500 \leqslant X_1 + I_1 \leqslant 2500 \\ 2月约束 \ 1000 \leqslant X_2 + I_2 \leqslant 3500 \\ 3月约束 \ 500 \leqslant X_3 + I_3 \leqslant 5000 \\ 4月约束 \ 2000 \leqslant X_4 + I_4 \leqslant 4500 \\ 5月约束 \ 1000 \leqslant X_5 + I_5 \leqslant 2500 \\ 6月约束 \ X_6 + I_6 = 1500 \end{cases}$

计算结果如表4-12所示，有两个最优解，最低成本为1560万元。

表4-12　需求量与生产进度计划表　　　　　　　　（单位：台）

	总计	1月	2月	3月	4月	5月	6月
需求量	7500	1500	1000	500	2000	1000	1500
计划1	7500	1500	1500	0	2000	2500	0
计划2	7500	2500	0	2500	0	2500	0

4.4.6　滚动计划法

滚动计划法是一种具有灵活性、能够适应市场环境变化的计划方法。其编制方法是：在已编制计划的基础上，每经过一段固定的时期（例如一个月或一个季度，这段固定的时期被称为滚动期）便根据变化了的环境条件和计划的实际执行情况，从确保实现计划目标出发对原计划进行调整。每次调整时，保持原计划期限不变，而将计划期顺序向前推进一个滚动期，如图4-7所示。

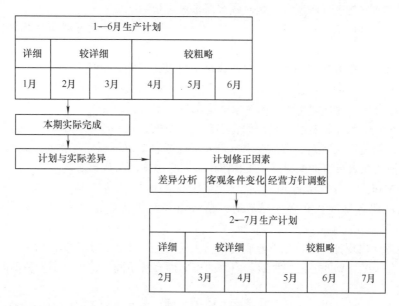

图 4-7 滚动计划示意图

采用滚动计划法，有两方面优点：

（1）**计划的严肃性与灵活性有机结合**。所谓计划的严肃性，是指经过综合平衡以后的生产计划不能随意更改，否则将引起一系列的混乱现象。所谓计划的灵活性，是指生产计划必须根据变化了的市场环境做出灵活的调整。两者经常是矛盾的。传统的"年度""月度"计划的编制方法很难解决这种矛盾。滚动计划法采用"近细远粗"的编制方法，对于近期，企业对市场需求和企业的内、外部生产条件都掌握得很详细和具体，计划不宜再变动，即保持计划的严肃性。对于远期，由于市场环境条件的不确定性和经常变化，计划可以编制得粗略一些，给"变化"留有余地，即计划表现出足够的灵活性。随着计划的不断滚动，"远期"将变为"近期"，"粗略的"计划也将变为"详细的"计划，这样就保证了计划的严肃性和灵活性的有机结合。

（2）**不同计划期之间的衔接性好**。如前所述，传统的年度计划之间或月度计划之间，界限分明，每期计划的编制与考核为一体。虽然强调每期计划的期末要为下期计划做好生产准备，但是在实际执行过程中不可避免地以保证本期计划的实现为重点，而为下期计划的生产准备工作会被放到次要的位置，这样很容易造成生产活动"期初松""期末紧"的不平衡现象。滚动计划法打破了传统的"计划期"概念。滚动计划的计划期虽然也是固定的，但它只是编制计划的展望期间，不是计划的考核期间，而且每隔一个滚动期，计划就向前滚动一次。这种计划的"编制期间"与"考核期间"的分离，有利于不同年度、月度之间生产活动的衔接，使企业始终有一个较为切合实际的、动态的长期计划做指导，并使长期计划能够始终与短期计划紧密地衔接在一起，保证企业生产活动始终是连续的均衡运行。

4.5 服务业的综合计划

服务业企业制订综合生产计划更加强调需求管理的作用。在实际工作中，编制银行、运输企业以及快餐店的综合生产计划，可能要比制造业企业的综合生产计划容易一些。在服务业中，控制劳动力成本是关键。要控制劳动力成本需要考虑以下几方面：

(1) 仔细地安排工作时间，以便对顾客需求做出快速响应。

(2) 需要某种形式的临时劳动力资源，以便需求出现意外情况时可以增加或减少人员数量。

(3) 提供员工服务技能的柔性，以便让员工可以在不同岗位从事工作。

(4) 让每个员工的产出数量或者工作时间保持一定的柔性，以便满足更多的需求。

服务业综合生产计划的主要考虑对象就是人员安排。例如：

(1) 房地产和汽车销售公司或部门将多余的人员安排在一起相互学习。

(2) 消防队有明文规定，可以要求倒班人员在紧急情况下返回工作岗位。当紧急情况持续下去时，消防队人员可能就得延长工作时间，安排更多的工作班次。

(3) 当销售出乎意料地清淡时，餐厅和零售商会让员工提前下班。

(4) 当消费者排起长队等候结算时，超级市场的售货员也会充当出纳员来加快结算过程。

(5) 当餐厅出现拥挤时，富有经验的招待人员会加快步伐，提高工作效率。

编制综合年度计划的方法根据服务内容的不同而有所不同。这里介绍五种不同的情况。

1. 餐饮

需求高度变化的公司，例如一些餐厅，编制年度综合生产计划的目的是：①使产出速率均衡；②确定合适的员工数量。通常企业会在销售淡季建立少许库存，然后在需求旺季消耗库存，而更多的需求变动则通过改变员工数量来适应。由于这种情形和制造业非常相似，因此传统制造业制订年度综合生产计划的方法也适用于服务业。但有一点值得注意，像餐饮和水果行业，哪怕只有一点库存也容易引起腐烂变质。另外，相应的时间单位也可能大大小于制造业，例如，快餐店的需求淡旺时期的区别可能只能用小时来衡量，而"产品"也只能存储 10min 左右。

2. 医院

医院在资金分配、人员分配和满足患者就医需求等方面也需要制订年度综合生产计划。例如，利用移动平均法来预测就医数量，并据此估算病床需要量和人员需要量。由于年度综合生产计划集中于人员安排，因此医院的医护人员调配具有较大的灵活性。

3. 小型公司的国内连锁店

随着小型公司国内连锁店的不断出现，例如殡仪馆、快速加油站、照片冲洗/打印中心和计算机中心等，如何协调年度综合生产计划和每个分店自己的计划便成为一个值得考虑的问题。如果可以通过某些促销手段来影响需求，那么产品销售和原材料采购便可以集中计划。这种制订年度综合生产计划的方法比较好，因为它有助于减少采购和广告费用，并能够管理每个独立销售店的资金流。

4. 航空业

航空公司有着独特的年度综合生产计划。例如，某航空公司的总部位于美国纽约，在亚特兰大和达拉斯有两个调度中心，在全国各地的机场有 150 处办公室。该公司的年度综合生产计划包括：①每个调度中心的航班进出数量；②所有航班的航班数量；③所有航班的乘客数量；④每个调度中心和每个机场所需的空勤人员与地勤人员的数量。

这种计划要比单一服务地点的年度综合生产计划复杂得多，也比包括一系列独立服务地点的计划要复杂。

5. 其他服务企业

大多数其他服务公司，像财务公司、运输公司以及很多通信公司和娱乐公司，它们提供的都是无形产品。这些公司的年度综合生产计划主要是安排人力资源和进行需求管理，其目标是既能够平衡需求高峰，又能够在需求低谷时充分发挥劳动力资源的作用。

习　题

1. 简述年度综合计划的对象和目的。
2. 什么是毛益贡献？它在盈亏平衡分析中起什么作用？
3. 已知某企业的生产成本等产品资料如表4-13所示。

表4-13　产品资料

固定成本	单位可变成本	生产能力	销售价格
50 000元/年	2元/台	20 000台/年	7元/台

求：（1）计算该产品的盈亏平衡点。
（2）若要求获取30 000元利润，则应达到多大产量？
（3）当开工率只有75%时，每台产品分摊的固定成本为多少？

4. 设某企业的全年产量为5000台，有关的成本与价格资料如表4-14所示。

表4-14　有关的成本与价格资料

固定成本	单位可变成本	销售价格
3000元/年	0.5元/台	1.0元/台

求：（1）在现行产量下预期的利润或亏损为多少？
（2）若固定成本降至2000元，对利润额有何影响？
（3）若固定成本不变，单位可变成本增加0.75元，则产量应达多少能保证获利1000元？

5. 处理变化需求有哪几种策略？并简述各种策略的应用条件及限制。

6. 请为C公司制订年度综合生产计划并计算年度总成本。已知公司的需求预测为：秋季10 000件，冬季8000件，春季7000件，夏季12 000件。秋季期初库存为500件，秋季期初现有工人30人，但计划于夏季初雇用临时工，并于夏季末解聘。另外，如果临时加班以防止季末缺货，则可让正式工在冬季、春季加班，但秋季不能加班。相关成本是：临时工雇用费100元/人，解聘费200元/人；库存成本5元/(件·季)；推迟交货成本10元/件；正常人工成本5元/h，加班人工成本8元/h；假定生产率为0.5件/(人·h)，每天工作8h，每季为60个工作日。

7. 某拖拉机制造厂2019年1—6月拖拉机预计的市场需求量分别为300辆、360辆、520辆、600辆、500辆、440辆，共计2720辆，1月期初库存量为零。该厂在三种不同生产方式下的生产能力和相应的单位制造成本数据如表4-15所示，单位产品每月的存储成本为200元，请确定该厂2019年1—6月的综合生产计划。

表4-15　相关数据

生产方式	生产能力（辆）	单位制造成本（元/辆）
1. 正班生产	400	2000
2. 加班生产（可多生产）	60	2100
3. 分包生产（可多生产）	100	2200

8. 制订服务业的年度综合生产计划有什么特点？

拓展训练

对一家制造企业进行调查，列出其综合计划的构成（主要的计划项目）、年度生产计划大纲中的主要指标、出产进度计划的编制形式和方法，写出调查报告。

参 考 文 献

[1] 史蒂文森, 张群, 张杰. 运营管理 [M]. 北京: 机械工业出版社, 2008.
[2] 潘家轺, 等. 现代生产管理学 [M]. 北京: 清华大学出版社, 2003.
[3] 李怀祖. 生产计划与控制 [M]. 北京: 中国科学技术出版社, 2001.
[4] 夏志坚. 生产计划与物料采购 [M]. 广州: 广东经济出版社, 2004.
[5] 王淑芬. 现代企业生产管理新论 [M]. 北京: 企业管理出版社, 1997.
[6] 应可福. 生产与运作管理 [M]. 北京: 高等教育出版社, 2009.
[7] 杨锡怀, 冷克平, 王江. 企业战略管理——理论与案例 [M]. 北京: 高等教育出版社, 2004.
[8] 程国平. 生产与运作管理 [M]. 2版. 武汉: 武汉理工大学出版社, 2007.
[9] 刘冀生. 企业经营战略 [M]. 北京: 清华大学出版社, 1995.
[10] 田英, 黄辉, 夏维力. 生产与运作管理 [M]. 西安: 西北工业大学出版社, 2005.
[11] 沃尔曼, 贝里, 怀巴克, 等. 制造计划与控制: 基于供应链环境 [M]. 韩玉启, 陈杰, 袁小华, 等译. 北京: 中国人民大学出版社, 2008.

第 5 章 库存管理

 学习要点

- 库存的概念、分类和作用
- 相关需求库存和独立需求库存
- 有效库存管理的必要条件
- 库存管理系统
- 库存控制模型
- 供应链库存控制

本章内容涉及生产过程中各个环节物料的库存控制，主要研究独立需求下的库存管理。库存控制主要通过建立不同类型的库存管理系统来实现，一般通过定量库存控制或定期库存控制，来确定恰当的物料订货量和订货时机。企业如果能够针对不同的情况，灵活、准确地使用相应的库存控制方法，就可以以较低的库存成本维持较高的客户服务水平。

 ## 5.1 库存概述

5.1.1 库存

1. 概念

库存（Inventory 或 Stock）是指制品（原料、在制品、产成品）的储存或储备，是用于将来目的而暂时处于闲置状态的资源。这些资源可以是在仓库里、生产线上或者车间里，也可以是在运输途中。一般来说，库存是维持正常生产、应付不测需求以保持生产的连续性所必需的。

2. 对库存的理解

在生产管理活动中，对库存存在不同的理解，一般来说，主要有以下几种观点：

（1）蓄水池和流动的河流。对于库存的理解，一般习惯认为它是资源的储备或暂时性的闲置。因此，长期以来对库存的理解就是因"储备"而存在。

"蓄水池"观点：库存就像"蓄水池"一样，发挥着平衡流动的作用。这种观点认为库存是维持正常生产、保持生产的连续性、应付不测需求所必需的。

"流动的河流"观点：将制品（原料、在制品、产成品）的流动比成水流，在流动的过程中，水并不是匀速流动的，有时在深水池中停留，有时被隐藏在水面下的岩石或其他障碍物所阻塞。与此相类似，在生产过程中，水的流动变成了制品的流动，深水池变成了库存，而岩石和障碍物则是运作中的各种缺陷。要使制品迅速流动，就必须移走岩石和障碍物。而要移走岩石和障碍物就要降低水面（库存），使岩石能够显露出来，从而发现管理改进的机会。这种观点类似于"蓄水池"的观点，但"蓄水池"观点是静态的，而"流动的河流"这种观点是动态的。

（2）闲置。这种观点认为库存就是"闲置"，是一种浪费。它掩盖了管理中的问题，因此主张消除库存。通过无库存生产方式不断地降低库存水平，暴露管理问题，然后解决问题，使管理工作得到改进，从而达到一个新的水平。JIT思想集中地体现了这种理念。

（3）无缝衔接。该观点认为库存是供需之间的"持续流动"或是"批量或排队"。库存一般应该按其使用的概率来确定，如一个时期的需求超过可用的生产能力，这时就有必要持有库存。日益发展的供应链正在通过基于客户实际销售数据进行生产销售的方式寻找"拉式"库存，即用客户的需求来拉动库存。

通过深层次的研究发现，库存并不是简单的资源储备或闲置的问题，而是一种组织问题。对库存管理新的理解是："库存是企业之间或部门之间没有实现无缝连接的结果。因此，库存管理的真正本质不是针对物料的物流管理，而是针对企业业务过程的工作流管理。"

5.1.2 库存的分类

按照不同的标准，库存的分类也不同。

1. 按状态分类

按照在生产过程中的状态不同，库存可以分为原材料库存、辅料库存、在制品库存、产成品库存及维修库存。

（1）原材料库存是指企业通过采购和其他方式取得的、直接用于生产过程、构成基本产品实体的材料。

（2）辅料库存是指供生产耗用但不构成产品实体的辅助材料的库存。

（3）在制品库存是指已经经过了一定的生产过程，但尚未全部完工、在销售以前还要进一步加工的中间产品和正在加工过程中的产品所形成的库存。

（4）产成品库存就是已经制造完成并等待装运、可以对外销售的成品的库存。

（5）维修库存是指为保证生产过程所用的机器设备的完好所准备的维修备品、备件等形成的库存。

2. 按作用分类

按照库存在生产中所起的作用不同，库存可以分为周转库存、安全库存、调节库存以及在途库存。

（1）周转库存是指当生产或者订货不是以每次一件的方式而是以每次一定批量的方式进行时，这种由批量周期性地形成的库存。在这里有两个概念：一个是订货周期，即两次订货之间的间隔时间；另一个是订货批量，即每次订货的数量。每次订货批量越大，两次订货间隔时间越长，周转库存就越大。

由于周转库存的大小与订货的频率成反比，因此，如何在订货成本和库存成本之间进行权衡是决策时主要考虑的因素。在实践中可采取降低订货费用、缩短作业交替时间和利用相似性扩大生产批量等措施来降低周转库存。

（2）安全库存又称缓冲库存，是指生产者为了应付需求、生产周期或供应周期的不测变化，如供应商未能按时供货、生产意外停止等，防止缺货造成损失而设置的一定数量的库存。安全库存的数量除了受需求和供应的不确定性影响外，还与企业希望达到的顾客服务水平有关，这些都是做安全库存决策时应考虑的因素。

（3）调节库存又称季节性库存，是指为了调节需求或供应的不均衡、生产速度与供应速度的不均衡、各个生产阶段的产出不均衡而设置的一定数量的库存。例如，空调、电风扇等季节性需求产品，生产商为了保持生产能力的均衡在淡季生产的产品即调节库存。有些季节性较强的原材料或供应商供应能力不均衡时，也需要设置调节库存。

（4）在途库存是指停放在两个工作地之间或相邻组织之间的，以及正处于运输过程中的库存。在途库存的大小取决于运输时间和运输批量。降低在途库存，可采取缩短生产-配送周期的基本策略。

3. 按需求特性分类

按照需求特性不同，库存可分为独立需求库存和相关需求库存。

（1）独立需求库存是指用户直接需求的物品的库存。独立需求的特征是需求的对象和数量不确定，只能通过预测方法估算得到。例如用户直接需求的产成品、用于维修的零部件或者总成、其他公司继续生产所需要的半成品等。

（2）相关需求库存是指与独立需求相关的、由独立需求派生出来的各种物品的库存。相关需求库存是企业内部各生产环节之间物料形态转化的物料需求所形成的库存，如生产过程中的零部件库存、原材料库存等。对相关需求库存，可以精确地计算出它的需求量和需求时间，是一种确定型需求。例如，用户对企业产成品的需求一旦确定，与该产品有关的零部件、原材料的需求就随之确定，对这些零部件、原材料的需求就是相关需求。

5.1.3 库存的作用

对于库存在企业中的作用，存在不同的看法。总体来说，库存的作用可以概括为以下几点：

（1）满足预期顾客的需求。顾客对产品的需求在时间与空间上均有不确定性，库存可以满足随时发生的顾客需求。

（2）平滑生产要求。当需求与生产能力不平衡时，企业可以利用库存来调节需求的变化。季节性需求模式的企业总是在淡季积累库存，满足特定季节的过高需求。这种库存被命名为季节性库存。

（3）分离运作过程。若设备故障或者原材料运输中断，企业的生产可能会中断，不能进行连续生产。而在生产过程中维持一定量的在制品库存，就能够保持生产的连续性，可以防止生产中断。例如，当某道工序的设备发生故障时，如果有在制品库存，其后续工序就不会中断。同样，在运输途中维持一定量的库存，可以保证供应，使生产正常进行。正因如此，由于库存的存在，可以使生产过程中密切相关的加工阶段和作业活动相对独立，使生产效率不同的各加工阶段和作业活动可以更独立和更加经济地运行。

（4）防止脱销。因为天气条件、供应商缺货等原因不能及时送货，或者意料之外的需求增长、增加等，都增加了缺货风险。维持一定量的库存可以降低缺货损失。

（5）合理规划订货周期。适量的库存能够使企业以经济批量采购和生产，无须为短期需求与采购或生产的平衡而费尽心机。合理地规划和利用订货周期，通过集体订货和固定时间订货会更现实或更经济。

（6）避免价格上涨。有时企业管理者预测到物价要上涨，为避免增加成本，他们就会以超过平时正常水平的数量进行采购。储存多余的制品也可以使企业通过更大的订单获取价格折扣。

（7）辅助业务运营。生产运作过程需要花费一定量的时间，这意味着通常都会有一些在制品库存。另外，产品的中间库存（包括生产现场的原材料、半成品和产成品以及存在仓库里的产品）会产生经由生产线至销售系统的在途库存。这些库存能够辅助和调节运营过程。

5.1.4 库存的缺点

对于维持企业的正常运转，库存有重要作用。但是，任何事物都具有两面性，如果不能实现有效的库存管理，也会给企业带来不利影响。库存的缺点主要包括以下几个方面：

1. 占用资金

企业的资金有限，而库存货物要占用大量资金，使得企业资金运转速度减慢。通常情况下，库存占企业总资产的比例为20%～40%，若库存管理不当，则会形成大量资金的沉淀，并对企业的资金运转造成不利影响。

2. 增加库存成本

库存成本是指企业为持有库存所花费的成本。库存成本包括：占用资金的利息、储藏保管费（仓库费用、搬运费用、管理人员费用等）、保险费、库存物品价值损失费（丢失或被盗，库存物品变旧，库存物品发生物理、化学变化或者过时导致价值的降低）等。持有库存，企业会占用一定的库存成本。在满足生产需求的前提下，实现库存总成本最小，是库存控制的基本目标。

3. 掩盖企业的经营问题

现代生产管理理论，尤其是精益生产方式认为，高库存有可能会掩盖一系列的经营问题。例如：库存可能被用来掩饰产品、零部件的质量问题。一般当废品率或者返修率比较高时，企业会加大生产批量和在制品、产成品库存；库存可能被用来掩盖缺勤、技能训练差、操作不规范、劳动纪律松弛、现场管理混乱等问题。企业生产经营中的很多问题都有可能用高库存来掩盖。如果库存水平很低，所有的问题都会立刻暴露出来，迫使企业去改进。因此，在精益生产方式中，把库存视作"万恶之源"，致力于通过尽量减少库存来暴露生产经营中的潜藏问题，从根本上提高生产经营系统的运行效率和质量。

正是由于库存存在上述重要作用和缺点，因此，在生产管理活动中，必须建立完善的库存控制系统，实现对库存的有效控制。

5.2 库存控制的目的和基本决策

5.2.1 库存控制的目的

对库存的控制不力，就会导致库存的不足或者过剩。库存不足将错过送货、降低销售额、使顾客不满、产生生产瓶颈等；而库存过剩则会导致占用过多的资金，使库存持有成本过高。有效地库存控制，要做到既能满足需求，又能降低库存成本，实现两者的平衡。

因此，库存管理的目的是：在库存成本的合理范围内达到满意的顾客服务水平。

5.2.2 库存控制的基本决策

库存管理人员必须做出两项基本决策：订货时机与订货批量（何时订货与订多少货）。在此基础上，一个比较完整的库存控制决策应该包含以下内容：

（1）确定相邻两次订货的间隔时间。

（2）确定每次订货的订货批量。

（3）确定每次订货的提前期。

(4) 确定库存满足供货的服务率，如满足用户需求的服务水平的控制。

5.3 有效库存管理的必要条件

总体来说，为了达到有效的库存管理，必须具备以下条件：建立一个有效的库存控制系统，用于监控现有库存并确定合理的订货量；建立库存细项的分类系统；做好需求预测，其中包括对可能预测失误的说明；了解生产提前期及其变化幅度；对库存持有成本、订货成本、缺货成本合理评价。

5.3.1 建立库存管理系统

对独立需求库存的库存管理系统，其基本的系统模式主要可分为定量订货系统和定期订货系统两种形式。

1. 定量订货系统

定量订货系统也叫作永续盘存系统、固定订货量系统、连续检查控制系统。这种库存系统持续追踪库存变化，使系统能够提供各个细项的当前库存水平信息。当库存量达到预先确定的最低水平时，就进行固定数量 Q 的订货。

这种系统的主要特征是每次订货的订货量相同，订货点也相同，对系统的监控是连续的。理想的定量订货库存模型（确定型模型）如图5-1所示。

从图5-1中可以看出，系统的最大库存量为 Q，最小库存量为0，不存在缺货。库存按某一固定需求率减少。当库存量降到订货点 RL 时，就按固定订货量 Q 发出订货。经过一个固定的订货提前期 ab（或 cd 或 ef）后，新的一批货到达（订货刚好在库存变为0时到达）。平均库存量为 $Q/2$。

这种系统有两个优点：①持续监控库存有利于库存控制；②订货批量固定，方便操作，同时管理部门还能根据需要调整经济订货批量。缺点是为了保持记录增加了成本；另外，因为损坏、偷窃等原因都会减少库存，仍然需要定期检查实际数量是否与库存记录相符。

为了减少管理工作量，在实际工作中，可以采用变通的方式来处理。例如采用双箱系统和三箱系统，如图5-2所示。

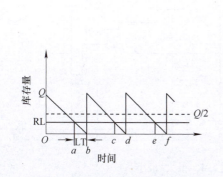

图5-1 确定型定量订货库存模型

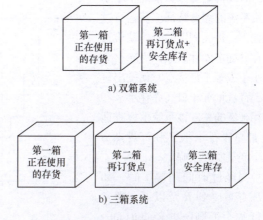

图5-2 双箱系统与三箱系统

（1）双箱系统也称为双堆库存系统，属于固定订货量系统。当库存系统使用连续监测的方法来补充订货时，跟踪库存水平的变化是非常重要的，因此非常有必要找到一种在库存水平达到再订货点时提醒库存管理人员的方法，尤其是需要监测的库存种类非常多的时候。而双箱系统和三箱系统就是可以简化库存监测工作的方法。

双箱系统要求将再订货点库存和安全库存放在第二个箱子里，平时用的库存放在第一个箱子里。如果第一个箱子空了，信号发出，提醒库存管理人员应该补充订货。实际上，两箱可能放在一起，中间有东西隔开。双箱系统的关键是要将库存分为两部分，在一部分没有用完之前另一部分保持不动。该系统模型是定量订货模型，其最主要的特点是不用保持连续的库存记录，订货点由肉眼就能判断。

（2）三箱系统是对双箱系统的改进。即把安全库存放入第三个箱子中。在一般情况下，当不需要安全库存的时候，第三箱不用，而只使用前两箱，其运作逻辑和双箱系统一致。这样，库存管理人员可以一目了然地判断出需求是否超过了预期水平。

2. 定期订货系统

定期订货系统也称定期盘存系统、固定订货间隔期系统。它是以时间为基础的库存系统，即每经过一个固定的间隔期以后，就应该发出一次订货指令。其两个主要决策变量是固定检查期和最高库存水平，其他变量都可以通过它们推导出来。图 5-3 所示为确定型定期订货系统图。

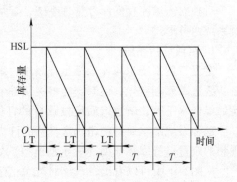

如图 5-3 所示，系统的最高库存水平是 HSL，每经过一个固定的间隔期 T，便发出一次订货，经过 LT 的订货提前期之后，新的订货到达，库存量又回到最高水平。

图 5-3　确定型定期订货系统

定期订货系统需要定期盘点库存的实际数量，然后确定需求量，发出一次订货。定期盘存系统有一些缺点：①各次检查之间缺乏控制；②为防止检查期间缺货情况的发生，需要持有额外库存；③每次检查都要对订货数量进行决策。

3. 最大-最小系统

最大-最小系统又称为非强制补充供货系统，从本质上来说，它是一种固定间隔期系统，不过还需要确定一个订货点，因此，具备定量订货系统和定期订货系统的综合特征。其运行过程如下：每隔固定的时间就检查库存并确定库存余额，当库存余额小于或等于订货点时就发出订货，订货量等于最高库存水平和库存余额的差。该系统由检查期 t、最高库存水平 S 和订货点 R 三个变量所完全确定。

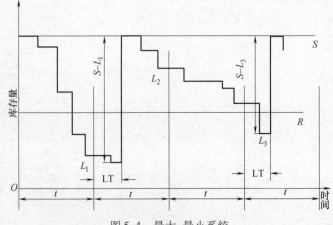

当经过时间间隔 t 时，如果库存量降到 R 及以下，则发出订货；否则，再经过时间 t

图 5-4　最大-最小系统

时再考虑是否发出订货。最大-最小系统如图 5-4 所示。当经过间隔时间 t 之后，库存量降到 L_1，L_1 小于 R，发出订单为 $S-L_1$，经过一段时间 LT 到货，库存量增加 $S-L_1$。再经过一段时间之后，库存量降到 L_2，L_2 大于 R 不发出订货。再经过时间 t，库存量降到 L_3，L_3 小于 R，发出订货，订货量为 $S-L_3$，经过一段时间 LT 到货，库存量增加 $S-L_3$，如此循环。

5.3.2 库存项目分类

库存项目分类是为了对不同的项目采取不同的控制策略。常用的主要方法有按照物料属性分类、按照用途分类、ABC 分类法等。本节重点介绍 ABC 分类法。

1. ABC 分类法的基本思想

ABC 分类法按照重要程度划分库存细项，是帕累托原理在库存控制领域的应用。帕累托原理指出，任何事物都存在着重要的"少数"和不重要的"多数"。库存物品也不例外。这一思想就是将管理资源集中于重要的"少数"而不是不重要的"多数"。ABC 分类法的基本思想可参见图 5-5。

ABC 分类法是将库存物品按年度库存成本高低分为 A、B、C 三类。一般来说，A 类库存，库存物品数量只占总库存数量的 15% 左右，但其库存成本却占到总库存成本的 70%~80%；B 类库存，库存物品数量占全部库存数量的 30% 左右，库存成本占总数的 15%~25%；C 类库存，库存物品数量占全部库存数量的 55% 左右，但库存成本只占总数的 5% 左右。

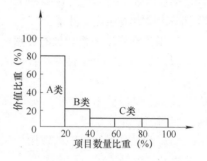

图 5-5 ABC 分类法的基本思想

2. ABC 分类法的分类步骤

第一步，列出所有物品及其全年使用量（预测值），将年使用量乘以单价求得其价值。

第二步，按照价值高低，标明各种物资的大小序号。

第三步，按照序号大小，将物料重新排序，计算累计年使用金额和累计百分比。

第四步，根据累计金额和累计百分比，划分 A、B、C 类。

3. ABC 分类法的应用

（1）对 A 类物资，应尽可能地严格控制，小心精确地确定订货点和订货量，紧密跟踪以控制库存水平。

（2）对 B 类物资，进行正常的控制，只有在紧急情况下才赋予较高的优先权。此类物资可以按照经济批量订货。

（3）对 C 类物资，进行简单控制，可以通过半年或一年一次的盘存来补充大量的库存，给予最低的优先次序。

ABC 分类法可以用于所有类型与形态的库存管理，而且这种方法对一般社会问题均有普遍指导意义。该方法是一个重要的管理手段。然而值得注意的是，ABC 分类法一般是以库存资金价值为基础进行分类的，所以并不能反映库存品种、利润贡献、紧迫性等方面的情况。而在某些情况下，C 类库存所造成的缺件、缺货损失也可能是十分严重的，对此，管理者应在实际运用过程中予以充分注意。

5.3.3 需求预测和订货提前期信息

库存是用于满足生产经营需求的，因此，可靠预测需求数量与时机很关键。需求信息是可以预测到的。对于独立需求项目，可以通过市场预测得到；对于非独立需求项目，则根据 MRP 产生的计划信息得到。

同样，了解送货需要多长时间也很关键。另外，生产经营需求与订货提前期（从订货到收货的时间，时间大小取决于路途的远近和运输工具速度的快慢）之间可能会有所差异，潜在差异越大,就越需要额外库存,以减小运货间隔期内发生的缺货风险。

在现实中,由于需求和订货期都是随机变化的,因此准确把握比较困难。但是,作为库存管理的决策者,应该通过统计、预测、运筹等相关方法,大体掌握其变化范围,尽可能做到准确。

5.3.4 库存成本信息

与库存有关的费用主要有两种,一种是随着库存量增加而增加的费用,另一种是随着库存量增加而减少的费用。在某种情况下,这两种费用叠加起来会使总的库存成本达到最低,这有助于确定最佳订货批量。

1. 随库存量增加而增加的费用

(1) 资金成本。库存本身有价值,需要占用资金。资金成本是维持库存物品本身所必需的花费。

(2) 仓储空间费用。要维持和保管库存,需要建造仓库,选用一定的配送设备,还有供暖、照明、修理等开支。

(3) 物品变质和陈旧的费用。库存物品闲置过程中,会发生变质和陈旧,尤其是易腐和时鲜物品,这会造成一部分损失。

(4) 税收和保险。购买物品需要支付增值税、关税等,库存量越大,缴纳的税越多。为了减少库存物品损坏所造成的损失,企业常常需要购买保险,库存价值越大,支付的保险费越高。

2. 随库存量增加而减少的费用

(1) 订货费。订货费与发出订单活动和收货活动有关。它一般与订货次数有关,而与每次订货的量无关。一次订货量大,分摊在每项物资上的订货费就减少。相应地,订货量大,则会增加存储费用。

(2) 调整准备费用。在生产过程中,需要进行生产技术准备,准备图样、工艺、工具,以及调整工艺装配、机器设备等,这需要时间和费用。如果花费一次调整准备费用,多加工一些零件,则分摊在每个零件上的调整准备费用就会减少。但是相应地,扩大加工批量则会增加库存。

(3) 购买费和加工费。增大采购和加工的批量,会有价格折扣。

(4) 生产管理费。加工批量大,为每批工件做出安排的工作量就会减少。

(5) 缺货损失费。批量大则发生缺货的情况就少,缺货损失就小。

3. 库存总成本

计算库存成本,一般以年为单位。一般来说,库存总成本主要包括以下四项内容:

(1) 年存储成本。它是维持库存所必需的费用,包括资金成本、仓库和设备折旧、税收、保险、陈旧腐败损失等。

(2) 年订货成本。它与全年发生的订货次数有关,与一次订货数量无关。

(3) 年购入成本(加工成本)。与价格和订货数量有关。

(4) 年缺货损失费。它反映失去销售机会带来的损失,与缺货多少、缺货次数有关。

$$年库存总成本 = 年存储成本 + 年订货成本 + 年购入成本 + 年缺货损失费$$

库存控制的总体目标,就是确定合理的库存水平,使年库存总成本最小。

5.4 库存问题的基本模型

从本节开始,将集中讨论库存控制的定量决策模型。首先,通过对与库存有关的费用进行分析,明确库存控制的目标。在此基础上,讨论经济订货批量模型、经济生产批量模型和有价格折扣的经济订货批量模型三个基本模型,并分别针对定量订货系统和定期订货系统讨论在确定型情况和随机型情况下的决策模型和方法。

5.4.1 基本的经济订货批量模型

1915年,F. W. 哈里斯(F. W. Harris)发表了著名的经济订货批量(EOQ)公式。后来,通过一个名叫威尔逊(Wilson)的咨询顾问的努力,这个公式得到了广泛应用,因而这个公式通常也被称为威尔逊EOQ。即便到现在,EOQ及其一些变形模型仍然广泛地应用于独立需求的库存管理中。

经济订货批量就是在一定条件下使年库存总成本最小的订货批量。经济订货批量模型提供了一种简单有效的物料订货批量决策方法。

EOQ模型基于以下的基本假设:

①需求已知而且不变;②发出订货和接受订货之间的时间已知,而且不变;③一批订货是瞬时到达的;④数量不打折扣;⑤订货成本是固定不变的,与订货量无关,且保管成本与库存水平成正比;⑥没有脱货现象,及时补充。

在以上假设条件下,库存量的变化如图5-6所示。Q是批量,平均库存量是$Q/2$,L是订货点,$ac(ac=ce)$是订货间隔期,$ab(ab=cd=ef)$是订货提前期。

在假设条件下,物品购入单价为常数且不允许缺货,全部物品在同一时间入库。由于提前期固定,所以可以取订货点为提前期内的需求量。设系统最大库存量为Q,最小库存量为0,不存在缺货。由于需求速率固定,库存数量以固定的速率降低,当库存量降低到订货点时,就按照Q发出一批新的订货。经过一个固定的订货提前期后,物品到达并入库。物品即将入库时,库存数量为0;物品入库后,库存量立即达到Q。

图5-7表示了库存成本(存储成本以及订购成本)随订购量变化而变化的情况。因为不会发生缺货的情况,因此缺货损失费=0。

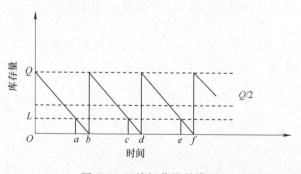

图5-6 经济订货批量模型

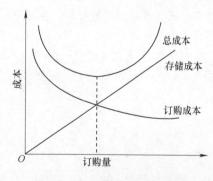

图5-7 订购量与成本的关系

因此,年库存总成本=年购入成本+年订购成本+年存储成本。即

$$TC = DC + \frac{DS}{Q} + \frac{QH}{2}$$

式中 TC——年库存总成本;

D——年需求量;

C——单位物品的购入成本(有时也用P表示);

S——每次订货的订购成本;

$H=CI$——每单位物品每年的存储成本,I为单位物品年保管费用率;

Q——订货批量。

为求经济订货量,将年库存总成本对订货批量求一阶导数,并令其为0,得

$$\frac{\mathrm{d}TC}{\mathrm{d}Q} = \frac{H}{2} - \frac{DS}{Q^2} = 0$$

解得

$$\text{经济订货批量 } Q_0 = \sqrt{\frac{2DS}{H}} = \sqrt{\frac{2DS}{CI}}$$

在经济批量下,最小年总成本为

$$TC_0 = DC + \frac{DS}{Q_0} + \frac{Q_0 H}{2} = DC + \sqrt{2DSH}$$

从经济订货批量的计算公式可以看出,经济订货批量随 S 增加而增加,随 H 增加而减少。因此,价格昂贵的物品订货批量要小,难采购的物品一次订货批量要大一些。

例 5-1: 某公司以单价10元每年购入8000个某物品,订购成本为每次30元,每单位物品每年存储成本为3元。求经济订货批量和年最小总成本。

解: 已知 $D = 8000$ 个,$S = 30$ 元,$H = 3$ 元/个,$C = 10$ 元/个,则

$$Q_0 = \sqrt{\frac{2DS}{H}} = \sqrt{\frac{2 \times 8000 \times 30}{3}} \text{个} = 400 \text{ 个}$$

$$TC_0 = DC + \sqrt{2DSH} = (8000 \times 10 + \sqrt{2 \times 8000 \times 30 \times 3}) \text{元} = 81\,200 \text{ 元}$$

5.4.2 经济生产批量模型

经济订货批量(EOQ)假设整批订货在一定时间同时到达,补充率为无限大。这种假设是不符合生产实际的。一般来说,库存是边消耗边补充的。库存的补充是物料的生产率与消耗率共同作用的结果。当生产率大于消耗率时,库存是逐渐增加的,而不是一瞬间到达最大值的。要使库存不至于无限增加,当库存达到一定的量时,应该停止生产一段时间。由于生产系统调整准备时间的存在,在补充库存的生产过程中,有一个经济批量的问题,也就是经济生产批量问题。

经济生产批量(EPQ)模型,其假设条件除第三条外,其他与 EOQ 的假设条件一样。图 5-8 描述了在 EPQ 模型下的库存量变化过程。

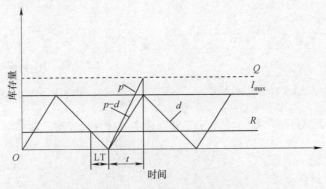

图 5-8 经济生产批量模型

图 5-8 中符号代表的意义如下:p——生产率;d——消耗率($d < p$);t——生产时间;$I_{\max}$——最大库存量;Q——生产批量;R——订货点。

生产在库存为0时开始进行,经过生产时间 t 结束。由于生产率 p 大于消耗率 d,因此,

在此过程中，库存量将以 $p-d$ 的速率上升，经过时间 t，库存达到 $I_{\max}$。生产停止后，库存按照消耗率 d 下降，当库存减少到 0 时，又开始新一轮生产。Q 是在 t 时间内的生产量，也是一个订货周期内的消耗量。

在 EPQ 假设条件下，"年库存总成本 = 年存储成本 + 年订货成本 + 年缺货损失费"中的年缺货损失费为 0。

年库存总成本 = 年购入成本 + 年订货成本 + 年存储成本

在 EPQ 模型中，由于是按照 $p-d$ 的速率补充库存，因此平均库存量与 EOQ 模型不同，平均库存量不是 $Q/2$，而是 $I_{\max}/2$。即

$$TC = DC + \frac{DS}{Q} + \frac{I_{\max} H}{2}$$

而

$$I_{\max} = t(p-d)$$

由 $Q = pt$，可得

$$t = \frac{Q}{p}$$

所以

$$TC = DC + H\left(1 - \frac{d}{p}\right)\frac{Q}{2} + \frac{DS}{Q}$$

令年库存总成本对生产批量求一阶导数，并令其等于 0，可求得经济生产批量为

$$Q_1 = \sqrt{\frac{2DS}{H\left(1 - \frac{d}{p}\right)}}$$

例 5-2：某企业装配车间组装某产品每天需要另一部门提供 A 部件 20 件，该部门每年年产 A 部件 1 万件。若年工作日为 250 天，生产系统为生产 A 的调整成本为每次 800 元，A 的生产成本为 40 元/件，年存储费用率为 10%，求经济生产批量。

解：由已知，$p = 10\,000$ 件/250 天 = 40 件/天，$d = 20$ 件/天，$D = 20$ 件/天 × 250 天 = 5000 件，$C = 40$ 元/件，$I = 10\%$。

$H = CI = 10\% \times 40$ 元/件 = 4 元/件，$S = 800$ 元

则

$$Q_1 = \sqrt{\frac{2DS}{H\left(1-\frac{d}{p}\right)}} = \sqrt{\frac{2 \times 5000 \times 800}{4 \times \left(1 - \frac{20}{40}\right)}} \text{件} = 2000 \text{件}$$

5.4.3 有价格折扣的经济订货批量模型

随着企业订货数量的增大，供应方一般会提供一定的价格折扣。如果采购方的预购量大于供应方规定的折扣数量，采购方会享受优惠折扣。但是当订货量小于限量时，采购方则需要分析是否应该取得这一价格优惠。因为采购方在争取批量折扣时，一方面可以使库存的单位成本下降，订货费用减少，运输费用降低，缺货损失减少；另一方面，又会使库存量增大，库存管理费用上升，物品陈旧损坏成本增加。

当预购量小于折扣批量下限时，价格优惠所造成的单价降低与订货批量增大形成的库存增高，其最终的净收益需要通过计算比较来确定。当按照折扣数量订货总成本小于按照 EOQ 订货的总成本时，采购方就应该争取获得折扣优惠。

有价格折扣时，购入成本随订购批量而变化，其库存成本的变化如图 5-9 所示。

图 5-9 中，x_1、x_2 是价格分段的批量点

$$\text{单价} = \begin{cases} C_1, 0 < Q < x_1 \\ C_2, x_1 \leq Q < x_2 \\ C_3, Q \geq x_2 \end{cases}$$

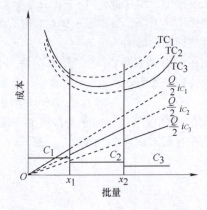

图 5-9 有价格折扣的经济订货批量模型

由于货品单价的变动，不但使购入成本变化，也使保管成本发生了变化，从而使总成本曲线成了不连续的折线，如图 5-9 所示的 TC 的实线部分。此时，为了找到经济订货批量，需要对各种价格折扣下的批量，以及经济订货批量的总成本进行比较。

在有价格折扣的情况下，确定经济订货批量的基本步骤如下：

（1）计算每种单价下的经济订货批量，并判定其是否可行（即看其是否在相应的价格折扣所规定的订货量范围内）。

（2）计算可行的经济订货批量所对应的年库存总成本，分别与其他价格折扣条件下最小订购量所对应的库存总成本进行比较。

（3）年库存总成本最小的批量即为有价格折扣条件下的经济订货批量。

在有价格折扣的情况下，也可按照以下步骤逐步确定经济订货批量：

（1）取最低价格代入 EOQ 公式，求出最佳订货批量 Q_0。如果 Q_0 可行（即所求的点在曲线 TC 上），则 Q_0 即是最优订货批量；如不可行，继续下一步。

（2）取次低价格代入 EOQ 公式，求出 Q_0。如果 Q_0 可行，计算订货量为 Q_0 时的总成本和所有大于 Q_0 的数量折扣点（曲线中断点）所对应的总库存成本，取其中的最小总成本所对应的数量，就是最优订货批量。

（3）如果第二步中的 Q_0 不可行，则重复第二步，直至找到一个可行的 EOQ 为止。

例 5-3： 某元件年需求量 D 为 1000 件，每次订货成本为 40 元，每年每单位材料库存保管费用按材料采购价格的 25% 计算。不同订货量下的材料价格折扣（即折扣后的价格）如表 5-1 所示。

表 5-1 不同订货量下的材料价格折扣

订货量	价格折扣
100 件以下	50 元/件
100~250 件	48 元/件
250 件及以上	47.5 元/件

试确定在此条件下的订货和库存策略。

解： 第一步，计算每种单价下的经济批量，如表 5-2 所示。

表 5-2 每种单价下的经济批量

单价（元/件）	最小订购量（件）	经济批量（件）	可行否
50	—	80	是
48	100	82	否
47.5	250	82	否

结果表明，单价为 50 元的时候得到的经济批量可行，其余的经济批量在相应的价格所对应的订货量区段之外，故不可行。

第二步，分别计算批量为 80 件、100 件、250 件时的总成本，结果如表 5-3 所示。

从表 5-3 可以看出，批量为 100 件时总成本最低，因此，应选 100 件作为经济订购批量。

表 5-3 相关成本

批量（件）	单价（元/件）	年购入成本（元）	年订货成本（元）	年存储成本（元）	总库存成本（元）
80	50	50 000	500	500	51 000
100	48	48 000	400	600	49 000
250	47.5	47 500	160	1484.38	49 144.38

5.5 确定型订货系统的库存控制模型

本节主要讨论需求量和提前期都是常量的情况，针对这种确定型订货系统，分别讨论定量订货系统和定期订货系统的不同参数的确定方法。

5.5.1 确定型定量订货系统（订货点）

通过确定经济订货批量 EOQ，为管理者选择合适的订货批量及订货间隔期做出正确的库存控制决策提供了辅助决策信息。而 EOQ 主要解决了"订多少货"的问题，下一步关心的则是"什么时候订货"的问题。

对于这个问题，在定量订货系统中，采用连续检查的方法，每次取货的时候都与事先设定好的订货点水平进行比较。订货点是控制订购时间的决策变量，它表示需要发出一个新的订货时的库存水平。一旦库存水平达到订货点，就需要立即进行订购。

对于需求量和提前期都是常数的确定型定量订货系统来说，订货点的库存储备量 R 的计算方法为

$$R = dL$$

式中　R——订货点的库存水平；

d——单位时间内的需求量，一般是日需求量；

L——订货提前期。

例 5-4：以例 5-1 中的数据为例，假定每年有 200 个工作日，订货提前期为 10 天，求其订货点。

解：$R = dL = \dfrac{8000\ \text{个}}{200\ \text{天}} \times 10\ \text{天} = 400\ \text{个}$

对于需求量不确定的情况下，订货点和订货批量的求解方法，将在第 5.6.2 小节中进行分析。

5.5.2 确定型定期订货系统（订货间隔期）

定量订货系统的基本问题是确定订货批量和订货点。定期订货系统的基本问题是确定订货间隔期 T 和最高库存量 E。本节将对基本经济订货间隔期（EOI）模型进行分析。

EOI 的基本假设与 EOQ 的基本假设相同。在这样的假设条件下，年总库存成本计算如下：

年总库存成本 = 年购入成本 + 年订货成本 + 年存储成本

$$TC = DC + mS + \frac{DCI}{2m} = DC + \frac{S}{T} + \frac{DICT}{2}$$

式中 $m = \frac{1}{T}$ ——每年的订货/检查次数;

$\frac{D}{2m} = \frac{TD}{2}$ ——平均库存量;

$T = \frac{1}{m}$ ——订货间隔期,以年计。

将年总库存成本对订货间隔期 T 求一阶导数,且令其等于零,得到经济订货间隔期为

$$T_0 = \sqrt{\frac{2S}{DIC}} = \sqrt{\frac{2S}{DH}}$$

最优年检查次数为

$$m_0 = \frac{1}{T_0} = \sqrt{\frac{DIC}{2S}} = \sqrt{\frac{DH}{2S}}$$

最低年总库存成本,即用经济订货间隔期 T_0 替换总成本公式中的 T

$$TC_0 = DP + DHT_0$$

例 5-5:某厂每年以单价 10 元购入 8000 个元件,每次订货成本为 30 元,每单位物品每年的存储成本为 3 元。提前期为 10 天,一年按 250 个工作日计算,求经济订货间隔期和最低年总库存成本。

解:经济订货间隔期为

$$T_0 = \sqrt{\frac{2S}{DIC}} = \sqrt{\frac{2 \times 30}{8000 \times 3}} \text{年} = 0.05 \text{ 年} = 12.5 \text{ 天}$$

最低年总库存成本为

$$TC_0 = DC + DHT_0 = (8000 \times 10 + 8000 \times 3 \times 12.5/250) \text{元} = 81\ 200 \text{ 元}$$

5.6 随机型订货系统的库存控制模型

在前面的讨论中,需求率和提前期都是确定的常量,但是在实际中,两者都是随机的而非确定的。对于需求率和提前期,只要有一个是或两者都是随机变量的订货系统,其类型都属于随机型订货系统的库存控制问题。

5.6.1 安全库存与服务水平

1. 安全库存

在随机型库存情况下,由于无法准确预测系统的需求变化,因此,当发生以下情况时,会出现缺货现象:

(1) 单位时间内需求量不变,但实际提前期大于期望提前期。

(2) 实际提前期等于期望值,但是提前期内的需求量超过期望值。

也有可能会同时发生需求量和提前期都大于期望值的情况。无论何种缺货类型,最终都表现为提前期内实际需求量超过提前期内的期望需求量。针对这种情况,就要持有额外的库存来减少这种缺货风险。这种起缓冲作用的额外库存就是安全库存。它作为一种缓冲器来补偿在提前期内实际需求量超过期望需求量的缺货需求。安全库存具有双重的作用,一方面降低缺货损失费,提高服务水平;另一方面增加了存储费用。

在以下情况下，要保持较高的安全库存量：
(1) 缺货成本高或服务水平较高。
(2) 存储成本较低。
(3) 需求量波动较大。
(4) 提前期波动较大。

由于持有安全库存需要支付成本，因此决策者需要权衡安全库存成本与缺货风险的损失，合理地确定安全库存的水平。安全库存量的确定主要取决于以下因素：
(1) 平均需求率和平均提前期。
(2) 需求和提前期变化量。
(3) 想要达到的服务水平。

确定安全库存，在实际应用中有多种不同的方法。一种常见方法是为满足特定服务水平而设置安全库存。

2. 服务水平

服务水平表示用存货满足用户需求的能力。服务水平与缺货风险是互补的概念，两者之和为100%。即服务水平＝100%－缺货风险。例如，95%的服务水平表示，提前期内需求不超过供给的可能性为95%，也就是缺货风险是5%。

服务水平是衡量随机型库存系统的一个重要指标，不存在一种普适性的服务水平衡量方法。要根据具体情况具体分析，一般来说，常见的服务水平表示方法主要有：
(1) 整个周期内的供货数量/整个周期内的需求量。
(2) 提前期内的供货数量/提前期的需求量。
(3) 订货得到完满满足的次数/订货发生的总次数。
(4) 不发生缺货的补充周期数/总补充周期数。
(5) 有货可供的时间/总服务时间。

不同服务水平衡量方法下得出的订货点和安全库存量不同，选择何种衡量方式应该由决策者根据经营目标进行决策。

3. 安全库存与服务水平的关系

为确定一定的服务水平（缺货风险）和安全库存，需要知道需求的概率分布情况。一般来说，正态分布、泊松分布和负指数分布是常见的描述需求的函数形式。正态分布是最常见的需求函数形式，常用来描述多数物品的需求函数；泊松分布常用来描述零售范围内的需求函数；负指数分布主要用来描述批发和零售范围内的一些特定类型物品的需求函数。

下面以提前期内需求近似服从正态分布的情况进行分析。

图5-10中左边阴影部分表示不发生缺货的概率，即系统的服务水平；右边阴影表示发生缺货的概率，即缺货风险。

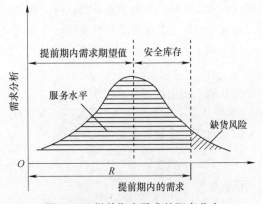

图5-10 提前期内需求的概率分布

从图5-10中可以看出，服务水平越高，安全库存越大，所花代价越大。在服务水平较低的时候，要提高相同的服务水平，订货点增加幅度较小；而服务水平较高时，要想将服务水平提高同样的比例，订货点需要大幅增加。

5.6.2 定量订货系统中考虑安全库存的订货点

为减少提前期内的缺货风险,要持有额外库存,此时,对于随机型定量订货系统,其订货点的计算方式为

$$R = 提前期内的期望需求 + 安全库存$$
$$R = \bar{d}L + z\sigma_L = \bar{d}L + z\sigma\sqrt{L}$$

式中 R——订货点;
$\bar{d}$——平均日需求量;
L——提前期;
z——特定服务水平下标准差的倍数(正态分布概率系数);
σ——日需求的标准偏差;
σ_L——提前期需求的标准差;
$z\sigma_L$——安全库存。

例 5-6:对某产品的日需求服务均值为 60 件,它服从标准差为 7 件的正态分布。提前期为 6 天保持不变。订货成本为 10 元,单位产品年存储成本为 0.5 元。缺货没有成本,且未完成的订单在订单到达后尽快补齐。假定全年销售天数为 365 天。试求满足提前期不缺货概率为 95% 的订货量和订货点。

解:由题意可知 $\bar{d} = 60$ 件/天,$S = 10$ 元,$\sigma = 7$ 件,$H = 0.5$ 元/件,$D = 60$ 件/天 $\times 365$ 天,$L = 6$ 天,则最佳订货批量为

$$Q_0 = \sqrt{\frac{2DS}{H}} = \sqrt{\frac{2 \times 60 \times 365 \times 10}{0.5}} 件 = 936 件$$

而 6 天提前期的需求标准差由每天的需求方差求出,因为每天的需求独立,所以可求得

$$\sigma_L = \sqrt{\sum_{i=1}^{L} \sigma^2} = \sqrt{6 \times 7^2} 件 = 17.15 件$$

在 95% 的服务水平下,$z = 1.64$,所以

$$R = \bar{d}L + z\sigma_L = (60 \times 6 + 1.64 \times 17.15) 件 = 388 件$$

如果提前期的需求数据不充分,公式 $R = \bar{d}L + z\sigma_L$ 就不能使用。然而,从每天、每周或一个提前期的需求中,一般都能够得到所需数据,据此,可以确定需求和提前期是不是随机变量,而且可以确定与这种变量有关的标准差。对此,分别讨论分析:

(1) 对于需求可变、提前期不变的情况,订货点为

$$R = \bar{d}L + z\sigma\sqrt{L}$$

(2) 对于提前期可变、需求不变的情况,订货点为

$$R = d\bar{L} + zd\sigma_L$$

(3) 对于需求和提前期都变化的情况

$$\sigma_L = \sqrt{\bar{L}\sigma^2 + \bar{d}^2\sigma_L^2}$$

订货点为

$$R = \bar{d}\bar{L} + z\sqrt{\bar{L}\sigma^2 + \bar{d}^2\sigma_L^2}$$

5.6.3 定期控制法的订货量确定

定期订货系统中,只在特定的时间进行库存盘点,订货量每期都在改变。因为定量系统

随时可以额外订货并随即在很短时间内（提前期内）收到，因此只需防止提前期缺货即可。而定期系统必须防备提前期与下一个订货周期的缺货。因此，两种系统比较来说，定期订货系统比定量订货系统所需的安全库存要大。

对于定期订货系统，其设置的安全库存不仅要防止订货周期缺货，还要防止提前期缺货。在一个定期系统中，其安全库存为

$$\text{安全库存} = z\sigma_{T+L}$$

此时，订购量的计算方法是：订购量 = 保管期的平均需求量 + 安全库存 − 现有库存量。即

$$q = \bar{d}(T+L) + z\sigma_{T+L} - I$$

式中　q——订购量；

　　　T——订货检查周期；

　　　L——提前期；

　　　$\bar{d}$——平均日需求量；

　　　z——特定服务水平下的标准差倍数；

　　　σ_{T+L}——盘点周期与提前期间需求的标准差；

　　　I——现有库存水平（包括已经订购而尚未到达的）。

例 5-7：某产品日需求均值为 10 个，标准差为 3 个。盘点期为 30 天，提前期为 14 天。服务水平为 98%。在盘点期开始的时候，库存量为 150 个。求该订货系统的订购量。

解：$T+L$ 期间的标准差为

$$\sigma_{T+L} = \sqrt{\sum_{i=1}^{T+L} \sigma^2}$$

由于每天的需求独立且 σ 不变，所以 $\sigma_{T+L} = \sqrt{(T+L)\sigma^2} = \sqrt{(30+14)\times 3^2}$ 个 = 19.9 个

对应于概率 $P=98\%$ 的 z 值为 2.05，所以，计算的订购量为

$$q = \bar{d}(T+L) + z\sigma_{T+L} - I = [10\times(30+14) + 2.05\times 19.9 - 150] \text{个} = 331 \text{个}$$

为保证 98% 的服务水平，在该盘点期需要订购 331 个产品。

5.7　供应链库存控制

供应链管理环境下的库存管理和控制问题是供应链管理的重要内容之一，且由于企业组织与管理模式的变化，它同传统的库存管理相比有许多新的特点和要求。

5.7.1　供应链中的库存

供应链中的库存是指供应链中的所有原材料、在制品和成品。

在供应链中，库存管理水平的高低将直接影响整个供应链是否可以实现其目标。因此库存的计划、管理和控制是非常重要的。同时，库存又是一个重要的供应链驱动变量，改变库存政策能大大改变供应链效率和响应速度。

在供应链库存管理中，组织障碍是库存增加的一个重要因素，不管是企业内部还是企业之间，相互的合作与协调是实现供应链无缝连接的关键。在供应链管理环境下，库存控制不再是一种运作问题，而是企业的战略性问题。要实现供应链管理的高效运行，必须增加企业的协作，建立有效的合作机制，不断进行流程革命。因而，库存管理并不是简单的物流过程管理，而是企业之间工作流的管理。

基于工作流的库存管理能解决传统库存控制方法无法解决的库存协调问题，特别是多级

库存控制问题。多级库存管理涉及多组织协作关系，这是企业之间的战略协作问题。传统的订货点方法解决不了关于多组织的物流协作问题，必须通过组织的最有效的协作关系进行协调才能解决。

5.7.2 供应链环境下的库存问题

供应链环境下的库存问题和传统的企业库存问题有许多不同之处。传统的企业库存管理侧重于优化单一的库存成本，从存储成本和订货成本出发确定经济订货量和订货点。但是从供应链整体的角度看，仅靠单一企业库存管理的做法显然是不够的。

目前供应链管理环境下的库存控制存在的主要问题有三大类：信息类问题、供应链的运作问题、供应链的战略与规划问题。这些问题可综合成以下几个方面的内容：

1. 供应链的不确定性和"牛鞭效应"

信息作为供应链上各环节沟通的载体，对企业间的合作、资源的有效利用起着十分重要的作用。然而在供应链管理环境下，企业间的信息存在着不确定性和信息的扭曲。供应链的不确定性表现为两种形式：①衔接不确定性，主要表现在企业之间的合作性上；②运行不确定性。由于组织内部缺乏有效的控制机制所致，控制失效是组织管理不稳定和不确定性的根源。

供应链的不确定性来源主要有三个方面：供应商不确定性、生产者不确定性和顾客不确定性。供应商不确定性表现在提前期的不确定、订货量的不确定性等。供应商不确定的原因是多方面的，如供应商生产系统发生故障延迟生产、交通事故等。生产者不确定性主要表现在企业自身的生产系统的可靠性上，如机器的故障、计划执行的偏差等。顾客不确定性的原因主要有需求预测的偏差、购买力的波动、从众心理和个性特征等。

需求波动是指供应链上最终用户的需求随着往供应链上游前进过程中的需求变大的现象，需求变化程度的增加导致了供应链的显著无效率作业。这种需求变化增加的根源在于用户需求信息在向供应链上游前进的过程中发生了扭曲。牛鞭效应（Bullwhip Effect）是指营销过程中的需求变异放大现象。即供应链上的信息流从最终客户向原始供应商传递的过程中，由于无法有效地实现信息共享，使得信息扭曲而逐渐放大，导致了需求信息出现越来越大的波动。

"牛鞭效应"是市场营销活动中普遍存在的高风险现象，它直接加重了供应商的供应和库存风险，甚至扰乱生产商的计划安排与营销管理秩序，导致生产、供应、营销的混乱。解决"牛鞭效应"的难题是企业进行正常的营销管理和提供良好服务的必要前提。

产生"牛鞭效应"的原因主要有六个方面，即需求预测修正、订货批量决策、价格波动、短缺博弈、库存责任失衡和应付环境变异。

从供应商的角度看，"牛鞭效应"是供应链上的各层级销售商（总经销商、批发商、零售商）转嫁风险和进行投机的结果，它会导致生产无序，库存增加，成本加重，渠道阻塞，市场混乱，风险增大，因此妥善解决该问题就能规避风险，减量增效。

2. 交货状态数据不准确、不及时

当顾客下订单后在等待交货过程中，也可能对订单交货状态进行修改。当交货被延迟以后，企业并没有及时而准确地把推迟的订单交货的修改数据提供给用户，会导致用户的不满和企业信誉损失。交货状态数据不及时、不准确的主要原因是信息传递系统的问题。

3. 信息传送系统效率低

在供应链中，各个供应链节点企业之间的需求预测、库存状态、生产计划等都是供应链管理的重要数据，这些数据分布在不同的供应链组织之间，难以做到实时、准确地共享与传递。

4. 忽视不确定性因素对库存的影响

供应链运作中存在诸多的不确定性因素，如订货提前期、货物运输状况、原材料的质量、生产过程的时间、运输时间、需求的变化等。为减少不确定性因素对供应链的影响，首先应了解其来源和影响程度。很多公司并没有认真研究和跟踪其不确定性因素的来源和影响，错误估计供应链中物料的流动时间（提前期），造成有的物品库存增加，而有的物品库存不足。

5. 库存控制策略简单化

无论是生产性企业还是物流企业，库存控制的目的都是保证供应链运行的连续性和应付不确定的需求，了解和跟踪不确定性因素是第一步，第二步是要利用跟踪到的信息去制定相应的库存控制策略。因为不确定性因素在不断变化，如何建立有效的库存控制方法，并能体现供应链管理的思想，是供应链库存管理的重要内容。

6. 缺乏合作与协调性

供应链是一个整体，需要协调各方活动才能取得最佳的运作效果。如果组织间缺乏协调与合作，会导致交货期延迟和服务水平下降，同时库存水平也因此而增加。

组织之间存在的障碍有可能使库存控制变得更为困难，因为各自都有不同的目标、绩效评价尺度、不同的仓库，也不愿意去帮助其他部门共享资源。在分布式的组织体系中，组织之间的障碍对库存集中控制的阻力更大。

同时，信任风险的存在更加深了问题的严重性，供应链各相关方相互之间缺乏有效的监督机制和激励机制是供应链企业之间合作性不稳固的原因。

7. 产品的设计和制造过程没有考虑供应链上库存的影响

现代产品设计与先进制造技术的出现，使产品的生产效率大幅度提高，而且具有较高的成本效益，但是常常忽视了供应链库存的复杂性。结果前者所有节省下来的成本都被供应链上的分销与库存成本抵消了。同样，在引进新产品时，如果不进行供应链的规划，也会产生如运输时间过长、库存成本过高等问题而导致企业无法获得成功。

5.7.3 供应链环境下库存控制方法

前面分析了供应链环境下库存管理的新问题。针对这些问题，供应链环境下的库存控制策略必须进行相应的改变。下面，结合国内外相关成果，介绍几种供应链库存控制方法，主要包括供应商管理库存，联合库存管理，多级库存，协同计划、预测和补货等。

1. 供应商管理库存

供应商管理库存（Vendor Managed Inventory，VMI）也称寄售库存，它以系统、集成的管理思想进行库存管理，使供应链系统能够获得同步化的运作，是一种在客户和供应商之间的合作性策略，是在一个双方协定的目标框架下由供应商来管理库存的方法。

VMI 的主要思想是供应商在客户允许下设定库存，确定库存水平和补给，并拥有库存的控制权。VMI 体现了供应链集成化的思想，有助于打破传统企业各自为政的库存管理模式，使得整个供应链的库存管理最优化目标得以实现。通过 VMI 系统，不仅可以降低供应链的库存水平，降低库存成本，而且零售商还可以获得高水平的服务，改进资金流，与供应商共享需求变化的透明性，并获得客户信任。

VMI 策略可以分如下几个步骤实施：

（1）建立顾客情报信息系统。要有效地管理销售库存，供应商必须能够获得顾客的有关信息。通过建立顾客的信息库，供应商能够掌握需求变化的有关情况，把由批发商（分销商）进行的需求预测与分析功能集成到供应商的系统中来。

（2）建立销售网络管理系统。供应商要很好地管理库存，必须建立完善的销售网络管理系统，保证自己的产品需求信息和物流畅通。为此，必须做到：①保证自己产品条码的可读性和唯一性；②解决产品分类、编码的标准化问题；③解决产品存储运输过程中的识别问题。

（3）建立供应商和分销商（批发商）的合作框架协议。供应商和分销商（批发商）通过协商，确定处理订单的业务流程以及控制库存的有关参数（如再订货点、最低库存水平等）、库存信息的传递方式（如 EDI 或 Internet）等。

（4）变革组织机构。这一点也很重要，因为 VMI 策略改变了供应商的组织模式。过去一般由会计处理与客户有关的业务，引入 VMI 策略后，在订货部门产生了一个新的职能，即负责客户库存的控制、库存补给和服务水平。

一般来说，在以下情况适合实施 VMI 策略：零售商或批发商没有 IT 系统或基础设施来有效管理其库存；制造商实力雄厚并且比零售商市场信息量大；有较高的直接存储交货能力，因而制造商能够有效规划运输。

VMI 是一种有效的供应链库存管理模式，并经过许多大企业实施证明可以有效降低供应链库存。同时 VMI 的实施还面临着一些问题，如信息系统的建设占用大量资金，信息在共享中可能被泄露等。

2. 联合库存管理

联合库存管理（Joint Managed Inventory，JMI）是一种基于协调中心的库存管理方法，是解决供应链系统中由于各节点企业的相互独立库存运作模式导致的需求放大现象，提高供应链同步化程度的一种有效的库存控制方法。不同于 VMI 集成化运作的决策代理模式，它强调双方共同参与，共同制订库存计划，使供应过程中的每个库存管理者相互协调，以使供应链相邻节点间的需求保持一致，从而削弱需求变异放大现象对供应链库存的影响。

在 JMI 模式中，库存管理成为供需连接的纽带和协调管理的中心，供需双方共享需求信息，共同制订库存计划，使供应链过程中的每个库存管理者（供应商、制造商和分销商）都从相互之间的协调性考虑，以使供应链相邻两个节点之间的库存管理者对需求保持一致，从而消除需求变异放大现象。联合库存管理模式提高了供应链的运作稳定性，并降低了供应链的成本。联合库存管理强调双方的互利合作关系，属于战略供应商联盟的新型企业合作。

JMI 系统把供应链系统管理进一步集成为上游和下游两个协调管理中心，从而部分消除了由于供应链之间的不确定性和需求扭曲现象导致的供应链的库存波动，提高了供应链的运作稳定性。

3. 多级库存

基于协调中心的联合库存管理是一种联盟式供应链库存管理策略，是对供应链的局部优化控制，而要进行供应链的全局性优化与控制，则必须采取多级库存优化与控制方法。因此，**多级库存优化与控制是供应链资源的全局性优化。**

多级库存的优化与控制是在单级库存控制的基础上形成的。多级库存系统根据不同的配置方式，有串行系统、并行系统、纯组装系统、树形系统、无回路系统和一般系统。

供应链管理的目的是使整个供应链各个阶段的库存最小，但是，现行的企业库存管理模式是从单一企业内部的角度去考虑供应链库存问题，因而并不能使供应链整体达到最优。

多级库存控制的方法有两种：一种是非中心化（分布式）策略，另一种是中心化（集中式）策略。非中心化策略是各个库存点独立地采取各自的库存策略，这种策略在管理上比较简单，但是并不能保证整体供应链优化。由于非中心化策略需要共享更多的信息，因此，如果信息的共享度低，多数情况产生的是次优结果。而中心化策略，所有库存点的控制参数是同时决定的，考虑了各个库存点的相互关系，通过协调的办法获得库存的优化。但是中心化策略在管理上需要协调的工作多、协调的难度大，特别是供应链的层次比较多时，即供应链的长度增加时,更增加了协调控制的难度。

4. 协同计划、预测和补货

协同计划、预测和补货(Collaborative Planning,Forecasting and Replenishment,CPFR)模式是一种协同式的供应链库存管理技术,它能同时降低销售商的存货量,增加供应商的销售量,其最大的优势是能及时、准确地预测由各项促销措施或异常变化带来的销售波动,从而使销售商和供应商都能做好充分的准备,赢得主动(见图5-11)。

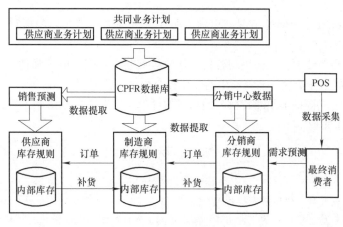

图5-11 CPFR

CPFR主要体现了以下思想:

(1)供应链中企业构成的框架及其运行原则主要是基于客户的需求和整个价值链的增值。由于供应链上各企业的运作过程、竞争能力和信息来源等不一致,在CPFR中就设计了若干运作方案以供合作方选择,一个企业可以选择多个方案,但各个方案都确定了核心企业来承担产品的主要生产任务。

(2)供应链上企业的生产计划基于同一销售预测报告。供应链上各个企业根据预测报告来制订各自的生产计划,从而使供应链的管理得到集成。

(3)消除供应过程的约束限制。约束限制主要就是企业的生产柔性不够。一般来说,销售商的订单所规定的交货日期要比制造商生产这些产品的时间短。在这种情况下,制造商不得不保持一定的产品库存。但是如果延长订单周期,使之与制造商的生产周期一致,那么生产商就可以真正做到按订单生产及零库存管理,这样制造商就可减少甚至去掉库存,大大提高企业的经济效益。另一个有待解决的限制是贯穿于产品制造、运输及分销等过程的企业间资源的优化调度问题。

CPFR的实施步骤如下:

(1)供应链上的企业达成协议。这一步是供应链合作企业包括零售商、分销商和制造商等为合作关系建立指南和规则,共同达成一个通用业务协议,包括合作的全面认识、合作目标、机密协议、资源授权、合作伙伴的任务和成绩的检测。

(2)创建联合业务计划。供应链合作企业相互交换战略以及业务计划信息,以发展联合业务计划。合作伙伴首先建立合作伙伴战略,然后定义分类任务、目标和策略,并建立合作项目的管理简况(如订单最小批量、交货期、订单间隔等)。

(3)创建销售预测。利用零售商POS(Point of Sale,销售点或销售终端)数据、因果关系信息、已计划事件信息创建一个支持共同业务计划的销售预测。

(4)辨识销售预测的例外情况。识别分布在销售预测约束之外的项目,每个项目的例外准则需要在第（1）步中得到认同。

（5）销售预测例外项目的解决和合作。通过查询共享数据、电子邮件、电话、交谈、会议等解决销售预测例外情况，并将产生的变化提交给销售预测［第（3）步］。

（6）创建订单预测。合并 POS 数据、因果关系信息和库存策略，产生一个支持共享销售预测和共同业务计划的订单预测，提出分时间段的实际需求数量，并通过产品及接收地点反映库存目标。订单预测周期内的短期部分用于产生订单，在冻结预测周期外的长期部分用于计划。

（7）识别订单预测的例外情况。识别分布在订单预测约束之外的项目，例外准则在第（1）步已建立。

（8）订单预测例外项目的解决与合作。通过查询共享数据、电子邮件、电话、交谈、会议等解决订单预测例外情况，并将产生的变化提交给订单预测。

（9）订单产生。将订单预测转换为已承诺的订单，订单产生可由制造厂或分销商根据能力、系统和资源来完成。

阅读材料

供应链库存管理。推荐书目：

［1］王道平，侯美玲．供应链库存管理与控制［M］．北京：北京大学出版社，2010．

［2］刘宝红，赵玲．供应链的三道防线：需求预测、库存计划、供应链执行［M］．北京：机械工业出版社，2018．

习　题

1. 什么是库存？如何理解库存的作用和缺点？
2. 试比较相关需求库存与独立需求库存。
3. 库存控制的目的和基本决策是什么？
4. 为改善库存效果，某厂打算采取 ABC 分类法来控制库存，给定的月使用量如表 5-4 所示，请根据成本进行 ABC 分类，并针对每一类物品确定库存控制方法。

表 5-4　相关资料

细　项	月使用量（件）	单位成本（元/件）	细　项	月使用量（件）	单位成本（元/件）
F35	60	1600	R49	85	140
C23	320	10	138	2000	15
D32	45	700	J40	400	20
E12	160	30	K29	6000	5
E23	15	1000			

5. 库存成本的构成是什么？订货批量的变化如何影响这些成本的变化？
6. 简述经济订货批量的假设条件。它如何在实际中应用？
7. 简述供应链上单一企业库存管理的缺陷以及常见的供应链库存控制方法。
8. 某企业年需求某物品 1000 件，单件库存平均年库存保管费用为 1.25 元，每次订货成本为 5 元，订货提前期为 5 天，单件库存物品购买费用为 12.5 元。

试求：①经济订货批量；②全年总库存成本；③订货点量。

9. 某厂每年需求某物料 8000 件，供应商提供价格折扣：一次订购 500 件以下，价格为 10 元/件；500 件及以上，价格优惠 1 元/件。已知物料的年存储费用是库存单件成本的 30%，每次订购费为 30 元。求最佳经济订货批量。

10. 某物料平均日需求为 120 个，日标准差为 30 个，库存检查周期为 14 天，进货提前期为 7 天。要求服务水平为 95%，求订购点为多少？

拓展训练

1. 对产品相对简单的一家企业的库存物料进行调查统计，分别按照自然属性、ABC 和管理属性进行分类，分析该企业目前在库存管理方面存在的主要问题，写出分析报告。

2. 对该企业的三种不同类别的主要物料的日消耗量和订货提前期等做一个月（或更长时间）的统计，分析计算这三种物料的日平均需求量、日需求标准差、订货提前期标准差，然后设计三种物料的库存控制模式以及相应的库存控制期量标准。

参考文献

[1] 蔡斯，雅各布斯，阿奎拉诺. 运营管理 [M]. 任建标，等译. 北京：机械工业出版社，2007.
[2] 陈荣秋. 生产与运作管理 [M]. 北京：机械工业出版社，2006.
[3] 陈荣秋，马士华. 生产运作管理 [M]. 北京：机械工业出版社，2009.
[4] 程国平. 生产与运作管理 [M]. 2 版. 武汉：武汉理工大学出版社，2007.
[5] 蒋贵善. 生产计划与控制 [M]. 北京：机械工业出版社，1995.
[6] 李怀祖. 生产计划与控制 [M]. 北京：中国科学技术出版社，2001.
[7] 廖金福. 库存管理入门 [M]. 广州：广东经济出版社，2004.
[8] 施罗德. 运作管理：运作职能中的决策 [M]. 韩伯棠，译. 北京：北京大学出版社，2000.
[9] 孔庆善. 运作管理 [M]. 北京：科学出版社，2009.
[10] NAHMIAS S. 生产与运作分析 [M]. 高杰，贺竹磬，孙林岩，译. 北京：清华大学出版社，2008.
[11] 齐二石，朱秀文，何祯. 生产与运作管理教程 [M]. 北京：清华大学出版社，2006.
[12] 潘家轺. 现代生产管理学 [M]. 北京：清华大学出版社，1994.
[13] 潘家轺，曹德弼. 现代生产管理学 [M]. 北京：清华大学出版社，2003.
[14] 申元月. 生产运作管理 [M]. 济南：山东人民出版社，2001.
[15] 史蒂文森，张群，张杰. 运营管理 [M]. 北京：机械工业出版社，2008.
[16] 王世良，等. 生产与运作管理教程：理论、方法、案例 [M]. 杭州：浙江大学出版社，2002.
[17] 沃尔曼，贝里，怀巴克，等. 制造计划与控制：基于供应链环境 [M]. 韩玉启，陈杰，袁小华，等译. 北京：中国人民大学出版社，2008.
[18] 杨思远. 供应链管理 [M]. 北京：冶金工业出版社，2008.
[19] 张杰. 生产与运营管理 [M]. 北京：对外经济贸易大学出版社，2004.
[20] 赵启兰. 生产计划与供应链中的库存管理 [M]. 北京：电子工业出版社，2003.
[21] 赵晓波，黄四民. 库存管理 [M]. 北京：清华大学出版社，2008.
[22] 赵继新，阎子刚. 供应链管理 [M]. 北京：机械工业出版社，2017.

第6章
主生产计划

 学习要点

- 主生产计划的概念、作用及与其他计划的关系
- 主生产计划的时间参数
- 主生产计划在不同业务环境下的对象处理方法
- 面向主生产计划的物料清单
- 主生产计划的编制过程
- 主生产计划的需求计算方法
- 最终装配计划

企业计划体系中,有关物料的计划一般可以涉及四个层次:综合计划、主生产计划、物料计划、生产作业计划。综合计划是企业在一段较长的时间内对企业需求和资源的关系所做的总体规划,是根据企业的生产能力和市场需求,预测未来较长一段时间内,企业的产出项、产出数量、库存水平、时间要求等问题的决策。而本章所阐述的主生产计划,则是关于"将要生产什么"的一种描述,它起着联系综合计划和物料计划的桥梁作用,实现从宏观计划向微观计划的过渡。主生产计划编制得是否合理,会直接影响到物料需求计划的效果和准确程度。

 6.1 主生产计划概述

6.1.1 主生产计划的概念

主生产计划(Master Production Schedule,MPS)是确定每一具体的最终产品/最终项目在每一具体时间段内生产数量的计划。它是通过对综合计划中产品出产进度计划的细化,根据订单和预测信息,在计划期内,把产品系列具体化,针对最终需求制订的生产计划。这里的"最终产品/最终项目"是独立需求件,即对它的需求不依赖于对其他物料的需求而独立存在。由于计划范围和销售环境不同,作为计划对象的最终项目其含义也不完全相同,根据生产类型的不同,可能是直接用于销售的产品或是独立预测生产的组件,但无论是哪种,主生产计划都要计划到具体的品种、型号。这里的"具体时间段",通常是以周为单位,在有些情况下,也可以是日、旬、月。

MPS的实质是保证销售规划和生产规划对规定的需求(需求什么、需求多少和什么时候需求）与所使用的资源取得一致，MPS 定义了具体产品实现的需求范围、计划边界和资源边界，并提供了边界范围内的需求和能力的匹配响应方式。因此，MPS 的计划展望期要覆盖产品的整个生产周期。

主生产计划是计划系统中的关键环节。一个有效的主生产计划是生产对客户需求的一种承诺，它充分利用企业资源，协调生产与市场，实现生产计划大纲中所表达的企业经营目标。主生产计划决定了后续的所有计划及制造行为的目标，在短期内作为物料需求计划、零件生产计划、订货优先级和短期能力需求计划的依据，在长期内作为估计本厂生产能力、仓储能力、技术人员、资金等资源需求的依据。它起着承上启下、从宏观计划向微观计划过渡的作用，是连接生产与销售的纽带。

6.1.2 MPS 的任务与作用

主生产计划位于计划体系的第三层，它直接与综合计划层和物料计划层相联系，被销售、设计、制造和计划部门共享。其主要作用是：

1. 在计划体系中起着承上启下的作用，实现了宏观计划向微观计划的分解过渡

主生产计划说明在可用资源条件下，企业在一定时间内生产什么、生产多少、什么时间生产。主生产计划着眼于销售什么和能够制造什么，根据客户合同和市场预测，把综合计划或生产大纲中的产品系列具体化，为车间制订一个合适的"主生产进度计划"，使之成为展开物料需求计划和能力需求计划的主要依据，并且以粗能力数据调整这个计划，直到负荷平衡。MPS 起到了从综合计划向具体计划过渡的承上启下的作用。

2. 主生产计划协调市场需求和企业制造资源之间的差距，实现生产活动的稳定和均衡

MRP 的计划方式就是追踪需求。如果直接根据预测和客户订单的需求来运行 MRP，那么得到的计划将在数量和时间上与预测和订单需求完全匹配。但是，预测和客户订单是不稳定、不均衡的，直接用来安排生产将会出现时而加班加点也不能完成任务，时而设备闲置、很多人没活干的现象，这将给企业带来灾难性的后果，而且企业的生产能力和其他资源是有限的，这样的安排也不是总能做到的。

加上主生产计划这一层次，通过人工干预，均衡安排，使得在一段时间内主生产计划量和预测及客户订单在时间上相匹配，而不追求在每个具体时刻均与需求相匹配，从而得到一份稳定、均衡的计划。由于在产品或最终项目（独立需求项目）这一级上的主生产计划是稳定和均衡的，据此所得到的关于非独立需求项目的物料需求计划也将是稳定和匀称的。因此，制订主生产计划是为了得到一份稳定、均衡的生产计划。

3. 主生产计划将销售、设计、生产等部门联系起来，成为从营销到制造的桥梁

生产部门依据 MPS 来确定未来某时段将要生产什么；设计部门依据 MPS 来调整设计和工艺准备的进度，以保证生产的需要；销售部门依据 MPS 来确定未来将为客户提供什么，明确表达对客户的承诺。同时，MPS 还为相关部门提供生产和库存信息，一方面帮助销售部门签订订单，另一方面使生产部门较为精确地估计生产能力，平衡生产并实现对销售部门的反馈，形成沟通企业内、外部的桥梁。

总之，主生产计划在计划系统中的位置是一个上下内外交叉的枢纽，地位十分重要。MPS 把企业规划同日常的生产作业计划关联起来，为日常作业的管理提供一个"控制把手"，驱动了一体化的生产计划与库存控制系统的运作。主生产计划编制和控制是否得当，在相当大的程度上关系到计划系统的成败。这也是它被称为"主"生产计划的根本原因，就是因为它在计划系统中起着"主控"的作用。

6.1.3 MPS 与其他计划的关系

图 6-1 描述了 MPS 与其他计划的关系。

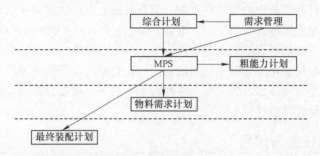

图 6-1 MPS 与其他计划的关系

1. MPS 与需求管理的关系

MPS 层次比战略规划和综合计划层次都要低,这也就意味着 MPS 的各数据更详细,变动更加频繁,相应地,与需求管理模块之间的交互就更紧密,更细微。需求管理收集了近期相关的需求数据,如实际客户订单、潜在客户需求预测、仓库补货信息、厂内物料转移信息、备用件需求等。这些汇总的需求信息提供给 MPS,然后 MPS 模块以此安排生产,并且要不断地将订单状态、已耗用产能、可用产能等情况反映给企业和客户,以便客户随时查询。

不管哪种生产类型,在编制主生产计划时进行科学的预测都是必要的。但在预测量和客户订单之间存在着一个客户实际订单逐渐"吃掉"预测量的过程,如图 6-2 所示,其中实际订单位于曲线左下方,预测量位于曲线右上方。由此可见,不同生产类型下预测量和客户订单的差异是不同的,表现为需求的不确定性也是不同的。除订单外,其他因素如突发订单、生产异常、库存分配、运输优先级等也会导致需求变化,影响已下达订单的执行。

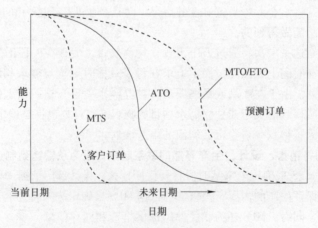

图 6-2 实际订单与预测订单

资料来源:本章参考文献 [3]。

这些不确定性造成的影响在不同的生产环境下是不同的。在存货型生产(MTS)环境下,这些不确定性造成的结果是成品库存的波动,在这种情况下,企业需要设置一定的安全库存,以保证自身的服务水平。在按订单装配(ATO)环境下,不确定因素既涉及客户需要的数量和时间,也涉及产品配置。对于按订单制造(MTO)和按订单设计(ETO)环境,不确定性一般不是需要的数量和时间,而是一旦需求确定,需要多少企业资源来完成产品的生产和设计。因此,在不同的生产环境下如何设置缓冲来缓解不确定性造成的影响,是需求管理和MPS 的一项重要任务。

需求管理和 MPS 之间的交互,一般会有程序化的方法,这些方法能够集成在需求管理和ERP 软件中。所采用的预测通常都是基于历史数据的,但在这个层面,不确定性因素很多,预测时必须充分考虑这些因素。而且很多时候是没有历史数据可循的,如新产品的投入和突发的促销展销活动、设计缺陷导致的订单返工等,这些时候都需要管理者利用自己的专业知识进行判断和修正。

2. MPS 与综合计划的关系

MPS 必须以综合计划为指导,并将综合计划的目标进行分解和具体化。在 MPS 的制订过程中,一般以综合计划的生产量作为 MPS 的预测需求量。但是综合计划的对象一般是按照产品系列来考虑的,还没有细化为具体的产品型号规格。为了将其转换成 MPS 的市场需求量,首先要对其进行分解,分解成每一个计划期内的每一个具体型号规格的产品。在分解的时候,必须依据以往的销售统计资料,考虑到不同型号产品的适当组合,然后将这样的分解结果作为 MPS 的预测需求量。

3. MPS 与粗能力计划的关系

粗能力计划是对 MPS 所需要的资源进行可用性分析,这些制造资源是指生产过程中的瓶颈资源。主生产计划的基本原则是根据企业的能力确定要做的事情,通过均衡地安排生产实现计划目标,使企业在客户服务水平、库存控制和生产率提高等方面得到提升。因此,主生产计划运行时,要相伴运行粗能力计划,只有通过粗能力计划检验可行的 MPS,才能作为下一个计划层次——物料需求计划的输入信息。

4. MPS 与物料需求计划的关系

MPS 为物料需求计划提供信息输入(毛需求)。物料需求计划是对 MPS 的分解细化,它根据 MPS 提供的最终产品的需求数量和交货时间,按照产品物料清单(BOM)展开,确定产品相关需求物料(零部件)的数量和日期。物料需求计划需要通过能力需求计划检验可行性,从而确定自制零部件的进度计划和采购计划。

5. MPS 与最终装配计划的关系

对于按订单装配型企业,由于产品有多种选择性的配置,MPS 无法预计客户的订货是哪一种具体的配置,此时可以使用最终装配计划(Final Assembly Schedule,FAS)使 MPS 处理过程简化。FAS 是描述某一时段内最终产品的装配计划。可以将主生产计划设定在基本部件这一级,当客户订单(配置方案)确定以后,再通过 FAS 来装配最终产品。FAS 与 MPS 必须协同运行,FAS 不仅依据订单,同时也要了解 MPS 的库存信息。

6.2 主生产计划的时间参数

时间是任何计划的主要参数。主生产计划的时间参数主要包括计划期、时段、时区与时界。

6.2.1 MPS 的计划期与时段

1. 计划期

计划期或称计划展望期、计划水平期、计划跨度,是主生产计划所覆盖的时间范围。通常大于计划对象的一个完整的生产周期或累积提前期。实际运行时,只要有长期合同或可靠数据，计划期就可以长一些，可以提高计划的预见性。

2. 时段

时段是计划期的周期单位。划分时段是为了说明在各个时间跨度内的计划量、产出量和需求量，以固定时间段的间隔汇总计划量、产出量和需求量。时段的长度可以是年、季、月、周或日，可以根据需要确定。对于短期计划，可以日或周为单位，中远期计划可以月或季为单位。当报表时段为周时，MPS 的输出报表就按照各个周进行汇总，计算库存量、需求量、计划投入量及产出量等。另外，还需要明确这些计划参数是发生在时段的期初还是期末，如以周为时段时，需求量、库存量、计划投入量和计划产出量等是发生在这一周的第一天，还是这一周的最后一天，如果不明确定义的话就会造成系统计算混乱。一般都以期末为计算基准。

6.2.2 时区与时界

主生产计划是所有部件、零件等物料需求计划的基础。由于这个原因，主生产计划的改变，尤其是对已开始执行但尚未完成的主生产计划进行修改时，将会引起一系列计划的改变以及成本的增加。当主生产计划量要增加时，可能会由于物料短缺而引起交货期延迟或作业分配变得复杂；当主生产计划量要减少时，可能会导致多余物料或零部件的产生（直至下一期主生产计划需要它们），还会导致将宝贵的生产能力用于现在并不需要的产品上。当需求改变，从而要求主生产量改变时，类似的成本也同样会发生。虽然综合计划、预测和年度出产进度计划可为主生产计划的编制提供合理的基础，但随着情况的变化，主生产计划量的改变仍是不可避免的。为了寻求一个比较稳定的主生产计划，可行的方法是设定一个时间段，使主生产计划在该期间内不变或轻易不得变动，也就是说，使主生产计划相对稳定，有一个"冻结"期。这种将时间分割的思路，相对应的就是时区与时界的概念，这是控制计划变更的手段。

产品从计划、采购、投入到产出，需要经历一个完整的时间周期。计划的下达、调整、修改会受到产品处在不同时间点的约束，或者说在不同的时间点若出现需求变更，对计划的影响也是不同的。一般在 MPS 中，把计划展望期划分为三个时间区段，由此产生了时区和时界的概念。

1. 时区

时区是说明某一计划的产品在某时刻处于该产品的计划期内的时间位置。一般根据需要，将计划期按顺序分为三个时区：需求时区（时区1）、计划时区（时区2）和预测时区（时区3），每个时区包含若干时段，如图6-3所示。

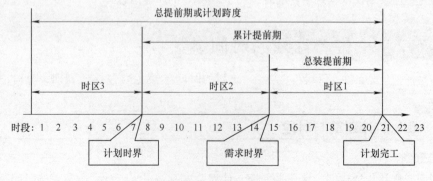

图 6-3 时区与时界

(1) 需求时区（时区1）。需求时区是产品的总装提前期的时间跨度，即产品最终装配的时间跨度。在时区1内，订单经过确认并已经下达执行，产品已经进入最后装配阶段。

(2) 计划时区（时区2）。计划时区是在产品的累计提前期的时间段内，超过需求时区以外的时段，实质上是指产品零部件的采购与加工阶段。

(3) 预测时区（时区3）。预测时区是在产品总提前期或计划期的时间段内，超过需求时区和计划时区以外的时段，也就是比一个完整的生产周期多出的那部分。

2. 主生产计划的时区分布

图6-3所示的时区与时界的概念，是按照产品生产过程的正方向，即从左向右表示产品的预测阶段、采购与加工阶段、最后装配阶段。而实际的主生产计划是按照生产过程的反方向倒排的，即从编制计划的某一时刻开始，从左到右依次是时区1、时区2、时区3，如图6-4所示。主生产计划的对象是独立需求项目，也就是成品的出产时间。时区1将要出产的成品就在近期，已经进入了最后的装配阶段；时区2将要出产的成品，现在也已进入采购和加工阶段；时区3计划出产的成品，现在还没有开始采购和加工。

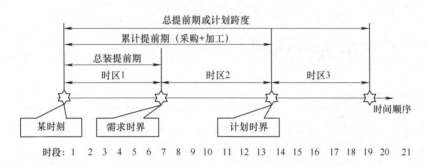

图6-4 主生产计划的时区分布

3. 时界及其对计划的控制作用

时区与时区之间的分隔点称为时界。时界是用来控制主生产计划变化的时间点，目的是保持计划的严肃性、稳定性和灵活性。

(1) 需求时界。需求时界是需求时区和计划时区之间的分界点。通常它等于最后装配计划的提前期，表示在该界限之前，需求量由实际客户订单决定，不考虑预测的情况，必须按照订单数量完成生产。原则上，这个时段的计划处于冻结状态，不允许更改。此时计划的变动会对生产过程造成严重的损失。

(2) 计划时界。计划时界是计划时区与预测时区之间的分隔点。通常它等于产品的累计提前期。在计划时界之前的时区2，需求量取客户订单量和预测量两者之中较大者，并正式确认和下达，开始采购和加工。在该时段，计划变动代价大，系统不能自动变动更改，只能由人工干预，变动需由主管领导决定。在计划时界之后的时区3，需求量取预测量，计划还未正式确认和下达，主要是做好技术准备工作。所以计划允许变动，并且变动无代价。

主生产计划提出的时区和时界的概念，为主生产计划人员提供了一个控制计划的手段。时界表明了修改计划的困难程度。修改的时间越接近当前时间，则修改的困难越大，企业付出的代价越大。

6.2.3 MPS的修改与变更方式

为保证MPS的严肃性和稳定性，同时又要适应市场需求多变的要求，提高计划的灵活性和适应性,一般可采用滚动计划法来编制 MPS。与编制综合计划的滚动计划法相类似,MPS 的制订也要随着市场需求的变化和企业内、外部各种生产要素的变化而进行不断调整。时区 1 计划编制得很具体,准确性高,必须执行,不能更改;时区 2 准确性一般,可以适当粗略,原则上不更改,但是根据实际可以适当调整;时区 3 准确性较差,制订得不必太具体,原则上可以任意更改。经过一个滚动期,计划向后滚动一次,三个时区都依次滚动。滚动期的大小一般可根据实际情况,取一个时段或几个时段。可以定期滚动,也可以不定期滚动。

在每次滚动时,修改 MPS 可以采用全重排和净改变两种方法。

(1) 全重排法。全重排法就是系统完全重新制订 MPS。该方法的优点是运算逻辑简单,可避免差错;缺点是运算工作量较大。

(2) 净改变法。净改变法是只对 MPS 中有变动的部分进行局部修改,一般改动量比较小。这种方法的优点是修改量小,运算时间短,可以随时进行。但是其缺点在于,大量频繁的局部修改有可能产生全局性的差错。因此,必须要隔一定的时间,采用全重排法对全部物料进行全面的修订。

6.3 MPS 的编制

6.3.1 MPS 的报表

MPS 以出厂产品为对象,按照产品种类分别显示计划报表。MPS 报表的产生主要根据预测和合同信息,显示该产品在未来各时段的需求量、库存量和计划生产量。

MPS 报表集成了销售、计划、生产、库存等各方面的业务信息,不是计划部门单独使用的报表,而是多个相关的业务部门所共享的文件。

1. MPS 报表的输入

MPS 报表的输入信息主要包括以下内容:

(1) 销售的预测和合同信息。

(2) 物料主文件中与物料管理有关的信息(提前期、需求时界、计划时界;计划员代码;批量、批量增量;安全库存量等)。

(3) 库存量的信息。

2. MPS 的输出

MPS 的输出信息是计划产品在未来各时段的需求量、库存量、计划产出量和投入量、可供销售量等信息。

3. 常见的 MPS 报表类型

MPS 报表格式有横式和竖式两种。

(1) 横式报表。横式报表主要说明需求、供给以及库存量的计算过程。报表分表头和表体两部分。表头中,除现有库存量是动态信息外,其余都是静态信息。表体部分,预测量和合同量来自销售部门,然后根据一定的取舍规则确定毛需求量。运算过程中的中间信息有预计可用库存量、净需求量、计划接收量、计划产出量、计划投入量以及可供销售量。

如表 6-1 所示,横式报表便于展示需求计算、库存状态、净需求、计划投入和产出的数量、可供销售量等信息及其运算关系。

表 6-1　MPS 横式报表典型格式　　　　　　　　　　（单位：件）

物　料　号：26#E2　　　　　　　　　　　　　　计划日期：2018/04/30
物料名称：26in 平式车把　　安全库存量：50 件　　计　划　员：WU
提　前　期：1 天　　　　　　批　　　量：90 件　　需求时界：2
现有库存量：40 件　　　　　　批量增量：90 件　　计划时界：5

时段	当期	1	2	3	4	5	6	7
预测量		60	60	60	60	60	60	60
订单量		65	115	35	75	30	50	70
毛需求量		65	115	60	75	60	60	60
计划接收量		90						
预计可用库存量	40	65	130	70	85	115	55	85
净需求量		0	100	0	55	25	0	55
计划产出量			180	0	90	90	0	90
计划投入量		180	0	90	90	0	90	—
可供销售量		65	30		15	10		—

（2）竖式报表。竖式报表如表 6-2 所示，它能够追溯需求的来源，查找订单是为了哪些需求而生成的、订单的状况，以及订单出现例外情况应采取何种措施。竖式报表对照显示供给和需求信息。表头部分与横式报表相同，数据与横式报表也是一致的。

表 6-2　MPS 竖式报表典型格式

物　料　号：26#E2　　　　　　　　　　　　　　计划日期：2018/03/31
物料名称：26in 平式车把　　安全库存量：50 件　　计　划　员：WU
提　前　期：1 天　　　　　　批　　　量：90 件　　需求时界：2
现有库存量：40 件　　　　　　批量增量：90 件　　计划时界：5

供	给			需	求			
提示	加工单号	供给量（件）	下达日期	到期日期	毛需求（件）	需用日期	需求追溯	库存节余（件）
下达	40001	90	03/31	04/01	65	04/01	合同 123	130
确认	40002	180	04/01	04/02	115	04/02	合同 234	65
安全库存	计划	90	04/03	04/04	25	04/03	合同 345	130
安全库存	计划	90	04/04	04/05	35	04/03	预测	70
安全库存	计划	90	04/06	04/07	75	04/04	合同 456	85
					30	04/05	合同 567	
					30	04/05	预测	115
					60	04/06	预测	55
					60	04/07	预测	85

供给部分揭示了有关生产计划的相关信息。"提示"栏中显示应采取的措施，如提示某项任务应该提前或推迟、取消库存、补充安全库存、应予以确认或下达等。

需求部分揭示需求量和需求的依据。属于合同的，标明合同号；不属于合同的，要求说明需求来源。

6.3.2 MPS 中相关指标的计算

1. 毛需求量

毛需求量（Gross Requirement）是指在特定时段为满足销售的总需求数量。毛需求量不再是一种假定或估计，而是实际的需求信息，并且具有时段性，不是某一个计划期的平均值。

确定毛需求量没有固定的模式方法，需要根据企业的实际需求确定，现实中用得较多的原则是考虑所处的时区。

（1）在需求时区内，订单已经确定，则有

$$毛需求量 = 实际订单量$$

（2）在计划时区内，则有

$$毛需求量 = \max\{预测量, 订单量\}$$

对于 MPS 层的毛需求量的预测，一般可采用加权移动平均或指数平滑的方法进行计算。个别场景如配套厂与主机厂这样存在强相关关系的，配套厂也可以采用因果分析法进行预测，以主机厂的预测量为变量进行预测。

（3）在预测时区内，则有

$$毛需求量 = 预测量, 或者毛需求量 = \max\{预测量, 订单量\}$$

2. 计划接收量

计划接收量（Scheduled Receipts）是指在计划日期之前早已下达订单，但是在计划日期之后完成接收的数量。它可以看作实际接收时段的可用库存量。计算净需求量和预计可用库存量时，应该考虑计划接收量。

3. 预计可用库存量

预计可用库存量（Projected Available Balance，PAB）是指某个时段的期末库存量，扣除用于其他用途的已分配量，可以用于需求计算的那部分库存量。它与现有量不是一个概念。预计可用库存量计算公式为

$$预计可用库存量 = 前一时段末的可用库存量 + 本时段计划接收量 + 计划产出量 - 本时段毛需求量$$

4. 净需求量

净需求量（Net Requirement）是指在某时段某项目的实际需求数量。净需求量与毛需求量不同，毛需求量是指需要多少，净需求量是指还缺多少。因为毛需求量只是根据订单和预测得到的一个需求值，而没有考虑项目的现有库存。净需求量计算公式为

$$净需求量 = 本时段毛需求量 - 前一时段末的可用库存量 - 本时段计划接收量 + 安全库存量$$

5. 计划产出量

计划产出量（Planned Order Receipts）是指当需求不能满足，即净需求量大于零时，根据设置的批量规则计算得到的应该出产或供应的数量。

根据预先制定的批量规则，当净需求量小于一个固定批量时，计划产出量就取一个固定批量的数值，当净需求量大于一个固定批量时，计划产出量则取固定批量的倍数；如果采用"直接批量"规则，即缺多少补多少，计划产出量就等于净需求量。

6. 计划投入量

计划投入量（Planned Order Releases）是根据计划产出量、提前期和合格率等计算出来的投入数量。它所在的时段比计划产出量的时段早一个提前期，其数量是在计划产出量的基础上，增加一定的补充可能出现的不合格品的数量。

7. 可供销售量

由于企业按照批量进行生产，因此计划产出量经常会大于净需求量。此外，如果预测量大于订单量，当毛需求量取预测量时，也会出现产出量大于实际订单的情况，那么在某一期间内，物品的产出量大于订单量的这个差值，就是可供销售量（Available to Promise，ATP）。它是一种多余的库存，可以随时向客户销售。这里的"某一期间"是指连续两次出产该项目的时间间隔，也就是从一次出产的时间到下批再出产时的间隔。这个可供销售量是可用于销售的数量，不影响其他订单的交货，只是为销售提供重要的参考依据。

可供销售量的计算方法如下：

（1）第一期间。这是指编制计划的当期至下一批计划出产之前的期间。第一期间的可供销售量计算公式为

可供销售量 = 前期预计可用库存量 + 计划产出量 +（期间）计划接收量之和 −
（期间）订单量之和

（2）其他期间。这是指第一期间以后的各个期间。其他期间的可供销售量计算公式为

可供销售量 = 计划产出量 +（期间）计划接收量之和 −（期间）订单量之和

6.3.3 MPS 的主要期量标准

在 MPS 的各种指标中，除了上一节讲的动态指标之外，还有一些静态的指标，即相对固定不变的指标，如批量和安全库存量等。这种静态指标习惯上被称作系统的期量标准（计划期、时段、时区和时界也属于期量标准），是在系统设计时预先设置的，属于系统重要的基础数据（详见第 7 章和第 9 章）。

1. 批量及批量规则

在成批生产中，对于自制物料（产品、部件、零件、毛坯等），批量是指一次投入或产出的同种物料的数量；对于外购物料，批量是指一次采购的物料数量。在主生产计划和接下来的物料需求计划中，批量都是重要的系统参数。系统在设计时对各种物料都设置一定的批量规则，运行时按批量规则确定各种物料的批量。

常用的批量规则有以下几种：

（1）固定批量。这是指每次采购或生产都按照一个固定数值。这个固定数值可能是根据经验确定的方便数值，也可能是根据统计和优化算法得到的数值。

（2）经济批量。这是指使库存成本和订货成本之和为最小的批量（详见第 5 章）。经济批量也属于固定批量的一种。

（3）直接批量。这是完全根据计划（或实际）需求量确定的批量，也就是有多少算多少。

（4）固定间隔批量。这是指每间隔一段时间汇总该段时间内的需求量为一个批量。这种方法间隔时间固定，每次的批量是变化的。该规则的计算过程是，在一个间隔期内，取各时段中物料净需求不为零的记录，将物料净需求进行汇总，汇总的需求量在这一间隔期内的第一个时段下达。

（5）经济间隔期批量。这是固定间隔批量法的一种，是指根据经济订货批量计算间隔期，决定每年的订货次数。间隔期内的订货批量随需求量而变动。由于订货次数是根据经济批量来计算的，因此是一个比较合理的订货次数。

（6）最小总成本法。这是指运用经济批量原理处理离散型需求的一种确定批量的方法。因为计算经济批量的前提是需求连续，而在离散型需求的条件下，经济批量是不成立的。它的基本目标与一般的经济批量法相同，都是要使计划期内的订货成本与库存成本的总和达到

最小。经济订货批量理论表明，当总订货成本与总保管费用相等时总成本最低，因此可以得出判定批量组合是否经济的判定值——经济件期数（Economic Part Period, EPP）的计算公式为

$$EPP = \frac{订货成本}{单位存货成本}$$

该方法的基本思路是采用试算的方法，通过组合几期的需求量作为一个订货批量，才能使库存成本与订货成本相等。即

$$C = HX_2 + 2HX_3 + \cdots + kHX_{k+1}$$

式中　C——每次订货成本；
　　　H——每期单位库存成本；
　　　X_k——第 k 期的需求量；
　　　k——期数。

当库存成本与订货成本相等时，总成本最低。此时，有

$$EPP = \frac{C}{H} = X_2 + 2X_3 + \cdots + kX_{k+1}$$

由此可知，经济件期数（EPP）的含义是需求量与存货时间的乘积。

下面通过一个例子来说明该方法的应用。

例 6-1：假设某物料订货成本为 100 元，单价为 50 元，库存费用率为 2%，其净需求量如表 6-3 所示，试确定在计划期内的订货安排。

表 6-3　某物料的净需求量

周期/周	1	2	3	4	5	6	7	8	9
净需求量（件）	35	10	20	20	0	20	5	10	30

解：计算经济件期数

$$EPP = \frac{100 \text{ 元}}{2\% \times 50 \text{ 元}} = 100$$

逐期进行合批试算，当库存量与库存时间乘积的累计值最接近 100 时，停止合批，此时的批量即为成本最小的批量。计算过程如表 6-4 所示，本例的计算结果是，前 4 期的需求量合为一批，批量为 85 件，第 5~9 期的需求量合为一批，批量为 65 件。

表 6-4　最小总成本法的计算过程

周期/周	净需求量（件）	库存时间/周	预定批量（件）	净需求量与库存时间的乘积（件·周）	净需求量与库存时间乘积的累计值（件·周）	备注
1	35	0	35	0	0	
2	10	1	45	10	10	
3	20	2	65	40	50	
4	20	3	85	60	110	停止合批
5	0	0				
6	20	0	20	0	0	
7	5	1	25	5	5	
8	10	2	35	20	25	
9	30	3	65	90	115	停止合批

2. 安全库存

安全库存是指为了防止需求意外波动和供应不及时导致缺货而设置的库存量。它是库存量的底线，所以也称最小库存量。安全库存的确定，可以根据以往发生缺货的统计资料（如平均缺货天数）来确定其数量；也可以运用数理统计原理，通过规定不允许缺货的概率来确定（见第5章）。

6.4 MPS 的计划对象及处理方法

MPS 的对象是把综合计划中的产品系列具体化之后的出厂产品，即最终产品或最终项目，它是具有独立需求的物料。根据产生计划的生产类型不同，最终项目的含义也不完全相同。因此需要通过不同生产类型的需求特性的分析，确定对应的 MPS 的计划对象。

6.4.1 MTS 下的需求管理及其 MPS 计划对象

存货型生产又称备货型生产（Make to Stock 或 Production to Stock，MTS 或 PTS）的订单分离点在成品库存。顾客不会去干预企业的生产过程，决定企业能否满足顾客需求的关键就在于是否仍有足够的库存。需求管理的中心问题是如何能在企业的库存水平和服务水平之间取得平衡。

如何准确地把握并传递需求，如何有效地进行实物分销，是 MTS 的需求管理所必须解决的问题。由于订单分离点处在最前，实现有效的需求管理需要大量的各方面的信息，包括各地库存状况、销售波动信息、运输约束等，预测客户需求的各种方法和先进的库存管理思想在这里都大有用武之地。

MTS 环境，主要针对大批量、生产标准化产品的企业，这种企业产品型号变化较少，根据预测组织生产，并设置成品库存来保证迅速交货和缓冲销售的波动。所以，主生产计划的最终项目就是产成品、备件、配件等独立需求物料。

但是，主生产计划的对象要求必须是具体的产品型号，而综合计划的预测对象是按照产品系列进行的，这就需要将对产品系列的预测转化为对具体产品型号的预测。采用的方法是，在预测时根据以往的销售统计资料和市场分析，估算各类具体产品占产品系列总销售量的比例。如图 6-5 所示，某厂生产 26in 的自行车，根据以往的销售统计资料，标准版自行车占总量的 70%，运动版自行车占 30%，如果在某一计划时段预测 26in 自行车的总需求量是 1000 辆，则标准版的是 700 辆，运动版的是 300 辆。这样，MPS 的预测对象就由对产品系列的预测按照比例转化成了对具体产品的预测。图 6-5 所示的产品结构形式称为计划 BOM。

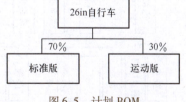

图 6-5　计划 BOM

6.4.2 ATO 下的需求管理及其 MPS 计划对象

在按订单装配（Assemble to Order，ATO）环境下，订单分离点移动至部件，客户根据自己的喜好，从企业提供的产品可配置方案（零部件的不同选项和组合）中选择自己想要的，然后要求企业进行装配，并按时交到自己手上。需求管理的主要任务是根据客户的个性化要求，为其配置合适的零部件，并且确保能按照客户要求的交货期交付货物。

ATO 环境下，企业需要提供良好的售前服务，需要对订单编码并确认，明确客户选购产品的型号和数量，以及在配置、交货日期、交货方式、地点等方面的要求。在客户选择配置的时候，企业必须明确告知客户，哪些特定的组合在技术上是不可行的，哪些特定的组合是必需的，这是一个企业与客户之间双向沟通的过程，企业告知客户哪些可行哪些不可行，客户告知企业自己想要什么样的配置，企业再告知客户交货承诺，至此，装配部件的独立需求转化为所需零件的相关需求，企业利用各种部件的库存向客户提供服务。因此ATO在需求预测方面，预测的对象不只是成品，更重要的是各种零部件。需要将各种零部件的库存维持在一定水平上，确保订单到达时有足够的零部件可以使用。在实物分销方面，受到订单来源地和承诺交货期的双重约束，可调整的自由度比MTS要小得多。

在ATO环境下，对于构成产品系列的各种通用件和基本组件，通过预测组织生产，并设置一定的库存；对于最终产品，只能在接到订单后再组织装配。

此时，MPS的最终项目指的是基本组件和通用件。编制计划时，要根据计划BOM和多层MPS制订通用件、基本组件和可选件的计划。一旦收到正式订单，通过编制FAS安排产品的装配与产出。

多层MPS是基于模块化计划BOM来实现的。

模块化计划BOM是将一个产品系列的所有通用件汇总为一个模块，而将其他可选择配置的零部件分别作为单独的模块，然后按照产品的结构层次将它们列出，如图6-6所示的26in自行车系列。这种BOM列出了一个产品系列的所有可选项，所以也称为全BOM或超级BOM。在用于产品设计配置和销售配置时，还应将各个可选模块划分为必选、多选一和可选三类。图6-6中的车轮、车架、车座、车把以及车轮的轮圈和轮胎，都是必选项；车架是有横梁还是无横梁、车座是标准型还是运动型、车把是运动式还是平式或高抬式等，都是多选一项目；车灯、储物筐等则是可选可不选的，属于可选项。

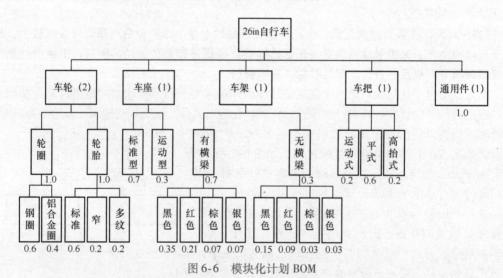

图6-6 模块化计划BOM

若根据历史销售记录和预测，对每种可选择的部件定义所占的百分比以及上下层之间的数量关系，这样就形成了模块化计划BOM。模块化计划BOM是一种特殊的计划BOM，与普通计划BOM中上、下层都是最终产品不同，模块化计划BOM的下层一般是可选模块。使用模块化计划BOM，一是较容易得出可选件的预测需求量，二是可以减少通用件库存量，三是可以减少系统冗余，避免不必要的重复存储。

如图6-6所示，假设轮圈有2种可选项，轮胎有3种可选项，车座有2种可选项，车架有8种可选项，车把有3种可选项，如果针对每一个最终产品建立一个BOM，则需要建立$2 \times 3 \times 2 \times 8 \times 3 = 288$个BOM，其中存在大量模块的重复存储，占用了系统资源。而按照模块化方法建立，则系统只需要存储 2+3+2+8+3=18 个模块 BOM，等订单落实以后再建立最终产品的 BOM，可以大大节约系统空间。同时，对可选项的预测也得以简化。例如在某时期内，对自行车系列的预测量为 1000 辆，则不同轮胎的预测需求量为：标准型为 1200 个，窄型为 400 个，多纹型为 400 个。可以看出，使用模块化计划 BOM，可以降低可选产品特征的复杂性，满足简化 MPS 的需要。

6.4.3　MTO 的需求管理及其 MPS 计划对象

在按订单制造（Make to Order，MTO）环境下，企业主要是根据客户订单生产一些标准定型产品或客户来图加工产品。这种企业的产品品种很多、很杂，很难进行最终产品的预测，没有成品库存，接到订单后开始采购、加工和装配等作业。因此 MTO 的需求管理在于如何根据产品订单组织原材料和生成过程来满足需求。

这种类型的企业由于产品是标准的或定型的，产品结构的不确定性较小，所以主生产计划的对象和主要控制点就是产品的最终装配和产出。原材料、零部件的采购和加工，可根据稳定的 BOM 由物料需求计划来控制。对于某些依据较少的原材料和零部件种类，可以生产出很多最终产品的行业，如钢铁厂，同一种钢牌号的钢坯可以轧制出规格繁多的钢材，这时，主生产计划的对象可以是按钢牌号区分的钢坯（相当于 T 形或 V 形产品结构的底层），以减少计划物料的数量，然后再根据订单确定最终产品。

6.4.4　ETO 的需求管理及其 MPS 计划对象

有很多大型的项目型生产，采用的都是按订单设计（Engineer to Order，ETO）的方式。在 ETO 环境下，相关需求被压缩到了最低，订单分离点停留在了供应商处。企业要根据客户的需求对产品进行再设计，再设计的内容可能包括材料的重新选择、产品结构的重新构建、工艺路线的重新设计，也有可能只进行尺寸、公差、样式等细节上的调整。在这种环境下，需求管理不仅仅要协调制造过程与客户需求，更重要的是将设计能力与客户需求相平衡，因为产品的再设计可能会是一项很漫长的任务。

在 ETO 环境下，订单管理的任务更进一步加重，企业既要说明自己的制造能力限制，又要说明自己的设计能力限制；预测时不仅要包括材料，还要充分考虑自己的设计能力。客户向企业提出自己的设计要求，企业的工程师们负责将这些要求转变为可行的制造方案，因此企业必须考虑多大的设计能力才能够满足客户的需求，这种对设计能力的预测比其他预测都要困难得多。ETO 企业可能需要选择性地保持某些零部件的库存。除此之外，与其他企业相比，ETO 企业更需要加强供应商管理，因为设计可能牵涉到原材料的变更，所以 ETO 企业必须确保有合格的供应商给自己提供所需的材料。

当然，这并不是说其他企业不需要与供应商保持良好的关系，供应商的能力制约着企业的能力，所谓"巧妇难为无米之炊"，一个企业哪怕有再好的设计、再优良的制造设备，没有供应商及时、准确、保质、保量的材料供应，都不可能生产出客户期望的产品。

ETO 企业经营中最重要的任务，是提高自己的设计能力，缩短自己的设计周期。一旦产品的结构设计和工艺设计确定下来，其制造过程也就确定了。CAD 和 CAM 借助先进的信息技术，凭借标准化和模块化的思想，大大缩减了设计周期和制造周期，是 ETO 不可缺少的工具。

在 ETO 环境下，企业根据客户的要求进行产品设计并制造。计划系统必须有较强的项目管理功能予以支持，将客户订单作为一个项目，采用工作分解结构（WBS）将项目分解到主要节点。主生产计划一方面要根据产品的交货要求规定产品总装出产的日期；另一方面，还要对整个产品生产周期的各个主要节点进行计划控制，如产品设计、毛坯准备、零件加工与外协配套等。所以主生产计划的对象是客户订单要求的最终产品以及各个主要节点所要求完成的工作内容。在这种情况下，客户订单的交货期和各个主要节点都是主生产计划的控制点。所以，这种按订单设计的生产系统的计划模式可以用关键路线法（CPM）加MRP来表达，即主生产计划通过CPM控制客户订单各主要节点的进度，MRP则针对各节点进行物料的展开和需求量及进度的计算。

表6-5总结了不同业务环境下MPS的计划对象与方法。

表6-5 MPS的计划对象与方法

业务环境	计划对象	计划方法	附注
MTS	产品、备件、配件	单层MPS 计划BOM	同分销需求 计划（DRP）集成
ATO	基本组件、零件、通用件	双层或多层MPS 计划BOM FAS	
MTO	产品	单层MPS	
ETO	产品交货期及主要节点	单层BOM CPM	

6.5 MPS编制的例子

本节以图6-6所示的26in型自行车为例，描述在ATO环境下MPS的编制过程。

6.5.1 使用计划BOM计算MPS需求

1. 预测选择项的百分比

主生产计划员根据过去的可选项比例，预测可选项的比例。

2. 通过模块化BOM来展开需求

这个过程实际上就是用最终项目的需求×每个最终项目所需要选择项的数量×百分率。对图6-6的展开BOM如表6-6所示。总需求包括主生产需求和其他独立需求。其他独立需求主要有工厂内部需求（如由另一个自行车厂使用）、服务件（作为替换件出售）、客户可选件、安全库存等。例如，假设对标准轮胎的独立需求有：工厂内部5个、服务件5个和安全库存10个，则独立需求总共20个，由表6-6知标准轮胎的主生产需求为120个，则标准轮胎的总需求为140个。其他组成件可选项的需求也照此方法计算。每个可选项的需求都汇总到MPS中。

表6-6 物料需求展开表

预测总量：100辆/天

组成件	需要数量（个）	选择项	选择项百分率	主生产需求（个）	其他独立需求（个）	总需求（个）
通用件	1		1.0	100	0	100
轮圈	2	钢圈	0.6	120	10	130
		铝合金圈	0.4	80	10	90

(续)

组成件	需要数量（个）	选择项		选择项百分率	主生产需求（个）	其他独立需求（个）	总需求（个）
轮胎	2	标准		0.6	120	20	140
		窄		0.2	40	5	45
		多纹		0.2	40	5	45
车座	1	标准型		0.7	70	5	75
		运动型		0.3	30	2	32
车架	1	有横梁	黑色	0.35	35	0	35
			红色	0.21	21	0	21
			棕色	0.07	7	0	7
			银色	0.07	7	0	7
		无横梁	黑色	0.15	15	0	15
			红色	0.09	9	0	9
			棕色	0.03	3	0	3
			银色	0.03	3	0	3
车把	1	运动式		0.2	20	0	20
		平式		0.6	60	0	60
		高抬式		0.2	20	0	20

6.5.2 编制 MPS 初步计划

采用模块化计划 BOM 进行 MPS 计算，将 MPS 与 FAS 的分离点定在第二层。而以组件模块为对象编制 MPS。此处，以平式车把为例，以横式报表格式编制 MPS 初步计划。MPS 编制的相关参量见表 6-7 表头部分，采用固定批量。需求预测和订单量如表 6-7 所示。

表 6-7 MPS 计算表——需求预测和订单量 （单位：件）

物　料　号：26#E2　　　　　　　　　　　　　　　　　计划日期：2018/04/30
物　料　名　称：26in 平式车把　　　安全库存量：50 件　　计划员：WU
提　前　期：1 天　　　　　　　　批　　量：90 件　　　需求时界：2
现有库存量：40 件　　　　　　　批量增量：90 件　　　计划时界：5

时段	当期	1	2	3	4	5	6	7
预测量		60	60	60	60	60	60	60
订单量		65	115	35	75	30	50	70
毛需求量								
计划接收量								
预计可用库存量								
净需求量								
计划产出量								
计划投入量								
可供销售量								

1. 计算毛需求量

根据毛需求量的计算方法，首先界定时区。1、2 时段处于时区 1，毛需求量 = 实际订单量；3、4、5 时段处于时区 2，毛需求量 = max {预测量，订单量}；6、7 时段处于时区 3，可以取毛需求量 = 预测量。据此，可以得到各时段的毛需求量的计算结果，如表 6-8 所示。

表 6-8　MPS 计算表——计算毛需求量　　　　　　　　　　（单位：件）

物　料　号：26#E2　　　　　　　　　　　　　　　　计划日期：2018/04/30
物 料 名 称：26in 平式车把　　　安全库存量：50 件　　计 划 员：WU
提　前　期：1 天　　　　　　　　批　　　量：90 件　　需求时界：2
现有库存量：40 件　　　　　　　批 量 增 量：90 件　　计划时界：5

时段	当期	1	2	3	4	5	6	7
预测量		60	60	60	60	60	60	60
订单量		65	115	35	75	30	50	70
毛需求量		65	115	60	75	60	60	60
计划接收量								
预计可用库存量								
净需求量								
计划产出量								
计划投入量								
可供销售量								

2. 计算计划接收量

计划接收量是指在计划日期之前早已下达订单，但是在计划日期之后完成接收的数量。本例假设计划接收量为 90 件，编制计划时的现有库存量为 40 件，如表 6-9 所示。

表 6-9　MPS 计算表——计算计划接收量　　　　　　　　（单位：件）

物　料　号：26#E2　　　　　　　　　　　　　　　　计划日期：2018/04/30
物 料 名 称：26in 平式车把　　　安全库存量：50 件　　计 划 员：WU
提　前　期：1 天　　　　　　　　批　　　量：90 件　　需求时界：2
现有库存量：40 件　　　　　　　批 量 增 量：90 件　　计划时界：5

时段	当期	1	2	3	4	5	6	7
预测量		60	60	60	60	60	60	60
订单量		65	115	35	75	30	50	70
毛需求量		65	115	60	75	60	60	60
计划接收量		90						
预计可用库存量	40							
净需求量								
计划产出量								
计划投入量								
可供销售量								

3. 计算预计可用库存量初值

预计可用库存量初值 = 上一时段末预计库存量 + 本时段计划接收量 − 本时段毛需求量。如时段 1 的预计可用库存量 = 40 件 + 90 件 − 65 件 = 65 件。其余时段，以此类推。计算结果如表 6-10 所示。

表 6-10　MPS 计算报表——计算预计可用库存量初值　　　（单位：件）

物　料　号：26#E2				计划日期：2018/04/30			
物　料　名　称：26in 平式车把		安全库存量：50 件		计　划　员：WU			
提　前　期：1 天		批　　　量：90 件		需求时界：2			
现有库存量：40 件		批 量 增 量：90 件		计划时界：5			

时段	当期	1	2	3	4	5	6	7
预测量		60	60	60	60	60	60	60
订单量		65	115	35	75	30	50	70
毛需求量		65	115	60	75	60	60	60
计划接收量		90						
预计可用库存量	40	65	−50	−110	−185	−245	−305	−365
净需求量								
计划产出量								
计划投入量								
可供销售量								

4. 计算净需求量、计划产出量和预计可用库存量

由于系统的计算逻辑是按照时段的顺序逐段计算的，所以净需求量和计划产出量以及预计可用库存量是同时计算和确定的。在计算完预计可用库存量初值后，对预计可用库存量初值第一个小于等于零的时段，开始计算净需求量，然后依据批量规则确定计划产出量，之后计算本时段的预计可用库存量。

表 6-10 中，在时段 2，预计可用库存量初值 = −50 件 < 0 件，因此从该时段开始计算。依据公式：净需求量 = 本时段毛需求量 − 前一时段末的可用库存量 − 本时段计划接收量 + 安全库存量，则时段 2 的净需求量 = 115 件 − 65 件 − 0 件 + 50 件 = 100 件。由于采用固定批量原则，且批量 = 90 件，所以该时段的计划产出量 = 90 件 × 2 = 180 件；该时段的预计可用库存量 = 前一时段末的可用库存量 + 本时段计划接收量 + 计划产出量 − 本时段毛需求量 = 65 件 + 0 件 + 180 件 − 115 件 = 130 件。若净需求量计算为负值或零，则净需求量取零，表示不需要产出。以此类推，计算结果如表 6-11 所示。

5. 计算计划投入量

根据计划产出量、提前期和废品率，计算计划投入量。本例未考虑废品率，所以，计划投入量就是将计划产出量向前推一个提前期。如表 6-12 所示，第 2 时段的计划产出量为 180 件，提前期为 1 天，则第 1 时段的计划投入量为 180 件，以此类推。

6. 计算可供销售量

本例中，第一期间只包括时段 1，可供销售量 = 前期预计可用库存量 + 计划产出量 + （期间）计划接收量之和 − （期间）订单量之和，故时段 1 的可供销售量 = 40 件 + 0 件 + 90 件 − 65 件 = 65 件。

对于第二个期间，可供销售量 = 计划产出量 + （期间）计划接收量之和 − （期间）订单量之和，本例中第二个期间包括时段 2 和时段 3，故时段 2 的可供销售量 = 180 件 + 0 件 − （115 件 + 35 件）= 30 件。

表 6-11 MPS 计算报表——计算净需求量、计划产出量和预计可用库存量 （单位：件）

物　料　号：26#E2　　　　　　　　　　　　　　　　　　　　计划日期：2018/04/30
物　料　名　称：26in 平式车把　　安全库存量：50 件　　　　 计　划　员：WU
提　前　期：1 天　　　　　　　　批　　　量：90 件　　　　　需求时界：2
现有库存量：40 件　　　　　　　　批量增量：90 件　　　　　　计划时界：5

时段	当期	1	2	3	4	5	6	7
预测量		60	60	60	60	60	60	60
订单量		65	115	35	75	30	50	70
毛需求量		65	115	60	75	60	60	60
计划接收量		90						
预计可用库存量	40	65	130	70	85	115	55	85
净需求量		0	100	0	55	25	0	55
计划产出量		0	180	0	90	90	0	90
计划投入量								
可供销售量								

其他期间的计算以此类推，计算结果如表 6-12 所示。

表 6-12 MPS 计算报表——计算计划投入量和可供销售量 （单位：件）

物　料　号：26#E2　　　　　　　　　　　　　　　　　　　　计划日期：2018/04/30
物　料　名　称：26in 平式车把　　安全库存量：50 件　　　　 计　划　员：WU
提　前　期：1 天　　　　　　　　批　　　量：90 件　　　　　需求时界：2
现有库存量：40 件　　　　　　　　批量增量：90 件　　　　　　计划时界：5

时段	当期	1	2	3	4	5	6	7
预测量		60	60	60	60	60	60	60
订单量		65	115	35	75	30	50	70
毛需求量		65	115	60	75	60	60	60
计划接收量		90						
预计可用库存量	40	65	130	70	85	115	55	85
净需求量		0	100	0	55	25	0	55
计划产出量			180	0	90	90	0	90
计划投入量		180	0	90	90	0	90	—
可供销售量		65	30		15	10		—

6.6 MPS 的编制和调整流程

MPS 的编制和调整流程如图 6-7 所示。

6.6.1 编制 MPS 初步计划

这一步骤主要包括收集、整理需求数据，确定计划期并划分时区，计算毛需求、净需求、生产 MPS 初步报表等。其中，收集、整理的需求数据是指有关 MPS 的需求数据，如当前库存、安全库存、客户订单和预测数据等。MPS 初步计划是以时段为单位分别编制的，最终的输出是 MPS 报表。

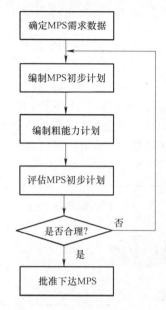

图 6-7　MPS 的编制和调整流程

6.6.2　编制粗能力计划

参见第 8 章中有关粗能力计划编制的相关内容。

6.6.3　评估 MPS 初步计划

对制订的 MPS 初步计划，经过粗能力计划评估后，应向有关决策和管理部门提交计划。一般由企业高层领导牵头，组织营销、设计、制造、财务和采购部门对 MPS 进行审核评价。

一般来说，MPS 出现的异常情况可能出现在五个方面，如能力、交货期、成本控制、客户服务和时区。在确认和批准 MPS 之前，针对每一方面的异常，都要在 MPS 确定之前解决。

1. 能力方面

在所有时间时段内，生产量是否都在计划能力之内？

是否计划了充足的时间做设备维护？

是否已经充分平衡了其他制造资源？

2. 交货期方面

交货日期是否延期？

订单交货日期是否不现实？

3. 成本控制方面

是否有不应有的加班或外协？

在运输过程中是否负担了加急运输的成本？

供应的货是否很快用光？

4. 客户服务方面

交货情况是否满意？

是否满足客户服务目标？

5. 时区方面

是否违反了确定的时区原则？

而对于不能通过审核的 MPS 初步计划，要对 MPS 的产量和能力进行重新平衡和调整，其方法主要有两个方面：

（1）改变预计的生产量。改变生产量的主要措施包括：①重新安排订单；②推迟执行订单；③中止某些订单；④改变产品组合；⑤将订单拆零重排。

（2）改变生产能力。改变生产能力可能采取的措施主要有：①改变产品工艺路线；②增加工作时间；③工序外协外包；④增加工人数量；⑤增加设备数量。

6.6.4 批准下达 MPS

对通过审核评价之后的 MPS，要及时予以批准和下达。

6.7 最终装配计划

6.7.1 最终装配计划的概念

最终装配计划（Final Assembly Schedule，FAS）是指在某一时期内要完成的一个确定的最终产品的实际组装计划。FAS 面向最终成品项目或特定的客户配置，是一个实际的生产制造计划，主要包括成品的最终装配、测试、精整和包装等。如前所述，在 ATO 环境下，不可能预测客户对可选部件组合的具体要求，所以可将主生产计划设定在基本部件这一级，而使用 FAS 来控制装配组合的最终产品，可以不必准确地预测最终产品的配置，而仅根据客户订单对成品装配的要求，来制订短期的生产计划。也就是说，MPS 负责基本部件的计划，而装配过程计划由 FAS 接任。

FAS 是在收到客户订单之后才开始安排的，用作计划和控制最终的产品装配和测试操作，因此，FAS 的计划对象总是最终产品。对那些不受主生产计划控制，但又为总装所必需的部件组装或者采购活动，也由 FAS 进行计划和控制。也就是说，FAS 控制着这些零部件从制造到产品发运前的这一段业务。

建立 FAS，不仅要根据客户订单要求，而且要根据 MPS 和现有零件库存量，并考虑装配生产能力的限制。

6.7.2 FAS 与 MPS 的关系

FAS 与 MPS 都是用于生产过程的计划，同时两者的计算逻辑和计算方法基本相同，两者有相类似的时间参数概念。MPS 是对将要生产什么及其所需资源的规划，它的依据是需求预测和接到的客户订单，MPS 要覆盖整个计划展望期。FAS 与 MPS 不同，它是短期计划，目的是满足实际的客户订单，它将生成对最终装配工作中心的派工单。

两者具有以下不同：

（1）制定依据不同。MPS 是对将要生产什么的描述，依据是需求预测和接到的客户订单；FAS 的依据是客户订单的具体配置要求。MPS 提供一种期望的制造计划，FAS 是实际的制造计划。

（2）时间跨度不同。MPS 要覆盖整个计划展望期，而 FAS 是短期计划，只负责生产过程的最终装配和交付阶段。

（3）生成的输出物不同。MPS 生成的是整个生产过程的资源总体需求，FAS 生成的是最终装配工作中心的作业计划。

（4）计划对象不同。MPS 根据具体环境的不同，计划对象可以是最终产品、基本零部件或通用部件，而 FAS 的计划对象总是最终产品。在面向库存生产的环境下，FAS 的对象与主生产计划的对象相同。在面向订单装配的环境下，MPS 的对象是依据计划物料清单来确定的通用部件，而 FAS 的计划对象总是最终产品。

阅读材料

预测技术

习　题

1. 什么是 MPS？如何理解 MPS 和其他计划的关系？MPS 的输入来源是什么？
2. 为什么 MPS 不是一个直接的预测计划？为什么不能直接由预测值和订单量直接展开成物料需求计划？
3. 试分别针对戴尔计算机、铅笔厂以及酒店配餐等情况，分析各自的主生产计划的计划对象和处理方法。
4. 解释以下概念：时段、时区（需求时区、计划时区、预测时区）、时界（需求时界、计划时界）。如何理解它们之间的关系？并简述时区对计划的影响。
5. 解释以下概念并说明计算方法。

批量、毛需求量、计划接收量、预计可用库存量、净需求量、计划产出量、计划投入量、可供销售量。

6. 简述常用的批量规则。
7. 举例论述计划 BOM、模块化 BOM 在 MPS 中的作用。
8. 简述主生产计划的编制和调整流程。
9. 已知一个 MPS 项目的计划期为 10 周，需求时界为第 3 周，计划时界为第 7 周，提前期为 1 周，期初库存为 40 台，安全库存为 50 台，批量规则为固定批量 80 台。预测量和订单量如表 6-13 所示。

表 6-13　预测量和订单量　　　　　　　　　　　　（单位：台）

预测量	100	70	60	60	60	60	110	70	70	60
订单量	110	70	50	70	50	80	110	60	70	30
计划接收量	50									

试据此条件编制 MPS 的初步计划。

拓展训练

1. 调查一个制造企业的主生产计划的编制形式和编制方法，分析其合理性，提出你的见解并设计其主生产计划方案，写出分析报告。
2. 针对第 3 章"拓展训练"第 2 题你的研究成果资料，继续收集市场需求资料，设计其主生产计划的编制方案，并编制一个周期的主生产计划，写出分析与设计报告。

参考文献

[1] 陈启申. MRPⅡ——制造资源计划概论：企业管理应用计算机的原理、方法与实践 [M]. 北京：北京农业大学出版社, 1993.

[2] 陈启申. ERP——从内部集成起步 [M]. 北京：电子工业出版社, 2005.

[3] 陈庄. ERP 原理与应用教程 [M]. 北京：电子工业出版社, 2003.

[4] 陈容秋, 马士华. 生产运作管理 [M]. 北京：机械工业出版社, 2004.

[5] 初壮. MRPⅡ原理与应用基础——揭示制造企业提高生产率的秘密 [M]. 北京：清华大学出版社, 1997.

[6] 丁文英, 冯爱兰, 赵宁. 现代生产管理 [M]. 北京：冶金工业出版社, 2008.

[7] 杜作阳. 企业资源计划应用教程 [M]. 武汉：华中科技大学出版社, 2005.

[8] 李怀祖. 生产计划与控制 [M]. 北京：中国科学技术出版社, 2001.

[9] 罗鸿, 王忠民. ERP 原理·设计·实施 [M]. 北京：电子工业出版社, 2003.

[10] 潘尔顺. 生产计划与控制 [M]. 上海：上海交通大学出版社, 2003.

[11] 孙福权. 企业资源计划（ERP）[M]. 沈阳：东北大学出版社, 2006.

[12] 王人骅. 计算机集成生产管理：MRPⅡ的原理与方法 [M]. 北京：北京航空航天大学出版社, 1996.

[13] 温咏棠. MRPⅡ制造资源计划系统 [M]. 北京：机械工业出版社, 1994.

[14] 沃尔曼, 贝里, 怀巴克, 等. 制造计划与控制：基于供应链环境 [M]. 韩玉启, 陈杰, 袁小华, 等译. 北京：中国人民大学出版社, 2008.

[15] 颜安. 企业 ERP 应用研究 [M]. 成都：西南财经大学出版社, 2006.

[16] 伊辉勇, 游静. 企业资源计划 [M]. 北京：石油工业出版社, 2008.

[17] 赵启兰, 刘宏志. 生产计划与供应链中的库存管理 [M]. 北京：电子工业出版社, 2003.

[18] 周玉清, 刘伯莹. ERP 理论、方法与实践 [M]. 北京：电子工业出版社, 2006.

[19] 邹虹, 苏曼. 现代化企业管理理论和实践——MRPⅡ的理论与应用 [M]. 北京：中国物资出版社, 1994.

第7章
物料计划和企业资源计划

 学习要点

- 制造业生产计划与控制系统的基础数据
- 物料的概念、分类、编码及物料主文件
- 期量标准
- 在制品定额法
- MRP 的原理、构成
- 闭环 MRP
- MRPⅡ的原理、系统构成及特点
- ERP 的概念及主要功能
- 协同商务的基本内容

  物料计划层在我国传统的教材中称为"厂级作业计划",是企业的生产计划部门站在"全厂"的角度,将主生产计划确定的成品(整机)生产计划,通过产品 BOM 分解为部件、零件、毛坯、原材料等物料项目的生产和采购进度计划,并下达到各相应的生产车间、零部件供应商和采购部门。

  制订物料计划的方法可归纳为两类:**基于时段的计划方法和基于速率的计划方法**。

  对于大量大批生产类型的企业,由于产品品种相对较少,产量很大,生产过程的连续性、重复性较高,一般采用备货型生产。所以物料计划层的任务主要是控制产品及其零部件在各车间之间的流动速度或速率,并以适当的在制品库存作为调节,即可保证各车间之间生产的连续进行。这种生产类型企业的物料计划方法主要有在制品定额法和 JIT 方法等。

  对于多品种成批生产类型的企业,由于产品品种很多,各种产品都成批地轮番、交叉生产,通常采用按订单制造或按订单装配模式。这种生产类型企业的物料计划层就比较复杂了,既要控制各种产品及其零部件在各车间之间在时间上的衔接,又要控制在数量上的衔接。一般采用按时段确定需求量的方法,并通过制定批量、间隔期、生产周期(生产提前期)、在制品占用量等期量标准来进行控制。编制计划的方法主要有 MRP 法、累计编号法等。

  近年来,一些多品种成批生产企业推行精益生产,采用 JIT 模式,基于速率来组织生产过程。在产品装配环节采用"混流"生产线或"可变流水线",在零部件加工环节运用"成组生产单元"模式来代替传统的"工艺专业化机群",使多品种成批生产企业接近或达到大量大批生产的效率和效益。

  对于单件小批生产企业,完全按照订单来组织生产,生产极不稳定,通常是按订单设计型生产模式。所以物料计划层的工作就非常复杂，一般采用基于时段的计划方法来控制产品在各个阶段的需求数量和时间。编制计划的方法有生产周期图表法、生产进度百分比法、项目管理与 MRP 结合的方法等。

本章首先介绍制造业计划系统所涉及的基础数据，然后分别介绍期量标准、传统的大量流水生产的物料计划方法、物料需求计划（MRP）方法、制造资源计划（MRP Ⅱ）和企业资源计划（ERP）的主要功能。基于速率的 JIT 方法和单件生产的项目型计划方法分别在第 11 章和第 12 章介绍。

7.1 制造业生产计划与控制系统的基础数据

7.1.1 基础数据的分类

生产计划与控制系统所涉及的数据很多，它们是企业编制计划的基础。制造业生产计划与控制系统的基础数据主要有五类：供需方数据，工厂结构数据，财务、成本数据，产品结构与物料数据，期量标准，如图 7-1 所示。这五类基本数据是生产计划与控制系统正常运转所必需的，也是制造企业信息化的最基本数据。

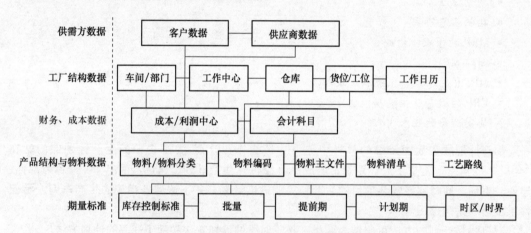

图 7-1　制造业生产计划与控制系统基础数据

1. 产品结构与物料数据

产品结构与物料数据包括物料/物料分类、物料编码、物料主文件、物料清单及工艺路线等。物料清单记录了产品的物料结构及其数量（详见第 3 章），物料主文件记录了组成物料清单的所有物料的基本属性信息，工艺路线则记录了物料的加工过程数据（详见第 8 章）。一个制造业企业是围绕着可以为顾客带来某种使用价值的产品而运作的，因此产品结构与物料数据是制造业生产计划与控制系统中最基础的数据。

2. 工厂结构数据

工厂结构数据描述制造业生产计划与控制系统涉及的车间/部门、工作中心、仓库、货位/工位等空间结构数据和工厂日历等时间结构数据。这些数据实质上是反映企业生产能力及其结构的数据。ERP 系统的主要能力资源是工作中心。工作中心又是属于某个车间或部门的。各工作中心的生产能力与其工作制度有关，所以就必须定义工厂日历，以明确工厂、车间、工作中心等各自的工作日、非工作日、设备检修时间等。仓库、货位数据属于仓库管理的范畴，既反映其位置，也反映其容量。

3. 财务、成本数据

财务、成本数据包括成本/利润中心和会计科目。ERP 是物流与资金流集成的系统，每种物料和各种生产运作活动费用要有对应的会计科目。为了进行财务分析和成本控制，要对总部、分厂、车间/部门以及工作中心设置利润中心或成本中心。

4. 供需方数据

供需方数据包括供应商数据和客户信息。系统要执行采购作业，必须先建立供应商文档；执行销售作业，必须先有客户信息。这里的供需方信息一般是最基本的静态数据，如单位名称、单位代码、主要业务、负责人及联系人、地址、电话与传真、电子邮箱、银行账号、付款方式等，也可以是描述客户和供应商重要程度、信誉等级等的动态数据。

5. 期量标准

期量标准（Standard of Scheduled Time and Quantity）是指为制造对象在生产过程中的有关生产期限和数量方面所规定的标准数据，它是编制生产计划的重要依据。例如用于库存控制的安全库存量、最大库存量、物料采购或生产的批量、提前期、间隔期，编制主生产计划和物料需求计划需要设定的计划期及时区/时界等。

7.1.2　物料及物料分类

物料需求计划中的"物料"，泛指原材料、在制品、外购件及产成品。也就是说，凡是要列入计划、控制库存、控制成本的物件统称为物料。

1. 物料的管理特性

从管理角度看，物料有它的管理特性，主要有三个方面：

（1）相关性。产品的生产是将原材料转化为最终产品的过程。一种物料是在消耗其他物料的基础上通过一定的加工过程转化而成的。比如，计算机主机箱箱体是消耗了板材通过一系列的加工形成的。因此，物料之间有着天然的联系，这种联系通过产品结构予以展现。

（2）流动性。物料的相关性必然形成物料的流动性，不流动的物料只能是一种积压浪费。

（3）价值性。物料是有价值的。一方面，物料的产生和流动过程是一个价值增加的过程；另一方面，物料的库存和积压要占用资金，而资金是有时间价值的，占用资金必然产生机会成本。因此，一个好的生产计划与控制系统应使物料的流动顺畅，尽量减少物料的库存和积压，从而也就提高了资金的运用效率。

2. 物料分类

物料是计划控制的对象，对物料进行合理的分类有利于快速查询、统计物料的相关信息。

（1）按照自然属性划分。根据物料的自然属性，物料可以分为钢材、化工材料、机电配件、油漆等。如此划分主要是考虑不同自然属性的物料在运输、保管过程中有不同的要求，同时也可以按照自然属性查询物料的库存量。

（2）按照来源划分。根据来源不同，物料可以分为自制件、外购件及外协件。这种分类方法的目的是根据物料的来源不同决定是生成物料加工计划还是采购计划。

（3）按照管理属性划分。根据物料的管理属性不同，物料分为原材料、成品、半成品、在制品及设备、工具、辅料等。不同管理属性的物料一般对应着不同的会计科目，按照管理属性进行物料划分有利于成本管理以及消耗定额的控制。

（4）按照处理方法划分。根据物料在 MRP 或者 ERP 系统中的处理方法不同，可以将物料分为基本组件和可选件、配套出售件、虚拟件等。这种划分是为了确定在进行系统处理时采用不同的处理方法。例如，某一物料是一种搭配出售件，系统处理时需要确定搭配的方案，如一个工具箱中有不同工具的搭配方案；如果是虚拟件，在制订计划时系统会自动越过不进行物料需求的计算。

在实际应用中，根据生产计划及控制的需要可以混合使用以上物料分类方法。

7.1.3 物料编码

1. 物料编码及编码原则

物料编码是以简短的文字、符号或数字来代表物料、品名、规格或类别及其他有关事项的一种管理工具。在 PDM/PLM、MRP 及 ERP 中，物料编码是物料的唯一标志，通过物料编码可以快速查询物料及物料主文件。

物料编码的原则主要有以下几点：

（1）唯一性——一码一物，不允许同一物料有两个或多个代码，不允许有借码现象存在。

（2）系统性——代码组织应该具有一定的系统性，便于分类和识别。

（3）简明性——代码的结构要简单明了，位数尽量少。

（4）扩展性——代码要便于追加，追加后不引起体系的混乱。

（5）效率性——代码系统应适宜于计算机处理，效率要高。

2. 有含义编码与无含义编码

（1）有含义编码。它是指物料的编码具有一定的含义。比如，第一位代表项目大类（产品、部件、零件、原材料等），后两位代表大类下的小类，接着的四位代表规格尺寸，后面的三位代表顺序号，最后加一位代表变形等。

（2）无含义编码。它是指物料编码没有含义。手工管理时，管理人员希望见到产品代号或零件代号时，就能得到有关这个产品和零件的一些主要特征的提示，因此多采用有含义编码，便于进行管理。企业采用了计算机管理后，计算机本身并不能理解传统编码那些隐含的意义。因此完全可以用单独的一些数据分别描述产品和零件的有关属性，不必将这些信息强行纳入编码的各位字符中去。在 ERP 系统物料主文件中有足够的字段来描述各类物料的有关含义。

（3）混合使用。企业可以根据管理的方便性，同时采用有含义编码与无含义编码。

7.1.4 物料主文件

为了有效存储、管理物料，MRP 系统必须为每一种物料建立一份文档，称为物料主文件或物料文档（Item Master 或者 Part Master、Item Record），说明物料的各种参数、属性及有关信息，反映物料同各种管理功能之间的联系。通过物料主文件可体现 MRP 系统的信息集成。

物料主文件中包罗的数据项很多，有以下几类信息：

（1）同设计管理有关的信息，如产品图号、物料名称、重量、体积、设计修改号或版次、生效日期和失效日期等。

（2）同物料管理有关的信息，如计量单位、成品率、ABC 码、循环盘点间隔期、默认的仓库和货位、分类码、现有库存量、安全库存量或最小库存量、最长存储天数、最大库存限量、批量规则及调整因素等。对那些有有效期和易于变质的物料要规定复验期或保质期，到时系统会发出警告或提示。对于外购件，还应有采购员码、主要和次要供应商代码及物料在供方的代码等。

（3）同计划管理有关的信息，如处理方法的分类代码、独立需求（MPS 运算）或相关需求（MRP 运算）标志，需求时界和计划时界，固定、变动和累计提前期，低层码，计划员码，成组码，主要工艺路线代码（当物料有几种加工方法时）等。

（4）同销售管理有关的信息，如销售员码、计划价格、折扣计算、佣金等。

另外，在 ERP 系统下，物料主文件的属性还包括成本、财务、采购、质量等方面的信息。

7.2 期量标准

7.2.1 期量标准概述

编制物料计划的一项重要基础工作就是研究生产过程中期与量的关系，制定期量标准。所谓"期量标准"，是指对产品及其零部件在生产过程中各阶段、各环节的期（时间）和量（数量）所做的标准。期量标准是生产计划与控制系统很重要的基础数据标准，制定和修订期量标准是一件非常细致、复杂的工作。为了使期量标准充分发挥作用，在制定时应遵循以下原则：

（1）所取数据应经过必要的计算和深入分析研究，要有充分的科学依据。

（2）各种"期"和"量"要互相配合，协调一致，能客观反映合理组织生产的要求。

（3）要便于管理，易为计划（调度）人员所掌握。

期量标准是按每种产品（物料）分别制定的。不同生产类型条件下生产的产品及物料，其生产过程的各个环节，在时间上和数量上衔接的方式不相同，期量标准也不相同。

主生产计划、物料计划、作业计划三个计划层次都涉及期量标准问题。

大量流水生产属于基于速率的生产方式，期量标准主要集中在生产作业计划的层次，其制定方法见第 9 章。

传统的成批生产和 MRP 模式属于基于时段的生产方式，物料计划所要解决的主要问题是如何在时间上安排不同品种、不同数量的产品轮番生产，这里既有期又有量。成批生产的期量标准有批量、间隔期、提前期（生产周期）、在制品占用量等。

单件小批生产由于重复性很低，所以不像大量大批生产和成批生产那样有规律。因此，组织生产的期量标准，通常是以经验统计方法，在对企业过去生产过的所有产品按性能特征、型号规格、复杂程度等进行分类的基础上，按类进行分析整理，找出其中的某些规律，以此形成期量标准，作为今后编制作业计划的依据。常用的期量标准有：吨工时、产品工时结构、生产周期图表和产品负荷分布模式等。

7.2.2 成批生产的期量标准

1. 批量

批量是指在消耗一次准备结束时间的条件下，连续生产一批相同制品的数量。批量是成批生产中最基本的期量标准。其他各项期量标准都和批量大小有直接关系，都是在批量的基础上制定的。同时，批量的大小也直接影响着成批生产的经济效益。批量大，有利于提高工人的熟练程度和生产效率，有利于保证产品质量，在相同时间内，设备调整次数减少，设备利用率提高，会使生产成本降低；但是，批量增大，使生产过程中的在制品增多，增加流动资金的占用，这会增加生产成本，同时也难以适应变化多端的市场需求。批量小，在制品占用量就小，能灵活适应市场的变化；但由于产品品种变动频繁，生产效率与设备利用率降低。因此，要权衡利弊，合理地确定批量和生产间隔期。常用的计算初始批量的方法如下：

(1) 经济批量法。经济生产批量（Economic Production Lot，EPL）是根据批量大小对产品（零件）成本的影响，计算出一个能使产品（零件）生产成本达到最小值的批量。经济生产批量与经济订货批量的计算原理相同（见第5章），只是将采购的一次订货成本换成生产的一次设备调整费即可。

(2) 最小批量法。最小批量法是从充分利用设备和提高劳动生产率两个因素来考虑的。即要使选定的批量能保证设备调整所消耗的台时与纯加工的台时之比不超过某一允许值。其计算公式为

$$\frac{T_{ad}}{Qt} \leq \delta$$

则

$$Q_{min} = \frac{T_{ad}}{\delta t}$$

式中 δ——设备调整时间损失系数；

T_{ad}——设备准备结束时间；

Q_{min}——最小批量；

t——单件工序时间。

用最小批量法计算批量的关键是正确选择 δ 值。确定 δ 值的常用方法是根据统计资料分析确定。选择 δ 值要考虑两个因素：一是零件的价值大小；二是零件的生产类型。如果零件价值大，δ 值就要选得大些，使批量减小；价值小的零件，加工批量可以取大些，故相应的 δ 值取小些；对于大批量生产类型的企业，δ 较小；小批量生产类型的企业，δ 较大。δ 值一般在 0.03~0.12。表7-1 所列数据可供参考。

表7-1 常用的设备调整时间损失系数

零件单价	生产类型		
	大批	中批	小批
较低	0.03	0.04	0.05
中等	0.04	0.05	0.08
较高	0.05	0.08	0.12

最小批量法计算批量时，为了减少计算工作量，不必逐道工序进行计算，一般可根据零件的主要工序进行计算，即取关键设备工序的准备结束时间及单件时间进行计算，这样可使主要设备的利用率得到提高。此外，还可采用下面两种取值方法：一是按准备结束时间与工序单件时间比值最大的工序来计算批量，这样可使所有设备的利用率均不低于一定的标准；二是取各道工序准备结束时间之和与工序单件时间之和来计算批量，这样可使设备利用率达到一个平均值。

初步计算得到的批量必须考虑以下因素进行调整：①批量应与计划期产量成倍比关系；②批量应与设备同时加工的零件数成倍比关系；③批量应与贵重加工刀具的耐用度、工位器具的容量、仓库与工作地面积相适应；④同一产品的各种零件的批量应尽可能满足产品的成套关系。

2. 间隔期

间隔期是指相邻两批相同物料投入生产或采购的时间间隔。对于某些物料，为了组织生产和外协供货的方便，采用固定间隔期的方法。当需求发生变化时，只对批量进行调整，而间隔期不变。这种方法简单灵活，所以为许多企业所采用。

确定间隔期时需考虑以下因素：间隔期应与月工作日数成倍数或可约数关系，以方便生产的组织与计划；尽可能采取统一的或为数不多的几个生产间隔期，如日、3 日、周、2 周、月、3 月等，以便使各环节的生产活动相互衔接，协调一致，也可保持生产过程和供应商供货的均衡性。

在需求稳定的环境下，批量与间隔期存在如下正比关系：

$$Q = Rn_d$$

式中　Q——生产批量；

　　　R——生产间隔期；

　　　n_d——平均日产量，为计划期产量与计划期工作日数的比值。

3. 提前期（生产周期）

提前期（Lead Time，LT）是指从某一工作的开始直到该工作结束的时间间隔，也即从工作结束倒推至开始时间的工作周期。传统上一般称为生产周期，有了 MRP 系统以后改称为提前期。

提前期的特点在于以需求为导向，以此来倒排工作计划。例如，采购部门在明确了生产部门对某种物料的具体需求日期后，倒推采购活动所需要的时间，提前下达订单，这段时间即为采购提前期。常见的提前期有以下几种：

1）采购提前期，是指从订单下达到物料进入仓储或直接进入生产部门的时间。

2）装配提前期，是指从装配开始到装配结束的时间。

3）加工提前期，是指从生产加工开始到加工结束的时间。

4）生产准备提前期，是指从生产准备工作开始到生产准备工作结束所需要的时间。

5）累计提前期，是指从采购物料开始经加工装配直到最终检验结束的全部时间。

6）总提前期，是指从签订客户订单，确立需求成立，直到最终产品成功交到客户手上的全部时间，包括产品设计、生产准备、采购、加工、装配、检验、发运等所有相关活动。

上述讲的是订单总提前期中各大阶段的提前期，在加工提前期或装配提前期中，还可以进一步分解为若干个工序提前期。工序提前期是指物料从到达某工序到离开该工序所需要的时间。图 7-2 表示了各种提前期及其相互关系。

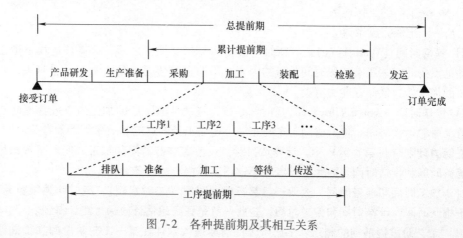

图 7-2　各种提前期及其相互关系

由图 7-2 可知，各种提前期标准的制定需要从最底层的工序提前期标准的制定开始，逐层累加而成。

（1）工序提前期的制定。如图 7-2 所示，工序提前期可以分解为五个构成部分：排队时间、准备时间、加工时间、等待时间和传送时间。排队、等待和传送三类时间之和在传统生产管理中被称作"保险期"或"缓冲期"或"过渡期",能在生产中起到一个缓冲或调剂生产时间安排的作用。

1)排队时间。 排队时间是指物料等待进入工作中心接受加工的时间,它是缓冲期的最大构成要素,也是整个工序提前期的最大构成要素,有时能达80%甚至90%以上。排队时间长,一般来讲意味着在制品占用量大,资金占用量大,交货期长。

影响排队时间的要素常见的有以下几种:

① 生产组织形式。普遍意义上,按照对象原则的流水生产方式比按照工艺原则的工艺机群式生产的排队时间要短。

② 生产批量大小。批量越大,当一件制品被加工时,同批中其他制品的排队等待时间必然就越长。

③ 优先级设置。优先级的设置应与待加工物料的紧急程度相一致,优先级别低的物料必然会有更多的排队时间。

在采用成组生产或流水生产的方式下,减小批量和均衡生产节拍是减少排队时间的主要措施。

2)准备时间(Setup Time)。 准备时间是指熟悉图样和工艺技术文件、更换和调整工艺装备等生产准备工作的时间。准备时间是固定的,不会随生产批量的减小而缩短。因此,批量越大,单位产品的准备时间就越小,这与前面的排队时间形成矛盾。"快速换模"技术是一种缩短准备时间的方法。

3)加工时间(Run Time)。 加工时间是指工作中心加工物料、装配部件或产品的时间。它同设备的运行状况、工装设计、工人的技术水平和熟练程度等因素有关。加工时间的计算公式为

$$T_i = \frac{Qt}{SK_t}$$

式中 T_i——i 工序加工时间;

Q——批量;

t——单件工序时间;

S——工序的工作地数;

K_t——定额完成系数。

4)等待时间(Wait Time)。 等待时间是指物料接受加工之后,等待被送往下道工序或者存储地点的时间。影响该段时间长短的因素,很明显与传送批量或加工批量有关,也与下道工序的加工能力或储存能力有关。

5)传送时间(Move Time)。 传送时间是指物料从某道工序的加工地点或存储地点传送到下道工序的运输时间。传送时间与车间布局、运输工具的运能和效率等因素有关。

在能力计划(见第8章)中,计算负荷时,只考虑准备时间和加工时间,不考虑排队时间、等待时间和传送时间,因为这三者并不占用工作中心的设备台时。

对于加工时间和准备时间,企业一般都有标准时间(工时定额),经过计算很容易得到。而对于排队时间、等待时间和传送时间,企业一般是凭经验估计或通过统计得到。

(2)工艺阶段提前期的制定。工艺阶段提前期是指零件在某一工艺阶段的加工周期。在成批生产中,工艺阶段提前期与零件在工序间的移动方式有关。零件在工序间的移动方式有三种:顺序移动方式、平行移动方式、平行顺序移动方式。

1)顺序移动方式,即一批零件在某道工序全部加工完毕后,整批零件一次传送到下一道工序,如表7-2所示。

表7-2 顺序移动方式

工序号	t_i	单件加工时间/min	时间/min							
			20	40	60	80	100	120	140	160
1	t_1	10								
2	t_2	5								
3	t_3	20								
4	t_4	5								

如果不考虑该批零件在各工序之间的等待时间和传送时间,则该批零件的生产周期可以用下式计算

$$T_o = nt_1 + nt_2 + nt_3 + \cdots + nt_n = n\sum t_i$$

顺序移动方式的组织与计划工作比较简单,设备的工时利用率较高。但生产周期长、在制品占用量大、资金周转慢。这种方式比较适合在批量小、单件加工时间短的情况下采用。

2)平行移动方式,即一批零件在某道工序加工时,每加工完一件,随即向后道工序传递一件。零件在工序之间以单件的方式传送,如表7-3 所示。

表7-3 平行移动方式

工序号	t_i	单件加工时间/min	时间/min									
			10	20	30	40	50	60	70	80	90	100
1	t_1	10										
2	t_2	5										
3	t_3	20										
4	t_4	5										

在表7-3 中,t_3 是4个工序中单件加工时间最长工序的作业时间。若以 t_l 表示这个工序的时间,则加工周期

$$T_p = \sum t_i + (n-1)t_l$$

在平行移动方式下,零件在各道工序之间是平行作业,等待时间少,因此零件在工序间周转快,生产周期很短。但工序间的运输频繁、工作量大,当各工序的单件工时不相等时,会出现工时短的工序工作断断续续,设备利用率较低。这种方式一般适用于单件加工时间较长的情况。

3)平行顺序移动方式。该方式是将平行移动方式和顺序移动方式结合起来,取优弃劣而形成的一种移动方式。零件在工序之间的传送分为两种情况。当前道工序加工时间小于紧后工序的加工时间时,前道工序加工完一件立即向后传送一件;当前道工序的单件加工时间大于后道工序时,零件的传送如表7-4 所示,并不立即向后传送,而是积存为一定数量后再向下传递,以保证后工序能对整批零件连续加工。

表 7-4 平行顺序移动方式

工序号	t_i	单件加工时间/min	时间/min											
			10	20	30	40	50	60	70	80	90	100	110	120
1	t_1	10												
2	t_2	5			X									
3	t_3	20				Y								
4	t_4	5									Z			

从表 7-4 中可以看出,平行顺序移动方式的生产周期为

$$T_{po} = nt_1 + nt_2 - X + nt_3 - Y + nt_4 - Z$$
$$= n(t_1 + t_2 + t_3 + t_4) - X - Y - Z$$
$$= n(t_1 + t_2 + t_3 + t_4) - [(n-1)t_2 + (n-1)t_2 + (n-1)t_4]$$
$$= n\sum_{i=1}^{4} t_i - (n-1)(2t_2 + t_4) = 115\text{min}$$

若将上式写成一般公式,则有

$$T_{po} = n\sum t_i - (n-1)\sum t_{\text{短}}$$

式中 $t_{\text{短}}$——表示前后两工序单件加工时间较短的时间,如 t_2 和 t_4。

平行顺序移动方式,生产过程间断时间较少,生产周期介于平行移动方式和顺序移动方式之间,设备利用率较高,但生产组织比较复杂。

上述三种移动方式各有特点,在实际生产过程中,企业要根据生产过程的不同特点选择相应的移动方式。选择时一般应考虑下列几个影响因素:①生产类型;②生产单位的专业化形式;③生产任务的缓急情况;④工序劳动量大小和零件的重量;⑤改变加工对象时设备调整的难易程度等。

在实际生产中,为了简单起见,人们经常用一些概略的计算方法。例如在计算顺序移动方式的加工周期时,考虑到工序之间的间断时间,用以下简单公式计算

$$T_o = \sum_{i=1}^{n} T_{poi} + (n-1)t$$

式中 t——零件在工序之间转移的平均间断时间;

n——零件的工序数。

计算平行移动方式或平行顺序移动方式的加工周期 T_{po} 时,用一个平行系数 θ 对 T_o 进行修正,得到平行移动方式和平行顺序移动方式的加工周期: $T_{po} = T_o \theta$,θ 依经验取 0.6~0.8。

(3) 累计提前期的制定。 在组成产品的每个零部件及其在每个工艺阶段的提前期计算出后,**就可计算产品的生产周期,即累计提前期。** 在实际工作中,通常根据各工艺阶段的平行衔接关系绘制产品生产周期图表,如图 7-3 所示。一般只需绘出主要零件即可。

在传统的手工编制计划年代,需要将产品生产周期图表绘制出来,以方便生产的计划与控制。在现代企业信息化条件下,MRP 系统中的产品制造 BOM 相当于传统的产品生产周期图表,而且要详细和精确得多。

4. 在制品占用量

在制品占用量是成批生产的另一个重要期量标准。同大量生产一样,成批生产的在制品

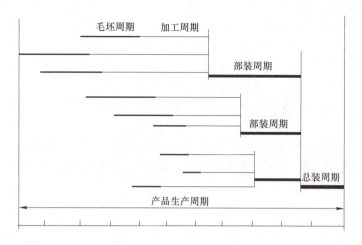

图 7-3　产品生产周期图表

占用量分为车间内部在制品占用量和车间之间在制品占用量。

（1）车间内部在制品占用量。 车间内部在制品占用量包括：正在加工的在制品、等待加工的在制品和处于运输或检验中的在制品等几部分。其数量的确定分为两种情形，在不定期成批轮番生产条件下，在制品占用量只能得到大概的数量；在定期成批轮番生产条件下，根据生产周期、生产间隔期和批量情况，可采用图表法确定，如表 7-5 所示。

表 7-5　成批生产时在制品占用量的各种情况

	生产周期 $T/$天	生产间隔期 $R/$天	T/R	进度			在制品平均占用量	在制品期末占用量
				上旬	中旬	下旬		
$T = R$	10	10	1				一批	一批
$T > R$	20	10	2				二批	二批
$T > R$	25	10	2.5				二批半	三批
$T < R$	5	10	0.5				半批	一批

当生产周期小于生产间隔期时，在制品占用量不超过一批零件的数量。

当生产周期等于生产间隔期时，在制品占用量则保持一批。

当生产周期大于生产间隔期时，在制品占用量则会有几批。

在制品占用量是一个变化的瞬间值，一般以期末量表示。为了掌握车间生产资金的占用情况，还需要计算各种产品的车间平均在制品占用量。平均在制品占用量可按下式计算

$$Z_{内} = \frac{T}{R}Q = Tn_d$$

式中　$Z_{内}$——车间内部平均在制品占用量；

　　　T——生产周期；

　　　R——生产间隔期；

　　　Q——批量；

n_d——平均日产量。

(2) 车间之间在制品占用量。 车间之间在制品占用量是指车间之间的库存在制品占用量,包括库存流动在制品占用量和库存安全占用量两种。

1) 库存流动在制品占用量。库存流动在制品占用量是由前后两车间的批量和生产间隔期不同而形成的在制品占用量。其作用是协调前后两车间的正常连续生产。由于前后车间交库与领用的方式不同,库存量处于变动之中,因此需要分不同的情况确定库存流动在制品占用量。

当前车间的交库批量小于或等于后车间的领用批量时,假设后者是前者的整数倍,即后车间的生产间隔期是前车间的相同整数倍,则库存流动在制品占用量的变化如图7-4所示。

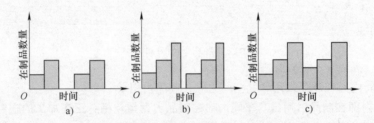

图7-4 库存流动在制品占用量变化图(一)

其中,图7-4a为后车间领用时间点在前车间的第3个批量交库时,后车间的领用批量为前车间的3个批量,平均库存流动在制品占用量为1个前车间的批量;图7-4b为后车间领用时间点在前车间的第3个批量交库后(第3个批量在仓库里存了一段时间之后),平均库存流动在制品占用量为一点几个批量(具体数量要按第3个批量在仓库停留的时间来计算);图7-4c为后车间领用时间点在前车间的第4个批量交库时,平均库存流动在制品占用量为2个批量。

当后车间领用批量小于或等于前车间交库批量时,假设后者是前者的整数倍,即前者的生产间隔期是后车间的相同整数倍,则库存流动在制品占用量的变化如图7-5所示。

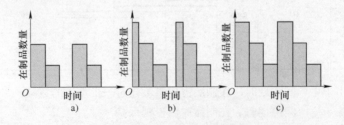

图7-5 库存流动在制品占用量变化图(二)

其中,图7-5a为后车间领用时间点在前车间的第1个批量交库时,领用量为1/3个前车间批量,则平均库存流动在制品占用量为1个后车间批量;图7-5b为后车间领用时间点在前车间的第1个批量交库后,经过1/3个后车间生产间隔期时,平均库存流动占用量为一点几个后车间批量;图7-5c为后车间领用时间点在前车间的第1个批量交库后,经过1个后车间生产间隔期时,平均库存流动在制品占用量为2个批量。

2) 库存安全占用量。库存安全占用量是由于前车间因意外原因造成交库延误时,为保证后车间正常生产而设置的在制品占用量。制定方法见第5章。

7.2.3 单件小批生产的期量标准

1. 吨工时

吨工时是指平均每吨产品的加工劳动量。这种期量标准只有同类产品才有可比性。进一步细化，也可以计算某类部件的吨工时。在编制作业计划时，根据产品的重量，利用同类产品的吨工时资料，就可以概略地推算出该产品的加工劳动量。

2. 产品工时结构

产品工时结构是指产品加工劳动量中各工种工时的构成比例。编制作业计划时，计算生产负荷需要掌握产品分工种在各类设备上的加工劳动量。在编制产品产出进度计划进行负荷与粗能力平衡时，生产能力的计算是以设备大组为基础的。编制主生产计划和零件的进度计划（车间内部作业计划）时，对生产能力则要进一步细化到设备组。所谓设备大组，是指进行相同工艺方法加工的设备大类，如车加工设备、铣加工设备、钻加工设备等；设备组是指设备大组内部再按功能和型号等细分的设备小类，如车加工设备大组可分为立车、大型车床、中小型车床、数控车床等。

3. 生产周期图表

生产周期图表是编制单件小批生产作业计划的基本依据，通过生产周期图表，可以清楚、准确地反映产品在生产过程中的移动情况，及时有效地组织生产。其构成与成批生产条件下产品的生产周期相同。在单件小批生产条件下，由于企业生产的产品品种规格很多，不可能为每种产品都编制生产周期图表，所以通常只确定企业的主要产品和代表产品的生产周期，而其他产品可根据代表产品的生产周期加以比较，按其复杂程度确定。

在编制产品生产周期图表的过程中，按照产品的结构、工艺特点，主要考虑产品零件中的主要件和关键件在工艺上的逻辑衔接关系，确定产品的生产周期。主要零件是部件中工序最多、劳动量最大的零件，其生产周期的计算方法与成批生产中采用的方法相同。由于主要零件的生产周期对产品生产周期的影响较大，故需要专门计算。产品中的标准件、通用件是按成批生产方式组织生产的，因此，在生产周期图表中不包括它们。

在产品的零件繁多、工序衔接复杂的情况下，也可以用网络计划技术确定生产周期。

4. 产品负荷分布模式

产品负荷分布模式是指按设备大组或设备组汇总的产品加工劳动量在产品周期内的分布规律。这一期量标准在编制产品产出进度计划、主生产计划和单件小批生产的车间内部作业计划、进行负荷与能力的粗略平衡时都很有用。

这种负荷分布模式的计算分两步进行。首先按产品结构层次（部件、零件、毛坯等层次）分解出每层物料包含的项目和它们的计划交货时间，即生产进度时间。每层物料的生产进度时间（生产周期图表）可从历史统计资料估计得到。再按零部件的工艺路线和劳动定额资料计算它们在有关设备组的负荷量，然后分时间段汇总成负荷分布图。图 7-6 所示为产品在某设备组的负荷分布示意图。

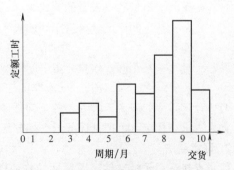

图 7-6　产品在某设备组的负荷分布示意图

有了产品负荷在时间上的分布，就为编制在生产周期内分时段的能力需求计划提供了科学的依据。表 7-6 所示为某重型机器制造公司生产轧钢设备采用的负荷分布模式。

表7-6 某重型机器制造公司生产轧钢设备采用的负荷分布模式

设备组		产品生产周期/月									
编号	名称	1	2	3	4	5	6	7	8	9	10
101	铸造		20	25	25	20	10				
201	锻造	10	20	25	25	20					
301	焊接	5	10	25	30	20	10				
401	画线	5	10	15	20	20	10	10	5	5	
402	大车		10	20	20	20	15	10	5		
403	中小车		5	5	10	15	20	20	20	5	
404	立车	5	5	10	20	20	20	15	5		
405	龙门铣	5	10	15	20	20	15	10	5		
406	中小铣		5	10	20	30	20	10	5		
407	插床		5	10	20	25	20	15	5		
408	摇臂钻	5	5	10	15	20	20	10	10	5	
409	滚齿机		5	15	20	30	15	10	5		
410	平面磨			10	10	20	20	20	20		
411	内圆磨				10	10	20	30	30		
412	外圆磨				10	10	20	30	30		
501	装配					5	10	20	20	20	25

注:表中数字是该产品各月生产负荷占各设备大组总负荷的百分数。

7.3 传统大量流水生产的物料计划

传统大量流水生产的物料计划的编制方法主要有在制品定额法和订货点法。

1. 在制品定额法

在制品定额法也叫作连锁计算法,它运用在制品定额作为调节生产任务量的标准,结合在制品实际结存量的变化,按产品反工艺顺序,从产品产出的最后一个车间开始,逐个往前推算各车间的投入、产出任务。

计算各车间产出量和投入量的公式为

某车间产出量 = 后车间的投入量 + 本车间半成品计划外销量 +
（中间库半成品定额 − 半成品期初预计存量）

某车间投入量 = 本车间的产出量 + 本车间计划废品数量 +
（本车间在制品定额 − 在制品期初预计存量）

具体计算过程如表7-7所示。各车间任务量确定后,可将任务分车间下达,如表7-8所示。如果需求很稳定,可把月任务量平均分配到每一天,如表7-9所示。

2. 订货点法

订货点法适用于标准件、通用件的物料计划。企业自制标准件、通用件往往品种较多、用量大,但价值小,占用流动资金少,一般采用成批集中生产,完工后入库,需要时向仓库领用。库存储备量随着不断领用逐步减少,当减少到规定数量时,由仓库提出订货,有关车间按规定的批量组织生产,以补足仓库储备量。采用订货点法安排生产作业计划,既要保证正常流动占用量,又要有一定的安全储备量,因此需要事先规定各类标准件、通用件的批量、安全储备量和订货点储备量等期量标准。详细计算方法见第 5 章内容。

表 7-7 某月份各车间投入与产出计划计算实例 (单位:件)

			产品名称	A		
			产品产量	10 000 台		
			零件编号	01-051	02-034	其他
			零件名称	短轴	齿轮	
			每台件数	1	4	
装配车间		1	产出量	10 000	40 000	
		2	废品量	—	—	
		3	在制品占用量	1000	5000	
		4	期初预计在制品占用量	600	3500	
		5	投入量 1+2+3-4	10 400	41 500	
零件库		6	半成品外销量	—	2000	
		7	半成品占用量	800	6000	
		8	期初预计占用量	1000	7100	
加工车间		9	产出量 5+6+7-8	10 200	42 400	
		10	废品量	100	1400	
		11	在制品占有量	1800	4500	
		12	期初预计在制品占用量	600	3400	
		13	投入量 9+10+11-12	11 500	44 900	
毛坯库		14	半成品外销量	500	6100	
		15	毛坯占用量	2000	10 000	
		16	期初预计毛坯占用量	3000	10 000	
毛坯车间		17	产出 13+14+15-16	11 000	51 000	
		18	废品量	800	—	
		19	在制品占用量	400	2500	
		20	期初预计在制品占用量	300	1500	
		21	投入量 17+18+19-20	11 900	52 000	

表 7-8 某月份加工车间投入与产出计划任务 (单位:件)

序号	零件号及名称	每台件数	装配投入需要量	库存定额差额	外销量	产出量	投入量
1	01-051 轴	1	10 400	-200	0	10 200	11 500
2	02-034 齿轮	4	41 500	-1100	2000	42 400	44 900
3	其他						

表 7-9　某月份加工车间日历进度计划　　　　　　　　　（单位：件）

零件编号 零件名称	计划产出量	计划投入量	项目	1	2	3	4	…	31
01-051 轴	10 200	11 500	计划投入	460	460	460	460	…	460
			计划产出	408	408	408	408	…	408
			实际产出						
			累计产出						
02-034 齿轮	42 400	44 900	计划投入	1796	1796	1796	1796	…	1796
			计划产出	1696	1696	1696	1696	…	1696
			实际产出						
			累计产出						
其他			计划投入						
			计划产出						
			实际产出						
			累计产出						

7.4　物料需求计划系统

7.4.1　MRP 的基本原理

物料需求计划（Material Requirement Planning，MRP）是由美国著名管理专家奥列弗·怀特（Oliver W. Wight）于 20 世纪 60 年代提出的一种计算物料需求量和需求时间的系统。最初，它只是一种需求计算器，没有信息反馈，也谈不上控制。后来，引入生产能力之后，形成闭环 MRP（Closed-loop MRP）系统，这时的 MRP 系统才成为生产计划与控制系统。

在 MRP 出现以前，库存管理主要应用订货点法。MRP 是在解决订货点法缺陷的基础上发展起来的。MRP 与订货点法的区别有三点：一是通过产品结构将所有物料的需求联系起来，二是将物料需求区分为独立需求和非独立需求并分别加以处理，三是对物料的库存状态数据引入了时间分段的概念。

根据约瑟夫·奥利奇博士的分析，企业的物料分为两类：独立需求（Independent Demand）和相关需求（Dependent Demand）。如果某项物料的需求量不依赖于企业内其他物料的需求量而独立存在，则称为独立需求；如果某项物料的需求量可由企业内其他物料的需求量来确定，则称为相关需求或非独立需求。例如原材料、零件、组件等都属于相关需求，而最终产品则是独立需求，独立需求也包括维修件、可选件和工厂自用件。独立需求的需求量和需求时间是由客户订单或者预测等外因决定的，而相关需求的需求量与需求时间是由其他物料的需求决定的。

7.4.2　MRP 的构成

1. MRP 系统处理逻辑

MRP 作为一个规范化的数据处理系统，有着自己的处理逻辑，如图 7-7 所示。

从逻辑图上看，MRP 系统要回答四个问题，这就是：

(1) 要生产什么？
(2) 要用到什么？
(3) 已经得到了什么？
(4) 还缺什么？什么时间下达计划？

这四个问题是任何制造业都必须回答的带有普遍性的问题，人们习惯把它叫作"制造业的通用方程式"。

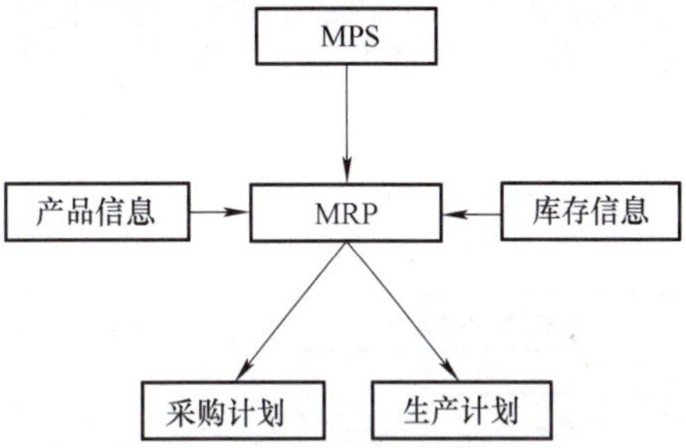

图 7-7　MRP 系统处理逻辑图

第一个问题，指的是出厂产品，是独立需求件。产品的出厂计划是根据销售合同或者市场预测，由主生产计划（见第 6 章）来确定。

第二个问题，指的是有关产品构成、数量、顺序方面的信息，由物料清单和工艺路线来回答，物料清单回答产品构成和数量问题，工艺路线（见第 8 章）回答顺序问题。

第三个问题，库存信息包括说明物料存放地点的静态信息和说明物料可用量的动态信息。必须先定义仓库与货位，说明了物料的存放地点，才能建立可用量信息、已分配量或计划出库量等动态信息。MRP 主要应用的是动态的可用量信息。

第四个问题，是 MRP 系统的计算结果，来回答"在规定的时间、规定的地点、按照规定的数量得到需要的物料"的问题。对自制件下达生产计划，对外购件下达采购计划。

2. MRP 系统的子系统

根据 MRP 系统的处理逻辑，可以将 MRP 系统分为四个子系统：主生产计划子系统、产品结构维护子系统、库存管理子系统及物料需求计划编制子系统。

(1) 主生产计划子系统。根据合同和预测计算得到独立需求的需求量与需求时间，是 MRP 系统的重要输入。

(2) 产品结构维护子系统。主要是指产品的物料清单。MBOM 是 MRP 系统的另一个重要输入，也是 MRP 系统区别于订货点法的重要特点之一。

(3) 库存管理子系统。包括了对所有库存物料的数据资料的管理。库存数据资料分为两类：一类是固定数据，又称为主数据，说明物料的基本特征，在一定时期内不会变动，包括物料的编码、名称、材质、单价、自制/外购类型、供应提前期、批量规则、安全库存量、最大储备量、库存类别、允许的废品率等；另一类是变动数据，包括现有库存量、已分配量、计划接收量、预计可用库存量等。这些数据随着时间变动，要根据最新的出入库情况随时进行账目更新，保持账、物一致。

(4) 物料需求计划编制子系统。这是 MRP 系统的核心子系统。它在其他三个子系统提供的数据基础上，完成 MRP 的计算流程，并生成 MRP 的计划报表。

7.4.3　MRP 的计算过程

MRP 是 MPS 的进一步展开，也是实现 MPS 的保证。MRP 的计算过程采用自顶而下逐层计算的方法，如图 7-8 所示。

其中总需求、预计可用库存量、净需求、计划投入量及计划产出量的计算公式与 MPS 相同，只是不再计算可供销售量。

下面以第 6 章 MPS 的输出数据为基础，介绍 MRP 是如何根据产品结构逐层展开计算各层物料的需求量，以及 MRP 又如何合并计算不同产品或不同层次物料的需求量的。

第 6 章第 6.5 节的例子中，以 26in 平式车把作为 MPS 对象，计算出了它的计划产出和投入时间及数量。在此基础上，依据图 7-9 所示的 26in 平式车把的制造 BOM，继续完成 MRP 的计算。

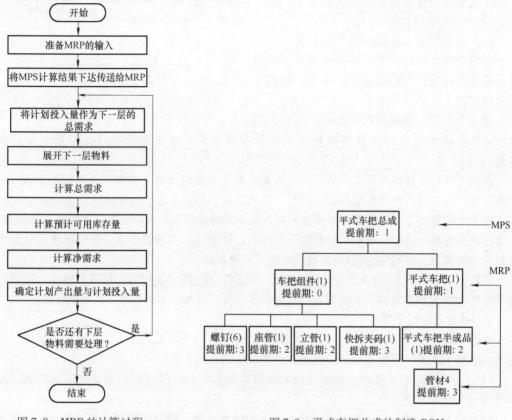

图 7-8　MRP 的计算过程　　　　　图 7-9　平式车把总成的制造 BOM

（1）将 MPS 的计划投入量作为 MRP 的需求。第 6 章第 6.5 节的例子中，MPS 得出 26in 平式车把的计划产出量和计划投入量，如表 7-10 所示。

（2）根据制造 BOM 将平式车把总成逐层展开。由图 7-9 可知，平式车把总成的下层物料是平式车把和车把组件。假设车把组件是一个通用模块，在这里它是一个虚拟件，其下层物料是座管、立管、快拆夹码和螺钉等。"车把组件"实际是不存在的，没有库存，MRP 不需对其进行处理，直接越过去；而其下层物料都是真实的零件，需要有库存，并计算其需求量。

（3）计算每一层的物料需求。物料需求计划的计算逻辑和计算过程的各项参数与主生产计划相同。本例平式车把总成的直接下层物料的计算过程和结果如表 7-11 所示。平式车把的直接下层物料——平式车把半成品以及再下层物料——管材 4 的计算过程和结果，分别如表 7-12 和表 7-13 所示。其中快拆夹码、螺钉和管材 4 为外购物料。

表 7-10　平式车把 MPS 计算结果

物料：平式车把总成		批量：90 件		提前期：1			安全库存：50 件	
时段	当期	1	2	3	4	5	6	7
计划产出量（件）			180	0	90	90	0	90
计划投入量（件）		180	0	90	90	0	90	—

在多品种生产企业，当多种产品共用同一种物料，且需求出现在同一时段时，该物料的毛需求量是所有上层父物料计划投入量之和。

表 7-11　平式车把总成直接下层物料的计算过程和结果　　　　（单位：件）

物料：平式车把		批量：180 件		提前期：1		安全库存：0		
时段	当期	1	2	3	4	5	6	7
毛需求量		180	0	90	90	0	90	—
计划接收量		180						
预计可用库存量	30	30	30	120	30	30	120	
净需求量				60			60	
计划产出量				180			180	
计划投入量			180			180		

物料：座管		批量：180 件		提前期：2		安全库存：0		
时段	当期	1	2	3	4	5	6	7
毛需求量		180	0	90	90	0	90	—
计划接收量		180						
预计可用库存量	50	50	50	140	50	50	40	
净需求量		0	0	40	0		40	
计划产出量				180			180	
计划投入量		180		180				

物料：立管		批量：120 件		提前期：2		安全库存：0		
时段	当期	1	2	3	4	5	6	7
毛需求量		180	0	90	90	0	90	—
计划接收量		240						
预计可用库存量	30	90	90	0	30	30	60	
净需求量		0		0	90		60	
计划产出量		0			120		120	
计划投入量			120		120			

物料：快拆夹码		批量：300 件		提前期：3		安全库存：0		
时段	当期	1	2	3	4	5	6	7
毛需求量		180	0	90	90	0	90	—
计划接收量		300						
预计可用库存量	50	170	170	80	290	290	200	
净需求量					10			
计划产出量					300			
计划投入量		300						

(续)

物料：螺钉		批量：5000 件		提前期：3		安全库存：0		
时段	当期	1	2	3	4	5	6	7
毛需求量		1080	0	540	540	0	540	—
计划接收量								—
预计可用库存量	2000	920	920	380	4840	4840	4300	—
净需求量					160			—
计划产出量					5000			—
计划投入量		5000						

表 7-12 平式车把半成品的计算过程和结果 （单位：件）

物料：平式车把半成品		批量：180 件		提前期：2		安全库存：0		
时段	当期	1	2	3	4	5	6	7
毛需求量			180			180		
计划接收量		0						
预计可用库存量	0	0	0	0	0	0		
净需求量			180			180		
计划产出量			180			180		
计划投入量				180				

表 7-13 管材 4 的计算过程和结果

物料：管材 4		采购批量：2000kg		提前期：3		安全库存：0		
时段	当期	1	2	3	4	5	6	7
毛需求量				180 件 (270kg)				
计划接收量		0						
预计可用库存量	150kg	150kg	150kg	1880kg				
净需求量				120kg				
计划产出量				2000kg				

注：假设车把的管材消耗定额为 1.5kg/件。

7.4.4 MRP 的输出报告

MRP 系统的输出报告分为主报告和辅助报告。主报告用于库存和生产管理，包括生产指令、采购订单、库存状态报告以及计划或指令变更通知单等。辅助报告包括预测库存和需求的报告、计划完成情况分析报告、例外报告等。表 7-14 是 MRP 生成的订单报告示例。

表7-14 MRP 生成的订单报告示例

订单号	物料编码	物料描述	订单数量（个）	下达日期	交货期
1011	X1022	自制件	10 000	2018-8-9	2018-8-20
1012	Y1011	自制件	20 000	2018-8-6	2018-8-15
471	B501	自制件	500	2018-8-7	2018-8-20
1035	BC201	自制件	565	2018-8-11	2018-8-25
529	H302	外购件	1560	2018-8-12	2018-8-27
621	M1033	外购件	2470	2018-8-14	2018-8-30

7.4.5 初级 MRP 的不足

以上是对 MRP 初级阶段的基本原理及运算逻辑的描述。MRP 在产生之初，还无法在企业中应用，因为它存在明显的不足，主要是没有考虑生产能力的约束，这与实际情况是不相符的。在产生了闭环 MRP 之后，引入了能力需求计划概念，此时的闭环 MRP 才真正得以应用。

MRP 存在的另一个问题是假设提前期已定。MRP 的准确性在很大程度上也依赖于提前期的准确性。但实际上提前期是很难准确确定的。关于这个问题，闭环 MRP 与后来的 MRP Ⅱ 都没有突破，或者说这是 MRP 原理所固有的特点，是基于时段的计划模式所造成的。但是这种计划模式能够满足和适应某些生产类型的需要。随着生产计划管理理论的发展，出现了 JIT 系统和高级计划排程（APS），这两种模式都可以较好地解决提前期固定的问题。

除了上述两个问题外，初级 MRP 做出的物料需求计划是零件级计划，还没有涉及生产车间的情况，而实际生产过程的执行单位是生产车间，MRP 做出的零件级计划得不到车间实际生产能力的支持是不能运行的。

7.4.6 闭环 MRP 系统

20 世纪 70 年代，提出了在有限生产能力的条件下安排生产的概念与方法。同时，随着计算机技术的发展，MRP 系统进一步扩展了功能，增加了粗能力计划和生产能力需求计划以及一个由两项作业并列的执行层次（生产作业控制和采购作业），实现了生产任务与生产能力的统一计划与管理，形成了闭环 MRP 系统。闭环 MRP 与初级 MRP 的区别是：在生成物料需求计划后，依据生产工艺和工作中心的数据，推算出生产这些物料所需的生产能力，即制订生产能力需求计划；然后与现有的生产能力相对比，检查该计划的可行性；若不可行，则返回修改物料需求计划或主生产计划，直至达到满意的平衡。

主生产计划和物料需求计划都仅仅是需求计划，是否有可能实现，要看各个时段的能力资源是否能够满足需求。主生产计划编制后通过粗能力计划检验并反馈和调整，物料需求计划通过能力需求计划检验并反馈和调整，这样就形成了两个小的闭环。计划管理层同执行层的信息沟通，形成了另一个稍大的闭环，根据基层运行的实际情况，不断修正计划。因此，闭环 MRP 是包括各个层次的需求（物料）/供应（能力）和执行/反馈的闭环信息系统和运作系统，如图 7-10 所示。

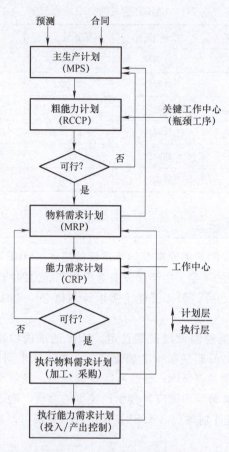

图 7-10 闭环 MRP 逻辑图

7.5 制造资源计划

7.5.1 MRP Ⅱ 的原理和系统构成

20 世纪 70 年代末,MRP 系统已推行将近 10 年,一些企业提出了新的要求,要求系统在处理物料信息的同时,同步地形成并处理财务信息。1977 年 9 月,美国著名生产管理专家奥列弗·怀特首先倡议给同资金信息集成的 MRP 系统一个新的称号——制造资源计划(Manufacturing Resource Planning),它的简称也是 MRP,但为了区别于传统的 MRP,就取名为 MRP Ⅱ,可以说是第 2 代 MRP。

MRP Ⅱ 的主线是计划与控制,这里包括对物料、成本和资金的计划与控制。

MRP Ⅱ 的基本思想是基于企业经营目标制订生产计划,围绕物料转化组织制造资源,实现按需按时进行生产。从一定意义上说,MRP Ⅱ 系统实现了物流、信息流与资金流在企业管理方面的集成,并能够有效地对企业各种有限制造资源进行周密计划与合理利用,提高了企业的整体管理水平。MRP Ⅱ 原理图如图 7-11 所示。

7.5.2 生产系统与财务系统、成本系统的集成

MRP Ⅱ 除了形成制造企业内部较完整的五个计划层次[经营规划、销售与运作计划(综

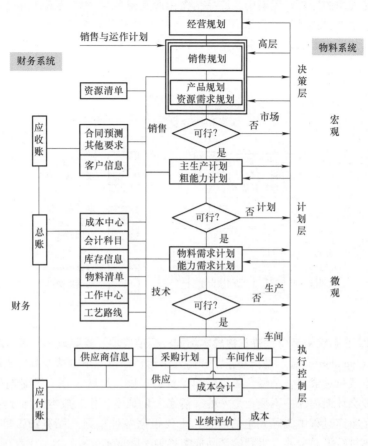

图 7-11 MRP Ⅱ 原理图

合计划)、主生产计划、物料需求计划、作业计划与控制]外,还实现了与财务、成本管理的集成。物流和资金流是企业管理的主要对象。在物流管理方面,MRP Ⅱ 的销售管理、主生产计划、粗能力计划、物料需求计划、能力需求计划、车间管理、采购管理等功能逐步实现了对物流管理的控制功能。在资金管理方面,MRP Ⅱ 包含了应收、应付、总账管理、成本会计核算等功能,这些功能使财务核算所需要的资金费用信息直接来源于生产计划的执行,提高了准确度和集成度。物流与资金流集成表现在两个方面:生产系统与财务系统的集成,以及生产系统与成本系统的集成。

1. 生产系统与财务系统的集成

由图 7-11 可以看到,在 MRP Ⅱ 系统中,将应收账同销售等资金流入作业相结合,将应付账同各个资金流出作业相结合,将总账同需求信息、采购信息、成本中心、工作中心、库存信息、物料清单、工艺路线等结合起来,只要有作业发生,就可以在相应的会计科目上反映出来,可以通过生产活动直接产生财务数据,把实物形态的物料流动直接转换为价值形态的资金流动,实现了物流和资金流的统一,保证生产和财务数据的一致性。

2. 生产系统与成本系统的集成

在 MRP Ⅱ 系统中另一个不同于 MRP 系统的功能是成本管理功能。成本系统通过集成取得车间作业和采购计划的详细信息,然后根据产品的物料清单、工艺路线以及生产过程中的各种消耗计算相应产品的成本。在 MRP Ⅱ 系统中,首先建立物料分类,将各个物料分类同会计科目相对应,然后按成本实际发生的过程来计算产品成本。产品结构和工艺路线是它的计算基础。在产品成本的计算过程当中，产品结构中所有最底层的材料或部件都是外购件，在这一层主要的成本是材料费用和采购间接费用（指采购部门的管理费、运输及保管费等），往上每一层都要加上本层的人工费和制造费。以此类推直到最终产品的所有成本，如图7-12所示。

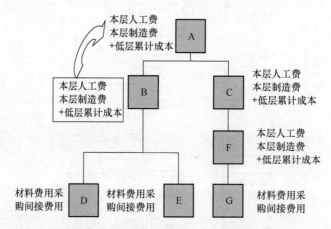

图7-12　MRP Ⅱ产品成本滚加计算方法

一般在MRP Ⅱ系统中至少设置三种成本类型：标准成本、实际成本、模拟成本。

标准成本（Standard Cost）是指在正常和高效率运转的情况下制造产品的成本，它相当于常说的计划成本或目标成本，是经营的目标和评价的尺度，反映了在一定时期内计划要达到的成本水准，在会计期内保持不变，是一种"静态"的成本，作为成本差异分析的依据。

实际成本是生产过程中实际发生的成本，主要根据各种单据（结算加工单或采购单等）得到的实际数据进行汇总分摊，得到的产品成本称为实际成本。

模拟成本是在MRP Ⅱ系统中的另一个特殊的成本类型。它是指在编制计划时，可以制订几种不同的计划方案，通过模拟不同方案下的成本来选择最佳计划方案。它是在进行不同方案的成本模拟时，为不影响现行运行数据而设置的一种成本类型。模拟成本可在现行成本或标准成本的基础上通过复制和必要的修改来建立。模拟成本有助于实现企业经营产品的成本预测和产品开发、生产、销售的科学决策。

7.5.3　MRP Ⅱ的特点

通过上述，可以总结出MRP Ⅱ的以下特点：

（1）计划一贯性和连续性。MRP Ⅱ计划层次从宏观到微观，从战略到战术，由粗到细逐层细化，但始终保持与企业经营战略目标一致。"一个计划"是MRP Ⅱ的原则精神。计划由计划或物料部门统一编制，车间班组只是执行和控制计划，并反馈信息。企业全体员工都必须以实现企业的经营战略目标作为自己的基本行为准则，不允许各行其是，以保证计划的贯彻执行。

（2）管理的系统性。MRP Ⅱ是一种系统工程，它把企业所有与生产经营活动直接相关部门的工作联成一个整体，每个部门的工作都是整个系统的有机组成部分。MRP Ⅱ要求每个员工都能从整体出发，十分清楚自己的工作质量同其他职能的关系，在"一个计划"的前提下，条块分割、各行其是的局面将被团队和协作精神所取代。

（3）动态应变性。MRP Ⅱ是一种闭环的动态系统，它要求不断跟踪、控制和反映瞬息万变的实际情况，使管理人员可随时根据企业内外环境条件的变化提高应变能力，迅速做出响应，满足市场不断变化的需求，并保证生产计划正常进行。

（4）模拟预见性。MRP Ⅱ 是生产管理规律的反映，按照规律建立的信息逻辑很容易实现模拟功能。在计划改变等决策之前首先进行模拟，分析"如果怎样……将会怎样"的问题，可以预见比较长远的时期内可能发生的问题，以便事先采取措施消除隐患，而不是等问题已经发生再花几倍的精力去处理。为了做到这点，管理人员必须运用系统的查询功能，熟悉系统提供的各种信息，致力于实质性的分析研究工作，并熟练掌握模拟功能，进行多方案比较，做出合理决策。

（5）数据共享性。MRP Ⅱ 是一种管理信息系统，企业各部门都依据同一数据库提供的信息，按照规范化的处理程序进行管理和决策，数据信息是共享的。手工管理中那种信息不通、情况不明、盲目决策、相互矛盾的现象将得到改善。MRP Ⅱ 要求企业员工用严肃的态度对待数据，专人负责维护，保证数据的及时、准确和完整。

（6）物流、资金流的统一性。MRP Ⅱ 包括了产品成本和财务会计的功能，可以由生产活动直接生成财务数据，把实物形态的物料流动直接转换为价值形态的资金流动，保证生产和财务数据的一致性。财会人员可及时得到资金信息用来控制成本；通过资金流动状况也可反映物流和生产经营情况，便于随时分析企业的经济效益，指导和控制生产经营活动。

7.6　企业资源计划

7.6.1　ERP 的基本概念

MRP Ⅱ 在制造企业中的应用越来越广泛，但是随着竞争的日益激烈，以及企业管理模式的不断创新，MRP Ⅱ 逐渐表现出了它的局限性。

（1）企业竞争范围的扩大，对企业提出了更高的要求。例如，要求企业在各个方面加强管理，要求企业有更高的信息化集成，要求对企业的整体资源进行集成管理等。现代企业的竞争是综合实力的竞争，要求企业有更强的资金实力、更快的市场响应速度。因此，企业管理信息系统仅停留在对制造部分的信息集成是远远不够的，应从制造部分扩展到企业的所有资源，包括客户资源、分销资源、服务资源、人力资源、供应商资源等。对这些要求，MRP Ⅱ 是无法满足的。

（2）企业规模不断扩大，集团内部多种经营、多工厂要求协同作战，统一部署，这已超出了 MRP Ⅱ 的管理范围。企业兼并和联合趋势明显，大型企业集团和跨国集团不断涌现，企业规模越来越大。这就要求集团与集团之间、集团内多工厂之间集成信息，协调集团内外部资源，以便统一计划，协调运营步骤。这些既要独立又要统一的资源共享管理机制，是 MRP Ⅱ 无法解决的。

（3）互联网和信息全球化趋势的发展，为企业之间的信息交流和合作经营提供了空间。企业之间既是竞争对手又是合作伙伴，信息管理要求扩大到整个供应链的管理，这更是 MRP Ⅱ 不能解决的。

针对 MRP Ⅱ 在应用过程中表现出的局限性，20 世纪 90 年代初，美国著名的加特纳公司根据当时计算机信息处理技术的发展趋势和企业对供应链管理的需求，对信息时代以后的制造业管理信息系统的发展趋势和即将发生的变革做出了预测，提出了企业资源计划（Enterprise Resource Planning，ERP）的概念。

ERP 融合了同步工程、敏捷制造、供应链管理、价值链管理和精益生产等先进管理思想，通过企业业务流程和信息流程重组，集成供应链上所有流程中各环节的信息，从而能够比较好地支持和管理混合型制造环境，提高企业的应变能力，完成传统企业向敏捷企业的转变。

7.6.2 ERP 的功能

ERP 在 MRP Ⅱ 的基础上，功能扩展体现在向内扩展与向外扩展两部分。

1. 向内扩展

MRP Ⅱ 软件侧重按照功能来设置各个子系统，而 ERP 则侧重按照流程来设置软件程序之间的衔接。从内部集成方面，ERP 相对于 MRP Ⅱ 在管理功能的扩充上体现在以下几点：

（1）ERP 支持多种计划模式。除了传统的 MRP Ⅱ 计划模式，ERP 还支持精益生产的 JIT 计划模式及推拉结合的计划模式。

（2）ERP 涵盖更多企业管理功能。ERP 增加了实验室管理、质量管理、资金管理、人力资源管理、运输管理、仓库管理、售后服务及维修和备品备件管理等功能模块，几乎涵盖了企业所有的管理功能。

（3）ERP 支持企业集团化。满足集团企业多元化经营的要求，增加不同生产类型信息化管理工具的需求，如流程行业；同时增加了实时切换多语种、多币制、多汇率、多税制及多工厂管理功能。

（4）ERP 更好地支持企业信息化集成。ERP 支持与企业其他信息化软件的集成，如 PDM/CAX 等，并且支持电子商务及企业信息门户。

2. 向外扩展

ERP 的理论基础是供应链管理，因此 ERP 系统的向外扩展主要体现在对供应链的管理上。主要有以下几个方面：

（1）增加优化供应和流通渠道的供应链管理（SCM）功能。实现物料供应、运输配送和交付的协同和同步，选择最佳的供应商和供应路线、运输手段，控制分散在各地的仓库库存，控制整个供应链流通领域的提前期，控制总体运营成本。

（2）增加前端客户关系管理（CRM）功能。加强客户调查、跟踪、分析、收集市场和商业情报、销售管理、客户服务和技术支持的功能。

（3）加强辅助决策的分析功能，引入知识管理。

3. ERP 软件的基本模块

不同的 ERP 产品所涵盖的功能也有差别，一些著名的 ERP 提供商都有自己的解决方案。图 7-13 是 SAP 公司提出的 mySAP ERP 功能架构。

7.6.3 ERP 系统的特点

综上所述，可以总结出 ERP 的如下几个特点：

（1）ERP 更加面向市场，面向经营，面向销售，能够对市场快速响应；它包含供应链管理功能，强调了供应商、制造商与分销商之间新的伙伴关系，并且支持企业的物流管理。ERP 更强调企业流程与工作流管理，通过工作流实现企业的人员、财务、制造与分销的集成，支持企业过程重组。

（2）ERP 更多地强调财务，具有较完善的企业财务管理体系，这使得价值管理概念得以实施，资金流与物流、信息流更加有机地结合。

（3）ERP 较多地考虑人的因素作为资源在生产经营规划中的作用，也考虑了人的培训成本等。

（4）在生产制造计划中，ERP 支持 MRP Ⅱ 与 JIT 的混合生产管理模式，也支持多种生产方式（离散制造、连续流程制造等）的管理模式。

（5）ERP 采用了当时较新的计算机技术，如客户/服务器分布式结构、面向对象技术、电

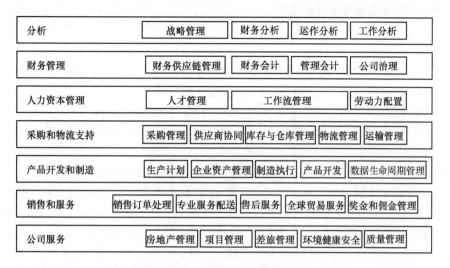

图 7-13　mySAP ERP 功能架构

子数据交换（EDI）、多数据库集成、图形用户界面、第四代语言及辅助工具、电子商务平台等。

7.6.4　ERP 的发展——协同商务

从 MRP 到 MRP Ⅱ，再到 ERP，体现了制造业信息化管理的发展，随着 ERP 的广泛应用以及管理思想的不断更新，EPR 也在不断地发展，主要体现之一就是 2004 年，加特纳公司发布了以亚太地区副总裁、分析家邦德（B. Bond）等 6 人署名的报告：《ERP 成为过去，ERP Ⅱ 永存》（ERP is Dead, Long Live ERP Ⅱ），提出了 ERP Ⅱ 的概念。由于种种原因，最初的 ERP 模糊了其同 MRP Ⅱ 的界限，于是提出了用 ERP Ⅱ 来实现最初的 ERP 的 "远景理想"。ERP Ⅱ 这个名称借用了 MRP Ⅱ 是 MRP 的第二代的意思，则 ERP Ⅱ 就是 ERP 的第二代。但是没有正好合适的英文单词缩写来表达这一意思，所以 ERP Ⅱ 这个名称就没有时兴起来。一般认为，第二代 ERP 的核心思想是协同商务。

协同商务是基于敏捷制造的思想，将具有共同商业利益和竞争优势的合作伙伴整合起来，通过对整个商业周期中的信息共享，实现和满足不断增长的客户需求，同时也满足合作企业本身的发展需要，共同创造和获取最大的商业价值。它是一种各个经济实体之间的实时、互动的供需链管理模式。通过信息技术的应用，强化了供需链上各个经济实体之间的共同合作和相互依赖。协同不局限于生产和供销计划系统之间，还包括产品开发的协同、售后服务的协同等。协同既不是简单的买卖关系，也不是所谓的全球采购或外包。要做到协同，不仅合作伙伴之间要实时分享信息，而且要共同制订战略计划，确定共同的宗旨，有效地分配资源，消除非增值作业，同步运作，实现共赢。

Bond 的分析报告虽然引起了不少争议，但是报告中有两点是得到肯定的，那就是：从管理上讲，协同商务是一种商务运作模式；从技术上讲，为了实现协同商务必须具备一定的技术条件，即 "企业应用集成（Enterprise Application Integration，EAI）和中间件"，用以实现不同应用系统平台之间的信息集成。

第一代 ERP 实际上是 MRP Ⅱ 的增强版，即在 MRP Ⅱ 的基础上增加了许多企业内部管理的功能，如人力资源管理、质量管理、备品备件管理、实验室管理等，而没有实现与 SCM、CRM 的真正融合，形成了 ERP、CRM、SCM 三个独立软件并存的局面。ERP 只有与 CRM、SCM 结合在一起才能成为完整的电子商务闭环，才能真正获得电子商务带来的效益。

1. 建立协同商务机制的基本要求

（1）**信息与知识的共享机制**。信息与知识的共享包括三个方面。一是信息是集成的，这里的信息不但包括协同商务本身的信息，还包括 ERP 以及其他系统的信息，这些信息都集成在协同商务中。二是实现信息的有效关联。比如，将员工的信息与自身的职责、工作联系起来，与用户有关的所有信息也都关联起来，这样，各种业务信息是与员工的工作联系在一起的，员工所需要的信息、员工可以得到的信息都是与他的工作相关的。三是知识管理也必须纳入整个系统当中，如对合作伙伴的质量和信誉等历史资料的快速查询、以往成功合作模式的借鉴等。另外，作为一个协同商务系统，很重要的一点是对自身产品的外部传播，例如，在互联网上发布最新的企业的产品信息，建立与客户的沟通渠道，动态地维护外部网站的信息。

（2）**业务整合机制**。当企业内部或跨企业的员工需要为了一个共同的目标进行工作时，都需要借助与其他部门业务的整合，例如，员工在进行一项产品市场设计时，需要借助市场部门、客户部门甚至外部广告公司的协助，在这种情况下，就需要对整个企业资源进行整合。协同商务的整个处理过程也是企业内部业务的一个整合过程。

（3）**协商讨论机制**。在企业运作过程中，企业的员工需要其他部门的协助，例如，他需要一些知识专家对他的一些问题进行解答或咨询的时候，他就需要借助这样一个空间或社区来进行，如在线会议、在线培训课程、电子白板技术等。企业的很多工作不单单需要内部员工的协助才能完成，更需要外部用户的参与。协作社区的出现是电子商务发展的一个部分，也是协同商务作用的体现。

（4）**商务交易流程**。协同商务必须提供安全可靠的商务交易流程，包括客户的订单管理、财务交易管理等。这些交易结果可以与内、外部其他系统进行互动以及数据的更新。

2. 协同商务的构架模型

图 7-14 是协同商务的系统技术架构模型。其中描述了传统的电子商务应用，包括电子交易、电子采购、电子商情与广告、网络营销、网络增值服务、个性化产品和营销、网络教育

图 7-14 协同商务的系统技术架构模型

资料来源：www.amt.com.cn

和远程医疗等。协同化电子商务应用包括：产品协同（CPC）、制造协同（CMC）、服务协同（CFC）、产品生命周期管理（PLM）、协同供应链管理（CSCM）、协同客户关系管理（CCRM）、协同知识管理（CKM）、企业应用集成（EAI）等。协同商务社区是指进行各种业务协同所必需的协商、讨论机制和环境，如在线会议、电子白板技术等。此外，还描述了建立协同商务平台需要的技术手段，如协同商务的应用基础平台和交换工具，应用和业务服务架构基础，基于电子商务贸易和规则等信息的基础，多媒体和网络信息的传输、发布、转换等技术，网络和通信的基础设施等，以及公共政策、法律法规、文化和各类相关的标准与规范等。

阅读材料

复杂场景下 MRP 的影响要素

习　题

1. 制造业生产计划与控制系统的基础数据有哪些？
2. 简述物料的概念及物料的分类。
3. 物料编码的原则有哪些？什么是物料主文件？
4. 查阅相关资料，尝试绘制一个方凳的设计 BOM、工艺 BOM 及制造 BOM，并阐述三者之间的关系。
5. 什么是独立需求与相关需求？举例说明。
6. 简述 MRP 系统处理逻辑。
7. 闭环 MRP 比初始的 MRP 有了哪些变化？
8. 为什么说 MRP Ⅱ 实现了物流与资金流的集成？
9. ERP 的概念是什么？简述 ERP 中融入的先进管理思想。
10. 协同商务的基本概念和内容是什么？
11. 已知产品 1 和产品 2 两种产品的结构及产品产出计划，相关资料见图 7-15、表 7-15 和表 7-16。求出物料 C 的总需求量（最小批量均为 1 件）。

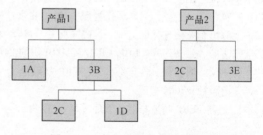

图 7-15　产品 1 和产品 2 的结构

表 7-15　提前期

物　料	提　前　期	物　料	提　前　期
产品 1	1 周	C	4 周
产品 2	2 周	D	1 周
A	3 周	E	2 周
B	2 周		

表7-16　产品产出计划　　　　　　　　　　　　　　　　（单位：件）

周次	1	2	3	4	5	6	7	8	9	10	11	12	13
产品1			200	100	200	150	200	350	300	320	280	100	250
产品2			90	130	150	200	190	200	150	150	200	120	100

拓展训练

1. 对一个企业（制造业或服务业）的物料计划的编制形式和方法进行调查，分析其合理性，提出你的见解和计划编制方案，写出分析报告。

2. 针对第3章和第6章"拓展训练"第2题你的研究成果资料，设计其物料需求计划的编制方案，并编制一个周期的物料需求计划，写出分析报告。

参 考 文 献

[1] 阿诺德，查普曼，克莱夫. 物料管理入门 [M]. 李秉光，霍艳芳，徐刚，译. 北京：清华大学出版社，2008.

[2] 周玉清，刘伯莹，刘伯钧. MRP II 原理与实施 [M]. 天津：天津大学出版社，1994.

[3] 陈启申. MRP II - 制造资源计划概论：企业管理应用计算机的原理、方法与实践 [M]. 北京：北京农业大学出版社，1993.

[4] 陈启申. ERP——从内部集成起步 [M]. 2版. 北京：电子工业出版社，2005.

[5] 罗鸿，王忠民. ERP 原理·设计·实施 [M]. 北京：电子工业出版社，2003.

[6] 程控. MRP II /ERP 实施与管理 [M]. 北京：清华大学出版社，2003.

[7] 沃尔曼，贝里，怀巴克，等. 制造计划与控制：基于供应链环境 [M]. 韩玉启，陈杰，袁小华，等译. 北京：中国人民大学出版社，2008.

[8] 史蒂文森，张群，张杰. 运营管理 [M]. 北京：机械工业出版社，2008.

[9] 孙福权. 企业资源计划（ERP）[M]. 沈阳：东北大学出版社，2006.

[10] 李怀祖. 生产计划与控制 [M]. 北京：中国科学技术出版社，2001.

[11] 陈容秋，马士华. 生产运作管理 [M]. 北京：机械工业出版社，2004.

[12] 上海市企业信息化促进中心. 协同商务 [M]. 上海：上海科学技术出版社，2010.

[13] 修文群，张蓬，等. ERP/CRM/SCM/BI 协同商务建设指南 [M]. 北京：科学出版社，2004.

[14] 闫涛蔚，周桂梅，蒋守芬，等. ERP 基础理论与应用——SunLikeERP 实务 [M]. 济南：山东大学出版社，2004.

[15] 吕文清. ERP 制造与财务管理 [M]. 广州：广东经济出版社，2003.

第 8 章
生产能力计划

学习要点

- 生产能力的测定方法
- 生产能力计划的作用和层次
- 物料计划和生产能力计划的关系
- 生产能力计划的基础数据
- 粗能力计划的编制方法
- 能力需求计划的编制过程
- 投入/产出控制的编制和分析

本章与第 2 章、第 4 章、第 6 章、第 7 章、第 9 章、第 10 章有密切联系。第 2 章讲解了生产能力的含义和决策,是本章的概念基础;第 4 章、第 6 章、第 7 章、第 9 章讲解了最主要的生产计划层次,它们都有能力计划问题,第 10 章生产作业控制更是与生产能力密切相关。

各层次生产计划的编制与实施都离不开生产能力的支持。生产能力计划系统是整个生产计划与控制系统的一个重要子系统。本章介绍生产能力和各级生产能力计划的概念及生产能力计划的基础数据,重点介绍粗能力计划和能力需求计划的编制方法。

8.1 生产能力的概念和测定

8.1.1 生产能力及其影响因素

生产能力是企业的生产系统在一定时期内,在一定的生产组织条件下,经过综合平衡后所能生产的最大产出量。这里的生产系统可以是一台设备、一个设备组、一条生产线、一个小组、一个车间,甚至整个企业组织。在查定生产能力时,不考虑劳动力不足或者物料供应中断等不正常现象。

其实,生产能力受多方面因素的影响。内部因素,从宏观上来看,有工厂的设施规划、产品/服务设计组合、工厂的科技水平、系统运营环境(如质量管理、物料管理、设备管理等政策);从微观上来看,有产品的生产工艺、设备的技术水平和完好状况、对设备的技术改造、新设备的添置、员工的培训程度、熟练程度、劳动动机、临时增加工人数量、加班等。外部因素有产品标准、安全条例、国家政策等,如表 8-1 所示。

表 8-1 决定有效能力的因素

A. 工厂设施	1. 设计 2. 选址 3. 布局 4. 环境	E. 管理政策	1. 工作班次 2. 是否允许加班
B. 产品/服务	1. 设计 2. 产品或服务组合	F. 运营	1. 排程 2. 物料管理 3. 维修策略 4. 设备故障
C. 生产过程	1. 产量能力 2. 质量能力	G. 供应链	1. 供应商的产品质量 2. 供应商供货的准时性
D. 人力因素	1. 工作内容 2. 工作能力 3. 培训和经验 4. 激励 5. 报酬 6. 学习率 7. 缺勤和跳槽	H. 外部因素	1. 产品标准 2. 安全条例 3. 工会 4. 污染控制标准

资料来源：威廉·史蒂文森，张群，张杰. 运营管理 [M]. 北京：机械工业出版社，2008.

（1）工厂设施因素。设施的设计限制着企业的生产规模；选址影响着原材料和产成品的运输效率、劳动力获取的难易程度等；工厂的布局影响着企业的生产效率；各种环境因素如光、热、声、色等会影响工人的工作状态，进而影响生产能力。

（2）产品/服务。比如产品的种类多少及不同产品之间的相似性高低影响着生产能力，单一品种大批量生产无疑比多品种小批单件生产更有效率。产品品种的组合与搭配也影响设备能力的利用。

（3）生产过程。生产过程的加工能力和质量的保证能力决定企业有效产出多少，要提高生产能力，就必然要提高加工速度和加工质量。

（4）人力因素。生产离不开人的参与，而人的技术能力、生理状态、受激励程度等因素都会影响产出。

（5）管理政策。此处指的是内部管理政策，如企业是否可以改变工作班次，从两班制改为三班制，是否允许加班等。

（6）运营。保质保量的物料供给、生产设备长时间无故障运行、快速高效的维修维护工作、时间利用效率更高的作业排程等，无疑可以提高企业的生产能力。

（7）供应链。供应商的供应能力直接影响着企业生产能力的高低。生产能力的提高也要建立在供应能力提高的基础上。

（8）外部因素。除企业的内部因素以外，还有多种外部因素以各种形式对企业的生产能力造成影响。例如，产品标准必然会对生产过程和生产质量提出要求，工会与企业的谈判会影响工作状态和效果，进而影响生产能力。

8.1.2 生产能力的分类

企业生产系统的能力，是按照一定的目标或任务而设计并实现的，但这并非意味着实际完成的生产系统会符合设计的生产能力，而且在实际运行过程中，生产能力也是会改变的，从这个意义上来说，**企业的生产能力可以分为四种：设计能力、实际能力、查定能力和计划**

能力。

（1）设计能力。设计能力即为企业根据特定的产品、市场、工艺等方面的要求而设计的新生产系统需要达到的能力。它是根据企业的要求，结合所需的生产规模、所采用的生产设备以及技术水平而定下的。一般来讲，新生产系统在刚刚投入使用时，并不能达到设计水平。只有在经过一段时间的调试磨合等工作，经过一段稳定的运行期后，才会达到设计水平。

但再经过一段时间的运行之后，新的生产工艺已被工人和管理人员所掌握，企业员工就有可能提出新的建议，进行适当的技术改造，从而使得实际生产能力突破设计能力。

（2）实际能力。实际能力是指在现有的生产组织条件下，包括当前的设备水平、人员素质、产品方案、工艺水平等，企业的生产系统所实际达到的生产能力。

（3）查定能力。在生产组织条件发生变化的条件下，比如新的技术改造实施之后，生产能力已经发生变化，而旧的数据不能再反映实际情况，这时就需要重新核查生产能力。

（4）计划能力。计划能力是指企业的生产系统根据计划期内工作中心的具体运行情况而做出调整之后的生产能力。

设计能力是企业制订长期规划、安排企业基本建设和技术改造的重要依据。计划能力和实际能力是企业编制生产计划的依据，也可以说它是计划期生产任务与生产条件平衡的依据。

除去上述分类方式，还可以根据需要从其他角度对生产能力进行分类，比如：

（1）从空间角度来划分，企业生产能力可以分为企业整体的生产能力、生产车间或工段的生产能力、单台设备的生产能力。这样划分便于各个生产环节、各机床设备之间的协调平衡。

（2）从时间角度划分，生产能力可以划分为长期生产能力、中期生产能力、短期生产能力。这样划分有利于企业制订长远规划，编制年度生产计划，安排生产作业计划。

8.1.3 生产能力的测定

1. 生产能力的表达

在不同的情景下，生产能力的表达需要采用不同的方式，并没有一种可以通用的表达方式。一般而言，可以用产出或输入的形式来表达。

（1）产出方式。在标准化程度很高的产品专业化生产方式中，一般以产出的形式表达生产能力。但是当多于一种产品时，生产能力的表达应当能反映出企业的综合产出水平。例如，某汽车配件厂可同时提供两种型号的配件 A 和 B，它一个月内可以提供 A 配件 20 万件，也可以同时提供 A 配件 10 万件和 B 配件 15 万件，这时所选取的表达方式就需要明确显示出它的综合能力。

（2）输入方式。在工艺专业化生产方式或者服务业中，用输入表达方式度量生产能力更合适。例如，将工厂所拥有的机器数量或所能开动的机器小时数作为度量生产能力的标准。但当进行多品种生产时，也会使输入方式的表达变得复杂。

表 8-2 列出了一些常见的生产能力的表达方式。它们的使用取决于具体的情景。

表 8-2 生产能力的表达方式

行 业	投 入	产 出
汽车制造	人工小时、台时	每班生产汽车数
钢铁工厂	炉膛尺寸	每天生产钢铁吨数
石油精炼	精炼炉尺寸	每天生产燃油升数
农业	农田亩数、母牛数量	每年每亩生产谷物千克数、每天生产牛奶升数

(续)

行　业	投　入	产　出
饭馆	餐桌数、座位数	每天接待的客人数
剧院	座位数	每场演出售出的票数
零售店	店铺面积	每天实现的收入

资料来源：威廉·史蒂文森，张群，张杰. 运营管理［M］. 北京：机械工业出版社，2008.

2. 生产能力的计量单位

生产能力往往以实物指标为计量单位。常见的实物计量单位有：具体产品、代表产品及假定产品。由于企业及其各生产环节的产品方案、生产类型和技术水平的不同，所以计算生产能力也将采用不同的计量单位。

（1）具体产品。在单一品种的大量生产方式下，一般以产量定额计算生产率，以该具体产品的年（或月）产量表示企业的生产能力。

（2）代表产品。在多品种、成批生产方式下，选择能够代表企业专业方向的、结构工艺相似的、总劳动量最大的产品作为代表产品，以代表产品的时间定额来计算生产能力。即假设只生产代表产品，而其余具体产品则将其时间定额与代表产品的时间定额对比，作为换算系数，然后将它们的产量换算为代表产品的产量。换算系数的公式为

$$K_i = \frac{T_i}{T_0} \tag{8-1}$$

式中　K_i——产品 i 的换算系数；
　　　T_i——产品 i 的时间定额（台时）；
　　　T_0——代表产品的时间定额（台时）。

（3）假定产品。在多品种、单件小批生产方式下，产品品种数很多，产品结构、工艺和劳动量差别都较大，可以将各种产品按其总劳动量比重构成一种假定产品作为计量单位。假定产品劳动量的计算公式为

$$t_a = \sum_{i=1}^{n} t_i \theta_i \tag{8-2}$$

式中　t_a——单位假定产品的台时定额（台时/件）；
　　　θ_i——i 产品的劳动量比重；
　　　t_i——i 产品的台时定额（台时/件）；
　　　t——产品品种数。

例 8-1：假设某企业生产 3 种结构、工艺不相似的产品 A、B 和 C，产量分别是 600 件、200 件、100 件，单位产品的台时定额分别是 10 台时/件、9 台时/件和 12 台时/件，那么 3 种产品的劳动量分别为 A：600 件 × 10 台时/件 = 6000 台时，B：200 件 × 9 台时/件 = 1800 台时，C：100 件 × 12 台时/件 = 1200 台时。总劳动量 = 6000 台时 + 1800 台时 + 1200 台时 = 9000 台时；各产品的劳动量比重分别为 A：6000 台时/9000 台时 = 0.67，B：1800 台时/9000 台时 = 0.2，C：1200 台时/9000 台时 = 0.13。因此假定产品的台时定额为：0.67 × 10 台时/件 + 0.2 × 9 台时/件 + 0.13 × 12 台时/件 = 10.1 台时/件。

3. 设备组生产能力的计算

所谓设备组，是指具有技术互换性并能保证质量标准的一组同类设备。
设备组生产能力的计算公式为

$$M = \frac{F_e S}{t} \tag{8-3}$$

式中　M——设备组的生产能力；

　　　F_e——单台设备有效工作时间（h）；

　　　S——设备组所包含的设备数量（台）；

　　　t——单位产品的台时定额（台时/件）。

在上述公式中，并未规定时间长度，可结合实际需要而定。比如以年进行测定时，M 即为设备组的年生产能力，F_e 为单台设备的年有效工作时间。

上述公式中采用了"件"即产品的数量为计量单位。如果设备组生产能力采用重量单位或者体积单位，公式中的 t 是单位重量或体积的台时定额。

t 为单位产品的台时定额，产品可以是具体产品、代表产品，也可以是假定产品，视具体情况而定。当采用代表产品或假定产品进行计算时，需要根据换算系数将具体产品的台时定额换算为代表产品或假定产品的台时定额，求出以代表产品或假定产品表示的生产能力，之后再根据换算系数换算为所需具体产品的生产能力。

上面已经提到了假定产品的算法，这里举一个用代表产品测定生产能力的例子：

例 8-2：某冲床组有冲床 2 台，每台冲床的全年有效工作时间为 4650h，产品的工时定额和产量仍与上例相同，选取代表产品时，根据总劳动量最大的原则，选取 A 为代表产品，那么 B 和 C 的换算系数分别为 0.9 和 1.2，以代表产品表示的生产能力为：4650h×2 台/(10 台时/件) = 930 件；冲床组的负荷系数为：900 件/930 件 = 96.8%。计算过程如表 8-3 所示。

表 8-3　用代表产品法计算生产能力

产品	产量（件）	定额（台时/件）	换算系数	被换算为代表产品的产量（件）	以代表产品表示的能力（件）	换算回以具体产品表示的能力（件）
①	②	③	④	⑤=②×④	⑥	⑦
A	600	10	1	600	930	620
B	200	9	0.9	180		207
C	100	12	1.2	120		103
合计	—	—	—	900		

注：其中 ⑦ = (⑥×⑤)/(Σ⑤×④)。

采用假定产品法时，在计算出假定产品时间定额之后的过程与此相同。

4. 工段（车间）生产能力的计算和确定

设备组构成工段，工段构成车间，因而车间与工段的生产能力是设备组生产能力的综合。一般来讲，各设备组的生产能力是不相等的。正如流水线需要平衡，计算工段和车间的生产能力也需要对设备组的生产能力进行综合平衡。综合平衡工作一般是以主要设备组作为主要依据的。主要设备组是指在生产中起决定作用、劳动量最大、昂贵且无代用设备的设备组。对生产能力不足的薄弱环节，可以通过加入代用设备、增加同类设备数量、利用富余环节补足等措施来弥补。

5. 企业生产能力的确定

企业生产能力的确定需要在工段和车间生产能力测定的基础上，在各个车间之间取得平衡。由于企业产品品种的变化、产量的变化、材料供应、运行环境变化等复杂因素的作用，车间之间不成套、不平衡的现象屡屡发生。为此，需要企业在适应现有技术组织的条件下，在基本生产车间之间、基本生产车间与辅助生产车间及生产服务车间之间取得平衡，从而达到最佳的生产水平。

8.2 生产能力计划的作用、层次及其与物料计划的关系

8.2.1 生产能力计划的作用

企业的各级生产计划都必须以生产能力为基础，而生产能力也要根据各级生产计划的特点和要求，编制不同等级的生产能力计划。所谓生产能力计划，是指生产能力的现实和发展计划。编制生产能力计划的目的是保证各级生产计划的实现。生产能力计划主要回答的是以下三个问题：

（1）企业及各车间、各工作中心在一定时期内可用的能力是多少？

（2）按照生产计划，企业及各车间、各工作中心需要承担多大的负荷？是否超过了可用能力？

（3）当生产能力不能满足负荷需要时，企业应采取什么样的处理措施？

通过对这些问题的回答，可以寻找到自身的薄弱环节和富余环节，从而明确地采取弥补和调剂措施，提高企业整体的产出率。通过对各种资源的更有效利用，降低企业的生产运营成本，使得企业更具竞争力。为企业的投资决策提供依据，有针对性地加以调整，从而更有效地利用财务资源。

8.2.2 生产能力计划的层次

结合企业的生产计划系统，图8-1表现出了生产能力计划的层次及其与生产计划系统的对应关系。

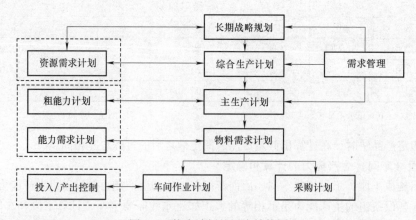

图8-1 能力计划的层次结构图

资料来源：齐二石. 生产与运作管理教程［M］. 北京：清华大学出版社，2006.

由于不同层次的生产计划具有不同的时间跨度，也有专家将其对应分为长期、中期和短期能力计划。

资源需求计划针对企业的长期战略规划和综合生产计划，对企业可支配的生产资源进行核查，确保资源的消耗总量；粗能力计划检查企业的主生产计划，对关键工作中心进行负荷能力平衡分析；能力需求计划通过对所有工作中心的能力与负荷状况的详细计算，检查物料需求计划的可行性；投入/产出控制则是一种在分时段物料需求计划系统下，对车间作业过程的能力监控方法，监控实际作业与系统计划的相符情况，它需要车间作业系统和作业控制的数据库支持。

1. 资源需求计划

资源需求计划（Resource Requirement Planning）所指的资源并非全部资源，而是指关键资源（如关键工作中心的工时），或是受市场供应能力限制的关键原材料，或是资金等关键因素。计算单位是每一种或每一系列产品所消耗关键资源的综合平均指标，如工时/台、t/台、元/台等。

资源需求计划所采用的时段应与长期战略规划和综合计划的时段相一致，不能笼统地按照年计划，在时段的基础上平衡关键资源的供需之后，才可以作为生产计划的输入信息。

资源需求计划极其粗略，只针对关键资源的消耗总量进行平衡，不涉及具体的工艺路线。

2. 粗能力计划

粗能力计划（Rough-cut Capacity Planning，RCCP）是针对关键工作中心的生产能力和负荷进行平衡的能力计划，它的作用是确保关键工作中心的生产能力能够满足主生产计划的要求。它的计算量比较小，比较粗略简单，是一种中期的快速核定生产能力的计划方法。一般粗能力计划不会考虑近期正在执行的和未完成的订单，也不考虑在制品库存，而仅考虑计划订单和确认订单。

3. 能力需求计划

能力需求计划（Capacity Requirement Planning，CRP）也叫细能力计划，是一种更详细的、在 MRP 的分时段物料计划的基础上，对所有工作中心的分时段能力的平衡分析。它根据计划下达、已经下达和未结订单的任务负荷，按时段核查所有工作中心的生产能力，检查是否有超负荷或负荷不足的情况，确保生产能力能够满足生产计划的需求。这是一种短期或近期的能力计划。

4. 投入/产出控制

投入/产出控制（Input/Output Control）是一种对车间现场实际能力消耗的监控方法，当实际情况与计划相背离的时候，它可以指出对能力计划进行修正的必要性。

8.2.3 能力计划与物料计划的关系

在讨论能力计划之前，先要弄清楚能力计划与物料计划之间的关系。

物料计划，尤其是物料需求计划，计划的对象是物料，而能力计划的对象是工作中心。物料计划与能力计划之间的关系在于：物料计划以物料为对象安排生产任务，然后通过工艺路线分配到各个工作中心；能力计划则针对生产任务对工作中心的生产能力需求进行审核。下面针对不同的生产类型和生产组织形式来说明工作中心能力与物料计划之间的关系。

制造企业的生产类型按照工艺特点可分为离散型生产和流程型生产（连续型生产）两种，离散型生产又可以划分为流水式生产和间歇式生产。一般在离散型流水式生产和流程型生产中，每种产品对应着一个（或几个）工作中心，不同产品各行其道，互不干扰，不会占用同一个工作中心，也就不会出现能力干扰，如图 8-2 所示。而在离散型间歇式生产条件下，设备按工艺布局，不同产品的工艺路线是交叉的，经常会在同一个工作中心上加工，也就容易出现能力冲突，如图 8-3 所示。

在离散型流水式生产中，生产节拍是比较稳定的，产能和计划产量也是比较稳定的；流程型生产多是采用固定的流程和生产装置，其产能也是相对稳定的，波动范围不会太大，因此这两者的能力计划都非常简单。早期的 MRP 软件没有能力计划功能，但是对很多大量流水型企业，如电子元件的生产企业，都是适用的。

离散型间歇式生产则不然，由于能力冲突的存在，几种物料的生产任务叠加在同一个工作中心上时，就有可能出现超负荷的现象。而单就 MRP 的物料计算功能是体现不出这一点

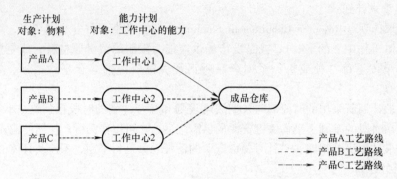

图 8-2　流水式生产中的生产计划和能力计划

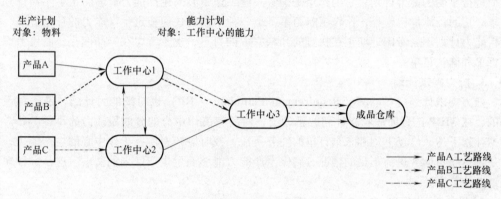

图 8-3　间歇式生产中的生产计划和能力计划

的,此时就必须运行能力计划,从粗能力计划到能力需求计划层层展开,并利用投入/产出控制对工作中心的实际运行进行监控,分析和解决能力的供需平衡问题。

本章重点讨论离散型间歇式生产的能力计划。

8.3　生产能力计划的基础数据

8.3.1　工作中心

1. 工作中心的定义

工作中心（Work Center）是一种统称,指的是各种生产能力单元,它可能是一台设备,也可能是由一组功能相同的设备组成的设备组、一个成组单元、一条生产线,或者在某些条件下,一块装配或存储面积也可以作为一个工作中心。

工作中心不属于固定资产或设备管理的范畴。它是进行生产计划的单位,因此属于生产计划与控制的范畴。另外,随着产品加工的进行,成本也会随之产生,因此工作中心同时又具有成本核算的功能。工作中心和成本中心之间具有一定的联系,成本中心同样也可大可小,它视成本控制的需要而定,一般可以将工作中心视为最基本的成本中心。

工作中心是 ERP 系统的基本生产单位,工作中心的划分是进行能力计划的基础。先划分出了工作中心,才能建立工作中心主文件,编制工艺路线。每一个工作中心会完成一道或几道工序。能力需求计划都必须以明确的工作中心作为对象。

2. 工作中心的作用

(1) 工作中心是 MRP 和 CRP 的基本单元,也就是分解生产计划与平衡负荷和能力的基本单元。

(2) 工作中心是定义产品工艺路线和分配车间作业任务的基本单元。

(3) 工作中心是车间作业计划的数据采集点与控制点。

(4) 工作中心可以用作成本中心，进行成本核算和成本控制。

3. 工作中心的设置

工作中心的设置是一项灵活而细致的工作。对于企业自己完成的工序，工作中心可以设置为一台独立的设备、一个设备组、一个成组单元、一条自动生产线，也可以是一个班组、一个生产单一产品的车间；对外协工序来讲，一个外协单位便可以作为一个工作中心。

工作中心的能力计量一般以工时或台时作为计量单位。但不限于此，比如卷烟生产中的储丝柜的储存面积、炉窑类生产中炉窑的容积、机械行业中超大型设备的装配面积等，对生产能力的影响要超过工时或台时，此时可以以它们作为能力计量单位。

4. 关键工作中心

高德拉特博士的约束理论指出，瓶颈的存在制约了企业生产能力的发挥。将瓶颈所在的工作中心称为关键工作中心（Critical Work Center 或 Bottleneck），并将其单独列出作为粗能力计划的对象。一般来讲，关键工作中心表现为：

(1) 满负荷加工，加班加点。

(2) 设备昂贵，专用性强，难以替代。

(3) 工艺独特，不能外协或外包。

(4) 对工人技术能力要求很高，不能临时招聘或随意替代。

(5) 受场地、成本等要素影响，短期内不能随意增加产量。

通俗地讲，关键工作中心是指实际生产能力经常小于或者等于需求生产能力的工作中心。但关键工作中心并不是一成不变的，它会随着产品方案、加工工艺、生产条件等技术组织条件而变化。

关键工作中心的识别未必需要计算，对已经生产过的、趋于稳定的产品可以通过直观观察或者一线人员判断而得出。只有那些新设计的产品才需要通过计算来确定。在企业的日常管理中，要提高整个生产系统的生产能力，就需要针对关键工作中心进行"重点管理"，若关键工作中心的产能得不到提升，则其他工作中心能力提升越多，富余的能力就越多，起不到提升整体产能的作用。

为此，企业必须保证关键工作中心的有效输入与有效运行，输送到关键工作中心的物料必须保证合格，动力等因素也必须保证供应，不得将不合格的原材料或半成品送入关键工作中心，必要时为关键工作中心存下一定的缓冲物料，避免停工待料的现象出现。同时，企业还需要保证关键工作中心的操作员工和维护员工的出勤，确保设备的满负荷运行，一旦发生故障，维修工人必须在第一时间赶到现场，用最短的时间排除故障。企业还必须确保关键工作中心的加工质量，提高其产出的合格率，尽量减少残次品的出现。关键工作中心的产能损失便是整个生产系统的产能损失，企业需不遗余力地确保及提升关键工作中心的产能。

同时，不要把关键工作中心的概念同设备管理中的"重点设备"相混淆，两者属于不同的范畴。

5. 工作中心的基本数据

(1) 编码。工作中心属于制造系统的基本单位，也需要进行编码。

(2) 能力数据。工作中心的能力数据有每日可以提供的工时或台时数（或每日可加工的件数、吨数）、工作中心性质（是不是关键工作中心）等。

额定能力的计算公式为

$$\text{工作中心能力} = \text{每日班次} \times \text{每班工作时数} \times \text{工作中心效率} \times \text{工作中心利用率}$$

显然，计算后的工作中心能力单位应当是 h/日，即每个工作中心每天能提供的有效加工时数。

一个工作中心不可能保持每时每刻全负荷无停歇工作，而且即使是在工作中，也会有多种多样的因素影响工作中心的运行状态，导致其产出会有或大或小的波动。这也就是为什么要加入效率和利用率两个系数，其计算公式为

$$\text{效率} = \frac{\text{完成所需的标准定额小时数}}{\text{实际直接工作小时数}}$$

$$= \frac{\text{实际完成的产量}}{\text{完成的标准定额产量}}$$

$$\text{利用率} = \frac{\text{实际直接工作小时数}}{\text{计划工作小时数}}$$

效率是指实际能力与额定能力之间的差别。在工作中心的实际运行中，由于工人技术水平、心理状态、机床的运作情况，或者客观的技术组织条件等诸多因素影响，使得在工作总时数未变的情况下，实际产出与额定产出不符，效率体现的就是这种现象。

利用率则是指工作中心的实际利用情况。工作中心可能因种种因素导致停工，比如操作工人缺勤、设备故障、维护保养、物料供应中断等情况出现。利用率同时还具有一种"期望负荷"的意思，意即留有余地，从而保证工作中心有空余能力以便应付突发情况。

这里应当指出，一个工作中心的产出应当是能持续保持的、稳定可靠的，额定能力便是对此做出的预期。它不同于设计能力，也不同于实际能力。额定能力的制定既要参考设定能力，也要参考工作中心实际能力的历史平均值，从而对效率或利用率进行修正，并充分预估偏差，使其能尽量符合工作中心的实际情况，从而可以作为制订生产计划和能力计划的依据。同时，为了充分估计生产计划的可行性，有时也需要标明工作中心设计允许的最大能力，也即设计能力。

（3）成本数据。成本数据指的是工作中心的各项费率，即每小时内工作中心发生的费用。发生在工作中心的费用包括直接人工（操作人员工资）、直接材料、辅助材料、能源、维修、折旧等费用。工作中心费率的计算公式为

$$\text{工作中心费率} = \frac{\text{工作中心每日的所有费用之和}}{\text{工作中心每日工作时数}}$$

计算工作中心的费率，有利于追踪产品成本的形成，核算产品实际成本和标准成本，进行产品成本模拟和成本差异分析，针对性地改善成本等。正因为如此，工作中心具有了成本中心的意义。

（4）其他数据。除上述数据外，有时还会用到一些其他数据，如：

1）当一个工作中心含有多台或多种设备时，需要注明设备数量和不同设备之间的能力差异。

2）替代工作中心及其代码。

3）操作人员相关数据，如数量、技术等级及差异等。

4）是否为关键工作中心。

8.3.2 工艺路线

1. 工艺路线的概念

此处的工艺路线兼具了以往工艺过程卡片和车间分工表的功能，它不仅能描述加工对象

经过各车间的先后次序，也能用来描述零部件的加工装配顺序。它结合产品的物料划分，指出哪道工序在哪个工作中心完成，需时多少，采用的工具，甚至可以指明对应的成本。不过它不会指出与计划无关的技术要求和操作方法。

一般来讲，工艺路线报表中必须含有以下数据：加工对象的工序及工序代码、对应工作中心的编号及名称、所耗标准时间、排队时间、传送时间等，如表8-4所示。

表8-4 工艺路线报表

零件号：S1205
零件名称：驱动轴　　　　　　　　　　　生产周期=31天（批量=80件）

工作中心号	工序号	工序名称	准备时间/h	单件时间/h	排队时间/天	传送时间/天
1	10	车	0.4	0.125	1	0.5
3	20	铣	0.8	0.075	2	0.5
5	30	切齿	1.0	0.25	2	0.5
8	40	钻孔	0.3	0.25	1	0.5
9	50	热处理		3（天）*		
7	60	磨外圆	0.6	0.3	2	0.5
6	70	磨齿	1.0	0.4	2	0.5

注：*表示外协加工的供应周期。

2. 工艺路线的作用

（1）为MRP计算加工提前期提供依据。

（2）为能力需求计划中平衡各工作中心负荷提供依据。

（3）为派工单中计算各工序的起始与结束时间提供依据。

（4）为在制品的生产追踪提供依据。

（5）为加工成本的计算提供工时依据。

3. 对工艺路线报表的解释

（1）除包含了工艺顺序和工序名称，以及所对应的工作中心，工艺路线报表还显示出了对应工序的加工时间、准备时间、排队时间、传送时间等时间因素，既可以作为成本分析的工具，又为能力计划和提前期计算等提供依据。数据由工艺部门和生产部门等共同制定。

（2）标准工时是物料在工作中心内直接占用设备的时间，也是该工作中心直接创造价值的所在。排队时间和传送时间则是由生产组织方式和计划模式所造成的。

（3）一道工序可以在多个工作中心完成，一个工作中心也可以对应多道工序。但每一条工艺路线、每一道工序只可能在一个工作中心完成。替代的工艺路线可以借由另一张工艺路线报表说明，同时指明两者之间的可替代关系。因此，对应每一批产品的工艺路线，都要明确指明其代码。

（4）对外协工序，应在工艺路线中指明外协工序、外协单位代码和外协费用，以此可以计算对应工序的提前期和成本。

（5）有些非生产性作业，如"设计""运输"等，也可以作为一种特定的工序加入工艺路线，计算其提前期和费用。只要符合逻辑且有必要，工艺路线中的工序既可以包括有明确工作中心且需要计算费用、时间的工序，也可以包括各种无工作中心但却要增加费用和时间的"工序"。

8.3.3　工作日历

工作日历（Shop Calendar）又称生产日历，也有国内学者将其译为车间日历，不过这并不是说该日历只对车间使用，而是指企业内各部门、车间、工作中心在一年中工作或生产的所有日期。工作日历标明了企业全年内所有的工作日，不包括休息日。例如，一年一共有几百个工作日数，按顺序排列；一年共有几十个工作周数，按顺序排列。目的是使 MRP 方便计算各种物料的提前期。例如，某产品交货日期是第 38 周，累计提前期为 5 周，则其开始采购和加工的日期是第 33 周；又如，某零件计划完工日期是第 175 天，加工提前期为 15 天，则其开始加工的时间是第 160 天。工作日历是 MRP 系统内部运算时所依据的简单逻辑日历，它与社会日历有一个对应关系。当 MRP 各种报表输出时仍然可显示社会日历。工作日历的基本单位是周或天，但必须能够细化到小时，要能够说明一天之内增加班次或改变每班的小时数后能力的变化。

工作日历是 MPS 和 MRP 展开的基础。同时，由于企业的不同部门、分厂、车间、总公司、分公司的工作日安排是不一样的，这就要求所使用的工作日历能够表示出这种区别，一般的 ERP 软件中都会允许用户自行设置多种工作日历。

8.4　粗能力计划

粗能力计划是一种针对关键工作中心和关键资源的相对粗略的能力计划。主要针对主生产计划，并检查其可行性。如果关键工作中心的能力不能满足生产任务需要，则要调整主生产计划。顾名思义，粗能力计划其编制方法从总体上说是比较粗略的。但是，根据掌握的生产系统资料多少，采用不同的编制方法，粗能力计划也有不同的精确程度。这里介绍三种常用的粗能力计划方法：综合因子法、资源清单法和偏置期法。

8.4.1　综合因子法

综合因子法是一种简单、粗略的粗能力计划方法，适用于产品组合基本不变的企业。下面通过例子来介绍。

例 8-3：假设某企业的主生产计划安排如表 8-5 所示。该企业的两种产品 A、B，其单位总工时分别为 3.5h 和 2.3h。

表 8-5　某企业的主生产计划安排　　　　　　　　　（单位：件）

产品＼周期	1	2	3	4	5	6	7	8
A	25	25	25	30	25	30	20	20
B	20	20	20	35	35	30	30	40

（1）确定产品在关键工作中心的劳动因子。根据历史的生产统计资料，A、B 两种产品的工时分布情况如表 8-6 所示。

表 8-6　产品在关键工作中心的劳动因子　　　　　　（单位：h/件）

产品	关键工作中心工时	非关键工作中心工时	总工时
A	1.10	2.40	3.50
B	0.90	1.40	2.30

（2）计算各周期关键工作中心的总能力需求。以第1周期为例：25 件 × 1.10h/件 + 20 件 × 0.90h/件 = 45.50h，各周期关键工作中心的总能力需求如表8-7 所示。

表8-7　各周期关键工作中心的总能力需求　　　　　　　　　　（单位：h）

周期	1	2	3	4	5	6	7	8
关键工作中心的总能力需求	45.50	45.50	45.50	64.50	59.00	60.00	49.00	58.00

（3）将总能力需求分配到各个关键工作中心上。假设该企业有甲、乙、丙三个关键工作中心，按照统计资料，前一年三个关键工作中心工作量分配比例为60%、30%、10%，则以该比例为负荷因子，估算各周期三个关键工作中心的能力需求量。以第1周期为例，各工作中心所分配的能力需求为：

甲：45.50h × 60% = 27.30h；

乙：45.50h × 30% = 13.65h；

丙：45.50h × 10% = 4.55h。

综合因子法所得的粗能力需求如表8-8 所示。

表8-8　综合因子法所得的粗能力需求　　　　　　　　　　（单位：h）

工作中心	分配比例	1	2	3	4	5	6	7	8
甲	60%	27.30	27.30	27.30	38.70	35.40	36.00	29.40	34.80
乙	30%	13.65	13.65	13.65	19.35	17.70	18.00	14.70	17.40
丙	10%	4.55	4.55	4.55	6.45	5.90	6.00	4.90	5.80
总计	100%	45.50	45.50	45.50	64.50	59.00	60.00	49.00	58.00

（4）分析关键工作中心能力状况。将表8-8中的资料与各工作中心的额定能力和最大能力比较，便可验证各工作中心的能力是否能够满足主生产计划的需求。

8.4.2　资源清单法

资源清单法是在掌握了产品在各工作中心的工时消耗构成的基础上，针对关键工作中心，将主生产计划安排的各种产品在各时段的产量，乘以各种产品在各关键工作中心的单位汇总工时，得到各个关键工作中心在各个时段上的生产负荷，也就是为完成主生产计划任务所需要的能力需求量。然后再与各关键工作中心的能力进行对比，得出是否能够完成主生产计划的判断。

下面通过一个例子来说明运用资源清单法编制粗能力计划的过程。仍以第7章的第7.4.3小节所用的资料，粗能力计划的编制过程如下：

1. 确定产品在各工作中心的工时消耗构成

平式车把总成的自制件有平式车把、座管、立管三种零件。平式车把的工艺路线如表8-9所示，平式车把总成的工艺路线汇总如表8-10所示。表8-10已经将各零部件在各工序的准备时间按照标准批量分摊到各个零部件上，形成了零部件在各工作中心的单件总工时。进一步将各零部件在同一工作中心的单件总工时汇总，即可得到产品在各工作中心的工时消耗构成。表8-11所示是平式车把总成（部件）在各工作中心的单位总工时。

表8-9 平式车把的工艺路线

物料号：26#E2　　　　　　　　　　　　　生效日期：20180122
物料名称：平式车把　　　　　　　　　　　失效日期：20201231

工序号	工序名称	工作中心		标准时间		排队时间/h	传送时间/h	工人数	
		编号	名称	准备/min	加工/min			准备（人）	加工（人）
110	下料	101	锯床	10	0.13	2	0.5	1	2
120	冲压折弯	103	冲压机	25	0.15	2	0.5	1	4
130	烤漆	外协			1（天）				

表8-10 平式车把总成的工艺路线汇总

物料	工序号	工作中心号	工作中心名称	单件加工时间/min	生产准备时间/min	标准批量（件）	一批产品单件准备时间/min	单件总工时/min
平式车把总成	010	100	装配	2.5	5	90	0.056	2.556
平式车把	110	101	锯床	0.13	10	180	0.056	0.186
	120	103	冲压机	0.25	25		0.139	0.389
	130	外协	烤漆	1（天）				
座管	210	101	锯床	0.13	10	180	0.056	0.186
	220	103	冲压机	0.20	25		0.139	0.339
	230	外协	烤漆	1（天）				
立管	310	101	锯床	0.13	10	120	0.083	0.213
	320	103	冲压机	0.20	25		0.208	0.408
	330	外协	烤漆	1（天）				

表8-11 平式车把总成在各工作中心的单件总工时

工作中心号	工作中心名称	单件总时间/min
101	锯床	0.585
103	冲压机	1.136
100	装配中心	2.556
	合计	4.277

其他各种产品（主生产计划的最终项目）都按此方法计算在各工作中心的工时消耗构成。

2. 计算各时段关键工作中心的能力需求量

根据主生产计划安排的生产任务，按照时段计算各关键工作中心的能力需求量。假设该自行车厂的关键工作中心是冲压机和装配中心，其工作中心资料如表8-12所示，根据第7章表7-10所表示的主生产计划任务，即可计算出平式车把总成在各关键工作中心各时段（主生产计划产出时段）的能力需求量，如表8-13所示。其他产品都根据各自工艺路线及主生产计划信息按照上述步骤计算出能力需求量。汇总所有产品在各关键工作中心各时段的能力需求量，即得到关键工作中心的能力需求计划，如表8-14所示。

表8-12 关键工作中心资料

工作中心号	工作中心名称	班次	设备数量（台）	生产效率	工时利用率	日有效能力（台时/天）	等待时间/h
1	冲压机	2	2	0.90	0.95	27.36	2
2	装配中心	2	3	0.80	0.90	34.56	0.5

注：日有效能力 = 8×班次×设备数×效率×工时利用率。

表8-13 平式车把总成在各关键工作中心各时段的能力需求量 （单位：min）

项目	计划周期						
关键工作中心	1	2	3	4	5	6	7
冲压机	0	204.48	0	102.24	102.24	0	102.24
装配中心	0	460.08	0	230.04	230.04	0	230.04

注：冲压机第2时段能力需求量204.48 = 180×1.136。

表8-14 冲压机（关键）工作中心的能力需求计划 （单位：h）

项目	计划周期						
产品	1	2	3	4	5	6	7
平式车把总成	0	3.41	0	1.70	1.70	0	1.70
运动式车把总成	2.17	4.34	0	4.34	0	6.51	2.17
高抬式车把总成	0	0	2.55	5.11	2.55	0	0
有横梁车架总成	3.01	1.51	0	1.51	4.52	0	1.51
⋮	⋮	⋮	⋮	⋮	⋮	⋮	⋮
需求总工时	23.56	25.44	24.33	28.31	23.56	25.44	22.32

3. 粗能力计划分析

将各关键工作中心的能力需求量与其可用能力进行对比，即可得到各工作中心在各时段的能力分布以及能力超/欠情况和负荷率，如表8-15所示。据此可以做出主生产计划的调整决策。

表8-15 粗能力计划分析表 （单位：h）

项目		计划周期						
关键工作中心	能力分析	1	2	3	4	5	6	7
冲压机	需求负荷	23.56	25.44	24.33	28.31	23.56	25.44	22.32
	可用能力	27.36	27.36	27.36	27.36	27.36	27.36	27.36
	能力超/欠	3.8	1.92	3.03	-0.95	3.8	1.92	5.04
	负荷率	86.10%	92.98%	88.90%	103.40%	86.10%	93%	81.60%
装配中心	需求负荷	30.22	36.43	33.23	34.55	31.21	29.3	30.45
	可用能力	34.56	34.56	34.56	34.56	34.56	34.56	34.56
	能力超/欠	4.34	-1.87	1.33	0.01	3.35	5.26	4.11
	负荷率	87.44%	105.41%	96.15%	99.97%	90.31%	84.78%	88.11%

资源清单法比综合因子法精确了一些。但是，该方法没有考虑各关键工作中心的负荷发

生时间与主生产计划任务交货期的偏置时间，所以仍然比较粗略。接下来的偏置期法比资源清单法会更精确一些。

8.4.3 偏置期法

偏置期指的是从产品使用关键工作中心的开始时间到交货期的时间间隔（Days Offset 或 Lead Time Offset）。实质上偏置期是对生产提前期的粗略估计。在一般企业中，各工作中心的使用会有记录，车间或部门有各自的生产记录，从这些记录中可以得出产品在各关键工作中心上的偏置期，然后结合各工作中心的需用生产能力，可以看出是否存在超负荷的问题。图 8-4 表示了关键工作中心负荷发生时间与主生产计划产出时间的偏置期。

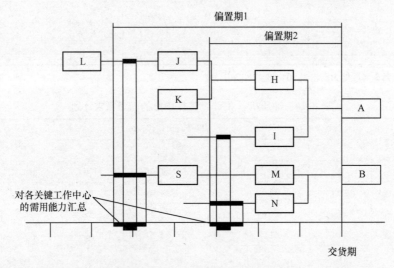

图 8-4　关键工作中心偏置期

8.5　能力需求计划

8.5.1　RCCP 与 CRP 的比较

粗能力计划（RCCP）的任务在于对关键工作中心能力供给的粗略审核，因此有几项信息对粗能力计划而言是必要的。首先是主生产计划（MPS），其次是关键工作中心的额定能力和最大能力。由于在编制粗能力计划时尚未展开到 MRP 层次，仍未检查在制品情况和成品库存的数量，所以只按主生产计划的最终结果进行计算。

而能力需求计划是相伴 MRP 运行的，针对所有工作中心进行能力的供需计算，所输入的信息是 MRP 经过精确计算后的需求量，同时产品结构已经展开，各时段的需求也可以明确，还包含前期下达的尚未完结的在制品情况。所以，计算的过程也就比 RCCP 复杂，计算工作量也非常大。表 8-16 是能力需求计划与粗能力计划的比较。图 8-5 是能力需求计划的逻辑图。

8.5.2　能力需求计划的编制过程

完整的 CRP 要分以下几步：输入信息的搜集、计算各工作中心的负荷、负荷/能力分析、负荷/能力调整。

表 8-16 能力需求计划与粗能力计划的比较

比较项目 \ 比较对象	粗能力计划	能力需求计划
计划阶段	主生产计划	物料需求计划
能力计划对象	关键工作中心	所有工作中心
负荷计算对象	独立需求件	全部物料
计划的订单类型	计划及确认的订单，不含已下达的未结订单	全部订单，包含已下达的未完结的订单
输入信息	关键工作中心额定能力	工作中心额定能力
	关键工作中心最大能力	工作中心最大能力
	主生产计划	物料需求计划
	关键工作中心偏置期	确认订单
	关键工序工时定额	各工序工时定额
输出信息	关键工作中心负荷图	各工作中心负荷图
	—	负荷追溯表
计划的时段考虑	偏置天数	提前期精确计算

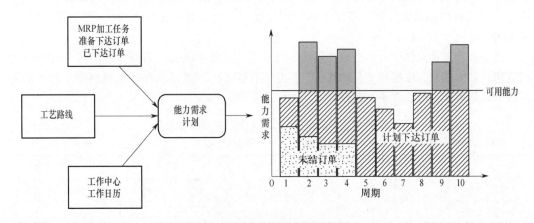

图 8-5　能力需求计划的逻辑图

1. 输入信息的搜集

如前所述，CRP 的输入信息主要包括：MRP 计划、准备下达的订单、已确认（含未完结）的订单、工艺路线文件、工作日历和工作中心相关数据。

2. 计算各工作中心的负荷

首先，要明确各种物料在各工作中心的开工日期和结束日期。MRP 只是计划了物料在各个车间的开始日期和结束日期。物料在一个车间内部可能经过若干个工作中心（工艺专业化的机群），物料在各工作中心的开工日期和结束日期还需要根据工艺路线编制车间内部的工序进度计划（见第 9 章工艺专业化工作中心的生产作业计划）。其次，根据产量和标准工时计算各种零件在各工作中心各时段的负荷。最后，完成各工作中心各时段负荷的累积计算。

3. 负荷/能力分析

负荷/能力分析就是将各工作中心各时段的累积负荷与工作中心的可用能力进行对比，看工作中心能否完成负荷任务。一般采取直方图的形式绘制出负荷/能力图，可直观地表明某工作中心在不同时段的负荷分布情况。

4. 负荷/能力调整

负荷/能力调整就是根据工作中心在不同时段的负荷分布情况，对负荷和能力做出相应的调整，以保证计划任务的完成。

调整负荷分布的措施有：①修改进度日程；②将批量拆分成若干个小批量；③推迟某些订单等。常用的临时提高有效生产能力的措施有：①采用备选工艺路线和设备；②增加工人、增加班次，从而增加有效工作时间；③外协加工等。

下面仍以本章第8.4.2小节资源清单法例题的资料，进一步核算能力需求计划。具体计算过程如下：

（1）收集能力需求计划所需的资料。见本章"8.4.2 资源清单法"例题的资料。

（2）计算各工作中心的负荷。首先，以平式车把总成为例，确定其下属物料在各工作中心的开工日期和完工日期。本书第7章表7-11和表7-12列出了平式车把及下属物料的计划投入、计划产出的时间和数量。这里需要将它们进一步落实到在各个工作中心的开始日期和结束日期。其中，"平式车把总成"是一个部件，该物料的生产过程只经历了一个工作中心，即装配中心。说明该物料在物料需求计划中的开始日期和结束日期就是其在装配中心的开始日期和结束日期；"平式车把"是经过烤漆工序之后的零件，由于烤漆工序是外协工序，能力需求计划不予以处理；"平式车把半成品"在物料需求计划中的提前期是2天，它经历了锯床和冲压两个工作中心，假设两个工作中心的提前期均为1天，则该物料在两个工作中心的开始日期和结束日期可根据物料需求计划的产出日期倒推计算得出；其他物料均依此处理。

接下来计算各工作中心各时段的负荷。以"平式车把半成品"为例，表8-17所示为其物料需求计划的结果，根据其工艺路线，"平式车把半成品"在锯床和冲压机两个工作中心各时段的计划需求负荷如表8-18所示。

表8-17 平式车把半成品的物料需求计划结果　　　　　　　　（单位：件）

物料：平式车把半成品　　批量：180件　　提前期：2　　　　安全库存：0

时段	当期	1	2	3	4	5	6	7
计划产出量			180			180		
计划投入量				180				

表8-18 "平式车把半成品"在两个工作中心各时段的计划需求负荷　（单位：min）

物料：平式车把半成品　　批量：180件

工作中心	单件总工时	1	2	3	4	5	6	7
冲压机	0.389		70.02			70.02		
锯床	0.186	33.48			33.48			

注：负荷=批量×单件总工时。

将所有物料在同一工作中心的计划负荷数加以汇总，并考虑已下达的未结订单负荷，即可得到该工作中心的能力需求计划。表8-19表示了冲压机工作中心的能力需求计划计算过程。

将冲压机工作中心各时段的能力需求量绘制成负荷/能力图，如图8-6所示，可直观地显示该工作中心在各时段的负荷分布情况，据此可以对负荷和能力做出相应的调整。

表 8-19 冲压机工作中心的能力需求计划计算过程　　　（单位：h）

设备数：2　　　　　　　　　　　　　　　　　　　　　　　日有效能力 27.36 台时

时段	本期下达任务号	未结任务号	物　料	能力需求	累　计
1	040234 042313 ⋮		运动式车把半成品 高抬式车把半成品 ⋮	1.02 1.28 ⋮	1.02 2.30 ⋮
	本期下达任务累计				23.64
		032432 ⋮	座管半成品 ⋮	2.45 ⋮	2.45 ⋮
		未结任务累计			5.23
	累计				28.87
2	040356 043471 ⋮		平式车把半成品 立管半成品 ⋮	1.17 0.82 ⋮	1.17 2.49 ⋮
	累计				21.82
3	040367 042440 ⋮		高抬式车把半成品 座管半成品 ⋮	1.28 2.45 ⋮	1.28 3.73 ⋮
	累计				23.12
4	040342 042563 ⋮		立管半成品 座管半成品 ⋮	0.82 2.45 ⋮	0.82 3.27 ⋮
	累计				29.72
5	040879 040234 ⋮		平式车把半成品 运动式车把半成品 ⋮	1.17 1.02 ⋮	1.17 2.19 ⋮
	累计				23.89
6	040890 040346 ⋮		运动式车把半成品 立管半成品 ⋮	2.04 1.64 ⋮	2.04 3.68 ⋮
	累计				21.34
7	040986 040998 ⋮		平式车把半成品 运动式车把半成品 ⋮	1.17 2.04 ⋮	1.17 3.31 ⋮
	累计				26.89

按照上述步骤，对所有工作中心进行能力需求量计算和分析，这就是能力需求计划的编制过程。

8.5.3　无限能力计划与有限能力计划

从能力需求计划的编制方式来看，可分为两类：无限能力计划和有限能力计划。

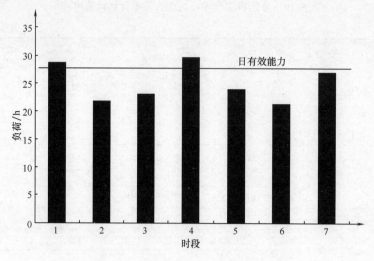

图 8-6 冲压机工作中心负荷/能力图

1. 无限能力计划

无限能力计划是指在制订物料需求计划时不考虑生产能力的限制,而对各个工作中心的能力与负荷进行计算,得出工作中心的负荷情况,产生能力报告。当负荷大于能力时,对超负荷(或能力不足)的工作中心进行负荷调整,采取的措施有加班、转移负荷工作中心、采用替代加工级别、替代工序、外协加工或直接购买。在采取以上各项措施均无效的情况下,只能延长交货期或取消订单。

这里所说的无限能力只是暂时不考虑能力的约束,尽量去平衡与调度能力,发挥最大能力,或进行能力扩充,目的是满足市场的需求。现行的多数 ERP 系统均采用这种方式。

对有些企业,超负荷的情况只是偶有发生,而且能力的增加也比较简单,比如加班、使用替代设备、外协或外包加工等。在这种情况下,无限能力计划是完全可行的。而对有些企业,负荷已经远超平均能力水平,即使通过延长工作时间、加班等方式将工作中心的生产能力发挥到最大也无法满足需求,同时没有替代设备或替代设备的生产能力也已计算在内,又因为工艺独特性等原因导致不能使用外协或外包的方式,那么其能力便是有限的,这种情况下就只能使用有限能力计划。

2. 有限能力计划

有限能力计划是指工作中心的能力是不变的或有限的,计划的安排按照优先级进行。先把能力分配给优先级高的物料,当工作中心负荷已满时,优先级别低的物料被推迟加工,即订单被推迟。

由于考虑了能力限制,工作中心的负荷工时总是不能超过该工作中心的能力工时,也就是说不会出现工作中心超负荷现象,因此,该方法计算出的计划可以不进行负荷与能力平衡。

这里的优先级是指物料加工的紧迫程度,优先级数字越小说明优先级越高。在编制主生产计划时,就对各个订单定义了优先级,订单展开后的各种物料都具有与该订单相同的优先级别。但在实际生产中,由于订单和生产条件的变化,也有重新确定物料优先级的问题。在此简单提一下,优先级的重新确定有两种方式,一种是针对工作中心单独调整任务优先级,称为顺序负荷(Vertical Loading)方式;另一种是所有相关工作中心同时调整任务优先级,称为平行负荷(Horizontal Loading)方式。顺序负荷方式给了各个工作中心极大的自由度,使其可以按照自己的特点安排生产。与之相比,平行负荷排出的生产计划,可能使得某些工作中心不能得到充分利用，但可以确保优先级高的任务能够完成。在进行负荷调节时，两种方式应适当利用。

图8-7所示为无限能力计划和有限能力计划的比较示意图。

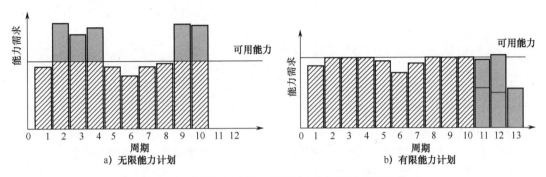

图8-7 无限能力计划和有限能力计划的比较示意图

3. 顺排计划和倒排计划

除上述两种能力计划方式外，还要提一下顺排计划和倒排计划（Front Scheduling & Back Scheduling）问题。能力负荷计划会指出瓶颈所在，为充分利用瓶颈的生产率，应从瓶颈向前，采用倒排的方式安排生产；从瓶颈向后，采用顺排的方式安排生产。以此来确定关键工作中心最大限度的利用，减少超负荷带来的压力。

8.6 投入/产出控制

既然有能力计划，就要有相应的措施来监察能力计划的实施，并针对出现的异常查明原因，即时纠正，以确保生产计划的有效实行。投入/产出（I/O）控制与其说是一种能力计划，不如说是为了达到上述目的而制定的针对能力负荷的需求管理措施。利用投入/产出控制可以检查能力需求计划与实际的匹配情况，检查工作中心是否在按照以及是否能按照所制订的计划执行，完成分配给它的任务。它以工作中心的生产能力为对象，比较其计划投入、实际投入、计划产出、实际产出、计划排队时间和实际排队时间之间的关系，来反映工作中心的工作情况，提示可能存在的问题，从而保证物料的均衡流程和生产的顺畅进行。表8-20是一示例。

在表8-20中，计划投入、实际投入、计划产出、实际产出和实际积压量等均以标准工时来计量。积压量代表的是投入和产出之间的缓冲，是已经下达但却尚未完成的积压订单。时段末的实际积压量等于上时段末的实际积压量加上或减去该时段实际投入和实际产出的差值。

表8-20 工作中心0433的投入/产出控制报告　　　　　　　（单位：h）

当期	周期				
	1	2	3	4	5
计划投入	15	15	10	10	10
实际投入	13	12	8	11	10
偏差	-2	-3	-2	1	0
累计偏差	-2	-5	-7	-6	-6

(续)

	当期	周期				
		1	2	3	4	5
计划产出		11	11	11	11	11
实际产出		11	10	12	12	8
偏差		0	−1	1	1	−3
累计偏差		0	−1	0	1	−2
实际积压量	15	17	19	15	14	16

表8-20可以帮助推测工作中心的运行情况。例如：

（1）计划投入与实际投入不符，说明物料未能按照计划准时到达。有两种可能：一是计划制订有问题，二是上道工作中心出了问题。

（2）计划产出与实际产出不符，说明本工作中心的执行情况有问题，比如设备的运行状态、员工的工作状态、产品质量、加班等有变。

（3）计划投入与计划产出之间的差值，表明了来自车间生产计划的需求能力与工作中心额定能力之间的差值。

（4）实际投入与实际产出的差值，表明了在制品积压数量的变化。

可以对计划投入与实际投入、计划产出与实际产出的累计偏差以及实际积压量规定一个控制界限，当累计偏差或实际积压量超过一定程度时，通过调整投入和产出，将它们控制在合适的范围以内。

图8-8形象地说明了工作中心产出的影响因素。控制阀门表示的是MPS、MRP等生产计划系统，在不超过最大投入能力的情况下决定了计划投入和计划产出，但是由于受到其他因素的影响，实际投入和产出与计划安排有所差别。如果实际投入过大，再加上失控订单导致的非正常投入，代表产出的泄水速度可能会低于进水速度，导致水位上升，即产品的排队时间增长，在制品越来越多，生产出现堵塞。可见，准确地估计投入产出能力，控制非正常投入对生产均衡进行是非常重要的。而要准确地估计投入产出能力，准确的工时定额是不可或缺的。

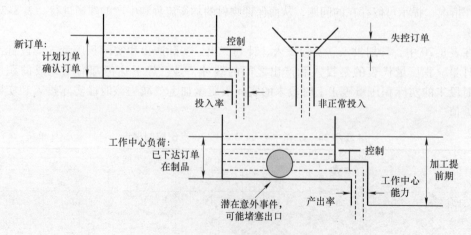

图8-8 工作中心生产能力控制

资料来源：陈启申．ERP——从内部集成起步［M］．2版．北京：电子工业出版社，2005．

负荷控制（Workload Control，WLC）方法是基于车间负荷的水平，通过对排队订单的投放控制来平衡产能与负荷，是一种典型的投入/产出控制方法，详见第 10 章。

8.7 服务能力

服务能力指的是服务系统的生产能力，即一个服务系统提供服务的能力程度，通常被定义为系统的最大产出率。影响服务能力的因素，除了服务系统的固定资产和员工外，还必须考虑服务需求。这并不是说制造业的需求不会对制造系统造成影响，而是因为服务业的产品特点导致服务系统的生产能力与需求间的关系更加紧密直接，需求的波动会直接导致服务能力的波动，而**不像制造系统可以通过库存等措施加以调节**。

与制造业相类似，服务能力的表达也可以分为产出和投入两种方式。如在表 8-2 中列出了剧院的服务能力表达方式，它的服务能力可以用座位数，即可容纳的顾客数量来表达，也可以用每场演出售出的票数，即观看演出的顾客数量来表达。又如对餐厅而言，其服务能力既可以表示为可同时容纳的就餐顾客数，也可以表示为每天（周、月）可接待的顾客数。

服务系统同样有自己的设计能力与实际能力。仍以餐厅为例，其设计能力可以这样计算

$$每天可接待的顾客数 = \frac{每天的营业时间 \times 座位数}{顾客平均用餐时间}$$

但在一般情况下，其实际能力是随顾客的密度而变化的。因为顾客的到来并非连续均匀的，在每天的上午和下午等非用餐时间内，餐厅纵然开业，也很少会有顾客光顾。而在中午或者晚上，顾客又会大量涌入，可能会有很多顾客因为找不到座位而离开。这样，在非用餐时间内仍保持过大的服务能力就形成一种浪费。因此很多餐厅会雇用临时工，让他们在用餐时间上班，既缩减了人工成本，又保证了必需的服务能力。

能力和需求不一致的情况，在制造业和服务业中都是存在的。海伍德-法马（Haywood-Farmer）和诺莱特（Nollet）指出，需求达到能力的 70% 左右是一种理想的状态，这样既可以使设备保持很高的利用率，又留有一定的余量可以应付突发状况。

不过海伍德-法马和诺莱特也指出，并不是所有的服务系统都应如此。在某些不确定性大、风险高的部门，利用率越低越好，比如消防、警备、医院等，必须保持很低的利用率；而相反，对不确定性很低的部门，如客运，追求的是 100% 的利用率；还有些部门，如体育场馆等，总是希望自己的门票脱销，不仅是因为其边际利润率近乎 100%，更因为观众越多，现场的气氛会越热烈，球队的斗志也会更高昂。最佳利用率的确定应由系统本身所提供的服务内容而定。

阅读材料

某电控产品制造中心基于主生产计划的生产能力规划

习 题

1. 生产能力的实物计量单位有哪些？如何借助不同的单位来测定设备组的生产能力？
2. 不同层次的生产能力计划和物料计划是如何对应的？物料计划和生产能力计划的关系是怎样的？

3. 生产能力计划基础数据有哪些？各自的内涵是怎样的？
4. 试比较 RCCP 与 CRP。
5. 投入/产出控制的作用是什么？
6. 拉式生产系统下，其能力利用程度比推式生产系统高还是低？为什么？
7. 找一项作业或服务，并描述如何测定其生产能力。
8. 结合自己所寻找到的作业或服务，若粗能力计划编制时没有发现超负荷现象，能力需求计划编制时却出现超负荷现象，试分析其原因和应对措施。
9. 结合自己所寻找到的作业或服务，试分析 I/O 控制中可能出现的现象和原因。
10. 某公司生产产品 A，由部件 B 和 C 组装而成，其产品结构如图 8-9 所示。

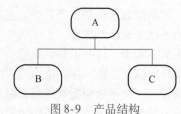

图 8-9 产品结构

该公司 MRP 系统中的相关记录如表 8-21、表 8-22 和表 8-23 所示。
表 8-24 列出的是各工作中心及对应的时间定额。

表 8-21 部件 A 在 MRP 中的相关记录　　　　　　（单位：件）

A		周 期					
		1	2	3	4	5	6
毛需求		25	25	25	25	25	25
预计接收量							
预计可用量	30	5	20	35	10	25	
计划订单下达量		40	40		40		

说明：批量=40 件，提前期=1，无安全库存。

表 8-22 部件 B 在 MRP 中的相关记录　　　　　　（单位：件）

B		周 期					
		1	2	3	4	5	6
毛需求		40	40		40		
预计接收量			20				
预计可用量	20	0	20	20	10	10	10
计划订单下达量		60		30			

说明：批量=30 件，提前期=1，无安全库存。

表 8-23 部件 C 在 MRP 中的相关记录　　　　　　（单位：件）

C		周 期					
		1	2	3	4	5	6
毛需求		40	40		40		
预计接收量		50					
预计可用量	10	20	30	30	40	40	40
计划订单下达量		50		50			

说明：批量=50 件，提前期=1，无安全库存。

表8-24　各工作中心及对应的时间定额

操　　作	工 作 中 心	生产准备时间	加 工 时 间
生产B	R1	2h	5min
生产C	R2	3h	9min
组装A	R3	2h	10s

每一个工作中心的额定生产能力均为8h，最大生产能力为16h。

请编制出各工作中心每个周期的能力需求计划，绘制出相应的负荷图，分析其负荷情况，并列出参考措施。

拓 展 训 练

调查一家服务型企业的顾客流量和顾客到达分布情况，设计该企业的运营能力，写出分析与设计报告。

参 考 文 献

[1] 陈启申. ERP——从内部集成起步 [M]. 2版. 北京：电子工业出版社，2005.
[2] 齐二石. 生产与运作管理教程 [M]. 北京：清华大学出版社，2006.
[3] 沃尔曼，贝里，怀巴克，等. 制造计划与控制：基于供应链环境 [M]. 韩玉启，陈杰，袁小华，等译. 北京：中国人民大学出版社，2008.
[4] 史蒂文森，张群，张杰. 运营管理 [M]. 北京：机械工业出版社，2008.
[5] 陈启申. MRPⅡ-制造资源计划概论：企业管理应用计算机的原理、方法与实践 [M]. 北京：北京农业大学出版社，1993.
[6] 李怀祖. 生产计划与控制 [M]. 北京：中国科学技术出版社，2001.
[7] 罗鸿，王忠民. ERP原理·设计·实施 [M]. 北京：电子工业出版社，2003.
[8] 邹虹，苏曼. 现代化企业管理理论和实践（MRPⅡ的理论与应用）[M]. 北京：中国物资出版社，1994.
[9] 蔡颖. APS供应链优化引擎 [M]. 广州：广东经济出版社，2004.
[10] 蔡斯，雅各布斯，阿奎拉诺. 运营管理 [M]. 任建标，等译. 北京：机械工业出版社，2007.
[11] 孙福权. 企业资源计划（ERP）[M]. 沈阳：东北大学出版社，2006.
[12] 颜安. 企业ERP应用研究 [M]. 成都：西南财经大学出版社，2006.
[13] 陈方，李建波. 微机MRP-Ⅱ系统设计与实现 [M]. 合肥：中国科学技术大学出版社，1993.
[14] 王人骅. 计算机集成生产管理：MRPⅡ的原理与方法 [M]. 北京：北京航空航天大学出版社，1996.
[15] 黄日安，李晓东，吴学毅，等. 现代企业管理信息系统——MRP-Ⅱ生产资源规划原理 [M]. 西安：陕西科学技术出版社，1996.
[16] 周玉清，刘伯莹. ERP理论、方法与实践 [M]. 北京：电子工业出版社，2006.
[17] WIENDAHL H-P. 面向负荷的生产控制：理论基础、方法与实践 [M]. 肖田元，等译. 北京：清华大学出版社，1999.

第9章
生产作业计划

 学习要点

- 生产作业计划的层次结构
- 大量流水生产的期量标准
- 工艺专业化工作中心的生产作业计划
- 作业排序的概念和基本方法
- 最优生产技术、约束理论、高级计划排程的基本概念和内容

传统上一般将工业企业生产作业计划分为厂级生产作业计划、车间级生产作业计划和工段/班组（工作中心）级生产作业计划三个层次。由于 MRP 具有强大的分解能力，原来的厂级作业计划功能事实上已经完全由 MRP 完成，因此现在的生产作业计划实际指的就是车间级作业计划及工作中心级作业计划。为了体现不同生产类型企业生产作业计划工作的系统性，本章在相应的部分对不同生产类型下不同层次作业计划之间的关系做了一定的描述。

 ## 9.1 生产作业计划概述

生产作业计划是企业物料计划的延续和具体化。通过生产作业计划，把物料计划中规定的各车间生产任务分解为各工作中心以及工作地或个人的作业任务，以具体指导和安排日常生产活动，保证按品种、质量、数量、期限全面完成物料计划。

9.1.1 生产作业计划的层次结构

生产作业计划的编制方法取决于车间内部的生产组织形式。车间内部的生产组织形式可分为两类：对象专业化工作中心和工艺专业化工作中心。

对象专业化工作中心的特点是，加工对象在一个工作中心内即可完成其全部的加工工序，一般不需再到别的工作中心加工。所以，对于对象专业化的工作中心，物料计划下达的车间生产任务可直接到达工作中心，与别的工作中心没有关系。生产作业计划的任务就是安排工作中心内部如何生产。对象专业化的工作中心又分为流水线和成组生产单元两类。对于流水线一般有标准计划模式（见本章第 9.2 节）；对于成组生产单元，生产作业计划的任务主要是安排各种工件的作业排序问题（见本章第 9.5 节）。

工艺专业化工作中心的特点是，只完成加工对象的一道工序（或一个工种）的加工，每个加工对象需要经过若干个工作中心的加工才能最后完成，而且各种加工对象的工艺流程各不相同。因此，工艺专业化工作中心这种生产组织形式的作业计划要比对象专业化工作中心复杂很多。一般分两个层次来做计划：一层是工序进度计划，用来安排工件在各工作中心之间的时间进度；另一层是工作中心内部的作业排程，用来安排工作中心内部在一定时段内多种工件的加工顺序。

上述两类生产组织形式的生产作业计划的结构关系如图9-1所示。

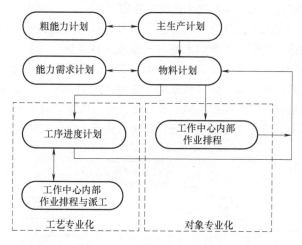

图9-1 生产作业计划的层次

9.1.2 制订生产作业计划的基本要求

1. 确保实现已确定的交货期

物料计划中规定了产品或零部件在各个生产车间的投入和产出时间，也就是下达给车间的各种物料都有不同的交货期要求，为了保证按期交货，生产作业计划必须精心安排，尽可能地满足所有物料的交货期限。如果因生产能力的限制或其他条件的制约不能保证所有任务按期完成，也应使延期的损失最小。

2. 减少作业过程的等待时间

提高生产效率的有效方法首先是增加作业时间，减少非作业时间，特别是等待时间。因此制订生产作业计划要妥善做好各生产环节的衔接，保证各工序连续作业、平行作业，缩短加工周期，减少时间损失。

3. 使作业加工对象的流程时间最短

流程时间是指加工对象从投入某个工艺阶段起始，直至被加工完成为止的全部时间。在制订生产作业计划时，运用科学方法进行合理的作业排序，可以明显缩短流程时间，给按期交货创造有利条件。

4. 减少在制品的数量和停放时间

在制品是指从原材料投放开始到成品产出为止，处于生产过程尚未完工的所有毛坯、零件、部件和产品的总称。在制品是生产流动资金的物化状态，在制品数量越多、在车间停放时间越长，流动资金周转速度越慢，造成的损失就越大，同时还会增加搬运作业量和在制品管理业务，占用场地。因此制订生产作业计划必须考虑在制品的影响，确定合理的占用量。

9.2 大量流水生产作业计划

9.2.1 流水生产线的特点及分类

大量生产的主要生产组织方式为流水生产，其基础是由设备、工作地和传送装置构成的设施系统，即流水生产线。流水生产的生产对象按照一定的工艺路线顺序地通过各个工作地，并按照统一的生产速度完成工艺作业的生产过程，具有以下特点：专业化程度高，流水线固定生产一种或几种制品，每个工作地固定完成一道或几道工序；工艺过程是封闭的，生产对象在流水线上完成其全部或大部分工序；工作地按工艺过程的先后顺序排列，生产对象在工作地间单向移动；生产过程分解为许多独立的可在相等的时间间隔内完成的工序，生产对象按照统一的生产速度进行生产，具有明显的节奏性；各工作地之间由传送装置连接。

流水生产线按照不同的分类特征可以进行不同的分类，常见的分类方式如图 9-2 所示。

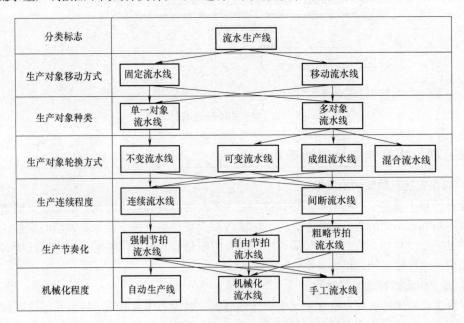

图 9-2　流水生产线分类

流水生产线是为特定的产品和预定的生产大纲所设计的，生产作业计划的主要决策在流水生产线的设计阶段中就已经做出。因此大量流水生产的生产作业计划的关键在于合理地设计好流水生产线。这包括确定流水生产线的生产节拍，给流水生产线上的各工作地分配负荷，确定产品的生产顺序等。

9.2.2 流水生产的期量标准

大量流水生产的期量标准有节拍、流水线标准工作指示图表、在制品定额等。

1. 节拍

节拍是流水线上出产两个相邻相同制品的时间间隔。节拍是组织大量流水生产的依据，是流水生产期量标准中最主要的标准，其实质是反映流水线的生产速度。它是根据计划期内的计划产量和计划期内的有效工作时间确定的。

（1）单一对象流水线节拍的确定。单一对象流水线是指流水线上只固定地生产一种制品的流水线形式。单一对象流水线节拍也叫作计划节拍或平均节拍,其大小取决于计划期生产任务的数量和完成该任务的时间。其计算公式为

$$r = \frac{F_e}{N} = \frac{F_0 \mu}{N_0/(1-\varepsilon)}$$

式中　F_e——计划期内的有效工作时间;

N——计划期生产任务的数量(含废品量);

F_0——计划期工作时间;

μ——时间利用系数;

N_0——计划期产量;

ε——生产废品率。

流水线某工序上两个相同制品的时间间隔为该工序的工作节拍,其计算公式为

$$r_i = \frac{t_i}{s_i}$$

式中　t_i——工序单件时间;

s_i——工序的工作地数量。

(2) 多对象流水线节拍的确定。多对象流水线是指流水线上可以生产两种或两种以上制品的流水线。其生产有三种基本形式:①可变流水线。其特点是在计划期内,成批轮番生产多种产品。在一段时间内,只生产一种产品,在完成该产品后,转而生产另一种产品。可变流水线在转换产品时需要对设备和工艺装备进行调整。②成组流水线,它是在成组技术的基础上将若干种结构和工艺相似的零件,按照成组加工工艺规程,使用专门的成组加工设备及工艺装备进行生产。其生产方式有两种:一种是将不同的相似零件按照一定时期产量的比例编成产品组,按照一定的投产顺序成组地生产;另一种是像可变流水线那样轮番生产。成组流水线在更换加工对象时基本不需要重新调整设备和工艺装备或者只需简单调整。③混合流水线,一般特指丰田公司创立的混合装配流水线,对于混合流水线的介绍将放在第 11 章,这里只介绍可变流水线节拍的确定。

由于可变流水线在一定的时间间隔内相当于单一对象流水线,其计划方式与单一对象流水线的计划方式相似,只需要额外考虑如何确定每个品种占用的生产期以及相应的品种节拍。而对于混合流水线,由于不同产品的作业内容不尽相同,作业时间也不同。这些不同往往会造成工作地的负荷变动不均衡,导致流水线的节拍不均、在制品拥挤等现象。因此,对于混合流水线,其生产作业计划的关键在于如何做好流水线平衡,以及如何对同时生产的产品品种进行混合编组,确定编组内各品种的数量与投产的顺序。

可变流水线节拍的确定方法有以下两种:①代表产品换算法。选择产量大、劳动量大、工艺过程比较复杂的产品为代表产品,将其他产品按劳动量比例关系(换算系数,见第 8 章)换算为代表产品的产量,按换算后的代表产品的总产量计算生产代表产品的节拍,然后用代表产品的节拍乘以各种产品的换算系数,即可得到各种产品的节拍。②劳动量比例分配法。将计划期有效工作时间按各种产品的劳动量比例进行分配,然后根据各种产品分得的有效工作时间和产量计算生产节拍。

2. 流水线标准工作指示图表

流水线标准工作指示图表又称流水线标准计划,是表明流水线内各工作地在正常条件下的具体工作制度和劳动组织方式的一种标准图表。它既是大量流水生产条件下进行日常生产管理的一个期量标准,又是标准的生产作业计划。在大量流水生产中,每个工作地都按一定的节拍反复地完成规定的工序。为确保流水线按规定的节拍工作,必须对每个工作地详细规

定它的工作制度，编制工作指示图表，协调整个流水线的生产。

编制流水线标准工作指示图表的过程，也是流水线工序同期化的过程。**所谓工序同期化，是指通过技术组织措施调整流水线各工序的时间，使其与节拍相等或与节拍成整数倍关系。** 工序同期化是流水生产组织设计的重要一环，同期化程度的高低决定了流水线的负荷率和连续程度。由于工序同期化程度不同，流水线连续程度不同，故有连续流水线和间断流水线。下面分别介绍其标准工作指示图表的制定过程。

（1）连续流水线工作指示图表。 连续流水线由于工序同期化程度高，各道工序生产率相等或相近，工作地负荷率高，每个工作地的工作制度也基本相同，所以其工作指示图表的表现形式较为简单，主要标明整个流水线的工作时间和间断时间。

表9-1所示为四种不同紧张程度连续流水线标准工作指示图表的示意图，图表中标明了每条流水线在轮班内工作的间断次数、间断时刻及每次间断时间。

表 9-1 连续流水线标准工作指示图表的示意图

流水线特点	时间/h								一班共计		
	1	2	3	4	5	6	7	8	间断次数(次)	间断时间/min	工作时间/min
装配简单产品					中间休息				2	20	460
装配复杂产品									3	30	450
机械加工									4	40	440
焊接									6	60	420

注：工作时间 □，间断时间 ■。

连续流水线的工序同期化程度高并不是自然形成的，需要经过复杂的流水线平衡设计。下面简单介绍装配流水线的平衡设计。

装配流水线平衡设计的任务是解决装配流水线的工作地负荷平衡问题，即研究实现装配流水线的工序同期化。其目的是使各工作地作业时间尽可能接近节拍，同时使装配流水线所需工作地数量最少，并符合高效率和按节奏生产的要求。

装配流水线平衡问题一般分为两类：第一类是给定生产节拍，在满足约束条件的情况下使流水线工位数量最少；第二类问题是给定流水线的工位数量，在满足约束条件的情况下使生产节拍最小。其中，最为常见的是第一类问题。

装配流水线平衡时，首先应符合各工序之间的先后顺序关系；其次应使每个工作地分配到的装配工步（作业单元）作业时间之和小于或接近节拍；最后，应使工作地数目最少，装配线有较高的负荷系数。因此，需要提供的装配工艺信息包括：根据装配工艺技术划分的装配作业单元、每个作业单元所需时间以及作业单元之间的先后关系，也就是初始的装配工艺网络图，参见图9-3。

装配流水线平衡的方法有多种，当装配流水线作业单元不多时，可以采用枚举法，将所有可能的方案列出，通过计算比较，选择最优方案。当作业单元很多、关系较复杂时，需要用一些专门方法解决装配流水线的时间平衡问题，如位置加权法、分支定界法、启发式法等。下面仅介绍采用分支定界法进行流水线平衡的方法和步骤。

分支定界法是运用分支定界并寻求最新活动节点的原理，先求出可行的工序组合方案，然后一边依靠返回检查，消除明显的不良工序组合方案，一边求出能使装配工序数最少的工序组合方案。

1）列出所有可能作为第一道工序的工步编组方案。在工步编组时，要使合并为一道工序的各工步时间之和小于节拍 r，这样每道工序可以由一个工作地完成。因此，最后计算所得的工作地数与工序数相等。

2）求出各编组方案时流水线上可能的最少工作地数 S_{ki}，它是根据编组后剩余的工步时间总和求得，其计算公式为

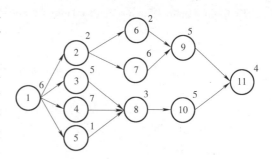

图 9-3　工步顺序图

$$S_{ki} = i + \left\lceil \frac{T - \sum_{1}^{i} t_i}{r} \right\rceil$$

式中　S_{ki}——第 i 道工序的某编组方案求得的流水线上的最少工作地数；

　　　t_i——第 i 道工序的单件加工时间（$t_i \leq r$）；

　　　T——各工步时间总和；

　　　$\lceil\ \rceil$——小数向上取整符号。

3）从各种编组方案中，选出 S_{ki} 最小的方案作为分支节点，在该节点分支。当 S_{ki} 值相等时，选取工序时间 t_i 最大的节点分支。

4）重复上述过程直至所有工步编组完毕。最后一道工序的工步编组完成后，可求得流水线上必需的工作地数，此为可行解 1，以 S_{b1} 表示。

5）按反工艺顺序从最后一道工序顺次向每道工序回溯。在未分支的节点中找出 S_k 小于 S_{b1} 的节点，从该节点进行分支，寻求比 S_{b1} 更小的可行解 S_{b2}。$S_{b2} < S_{b1}$，流水线的工作地数应为 S_{b2}。

以上过程继续直至各节点的 S_k 值均大于 S_b 值时，说明没有更好的编组方案，则 S_b 值为流水线上必需的最小工作地数。

下面举例说明应用分支定界法进行装配流水线的平衡。

例 9-1：设某产品的节拍为 10min。其装配工作可分为 11 个工步，各工步的时间定额如表 9-2 所示，各工步的先后顺序如图 9-3 所示。

表 9-2　各工步的时间定额

工步号	1	2	3	4	5	6	7	8	9	10	11
工步时间/min	6	2	5	7	1	2	6	3	5	5	4

第一步，根据工序单件加工时间等于或小于节拍时间的原则，及加工工步的先后顺序，列出所有可作为第一工序的编组方案。可有以下两个编组方案：

方案 1-1 {①，②，⑤}

方案 1-2 {①，②，⑥}

分别计算这两个方案的工序时间和 S_{ki} 值

$t_{11} = 6\text{min} + 2\text{min} + 1\text{min} = 9\text{min}$

$t_{12} = 6\text{min} + 2\text{min} + 2\text{min} = 10\text{min}$

$T = 6\min + 2\min + 5\min + 7\min + 1\min + 2\min + 6\min + 3\min + 5\min + 5\min + 4\min = 46\min$

$S_{k11} = 1 + \left\lceil \dfrac{46\min - 9\min}{10\min} \right\rceil = 5$；$S_{k12} = 1 + \left\lceil \dfrac{46\min - 10\min}{10\min} \right\rceil = 5$

因为 $S_{k11} = S_{k12} = 5$，$t_{11} < t_{12}$，所以决定从方案 1-2 的节点上分支。接着进行第二工序的工步编组。

第二步，在第一工序为①②⑥的基础上，组合第二工序工步的编组方案：

方案 2-1 {③，⑤}

方案 2-2 {④，⑤}

方案 2-3 {⑤，⑦}

计算各方案的 S_{k2} 值和 t_2 值

$t_{21} = 5\min + 1\min = 6\min$；$S_{k21} = 2 + \left\lceil \dfrac{46\min - (10\min + 6\min)}{10\min} \right\rceil = 5$

$t_{22} = 7\min + 1\min = 8\min$；$S_{k22} = 2 + \left\lceil \dfrac{46\min - (10\min + 8\min)}{10\min} \right\rceil = 5$

$t_{23} = 1\min + 6\min = 7\min$；$S_{k23} = 2 + \left\lceil \dfrac{46\min - (10\min + 7\min)}{10\min} \right\rceil = 5$

因为 $S_{k21} = S_{k22} = S_{k23}$，$t_{22} > t_{23} > t_{21}$，所以第二工序应在方案 2-2 的节点进行分支。

第三步，第三工序的编组方案如下：

方案 3-1 {③，⑧}

方案 3-2 {⑦}

$t_{31} = 5\min + 3\min = 8\min$；$S_{k31} = 3 + \left\lceil \dfrac{46\min - (10\min + 8\min + 8\min)}{10\min} \right\rceil = 5$

$t_{32} = 6\min$；$S_{k32} = 3 + \left\lceil \dfrac{46\min - (10\min + 8\min + 6\min)}{10\min} \right\rceil = 6$

由于 $S_{k31} < S_{k32}$，因此应在方案 3-1 的节点进行分支。

第四步，第四工序的编组方案如下：

方案 4-1 {⑦}

方案 4-2 {⑩}

$t_{41} = 6\min$；$S_{k41} = 4 + \left\lceil \dfrac{46\min - (10\min + 8\min + 8\min + 6\min)}{10\min} \right\rceil = 6$

$t_{42} = 5\min$；$S_{k42} = 4 + \left\lceil \dfrac{46\min - (10\min + 8\min + 8\min + 5\min)}{10\min} \right\rceil = 6$

因为 $S_{k41} = S_{k42}$，$t_{41} > t_{42}$，所以第四工序应在方案 4-1 的节点进行分支。

第五步，第五工序的编组方案，只有一个方案，即

方案 5-1 {⑨，⑩}

$t_{51} = 5\min + 5\min = 10\min$；$S_{k51} = 5 + \left\lceil \dfrac{46\min - (10\min + 8\min + 8\min + 6\min + 10\min)}{10\min} \right\rceil = 6$

第六步，第六工序的编组方案为

方案 6-1 {⑪}

$t_{61} = 4\min$；$S_{k61} = 6 + \left\lceil \dfrac{46\min - (10\min + 8\min + 8\min + 6\min + 10\min + 4\min)}{10\min} \right\rceil = 6$

全部工步编组结束，得到流水线必需的工作地数 $S_{b1} = S_{k6} = 6$。

第七步，由最后一道工序回溯，在第二道工序找到 $S_{k21} = S_{k23} = 5$，还没分过支，因为 $t_{23} > t_{21}$，所以决定在方案 2-3 的节点进行分支，寻求可行解 2，计算结果 $S_{b2} = 5$。因不存在 S_k 小于

5的节点，即求得流水线上最少的工作地数为5。作业分配结果如表9-3所示。

表9-3 作业分配结果

工序	一	二	三	四	五
作业编组	①②⑥	⑤⑦	③⑨	④⑧	⑩⑪
工序时间/min	10	7	10	10	9
工作地需要数	1	1	1	1	1

每道工序由一个工作地来完成。

将以上寻求最佳工步编组的过程用树形图列出，如图9-4所示，图中方框外左下角为S_k值，右下角为工序时间（单位：min）。

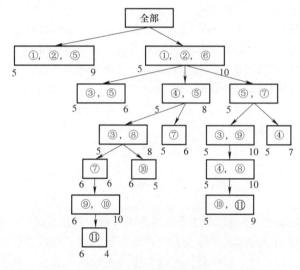

图9-4 分支定界寻优树形图

（2）间断流水线工作指示图表。间断流水线各工序的时间定额与流水线节拍不同步，所以各工序的生产效率也不协调，因此制定标准工作指示图表的内容比较复杂，一般包括：确定看管周期；确定看管周期内各工作地的产量及工作地（设备）负荷；确定工作起止时间，绘制标准工作指示图表；确定和配备工人，规定工作程序。

1）确定看管周期R。间断流水线没有实现完全工序同期化，反映到实际工作中就是各工序生产效率不同。流水生产要求有节奏地工作，这样就需要人为确定一个时间间隔，使得各工序在此时间内的生产效率达成一致，每道工序在该时间间隔内生产相同数量的制品，这个"时间间隔"就是间断流水线的看管周期，通常用符号R表示。间断流水线尽管在节拍意义下是不平衡的，但在看管周期的意义下是平衡的，所以，看管周期大于节拍和节奏。看管周期的长短要适宜。看管周期规定得太长，会引起生产中工序之间在制品占用量增加，进而占用更多的生产面积和资金；看管周期规定得太短，对负荷不足的设备和兼职的人员，交换工作就较频繁，不能充分利用设备和工人的工作时间。因此，看管周期长度的选择，应根据下列因素决定：①工人兼职的负荷；②工人看管设备的间距；③流水线上各道工序生产率协调程度；④零件的价值、工作地存放制品的面积。一般取一个班、1/2个班或1/4个班的时间为看管周期。

2）确定看管周期内各工作地的产量及工作地（设备）负荷。

① 根据各道工序的单件加工时间 t_i 和流水线的生产节拍 r，确定各工序的设备（工作地）数。

若 $t_i \leq r$，则 $S_i = 1$。

若 $t_i > r$，则 S_i 的取值取决于 t_i/r 的取值。若该比值为整数，则 $S_i = t_i/r$；若该比值不为整数，则取其整数部分加1。

② 确定各工序设备（工作地）在看管周期内的产量。流水线在看管周期的产量 Q 为看管周期 R 与流水线节拍的比值，即

$$Q = \frac{R}{r}$$

对于单一工作地工序，即 $S_i = 1$ 时，看管周期内工序设备（工作地）产量为 Q。

对于多工作地工序，即 $S_i > 1$ 时，满负荷的工作地数目应为 $S_i - 1$，看管周期的产量就是：

当工序中各工作地的产量 Q_i 相等时，产量 $Q_i = R/S_i$。

当工序中各工作地的产量 Q_i 不相等时，尽量安排满 t_i/r 的整数部分工作地，工作地满负荷的看管周期的产量 $Q_{im} = R/t_i$，而工作地负荷不满的看管周期产量 $Q_{in} = Q - Q_{im}(S_i - 1)$。

③ 计算看管周期内各工作地工作时间长度。看管周期内各工作地工作时间长度是该工作地看管周期产量与工序单件时间的乘积，即

$$R_i = Q_i t_i \text{ 或 } R_i = Q_i t_i \text{ 或 } R_i = Q_{in} t_i$$

④ 计算设备的负荷系数 k_i。

$$k_i = \frac{R_i}{R}$$

或

$$k_i = \frac{Q_i t_i}{R}$$

3）确定工作起止时间，绘制标准工作指示图表。对于负荷不满的工作地，要确定其在看管周期内工作的起止时间。此时其工序设备的开始工作时间一般是看管周期的开始时间，结束时间取决于工作时间的长短。特殊时，考虑工作地兼管的可能性，某些设备的开始时间要适当延后，但延后的条件是应当保证看管周期内的产量。同时，绘制标准工作指示图表。表9-4是间断流水线标准工作指示图表的一个实例。

表9-4 间断流水线标准工作指示图表

工序号	工时定额/min	工作地号	设备负荷率(%)	工人号	劳动组织	看管周期内作业指示图表/min						看管周期内产量(件)
						20	40	60	80	100	120	
1	12	01 02	100	01	多机床看管							10 10
2	4	03	67	02	兼管03、06							20
3	5	04	83	03	多机床看管							20
4	5	05	83	03								20
5	8	06	33	02								5
		07	100	04								15
6	5.6	08	94	05								20
7	3	09	50	6	兼管							20

4）确定和配备工人，规定工作程序。确定流水线上工人人数的同时，要考虑劳动组织形式，如实行多机床看管及兼职等办法。在此基础上，规定每个工人的工作程序。

3. 在制品定额

在制品是指从原材料投入到产品入库为止，处于生产过程中尚未完工的所有零件、组件、部件、产品的总称。在制品定额是指在必要的时间、地点和具体的生产技术组织条件下，为了保证有节奏地均衡生产所必需的在制品占用数量，也叫作在制品占用量，简称占用量。它是在正确划分在制品种类的基础上，通过分析计算分别制定出来的。在制品占用量结构图如图9-5所示。

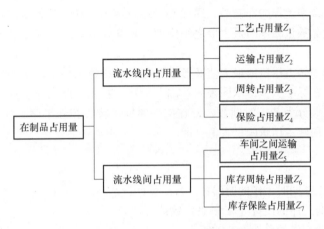

图9-5　在制品占用量结构图

大量流水中的在制品占用量分流水线内（车间内）占用量和流水线间（库存）占用量两类。流水线内占用量包括：工艺占用量、运输占用量、周转占用量和保险占用量四种。流水线间在制品占用量包括：车间之间运输占用量、库存周转占用量和库存保险占用量三种。

（1）**工艺占用量**。工艺占用量是指保证流水线全部工作地同时开始工作所必需的在制品数量，即分布在各加工、装配、检验工位上的毛坯、零件、部件、产品的数量。用公式表示为

$$Z_1 = \sum_{i=1}^{m} S_i q_i$$

式中　Z_1——在制品工艺占用量（件）；

m——工序数；

S_i——工序i的设备（工作地）数；

q_i——工序i的设备（工作地）一次加工数量。

工艺占用量是保证流水线按照计划节拍正常生产必须拥有的在制品数量，其数值是在流水线的设计过程中确定的。因此，欲减少工艺占用量，必须在流水线的设计阶段采取一定的技术组织措施。

（2）**运输占用量**。运输占用量是指流水线内处于运输过程中的在制品数量。它取决于运输方式、运输批量、运输间隔期、产品（零部件）体积及存放地情况等因素。其计算公式为

$$Z_2 = (m-1)n$$

式中　m——工序数；

n——运输批量。

同样，运输占用量的数值也是在流水线的设计过程中确定的。欲减少运输占用量，须在

流水线的设计阶段采取一定的技术组织措施。例如可以通过提高运输速度来减少运输占用量。

（3）周转占用量。周转占用量也叫作工序间流动在制品定额，它只存在于间断流水线中，是指间断生产条件下流水线上两个相邻工序之间，由于生产率不同，为使每个工作地能够连续完成看管周期产量，在工序之间存放的在制品数量，又称流动占用量。也就是说，若前道工序生产效率高于后道工序生产效率，则一个看管周期结束，后道工序会积压一批待加工的在制品（最大值）。若前道工序完成任务就停工，则后道工序能够逐渐完成待加工所积压的在制品。反之，若前道工序生产效率低于后道工序生产效率，则前道工序必须提前加工积存一定数量的在制品，以便后道工序能够不停歇地加工，逐渐把积存的在制品加工完。这种用于平衡工序间效率差异的在制品，周而复始地形成与消耗，其数量由最大到零，又由零增至最大，使在制品数量在零与最大值之间周期性地变化着，这种在制品定额叫作工序间流动在制品定额。

相邻工序之间周转占用量的最大值及形成时刻，与相邻工序生产率的差异以及工作起止时间有关。因此要在标准工作指示图表的基础上计算。首先按照相邻工序工作地数发生变化的情况，将看管周期分为若干时间段，即在同一时间段内，相邻工序工作地数不发生变化。然后依照下式计算周转占用量的最大值，即

$$Z_{\max} = t_s \left(\frac{S_e}{t_e} - \frac{S_1}{t_1} \right)$$

式中 t_s——前后工序同时工作的时间；

S_e、S_1——前后两工序的设备（工作地）数；

t_e、t_1——前后两工序的单件生产时间。

计算 Z_3，如果为正值，表明最大周转占用量形成于该时段的最后；如果 Z_3 为负值，表明形成于该时段的开始。

从表9-5可以看出，在生产过程中，前后两道工序生产数量的差额有规律地由小到大或由大到小变化。当前道工序生产率大于后道工序生产率时，两工序开始工作后，周转占用量逐渐积累增大，在时段结束时达到最大值。此时，前道工序必须暂时停止下来，直至后道工序将积累的流动占用量加工完。当前道工序生产率小于后道工序生产率时，则情形恰好相反。表9-5中，相邻工序间平均周转占用量为阴影的面积除以120，依次为3.5件、2件、0件、3.4件、2件、5件。

表9-5 周转占用量变化情况

工序号	工序时间/min	周转占用量形成地点	20min	40min	60min	80min	100min	120min	看管周期初周转占用量(件)	最大周转占用量(件)
1	12	工序1、2之间							7	7
2	4	工序2、3之间							0	4
3	5	工序3、4之间							0	0
4	5	工序4、5之间							0	6
5	8	工序5、6之间							4	4
6	5.6								10	10

相邻两工序之间存在效率差是形成周转占用量的根本原因，所以提高流水线的同期化程度是解决周转占用量的主要手段。

（4）保险占用量。保险占用量即保险在制品定额，是为了保证流水线上个别工作地或工序突然发生故障、出现废品，不至于影响到整个流水线的正常生产而设置的在制品数量。它可分为以下两种：①为整个流水线设立的保险占用量。这类保险占用量通常集中放置在流水线的末端，是用来弥补意外废品损失和防止前道工序出现生产故障、造成零件供应中断而设置的在制品。②工序专用保险占用量。这类保险占用量一般放置在关键工序和关键设备旁边，是用来弥补实际工作效率与计划节拍不符及设备发生故障时使用。一般是在负荷较高的工序或容易发生故障的工序建立保险在制品。这类在制品一经动用应及时补充，补充的时间一般安排在节假日或非工作班内进行。数量的多少根据生产线的可靠性与故障率确定。

保险占用量的大小，与制品的生产周期、制品的价值、生产工艺的复杂性与稳定性，以及设备调整时间的长短等因素有关。由于这些因素具有不确定性，因此需要在对积累的统计资料进行分析研究的基础上加以确定。

流水线内部在制品占用量，原则上就是由上述四种在制品占用量构成。但必须考虑各种不同流水线的特点来确定，如连续流水线不需要计算周转占用量，间断流水线可用周转占用量代替运输占用量。

（5）车间之间运输占用量。车间之间运输占用量是停留在车间之间的运输工具上和等待运输的在制品占用量。其作用和计算方法与 Z_2 类似。

（6）库存周转占用量。库存周转占用量是由于前后车间或流水线之间生产率不同或工作制度（班次或起止时间）不同而形成的在制品占用量。其作用是协调前后车间或流水线之间的正常生产。在班次均不同的情况下，可用下式确定

$$Z_6 = N_{\min}(f_{\min} - f_{\max})$$

式中　$N_{\min}$、$f_{\min}$——生产率低的班产量、工作班次；

$f_{\max}$——生产率高的工作班次。

（7）库存保险占用量。库存保险占用量是由于供应车间或流水线因意外原因造成交付延迟时，为保证需用车间正常生产而设置的在制品占用量。其计算公式为

$$Z_7 = \frac{T_{in}}{r}$$

式中　T_{in}——供应车间的恢复间隔期；

r——供应车间的生产节拍。

恢复间隔期具有不确定性，可依据统计资料分析确定。

车间或流水线之间的在制品占用量 Z_{st} 就是 Z_5、Z_6、Z_7 三种占用量之和。

在一般情况下，连续流水线有工艺在制品、运输在制品和保险在制品。间断流水线有工艺在制品、周转在制品和保险在制品。

在确定在制品定额时，还应注意以下几个问题：

（1）在制品定额是按每一种零件分别计算的，计算时应考虑生产过程的衔接，结合标准作业计划加以确定，然后按存放地点汇总成零件的在制品定额表。

（2）在制品定额表由生产部门编制，由财务部门估价和核算占用的流动资金。

（3）在制品定额确定后，必须按车间、班组、仓库细分，分级分工负责，共同管理好在制品。

（4）在制品定额一经批准，就成为全厂计划工作中一种非常重要的期量标准，它对稳定生产作业计划秩序和协调生产活动有极为重要的作用，应严肃对待，一定注意定额水平的变

动情况，定期进行调整。

9.2.3 生产作业计划的编制

在大量流水生产条件下，车间内部的生产作业计划主要是编制各流水线的作业计划。对于生产对象固定、生产任务比较稳定的单一对象流水线，基本上按标准计划进行工作，车间只需根据当月产量要求，适当调整流水线的工作班次和工作时间，所以这种流水线生产作业计划工作的核心问题是编制好流水线的标准计划，见表9-1和表9-4。

对于加工品种较多、需求变动较大的多对象流水线，情况就比较复杂，一般需要将作业计划与作业控制密切结合起来。例如，现在很多大量流水生产企业都采用ATO的生产模式，对于装配车间最终装配作业计划的编制，首先要做好订单投放管理（见第10章，WLC），以控制一定时期内装配流水线的总负荷，然后对各种订单排列优先级顺序。当在一段时间内只生产一种产品时（可变流水线），仍然按该产品的流水线标准计划执行即可。在编制每天的装配作业计划时，做好零部件的齐套检查和技术准备工作检查（见第10章）是非常重要的。如果采用混流装配生产模式，请看第11章。对于零件加工流水线和部件装配流水线，情况与最终装配流水线相似，不再赘述。

9.3 工艺专业化工作中心的生产作业计划

在成批生产和单件小批生产的机械制造企业，车间内部的工作中心一般有两种组织形式：工艺专业化的机群和成组生产单元。本节介绍工艺专业化机群的生产作业计划的编制。

9.3.1 零部件工序进度计划

下面通过一个简单的例子来说明零部件工序进度计划的编制过程。

图9-6所示为产品结构及物料提前期，MRP系统根据各种物料的提前期，计算并确定它们的开始时间和完工时间，然后下达到相应的车间。接下来是根据所加工零部件的工艺路线资料和工作中心资料，编制零部件的工序进度计划。

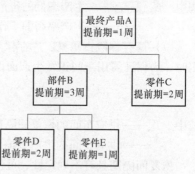

图9-6 产品结构及物料提前期

第一步，准备编制计划所需材料。

（1）零部件的工艺路线。如表9-6所示，说明零部件加工所经过的工序，各工序所在的工作中心，以及各工序的加工时间、准备时间、等待时间、转移时间和总时间（工序提前期）等。

表9-6 零件工艺路线

操作	工作中心	加工时间/天	准备时间/天	转移时间/天	等待时间/天	总时间/天	循环时间/天
零件D路线							
1	101	1.4	0.4	0.3	2.0	4.1	4.0
2	109	1.5	0.5	0.3	2.5	4.8	5.0
3	103	0.1	0.1	0.2	0.5	0.9	1.0
总提前期/天	10.0						

(续)

操作	工作中心	加工时间/天	准备时间/天	转移时间/天	等待时间/天	总时间/天	循环时间/天
零件 E 路线							
1	101	0.3	0.1	0.2	0.5	1.1	1.0
2	107	0.2	0.1	0.3	0.5	1.1	1.0
3	103	0.3	0.2	0.1	1.5	2.1	2.0
4	109	0.1	0.1	0.1	0.5	0.8	1.0
总提前期/天	5.0						

（2）工作中心资料。成批生产的工作中心一般是由同类型设备组成的设备组，是成批生产车间进行任务分配的基本生产单位。工作中心资料是指提供的计算生产能力所需的诸如班次、设备数量、生产效率、工时利用率、日有效能力等数据，如表9-7所示。

表9-7 工作中心生产能力

工作中心号	工作中心名称	班次（班）	设备数量（台）	生产效率	工时利用率	日有效能力[①]（台时/日）
101	转塔车床	1	4	0.80	0.90	23.0
102	螺钉车床	2	2	0.95	0.85	25.8
103	卧式铣床	1	4	0.80	0.90	23.0
105	切齿机	1	3	0.80	0.75	14.4
106	磨齿机	2	1	0.80	0.80	10.2
107	外圆磨	2	1	0.85	0.80	10.9
109	钻床	1	5	0.70	0.75	21.0
120	热处理	—	—			

① 日有效能力 = 8 × 班次 × 设备数量 × 生产效率 × 工时利用率。

（3）外购外协件供应资料。这些资料包括外购外协件的供应来源、供应周期、供应来源的生产能力以及备选的供应来源等。

第二步，推算零部件的工序进度日程。

对于新投产的任务，应从交货日期开始，反工序顺序，由后向前推算。按照工序时间、等待时间和转移时间决定作业任务在每道工序上的持续时间，计算出各工序的开始时间和结束时间。对于已经在车间内加工、由上期结转的尚未完成的在制任务，则从当前工序开始，由前向后推算。

如表9-6所示，零件D需要三道工序加工，时间分别为4天、5天和1天，总共10天或2周（每周按5天计）；零件E需要四道工序，时间分别为1天、1天、2天和1天，总共5天或1周。图9-7显示了MRP系统排出的各个零部件在各车间的开始时间和完工时间，车间内部零部件进度计划则根据各个零部件在各工序的持续时间（工序提前期）推算出它们在各工序的开始时间和结束时间。例如零件D的交货时间是第2周末，提前期2周，则开始时间是第1周初。将零件D按反工艺顺序推算，其第3、2、1道工序的结束时间分别是第2周的周五末、第2周的周四末和第1周的周四末，开始时间也这样推算。表9-8是零件D详细的反推工序进度计划表。

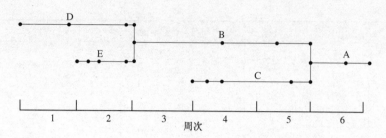

图 9-7 零部件的工序进度日程

表 9-8 反推的工序进度计划

零件号：D1205　　　　　　　　零件名称：零件 D
批量：80 件　　　　　　　　　交货期：175 天

工序号	工作中心	工作中心名称	搬运时间/天	到达日期	排队时间/天	开始日期	占用设备时间 = 准备时间 + 加工时间/天	完成日期	加工周号
		仓库	0.5	175					
30	103	钻床	0.2	173.8	0.5	174.3	0.2	174.5	33
20	109	卧式铣床	0.3	169.1	2.5	171.6	2.0	173.6	33
10	101	转塔车床	0.3	165	2.0	167.0	1.8	168.8	32

注：1. 一周按 5 天计。
　　2. 交货期、到达日期、开始与完成日期等都是工厂日历日期。
　　3. 加工周号也是按工厂日历编排的工作周的顺序号。

- 第三步，计算生产能力需求量（详见第 8 章中能力需求计划的编制过程）。
第四步，工作中心负荷分布情况的反馈与调整。
将工作中心负荷分布情况反馈给物料需求计划，若出现生产任务严重超过工作中心能力或各时段负荷不平衡的情况，物料需求计划将对生产任务进行调整，重新下达物料需求计划。如果物料需求计划仍不能解决能力平衡问题，可以继续向上反馈到主生产计划，推迟甚至撤销某些订单。经过这种反馈和调整机制，使得生产任务（负荷）与工作中心能够提供的生产能力达到平衡，而且尽可能地均衡。
第五步，制订正式的工序进度计划并组织实施。
一般来说，经过上述的能力需求计划情况反馈与调整，从总体上可以保证各工作中心生产任务与能力的平衡和各时段的均衡，继而可以编制零部件的工序进度计划了。但是并不是说车间级作业计划人员就无所作为了，实际生产中会发生很多复杂的情况，如工作中心设备的突然故障、出现不合格品、物料供应的延迟等，这些情况物料需求计划是不可能及时和完全掌握的。这就要求车间作业计划人员一方面将一些重大的问题及时反馈给物料需求计划员，另一方面，对一些细小的、琐碎的事情做出灵活的处理，如安排临时加班、临时调整工艺路线等。因此，零部件工序进度计划的编制不是一个全自动的过程，需要一定的人机交互。
根据负荷与能力的平衡结果，编制正式的作业进度计划，常用的除了规定工序的开工时间与结束时间的表格形式以外，还有甘特图（或称横道图）形式。

9.3.2 班组/工作中心作业排序与任务分派

班组/工作中心在确定了一定时期内（月、周）的工作任务后，根据各种零件的交货日期、单件时间和调整时间、批量等资料,进行作业排序和任务分派,也就是安排各种零件在工作中心内部的加工顺序,并具体分配落实到每台设备。

零部件工序进度计划依据各种零部件的工序提前期规定了各种零部件在各道工序(工作中心)的开始时间和结束时间。由于工序提前期中包含了较多的等待和转移时间,这就为工作中心的作业排序提供了条件。如图9-8所示,零件D的第一道工序持续时间(提前期)为4天,但排队等待和转移时间占了2.2天,真正占用设备的准备时间和加工时间只有1.8天,因此,零件D在该工作中心的开始加工时间就可以在最早和最迟之间灵活地安排了。

图9-8 零件D在工作中心的最早和最迟开工时间

在成批生产情况下,一般是根据零件作业排序的结果和设备负荷情况,隔一段时间(周、日)编制一次各工作地的负荷进度表,以此协调生产任务进度和设备负荷进度。该进度表一般只编制关键零件(优先级别高的、工序加工时间较长的)的进度,其他一般零件根据总进度要求,由工段、班组按具体情况灵活掌握,或采取临时派工予以解决,如图9-9所示。图9-9示例的工艺与计划数据如表9-9所示。

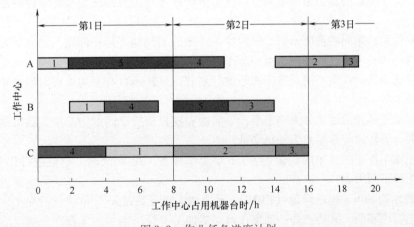

图9-9 作业任务进度计划

这里需要注意,表9-9和图9-9表示的案例已经突破了本节介绍的分两层(零部件工序进度计划层和工作中心内部作业排序层)编制生产作业计划的概念,而是将两个层次的计划同时排好。在零件数量较少和工序数也较少的情况下,通过手工也能够排出这种计划进度表,但是当零件数和工序数较多时必须用计算机按照一定的作业排序方法才能实现。

表 9-9　图 9-9 示例的工艺与计划数据

任 务 号	工作中心占用机器台时	交 货 期
1	A/2h, B/2h, C/4h	4 天
2	C/6h, A/4h	3 天
3	B/3h, C/2h, A/1h	4 天
4	C/4h, B/3h, A/3h	4 天
5	A/6h, B/3h	2 天

注：1. 表中的工作中心顺序代表各任务的工艺路线。
　　2. 工作中心的日平均工作时间为 8h。

9.4　作业排序

在编制成批生产作业计划与单件小批生产作业计划的过程中，由于生产多种产品，对生产设备的需求可能会发生冲突，因此，需要解决各个生产层次中生产任务的加工顺序问题，这里既包括哪个生产任务先投产，哪个生产任务后投产，还包括在同一设备上不同工件的加工顺序。这一过程称为作业排序。作业排序是作业计划的基础。合理的作业排序，可以缩短生产周期，提高按时交货的能力；充分利用设备能力，提高生产资源利用率；减少在制品数量，提高资金周转率。

9.4.1　作业排序的基本概念

1. 作业排序问题的分类和表示方法

排序问题有不同的分类方法，最常用的是按机器、零件和目标函数分类。

按照机器的种类和数量不同，可以分为单台机器排序问题和多台机器排序问题。其中多台机器排序问题又可以按照加工路线的特征，分为非流水作业排序问题和流水作业排序问题。非流水作业排序问题的加工路线不同，而流水作业排序问题的特征是所有零件的加工路线完全相同。

按照零件到达车间的情况不同，分为静态排序问题和动态排序问题。当进行排序时，静态排序问题的所有零件已经到齐，而动态排序问题的零件则陆续到达。

按照目标函数的性质不同对排序问题进行划分，目标函数有平均流程时间最短、误期完工零件数最少等。

还可以按照参数的性质分为确定型排序问题和随机型排序问题，其中，随机型排序问题的加工时间、等待时间等参数为随机变量。

一般把加工作业的排序问题表述为：n 项加工任务，在 m 个加工单位进行作业的问题，并将其分为以下两大类：

(1) 流水型 $m \times n$ 排序问题（FLW）。n 项加工任务经过 m 个单位进行加工，所有加工任务的工艺顺序相同。其特点是：如果在第一个加工单位决定了加工顺序，则以后的加工单位都应保持同一加工顺序。若有 n 项加工任务，就有 $n!$ 个排序方案。

(2) 非流水型 $m \times n$ 排序问题（RND）。n 项加工任务经过 m 个单位进行加工，所有加工任务的工艺顺序不相同或不完全相同，因此，非流水型排序问题的排序方案共有 $(n!)^m$ 个。

康韦（R. W. Conway）等人提出了排序问题的通用模型，即任何排序问题都可以用此模型描述，该模型是 $n/m/A/B$。其中，n 表示作业数量，n 必须大于 2，否则不存在排序问题；m 表示机器数量，m 等于 1 为单台机器排序问题，m 大于 1 则为多台机器排序问题；A 表示车间类型（其中，F 表示流水作业排序问题，P 表示流水车间排列排序问题，G 表示单件作业排序问题）；B 为目标函数，目标函数可以是单目标，也可以是多目标。例如，$n/3/F/C_{max}$，表示 n 个零件、3 台机器的流水作业排序问题，目标函数是使最长完工时间 C_{max} 最小。

2. 影响生产作业排序的因素

（1）**生产任务的到达方式**。在实际生产过程中，尤其是在单件小批生产条件下，反映生产任务订单的到达方式有两种：一种是成批到达（称为静态到达）；另一种是在一段时间内按某种统计分布规律到达（称为动态到达）。静态到达并不意味着用户同时提出订单，只是计划人员将一段时间内的订单汇总，一起安排生产作业计划。而在动态到达情况下，生产任务随到随安排，这就要求对生产作业计划不断进行修改，反映这些追加的生产任务。

（2）**车间中的设备种类和数量**。设备数量的多少明显地影响作业排序的过程。如果只有一台设备，作业排序问题将非常简单。而当设备数量及种类增多，各种生产任务将由多台设备加工才能完成，则问题将变得较为复杂，很可能找不到有效的排序方法。

（3）**车间中的人员数量**。在进行生产任务排序时，不仅是将生产任务分配给设备，同时也是分配给相应设备的操作人员。在特定的生产操作人员数量少于设备数量的情况下，尤其是服务系统，生产操作人员成为排序时必须考虑的关键资源。

（4）**生产任务在车间的流动模式**。在单件小批生产条件下，生产任务在车间内的流动路线是多种多样的。如果所有流动路线相同，则称为流水车间或定流车间。与流水车间相对应的另一个极端是流动路线均不一样的情形，工件是按照某种概率分布从一台设备流向满足加工需要的设备中的某一台设备，称为单件车间或非流水路线车间，这类排队服务系统在医院中是常见的。在现实生产中，更多的是介于两者之间的混合式加工车间。

（5）**作业计划的评价标准**。作业排序是编制生产作业计划的核心工作之一，其具体排序方法的选择与作业排序的评价标准密切相关。由于可操作性的缘故，通常对作业计划的评价集中在任务完成的程度方面，常见的有：

1）总流程时间 F_{min} 最短。总流程时间是指一批工件从进入某一车间或工艺阶段开始，到这一批工件加工完，全部退出该车间或工艺阶段为止的全部完工时间。如果这批工件完全相同，则总流程时间与这批工件的生产周期或加工周期相同；如果不同，则总流程时间与这批工件实际生产周期或加工周期（等待时间与加工时间之和）中最大的相同。

2）平均流程时间 $\bar{F}$ 最短。平均流程时间是指这批工件实际生产周期或加工周期的平均值。

3）最大延迟 L_{max} 或最大误期 T_{max} 最短。延迟是指工件的实际完成时间与预定的交货期之间的差额。这里既包括实际完成时间比预定的交货期晚，即通常意义下的延误，也包括实际完成时间比预定的交货期早的情况。提前完成生产任务并不一定是件好事，因为这意味着库存量的增加及生产资金提前被占用。误期是指通常意义下的延误。最大延迟 L_{max} 或最大误期 T_{max} 的关系为

$$T_{max} = \max\{0, L_{max}\}$$

4）平均延迟 $\bar{L}$ 或平均误期 $\bar{T}$ 最短。

5）平均在制品占用量最小。

6）总调整时间最小。在加工一批不同的工件时，每加工一个工件，设备需要调整一次，该批工件的调整时间之和称为总调整时间。

除了上述标准之外，还有延期罚款最小、生产费用最小、总利润最大、设备利用率最大等。由于实际生产过程中各种不确定因素的作用，实际标准具有不确定性，可用具有平均值和偏差的统计分布来表示。需要注意的是，这些标准彼此之间并不完全独立，例如使平均流程时间$\overline{F}$缩短意味着在制品占用量减少。

9.4.2 排序问题的调度规则

通常选择最优或近似最优顺序的方法有四种，即组合法、数学规划法（如线性规划、动态规划等）、探索法、特殊方法（如 S. M. 约翰逊计算法、坎贝尔-杜达克-史密斯计算法等）。

理论上可以采取遍历所有组合的方法确定每种加工方法的优劣。但加工品种一多，排序组合就会呈阶乘增加。假如品种增至 7 个，则排序组合将为 $7! = 7 \times 6 \times 5 \times 4 \times 3 \times 2 \times 1 = 5040$ 个。如果加工设备可按任意顺序加工，这个组合数目还要大。所以，采用组合法在使用上具有限制性。

从很多方法的应用实践中，人们建立了一套选择最优排序的规则，叫作调度规则，也叫作判定规则。这些规则可能很简单，仅需依据一种数据信息对作业进行排序，这些数据可以是加工时间、交货日期或到达的顺序。其他的规则尽管也同样简单，但可能需要更多的信息，通常需要一个指标，比如最少松弛时间规则和关键比率规则。还有另外的规则，比如约翰逊规则，可用于对一个机器序列上的作业进行排序，并需要一个计算程序来确定作业的顺序。下面列出了 10 个常用的优先调度规则：

（1）FCFS（先到先服务）。按照订单到达的先后顺序进行加工。

（2）SPT（最短作业时间）。首先加工所需时间最短的作业，然后是第二短的，以此类推。此规则也称为 SOT（Shortest Operating Time）。

（3）EDD（最早交货期）。将交货期最早的作业放在第一个进行。交货期指的是整个作业的交货期，OPNDD 指的是下一个作业的交货期。

（4）ESD（最早开始日期，即交货日期减去作业的正常提前期）。将最早开始的作业放在第一个进行。

（5）STR（剩余松弛时间）。STR 为交货期前的剩余时间与剩余的加工时间的差值。剩余松弛时间最短的作业优先进行。

（6）STR/OP（每个作业的剩余松弛时间）。STR/OP 最短的作业优先进行。STR/OP 的计算方法如下：

$$\text{STR/OP} = \frac{\text{交货期前的剩余时间} - \text{剩余的加工时间}}{\text{剩余的作业数}}$$

（7）CR（关键比率）。用交货日期减去当前日期的差值，再除以剩余的工作日数计算得出。关键比率最小的订单优先执行。

（8）QR（排队比率）。用计划中剩余的松弛时间除以计划中剩余的排队时间计算得出。排队比率最小的订单优先执行。

（9）LCFS（后到先服务）。该规则经常作为默认规则使用。因为后到的订单放在先到的上面，操作人员通常是先处理上面的订单。

（10）随机规则（随机排序或随意处置）。主管或操作人员通常随意选择他们喜欢的作业先执行。

9.4.3 作业排序方法

1. n 个作业的单机排序问题（$n/1$）

单台设备上的多个工件的排序问题是最简单的排序问题。当一台设备面对多个工件需要加工时，整批零件的完工时间不会因为加工顺序的改变而改变，但是不同的加工顺序会导致各单个工件的完工时间发生变化，从而影响工件按时交货。因此，对 n 项任务在单台机器上的排序问题的评价标准一般选择平均流程时间最小或最大延期量最小。

以下面的例子分析按各排序规则确定的加工顺序造成的不同结果。

例 9-2：某公司，5 个客户提供了他们的订单。详细的作业排序数据如表 9-10 所示。

表 9-10 作业排序数据

作业（按到达顺序）	加工时间/天	交货日期（从现在起天数）/天
A	3	5
B	4	6
C	2	7
D	6	9
E	1	2

公司必须决定 5 个订单的加工顺序。

（1）FCFS 规则。作业排序如表 9-11 所示。

表 9-11 FCFS 作业排序

作业顺序	加工时间/天	交货日期/天	流程时间/天				
			开始时间	+	加工时间	=	完成时间
A	3	5	0	+	3	=	3
B	4	6	3	+	4	=	7
C	2	7	7	+	2	=	9
D	6	9	9	+	6	=	15
E	1	2	15	+	1	=	16

总流程时间 = 全部作业的加工时间 + 全部作业的等待时间 = 3 天 + 7 天 + 9 天 + 15 天 + 16 天 = 50 天
平均流程时间 = 总流程时间/作业数 = 50 天/5 = 10.0 天
平均作业数 = 总流程时间/总加工时间 = 50 天/(3 天 + 4 天 + 2 天 + 6 天 + 1 天) = 3.125 个（或批）

比较每个作业的交货日期和流程时间，发现只有作业 A 能够及时交货。作业 B、C、D 和 E 都将分别延迟 1 天、2 天、6 天和 14 天。平均起来，每个作业要延迟 (0 天 + 1 天 + 2 天 + 6 天 + 14 天)/5 = 4.6 天。

（2）SPT 规则。作业排序如表 9-12 所示。

表 9-12 SPT 作业排序

作业顺序	加工时间/天	交货日期/天	流程时间/天
E	1	2	0 + 1 = 1
C	2	7	1 + 2 = 3
A	3	5	3 + 3 = 6
B	4	6	6 + 4 = 10
D	6	9	10 + 6 = 16

总流程时间 = 1 天 + 3 天 + 6 天 + 10 天 + 16 天 = 36 天
平均流程时间 = 36 天/5 = 7.2 天

SPT 规则的平均流程时间比 FCFS 的要短。此外，作业 E 和 C 可以满足交货日期，作业 A 只晚 1 天交货。平均起来，作业要延迟（0 天+0 天+1 天+4 天+7 天）/5=2.4 天。

(3) **EDD 规则**。作业排序如表 9-13 所示。

表 9-13　EDD 作业排序

作业顺序	加工时间/天	交货日期/天	流程时间/天
E	1	2	0+1=1
A	3	5	1+3=4
B	4	6	4+4=8
C	2	7	8+2=10
D	6	9	10+6=16

总流程时间=1 天+4 天+8 天+10 天+16 天=39 天
平均流程时间=39 天/5=7.8 天
平均延迟=2.4 天

在 EDD 规则下，作业 B、C 和 D 都将延迟。平均起来，作业要延迟（0 天+0 天+2 天+3 天+7 天）/5=2.4 天。

(4) **LCFS 规则、随机规则和 STR 规则**。表 9-14、表 9-15 和表 9-16 分别是 LCFS 规则、随机规则和 STR 规则的作业排序结果。

表 9-14　LCFS 作业排序

作业顺序	加工时间/天	交货日期/天	流程时间/天
E	1	2	0+1=1
D	6	9	1+6=7
C	2	7	7+2=9
B	4	6	9+4=13
A	3	5	13+3=16

总流程时间=46 天
平均流程时间=46 天/5=9.2 天
平均延迟=4.0 天

表 9-15　随机作业排序

作业顺序	加工时间/天	交货日期/天	流程时间/天
D	6	9	0+6=6
C	2	7	6+2=8
A	3	5	8+3=11
E	1	2	11+1=12
B	4	6	12+4=16

总流程时间=53 天
平均流程时间=53 天/5=10.6 天
平均延迟=5.4 天

表 9-16 STR 作业排序

作业顺序	加工时间/天	交货日期/天	流程时间/天
E	1	2	0+1=1
A	3	5	1+3=4
B	4	6	4+4=8
D	6	9	8+6=14
C	2	7	14+2=16

总流程时间 =43 天
平均流程时间 =43 天/5 =8.6 天
平均延迟 =3.2 天

将以上所有排序结果进行汇总，如表 9-17 所示。

表 9-17 排序结果汇总表

限调度规则	总完成时间/天	平均流程时间/天	平均延迟/天
FCFS 规则	50	10.0	4.6
SPT 规则	36	7.2	2.4
EDD 规则	39	7.8	2.4
LCFS 规则	46	9.2	4.0
随机规则	53	10.6	5.4
STR 规则	43	8.6	3.2

在这个例子中，SPT 规则的三个指标都是最优的，在实际中，也是如此，这可以通过一系列的模拟试验得以证实。SPT 规则一般是使作业流动时间最少和工作中心作业平均数（可视为在制品库存量）最少及利用率最大的最好方法，其主要缺点是让耗时长的作业等待，特别当新的时间短的作业不断添加到系统中时，等待时间可能会相当长。为避免这种情况的发生，可以采用各种各样的修正措施。例如，等候一定时间后，剩余作业就自动移到队头，这叫作截头 SPT 规则。

对于 EDD 规则，它在平均延迟天数这个指标上总是最优的，但是因为它没有考虑加工时间，有可能造成这样一种现象：有的作业等待加工的时间很长，使在加工存货与车间的拥挤程度增加。

对于 FCFS 规则，它的主要局限在于加工时间过长，常会使其他作业延期。然而，对于顾客直接参与其中的服务系统来说，FCFS 是迄今为止占据绝对优势的一项规则，这主要是出于固有的公平理念。FCFS 规则最大的优点是使用起来非常简单。

在作业排序的过程中，有时运用一个优先规则还不能唯一地确定下一个工作，这时可使用多个优先规则的组合。例如：SPT + FCFS + 随机，它的含义是，首先按 SPT 规则选择下一个工作，若有多项工作具有相同的优先权，则运用 FCFS 规则再选择，如仍有多项工作满足条件，再运用随机规则随机地选择一个。按照这样的优先调度方法，可赋予不同工作不同的优先权，使排序方案按预定目标优化。

2. n 个作业的双机排序（$n/2$）

多项任务在单台设备上加工时，不管任务如何排序，其最大流程时间总是固定值。在多项任务多台设备的排序问题中，加工顺序对总加工周期和等待时间有很大影响。贝尔曼

(R. Bellman) 提出的动态规划最优化原理证明，多项任务在两台设备上的加工顺序不同时无最优排序方案，即最优排序方案只能在两台设备加工顺序相同的排序方案中寻找，以保证总加工周期最短。

两台机器的排序方法分为两种情形。

(1) 流水型排序法。 约翰逊法是一种管理者用来使一组待加工作业通过两台机器或两个连续工作中心的操作时间最少的技术，它还能使工作中心内的总空闲时间最少。

首先，利用约翰逊法必须满足以下条件：

1) 各项作业在各工作中心的作业时间（包含换产与加工）必须已知且固定。
2) 作业时间必须独立于作业顺序。
3) 所有作业都必须遵循同样的两步式工作顺序。
4) 没有工作优先级。
5) 在作业被移送到第2个工作中心之前，其在第1个工作中心的所有工作内容都必须完全结束。

满足以上条件，才能按约翰逊法进行排序，其步骤如下：

1) 列出全部作业及其在各个工作中心的时间。
2) 选取时间最短的作业，如果最短时间在第1个工作中心，就将该作业排在第1位，如果在第2个工作中心，则将其排在序列的最后1位。
3) 消除这项作业及其时间，进行下一步的考虑。
4) 重复第2)、3)步，直到所有作业都已进入序列。

下例表明了如何使用约翰逊法。

例 9-3： 某冲模工厂有 4 件特殊的工作需通过 2 个工作中心（钻机和车床）的操作，各项工作的操作时间如表 9-18 所示，为这组工作进行排序，使总完成时间最短。

表 9-18　各项工作的操作时间　　　　　　　　　　（单位：h）

工 作	工作中心 1（钻机）	工作中心 2（车床）
A	5	2
B	3	6
C	8	4
D	10	7
E	7	12

解： 1) 选出操作时间最短的工作，即工作 A，时间为 2h，由于这个时间发生在工作中心 2，将其安排在最后，并清除作业 A 不再考虑，得到表 9-19。

表 9-19　各项工作的操作时间　　　　　　　　　　（单位：h）

工 作	工作中心 1（钻机）	工作中心 2（车床）
B	3	6
C	8	4
D	10	7
E	7	12

2) 表 9-19 中，工作 B 的操作时间是第 2 短的 (3h)。由于这个时间在工作中心 1，将它安排在第 1 位，并清除作业 B。

3) 第3短的是工作 C（4h），在工作中心 2，因而放在倒数第 2 位。
4) 余下的两项工作中最短的操作时间相同，即 7h。首先将工作 E 安排在工作中心 1，最后安排工作 D。所以作业排序为 B-E-D-C-A。
5) 按 B-E-D-C-A 的顺序列出加工时间表，如表 9-20 所示，按此表计算出整批工件通过时间为 35h。

表 9-20　各项工作的进度计划　　　　　　　　　（单位：h）

工作	作业时间 t_{ij}					
	工作中心 1（钻机）	工序开始时间	工序结束时间	工作中心 2（车床）	工序开始时间	工序结束时间
B	3	0	3	6	3	9
E	7	3	10	12	10	22
D	10	10	20	7	22	29
C	8	20	28	4	29	33
A	5	28	33	2	33	35

各工作中心的作业时间与空闲时间可通过图 9-10 表示出来。

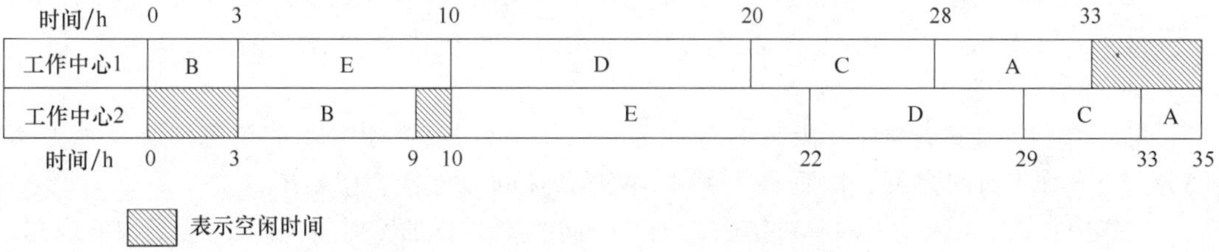

图 9-10　各工作中心作业时间与空闲时间分布图

(2) 非流水型排序法。 两台机器 n 项任务的随机排序方法被称为杰克逊法，它是对约翰逊法稍加修改后在随机型中的应用。其计算步骤如下：

第一步，将任务进行分类。对 n 项任务，将在机器 M_1 或机器 M_2 上的加工划分为以下四类集合：

1) $\{M_1\}$：只有一个工序，在机器 M_1 上作业的工件集合。
2) $\{M_2\}$：只有一个工序，在机器 M_2 上作业的工件集合。
3) $\{M_1, M_2\}$：第一工序在机器 M_1 上加工、第二工序在机器 M_2 上加工的工件集合。
4) $\{M_2, M_1\}$：第一工序在机器 M_2 上加工、第二工序在机器 M_1 上加工的工件集合。

第二步，按约翰逊法，对 $\{M_1, M_2\}$ 和 $\{M_2, M_1\}$ 分别排序。由于 $\{M_1\}$ 和 $\{M_2\}$ 与所需总时间的大小与排序先后并无关系，可以任意排序。

第三步，按下列规则排序：

机器 1：$\{M_1, M_2\}$，$\{M_1\}$，$\{M_2, M_1\}$
机器 2：$\{M_2, M_1\}$，$\{M_2\}$，$\{M_1, M_2\}$

下例表明了如何使用杰克逊法。

例 9-4：某冲模工厂有 10 项工作需通过 2 个工作中心（钻机和车床）的操作，各项工作的操作时间如表 9-21 所示，为这组工作进行排序，使总完成时间最短。

表 9-21　各项工作的操作时间　　　　　　　　　　　　（单位：h）

工 作	加 工 顺 序	工作中心 1（钻机）	工作中心 2（车床）
A	—	2	—
B	—	3	—
C	—	—	3
D	—	—	2
E	先 1 后 2	8	4
F	先 1 后 2	10	7
G	先 1 后 2	5	8
H	先 2 后 1	7	12
I	先 2 后 1	5	6
J	先 2 后 1	9	4

解：1）对任务按加工设备进行分类。

{A，B}：只有一个工序，在工作中心 1 上作业的工件集合；

{C，D}：只有一个工序，在工作中心 2 上作业的工件集合；

{E，F，G}：第一工序在机器 M_1 上加工、第二工序在机器 M_2 上加工的工件集合；

{H，I，J}：第一工序在机器 M_2 上加工、第二工序在机器 M_1 上加工的工件集合。

2）分别对各类集合进行排序。

① 对单机作业进行排序。由表 9-21 可知，工作中心 1（钻机）上的单机作业 A 加工时间为 2h，B 加工时间为 3h，按照 SPT 规则，两项作业的加工顺序为 A-B。

工作中心 2（车床）上的单机作业 C 加工时间为 3h，D 加工时间为 2h，按照 SPT 规则，两项作业的加工顺序为 D-C。

② 对双机作业进行排序。按约翰逊法，对工作 E、F、G 进行排序：

工作 E 在工作中心 2 上的加工时间 4h 为最短工时，排到最后；

工作 F、G 中最短工时 5h 为工作 G 在工作中心 1 上的加工时间，排到第 1 位；

可得到 {E，F，G} 的排产顺序应为：G-F-E；

同理，可得 {H，I，J} 的排产顺序应为：I-H-J。

3）分别在工作中心 1 和工作中心 2 上进行作业排序。

按照杰克逊法排序，可得这 10 项工作的排产顺序为：

工作中心 1（钻机）：{G，F，E}，{A，B}，{I，H，J}

工作中心 2（车床）：{I，H，J}，{D，C}，{G，F，E}

4）按各工作中心的加工顺序列出加工时间表，如表 9-22、表 9-23 所示，按此表计算出整批工件通过时间为 49h。

各工作中心的作业时间与空闲时间可通过图 9-11 表示出来。

3. 3 台机器上 n 项作业的排序（n/3）

（1）流水型排序法。对 3 台机器上的 n 项作业的排序问题，如果满足下面的两个条件之一或均满足，可以按基于约翰逊法的扩展方法约翰逊-贝尔曼规则（Johnson-Bellman's Rlue，以下简称约贝规则）的扩展方法求得最优解：

1）机器 1 上的作业最小操作时间至少等于机器 2 上作业的最大操作时间。

2）机器 3 上的作业最小操作时间至少等于机器 2 上作业的最大操作时间。

表 9-22　工作中心 1（钻机）各项工作的操作时间　　　　（单位：h）

工作	工作中心 1（钻机）		
	加工时间	工序开始时间	工序结束时间
G	5	0	5
F	10	5	15
E	8	15	23
A	2	23	25
B	3	25	28
I	5	28	33
H	7	33	40
J	9	40	49

表 9-23　工作中心 2（车床）各项工作的操作时间　　　　（单位：h）

工作	工作中心 2（车床）		
	加工时间	工序开始时间	工序结束时间
I	6	0	6
H	12	6	18
J	4	18	22
D	2	22	24
C	3	24	27
G	8	27	35
F	7	35	42
E	4	42	46

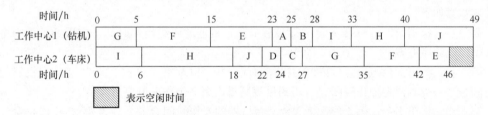

图 9-11　各工作中心作业时间与空闲时间分布图

求解的方法是：假设 2 台机器 G、H 代替这 3 台机器，零件在假想机器 G 上的操作时间为机器 1 与机器 2 上操作时间之和，在假想机器 H 上的操作时间为机器 2 与机器 3 上操作时间之和，这样，问题就转化为了对 G、H 两台假想机器的作业排序问题，用约贝规则便可求得最优解，即使 3 台机器上的操作时间不符合上述条件，也可操作这种方法求得近似的最优方案。

例 9-5：有四项作业 A、B、C、D，需经过 3 台机器的加工，它们在各机器上的操作时间如表 9-24 所示，试决定它们的作业顺序。

表 9-24　各作业在各机器上的操作时间　　　　（单位：h）

作业	机器 1，T_1	机器 2，T_2	机器 3，T_3
A	13	5	9
B	5	3	7
C	6	4	5
D	7	2	6

解：从表 9-24 中可以看出，前面提到的两个条件均满足，因此可假想 2 台机器 G、H 代替这 3 台机器，其操作时间如表 9-25 所示。

表 9-25 假想机器 G、H 的操作时间　　　　　　　　　　（单位：h）

作　业	机器 G, $T_1 + T_2$	机器 H, $T_2 + T_3$
A	18	14
B	8	10
C	10	9
D	9	8

运用约贝规则，可得作业顺序为 B-A-C-D。

(2) 非流水型排序法。对于 3 台机器上加工的非流水型排序问题，理论上可以采用完全列举法得出最优排序方法，但随着工件数目的增加，求解非常困难。吉弗劳和汤普森提出了吉弗劳和汤普森法，即在逐次对加工任务进行排序演变的同时，得出若干个可行的排序方案，从中选出最优方案作为最终的作业排序。这种方法又称为缩小所需总时间和启发式排序法。随着计算机和信息技术的发展，可以通过 WITNESS、E-power 等仿真软件模拟投产顺序，寻求最优方案。

4. m 台机器上 n 项作业的排序（n/m）

m 台机器上 n 项作业的排序是实际中最常见的排序问题，用分支定界法可求得最优解。但随着问题规模的扩大，计算量相当大，甚至连计算机也难以求解，故无法应用于实际生产之中。此外，还需要考虑经济性，如果求最优解所付出的代价超过了这个最优解所带来的好处，则得不偿失。

(1) 流程型排序法。对流程型问题，有一个有效的启发式算法，称为 CDS 算法，该算法是将 $n/3$ 的约贝扩展方法进一步扩展到一般的 n/m 问题，以求得一个近似的最优解。

其步骤如下：

第一步，根据第 1 台与第 m 台（即最后 1 台）机器的两组操作时间，应用约贝规则排出第 1 个作业顺序方案。

第二步，将第 1 台与第 2 台机器的操作时间合并，以及第 ($m-1$) 台与第 m 台机器的操作时间合并，得到两组操作时间，应用约贝规则排出第 2 个作业顺序方案。

第三步，将第 1 台、第 2 台、第 3 台三台机器的操作时间合并，以及第 ($m-2$) 台、第 ($m-1$) 台、第 m 台三台机器的操作时间合并，又得到两组操作时间，应用约贝规则，排出第 3 个作业顺序方案。

第四步，重复以上运算，最后将第 1 台、第 2 台、…、第 ($m-1$) 台共 ($m-1$) 台机器和操作时间合并，以及将第 2 台、第 3 台、…、第 m 台共 ($m-1$) 台机器的操作时间合并，得到两组操作时间，也应用约贝规则排出第 ($m-1$) 个作业顺序方案。

第五步，根据以上 ($m-1$) 个工作顺序方案，分别作图求出它们的总流动时间，从中取得最小值，最小值所对应的排序方案为最优的或近似最优的方案。

(2) 非流水型排序法。对于 n 项任务在 m 台机器上的随机型排序问题，一般来说有 $(n!)^m$ 个排序方案，要想在 $(n!)^m$ 个排序方案中找出最佳排序方案极为困难，只能借助计算机采用优化算法来解决。

9.5　约束理论和高级计划排程

由于消费者需求日益多样化，原材料价格与人力成本逐渐提高，全球领域的市场竞争日益激烈，使得传统的生产方式面临严峻的挑战。寻求新的生产方式以及新的生产管理技术以求生存和发展，成为各国企业界和学术界高度关注的问题。约束理论（Theory of Constraints，TOC）和高级计划排程（Advanced Planning and Scheduling，APS）在生产计划与控制理论、方法和技术发展中占据了重要的地位。

9.5.1 约束理论

20世纪70年代，高德拉特博士提出了最优生产时间表（Optimized Production Timetable）的概念——80年代它被称作最优生产技术（Optimized Production Technology，OPT），瓶颈的思想开始深入人心。OPT实质上是一种基于资源的瓶颈约束计划。1983年，他借助一本管理小说《目标》（*The Goal*），将OPT扩展为了约束理论，又陆续出版《绝不是靠运气》《关键链》和《仍然不足够》形成一套完整的管理哲理，从制约整体的约束因素入手，解决约束，解放整体。

1. 最优生产技术

OPT理论设定的企业目标是现在和将来企业都能不断地赚钱。而衡量这个目标的财务指标有三个：净利润、投资回报率和现金流量。这三个指标与会计中的概念并无太大区别。围绕这三个财务指标，OPT理论又设定了三个作业指标：有效产出、存货和运行费。这三个指标则与传统概念不同。有效产出是指企业通过销售活动获得金钱的速度，生产出来但却无法销售掉的不能算有效产出，也即"收进来的钱"。存货是指系统用来采购资源的钱，包括原材料、在制品、成品、提取折旧后的固定资产等占用了资金的实物，也即"积压中的钱"。运行费是指系统将存货转化为有效产出所必须花费的钱，也即"花出去的钱"。OPT理论用这三个指标衡量了整个生产系统。

OPT中一个很重要的概念是"瓶颈"。在理想的制造企业中，各工序生产能力相同，彼此同步进行，物料均衡流动，不会有中间库存，不会有不合格品打断生产。但这显然是不可能的，不同的工作中心具有自己不同的能力，总会有一个最低的环节限制住整个系统的运行，卡住整个系统的"脖子"。瓶颈指的是整个系统中生产能力最低的环节。企业可能有多个环节的生产能力低于或者等于能力需求，但只有最低的才是瓶颈。这个需求不一定是市场的需求，有可能是企业内部的生产计划对该环节提出的需求。

在此基础上，OPT提出了九条原则，作为自己的基本思想。这九条原则有很多已经应用在了生产管理之中。许多ERP软件的编写也是围绕这九条原则展开的。

（1）平衡的对象是物流而非能力。OPT提出，各生产环节的能力是不可能取得一致的，也不可能一直与市场需求保持一致。因为市场是动态多变的，总是处在不断的波动之中，强行平衡各环节的能力，只会是一件吃力不讨好的事情。企业需要做的，是以瓶颈为中心，平衡企业的物料流，让各环节的物料流动与瓶颈处保持一致。

（2）非瓶颈资源的利用程度是受瓶颈决定的。瓶颈制约着非瓶颈的利用程度，缺少瓶颈的参与，在制品便不能转换为可销售的成品，若无视瓶颈，妄自把非瓶颈的利用程度提到100%，只会导致在制品的增加，继而导致存货和运行费的增加，而不会增加有效产出。或者非瓶颈环节处在瓶颈环节的后面，那么受瓶颈供给的制约，非瓶颈环节只能处在一种"吃不饱"的状态。由此可见，非瓶颈资源的利用程度并不是由自身的潜力决定的，而是由瓶颈决定的。

（3）资源的"利用"和"活化"是不同的。利用（Utilization）是指应该利用的程度，活化（Activation）是指能够利用的程度。结合上述原则，非瓶颈资源是允许被闲置的，虽然其"活化"程度是100%，但其多余的产出会造成费用的增加，因此是不应该利用的，其

"利用"程度是低于100%的。"利用"注重的是资源利用的有效性,而"活化"注重的是资源利用的可行性。一味追求非瓶颈资源的利用率,只会增加在制品库存。

(4) 瓶颈的损失是整个系统的损失。假设某非瓶颈资源的利用程度是90%,那么即便它损失了10%的加工时间,仍然可以利用富余的10%来弥补。而对瓶颈资源来说,其利用程度是100%,任何一点损失都是无法弥补的,整个生产系统都会因此受到损失。为此,需要尽量增加瓶颈资源的产出,缩短其准备时间,将尽可能多的时间用在加工上。

(5) 非瓶颈资源获得的额外时间是没有意义的。如上所述,非瓶颈资源本身便是闲置的,提高其加工效率,缩短其准备时间,只能是让它更加闲置而已,对整个系统的有效产出并没有什么意义。

(6) 瓶颈控制着存货和有效产出。基于平衡物流的思想,非瓶颈的生产与瓶颈生产应是同步的,其存货水平只要能保证瓶颈生产的稳定进行即可,过多的存货只能是浪费,因此瓶颈控制着存货。

有效产出指的是企业通过销售活动获得金钱的速度,它由两个因素直接决定:市场需求和企业生产能力。瓶颈有可能出现在任何方面。从物料的角度讲,有效产出的实质是物料从企业流入了市场。当企业生产能力为瓶颈时,供不应求,需求环节出现浪费;当市场需求为瓶颈时,供过于求,有效产出也不会增加。因此瓶颈也控制着有效产出。

(7) 转运批量与加工批量可以不相等,甚至有些时候应该不相等。OPT将在制品分为两种不同的批量形式:加工批量(设备经过一次调整准备加工的零件数量)和转运批量(工序间一次运输的数量)。一方面为充分利用瓶颈资源,其加工批量应该尽可能大,避免其出现等待物料或者将时间浪费在调整准备上的现象出现;另一方面,转运批量的增加意味着在制品即存货的增加,因此转运批量要尽量减小。这很容易使得转运批量与加工批量不相等。

(8) 加工批量可视具体情况而变动。该原则与原则(7)是相适应的。加工批量,尤其是非瓶颈的加工批量,在考虑库存费用、零部件需求等要素的基础上,应当是可以变动的,不必固定不变。

(9) 制订生产计划时需兼顾所有约束条件,提前期应当是计划的结果,而非完全预定。提前期并非完全按照传统MRP那样预先定好的,它会受到生产实际情况的约束,如随产品优先级的确定和能力约束而发生变化,它应当是生产计划的结果,而不能过多地干涉生产计划。

2. DBR 系统

DBR(Drum, Buffer, Rope)系统是"鼓、缓冲器和绳子"系统的简称,是实现TOC生产计划与控制的重要方法之一。

如图9-12所示,用队伍表示生产系统。其中速度最慢的人,就是生产系统的瓶颈资源,他的速度决定了整个系统的生产节拍。速度最慢的人可以在队伍的最前面,也可以不在最前面。当他不在最前面的时候,为防止前面的人走得太快,可以用一根绳子将大家拴在一起。除此之外,还按照最慢的人的速度敲鼓,大家一起按照鼓点行进,这个鼓点意味着生产系统的节拍。人与人之间的绳子长度表示了在制品的存量。最慢的人,前面的绳子留得最长,这是一种缓冲器,既使得他不会因前面的人跌倒而受影响,也可以自己加把劲儿多赶几步。

按照这个理论可以分别给出生产系统中"鼓、缓冲器和绳子"的定义。

鼓:瓶颈资源。瓶颈资源的产出速度决定整个系统的运营速度,即瓶颈控制着企业同步生产的节拍,所以称为"鼓"(Drum)。在安排生产计划时,应首先把优先级计划安排在约束资源上。"鼓"反映了系统对约束资源的利用,"鼓"的目标是有效产出最大。

缓冲:为了保证瓶颈资源不会出现缺料停工而设置的时间或库存,往往需要结合实际生产情况来设定。缓冲分为鼓缓冲、装配缓冲、发运缓冲。

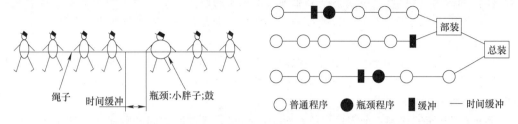

图 9-12 DBR 系统图

1）鼓缓冲：在瓶颈前设置的时间或库存缓冲。其目的在于保证瓶颈工序的开工和运行不会受到前面工序生产率波动或者生产故障等因素的影响。一般大批量生产采用库存缓冲，单件小批生产则采用时间缓冲。有了这个缓冲，我们就能有一些缓冲渗透（Buffer Penetration）来承受有限计划鼓的影响的风险。

2）装配缓冲：用于保证和关键鼓链的零件具有配套装配要求的非鼓链具有充足的到达时间而设置的时间或库存缓冲。只有和通过鼓计划的子项配套时，非鼓链上才会出现装配缓冲，如果这些子项没有通过鼓计划，装配缓冲是不会产生的。

3）发运缓冲：在订单完成日期之前到达的时间缓冲，用来保护独立需求物料的按期交货能力。大部分情况下所有的产品结构链都具有发运缓冲的作用。

DBR 系统给了生产管理很多提示，如：

（1）找到最慢的人（鼓）——瓶颈所在。

（2）以最慢人的速度（鼓点）控制队伍的行进——以瓶颈来控制整个系统的物料流动。

（3）队伍要想加快速度，就必须让最慢的人走得快一些——瓶颈的改善才能使整个系统得到改善。

（4）人越慢，前面留的绳子越长——能力越低，所需求的缓冲越多。

（5）用"鼓"控制速度，追求产出率的最大；用"绳子"控制物料流动，使库存量最小。

由此，可以引出约束理论在处理问题时的五个步骤：

（1）找出系统最重要的约束——瓶颈所在。 约束指的是阻碍企业实现目标的因素。约束有实物形式和非实物形式。实物约束如设备、物料；非实物约束如政策、市场、管理。这里一直讲的瓶颈，便是其中最重要的约束，即整个队伍中最慢的人。

（2）千方百计发挥瓶颈的潜在能力。 DBR 中，小胖子速度最慢，还背了一个大背包，装了一包的食物和工具。因此，先采取的优化措施就是把背包里东西分给其他速度快的人。企业要做的也是如此，要保证瓶颈环节做的是只有它才能做的事情，而且是在以一种所能达到的最有效率的方式来进行。比如将某些其他环节可以加工的任务分出去；比如设计质检环节，不让不合格的半成品进入加工环节；比如加强设备管理，保证设备能以最佳的状态投入生产等。

（3）让整个系统服从瓶颈的需要。 要按照第（2）步所确定的措施来改变整个组织，由其他环节来承担瓶颈环节分出去的任务；借助"绳子"将瓶颈和其他环节连在一起，借助"鼓"来控制生产节奏，保持整体一致。

（4）能动地消除瓶颈。 上述措施都只是被动地去适应瓶颈，见效快，措施容易实行。除此之外，还要能动地消除瓶颈。打个比方来说，上述措施是让小胖子更轻松，但要永久地解决这个问题，就需要让小胖子去锻炼，改善体质。要能动性地消除瓶颈，可能需要进行技术改造，购买进同样的设备扩大瓶颈环节的产能，将业务外包出去，也可能需要采取其他措施。

(5) 回到第 (1) 步，寻找下一个瓶颈。主要矛盾解决之后，原有的次要矛盾就会成为新的主要矛盾。永远都会有一个最薄弱的环节存在，永远有一个需要改善的目标存在。

3. 基于 TOC 的生产作业计划

TOC 是一套完整的管理哲学，并不仅限于上述五个步骤。TOC 有它独特的思维流程，有适合它流程的日常管理工具，有它具体而针对性强的实施方法。下面仅以一个案例介绍基于 TOC 的生产作业计划的步骤。

例 9-6：某车间接到三个客户订单，每个产品都需要按照相同的顺序经过四个工作中心加工：粗加工、热处理、时效、精加工。每项作业的加工时间（包括准备时间）如表 9-26 所示。所有工序均在从当前时刻（0 时）开始的 5 天计划期内进行生产。

表 9-26 作业的加工时间

产品	订单号	订购量（个）	原材料规格号	加工时间/h				客户要求发运时间	
				粗加工	热处理	时效	精加工	天数	小时
A	A60771	100	101	3	6	1	4	5	32
B	B50771	10	102	2	4	1	2	6	40
C	C40771	50	103	4	6	1	4	6	40

说明：1. 车间每天工作 8h。
2. 所有订单在发送部门 2h。
3. 所有原材料均有足够的库存。
4. 精加工工作中心前保持 8h 鼓缓冲。
5. 发运缓冲设置为 8h。

(1) 识别企业的真正约束（瓶颈）所在。一般来说，当需求超过能力时，排队最长的机器就是"瓶颈"（鼓）。如果知道一定时间内生产的产品及其组合，就可以按物料清单计算出要生产的零部件。然后按零部件的加工路线及工时定额，计算出各类机床的任务工时，将任务工时与能力工时比较，负荷最高、最不能满足需求的机床就是瓶颈。找出瓶颈之后，可以把企业里所有的加工设备划分为瓶颈资源和非瓶颈资源。本例中经过能力分析后，确认精加工工作中心为瓶颈资源，其余均为非瓶颈资源。在精加工工作中心前设置鼓缓冲 8h；发运缓冲设置为 8h。

(2) 对约束资源编制鼓点计划。产品出产计划的建立，应该使受瓶颈约束的物流达到最优。为此需要按有限能力进行生产安排。有两种方法：向前排序和向后排序。

1) 画出瓶颈资源已承担加工任务的工作负荷分布图，如图 9-13 所示。

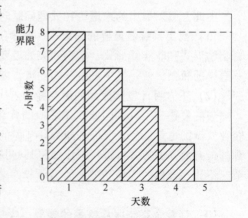

图 9-13 精加工工作中心已承担工作负荷分布图

2) 以产品 A 为例，编制向前排序计划。

① 计算瓶颈工序的最早开始时间，前排计划。利用公式：瓶颈工序最早开始时间 = 瓶颈工序前的加工时间 + 原材料提前期 + 鼓缓冲，确定产品 A 的精加工工序最早开始时间。本例中，因为物料均有库存，所以原材料提前期为 0，则产品 A 的精加工工序最早开始时间 $EST = 3h + 6h + 1h + 0 + 8h = 18h$。即产品 A 的瓶颈工序精加工工序最早可以在第 18h

开始。

② 把订单放置于瓶颈工序最早开始时间之后,并尽可能接近最早开始时间。

查询图 9-13 精加工工作中心工作负荷图,可知在第 18h 已有其他任务进行,故产品 A 的瓶颈工序精加工工序推迟 2h,于第 20h 开始。

③ 以瓶颈工序开始时间为基点,推算其余工序计划开始时间,如表 9-27 所示。

表 9-27 产品 A 工序进度时间

产品	订货量（个）	原材料投入		粗加工		热处理		时效		鼓缓冲		精加工		发运缓冲		发运部门		承诺发运日期	
		投入时刻	投入时间	开始时刻	加工时间	开始时刻	加工时间	开始时刻	时效时间	开始时刻	缓冲时间	开始时刻	加工时间	开始时刻	缓冲时间	开始时刻	运行时间	小时	天数
A	100	第2h	0	第2h	3h	第5h	6h	第11h	2h	第12h	8h	第20h	4h	第24h	8h	第32h	2h	34h	4天2h

④ 安排完产品 A 的计划后,重新绘制工作中心工作负荷图,如图 9-14 所示。

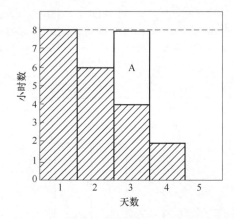

图 9-14 排定产品 A 后精加工工作中心工作负荷图

⑤ 同理安排产品 B 各工序进度计划,如表 9-28 所示,并更新工作中心工作负荷图,如图 9-15 所示。

表 9-28 产品 B 工序进度时间

产品	订货量（个）	原材料投入		粗加工		热处理		时效		鼓缓冲		精加工		发运缓冲		发运部门		承诺发运日期	
		投入时刻	投入时间	开始时刻	加工时间	开始时刻	加工时间	开始时刻	时效时间	开始时刻	缓冲时间	开始时刻	加工时间	开始时刻	缓冲时间	开始时刻	运行时间	小时	天数
B	10	第11h	0	第11h	2h	第13h	4h	第17h	1h	第18h	8h	第26h	2h	第28h	8h	第36h	2h	38h	4天6h

3) 以产品 C 为例,编制向后排序计划。

① 计算瓶颈工序的最迟完工时间,后排计划。利用公式:瓶颈工序最迟完工时间 = 客户要求发运日期 − 瓶颈工序后的加工时间 − 发运缓冲,确定产品 C 的精加工工序最迟完工时间。本例中,产品 C 的客户要求发运日期为 40h 末,因为此订单在瓶颈工序后没有加工作业,但需要在发运部门 2h,发运缓冲设置为 8h,所以产品 C 精加工工序最迟完工时间 = 40h − 2h − 8h = 30h,即产品 C 的瓶颈工序精加工工序最迟需要在第 30h 完成,同时进入发

运缓冲。

② 把订单放置于瓶颈工序最迟完工时间之前，并尽可能接近最迟完工时间。

查询图 9-15 精加工工作中心工作负荷图，可知若 30h 进入发货缓冲，瓶颈工序必须在 26h 开始。但 26h 工作中心正在进行产品 B 的加工，故产品 C 的瓶颈工序精加工工序推迟 2h，于 28h 开始，32h 结束。

③ 以瓶颈工序开始时间为基点，推算其余工序计划开始时间，如表 9-29 所示，并更新工作中心工作负荷分布图，如图 9-16 所示。

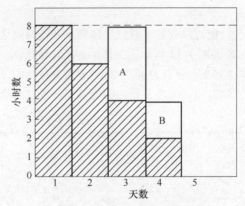

图 9-15 排定产品 B 后精加工工作中心工作负荷分布图

表 9-29 产品 C 工序进度时间

产品	订货量（个）	原材料投入		粗加工		热处理		时效		鼓缓冲		精加工		发运缓冲		发运部门		承诺发运日期	
		投入时刻	投入时间	开始时刻	加工时间	开始时刻	加工时间	开始时刻	时效时间	开始时刻	缓冲时间	开始时刻	加工时间	开始时刻	缓冲时间	开始时刻	运行时间	小时	天数
C	50	第9h	0	第9h	4h	第13h	6h	第19h	1h	第20h	8h	第28h	4h	第32h	8h	第40h	2h	42h	5 天 2h

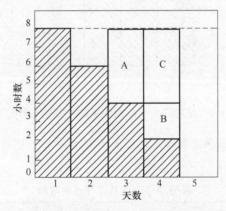

图 9-16 排定产品 C 后精加工工作中心工作负荷分布图

（3）执行鼓计划。一旦工作中心工作负荷满足能力要求，所有产品的原材料投入时间确定，就可以确定原材料的交付计划了。

（4）鼓开发。在对"鼓"进行计划时，"鼓"的产品需求能力可能会超过现有可用能力，在这种情况下，有必要采取措施增加"鼓"的能力。例如，把计划在"鼓"点进行的作业负荷转移到其他非鼓点的设备，外包给供应商，延长加工时间，增加鼓点批量使准备时间减少等。

9.5.2 高级计划排程

高级计划排程（Advanced Planning and Scheduling，APS）被誉为供应链优化引擎，又称高级计划系统，也叫高级计划与排程，是 20 世纪 50 年代开始发展起来的先进管理技术，融合了现代信息技术与先进的管理思想，是计算机技术与管理思想的结晶。到目前为止，国际上对 APS 还没有统一的精确的定义，广义上一般将 APS 定义为一种系统和方法论。在这种系统和方法论中，不同的部门之间、企业内部和企业之间的决策制定是同步和联合的，从而达到全局最优或较优的目的。狭义的 APS 是一种基于供应链管理和约束理论的先进计划与排产工具，包含了大量的数学模型、优化及模拟技术，其功能优势在于实时地基于约束的重排计划与报警功能。在计划与排产过程中，APS 将企业内外的资源与能力约束囊括在考虑范围之内，用复杂的智能化运算法则做常驻内存的快速计算，从而能够实现"实时地"针对所有约束和现有规则重排计划。

1. APS 的应用

制造系统的生产排程和生产调度是针对一项可分解的工作（如产品制造），探讨在尽可能满足约束条件（如交货期、工艺路线、资源情况）的前提下，通过下达生产指令，安排其组成部分（操作）使用哪些资源、其加工时间及加工的先后顺序，以使产品制造时间或成本最优化。在理论研究中，生产排程和生产调度问题常被称为排序问题或资源分配问题。APS 为制造业的四类制造模型提供以下解决方案：

（1）流程式模型，是指所有待安排加工的工作均处于待加工状态，因而进行一次排程后，各作业的加工顺序被确定，在以后的加工过程中就不再改变。APS 主要解决顺序优化问题。

（2）离散式模型，是指作业依次进入待加工状态，各种作业不断进入系统接受加工，同时完成加工的作业又不断离开，还要考虑作业环境中不断出现的动态扰动，如作业的加工超时、设备的损坏等。因此要根据系统中作业、设备等的状况，不断地进行动态排程。APS 主要解决多工序、多资源的优化调度问题。

（3）流程和离散的混合模型。APS 同时解决顺序和调度的优化问题。

（4）项目管理模型。APS 主要解决关键链（资源约束）和成本时间最小化问题。

2. APS 的优化排序示例

APS 的核心是数学算法或解决方案。由于企业生产所具有的复杂性、动态随机性和多目标性，排程问题大多很难甚至无法找到最优解。鉴于此，研究人员尝试了多种方法对 APS 中的优化排产和调度问题进行理论探索和创新。这些方法大致可以分为线性规划法、人工智能法、基于仿真的方法和概率搜索法等。由于生产计划与排程大多数是非线性优化问题，所以智能优化算法成为近年来研究的热点。

一个 APS 系统应包括以下内容：

（1）基于订单任务（Job-based）的订单优先级计划。
（2）基于事件（Event-based）的资源利用率最大化计划。
（3）基于资源（Resource-based）的瓶颈约束计划。
（4）基于物料约束的可行计划。
（5）基于历史、现在、未来的需求计划。
（6）基于供应资源优化的分销配置计划。
（7）基于运输资源优化的运输计划。

因此，APS 的算法或解决方案往往是综合性的，许多算法非常复杂，而且需要较深的专业基础。本章仅做一个简单的生产排序示例。

假设有一个客户向某企业发出三个订单，分别对应三种产品，各有两道工序，其工艺路线都经过 R_1 和 R_2 两个工作中心，各工序耗时和所使用工作中心如图 9-17 所示。

（1）按照默认的先后次序进行排产。传统 MRP 中提前期是一个固定值，排产方式很不灵活。若按照默认的先后次序安排生产，那么结果如图 9-18 所示，三种产品都完成加工需要 21h。

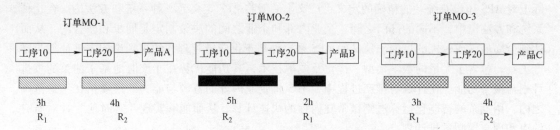

图 9-17　三种不同产品的工艺路线简示

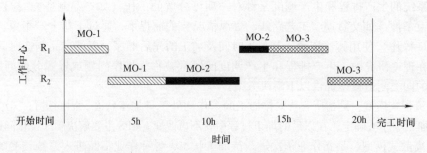

图 9-18　按默认先后次序进行排产

（2）APS 中基于订单的排产方法。 基于订单的排产方法，是指在满足约束的情况下，一次一个订单，将每一个订单中的每一道工序加载到可用时间间隔或特别的资源上。

第一次：加载生产订单 MO-1，如图 9-19 所示。

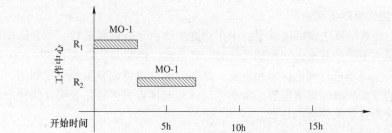

图 9-19　加载生产订单 MO-1

第二次：加载生产订单 MO-2，如图 9-20 所示。

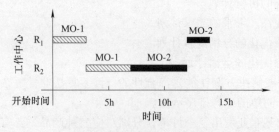

图 9-20　加载生产订单 MO-2

第三次：加载生产订单 MO-3，如图 9-21 所示。

可见，完工时间提前到了 15h，缩短了 6h。

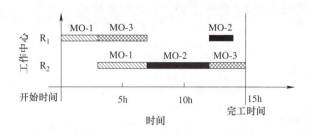

图 9-21　加载生产订单 MO-3

（3）APS 中基于事件的排产方法。基于事件的排产方法与基于订单的排产方法类似，是指一次只安排一道工序或操作，过程如下：

第一次：加载生产订单 MO-1 的工序 10，如图 9-22 所示。

第二次：加载生产订单 MO-2 的工序 10，如图 9-23 所示。

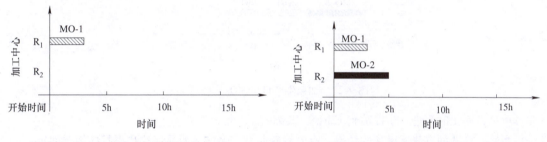

图 9-22　加载生产订单 MO-1（一）　　　图 9-23　加载生产订单 MO-2（一）

第三次：加载生产订单 MO-3 的工序 10，如图 9-24 所示。

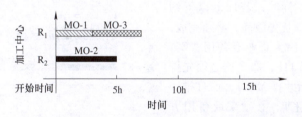

图 9-24　加载生产订单 MO-3（一）

第四次：加载生产订单 MO-1 的工序 20，如图 9-25 所示。

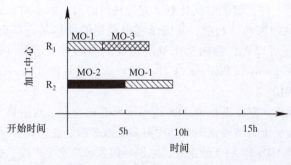

图 9-25　加载生产订单 MO-1（二）

第五次：加载生产订单 MO-2 的工序 20，如图 9-26 所示。

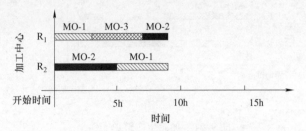

图 9-26　加载生产订单 MO-2（二）

第六次：加载生产订单 MO-3 的工序 20，如图 9-27 所示。

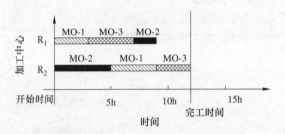

图 9-27　加载生产订单 MO-3（二）

可见，完工时间进一步提前到 12h，一共缩短了 9h。

当然，这两种方法所得到的结果，有时候差距并不会这么明显，这要视具体情况而定。

在实际排产时还会有其他约束，比如客户的优先级和时间约束。在上例中，隐含的假设是三份订单的优先级相同，而且对客户所承诺的完工时间均晚于 12h，因此可以随意调整加工顺序。当优先级不同时，若加上以下约束：①MO-2 和 MO-3 优先级高，必须完成，而 MO-1 优先级低，因为企业有备用方案；②总完工时间要求是 11h，那么就必须先排 MO-2 和 MO-3，然后才排 MO-1，而且排产之后 MO-1 订单会超期，必须采取备用方案。相关情况如图 9-28 所示。

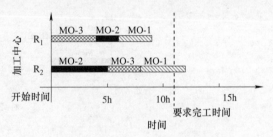

图 9-28　考虑其他约束时的排程

从上述例子可以看出，APS 同时考虑了物料和能力，能对生产任务的排产方案进行多方案优化，可以进行一种无缝的时间计划，支持任何时段，如小时、天、周、月；APS 可以同时考虑系统中的软约束和硬约束，其批量和提前期的计算是连续而动态的；除了传统 ERP 提供的数据，它还可以提供面向整个供应链的动态的可承诺量（Available to Promise，ATP）、可承诺能力（Capacity to Promise，CTP）和可承诺交货期（Deliver to Promise，DTP），而且计算速度要快于 MRP Ⅱ。

APS 虽然有以上优点，但并不是说 APS 适用于所有的企业。对一些 MTO 和 ETO 的机群式布置、单件小批生产、能力波动范围大、约束多变数多的企业来讲，采用 APS 是一种不错的选择，但对另外一些 MTS 和 ATO 的企业，它们利用大批流水生产线、成组单元或者化学反应装置进行生产，其产能波动范围很小，客户需求变动的范围也小，这样的企业就可以采用简单的有限能力计划。因此企业在选用 APS 系统时，要根据自身的行业特点和生产行为，来决定是否采用 APS，或者需要 APS 中的哪些功能。

阅 读 材 料

1. 液压泵装配车间的流水线组织设计

2. APS 演绎饭局模型

习 题

1. 在生产计划与控制过程中，为什么重计划非常重要？
2. 你在做课后作业时，用到了什么排序规则？
3. FCFS 规则在大多数银行、餐厅和售卖店都对顾客使用，为什么在车间里不建议使用？
4. 在 TOC 中，瓶颈和非瓶颈工作中心计划的方式有什么不同？
5. 一条装配线每天工作 7.5h，每天生产 300 件产品。各作业及作业时间如表 9-30 所示。

表 9-30 各作业及作业时间

作　业	紧前作业	作业时间/h
A	—	70
B	—	40
C	—	45
D	A	10
E	B	30
F	C	20
G	D	60
H	E	50
I	F	15
J	G	25
K	H, I	20
L	J, K	25

（1）画出网络图。
（2）要求每天生产 300 件，工作站节拍是多少？
（3）用分支定界法进行装配线平衡，并计算各工作站的负荷系数和装配线平衡率。
（4）假设需求增加了 10%，应如何处理？假设每天最大加工能力为 7.5h。

6. 表 9-31 中列出了路由器装配的作业要素、作业时间和紧前作业。假定节拍时间为 4min，请为该装配过程设计装配方案，并计算方案的效率。

表 9-31 各作业及作业时间

作　业	紧前作业	作业时间/min
A	—	1
B	A	1
C	B	2
D	B	1
E	C, D	3
F	A	1
G	F	1
H	G	2
I	E, H	1

7. 有一台磨床要磨五种零件，零件加工时间和交货期如表 9-32 所示。

表 9-32 零件加工时间和交货期

零件号	1	2	3	4	5
加工时间/天	6	1	5	4	3
交货期（第几天）	16	8	6	10	12

（1）列出平均完成时间最短的零件加工顺序，并计算平均完成时间。
（2）列出最大延期量最小时的零件加工顺序。

8. 表 9-33 为某零件的工艺路线及时间组织。假设生产批量为 50 件，交货期为 135 天，试推算该零件的工序进度日程。

表 9-33 零件工艺路线

操作	工作中心	加工时间/天	准备时间/天	转移时间/天	等待时间/天	总时间/天	循环时间/天
零件 E 路线							
1	101	0.3	0.1	0.2	0.5	1.1	1.0
2	107	0.2	0.1	0.3	0.5	1.1	1.0
3	103	0.3	0.2	0.1	1.5	2.1	2.0
4	109	0.1	0.1	0.1	0.5	0.8	1.0
总提前期/天	5.0						

注：工厂日历一周按 5 天计，工序进度日程中日历日期用工厂日历日期表达，加工周号也按工厂日历编排的工作周的顺序号表达。

9. 表 9-34 所示为在某工作中心等候加工的 6 项作业的加工时间（包含换产时间）与交货日期。假设工作到达顺序与表中顺序相符。分别按 FCFS 规则、SPT 规则、EDD 规则求解作业顺序、平均流程时间、平均延期天数、工作中心的平均作业数。

表 9-34 加工时间与交货日期

作　业	加工时间/天	交货日期/天
A	2	7
B	8	16

（续）

作业	加工时间/天	交货日期/天
C	4	4
D	10	17
E	5	15
F	12	18

10. 利用表 9-35 给出的信息，求解 FCFS、SPT、EDD、CR 决定的加工序列，并分别求出平均作业通过时间、作业平均延期时间和系统内的平均作业数。作业以到达顺序排列。

表 9-35 基本数据表

作业	单位加工时间/h	每次作业单位	准备时间/h	预定时间/h
A	0.14	45	0.7	4
B	0.25	14	0.5	10
C	0.10	18	0.2	12
D	0.25	40	1.0	20
E	0.10	75	0.5	15

11. 某公司要为许多公司加工齿轮。开始营业那天的上午 8 点，有 5 件订单需要处理（根据到达情况排列）。基本数据如表 9-36 所示。

表 9-36 基本数据

作业	作业个数	每次作业时间/(min/个)	预定时间（从现在起分钟数）
A	16	4	160
B	6	12	200
C	10	3	180
D	8	10	190
E	4	1	220

（1）如果使用最早交货期规则，那么应该采用什么序列？
（2）平均作业延迟时间是多少？
（3）在系统中的平均作业数是多少？
（4）在延迟方面，SPT 规则是否比其他规则更好？

12. 各作业的加工时间如表 9-37 所示，使用约翰逊算法为通过工作中心 A 和 B 的作业求解最优的加工顺序。

表 9-37 各作业的加工时间

作业	加工时间/天	
	工作中心 A	工作中心 B
A	2.50	4.20
B	3.80	1.50
C	2.20	3.00
D	5.80	4.00
E	4.50	2.00

13. 某车间做了一个作业计划，如表9-38所示，求能使表中所有作业更早完成的进度安排。

表9-38 基本数据

作业	切割		打磨	
	单位加工时间/h	每次作业单位	准备时间/h	预定时间/h
A	0	2	2	5
B	2	6	6	9
C	6	11	11	12
D	11	15	15	20
E	15	17	20	23
F	17	20	23	24
G	20	21	24	28

14. 某洗车店有5辆汽车等候清洗。一辆汽车清洗包括清洁和打蜡两项工作，汽车需要先清洁再打蜡。基本数据如表9-39所示。

表9-39 基本数据

汽车	清洁/h	打蜡/h
A	3	5
B	5	3
C	1	2
D	2	1
E	4	4

（1）按照SPT规则完成这些汽车清洗的作业计划顺序。
（2）完成清洗5辆汽车共需花费几个小时？
（3）就问题（1）的作业计划，打蜡有几个小时处于空闲状态？
（4）何时完成B车的清洗？
（5）平均订单完成时间是多少？

15. 有5项任务都需要2步操作（先1后2）来完成。表9-40给出了相应的工作时间。

表9-40 基本数据

任务	操作1/h	操作2/h
A	3.0	1.2
B	2.0	2.5
C	1.0	1.6
D	3.0	3.0
E	3.5	1.5

要求：
（1）根据约翰逊-贝尔曼规则排出最优的工作顺序。
（2）用甘特图表示出任务的进行情况，并求总的加工时间。

拓展训练

1. 调查一个企业（制造业或服务业）的生产作业计划的编制形式和方法，分析其合理性，提出你的见解,并设计你认为更合理的作业计划编制方案,写出分析报告。

2. 接第 3、6、7 章"拓展训练"第 2 题你的研究成果资料(或另选资料),选择零件的加工过程或产品的装配过程,设计生产作业计划编制方案,并编制一个周期的生产作业计划,写出分析报告。

参 考 文 献

[1] 沃尔曼,贝里,怀巴克,等. 制造计划与控制:基于供应链环境 [M]. 韩玉启,陈杰,袁小华,等译. 北京:中国人民大学出版社,2008.
[2] 史蒂文森,张群,张杰. 运营管理 [M]. 北京:机械工业出版社,2008.
[3] 李怀祖. 生产计划与控制 [M]. 北京:中国科学技术出版社,2001.
[4] 陈容秋,马士华. 生产运作管理 [M]. 3 版. 北京:机械工业出版社,2009.
[5] 加藤治彦. 图解生产实务:生产管理 [M]. 党蓓蓓,译. 北京:东方出版社,2011.
[6] 张仁侠. 现代企业生产管理 [M]. 北京:首都经济贸易大学出版社,2009.
[7] 刘树华,鲁建厦,王家尧. 精益生产 [M]. 北京:机械工业出版社,2010.
[8] 潘尔顺. 生产计划与控制 [M]. 上海:上海交通大学出版社,2003.
[9] 哈佛商学院出版公司. 项目管理 [M]. 王春颖,译. 北京:商务印书馆,2009.
[10] 池仁勇. 项目管理 [M]. 2 版. 北京:清华大学出版社,2009.
[11] 骆珣. 项目管理 [M]. 北京:机械工业出版社,2008.
[12] 罗传钫. 生产作业管理 [M]. 广州:广东经济出版社,2006.
[13] 盖泽. 生产与作业管理 [M]. 大连:东北财经大学出版社,1998.

第 10 章
生产作业控制

 学习要点

- 生产作业控制的内容和基本程序
- 生产控制模式
- 作业分配
- 生产进度控制的方法
- 在制品控制的内容
- 生产作业核算指标的计算方法
- MES 功能模型
- MOM 与智能控制

生产控制与生产计划是相对应的，有计划就必须有控制。生产控制是生产计划得以实现的保证，而生产计划又是生产控制的目标和依据，两者相辅相成。因此，企业整个生产计划系统中的各个计划层次，都有生产控制的职能与之相对应，**控制贯穿于生产系统运作的始终。生产系统借助控制的功能，监督、制约和调整系统各环节的活动，使生产系统按计划运行，并能不断适应环境的变化，从而达到系统预定的目标。**

生产系统运行控制的活动内容十分广泛，涉及生产过程中各种生产要素、各个生产环节及各项专业管理，其内容主要有生产进度控制、库存控制、质量控制、成本控制等。**生产进度控制，是对生产量和生产期限的控制，其主要目的是保证完成生产进度计划所规定的生产量和交货期限，这是生产控制的基本方面。**其他方面的控制水平，如库存控制、质量控制、维修等都对生产进度产生不同程度的影响。在某种程度上，生产系统运行过程中各个方面的问题都会反映到生产作业进度上。因此，在实际运行管理过程中，企业的生产计划与控制部门通过对生产作业进度的控制，协调和沟通各专业管理部门（如产品设计、工艺设计、人事、维修、质量管理）和生产部门之间的工作，可以达到整个生产系统运行控制的协调、统一。需要注意的是，**生产作业控制处于特定的物理和逻辑环境，从生产作业控制合理化的视角来看，不同的计划模式，其设施布局、生产组织形式、工艺流程、作业指导书等有所不同，所以需要兼顾设计和控制两个维度来考虑车间的作业控制。**

生产控制的有些内容在本书其他章节中有所介绍，有些内容请见其他课程的教材。本章从生产作业控制的角度，主要对应生产作业计划层次。主要介绍生产作业控制的内容、生产控制模式、作业分配、生产进度控制、在制品控制、生产调度、生产作业核算、制造执行系统（MES）的基本内容，最后对智能制造环境下的生产控制做了简要阐述。

10.1 生产作业控制概述

10.1.1 生产作业控制的概念和意义

生产作业控制（Production Activity Control，PAC）是指在生产计划执行过程中，为保证生产作业计划目标的实现而对生产各环节和因素进行的监督、检查、调度和调节，其主要目的是确保整个生产过程有序进行，保证产品在交货期、质量和数量等方面能满足客户需求。

生产作业计划编制完成后，接下来要对本企业各车间及外部供应商的订单进行下达和执行。在计划执行过程中往往会出现计划制订时无法预测的问题，这会直接影响计划的按期顺利完成。因此，在计划执行过程中，需要及时检查计划的执行结果，将实际生产活动情况与计划相比较，以发现偏差，找出原因，及时采取有效措施进行调整。通过对生产作业活动的有效调控，预防并制止生产作业过程中可能发生的背离计划和目标的偏差，保证生产作业活动顺利进行和计划任务的完成。有效的生产作业控制可以保证满足客户需求的服务目标，减少在制品库存，缩短生产周期。

10.1.2 生产作业控制的基本内容及程序

在现代企业运作体系中，生产计划与控制体系担负着生产计划、物料计划、采购、外发管理、仓库管理等重要职能，是工厂生产运作中不可缺少的重要系统。

（1）生产作业控制的内容包括生产进度控制、在制品控制、生产调度等。本章下面几节将具体讨论。

（2）生产作业控制的内容及程序如图10-1所示。

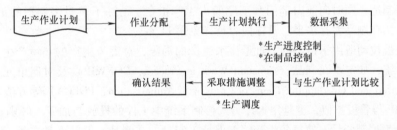

图10-1 生产作业控制的内容及程序

1）作业分配。生产作业分配也称日常生产派工，即根据生产作业计划及实际生产情况，为各个工作地具体地分派生产任务。它是生产进度控制的第一个环节。作业分配包括作业准备和作业指令下达两部分，具体见第10.3节。

2）生产计划执行。生产指令下达后，各个车间严格按照生产计划的进度要求及工艺组织生产，如果有问题要向生产管理部门及时反馈，确保生产按计划进行。

3）数据采集。定期或实时跟踪和采集作业计划执行情况的现场实际数据，并按与计划指标对应的有关产量、时间、质量、成本等评价指标对现场实际执行数据进行统计。

4）与生产作业计划比较。将执行情况的现场实际数据统计资料与生产作业计划进行比较，判定两者的差异程度，分析产生偏差的原因，研究对策。

5）采取措施调整。按照偏差的大小及发生原因，采取一定的对策（如利用富余的生产能力、外协、加班和库存等）消除偏差，使生产尽可能恢复到计划要求的状态。

6）确认结果。督促偏差调整措施的落实，核实落实后的结果，必要时再做调整。

10.2 生产控制模式

生产控制模式与企业的生产组织形式和计划模式密切相关,生产组织形式和计划模式不同,生产控制模式也将不同。如果把整个生产作业控制看作一个系统,它将遵循系统的基本逻辑,即通过对投入、产出和过程的控制,实现系统的目标。这样,生产控制模式可以分为面向过程的控制模式和投入/产出控制模式。

10.2.1 面向过程的计划指令控制模式

这种控制模式是最传统的以及 MRP 的控制模式,被称为"推动式"控制,是在编制主生产计划、物料需求计划和工序进度计划的基础上,通过下达指令的方式对各个生产环节进行任务(作业)分配、生产进度控制、在制品控制等生产控制工作。这种方式的特点是集中控制,每阶段物流活动服从集中控制的指令,通过生产计划分解的方式将零件与原物料从制造流程的开端推送至制造现场的各个工序,而不考虑后工序作业的实际状况。由于这种模式采用分时段的方法进行计划和控制,所以其优点是可以增加系统产出和提升设备利用率,缺点是增加了在制品,易产生产能与加工流程失衡。这种控制模式的具体方法见本章后续内容。

10.2.2 面向过程的卡片拉动控制模式

为了克服计划指令控制的局限,产生了拉式系统,通过卡片这一控制方法来控制整个过程。这种控制方式又称为"卡片拉动控制"。

卡片拉动控制的思想源于丰田公司的"看板"拉动系统,根据市场需求来组装最终产品,借此拉动前面工序的零部件加工。每个生产部门、工序都根据后向部门以及工序的需求来完成生产制造,同时向前向部门和工序发出生产指令,消除了"过多制造的浪费",从而压低了整体的在制品库存水平。具体内容请详见第 11 章。

针对看板拉动适用于稳定的大批量流水生产的局限,对混流生产的环境产生了一些新的卡片控制系统,如定量在制品(Constant Work in Process,CONWIP)及对偶单元授权卡片交叠回路(Paired-cell Overlapping Loops of Cards with Authorization,POLCA)等方法。

CONWIP 与看板类似,也是用卡片方式控制系统中工件的投放与加工。区别在于 CONWIP 以在制品为控制变量,使每条生产线上保持一定量的在制品,但并不是在各工序均采用拉动方式。生产线的初始工序只在生产线的在制品下降到某一水平时才开始工作,生产线其他工序以推动方式进行工作。在制品数量用流通卡数量标识,每个流通卡代表一个"标准件","标准件"用工件在瓶颈工序所需的时间描述。

POLCA 给每对加工中心组成环配发相应数量的 POLCA 卡,以此来控制订单投放和开始加工授权,从而实现过程控制。

10.2.3 投入/产出控制模式

对于按订单生产的多品种、成批生产和单件小批生产企业,车间内部的生产组织形式一般是工艺专业化的工作中心。这类企业虽然由 MRP 和 CRP 从总体上对需求和能力做了平衡和安排,但是由于订单太多而且波动较大,到了车间层和车间内部的工作中心层,仍需要通过投入/产出(I/O)控制(见第 8 章)来管理车间及各工作中心的能力和负荷,保证计划目标的实现。

负荷控制(Workload Control,WLC)技术起源于 I/O 控制思想,认为生产过程尤其是面向订单制造企业的生产过程控制问题,可以通过有效控制企业的投入/产出而得到解决,其总体思想是：通过控制工作中心前的任务等待时间，进而控制订单任务的流水时间以及整个制造周期，也就是要按照工作中心能力（产出率）来控制投入到车间的任务，以便于调节和维持在制品在一个稳定的水平上。WLC 的做法是将等待投放的任务先放置在一个车间前端的任务池内，按照一定的订单投放机制，将任务池内的任务逐步有序地投放到车间里，以缓解生产过程拥堵和在制品堆积的现象。

WLC 有以下两个基本原理：

（1）在工艺专业化工作中心组成的车间内，在制品占用量 = 产出率 × 平均流水时间。其中，产出率就是平均日产量（计划期产量/计划期天数），平均流水时间就是平均生产周期。一般存在这样一种规律：当在制品数量增加到某一点后，产出率增长变慢，而平均流水时间持续增长，在制品数量存在一个最佳值，通过平衡各工作中心的负荷，可以改善车间的生产。

（2）进入车间的订单会在车间之前形成一个订单队列，所以订单的生产提前期除了包括车间内的时间外，还包括等待进入车间的时间。如果不限制进入生产系统的订单数量，会使订单等待进入车间的时间延长。根据生产系统的负荷、到达的订单情况，以及订单投放机制及其派工规则动态地决定交货期，可以显著减少平均交货提前期。WLC 的控制结构如图 10-2 所示。

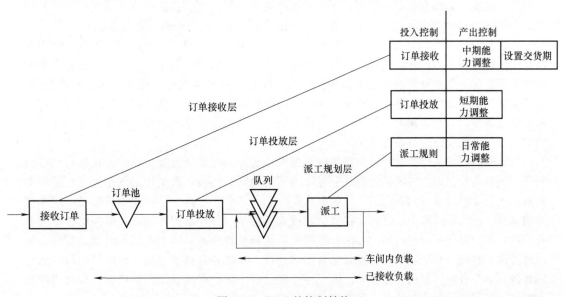

图 10-2　WLC 的控制结构

WLC 分以下三层进行控制：

第一层控制订单的接收，通过设置订单交货期，整体判断所有制造单元的加工负荷情况以及已接收订单的情况，控制生产订单的接收，并在时间维度上平衡生产系统负荷，这属于中期生产计划层次，通过订单接收层的订单将进入订单池等待订单投放层的处理。

第二层控制订单的生产投放，本层的主要工作是确定最终的订单投放时间和实现短期产能规划。判断订单是否投放的依据为工厂设备的生产负荷状况。通过计算订单投放所需的物料总量和设备占用时间，将设备的负荷控制在预设的标准范围之内，同时保持不同设备之间的负荷平衡，确定订单加工的实际起点。

第三层是由各车间根据自身的设备利用状况和订单队列状况确定派工规则，安排工件在机器上的加工顺序，目标是实现预定的交货期并防止下道工序设备上的无用等待。以往的研究集中在这个阶段，设计出了上百种派工规则，但实际上本层的负荷控制能力是最弱的。

如果工作中心的加工能力可以调整，那么这三层结构除了可以控制相应的投入外，还可以根据订单情况调整产出能力。

在 WLC 三层控制机制中,第二层的控制最为关键。这一层控制如何选择和投放订单,以实现对各工作中心的负荷控制,在整个生产过程中起着至关重要的作用。这一层的控制机制称为"订单检查与投放"(Order Review and Release,ORR)技术。ORR 方法不但直接影响到生产车间内的在制品库存及平均流水时间,而且决定了订单在订单池中的等待时间,从而对订单的生产提前期也产生影响。

ORR 有多种方法,可以从不同的维度进行分析比较:

(1) 订单投放触发机制。订单的触发机制可分为两种:基于机器负荷的控制和基于投放时间的控制。前者的订单投放考虑的是各台机器的负荷情况;后者则是预先设定订单的投放时间,订单依据预先设定的投放时间进行,在预先设定投放时间时考虑现场生产情况、订单任务池情况、订单本身信息,如订单的交货期、加工路线、加工时间等。

按照投放时间分类,订单投放可分为三类:连续投放、周期性投放和混合投放。连续投放是指在生产系统中,根据实际情况随时向车间投放订单。周期性投放是指设定一个周期,每周期期初投放订单。周期性投放方法往往对每台机器负荷设置一个界限,每当订单投放时,检查订单状态,如果在负荷界限内,则将订单投放到车间。混合投放综合了前两种方式的特点,以周期性投放方式为主,必要时某些订单在满足一定条件的前提下随时投放。

(2) 生产负荷的统计方法。生产负荷的统计方法有三种。第一种方法统计的是车间内全部生产负荷,而不考虑车间内生产负荷的分布情况,该方法控制效果不佳,尤其是存在瓶颈的情况难以保证瓶颈资源前有足够的缓存。第二种方法是只考虑瓶颈机器资源的生产负荷,但该方法只适用于瓶颈机器相对稳定的状况,在瓶颈资源不断移动的情况下难以实现。第三种方法是考虑每一台机器的负荷情况,这种方法对负荷控制效果最有效,但在实际操作时很难对每台机器的负荷进行数据采集。

按照随时间的统计方法,可以将每台机器的负荷分为三种:直接负荷、间接负荷和投放负荷。直接负荷是指正在机器前面排队等待加工的负荷。间接负荷是指工件正处于上游机器队列,而需要经过本机器的负荷。投放负荷是指正在订单任务池中等待投放并需要经过本机器的负荷。在实际操作中,统计间接负荷和投放负荷是一件相对困难的事。解决的方法通常有三种:第一种是不考虑时间的方法,将间接负荷和投放负荷等同于直接负荷纳入统计;第二种方法是时间分段法,将计划期分为若干时间段,并把各订单安排到合理的时间段,然后统计各订单在各时间段的直接负荷;第三种方法是概率法,将投放期内的投放负荷和间接负荷按某种概率转化为直接负荷,即这两种负荷乘以一定的概率则可折算为直接负荷。

(3) 负荷定界方法。方法主要有三种。第一种方法是只设定每个机器的负荷上限,投放时刻、投放到各机器的负荷量不能超过其负荷上限值。第二种方法是不仅设定上限,还设定下限,既避免等待队列过长,也避免机器空闲。每当负荷量低于下限,采用"拉"的方式触发订单投放;每当投放周期期初,采用"推"的方式进行订单投放。第三种方法是只设定机器负荷下限,这种投放方法主要适用于存在瓶颈资源且瓶颈相对稳定的环境。

WLC 技术是一种基于负荷控制的、面向订货生产方式的生产计划与控制技术,在实际执行中,需要在 ERP 框架下与 MRP、DBR 等方法结合,更加有效地实现生产目标。

10.3 作业分配

10.3.1 作业分配的内容

作业分配包括作业准备和作业指令下达两部分,如图 10-3 所示。

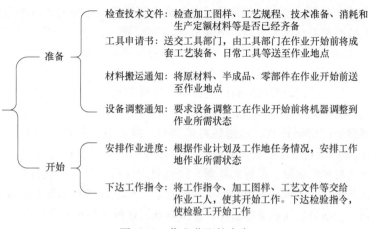

图 10-3　作业分配的内容

10.3.2　作业准备

1. 技术准备

根据产品要求，在生产任务规定的时间内完成相关工艺文件准备，并发放至各生产工序。客户技术资料中若有不清晰的问题，应及时与客户进行沟通、确认，以确保相关资料的正确性。必要时，可根据本企业的实际生产特点，编制相应的作业文件和检验文件，具体内容参见本书第 3 章。

2. 物料准备

（1）齐套。主生产计划规定了产品的型号和数量以及最终交付时间，在装配生产开始之前，需要将各个工序需要的所有物料提前准备好，根据装配计划从现有库存中拣配"成套"，然后配送到工作中心来开始一个装配过程，这个过程叫作"齐套"。

物料齐套具有重要的意义，在复杂产品装配生产过程中，所需零部件的种类和数量都较多，只有保证零部件按时成套供应，才能按照生产计划的要求完成整机产品的装配。对于结构复杂、涉及的零部件种类繁多的复杂装备产品而言，齐套所需的零部件可能来自外购或上游的子装配件，这样任意一中间层的中断都可能会直接传播到其他与之物流相关的后续的 BOM 层及整个装配计划。缺件，尤其是关键件不能准时供应是影响生产进度的重要因素。

齐套管理要有完整的解决方案，要实现对于生产计划和生产执行两个层次的缺料核查。物料齐套管理要伴随着整个供应链过程，在下单、发货、MRP 计算、计划订单、生产订单等各个环节都要进行齐套核查和监控。

1）对于事前环节，在订单创建时刻就根据预先设置的原则，对于订单的需求进行产品的库存或者预测性核查，**库存核查即根据订单需求进行库存分配，不是简单地进行库存比对**，而是将订单需求与之前一段时间内的预测进行对比，从而实现对于交期的承诺。

2）对于事中环节，系统在运行 MRP 计算后，根据对物料的数量和时间平衡后的结果，可以充分考量各种供、需库存情况，提出建议，给出采购、生产、缺料和超额提示。生产订单的创建和下达过程中都可以对其所涵盖的物料组件进行齐套性缺料核查，实时产生对应的缺料报表，其核查的逻辑也可以根据企业的需求配置为稳健原则（基于单一库存地点的库存的核查）或宽松原则（基于工厂的供应核查，即包含了部分或所有的供应要素）。

3）对于事后环节，对缺料情况进行汇总和分析，得出缺料的一般规律，为今后控制缺料风险提供依据。

(2)发料方式。根据是仓库人员还是生产人员发起流程又可分为发料制和领料制。发料制与领料制对人员要求没有多大区别,是领料还是发料要因企业生产模式和管理水平而定,在 MRP 模式下一般是发料制,而在精益制造模式下更多是领料制,根据领料单所包括的内容可分配套领料、分仓领料、受托领料、合并领料、工序领料。采购周期不同,生产周期较长的物料先下订单,生产周期较短的物料后下订单,这样就可以做到在需用的时候,所有物料都能配套备齐而且能够减少库存量和资金占用。

领料部门根据生产用料计划,填制领料单领料,领料单是材料领用和发出的原始凭证(表10-1)。领料单经领料单位负责人签章后,送交仓库发料。领料时,仓库保管人员和领料人员共同检查领用材料的数量、品种和质量,经核对无误后,双方在领料单上签章。领料单一般一式数联,其中,一联领料后由领料单位留存,一联仓库发料后留存,作为登记材料保管明细账的依据,一联由仓库转交财会部门,用以登记材料分类账和编制发料凭证汇总表。

表 10-1 领料单

领料部门:　　　　　　　　　　　　　　　　　　　　　　　　年　月　日

编号	产品及规格	单位	数量	实领数量	单价	金额	备注
合计							

财会主管:　　　　　　　发料人:　　　　　　　领料人:

(3)组织准备。除了技术准备、物料准备外,还包括组织准备,如劳动安排、人员配备、技术培训、设备准备等。

10.3.3　作业开始

1. 作业指令

在生产作业准备工作全部就绪或基本就绪的条件下,可以依据已经安排好的作业顺序和进度,向各生产工人下达生产作业指令。作业指令一般采用派工单的形式(派工单又称工票或传票)。派工单是最基本的生产凭证之一。它除了有开始作业、发料、搬运、检验等生产指令的作用外,还有为控制在制品数量、检查生产进度、核算生产成本做凭证等作用。

派工单的具体形式很多,有投入产出日历进度表、加工路线单、单工序工票、工作班任务报告、班组生产记录和传票卡等。

(1)工票。工票又称为工作票,它是对工人分配任务并记录生产活动的原始凭证,包含的内容如表10-2所示。

工票一般是由车间计划调度员根据生产计划进度的要求,开票分配生产任务。工人在完成分配的任务之后,将加工件连同工票一并交给质量检查人员,由检查人员检验之后填写结果,然后返还给车间计划人员。

工票可以作为统计生产进度、反映产品质量、计算工资奖励、分析定额的执行和工时利用情况等的依据。它因生产企业和生产类型的不同而有所不同,其构成形式一般分为单工序工票和多工序工票。单工序工票又称派工单、工序票或短票,此道工序加工完毕后,工票就随零件验收而收回,这种工票的周转过程短,能及时送交有关人员汇总整理,使用比较灵活,便于按照不同要求进行分组、汇总和分析，但如果工序较多时，开票的工作量增加，车间内流转的工票多，会增加管理人员的工作量。

表10-2 工票

机床号：　　　　　　　　　年　月　日　　　　　　　　　　　　　票号：

产品编号	件号	件名	序号	单件工时定额	准终时间	每台件数	投入批量	
							本批	累计

日期	班次	操作者	加工时间			完工数	检查结果			废品		检查者	停工时间			备注
			起	止	工时		合格	回用	退修	工	料		待料	设备损坏	其他	

（2）加工路线单。加工路线单又称为多工序工票、长票、跟票，是指以零件为对象开列并随加工件按生产过程流转的一种工作票，如表10-3所示。

表10-3 加工路线单

加 工 路 线 单

编号：　　车间：　　　　　　　　　　　　　　　加工路线单（第一副券）

命令号	型号	图号	材质	投入件数	定额	签发人	加工路线单号

工序		工时定额	机床编号或加工者的姓名	检验日期	合格	退修	回用	废品		检验印	备注	
序号	名称							工废	料废			
1												命令号
2												型号
3												
												图号
												发出件数
												发件印
												领件印
4												加工路线单（第二副券）
5												
6												加工路线单号
7												
8												命令号
												型号
成品入库第一副券	加工路线单号	命令号型号	图号	入库件数	检验印	收件印	图号						
成品入库第二副券	加工路线单号	命令号型号	图号	入库件数	检验印	收件印	发出件数 / 发件印 / 领件印						

加工路线单通常每批零件填制一份，以记载零件的全部加工工序和加工情况，便于制订

昼夜轮班计划，控制零件生产进度，使上下工序衔接配合，掌握在制品流转交接，贯彻工艺纪律和期量标准，提高生产经济效果，因此它在成批生产企业中广为采用，也常与单工序工票配合使用。

加工路线单的填写、使用和传递路线一般采取如下程序：

1) 生产科毛坯库根据生产作业计划，核实库存，填写加工路线单交车间计划调度组。

2) 车间计划调度组填写工序及工时定额，同时登记统计台账，交计划调度员安排生产。

3) 车间根据作业计划进度要求，提前把加工路线单交毛坯库，毛坯库根据加工路线单送料到指定地点，车间核实并在领料副券上签收，第一副券交送料人带回毛坯库据以登记仓库统计卡，第二副券送车间计划调度组，据以统计毛坯数量。

4) 计划调度员收到加工路线单后，在"零件工序进度统计卡"上填写实际投料日期，然后置于卡片箱内，等待加工。

5) 当毛坯投入第一道工序前，计划调度员应在加工路线单上填写加工者姓名或机床编号，投入任务分配箱中执行第一道工序的那个格子内。第一道工序加工完毕，应将加工路线单随同工作班计划和零件一起送检。

6) 检查员将交验结果填入加工路线单和工作班计划，调度员将加工路线单放入执行第二道工序的格子内，零件搬运工同时把零件转到第二道工序工作地，依此一直到该批零件加工完毕。

7) 加工完毕入库的零件，由生产运输人员送检入库，检验员在加工路线单正联及副券上签字后返还送检车间，第一副券留存成品零件库，据此登记台账。

8) 车间作业统计员每天对已加工的加工路线单登记统计，成品零件库根据加工路线单第一副券按日汇总，编报零件入库日报。

加工路线单的内容全面，既是生产作业指令，也是工艺路线和领料、检验、交库的凭证，又是作业核算和统计的凭证，一单多用，有利于保证管理数据的一致性。因此，加工路线单作为生产作业控制的重要工具，被成批和单件生产的企业普遍采用。但是，如果工艺路线较长、工序较多、生产周期较长，则一票多序和一票流传到底因中间交接环节多而容易损失或丢失，或因时间太长而失去对生产过程的控制，所以在实际工作中可视不同情况，或单独使用，或分若干段使用，或与工票结合使用，以避免产生以上缺陷。

2. 作业分配方式

由于车间、工段的生产类型不同，生产作业分配有不同的方式。主要的分配方式有以下一些：

（1）标准派工法。在大量大批生产的工段、班组里，每一个工作地和每一个工人执行的工序比较少，而且是固定重复的。在这种情况下，生产派工可以通过编制标准计划来实现。

（2）定期派工法。这种方法适用于成批生产或比较稳定的单件小批生产车间。派工员根据月度的工段作业计划在较短的时期内（旬、周、5日等）定期地为每个工作地分派工作任务。为了既考虑制品的加工进度，又考虑设备的负荷，在派工时要同时编制零件加工进度计划和设备负荷进度计划。

（3）临时派工法。这种方法适用于单件小批生产的车间。在这类车间里，工作地担负的制品和工序很杂，干扰因素很多，因此一般采用临时派工法。该法的特点是根据生产任务和准备工作的情况及各工作地的负荷情况，随时把任务下达给工作地。

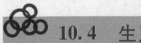

10.4 生产进度控制

10.4.1 生产进度控制的内容和过程

生产进度控制是在生产计划执行过程中，对有关产品生产的数量和期限的控制。生产进度控制按照预先制订的作业计划,检查零部件投入、产出时间、数量和配套性,保证产品按作业计划进行。生产进度控制是生产控制的基本内容,狭义的生产控制就是指生产进度控制。

生产进度控制的基本内容主要包括:投入进度控制、工序进度控制和产出进度控制,三种进度控制的内容和工具如图 10-4 所示。

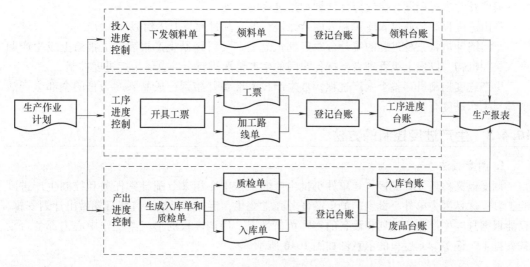

图 10-4 生产进度控制的内容和基本工具

投入进度控制的过程是,根据生产作业计划,发出投产指令——领料单,车间领料的执行进度登记在统计台账上,如果与投入计划有偏差,调度员将分析原因并采取措施修正偏差,保证投入计划的实现。

工序进度控制的过程和工具如图 10-5 所示。根据某零件的工序进度计划,从第一道工序开始,对逐道工序下发生产指令——工票,每道工序的工人接到工票后开始加工作业,作业

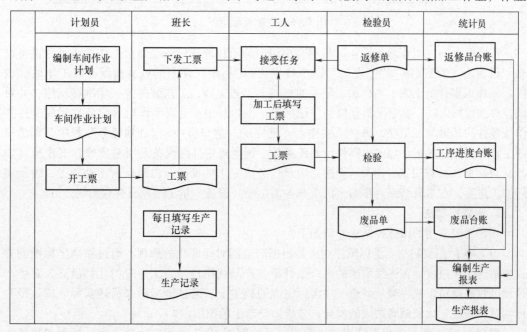

图 10-5 工序进度控制的过程和工具

完成后将实际作业情况填写在工票上,然后交检验员检验,检验员做出合格、返修、报废等检验结果后,将工票交统计员,同时开出废品单和返修单。返修单交给工人进行返修作业。废品单交给统计员登记在废品台账上。统计员将工票登记在工序进度台账上。工序进度台账能够反映某零件的实际完工时间和数量。调度员随时检查工序进度台账,并与计划进度对比,发现偏差及时进行调度,保证零件计划加工进度的实现。

产出进度控制是通过入库单和入库台账进行的,其过程与上述相似。

车间统计员将三种进度的统计台账定期汇总后,便可编制生产报表,上报给上级生产调度人员和机构,以便上级管理者根据各车间的生产情况进行全厂总体生产进度控制。

生产进度控制贯穿整个生产过程,从生产技术准备开始到产成品入库为止的全部生产活动都与生产进度有关。

10.4.2 生产进度控制的方法

1. 调度板法

调度板又称任务分配板,是单件小批生产的工作中心用来分配日常任务和控制生产进度的工具。这是因为单件小批生产的生产任务经常变化,事先难以按照具体日期做出计划安排,只能根据月度生产作业计划和设备的实际负荷情况,用调度板的形式给工作中心内部各台设备安排生产任务,调度板的示意图如图10-6所示。

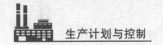

图10-6 调度板示意图

调度板上的"工作地或设备"栏填写小组内的工作地或设备。每个工作地或每台设备设有"已指定""已准备""已完工"三个口袋。"已指定"用来插放被指派在该工作地(设备)上加工零件的工票。当待加工零件的材料、工艺文件、工艺装备等一切准备就绪,并对该零件进行加工时,就把工票移放到"已准备"的口袋中。等到工作地(设备)做完这件工作或零件的某道加工工序,再把工票插入"已完工"的口袋中。"计划任务"栏中分别填写各工作地所担任的正在加工的零件计划任务数。调度板中部的线条是用来反映各工作地(设备)负荷量和检查完工日期的。黑圆点表示任务应完工的期限。白圆点为活动牌子,表示实际加工进度,在每班结束后移动,供指派各工作地(设备)的下一项任务做参考。

2. 图表控制法

三种比较常用的图标控制法介绍如下:

(1)坐标图控制法。坐标图控制法是根据产量随时间变化的原理,通过绘制坐标图的方式来描述生产进度。在连续均衡的生产条件下,产品规格稳定,工序专门化程度高,对生产过程的控制就可以放在最后一道工序实际完成的数量上,通过坐标图来描述实际完成数量和计划量的进度,比较两者之间的差异,分析差异产生的原因。

根据表10-4所示的出产计划和进度表,可绘制图10-7所示的生产进度坐标图来描述生产进度的完成情况和变化趋势。

表 10-4 产出计划和进度表

日期		1	2	3	4	5	6	7	8	9	10
计划	日产量	50	50	50	50	50	50	50	50	50	50
	累计	50	100	150	200	250	300	350	400	450	500
实际	日产量	40	30	30	25	35	60	55	70	45	60
	累计	40	70	100	125	160	220	275	345	390	450

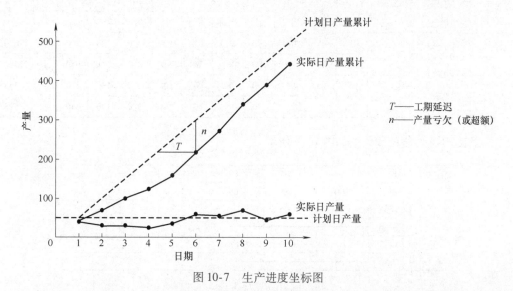

图 10-7 生产进度坐标图

（2）条形图控制法。对于工序较为复杂的单件或成批生产以及加工周期较长的零部件，可以按照订货合同规定日期和零部件工艺程序的投入产出日期进行加工进度的控制，这就要用到条形图，通过绘制生产进度条形图来展示产品或零件在各个工艺阶段的投入产出期限，以此来控制整个生产过程，其应用如图 10-8 所示。

产品名称	日\\月\\项目	车间	各制造阶段的期限				完成日期及进度								
			铸造	锻造	机加工	装配	1月			2月			3月		
							上	中	下	上	中	下	上	中	下
××产品	计划	投入	3/1	8/1	18/1	16/2									
		产出	22/1	8/2	15/2	15/3									
	实际	投入	5/1	10/1	18/1	19/2									
		产出	25/1	10/2	15/2	20/3									

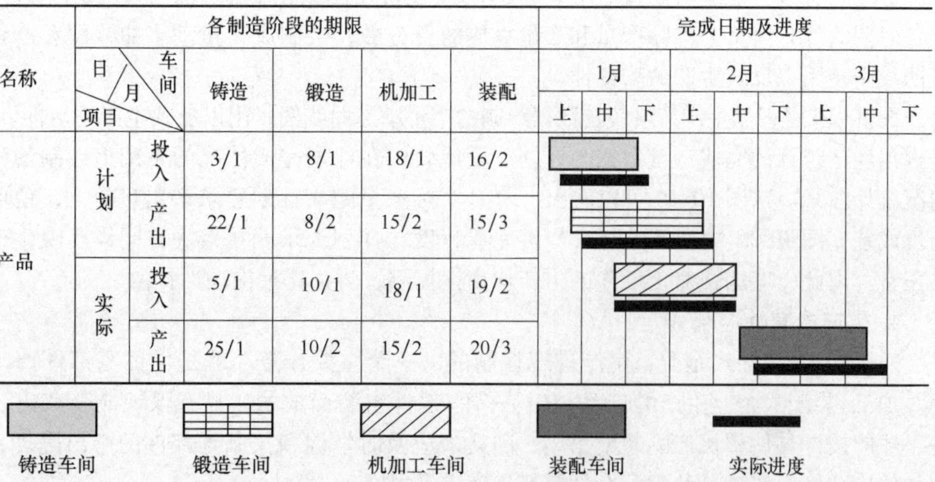

铸造车间　锻造车间　机加工车间　装配车间　实际进度

图 10-8 加工进度控制条形图

（3）投入产出日历进度表控制法。该方法适用于大量生产，特别是大量流水生产方式，通过编制投入产出日历进度表，反映生产过程中实际与计划的投入产出数量，分析它们之间的差异，从而对生产进度进行控制。表 10-5 即投入产出日历进度表，图 10-9 则是根据投入产出日历进度表绘制的线条图，虚线表示计划进度，实线表示实际进度，形象地表示出计划进度与实际进度之间的差异，调度人员根据图表所示，查明原因，采取措施，从而进行有效调控。

表 10-5 投入产出日历进度表

零件编号	项目	日期	1 当日	1 累计	2 当日	2 累计	3 当日	3 累计	4 当日	4 累计	5 当日	5 累计	6 当日	6 累计
××××	计划	投入	100	100	100	200	100	300	100	400	100	500	100	600
		产出	90	90	90	180	90	270	90	360	90	450	90	540
	实际	投入	95	95	95	190	80	270	100	370	100	470	95	565
		产出	85	85	85	170	80	250	90	340	100	440	85	525

依据表 10-5 绘制的线条图如图 10-9 所示。

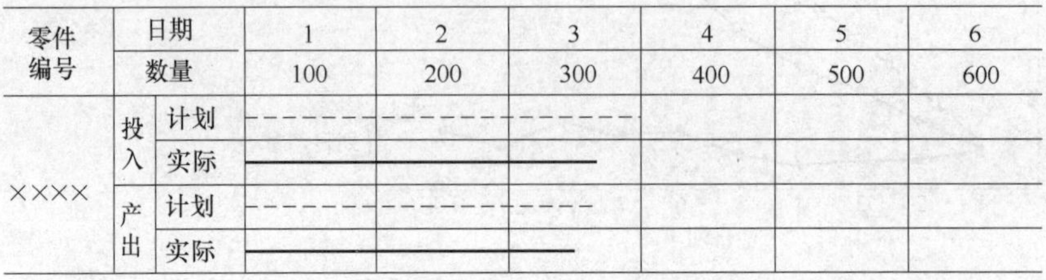

零件编号	日期 数量	1 100	2 200	3 300	4 400	5 500	6 600
××××	投入 计划						
	投入 实际						
	产出 计划						
	产出 实际						

图 10-9 线条图

3. 生产均衡控制

按照生产的均衡性，不仅要求企业按时完成任务，而且要求企业每个生产环节和每种产品都能按日、旬和月完成生产任务，即实现均衡生产。生产均衡控制的目的在于保持生产过程能够连续有节奏地进行。检查分析生产均衡性常用图表法。根据企业（或车间、工作地）在各时期的计划产量、实际产量和产量完成的百分数，绘制成产量动态曲线图和产量计划完成曲线图，用以反映生产的均衡性。

图 10-10 是根据生产产量统计数据绘制的产量动态曲线图，用以反映生产均衡性。图 10-11 是根据生产统计的完成产量数据与计划产量比较，在计划完成情况的基础上绘制的计划完成情况统计曲线。从图 10-10 可以看出，每日实际产量距离计划要求产出量较大，说明生产均衡性较差。图 10-11 中所示的每日产量完成程度与计划要求相差较大，同样反映生产节奏很不正常。因此，应加强对该工序的生产均衡性控制，防止这种被动性扩散。

4. 生产成套性控制

对于加工-装配式企业，生产进度控制的另一个重要任务，就是保证零部件产出的成套性。加工-装配式企业生产的产品是由许多零部件组装而成的，只有保证成套产出各种零部件，才能按计划使整机产品装配出厂，因此，应及时掌握和控制零部件的产出进度，分拆零部件的成套性，按产品装配配套性抓好生产进度。

成套性投料控制是指在安排各种工艺阶段生产时，根据产品装配要求及当前生产状况，合理控制各工序的投料，既要充分利用机器现有的生产能力，保证生产系统产出量最大，又要充分考虑产品的装配要求，保证零部件成套产出，尽量减少在制品占用量。

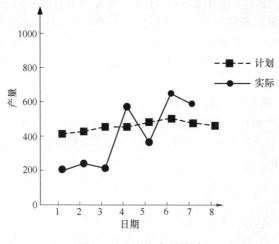 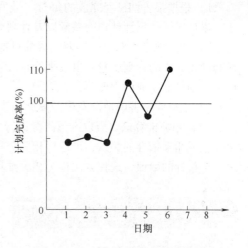

图 10-10　生产产量统计　　　　　图 10-11　计划完成情况统计曲线

利用成套性甘特图掌握在制品成套产出情况，是成套性控制的一种有效工具。成套性甘特图实际上就是一种零部件生产进度图，它可以清楚地表明各种零部件的生产数以及可组装整机的产品数，以便及早采取措施，改善成套性。图 10-12 所示就是成套性甘特图的一个应用实例。图中中间折线（CD 线）表示本月内装配需要零件数量，右边折线（AB 线）表示按生产计划应完成的零件数量（包括装配前需要存储的零件数量），左边折线（EF 线）表示截至当前实际完成的零件数量。从图中可以看出，刀架和尾架完成的数量较多，能满足本月需要。进给箱和手轮完成数量虽不少，但是和当月装配需要还有比较大的距离，需要加强控制。床头箱和中心架完成数量较少，距离当月装配需要线和生产计划线很远，可能会影响当月产品装配，必须采取措施，加强调度，保证零件的配套产出。如果不能把短缺的零件产量抓上去，不仅影响成品装配，而且使已出产的制品延长停放时间，造成不必要的损失。

数量	10	20	30	40	50	60	70	80	90	100	110	120	130	140	150
床头箱			E				C						A		
进给箱															
手轮															
中心架															
刀架															
尾架				F		D						B			

图 10-12　检查零件进度和成套性甘特图

5．生产预计分析

生产进度控制并不意味着仅仅停留在对计划执行结果的处理上，而是要做到事先控制，掌握生产管理的主动权。生产预计分析是指在规定的计划期结束前，根据进度统计资料所反映的计划完成情况和生产计划趋势，对本期计划指标可能完成的程度做一种预测，再根据预测结果采取其他调度措施，适时做出增加或减少投料的决策。生产预计分析一般采用差额推算法和相关推算法。

（1）差额推算法。差额推算法常用于对产量、产值等指标的预测。应用差额推算法，首先要计算出实际完成产量的差额，然后根据生产条件分析趋势，推算出计划期末可能达到的数量和计划完成的程度。其具体步骤如下：

1）根据报告期已经完成的每日（或月）的生产统计数据，计算从报告期至当前时间为止，累计实际与累计计划的差额以及计划完成的程度。

2）初步预测本期生产计划完成的可能性，计算到预计日（即报告期末）为止的计划完成和尚需完成的计划产量，再按平均日（或月）产量的初步计划完成尚需的天（或月）数和期末计划可能完成的程度。

3）根据所掌握的情况及生产发展趋势，调整初步预计数据。

（2）相关推算法。当以产量指标进行生产预计分析的时候，如果两个指标之间存在着因果关系或相互依存的关系，可运用相关分析求出一元回归方程，从一个已知数据指标推算出另一个指标的数值，这种方法称为相关推算法。

10.5 在制品控制

10.5.1 在制品控制的内容

企业从原材料、外购件等投入生产到经检验合格入库完成之前，存在于生产过程中各个环节的零部件都称为在制品。为便于管理，通常根据零部件所处不同工艺阶段，把在制品分为车间在制品和半成品。

车间在制品是指在车间内正在加工制造、检验、运输和停放等待加工的制品。

半成品是指经过一定生产过程并已检验合格交付半成品仓库保管，但仍需进一步加工的中间产品。

企业生产过程中各环节之间的联系表现在在制品的供需关系上。为了使生产过程的各个环节、各个阶段及各道工序都能按计划有节奏地生产，应该准备一定数量的在制品。但是，储备过多的在制品会占用较多的资金。因此，对在制品进行合理控制具有十分重要的意义。

10.5.2 在制品控制的方法和制度

在制品包括车间在制品和半成品，其控制方法各有特点。

1. 车间在制品流转和占用量的控制

车间在制品分布于生产过程各个生产环节，并经常处于流动变化之中，具体的控制方法因生产类型而异。

（1）在大量生产条件下，各工序之间的衔接是固定的，在制品按一定路线有节奏地移动，数量比较稳定，通常采用产量报告表和在制品台账来控制的在制品流转和占用量。

（2）在成批或单件生产条件下，因产品品种及其批量经常变换，生产情况比较复杂，通常与工序控制相结合，采用加工路线单或工票和台账来控制在制品的流转及数量变动情况。要通过作业核算，分析对比在制品实际占用量与在制品定额之间的偏差，及时采取改进措施。

2. 半成品流转和占用量的控制

这包括中间仓库与生产车间（出产车间和需用车间）之间半成品流转、交换和储存的整个过程，主要是对半成品实物和账目进行控制。控制的制度和方法主要有：

（1）严格执行半成品收藏、储存和原始凭证、台账、报表管理制度。坚持在交接过程中以原始凭证为依据，严格履行交接手续，核对数量，及时记账结账和定期对账，还要根据各种半成品的特性合理存放，妥善保管。

（2）建立半成品储备定额和生产成套性检查制度，定期检查半成品进出和库存定水平。

(3) 定期清点盘存,保证半成品账实相符。尤其要通过加强对中间仓库实物和账目的管理,充分发挥中间仓库对生产活动协调和督促的作用。

为了保证账实相符,除了要做好作业核算工作外,还要健全在制品管理制度,加强在制品流转和占用量的管理工作,包括:建立和健全在制品收发领用制度,妥善处理在制品的报废、返修、代用、补发和回用,并严格履行必要的手续;对在制品进行合理的存放,妥善保管和运输,并定期进行清点盘存账工作,及时发现和解决问题。

10.6 生产调度

10.6.1 生产调度的工作内容

生产调度就是对影响生产计划目标实现的因素进行协调,消除生产异常扰动,保证作业计划实现的工作,是直接体现生产指挥和生产控制职能的工作和岗位。

应注意从严格意义上来说,生产调度与生产排程存在本质的不同,生产排程属于作业计划的范畴,生产调度属于作业控制的范畴。但是在某些理论研究中,由于历史原因,很多作业排程策略被翻译为调度策略。在实际应用过程中,调度结果也会影响作业排程结果并决定是否需要进行作业重排序,并且往往是调度人员同时执行生产调度和作业排程,基于上述原因,有时作业排程也被归为生产调度的工作内容。

生产调度的工作内容包括:

(1) 检查生产作业计划执行情况,检查了解在制品在各个工艺阶段的投入、产出进度和工序进度,及时解决发现的问题。

(2) 检查、督促有关部门及时做好各项生产准备工作,保证生产作业计划的正常实施。

(3) 与有关部门紧密配合,合理调配各生产要素,保证各生产环节协调地工作。

(4) 检查和了解生产设备的运行和利用情况,协助和督促各生产单位合理利用生产设备,做好设备的维护、保养和计划检修工作,以保证生产的正常、安全进行。

(5) 配合运输部门根据生产需要做好调度运输工作,使得生产企业内外部物流畅通,保障生产顺利进行。

(6) 组织好厂级和车间的生产调度会议,协调生产进度,组织并检查督促有关部门限期完成。

(7) 对生产情况进行统计分析。

10.6.2 生产调度机构

为做好调度工作,必须按照统一领导、分级管理的原则建立相应的生产调度机构。调度机构的设置与企业的规模、生产类型及生产特点有很大的关系。一般来说,大企业分设厂部、车间和班组三级调度机构,一般中小企业可设厂级、车间两级调度机构。

1. 厂级调度机构

在主管生产的经理领导下设置总调度室,负责全厂的生产调度工作,总调度室调度员分工一般有三种形式:

(1) 按产品分工,负责一种或几种产品的全部调度工作,其优点是可以按照产品的生产过程统筹安排各种产品的生产调度,缺点是容易形成对车间的多头管理,主要适用于单件、小批或成批生产的产品。

（2）按车间分工，负责一个车间的调度工作，全面掌握一个车间所有的生产。其优点是能够对车间的生产进行统筹安排，缺点是无法掌握全部产品的生产过程，容易使生产前后脱节，一般应用于品种比较稳定的成批生产或品种较少的大量大批产品生产企业。

（3）条块结合，即分工时可以按产品为主兼顾车间或按车间为主兼顾产品。其优点是每个车间都有专人负责，同时产品生产的各个环节都能兼顾，是一种较为灵活的分工形式，适用于生产多品种产品的企业。

另外，根据生产的需要还可以在动力、运输、供应、仓库等部门设立专业调度员，与总调度室密切结合，形成集中统一的调度系统。

2. 车间、工段调度机构设置

车间内的调度机构一般不单独设立，而是和生产作业计划编制工作结合在一起，一般称为计划调度组，设置计划调度员。

10.6.3 生产调度的基本方法和工作制度

1. 生产调度的基本方法

（1）调查研究。调度人员要深入企业实际，随时掌握生产情况，分析与研究现状，并能够预测未来发展的趋势，找出问题的根源，能够迅速地采取措施加以解决。

（2）召开各级调度会议。各级调度机构应召开调度会议，对所产生的问题进行分析与研究，统一意见与处理方法，迅速且准确地应对问题。

（3）加强日常检查。为了保证原定计划的顺利完成，要对产出量和各工序的完工情况进行核算与监督，在这个过程中，调度员可以利用台账和各种形式的图表来核算实际的工作量；对在制品积存量和半成品储备量进行核算监督；对生产准备工作进行核算监督；运用生产进度控制、在制品占用量控制等方法进行有效控制。

2. 生产调度的工作制度

（1）调度会议制度。调度会议由企业调度部门召开，是上下进行沟通、横向进行联系的一种手段，同时起到集思广益、统一调度的作用。通过调度会议的召开，及时检查、协调生产进度，了解现存问题，关注生产中的薄弱环节并采取有效措施。调度会议也分为厂部和车间两级，厂部调度会议的主要内容是：汇报上次会议决策的完成情况，对于生产作业计划现存的问题进行分析与研究，通过讨论做出新的决议，并由有关部门贯彻执行。车间调度会议则是要检查车间内部生产作业计划的完成情况，重点在于检查生产作业的准备情况，并做出决议，由有关人员贯彻执行。

（2）调度值班制度。各级调度机构应做到只要有生产就要有调度值班，在值班期间要做好检查，及时处理出现的问题，并做好调度值班记录，严格实行交接班制度。

（3）调度报告制度。为了使各级调度机构能够及时掌握生产实际情况，企业的各级调度机构要把每日值班调度的记录上报给上级调度机构和有关领导。各工段班组都应把本班执行情况报车间调度组，车间调度组应把车间生产作业计划执行情况报总调度室，总调度室要把每日生产、库存、产品配套、产出进度以及生产中存在的关键问题等，写成生产日报，报领导并发至有关科室和车间。

（4）现场调度制度。对于某些突发的、紧急的问题，调度人员组织相关的技术人员、管理人员和工人，在现场共同研究协商解决问题。

（5）班前、班后小组会议制度。班前小组会布置任务，调度生产进度；班后小组会检查生产作业计划完成情况，总结本班生产的经验和教训。

10.7 生产作业核算

10.7.1 生产作业核算的内容、程序和方式

1. 基本概念和作用

生产作业核算是指对产品生产过程中的材料投入、制品移动、生产进度和产品产出所做的记录、整理和分析等工作。它的主要作用在于：为编制作业计划提供依据；为生产调度反馈信息；为会计核算和统计核算提供原始资料；反映作业进展情况。

2. 主要内容和基本方法

记录核算生产作业计划的完成情况，如产品及其零部件的产出量和投入量、完工进度等；核算和分析产品产量、成套性、均衡性等生产计划指标的完成情况；统计和分析在制品、半成品的流动变化情况等。

生产作业核算的基本方法是将生产经营活动记录在原始凭证上，将原始记录汇总记入有关的台账，并把实际发生数同计划数进行对比，绘成各种图表，以直观地了解生产活动的进展情况。工业企业常用的凭证有：产量报告表、班组和个人生产记录、加工路线单、工票、领料单、入库单、废品通知单、返修通知单等。

3. 基本程序

首先应该由企业生产班组或工段和仓库（包括原材料库、半成品库），利用一定形式的凭证，以数字和文字对生产作业活动进行直接记录，然后把这些原始资料汇编成各种图表或记入有关台账，做到记录准确、及时，账实相符。

4. 核算方式

生产作业核算的方式与企业的生产类型相关，生产类型不同，其作业核算方式也不同。

（1）在大量大批生产工段（班组）中，一般采用产量报告表作为作业核算的主要方式，根据投入量、在制品盘存数量和废品数量计算每道工序（或各个工作地）产出合格品的数量。

（2）在成批轮番生产工段（班组）中，由于各工作地的生产任务经常变动，不便采用盘存在制品的方法来核算产出量，一般用产量报告表和加工路线单结合的方式——加工路线单随同在制品在各工序（或工作地）间流转，每完成一道工序，即交由检查员填写检查结果来核算各个工作地的产出量、在制品的流转和储备量。

（3）在单件生产工段（班组）中，一般采用工票或工票与加工路线单结合的方式——工票按每道工序开出，工序完工后由工人自己记录，检查员则填写检查结果，核算各个工作地的合格品数量。在这种生产条件下，也可采用产量报告表和加工路线单作为作业核算方式。

10.7.2 生产作业核算的主要指标

生产作业核算方法是以生产作业计划规定的计划指标为依据，以此来检查和考核作业计划的完成情况的方法。生产作业核算的指标有很多种，基本上涵盖了生产过程中所有的统计信息，如零部件的投入量、产品的产出量、在制品占有量、投入产出比、合格品率、设备运转率、员工出勤率等。主要指标如下：

1. 产量计划完成程度核算指标

该指标为实际产量与计划产量的比值，以此来确定计划期内产量计划完成的程度。其计算公式为

$$产量计划完成程度 = \frac{实际产量}{计划产量} \times 100\%$$

2. 品种计划完成情况核算指标

用来核算品种计划完成情况的指标分为两种。一种情况是按品种数计算品种计划完成的情况，计算公式为

$$品种计划完成百分比 = \frac{完成计划产量的品种数}{计划品种数} \times 100\%$$

另一种情况是按照各品种的实际产量计算品种计划完成的程度，计算公式为

$$品种计划完成百分比 = \frac{各品种实际产量}{各品种计划产量} \times 100\%$$

该种情况下，完成或者超额完成任务的百分比取值为 100%。

3. 产品成套计划完成情况核算指标

用来核算产品成套计划完成情况的指标分为两种。一种是成套数指标，是指产品中零件或部件实际产量所能配套的产品数量，计算公式为

$$成套数 = \frac{一种产品中实际完成的最少零件（或部件）数}{一种产品中需用该零件（或部件）数}$$

另一种是成套率指标，即按照计划能实现产品成套的程度，计算公式为

$$成套率 = \frac{实际成套台份数}{计划成套台份数} \times 100\%$$

4. 生产均衡性情况核算指标

生产均衡性的核算主要以作业计划规定的生产进度为尺度。机械制造企业一般采用均衡率指标来核算生产均衡性，如一种产品的日或旬的均衡率、多种产品的生产均衡率。除此之外也可以用进度对比来衡量生产均衡情况，即拿一个阶段内的产量与总时间内的产量进行对比。在这中间需要注意要扣除实际生产中超额完成的部分，以免掩盖未完成计划部分的弊端。

10.8 制造执行系统

10.8.1 MES 的概念

由于市场环境的变化和现代生产管理理念的不断更新，一个制造型企业能否良性运营，关键是使"计划"与"生产"密切配合，企业和车间管理人员可以在最短的时间内掌握生产现场的变化，做出准确的判断，快速采取应对措施，保证生产计划得到合理而快速修正。虽然 ERP 和现场自动化系统已经发展到了非常成熟的程度，但是由于 ERP 系统的服务对象是企业管理的上层，一般对车间层的管理流程不提供直接和详细的支持。而现场自动化系统的功能主要在于现场设备和工艺参数的监控，可以向管理人员提供现场检测和统计数据，但是它本身并非真正意义上的管理系统。20 世纪 90 年代，制造执行系统（Manufacturing Execution System，MES）理论作为一种提升企业执行力的方法，被国外诸多企业运用，国际制造执行系统协会（Manufacturing Execution System Association，MESA）对制造执行系统所下的定义是："MES 能通过信息传递对从订单下达到产品完成的整个生产过程进行优化管理。当工厂发生实时事件时，MES 能对此及时做出反应、报告，并用当前的准确数据对它们进行指导和处理。这种对状态变化的迅速响应使 MES 能够减少企业内部没有附加值的活动，有效地指导工厂的生产运作过程，从而使其既能提高工厂及时交货的能力，改善物料的流通性能，又能提高生产回报率。MES 还通过双向的直接通信在企业内部和整个产品供应链中提供有关产品行

为的关键任务信息。"作为车间信息管理技术的载体，制造执行系统 MES 在实现生产过程的自动化、智能化、网络化等方面发挥着巨大作用。MES 处于企业级的资源计划系统 ERP 和工厂底层的控制系统（SFC）之间，是提高企业制造能力和生产管理能力的重要手段。

10.8.2　MES 框架模型

1. MES 的定位模型

MES 作为面向制造的系统必然与企业其他生产管理系统有密切关系，MES 定位模型如图 10-13 所示。MES 的性质和作用表现为以下几点：

（1）MES 通过控制包括物料、设备、人员、指令和设施在内的所有工厂资源来提高制造竞争力，提供一种系统的在同一平台上集成诸如质量控制、文档管理、生产调度等功能的运行方式，是沟通 ERP 和车间自动化设备的桥梁。

（2）MES 在整个企业计划系统中承上启下，消除计划和执行之间的断层，是计划系统中信息断层的沟通者和信息孤岛的连通者。MES 对企业生产计划进行"再计划"，"指令"生产设备"协同"或"同步"动作，对产品生产过程进行及时的响应，使用当前准确的"实时"数据对生产过程进行及时调整、更改或干预等处理。

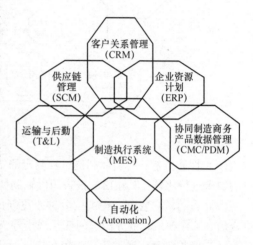

图 10-13　MES 定位模型

（3）MES 采用双向直接的通信，在整个企业的产品供需链中，既向生产过程人员传达企业的期望（计划），又向有关的部门提供产品制造过程状态的信息反馈。MES 采集从接受订货到制成最终产品全过程的各种数据和状态信息，目的在于优化管理活动。它强调的是当前视角，即精确的实时数据。

（4）MES 是围绕企业生产这一为企业直接带来效益的价值增值过程进行的，强调控制和协调。

2. MES 的功能模型

MES 本身也是各种生产管理的功能软件集合，MES 通过其各成员的实践归纳了 11 个主要的 MES 功能模块，包括：工序详细调度、资源分配与状态管理、生产单元分配、文档控制、产品跟踪与产品清单管理、性能分析、人力资源管理、维护管理、过程管理、质量管理和数据采集，如图 10-14 所示。

（1）工序详细调度：通过基于有限资源能力的作业排序和调度来优化车间性能。

（2）资源分配与状态管理：指导工人、机器、工具和物料如何协调地进行生产，并跟踪其现在的工作状态和完工情况。

（3）生产单元分配：通过生产指令将物料或加工命令送到某一加工单元，开始工序或工步的操作。

（4）文档控制：管理和分发与产品设计、工艺设计或工作有关的信息，同时也收集与工作和环境有关的标准信息。

（5）产品跟踪与产品清单管理：通过监视工件在任意时刻的位置和状态来获取每一个产品的历史记录，该记录向用户提供产品组及每个最终产品生产供应情况的可追溯性。

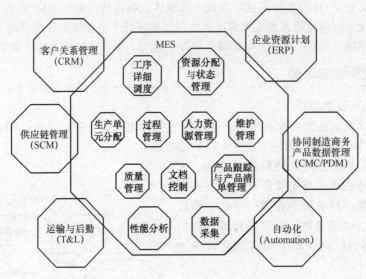

图 10-14　MES 功能模型

（6）性能分析：将实际制造过程测定的结果与过去的历史记录和企业制定的目标以及客户的要求进行比较，其输出的报告用以辅助性能的改进和提高。

（7）人力资源管理：提供按分钟级更新的员工状态信息数据（工时、出勤等），基于人员资历、工作模式、业务需求的变化来指导人员的工作。

（8）维护管理：通过活动监控和指导保证机器和其他设备的正常运转以实现工厂的执行目标。

（9）过程管理：基于计划和实际产品制造活动来指导工厂的工作流程，这一模块的功能实际上也可以由生产单元分配和质量管理来实现。

（10）质量管理：实时记录、跟踪和分析产品和加工过程的质量，以保证产品的质量控制和确定生产中需要注意的问题。

（11）数据采集：监视、收集和组织来自人员、机器和底层控制操作的数据以及工序、物料信息，这些数据可由车间手工录入或通过各种自动方式获取。

3. MES 的数据流模型

MES 强调整个生产过程的优化，它需要收集生产过程中大量的实时数据，并对实时事件及时处理，同时又要与计划层和控制层之间保持双向通信，与上下两层进行数据交流，因此 MES 不同于传统的车间控制，也不同于单元控制，它把制造系统的计划与进度安排、追踪、监视和控制、物料的流动、质量管理、设备的控制和计算机集成制造等一体化去考虑。

企业 MES 数据流模型定义了计划层、执行层及控制层之间的数据流和数据流向（见图 10-15），体现了 MES 强调企业在整个产品生产过程中的生产信息共享和生产行为协同的特点。

企业在制订计划时，ERP 系统根据市场预测和订单形成企业计划，其中包括产品的生产计划和相关物料的采购计划等内容，使用天、周、月和年的时间标准（这是一个 100x 时间系数）；根据 ERP 制订的生产计划，MES 根据已定义的产品实现细节形成生产指令，为控制层提供"如何做"的指示，同时，将生产过程的结果信息反馈给 ERP 系统，此时，使用的时间标准较短（一般为天、班、小时、分钟或秒），时间系数为 10x；控制层实现对生产工艺实时的控制和调整，其时间标准为 1x，一般少于 1s，这意味着，控制层将实现物料、设备、

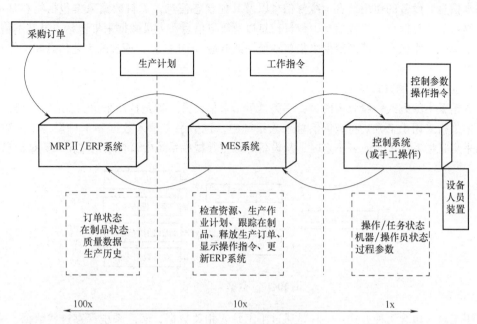

图 10-15 MES 数据流图

人员和信息的实时协同。

10.8.3 MES 中的数据采集

1. 数据采集的定义

数据采集是指通过数据采集接口来获取并更新与生产管理功能相关的各种数据和参数，包括产品跟踪、维护产品历史记录以及其他参数（见图 10-16）。

数据采集是 MES 的基础，是解决企业信息化孤岛问题的关键；没有车间底层的数据，其他很多模块就会缺乏运行的基础，例如数据采集模块为生产监控提供的现场实时数据，能够实时把握整个生产过程的状态；为生产调度提供现场实时数据和计划数据，及时发现生产异常并做出相应的调度决策；为生产追踪和性能分析各模块提供生产过程的历史数据，能够再现整个生产过程，支持质量事故事后追踪和生产过程分析。因此，数据采集是 MES 的基础和关键环节，是 MES 的核心功能。

2. 数据采集的内容

数据采集的主要功能是收集表征每种生产要素过程信息的各种数据，这些基本信息包括人员信息、设备及工装信息、物料信息、过程信息等，同时为了更好地描述整个车间生产的过程，还需要采集必要的辅助信息，包括车间的各种计划调度信息、制造 BOM 信息、相关的工艺信息等。

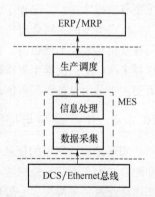

图 10-16 数据采集示意图

按照数据采集的对象，**数据采集的内容主要包含计划数据采集、工单数据采集、设备及工装数据采集、物料数据采集、人员数据采集和辅助数据采集六个部分**。计划数据采集包括厂级车间作业计划信息、班组作业计划信息和各种计划调整调度信息；工单数据采集包括工单基本信息、派发信息、执行信息和调整信息；设备及工装数据采集包括设备基本信息、工装基本信息、设备的使用信息、维修信息以及其他状态信息；物料数据采集包括物料基本信息、物料的状态信息、位置信息、数量信息以及质量信息；人员数据采集包括人员基本信息、出勤情况、工作状态；辅助数据采集包括使用的制造BOM信息、相关的工艺信息和工作日历信息等。

3. 数据采集的方式

数据采集的方式一般分为两类：一类是手工采集，另一类是自动采集（见图10-17）。手工采集是指采用手工方式将数据信息录入系统中，包括手工录入数据和手持设备录入数据；自动采集是指系统定时或者不定时地从设备终端或数据库系统中，自动采集记录数据信息。

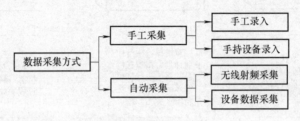

图10-17 数据采集方式

手工录入包含两种方式：一种是通过手工录入相关数据，然后系统保存这些数据；另一种是通过手工触发事件，系统自动记录某些数据，如记录当前时间等信息，这种方式经济实惠但是录入信息可能会不准确。手持设备录入方式中，条码扫描较常见，它是通过读取条码包含的信息来录入数据，常见条码是由反射率相差很大的黑条和白条组成的，它是一种经济实用的自动识别技术。无线射频识别（RFID）是一种非接触式的自动识别技术，通过射频信号自动识别目标对象并获取相关的数据，如RFID技术可识别高速运动物体并可同时识别多个电子标签，操作快捷方便。设备数据采集是指从一些终端设备上采集所需信息，如数据采集卡、可编程逻辑控制器（PLC）、数控机床、机器人以及其他测量设备，它包含的技术手段主要有宏程序法、工况程序法、分布式数控（DNC）接口法和PLC采集法。

生产类型的不同会对使用的数据采集方式产生一定的影响，如离散制造行业生产自动化的程度相对来说不是很高，主要是用条码扫描技术或者其他传感器，近年来RFID技术的运用越来越广泛；流程型制造行业如石油、化工等行业，生产自动化的程度相对比较高，数据采集主要采用设备数据采集，特别是PLC技术的运用更为广泛。

10.8.4 生产调度与控制

MES是将计划层的信息和控制层的数据进行互通，整个过程都需要调度控制系统的协调和配合，生产调度与控制是MES的重要组成部分。其中生产调度部分通过异常事件处理（生产扰动处理）来解决，一般集成现场Andon系统来实现。

而对于无法通过生产异常调度处理来解决的，需要进行作业重排序。MES中的"工序详细调度"，实际上属于作业计划的范畴，但是由于与调度结果和现场作业执行密切相关，因此在MES系统中集成处理。MES中一般集成了生产排程算法，这些排程算法基于有限能力，大致可以分为两大类——精确调度算法和近似调度算法。其中精确调度算法主要有动态规划和分支定界算法，这类算法能够保证得到最优解，但运算速度慢，适用于求解小规模的调度问题；近似调度算法主要包括遗传算法、模拟退火、禁忌搜索、神经网络等，不能保证得到最优解，但可以在较短的时间内得到一个相对最优解，在大规模调度问题中得到了广泛的使用。在实际运用中，企业需要根据生产实际情况、生产规模、人员及设备等多种因素对采用何种算法进行调度工作进行比较选择,以满足企业生产调度与控制工作的需要。

10.8.5 MOM 与智能控制

从历史上看,MES 的出现是为了满足企业生产制造与上层系统集成的需要,在 MES 的发展中,版本不断升级,但更多是功能性的管理。经过 20 年的发展,MES 也出现了一定的问题,首先由于 MES 应用的行业差异,不同 MES 产品之间的差异性导致其概念和模型缺乏统一性,另外从其 11 项标准功能可以看出,MES 以生产运行控制为核心,对维护、质量和库存等则弱化为功能模块,没有提高到与生产相类似的复杂程度来控制,难以满足需要,影响对生产执行的控制。针对这些问题,2000 年,ISA(美国仪器、系统和自动化协会)发布 ISA-SP95 标准,确立了制造运行管理(Manufacturing Operation Management,MOM),并构建通用活动模型应用于生产、维护、质量和库存四类主要运行区域,详细定义了各类运行系统的功能及各功能模块之间的相互关系。MOM 将维护运行管理、质量运行管理和库存运行管理与生产运行联系起来,并详细定义了各类运行管理的功能及各功能模块之间的相互关系,在下游行业的实际应用中,形成对客户的具体需求具有更强针对性和有效性的整体解决方案。

相较于 MES,MOM 有以下特点:

从范围上,MOM 覆盖的范围是企业制造运行区域内的全部活动。MOM 范围较 MES 更加广泛、明确。

从本质上看,MOM 与 MES 是从两个不同角度所提出的概念。MOM 应该是一个对象范畴的概念,MES 则是一个软件产品和软件系统的概念。可以说 MOM 就是所要研究和解决的问题本身,也可以看作包括了各种 MES 类产品所涉及的对象范围经过抽象化了的通用内容的上限;而 MES 则是为了解决某一类 MOM 问题而设计开发出来的软件产品。

从内容上看,MOM 与 MES 的整体结构存在着一定的差异。MOM 是将生产运行、维护运行、质量运行和库存运行并列起来,使用一个统一的通用活动模型模板来描述,并详细定义了通用活动模型内部的主要功能及各功能之间的信息流。MES 则通常以生产运行为核心,其他几部分运行管理弱化为功能模块,处于辅助生产运行的位置,功能十分有限,并没有采用与生产运行管理和类似复杂程度的框架来描述。

MOM 提出利用与生产运行相统一的平行框架,扩展和细化对于维护运行、质量运行和库存运行的模型化描述,使其与生产运行相互作用,更好地支撑制造运行领域的研究与应用。

智能制造是世界制造业未来发展的重要方向之一,对生产控制提出了新的要求,在 MOM 平台上实现对生产过程的智能调度与控制。

(1) 在任务派工方面:在生产计划完成后,自动生成任务派工单,根据生产设备实际加工能力的变化,制定并优化生产的具体过程及各设备的详细操作顺序;为提高生产柔性,生产任务根据生产执行具体情况及设备情况,结合资源配置进行现场动态分配。

(2) 在资源配置方面:通过详细的数据统计和分析,为企业提供各种生产现场资源的实时状态,与任务分配紧密协调,为各生产工序配置相应的工具、设备、物料、文档等资源,保证各操作按调度要求准备和执行。

(3) 在数据采集方面:根据不同的数据、应用场景、人员、设备等采取不同的数据采集方式,实时获取各工序、设备、物料、产品等数据,并统计、分析管理者所需的信息。

(4) 在过程控制方面:智能制造系统管理生产订单的整个生产流程,通过对生产过程中的所有突发事件实时监控,自动纠正生产过程中的错误或提供决策支持,以满足生产调度要求。

(5) 在能力平衡分析方面：自动分析对比工作中心/设备任务负荷、部门/班组任务负荷、工种任务负荷等并完成评估，自动完成或协助计划与调度人员进行生产任务的外协和平衡，并实现最优的生产计划排程。

(6) 在维护管理方面：自动记录设备、工具的维护时间、维护内容及故障原因等，从而计算出最常见的设备/工具维护工作并进行经验积累，管理和指导生产设备、工具的维护活动。

随着智能制造的进一步推进，制造系统不断完善自我学习、自行维护能力，具备协调、重组及扩充特性，各组成部分可自行组成最佳系统结构，能够自主采集、分析、判断、预测和规划，通过网络化分布的生产设施，快速、高效地实现生产目标。

阅读材料

1. 生产准备技术。推荐书目：
张发平. 数字化生产准备技术与实现 [M]. 北京：北京理工大学出版社，2015.
2. 制造执行系统。推荐书目：
王爱民. 制造执行系统（MES）实现原理与技术 [M]. 北京：北京理工大学出版社，2014.
3. 卡片控制系统。推荐书目：
杜雷尔，史蒂文森，普罗兹曼. 精益工作设计与卡片控制系统 [M]. 陈毅平，陈琦，张琪，译. 北京：机械工业出版社，2018.

习 题

1. 什么是生产作业控制？基本程序是什么？
2. 简述负荷控制（WLC）技术的三层控制机制。
3. 简述作业分配的主要内容。
4. 简述发料制和领料制的区别。
5. 生产进度控制的内容是什么？
6. 简述在制品控制的方法。
7. 生产调度的内容是什么？
8. 生产作业核算的内容和基本程序是什么？
9. 如何定义 MES？MES 有哪些功能？
10. 根据 MES 的定位模型，分析 MES 与其他系统之间的关系。
11. 简述 MES 和 MOM 的差异。
12. 根据本章所学内容，如果让你设计一个工厂的生产过程控制系统，需要包括哪些内容？请从系统投入、转换和产出三个方面对系统进行描述，并说明各内容之间的数据传递关系。

拓展训练

调查一家企业（制造业或服务业）的生产作业控制模式和方法，分析其合理性，提出你的见解，并设计你认为更合理的生产作业控制模式与方法，写出分析报告。

参考文献

[1] 蒋葆芳. 机械工业企业生产管理 [M]. 北京：机械工业出版社，1989.
[2] 中国人民大学工业经济系工业企业管理教研室. 工业企业生产管理 [M]. 北京：中国人民大学出版社，1985.
[3] 马天超. 机械工业企业生产管理学 [M]. 北京：机械工业出版社，1986.
[4] 李怀祖. 生产计划与控制 [M]. 北京：中国科学技术出版社，2008.

[5] 王丽莉. 生产计划与控制 [M]. 北京：机械工业出版社，2010.
[6] NIECE M. 生产管理：预测、计划与管制 [M]. 柳俊惠，等译. 台北：中兴管理顾问公司，1975.
[7] 阚树林. 生产计划与控制 [M]. 北京：化学工业出版社，2008.
[8] 马士华，崔南方，等，生产与运作管理 [M]. 北京：科学出版社，2017.
[9] 沃尔曼，贝里，怀巴克，等. 制造计划与控制：基于供应链环境 [M]. 韩玉启，等译. 北京：中国人民大学出版社，2008.
[10] 王志新，金寿松. 制造执行系统 MES 及应用 [M]. 北京：中国电力出版社，2006.
[11] 朱信旭，乔灿，张曼利. 智能制造蓝皮书 [M]. 北京：北京理工大学出版社，2015.
[12] 邓朝晖，万林林，邓辉，等. 智能制造技术基础 [M]. 武汉：华中科技大学出版社，2017.
[13] LAND M, GAALMAN G. Workload control concepts in job shops: A critical assessment [J]. International Journal of Production Economics, 1996 (46-47).
[14] WIENDAHL H-P. 面向负荷的生产控制：理论基础、方法与实践 [M]. 北京：清华大学出版社，1999.
[15] 王振华. 21 世纪车间主任工作手册 [M]. 北京：清华大学出版社，2003.
[16] 王林平. 应用齐套概念的离散制造业生产调度问题研究 [D]. 大连：大连理工大学，2009.
[17] 薛冬娟. 复杂装备制造企业物料集成管理技术研究 [D]. 大连：大连理工大学，2007.
[18] 刘建军. 基于负荷控制的模具制造系统生产控制方法研究 [D]. 广州：广州工业大学，2011.
[19] 刘焰峰. 基于负荷与卡片的 Job-shop 生产控制系统研究 [D]. 武汉：华中科技大学，2010.
[20] 杜权. 基于负荷与卡片的模具车间任务投放控制技术研究 [D]. 广州：广东工业大学，2013.
[21] 黄敏，汪定伟，王兴伟. CONWIP 生产控制方法 [J]. 控制与决策，1999 (3)：193-198.
[22] LYSONS K, FARRINGTON B. 采购与供应链管理 [M]. 莫佳忆，译. 北京：电子工业出版社，2014.

第 11 章
准时生产制与精益生产

 学习要点

- 准时生产制的概念与精益生产的哲理
- 准时生产制在人员/组织要素方面的方法和特点
- 准时生产制在产品设计和过程设计方面采用的技术手段
- 准时生产制下企业与供应商的关系
- 自働化、Andon 与防差错
- 生产均衡化
- 推式生产系统与拉式生产系统
- 看板控制系统
- 价值流分析与价值流图

准时生产制起源于日本丰田汽车公司,是继福特创立流水线生产方式之后对制造业生产方式的又一次重大创新。本章主要介绍准时生产制的概念和精益生产的哲理,阐述准时生产制在产品设计、过程设计、人员/组织要素、自働化、全面质量管理、与供应商的关系等方面的特点及做法,重点分析准时生产制的计划与控制系统——拉式生产系统和看板控制系统,并对价值流管理的基本思想和价值流分析的工具及过程做一简单介绍。

 11.1 准时生产制与精益生产方式概述

11.1.1 准时生产制与精益生产方式产生的背景

丰田汽车公司诞生于 20 世纪 30 年代,最初的产品产量、性能和生产效率远不及美国福特公司。从其创建的 1937 年到 1950 年运营的 13 年间,共生产了 2650 辆汽车,而当时美国福特公司下属的一个工厂,日产量就达到了 7000 辆,可见日、美汽车工业的差距是非常大的。

丰田汽车公司高层领导曾两次造访当时的美国福特和通用汽车公司,学习其生产技术及管理经验,但福特式大量流水生产方式并不适合日本的汽车生产企业,原因主要有:

(1)日本国内汽车市场小,但需求却复杂多样,因此要求同一工厂生产多种产品。

(2)丰田汽车公司当时缺乏足够的资金来扩建厂房、仓库和购买最先进的生产设备。

因此,丰田汽车公司开始探索一条在汽车工业中发展多品种小批量生产的新路,建立更灵活、更具弹性并确实能提高生产效率和降低成本的生产方式和管理方法,这就是丰田生方式。它的出现使得丰田汽车公司制造出了质量更高、成本更低的汽车，也因此使日本跨入了世界汽车大国的行列。丰田汽车公司前生产调查部部长中山清孝曾说过："丰田的生产方式就是美国的工业工程在日本企业管理中的具体应用。"也正是靠着这种先进的生产方式，丰田汽车公司带动了全球几乎所有产业进行变革，使它们采用丰田的制造与供应链管理方法。丰田汽车公司也被全球各地事业伙伴与竞争者视为高品质、高生产力、高制造速度与灵活弹性的典范。

丰田生产方式强调，在装配生产的各工序，只在必要的时候提供必要数量的零部件。生产和运输在整条生产线上同时协调进行，在每一工序和不同工序间都是如此。因此，这种生产方式称为"准时生产制"。

进入20世纪80年代后，丰田汽车公司的发展达到了全盛时代，1980年日本汽车的年生产总量达到1100万辆，首次超过美国。1985年，美国麻省理工学院的技术、政策与工业发展中心组织了50多位专家学者，历时五年时间，调查了90多家汽车制造企业，将美国的大量生产方式与日本的丰田生产方式进行比较分析，充分肯定了丰田生产方式的先进管理思想和方法，并以Lean Production命名如此高效率的"精益生产方式"。1990年，詹姆斯·P.沃麦克（James P. Womack）、丹尼尔·T.琼斯（Daniel T. Jones）等在他们的研究著作《改造世界的机器——精益生产的故事》（The Machine That Changed the World: The Story of Lean Production）中，第一次以精益生产（Lean Production，LP）的概念精辟地表述了精益生产方式的内容，指出这是一种以丰田生产方式为核心，适用于所有制造业的先进生产方式和管理模式。

11.1.2 精益生产的哲理

准时生产制（Just in Time，JIT）经常被称作无库存生产（Stockless Production）、零库存（Zero Inventory）、一个流（One-piece Flow）或超级市场生产（Supermarket Production）方式等。精益生产这一概念也曾被国内翻译成"精良生产""精节生产""精益管理"等不同的名称。无论叫什么名称，其基本思想是：通过消除企业所有环节上的不增值活动，来达到降低成本、缩短生产周期和改善质量的目的。精益生产的哲理可以归纳为以下几个方面：

1. 需求拉动

"准时化"是丰田生产方式的核心。"准时化"的本质就在于创造出能够灵活适应市场需求变化的生产系统，这种生产系统能够从经济性和适应性两方面来保证公司整体利润的不断提高。准时化的思想不仅仅在流水线上，在流水线外的各方面也要准时，例如零件加工也要准时，外购件和原材料的供应也要准时。

怎样才能做到"准时化"呢？必须按照"需求拉动"的原则，使整个生产系统的所有制造活动均按照订单的需求来展开。也就是按照反工艺顺序，从汽车的最终装配到零部件加工制造，一直到外购件和原材料的供应等所有环节，均按照订单需求进行。"拉式生产系统"将生产过程中供方和需方应该是什么样的关系描述得十分透彻，即在需方需要的时间和地点，将需方所需的产品和服务按需方要求的数量和质量以合理的价格提供。

2. 流动

JIT系统的总体目标是一个平衡的生产系统，一个贯穿整个系统平滑、迅速的物料流或工作流，像开发过的河流一样通畅流动。然而在现实中生产过程某些环节发生中断是经常性的，中断不仅造成生产过程的停滞，延迟了生产（交货）周期，增加了在制品数量和资金占用量，还扰乱了整个生产系统产品流的平稳性，增加了生产调度的工作量。消除中断是精益生产的一个重要思想。引起中断的原因很多，有质量不合格、设备故障、进度安排改变、供应延迟等，所有这些原因都应该尽可能消除，只有这样才能达到物料流"通畅流动"的目标。

3. 站在用户的角度考虑价值

精益生产的核心思想是，通过消除企业所有环节上的不增值活动，来达到降低成本、缩短生产周期和改善质量的目的。企业的生产经营环节很多，哪些是增值的，哪些是不增值的，或者说企业所做的各种工作哪些有价值，哪些没有价值，一般企业都是站在自己的角度考虑的，有价值的去做，没有价值的不去做。精益生产认为：应该站在用户的立场考虑价值。对于用户来说，企业只有四种增值的工作：①使物料变形，如把钢板冲压、焊接成车身、车架，把钢材加工成零件等；②组装，如把零部件组装成汽车；③改变性能，如零件的热处理、车身喷涂油漆等；④部分包装。

按照精益生产的这种理念，一般企业不增值的环节和活动有很多，所以降低成本的潜力非常巨大。关于价值流分析的内容详见第 11.4 节。

4. 消除浪费

浪费是最终造成产品高成本、高价格的直接原因。在激烈竞争的市场之中，成本领先是一种市场竞争的总体策略。丰田生产方式的创始人大野耐一曾经提出：**企业经营的目的在于获得利润，而利润 = 价格 − 成本。价格不是由某个企业决定的，而是在市场上形成的。因此要获得更多的利润，降低成本是唯一的出路。**成本的构成可以分为以下两个方面：

（1）可以提高产品附加价值的成本。

（2）只能增加成本的成本，即浪费。

所以说，降低成本的基本方法就是消除浪费。丰田汽车公司辨识了企业流程或制造流程中的以下七大类浪费：

（1）过量生产的浪费。过量生产是指制造过多或过早而造成库存的增加，产生浪费。过量生产被视为最大的浪费。因为过量生产与"准时化"的思想是相悖的。过多或过快制造的产品必然会占用仓库，从而产生了存储成本及管理成本。除此之外，过量的生产还会在原来用于等待的时间做了"多余"的工作，制造过剩会积压大量的资金，还会导致信息流转不顺畅，使管理者无法判断生产线是否处于正常的生产状态。

（2）等待时间的浪费。由于某种原因造成机器或人员的等待称为等待时间的浪费。生产线的品种切换、计划安排不当导致的忙闲不均、缺料使机器闲置、上道工序的延误导致下游工序的闲置、机器设备发生故障、生产线不平衡、人机操作安排不当等原因都会造成等待时间的浪费。另外，有的企业购买了高速、高价、高性能的自动化设备，为了监控其运行状态，或者补充材料、排除小故障等专门派人员在旁监视，也是一种"闲置"浪费。

（3）运输的浪费。长距离搬运在制品，缺乏效率的运输，进出仓库或者在流程之间搬运原材料、零部件或最终产品经常会发生在生产活动中，足以见得搬运是一种常见的现象。但是搬运永远不会产生附加的价值，因此是一种浪费。

（4）库存的浪费。库存是企业经济活动的重要组成部分。它具有双面性：一方面，库存占用资金，减少企业利润；另一方面，它又能防止短缺，有效缓解供需矛盾。当时的丰田公司总经理大野耐一认为，生产过量是最大的浪费，库存是最大的"恶魔"。因为它不仅占用大量的资金，引起维护仓库、保管、变质等一系列不增加价值的活动，而且还会将管理中存在的问题（如机器故障、调整时间太长、设备能力不平衡、备件供应不及时等问题）掩盖起来，使问题不能暴露，无法得到及时的解决，就像水掩盖了水中的石头（见图 11-1）。JIT 就是要通过不断减少库存来暴露管理中的问题，以不断消除浪费。

（5）过程（工序）的浪费。采取不必要的步骤处理零部件，因工具或产品设计不良，导致不必要的步骤及产生缺陷而造成低效率的作业，或提供超出必要较高品质的产品时，均会造成浪费。

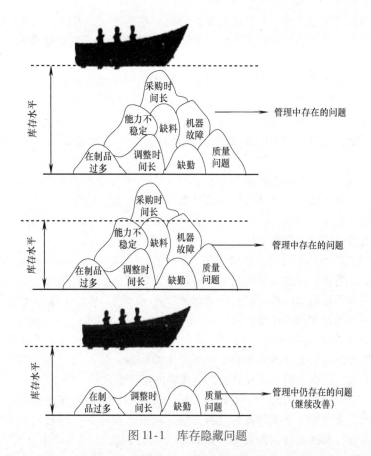

图 11-1 库存隐藏问题

（6）动作浪费。不产生附加价值的动作、不合理的操作、效率不高的姿势和动作均是动作的浪费。常见的动作浪费可以分为 12 种：双手空闲、单手空闲、作业中途停顿、动作太大、左右手交换、步行过多、转身动作、移动中变换方向、不明作业技巧、伸背动作、弯腰动作、重复动作。动作浪费还包括不合理的生产布局和物料移动方式。

（7）产品缺陷的浪费。生产任何有缺陷的产品都将导致返工、修理、报废、检验等，势必增加人力、财力、物力和时间的浪费，并导致延期交货。

5. 持续改善

消除浪费是通过持续改善实现的。改善是日本丰田汽车公司实现超越美国三大汽车公司的绝招。改善需要全体员工共同努力。可以说精益生产是一种理想的生产方式，而为了实现这种理想，就必须采取持续改善的途径。以库存管理为例，它设置了一个高标准，一种极限，那就是"0"。实际生产可以无限地接近这个极限，却永远达不到。而正因为有了这个极限，才使得改善永无止境。同时，它也提供了一个持续改善的途径，即降低库存→暴露问题→解决问题→降低库存→……这是一个无限循环的过程。再比如在设备管理过程中，如果设备出了故障，来不及修理，工序间在制品少了，使后续工序得不到供给。在 JIT 思想下，"宁可中断生产，绝不掩盖矛盾"，找到了问题，就可以分析问题，解决问题，使管理工作得到改善，达到一个新的水平。因此，推行 JIT 是一个持续改善的动态过程，不是一朝一夕可以完成的。

为了寻找问题的根本原因以待改善，丰田公司实行"五个为什么"分析。大野耐一总爱在车间里走来走去，并不时停下来问员工各种各样的问题，而这些问题的共同特点就是都要问"为什么"，直到他弄明白为止。这种提问发展到后来，成为著名的"五个为什么"。"持续改善"不但需要生产系统本身所具有的内在的动态自我完善机制的激发作用和企业内部组织机构与制度的保障促进作用，而且还需要正确而有效的方法。曾经出任丰田汽车公司负责生产和质量管理专务董事的根本正夫先生，总结了他30多年从事现场改善工作的经验，归纳了支持"持续改善"的六个要领：

（1）领导者本身也要从事改善工作。作为领导者，每天都要督促自己力行改善，同时也要常常要求下属人员持续改善，从而激发和提高下属人员改善工作的意愿和情绪。尽管领导者所进行的改善与生产现场一线作业人员所进行的改善的主题不相同，但是如能为人表率、以身作则，并不断督促部下的话，那么下属人员就会增强改善意识，自觉贯彻上级的改善意图。

（2）领导者要关心下属人员的改善活动。事实上，作为领导者，要求部下改善工作、制订改善计划、规定改善目标，而自己只等统计数字，这种做法是极不妥当的。相反，不论下属人员准备进行什么改善、做了哪些改善、改善中有哪些问题、改善的结果如何等，领导者都要对之给予关心，这是非常重要的。

（3）不要轻视微不足道的改善活动。在生产现场，总会存在一些看来很不起眼的不合理现象或工作方法。然而，一些大事故往往出自这些平时被人们忽视的环节上。所以，领导者要重视那些看来微不足道的改善活动，不要轻视"小改善"。要让大家没有任何顾忌地不断提出改善设想和改善方案，这才是上策。

（4）要容忍改善活动的失败。事事成功是不可能的。而失败本身就意味着需要改善。每一个失败的事例都能提供改善机会和防止再度发生的构想。想不出改善方案的人应该经常自问是不是没有失败、没有差错，这样就会产生改善的点子和设想。

（5）越忙，越是改善的好机会。在那些工作比较轻闲的车间里往往不会产生出更多的改善方案，并且也不会产生出水平较高的改善方案。相反，在那些工作较忙的车间里，改善方案却往往层出不穷，而且还会出现高水平的改善方案。因为"忙不过来，人手不够"，人们才会开动脑筋，想出解决办法，激发出改善设想和改善方案。

（6）改善无止境。对待改善工作，就要像拧出一块毛巾中的水一样，而且拧干之后还要不断地拧，因为一块毛巾不会总是干的。改善工作也是如此。生产现场的情况并不是一成不变的，改善工作也不是一蹴而就和一劳永逸的事。上周的改善成果，在本周看来，也许又会发现一些不完善的部分，也许又可以发现了更好的改善方法。

11.1.3 精益生产与大批量生产方式的对比分析

精益生产方式相较于传统的大批量生产方式，综合了手工生产方式与大批量生产方式的优点，克服了两者的缺点，成为新形势下最有生命力的生产方式。与批量生产方式相比，精益生产方式在组织和管理上具有以下不同：

（1）优化范围不同。大批量生产方式源于美国，它基于各企业间的关系，强调市场导向，优化资源配置。每个企业以财务关系为界限，优化内部管理。而相关企业，无论是供应商还是经销商，都以对手相对待。精益生产方式则以产品生产工序为线索，组织密切相关的供应链，一方面降低企业协作中的交易成本，另一方面保证稳定需求与及时供应，以整个大生产系统为优化目标。

（2）对待库存的态度不同。大批量生产方式的库存管理强调一种风险管理。精益生产方式则将生产中的一切库存视为"浪费"，出发点是整个生产系统，而不是简单地将"风险"看作外界的必然条件，同时认为库存掩盖了生产系统中的缺陷与问题。它一方面强调供应对生产的保障，另一方面强调对零库存的要求，从而不断暴露生产基本环节的矛盾并加以改进，不断降低库存以消灭库存生产的"消费"。

(3) 业务控制观不同。传统的大批量生产方式的用人制度基于双方的"雇佣"关系，业务管理中强调达到个人工作高效的分工原则，并以严格的业务稽核来促进与保证，同时稽核工作还防止个人工作对企业产生负效应。精益生产源于日本，深受东方文化影响，在专业分工时强调相互协作及业务流程的精简（包括不必要的核实工作）——消灭业务中的"浪费"。

(4) 质量观不同。大批量生产方式将一定量的次品看成生产中的必然结果。精益生产基于组织的分权与人的协作观点，认为让生产者自身保证产品质量的绝对可靠是可行的，且不牺牲生产的连续性。其核心思想是，导致这种概率性的质量问题产生的原因本身并非概率性的，通过消除产生质量问题的生产环节来"消除一切次品所带来的浪费"，追求零不合格。

(5) 对人的态度不同。大批量生产方式强调管理中的严格层次关系，对员工的要求在于严格完成上级下达的任务，人被看作附属于岗位的"设备"。精益生产则强调个人对生产过程的干预，尽力发挥人的能动性，同时强调协调，对员工个人的评价也是基于长期的表现。这种方法更多地将员工视为企业团体的成员，而非机器，充分发挥基层的主观能动性。

通过比较可以发现，精益生产方式追求生产的合理性、高效性，追求能够灵活多样地生产，追求适应各种需求的高质量的生产技术和管理技术。对许多采用精益生产方式的企业进行调查可以发现，与大批量生产方式相比，无论是在产品开发、生产系统还是工厂其他部门，采用精益生产方式所需的人力资源均能减至1/2，新产品的开发周期可以减至1/2或2/3，生产过程中在制品的库存可以降至1/10，产品质量可以提高3倍。这些数据也充分表明精益生产方式能够有效减少成本，提高企业效益。它比以往任何一项技术包括的内容都多，涉及的范围更广，解决的问题也更全面，是一种先进的生产理念。

11.2　准时生产制的实现基础

准时生产制是一个包括了多种制造技术和管理技术的综合技术体系（见图11-2），具体包括产品设计、过程设计、人员/组织要素、全面质量管理（TQM）、全员生产维修（TPM）（见13章）等多个方面。为了准确地认识和理解准时生产方式，有必要从理论上考察和描述这个综合技术体系及其构造，清楚该体系中的各种技术、手段和方法对于实现系统目标的特定功能和支撑作用，明确它们在整个生产体系中的位置及其相互间的内在联系，只有将它们置于该体系的总体格局中去认识和理解，有目的地使用它们，才可能有效地实施准时生产。

11.2.1　人员/组织要素方面

1. 员工地位

JIT的思想最初提出的目的主要侧重于对制造现场和对生产系统的改造，但其发展过程充分证明，丰田生产方式的实质是关注人，是建立一套完善的、基于人的自我完善和自我发展的文化基础。因此在JIT思想下，员工才是最重要的资源，企业的生命源于员工，员工的持续改善和相互尊重是丰田生产方式构架的核心支柱。

员工的地位及责任感决定了企业的生产效率和生产积极性。丰田的员工，绝大多数都是终身雇佣制，这就使员工和公司有了"唇亡齿寒"的利益关系。丰田汽车公司对待员工也有独到之处。它坚持以人为本的信念，在强调纪律和原则的基础上，给予员工各种权力，激发每一个人对企业贡献的潜能。JIT提倡"不断改进"的思想，因此需要集思广益，这就决定了需要员工百分之百地参与，主动地发现问题，并采取积极的改进措施。尊重员工还表现在公司鼓励员工提供各种各样的创新建议，并且能够采纳合理的意见。一般来说，在解决问题

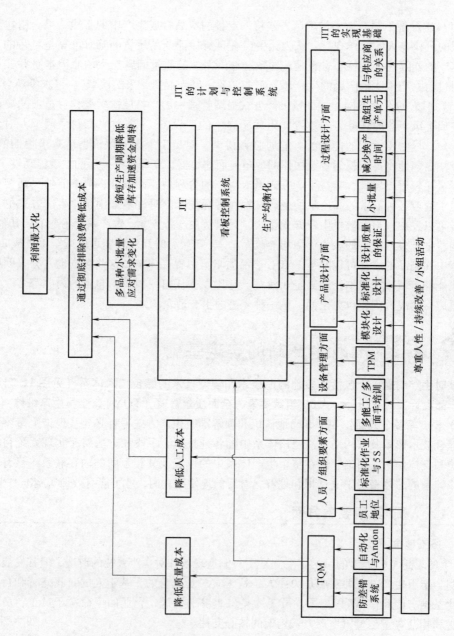

图 11-2 准时生产制的技术体系

时,最接近现场的人总是最有办法的,特别是在生产第一线的工人,他们极有可能把管理和技术部门几年内都解决不了的问题在很短的一段时间就很好地解决,这样不仅运用了员工的经验、创造力和智能,使得非管理职能的员工有了更大的责任和权力去制定与其工作或任务有关的决议或决策,更重要的是,这样可以贯通公司内部的信息渠道,建立良好的透明度,创造优良的工作环境。员工与领导的关系是相互信任而不是相互对抗。

2. "多能工/多面手"培训

"多能工/多面手"是指多技能作业员工,他们是能够操作多种机床的生产作业工人。人是所有生产资源中最宝贵的资源,所以节约人力资源在准时生产制中占有着重要的地位。传统的生产系统在人力资源配置上通常采用"定员制",即生产设备与作业人员的配置关系是相对固定的,即便是产量较少,按设备岗位配置的作业人员仍需全班人马出勤,因为无论少了谁,整个系统都无法工作。而准时生产制采用拉式生产,为了更好地满足不断波动的市场需求,就应该采用更为灵活的方式配置工作人员,从而使人力资源得到合理而充分的利用。进行"多能工"培训,可以使得线上的工人熟练掌握两种以上的设备操作技能。特别是在经济环境不景气时,丰田汽车公司考虑的不是裁员,而是减少生产,把暂时闲散的员工集合起来进行培训,目的是危机渡过之后能够更有效地工作。

实行准时生产需要建立多功能制造单元,该制造单元是按产品对象布置的,一个制造单元可以完成一组相似零件的加工,工人随着零件走,并不是固定在某台设备上,而是逐次操作不同的机器,这就需要工人具有多种设备操作技能。多功能制造单元一般采用"U形流水线"布置(见图11-3)。

为了维持制造单元的生产率与产品装配的生产率一致,保证同步生产,要使单元的固定生产能力有富余,机器设备数按最高负荷配置。当生产率改变时,只要调整制造单元的工人数量就可以满足需要。例如,假设一条生产线有11个工作地,负荷正常时,配备4名工人工作。如图11-4所示,1号工人看管a、b、k三个工作地,2号工人看管c、i、j三个工作地,3号工人看管d、e、h三个工作地,4号工人看管f、g两个工作地。

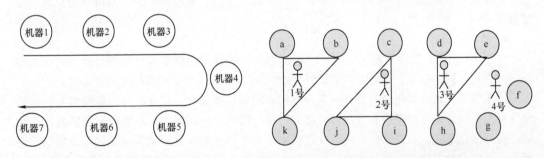

图11-3 "U形流水线"布置图　　　　图11-4 负荷正常时的设备看管

当任务不足时(如产量为正常时的70%~75%),此时生产线就可以配备3名工人,如图11-5所示,而因为进行了"多能工"的培训,这三个人完全可以胜任原本四个人的生产任务。

3. 标准化作业与"5S"

标准化作业是泰勒、吉尔布雷斯(Frank Bunker Gilbreth)、福特等开创的大批量生产的产物,是工业工程研究的重要内容,也是现代大工业的基础。JIT系统也同样将标准化作业作为其运行的重要基础。但不同的是,在传统的大批量生产模式中,各种作业流程、工作地布置、员工的工序操作过程和动作等,都是由工业工程师事先规划设计的,员工在工作时严格按照作业标准执行即可。而在 JIT 系统中，生产系统的整体流程、布局以及工序也是由工业工程师规划设计的，但是工序内部的工作地布置、操作过程及操作动作等，则是由工人自己决定的，并不断地通过合理化建议等方式加以改善。工程师或管理人员只是给予一定的理论指导和帮助。著名的"5S"活动就是这种管理模式的典型体现。

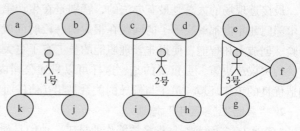

图 11-5　负荷不足时的设备看管

这里应该注意，是不是由工人自己设计的工作方法就比由工业工程师设计的方法效率低呢？事实正好相反，发挥了"主人翁"精神的员工自己设计的作业方法效率会更高，因为工人是最了解自己的工作的。另外，丰田公司在作业的基础标准方面也是有严格要求的，比如手工作业的速度标准、人员行走的速度标准等。这样，在各种基础标准的框架内由工人不断自我改善所形成的作业标准，保证了丰田公司的生产效率不断提升。

11.2.2　产品设计方面

1. 标准化设计

标准化是汽车设计中不可缺少的部分。由于准时生产制要求生产过程能够快速、及时适应市场需求的变化，减少甚至消除在制品库存，因此丰田汽车公司在产品设计阶段十分重视推行标准化。

丰田的工程师从进入公司开始就接受训练以学习产品发展的标准，他们全都历经"从做中学习"的训练。他们也经常使用追溯至丰田汽车公司最早进行汽车工程作业就开始采用的设计标准。从车门的门闩、座椅的升降机械装置到方向盘等，每一个环节的工程作业检查清单都是从过去优良与不良设计实务学习演进而得的。丰田的工程师从进入公司的第一天起，就开始使用这些检查清单手册，并且在推出每一款新车的计划过程中进一步修正与更新这些检查清单。

2. 模块化设计

由于 JIT 追求开发时间短、成本低的设计思想，而且需要根据客户的消费水平、个人喜好不同设定不同的配置，因此在产品设计方面，JIT 采用更为灵活的模块化设计方式。

汽车模块化设计是指通过设计一系列通用模块或标准模块，从这些模块中选取相应的模块并补充新设计的专用模块和零部件一起进行相应的组合，以构成满足各种不同需要的产品的一种标准化形式。在汽车整车的设计过程中，会在很多的地方用到模块化设计，特别是对那些比较大众化的汽车。而且通常是借用原来比较成熟的模块，在此基础上加以改进和提升，设计出既符合设计要求的产品，又可以节省时间、节约成本。另外在售后维修方面，更容易找出问题，拆装和交换也更为容易。

3. 设计质量的保证

准时生产制要求产品在设计时就应该保证质量，这也是其推行全面质量控制的要求之一。如果在设计阶段质量就出现问题，则整个生产过程就没有任何意义，也是极大的浪费。

JIT 系统运用综合的方法确保产品设计的质量。首先，将质量设计到产品与生产过程中，也就是不仅在产品设计阶段严格遵守质量规范，确保设计质量，而且在工艺设计和生产流程设计时，大量运用标准化作业和标准化工具（如防差错系统、潜在失效模式分析等），来保证较高的质量水平。其次，在设计阶段充分运用价值工程等分析工具，最大限度地降低产品成本。最后，根据最终用户的需求和公司的制造能力选择适宜的质量水平。

因此，整个设计过程采用并行工程的方式，强调在产品开发的初期阶段设计开发者就要考虑产品整个生命周期（从产品的概念设计、详细设计、工艺规划、制造、装配、检验、销售、使用、维修到产品的报废为止）的所有环节，建立产品生命周期中各个阶段性能的继承和约束关系及产品各个方面属性间的关系，以追求产品在生命周期全过程中其性能最优。

11.2.3 过程设计方面

1. 小批量生产

小批量生产更能适应市场需求的变化。任何生产线每天必须要同时生产出多种类型的产品，以满足市场需要。因此小批量、多品种具有更强的灵活性。另外，小批量生产还有在制品占用量少、发现缺陷后返工量少和更易于组织均衡作业等优点。

在准时生产制下，总装线均以最小批量装配和输送制成品，以期实现"单件"生产和运输的最高理想。这样就使总装线也会以最小批量从前工序领取必要的零部件。生产的均衡化使得零部件被领取时的数量达到最少，后工序每天以近似的时间间隔领取数量相近的零部件，从而使各工序以一定的速度和一定的数量进行生产。

2. 减少换产时间

为了实现以"多品种、小批量"为特征的均衡化生产，就必须缩短设备和工装的更换调整时间。在丰田看来，换产时间不增加产品价值，因此也是一种浪费。如果机器的调整时间不能压缩，提高换产频率则会使调整准备占用的时间大大增加，是不合算的。特别是生产过程中的装备和模具转换与精度调整，往往需要花费数个小时。为了降低转换调整的成本，人们往往连续使用一套模具，尽可能大批量地生产同一种产品。但是这种方法不满足均衡生产条件下"多品种、小批量"的生产和需求方式。这就要求相关加工工序进行快速而且频繁的转换调整操作，以便能在单位时间内加工种类繁多的零件，满足后道工序频繁地领取各种零件的要求。

从泰勒和吉尔布雷斯夫妇开始，工业工程师们曾对如何缩短加工时间进行了很多的研究，在机器改造和工人操作的简化方面都做出了卓有成效的努力。用同样的方法来研究如何缩短调整时间，也会取得显著的成果。例如，为了实现设备的快速转换调整，丰田汽车公司发明了 SMED（Single-minute Exchange of Die）法，又称"10min 内整备法"。这种方法把设备转换调整的所有作业划分为两大部分："外部转换调整作业"（能够在设备运转之中进行的转换调整作业）和"内部转换调整作业"（必须或只能够在设备停止运转时才能进行的转换调整作业）。为了缩短转换调整时间，操作人员必须在设备运行过程中完成所有的"外部转换调整作业"，一旦设备停下来，就应集中全力于"内部转换调整作业"，而且尽可能地把"内部转换调整作业"转变为"外部转换调整作业"，并尽量缩短这两种作业的时间，以保证迅速完成转换调整作业。另外，加强对人员的培训，对设备和工艺装备进行改进，换产工具和换产过程的简化、标准化等方法也可以有效地减少换产时间，从而为"多品种、小批量"的均衡生产奠定基础。

3. 成组生产单元

JIT 系统在零件加工和部件装配的生产组织形式上，大量采用 U 形布置的成组生产单元。成组生产单元实质上是一个按对象（产品）原则建立的专业化强、效率高的工作中心。这种生产组织方式可以减少物料清单的层次，因为每个单元都可以完成一个或几个结构、工艺相似的零部件组（族）的全部加工和装配，中间不会产生库存项目。而传统的适合多品种、小批量生产的工艺原则的机群式布置，使每种物料的工艺路线经过多个工作中心甚至多个车间，中间会产生较多的库存项目。这种单元式的制造系统与流水线相近，可以实现"一个流"的制品移动方式,使生产的流动大大加快,生产周期大大缩短。同时,也为采用基于"速率"的生产计划与控制模式提供了基础,可大大降低计划与控制的工作量。另外,它还有换产时间少、设备利用率高、易于"多面手"交叉作业等优点。

4. 与供应商的关系

对于传统的大批量生产,装配厂与零部件厂之间的关系是一种"主仆关系",即装配厂设计新的零件,然后选择供应商,在供应商能够保证质量和交货时间的情况下,选择价格最低的厂家。在这种生产方式下,企业直接与供应商打交道,并且供应商数量很多(见图11-6)。企业为了获得更多的利润,采取让供应商之间相互竞争的办法来降低成本,在利润分配时,供应商不仅获利很少,而且还不稳定,就像一个雇工一样被雇用。因此,相互之间并没有长期合作的打算,也就没有改进品质的积极性。

在准时生产制环境下,企业与供应商(协作商)之间的关系可以称为"命运共同体"。生产企业要求供应商按照JIT的方式供应原材料或零部件。在产品开发初期,供应商就可以参与进来。按担任的任务不同,将供应商按不同的层次组织起来,企业只与第一层供应商发生联系。第一层供应商根据需要再将该部件下的零件承包给第二层供应商,以此类推(见图11-7)。这样,企业只需与较少的供应商直接打交道。

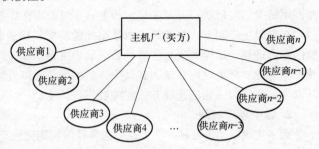

图11-6　传统生产方式下企业与供应商的关系

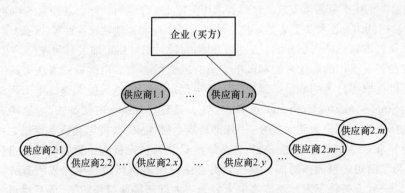

图11-7　准时生产制下企业与供应商的关系

企业选定一些供应商,应与其建立长期的相互信任的伙伴关系,密切合作,共享信息,从长远的角度按共同的目标组织生产经营。按准时生产制理论的要求,供应批量应该越小越好,供应批次应该越频繁越好,供应件无次品,无不合格品。在决定零部件的价格时,主机厂与供应商应一起考虑合理的利润,推算各部分的目标成本。双方可以利用价值工程的原理,找出每个能够降低成本的因素,从而使双方获得更多的利润。由此可见,基于准时生产制的企业与供应商的关系,能够使主机厂维持较低的库存水平,使得交货量更小而且更为频繁,质量能够得到更好的保障,而且制度较为简单,从而使双方达到双赢的目的。

11.2.4　全面质量管理

实行全面质量管理是准时生产方式的又一个重要的技术支撑。全面质量管理强调事先预防不合格品的发生，要从操作者、机器、工具、材料和工艺过程等方面保证不出现不合格品。丰田汽车公司还专门提出了"三不原则"，即不制造不合格品、不接受不合格品、不流出不合格品。同时，由于实行"小批量生产、小批量运输"，特别是"单件生产、单件传递"，这就会迫使生产系统中每道加工工序的作业人员必须生产出百分之百合格的零部件。否则，只要有极少数（甚至1件）不合格的零部件出现，就会破坏正常的准时生产。在这种环境中，避免出现不合格零部件的要求就会自然形成一种"确保生产合格制品"的强制性约束机制。这样，全体人员参加的、涉及生产全过程的全面质量管理就会自然成为必要。在丰田汽车公司，最有特点的质量控制方式有两种——自働化和防差错系统。

1. 自働化与 Andon

丰田的"自働化"（Jidoka）是通过一种技术装置，当异常或质量缺陷发生时，能使生产线或者机器自动停止工作，然后由人去处理和解决，所以被称为"自働化"。

自働化的概念创立于丰田汽车公司创始人丰田喜一郎的父亲丰田佐吉。丰田佐吉发明了断了线可以自动停机的"环状织布机"，这成为后来JIT中"自働化"的基础。到丰田公司的生产车间，可以看到它的许多设备是具有"智慧"的，当不合格品出现或者生产过程出现问题时，设备就会报警，提醒工作人员及时修复。另外，正在工作的每一名员工都有权力停止整条正在运行的流水线，主动排除问题，使得所有的缺陷一经发现便立即得以解决，将可能出现的问题遏制在萌芽状态。

丰田汽车公司的自働化主要是通过异常情况的自动化检测、异常情况的自动化停机、异常情况的自动化报警三个技术手段实现的。

Andon（安灯）是应用在车间各种生产线上的一种实时呼叫系统。在生产过程中，各个工位的工人可以通过 Andon 系统的拉绳、呼叫按钮等向班组长及时报告设备故障、产品质量等问题，提请班组长尽快帮助解决，以保证该工位按节拍正常生产。如果班组长来了问题还解决不了，则再按一下按钮，整个生产线停止。查明原因解决问题后，再恢复生产。现在的Andon 也可以显示和统计生产信息和设备运行故障等。

"自働化"与 Andon 这种做法，实质上是将质量管理融入了日常的生产活动，变为每个员工的责任、义务和自主行为，从而将一切劳动变成了有效的劳动。

2. 防差错系统

在人们的生产和工作中，经常会接触到各种各样的缺陷。绝大部分缺陷都是由差错造成的，这里面包括设计差错、制造差错和使用差错。设计差错是由于设计人员的失误造成的，产品缺少应有的功能或参数不合理，此类错误会导致产品的固有缺陷；制造差错是由于生产现场复杂的环境造成的，许多环节、每时每刻、每个地方都有可能出现差错，人员、设备、环境、材料等生产要素的偶然变化都会引起差错；使用差错可能是由于产品缺少应有的使用说明，或者是使用者认知水平有限或粗心大意，未能按照要求正确使用产品造成的。

差错形成的原因由主观差错和客观差错构成。主观差错是指由于操作人员的失误所造成的差错，大致归纳为以下几类：疏忽、理解错误；判断错误；生疏、缺乏应有的专业技能；固执己见，凭经验办事；心不在焉，注意力不集中；反应迟缓；缺乏指导；措手不及；明知故犯等。客观差错主要存在于抽样检验和统计过程控制技术中。

防差错系统是指通过在过程中设置一些安全装置或报警装置来提示人们在工作中减少和消除潜在差错的一系列技术措施。例如：当包装物的重量太轻时发出报警声音，表示有缺失的部件；将要组装的成套零部件置于类似"鸡蛋箱"的容器内，以保证没有零部件被遗漏；将零部件设计成只能放入正确的位置。又如在汽车中常见的例子：在点火状态下，当车门打开时报警；门没关严也会报警；没系好安全带也会报警；油箱中油过少时也会报警等。总之，防差错系统是通过预先设置的一系列"友好提示"来尽量减少和消除工作中的差错，从而保证各种工作的质量，体现了 JIT "积极有效的预防胜于消极的事后处理"的思想，把质量管理的重点由判别缺陷转向寻找差错。

11.3 准时生产制的计划与控制系统

通过前面的介绍可知，准时生产制要求"只在需要的时候，按需要的量生产所需的产品"，因此可能会有人认为：对 JIT 生产方式，生产计划就无足轻重了。实际上恰恰相反，从生产管理理论的角度来看，JIT 生产方式依然是一种计划主导型的管理方式。但它又在很多方面打破了历来生产管理中被认为是常识的观念。

图 11-8 显示了准时生产制和生产计划与控制框架的相互关系。阴影部分代表生产计划与控制系统受 JIT 实施影响最大的几个部分。在综合计划层，JIT 同样会根据经营方针和市场预测制订年度计划、月度计划。从主生产计划以后的层次，JIT 与传统的计划模式就不同了。首先，JIT 是一种基于"速率"的计划系统，这一点与传统的大量生产相同。但是，传统的大量生产的主生产计划一般都是 MTS 模式，而 JIT 的主生产计划却很像 ATO 和 MTO 模式。在详细物料计划层，JIT 采用了单元式制造和无库存的拉式系统，减少了物料清单的层次。许多在 MRP 系统中需要处理的物料在 JIT 系统中成了虚拟件（即零件号仍然在物料清单中，但不办理入库和出库手续）。它向最终装配以前的其他各个工序出示大致的生产品种和数量计划，作为其安排作业的一个参考基准，而真正计划仅处于最终装配层次。它还通过生产平准化和混流生产的方式使整个生产过程中的所有物料需求量处于稳定状态，消除了 MRP 系统中复杂的能力平衡事务和库存事务。在车间作业控制和采购层，JIT 通过其"看板系统"取代了传统生产模式下复杂的作业计划和订单跟踪与控制工作。

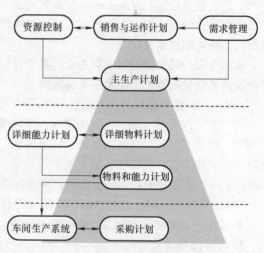

图 11-8　准时生产制和生产计划与控制框架的相互关系

总之，JIT 模式是对传统的生产计划与控制模式的重大创新。

11.3.1 生产均衡化——混流生产

1. 混流生产的原理

生产均衡化是准时生产中十分重要的部分。所谓均衡化，就是要求物料流的运动完全与市场需求同步，即从采购、生产到发货各个阶段的任何一个环节都要与市场合拍。只有实现均衡化生产，才能大大减少以至消除原材料、外购件、在制品与产成品的库存。

然而在实际生产中，真正要做到各个阶段供给与需求完全同步，是十分困难的。因此均衡化也只是一种理想状态，而采用混流生产方式则可以接近此种状态。下面就通过一个例子来介绍混流生产的基本原理。

例如，按市场需求，某厂在某月要生产 A、B、C 三种产品，每种产品的月产量分别为 A

产品 500 台、B 产品 300 台、C 产品 200 台，总共 1000 台。假设该月有 25 个工作日，那么如果按照传统的生产安排方式，应该是先将 A 产品生产完，然后再生产 B 产品，最后生产 C 产品，按比例，前 12 天半生产 A 产品，然后用 7 天半生产 B 产品，最后用 5 天生产 C 产品。这种生产安排也称为分段生产。在品种较少的情况下，这种生产或许可行。而且这种传统的大批量生产的方法可以节省作业的切换时间。但是由于当今市场需求呈现多样化、个性化趋势，每个用户对产品的种类、规格、型号甚至颜色的要求都不尽相同，要求交货的具体时间也不同，因此如果仍长期坚持这种生产安排就会使企业陷入困境。另外，大批量的方法势必会造成一部分产品在一段时间内生产过剩，供大于求而形成积压库存，而另外一部分产品一时间没有生产从而供不应求，发生缺货，因此要有一定的库存来应对这种产品的需求。这两种情况都有库存，从而造成浪费和损失。从企业内部组织来看，或许大批量能给组织带来一定的方便，但会造成资源的浪费。由于要进行多品种的生产，企业必然会配备多种设备与多种技能的工人，准备多种原材料，这样就会造成不同时间段内工人的忙闲不均、设备的负荷不稳定、原材料和外购件的浪费。

为了解决上述问题，可以做出改进，每天生产 20 台 A 产品、12 台 B 产品、8 台 C 产品，一个月 25 天，每天按以上方式进行生产，就可以改正分段生产的缺点。而对于顾客来说，无论需要什么产品，每天都可以得到，从而减少了产品的积压和短缺问题。但是这种生产方式也存在问题，由于月生产频率为 25，作业切换时间就为原生产安排的 25 倍，因此要通过缩短调整时间来弥补这种损失。

如此改善下去，就可以达到一个极限，即按照"A→B→A→C→A→B→A→B→A→C"的顺序进行生产。这就满足了准时生产制所倡导的以小时、分钟进行排程的要求，达到了精益生产提出的适时、适量、适物的要求，也就实现了**混流生产的目的——生产平准化**。其中，"平"是指生产的全面均衡，包括：①品种的均衡，每天按照产量比例生产各种产品；②产量的均衡，每天的生产数量相同；③负荷均衡，每天需要的总工时相同。"准"是指准时。

2. 混流生产的组织设计

混流生产是丰田生产平准化的具体体现，要实现混流生产，必须进行混流生产的组织设计，主要有混流装配线的设计和确定混流装配线的生产顺序两个方面。

(1) 混流装配线的设计。关于流水线设计问题，本书在第 9 章第 9.2.3 节已做过介绍。混流装配线与一般流水线的区别主要表现在节拍确定和生产线平衡两个方面。

1) 节拍确定。由于混合流水线是按组来生产的，所以按照产品组计算节拍。节拍 C 等于有效作业时间 F_e 与组数 $n_{组}$ 的比值。当各产品产量相同时，组数取为产品产量即可；当各产品计划期产量成较小的整数比例时，各组内产品的数量可由产量比确定，则组数 $n_{组}$ 等于产品 i 的计划期产量，n_i 为产品组内产品 i 的数量。

2) 生产线平衡。由于在混流装配线上要装配多种产品，而每种产品的物料构成以及装配顺序都是有差别的（但是它们都有很多相同或相似的装配作业单元），因此，**需要把每种产品的装配顺序图（由最小装配单元组成的装配网络图）合并，形成多种产品的复合装配顺序图**。图 11-9 是 A、B、C 三种产品的装配顺序图，图 11-10 是三种产品合并后的复合装配顺序图。

在复合后的装配顺序图中，有些装配作业单元是各种产品所共有的，但是它们的标准时间仍然可能是不同的。一般可通过加权平均的方法确定它们的标准时间，即

$$T_k = \sum T_{ik} \alpha_{ik}$$

式中　T_k——k 作业单元的平均标准时间；

　　　T_{ik}——i 产品 k 作业单元的标准时间；

　　　α_{ik}——i 产品的产量比重。

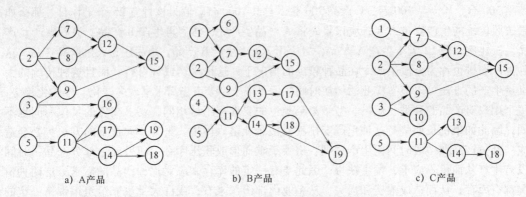

图 11-9　A、B、C 三种产品的装配顺序图

确定了复合装配顺序图中各个作业单元的标准时间之后，就可进行流水线的平衡设计了，方法与一般装配线的平衡方法相同。

（2）确定混流装配线的生产顺序。要实现生产平准化的要求，所采用的主要手段是合理安排产品的投产顺序，即上面提到的"A→B→A→C→A→B→A→B→A→C"生产顺序。要确定该顺序，需要考虑以下两点：

1）混流装配线的均衡化。首先是产品品种的均衡化，这是实现按照用户需要均衡地出产产品的直接要求。其次是产量和负荷的均衡化，关键是负荷的均衡化，也就是均衡混流装配线上不同工位装配不同品种产品所需的装配时间。经过混

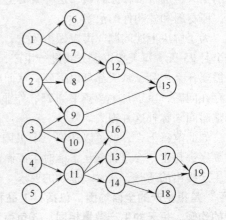

图 11-10　三种产品合并后的复合装配顺序图

流装配线的平衡设计以后，虽然各个工位从整体上时间是均衡的，但是每个工位在装配不同品种的产品时所需的装配时间还是存在差异的，如果对某一个工位负荷较大的品种连续投产，则可能会导致装配线的减慢或停止，如图 11-11 所示。

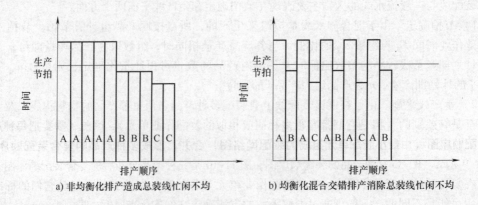

a）非均衡化排产造成总装线忙闲不均　　　b）均衡化混合交错排产消除总装线忙闲不均

图 11-11　混流装配线与可变装配线的比较（一）

2）零部件需求平准化。就是要求一段时间内装配线对不同品种零部件的需求数量保持稳定。这也是生产平准化的重要目标。在 JIT 这种拉式生产系统中，零部件要根据后面工序

的需用情况从前面工序领取,所以后面工序零部件的需求数量及搬运次数的不规则会导致前面工序的工作量出现不规则,带来生产上的混乱。同时各种零部件的在制品库存要求尽可能减少。因而实现这些要求的方法就是保证各零部件需求的平准化,落实到最终装配线上就是要求一定时间内装配线上各零部件的使用速率要均匀化,如图11-12所示。

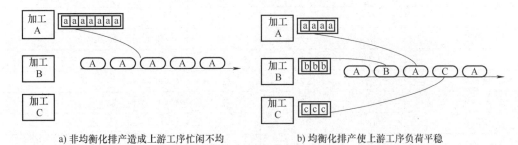

a) 非均衡化排产造成上游工序忙闲不均　　b) 均衡化排产使上游工序负荷平稳

图11-12　混流装配线与可变装配线的比较（二）
A—车型A　B—车型B　C—车型C

确定产品生产顺序的方法有很多,主要有最优解算法、试探算法和循环改进算法三类,具体的方法有生产比倒数法、逻辑运算法、启发式算法、分支定界法、目标追踪法、模拟退火算法、遗传算法、蚁群算法、神经网络算法等。这里只介绍简单实用的生产比倒数法。

生产比倒数法的计算原理是：取各产品产量比值的倒数,即生产比倒数作为衡量产品是否优先投产的准则,生产比倒数越小,即产品产量在总产量中的比重越大者优先投产。下面结合前面的例子,用生产比倒数法按照以下步骤确定A、B、C三种产品的投产顺序。

1）首先计算生产比。从各个产品的计划产量中求出最大公约数。按产量与该公约数的比值计算它们的生产比。本例中,最大公约数为100,故各产品的生产比分别为

$$x_A = \frac{500}{100} = 5$$

$$x_B = \frac{300}{100} = 3$$

$$x_C = \frac{200}{100} = 2$$

生产比的总和是一个投产循环的产量。本例的循环产量为：5台+3台+2台=10台。

2）计算生产比的倒数。生产比的倒数为

$$m_A = \frac{1}{x_A} = \frac{1}{5}$$

$$m_B = \frac{1}{x_B} = \frac{1}{3}$$

$$m_C = \frac{1}{x_C} = \frac{1}{2}$$

3）选定投产对象。按照下面的原则,选出投产对象：

原则一：从全部产品中,选生产比倒数最小的产品。

原则二：当存在多个生产比倒数数值为最小的情况时,选择记号出现较晚的但不是刚选过的品种。

选择投产对象的过程可以借助表11-1所示的计算表进行。该表中的第一行中标明每个品种的生产比倒数m_i。从这个初始值开始进行投产对象的选择。本例中,A产品的m_A最小,按规则应选为第一个投产对象,将它写入"连锁"栏内,并在它的生产比倒数上标上选择记

号 *。所谓连锁，就是一组产品在流水线上的投产顺序。

表 11-1 根据生产比倒数法编排投产顺序的计算表

计算 \ 项目	产品 A	产品 B	产品 C	连锁
1	1/5 *	1/3	1/2	A
2	2/5	1/3 *	1/2	A→B
3	2/5 *	2/3	1/2	A→B→A
4	3/5	2/3	1/2 *	A→B→A→C
5	3/5 *	2/3	1	A→B→A→C→A
6	4/5	2/3 *	1	A→B→A→C→A→B
7	4/5 *	1	1	A→B→A→C→A→B→A
8	1	1 *	1	A→B→A→C→A→B→A→B
9	1 *		1	A→B→A→C→A→B→A→B→A
10			1 *	A→B→A→C→A→B→A→B→A→C

4）更新 m_i 的值。将所选投产对象的生产比倒数与上一行的 m 值，即标有选择记号 * 的值相加，即 1/5 + 1/5 = 2/5，用这个计算值更新原来的 m_A 值。将它记入第二行的 A 产品栏中，其余的沿用原数记入第二行。

5）继续按原则一选取投产对象。当某个投产对象的 m 值累加到 1 时，停止对该对象的选取。

根据上述步骤，本例第二个投产对象应该是工作表中第二行 m 值最小的 B 产品，以此类推。在第八行中，三种产品的 m 值都累加到了 1，此时按照原则二，选 B 产品作为投产对象，虽然 A 产品的选择记号出现得最晚，但是它刚被选过，不能连续被选。到第九行，B 产品已投产完，只剩 C 产品与 A 产品，此时要选择 A 产品，因为 A 产品的选择记号出现得较 C 产品晚。最后一行，A 产品与 B 产品都投产完毕，仅剩 C 产品，将它作为连锁中最后一个产品投产。这样就得到了 A→B→A→C→A→B→A→B→A→C 的混合生产循环顺序。

11.3.2 拉式生产系统

JIT 生产方式将传统生产过程中前道工序向后道工序送货，改为后道工序向前道工序取货，即将传统的"推式生产系统"改变成为"拉式生产系统"，从而真正实现了按需生产。需要注意的是，这里所说的"工序"，不同于传统意义上的工序，前后工序之间的传递指的是在不同的生产单位、工作中心、工厂或流水线之间的传递。

1. 拉式生产系统的特点

传统的推式（Push）生产系统，不管是"基于速率"的大量生产系统还是"基于时段"的多品种小批量生产系统，其生产过程的计划与控制方式都是根据某时期的需求预测量、合同量和现有库存水平确定成品产出量，并按照反工艺顺序依次确定各车间、工作中心的产出量和投入量，然后向每一车间和工作中心发出生产指令。各车间、工作中心根据生产指令开工生产，生产过程的每一道"工序"都按计划指令把加工出来的产品或零部件向后传送（入库），同时将实际完成情况反馈到计划部门。随着每道"工序"向后一道"工序"的推进，最终产品逐渐形成。显然，在这种情况下，物流与信息流是分离的，示意图如图 11-13 所示。

拉式（Pull）生产系统也是按照反工艺顺序倒排计划，与推式生产系统不同的是：生产

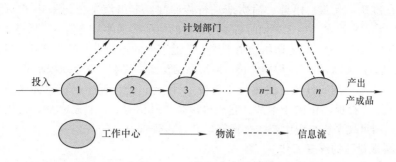

图 11-13 推式生产系统

计划指令只下达给最后一道"工序"——总装配线,指示"何时生产多少数量的何种产品"。总装配线根据装配产品的需要,分别向前方"工序"领取装配所需要的零部件,并要求"需要什么取什么,何时需要何时取,需要多少取多少"。每一步都是后道"工序"在必要时向前道"工序"领取必要数量的必要零部件,前道"工序"只生产被领取走的那部分零部件(在数量和种类上相同),一直上溯到原材料的供应部门。在拉式生产系统下,信息流与物流是结合在一起的,示意图如图 11-14 所示。

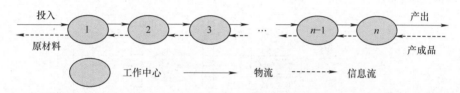

图 11-14 拉式生产系统

2. 两种生产系统的比较

两种生产系统在对生产管理指标的追求上是不同的。推式生产系统通常追求生产总量,例如,各车间追求生产完成总量,甚至以超越完成计划为荣,很多企业可能还会为此进行奖励。而拉式生产在生产管理指标上要求以生产准时为第一目标,其次追求生产所用的单位时间、单位成本,保证生产不停顿、不滞留、准时交货,追求零库存。

两种生产系统的驱动模式不同。推式生产是由计划驱动的,各生产"工序"都按生产计划的要求按时完成任务。但在实际上,由于计划难以做到十分精确,加上不可避免的随机因素(设备故障、出现不合格品等)的干扰,所以计划安排的产量与实际的生产情况总是有较大的出入。为了避免发生缺货,就需要在各生产环节设置较多的库存,当计划产量大于实际需求时,积压的库存就更多。虽然可以通过计划对多余的库存进行调整,但是需要等到下一个计划期。而拉式生产系统是由需求驱动的,各生产"工序"都按照后"工序"的实际需求进行生产,不存在计划数量与实际生产数量不相符的情况,因此可以大幅降低库存。但是,拉式生产系统对质量管理、设备管理、员工素质、供应商管理等方面提出了更高的要求。

虽然拉式生产系统有很多优点,但它并不是适合于所有的生产类型。从目前的研究情况看,按订单设计和制造的单件小批生产类型和项目型生产类型如造船、重型机械等,就难以采用这种生产方式。不过,由丰田生产方式引发的精益生产哲理可以在各种生产企业应用。

11.3.3 看板控制系统

丰田汽车公司在采用拉式生产系统进行计划与控制的过程中,生产指令仅下达到总装线,并通过后道工序向前道工序领取物料,逐渐将需求信息从生产过程的下游传向上游。那么如何使需求信息准确、无误、迅速、简明地进行传递呢？丰田汽车公司采用了一种"卡片"，该卡片能够明确地表示出"何工序何时需要何数量的何种零部件"等信息。后道工序的作业人员在领取物料时，将这种卡片传递给前道工序，前道工序的作业人员按照卡片上的信息进行生产。这样，就通过卡片将生产过程中的每一道工序相互连接起来，有效地控制了生产过程。

由于"卡片"一词的日文写法就是"看板"，因此，把传递生产信息的这种卡片就称为"看板"。当然，"看板"不限于卡片，它还可以是一种信号、一种告示牌，总之是一种可视系统。这种利用可视系统组织生产的过程就是"看板管理"。

1. 实施看板管理的准备工作

实施看板管理之前，设备要重新排列，重新布置，要求做到每种零件只有一个来源，零件在加工过程中有明确、固定的移动路线。每一个工作地也要重新布置，使在制品与零部件存放在工作地旁边而不是仓库里。这样就可以使工人很方便地看到他们加工的零件，不会盲目地过量生产，避免了浪费。另外，工人也可以看到零件什么时候即将用完，需要补充，因此也不会造成短缺，影响生产。

重新布置使得加工作业的每一个工作中心都有两个存放处：入口存放处和出口存放处，如图11-15所示。为了便于装配，在装配作业处每一个工作地可以有多个入口存放处。众多的存放处置于车间内，使得车间变成了库房，两者合二为一。

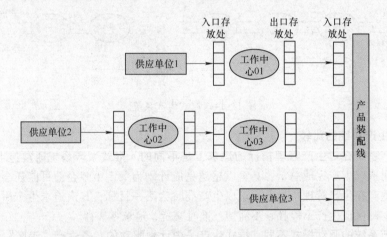

图11-15 为实施看板管理进行的工作中心布置

2. 看板的种类及用途

看板主要分为传送看板和生产看板。具体分类如图11-16所示。

（1）传送看板。传送看板用于指挥零件在前后两道工序之间移动，分为工序间看板和外协看板两种。工序间看板主要用于工厂内部，是后工序到前工序领取所需的零部件时使用的看板。外协看板与工序间看板类似，只是前工序是外部的协作厂家。

一般的传送看板主要包含"零件号""容器容量""看板号""供方工作地号""供方工作地出口存放处号""需方工作地号""需方工作地入口存放处号"等。典型的传送看板如图11-17所示。

当放置零件的容器从上道工序的出口存放处运送到下道工序的入口存放处时，传送看板就附在该容器上。当下道工序开始使用其入口存放处容器中的零件时，传送看板就被取下，放在看板盒中。当下道工序需要补充零件时，传送看板就被送到上道工序的出口存放处相应的容器上，同时将该容器上的生产看板取下，放在生产看板盒中。因此，传送看板的主要作用是指挥零件在上道工序的出口存放处与下道工序的入口存放处之间进行往返运动。

看板
传送看板
工序间看板
外协看板
生产看板
工序内看板
信号看板
临时看板

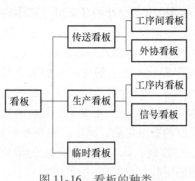

图 11-16　看板的种类

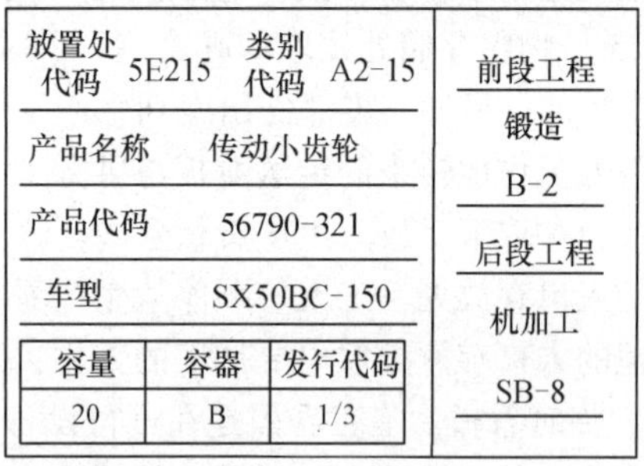

放置处代码　5E215　类别代码　A2-15
产品名称　传动小齿轮
产品代码　56790-321
车型　SX50BC-150
容量　容器　发行代码
20　B　1/3
前段工程
锻造
B-2
后段工程
机加工
SB-8

图 11-17　传送看板

（2）生产看板。生产看板用于指挥工作地的生产，它相当于工作指令，规定了所生产的零件及其数量。生产看板分为工序内看板和信号看板。一般的生产看板通常包括以下信息：“要生产的零件号”“容器的容量”“供方工作地号”“供方工作地出口存放处号”“看板号”“所需的物料”“所需零件的简明材料清单”“供给零件的存放位置”以及一些其他信息。

放置处代码　F26-18　类别代码　A5-34
产品名称　曲轴
产品代码　56790-321
车型　SX50BC-150
工程名称
机加工
SB-8

图 11-18　工序内看板

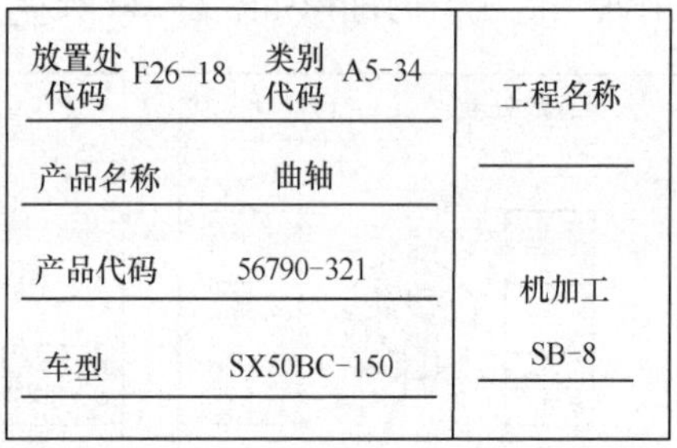

工序内看板（见图 11-18）是各工序进行加工时所用的看板，它只在工作地和它的出口存放处之间往返。信号看板（见图 11-19）是在不得不进行成批生产的工序使用的看板。例如树脂成型工序、模锻工序等。信号看板挂在成批制作出的产品上。当该批产品的数量减到基准数时摘下看板，送回到生产工序，然后生产工序按该看板的指示开始生产。例如在图 11-19 中，三角形看板挂在一批（共五箱）零件的第四箱上。它指示第 10 号冲压工序当后道工序领取该零件至第四箱时，开始生产 500 个（另一批量）该零件，即该种零件的“订货点”是两箱零件或是第 200 个零件。而在第三箱上附着的长方形

前段工程　存储处25　冲压10　后段工程
品名　钢板　代码　MA-36
规格　400×50×3　容器代码　5
批量　500个　容量　100个
批量500个
品名 XXX
订货点200个
箱码5
代码 5DS-11
箱数2
存储处 15-03
使用工程 冲压10
批量
订货

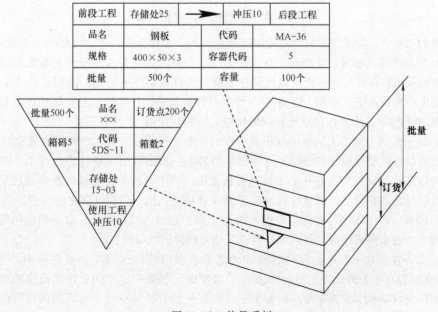

图 11-19　信号看板

信号看板就是请求材料看板，它指示第 10 号冲压工序当后道工序开始领取第三箱零件时，必须前往 25 号物料存储处领取 500 个（一批量）钢板，即该材料的"订货点"是三箱零件或第 300 个零件。另外，零部件出库到生产工序，也可利用信号看板来进行指示配送。

当需方工作地转来的传送看板与供方工作地出口存放处容器上的生产看板对上号时，生产看板就会被取下，放入生产看板盒内。该容器（放满零件）连同传送看板一起被送到需方工作地的入口存放处。工人按顺序从生产看板盒内取出生产看板，并按生产看板的规定，从该工作地的入口存放处取出要加工的零件，加工完规定的数量之后，将生产看板挂到容器上。

（3）临时看板。临时看板是在进行设备维护、设备修理、临时任务时使用的看板。它通常在作业量之外，使用的主要目的是不造成整个工程的混乱。

3. 用看板组织生产的过程

为了简便起见，假设整个生产过程只有三个工作中心，其中 3#工作中心为装配。采用看板管理组织生产的过程如图 11-20 所示。

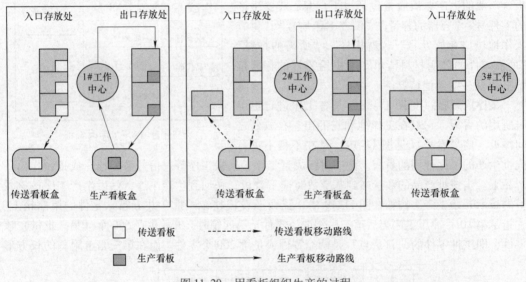

图 11-20 用看板组织生产的过程

在图 11-20 中，假设产品装配是按照计划进行的。进行看板管理要采取以下步骤：

（1）当某产品需要进行装配时，3#工作中心就会发出传送看板，按传送看板上显示的供方工作中心及出口存放处编号就可以找到存放所需零件或部件的容器。此时工作人员将容器上挂着的生产看板取下，放到 2#工作中心的生产看板盒中，并将传送看板挂到该容器上，将容器运到 3#工作中心的入口存放处相应的位置，供装配使用。

（2）2#工作中心的工人从生产看板盒中取出一个生产看板，按生产看板的规定，到 2#工作中心的入口存放处找到放置所需零件或部件的容器，从中取出零部件进行加工。同时将该容器上的传送看板放入 2#工作中心的传送看板盒中。当生产的数量达到标准容器的要求，则将生产看板挂在该容器上，将该容器放置于 2#工作中心的出口存放处规定的位置。

（3）同样，2#工作中心的传送看板送到 1#工作中心的出口存放处，取走相应的零件。按同样的方式，逐步向前推进，直到原材料或其他外购件的供应地点。

（4）负责在前后工作中心运送物料和传送看板及空箱的运输工，被昵称为"水蜘蛛"（形容其犹如飘在水上的蜘蛛，行动快速），"水蜘蛛"每隔一定时间会按照规定的路径巡回一次。工作内容是从需求方生产线的各个工位收集传送看板和空箱，然后到供给方的工作中心或超市领取传送看板所需的物料，送到需方生产线的各个工位上。间隔时间通常是 20min、

30min、60min，主要取决于巡回路线、容器容量、消耗速度、线边库存、车厢容量等。

采用卡片并不是进行看板管理的唯一工具。有些公司还会采用传递彩色乒乓球或高尔夫球、空容器、地面空格标志、信号标志等方法组织生产。其基本原理与卡片式的看板管理是相似的。

4. 看板数量的计算

看板数量代表了前后两个工序之间来回流动的物料容器数，每个容器放置的零件数代表了最小供应批量。因此，看板数量（容器数）直接控制着系统中在制品的库存数，在进行看板管理过程中必须计算出来。尽管各个看板系统有所不同，但是看板数量的计算方法基本一致。以传送看板为例，可以通过以下公式计算看板数量，即

$$N_m = \frac{DT_w(1+A_w)}{b}$$

式中　N_m——传送看板的数量；

　　　D——特定时段内对某零件的需求量；

　　　b——标准容器中放置某种零件的数量；

　　　T_w——传送看板的循环时间，即一个容器零件的生产时间与等待、传送时间之和（与需求采用相同的单位）；

　　　A_w——时间容差（是由不确定因素造成的，A_w 应尽可能接近于0）。

例 11-1：某产品装配线对某零件的需求量 $D = 40$ 件/h，标准容器放置该零件的数量 $b = 20$ 件，$T_w = 1h$，$A_w = 0.2$。求所需传送看板的数量。

解：

$$N_m = \frac{DT_w(1+A_w)}{b} = \frac{40 \text{件}/h \times 1h \times (1+0.2)}{20 \text{件}} = 2.4（取3）$$

例 11-1 向上取整（取3），表示系统中有三个容器的在制品在流转。向上取整会令系统变得较松散，向下取整则使系统变紧。通常都用向上取整，以使系统具有一定的安全库存。

由此可见，看板系统并不能实现零库存。但是，它可以通过适当增加或减少看板的数量，控制系统中的在制品数量。

5. 实施看板管理的规则

采用看板方式组织生产要遵循以下规则：

（1）后工序必须在必需的时候，只按必要的数量从前工序领取必需的物品。在看板管理中，特别注重领取物品的时间与数量，同时，为了防止后工序任意领取，有必要将规则细化，因此附加了三个规则：①如果没有看板，领取一概不能进行；②超过看板数量的领取一概不能进行；③看板必须附在实物上。

（2）前工序仅按被后工序领取的物品和数量进行生产。该规则还有两条附加规则：①生产数量不能超过看板规定的数量，没有看板不进行生产；②当前工序生产多种零件时，没有看板不能进行。通过遵守该规则，所有的生产工序如同被一条传送带连接，形成了一种流水作业的形式。如果某个工序出现了问题，虽然所有的工序都可能停止生产，但至少保持了各工序之间的平衡，实现了同步生产，将各个前工序的库存控制在最小限度。

（3）不合格品绝不能送到后工序。一旦发现不合格品就要及时处理，以防止对不合格品再继续进行加工，更不能把不合格品送到后工序。这样做一方面可以遵守第（1）条规则，另一方面如果有不合格品积压在本工序中，工序的问题就会马上明显化，管理监督者就不得不制定防止再发生的对策。

（4）把看板数量减少到最低程度。看板的数量表示某种零件的最大库存量，所以有必要把它控制在最低程度。通过有计划地主动减少看板，可以及时发现问题，并找出原因。通过

不断地减少看板数量，使得现场的改善活动不断进行。

（5）通过看板对生产进行微调。看板的主要功能之一是作为生产和搬运的指令。因此，在采用看板的时候，不需要提供如工作计划表、搬运计划表这样的信息，仅用看板作为生产和搬运指示的信息，作业者依赖于看板进行作业。

11.4 价值流分析

11.4.1 消除不增值活动

JIT 和精益生产的核心思想是尽可能消除一切不增值的活动。为此，首先要判别企业活动中的两个基本构成——增值活动和非增值活动。增值活动是指直接为顾客创造价值的活动，即生产顾客需要的产品、提供顾客需要的服务的直接活动，例如装配线上的组装过程、零件加工的切削过程等，这些都是直接改变物料的形状、尺寸、功能和性能而变成用户需要的产品的过程；非增值活动包括必要但非增值的活动和不必要的非增值活动两种。必要但非增值的活动是指生产过程中的一些辅助性作业和生产支援部门的一些活动。例如，更换产品时的设备与工装调整活动、产品检验活动、车间之间的运输活动、设备维护活动、在制品的积压和等待、生产计划与控制活动等，这些活动不直接创造价值，但它们是必要的，更多的是看似必要。不必要的非增值活动是指没有任何作用的活动，如多余的处理过程、没人看的文件等。

JIT 强调，对于增值活动，必须不断加强和完善；对于必要但非增值的活动，要尽可能压缩和减少；对于不必要的非增值活动，坚决取消。

杰弗瑞·米勒（Jeffrey G. Miller）和托马斯·沃尔曼（Thomas Vollmann）在其著名文章《隐蔽工厂》（The Hidden Factory）中指出，任何制造企业由两个"工厂"组成，其中一个制造产品，而另一个（即隐蔽工厂）处理各种文件事务和计算机系统事务。随着时间的推移，前者相对于后者的成本大大降低。他们列出了一份加工过程清单，里面包含传统制造业的生产计划与控制系统下的"隐蔽工厂"，并指出了隐藏于其中的巨大成本。这些事务分为后勤、平衡、质量、更改四类。

（1）后勤事务（与物流有关的事务）。它包括订货、执行和物料转移（从一个地方转移到另一个地方）的确认。相关成本包括运送与接货的人工成本、发订单成本、数据输入成本和数据处理成本等。

（2）平衡事务。它包括预测、生产计划、生产控制、采购物料、进度安排、客户订单处理与维护。相关成本包括其中的人工成本和参与支援活动的人工成本。

（3）质量事务。它包括识别和沟通、证明事务发生以及记录备份数据。相关成本包括质量检验与评估成本、预防成本、内部故障成本和外部故障成本。

（4）更改事务。它包括更改设计以及由此引发的规格说明、物料清单、进度安排、加工指令等的改变。更改设计是所有事务中耗费成本最高的。

上述四类事务，都是看似必要但不增值的活动。JIT 系统通过减少事务数量和频率以及独特的"看板""拉式"系统来降低事务成本。

例如，在后勤事务方面，供应商根据看板直接把商品送到车间，不需要仓库，从而完全避免了仓库接收货物及随后的将物料运送到各生产车间、各工位的相关事务。

在平衡（计划）事务方面，JIT 通过生产平准化和混流生产的方式，使整个生产过程中的所有物料需求量处于稳定状态，不需要像 MRP 系统那样处理复杂的能力平衡事务和库存事务。通过"看板系统"取代了传统生产模式下复杂的作业计划和订单跟踪与控制工作。另外,JIT 对某些用量大、价值低的零件如螺钉、螺母等,通过"倒冲库存"(一旦提交成品,通过物料清单展开来消减相应的零件库存)的方式更新零件库存余额,而不需经过复杂的物料计划与库存处理系统。

在质量事务方面,选择经过质量认证的供应商,也消减了到货的质量检验需要,遍布 JIT 系统的无穷无尽的质量改进活动和"自働化"措施,消除了以上所述的许多质量事务及其相关成本。

在更改事务方面,JIT 强调产品设计的标准化和模块化以及并行工程在产品开发中的应用,也使更改事务降到最低。

11.4.2 价值流图

为了进一步发现企业的非增值活动,辨识和减少生产过程中的浪费,精益生产中提出了"价值流管理"的概念,采用的主要分析工具是"价值流图"(Value Stream Mapping)。价值流图是一种用来描述某个生产制造过程物流和信息流的形象化工具,通过一些专门的符号(见表 11-2)对生产制造过程中的周期时间、换模时间、在制品库存、原材料流动、信息流动等情况进行描摹和记录,有助于企业获取制造过程的基本信息,了解当前流程的活动状态,分析增值情况,并可以运用精益生产的相关技术方法和工具来帮助企业对生产流程进行指导,通过理解和精简生产流程,使其向理想化方向发展。

表 11-2 绘制价值流图的专门符号

名称	图标符号	名称	图标符号	名称	图标符号
供应商/客户		推动物料		生产看板	
生产过程	冲孔	送产品到客户		传送看板	
库存		先入先出	—FIFO→	信号看板	
手动信息	→	改善标志	焊接	看板收集处	
电子信息		提取物料		计划	每周计划
作业人员		超市		数据箱	工序名称 加工时间=15s 一次合格率=89% 换模时间=1h 2班/天
货车运送		缓存/备用库存		顺序拉动环	

价值流图是一种基本工具。价值流的分析就是从整个生产系统的角度出发,对工件在生产周期中的价值做动态的描述。可以把生产过程和制造费用联系起来,通过对产品成本有影响的各个生产环节的分析,得出合理的生产组织策略,用以指导生产控制和作业调度,从而达到高的资源利用率水平,降低成本,缩短生产周期,实现精益生产。

价值流图分析的应用流程如图 11-21 所示。

价值流图分析的具体步骤如下:

第一大步,绘制价值流现状图。它主要包括:确定合适的产品类型,采集并整理数据,绘制当前价值流图(即所谓的"当前状态图")。从客户的基本需求开始,用符号表示出所有活动,包括准备、加工、换型、库存、物料转移方法、质量状况、停机次数、班次、人数等,记录对应的时间。接着要了解和分析物流信息的传递方法和路径,包括

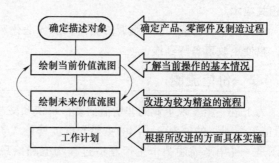

图 11-21 价值流图分析的应用流程

客户到工厂、工厂到供应商、生产物料计划到各工序的信息传递情况,明确生产计划是如何下达的。

运用上面的资料,就可以计算出整个运作过程的生产周期以及相应的增值时间。相关研究统计表明,基本上所有生产企业的增值率数值都不超过 5%,并且绝大多数企业距离 5% 这一数据也相差甚远。图 11-22 所示即为"当前状态图",通过该图,分析人员一般能比较容易

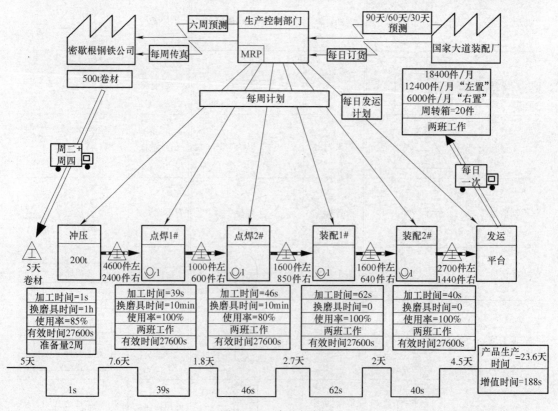

图 11-22 当前状态图

地判别和确定出浪费所在及其原因，为消灭浪费和持续改善提供依据。

第二大步，分析各个细节，运用工业工程的各种优化改进方法设计未来的价值流图。其主要内容包括：分析当前价值流图，把整个过程分解成相关的子过程，以降低过程的复杂性；确定子过程中的客户需求同步时间（Takt Time）；确定相关的设施能否支持客户需求同步时间；确定全产品生产周期（Interval）；确定产品家族的员工操作工艺平衡图表；在混合流中进行平衡流转；制定标准作业；在有节奏的过程中确定批量；在有节奏的过程中排列时间表；确定应对客户订单变动的方案；确定非节奏过程的方案；绘制未来的价值流图。

"未来状态图"（见图 11-23）是以精益思想为指导，按照企业的实际情况为未来的运作模式指明方向，设计新的精益流程。所谓"未来状态"，也仅仅是基于当前的技术和认知水平，在一定时间内可以达到的较为理想的目标。通过图 11-22、图 11-23 中时间线的对比可以看出，经过改进，该生产过程的增值率明显提高。

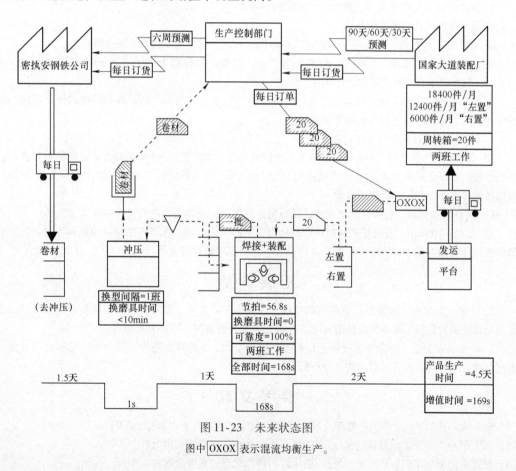

图 11-23　未来状态图

图中 OXOX 表示混流均衡生产。

第三大步，实施未来的价值流图。在实施的过程中需要根据各个子过程的不同情况进行必要的改进，根据具体情况合理地选择实施步骤。

随着技术和认知水平的提高，原来的目标又变得不理想了，人们又进入了一个更高层次的改善循环。如此往复，正是精益思想中"不断改善，追求完美，永无止境"的精髓所在。

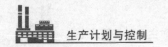

阅 读 材 料

丰田生产方式。推荐书目：

[1] 新乡重夫. 以工业工程的视角考察丰田生产方式[M]. 李兆华,等译. 上海：同济大学出版社,2016.

[2] 大野耐一. 大野耐一的现场管理[M]. 崔柳,等译. 北京：机械工业出版社,2016.

[3] 门田安弘. 新丰田生产方式[M]. 王瑞珠,译. 保定：河北大学出版社,2012.

习 题

1. 精益生产的哲理包括哪几个方面？请予简要解释。
2. 分析一个制造（或服务）企业的制造（或服务）流程中不能创造价值的环节有哪些？
3. 分析准时生产系统有无顾客订单分离点？在何处？
4. 试比较精益生产方式与大批量生产方式的不同。
5. 简述准时生产制的实现基础。
6. 丰田的"自働化"与我们平时说的"自动化"有何不同？主要技术手段有哪些？
7. 设某混合流水线某月生产 A、B、C 三种产品，计划产量分别为 3000 件、2000 件、1000 件，试用生产比倒数法求出三种产品的生产顺序。
8. 什么是推式生产系统和拉式生产系统？请根据已经学习的知识，列举典型的推式生产系统与拉式生产系统，并说明其计划与控制系统的特点。
9. 简述看板控制系统的工作过程。
10. 某 JIT 工作系统的工作地每小时对 A 零件的需求量为 200 个，一个标准容器放置该零件 30 个/箱，传送看板的循环时间为 0.5h，生产看板的循环时间是 2h，其中等待时间和加工时间的容差均为 0.1，求需要的传送看板和生产看板的数量。
11. 结合本章知识，根据自己的理解，试说明准时生产制与精益生产方式有何联系和区别。
12. 结合本章知识，查阅相关材料，试举例说明丰田汽车公司的计划与控制系统有何先进之处，它的实施为什么能够使丰田汽车公司取得成功，对中国制造厂商有何启示。

拓 展 训 练

1. 针对一家制造（或服务）企业的典型制造（或服务）流程，运用所学的工业工程专业知识，采集现场真实运营数据，绘制当前价值流图，并规划未来价值流图，写出分析报告。

2. 调查一家企业（制造业或服务业）的生产运营模式，分析其合理性，提出你的见解并设计你认为更合理的生产运营模式方案，写出分析报告。

参 考 文 献

[1] 陈荣秋,马士华. 生产运作管理[M]. 3 版. 北京：机械工业出版社,2009.

[2] 大野耐一. 丰田生产方式[M]. 谢克俭,译. 北京：中国铁道出版社,2006.

[3] 佃律志. 图解丰田生产方式[M]. 滕永红,译. 北京：东方出版社,2006.

[4] 蒋贵善. 生产计划与控制[M]. 北京：机械工业出版社,1995.

[5] 李怀祖. 生产计划与控制[M]. 北京：中国科学技术出版社,2001.

[6] 刘胜军. 精益生产——现代 IE[M]. 深圳：海天出版社,2003.

[7] 刘树华,鲁建厦,王家尧. 精益生产[M]. 北京：机械工业出版社,2009.

[8] 门田安弘. 新丰田生产方式[M]. 王瑞珠,译. 保定：河北大学出版社,2001.

[9] 潘家轺. 生产与运作管理[M]. 2 版. 北京：清华大学出版社,2002.

[10] 齐二石. 生产运作与管理教程[M]. 北京：清华大学出版社,2006.

[11] 申元月. 生产运作管理 [M]. 济南：山东人民出版社，2005.
[12] 沃尔曼，贝里，怀巴克，等. 制造计划与控制：基于供应链环境 [M]. 韩玉启，陈杰，袁小华，等译. 北京：中国人民大学出版社，2008.
[13] 肖智军，党新民. 精益生产方式 JIT [M]. 广州：广东经济出版社，2004.
[14] 郝彦辉，郝永敬，王茉，等. MRP II 与 JIT 的比较与集成 [J]. 工业工程，2000 (3)：21-24.
[15] 王军强，张翠林，孙树栋，等. MRP II、JIT、TOC 生产计划与控制比较研究 [J]. 制造业自动化，2005 (2)：10-13.
[16] WOMACK J P, JONES D T, ROOS D. 改变世界的机器：精益生产之道 [M]. 余锋，张冬，陶建刚，译. 北京：机械工业出版社，2015.

第 12 章 项目型生产计划与控制

 学习要点

- 项目型生产的特点和难点
- 项目型生产计划的分类
- 工作分解结构
- 网络计划技术
- 关键链法
- 项目控制
- 项目集、项目族和项目组合制造计划的概念

 12.1　项目型生产计划与控制概述

12.1.1　基本概念

1. 项目

项目一词最早于 20 世纪 50 年代在汉语中出现，是指在一定的约束条件下（主要是限定时间、限定资源），具有明确目标的一次性任务。与日常运作相比，项目通常是指在严格规定的时间周期和预算资金内，为达到某个最终目标的一系列相关工作。项目应具备五个特点：有具体的开始和结束时间、有严格定义的最终目标、有成本和时间计划、能够产生具体结果、只发生一次。其中"只发生一次"是项目与一般的任务、工作、活动的最主要区别。在企业生产过程中，项目是一种特殊的生产类型，如某些特殊的大型产品的单件生产、大型生产设备的大修都可以视为项目。

2. 项目管理

项目管理（Project Management，PM）就是项目的管理者，在有限的资源约束下，运用系统的观点、方法和理论，对项目涉及的全部工作进行有效的管理，即从项目的投资决策开始到项目结束的全过程进行计划、组织、指挥、协调、控制和评价，以实现项目的目标。

项目管理是 20 世纪 50 年代后期发展起来的一种计划管理方式，它一出现就引起举世瞩目。1957 年，美国杜邦公司把这种方式应用到设备维修，把维修停工时间由 135h 锐减到 78h；1958 年，美国人在北极星导弹设计中应用项目管理技术，竟把设计完成时间缩短了两年。由于项目管理成效显著，自从 60 年代以来，它被广泛地应用到各行各业，以及国家和地区政府乃至联合国,不仅适用于大公司,也适用于各种小型企业。企业中一次性的,具有明确目标、预算和进度要求的多任务的活动均可视为项目,并按项目的专业化技术和方法进行管理,从而比常规方法更好更快地实现目标的管理,它是一个涉及跨部门、跨专业的团队的组织活动。

3. 项目型生产

相对于工程建设项目,ETO 的大型复杂产品的生产制造过程也具有独特性、临时性、唯一性和多功能性等项目的一般特征。因此,ETO 的大型复杂产品的生产方式属于项目型生产,或称为项目型制造。**项目型生产是一类制造企业以满足客户的个性化需求为目标,以项目管理为核心,为制造客户定制的单件或极小批量的大型复杂产品,所从事的寻找市场机遇、项目投标、产品开发设计、产品生产、产品安装调试、产品生命周期内的服务与支持等项目全过程中生产、管理活动的总称。**

12.1.2 项目型生产的特点

项目型生产的本质是"用项目管理的思想帮助项目型生产企业协调完成相关的设计、采购、生产、交付等业务活动"。项目型生产具有产品结构复杂、生产周期长、总生产数量较小、边设计边生产等特点。这些特点对企业平衡项目的三个关键要素"工期、成本、质量"提出了比采用其他制造模式更高的管理要求。与其他生产方式相比较,项目型生产具有以下特点:

(1)项目型生产是由一系列紧密相连的任务组成的。尽管项目型生产的结果是某种产品,但项目型生产并不只是产品本身,包括项目投标、产品开发设计、工艺装备设计与制造、产品生产、产品安装调试、产品生命周期内的服务与支持等整个项目生命周期过程。

(2)客户化设计工作量大,生产准备周期长,变更多。传统的企业为不同的客户提供相同的产品,而项目型生产企业的产品都是客户定制的,每个客户对产品都有着比较独特的个性化需求。因此,项目型生产产品的可重复性很低,客户化设计工作量大,生产准备周期长,制造过程中不可预测的因素多。所以,项目计划和任务的调整与变化、工程变更、订单拆分、例外情况发生是经常性的。

(3)项目型生产组织复杂,协同业务频繁。项目型生产往往涉及多种专业技术与不同的知识领域,产品的研制与生产不可能由单个企业独立完成,而是由总承包商、分承包商、子承包商、供应商所组成的企业联盟共同协作完成。

(4)项目型生产有明确的时间和成本限制。在签订项目合同时,常常明确地规定了严格的项目交货时间和项目的价格,如果企业延期交货就要支付违约金,同时,由于项目型生产的生产周期长,投入资金大,所以必须加强实时的成本分析和控制。

12.1.3 项目型生产的难点

在生产计划与控制阶段,需要从项目管理的角度出发将产品开发、生产准备、产品制造这三方面的工作相互衔接、相互贯穿,实现以项目为主线的多级集成计划控制模式。在这个过程中,相关资源的合理配套是项目型生产的难点。表现为以下几个方面:

(1)计划的协调。项目型生产企业的计划除了其他制造企业所需的物料需求计划外,还需要有项目计划来管理整个项目的生产周期,并且把项目计划和物料需求计划很好地协调起来。同时,要保证计划强有力的执行和执行情况的及时反馈。

(2)物料的管理。项目型生产企业除了通用材料和通用零部件外,特殊材料的采购、专用零部件的生产都是针对特定客户项目进行计划安排的,极有可能发生不能按时到货、按时完成生产的情况，再加上项目变更多的特点，经常造成拖延整个项目交期的现象。因此，物料按照项目进度进行齐套控制是保证计划完成的关键。

（3）成本控制。从接单开始就进行成本控制，直至产品交付。在项目的任何环节、每个阶段以及项目的各个角度都要进行成本分析，防止成本失控。

（4）信息的整合。项目型生产企业往往处于多制造模式混合的环境，这种混合环境的组织部署和管理特征，使企业很难把与项目相关的所有信息集中到一个统一的地方。然而，从项目管理的角度，企业需要"整合"与项目相关的所有信息，以更好地跟踪和管理生产、采购等活动，确保项目交期和企业收益。

12.1.4 项目计划与项目进度计划

1. 项目计划

项目计划是项目组织根据项目目标，对项目实施的各项工作所做出的周密安排。项目计划围绕项目目标的完成，系统地确定项目的工作、安排工作进度、编制完成工作所需的资源预算等，从而保证项目能够在合理的工期内，用尽可能低的成本和尽可能高的质量完成。

项目计划是项目实施的基础，在项目管理中，项目计划是最先发生并处于首要位置的，项目计划是龙头，引导项目各种职能的实现。项目计划的质量是决定项目成败的关键性因素之一。

从项目的知识领域划分，项目计划包含项目范围计划、项目进度计划、项目费用计划、项目质量计划、项目沟通计划、项目风险应对计划、项目采购计划、项目变更控制计划等。

2. 项目进度计划

项目进度计划就是表达项目中各项工作的开展顺序、开始及完成时间以及项目衔接关系和资源配置需求的计划。项目进度管理又被称为项目时间管理。通过进度计划的编制，使项目实施形成一个有机整体。制订进度计划的目的就是控制项目时间和节约时间。项目进度计划是项目实施与控制的行动指南。

从广义上说，项目进度计划是项目计划的一个子计划。但是由于本书主要研究项目型生产的进度计划编制与控制，因此在本书中，凡是项目计划，实际主要指的是项目进度计划。

3. 项目基线

项目基线是项目管理的重要概念，是特指项目的规范、应用标准、进度指标、成本指标以及人员和其他资源的应用指标。基线不是一成不变的，而是随项目进展而发生变化的。

4. 项目基准计划

项目基准计划是项目在最初启动时制订的计划，也就是初始计划。在项目管理过程中，它可以与实际进展进行比较、对照、参考，以便于对变化进行管理和控制，从而监督保证项目计划能够顺利实施。

12.1.5 项目型生产计划的分类

根据管理对象的不同，项目型生产计划可以分为单项目型生产计划和多项目型生产计划。单项目型生产计划的计划对象是一个单一的项目，是在假定项目资源能够得到保证的前提下进行项目计划。多项目型生产计划则是一种在组织范围内对多个项目进行整体系统规划，通过协调和分配现有项目资源实现组织目标的计划。

相较于单项目型生产计划，多项目型生产计划具有特殊的管理重点，侧重从一个组织整体视角去协调控制组织中所有项目。多项目型生产管理不仅沿用很多单项目方法，还特别聚焦于研究各项目之间的协调关系。多项目管理的重点在于合理安排组织中有限的项目资源，实现项目资源配置最优化。

单项目与多项目的比较如表 12-1 所示。

表 12-1 单项目与多项目的比较

比 较 项	单 项 目	多 项 目
目的	以单一特定项目为对象，以项目效益最大化为目标	以战略决策层为对象，以组织整体效益最大化为目标
关注领域	按照既定的工期、成本、质量完成单个项目	同时对多个项目进行统筹规划，使多项目之间资源配置最优化
管理重点	单个项目的工期、成本、质量	多个项目进度计划问题、相互影响和资源约束、共享和平衡问题
项目周期	一次性、与项目的生命周期有关	伴随整个组织的周期或者是一个计划时段
项目资源	项目独占	多项目共享、项目之间有约束

根据多个项目之间的关系不同，进一步可将多项目型生产计划划分为项目集生产计划、项目族生产计划、项目组合生产计划。

（1）项目集。项目管理协会（PMI）把项目集定义为"经过协调管理以便获取单独管理这些项目时无法取得的收益和控制的一组相关联的项目"。项目集在结构上，除了有一组相互关联的单个项目外，还有一个与项目集中各个单独项目并行的、独立的管理项，用于管理和协调整个项目集。如图 12-1 所示，在共享单车解决方案中，除了由硬件车体、手机 App、云平台、车控终端等不同的子项目构成外，还有一个管理项，对整体项目进行控制和协调。整个解决方案构成一个项目集，最终交付完整的共享单车解决方案。

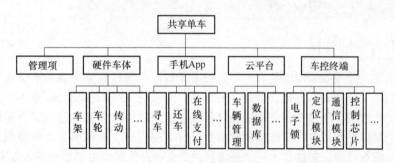

图 12-1 共享单车项目集

（2）项目族。项目族是指一组具有相似结构和可交付成果的项目组合，这类项目具有相同的功能、可满足有一定需求的客户群体，同属于一个项目族的各个项目具有相似概念的工作分解结构、资源消耗和配置规则。但是各个项目之间可以相关，也可以不相关，以不相关为多。如图 12-2 所示，对于某一共享单车解决方案企业而言，可能为 A、B、C 等不同的共享单车品牌代工，而不同的品牌之间拥有类似的车体结构、App 功能、车控终端等，因此，不同的共享单车品牌之间构成项目族。

（3）项目组合。项目组合是指选择或支持多个项目或项目集，对多个项目进行组合优化管理以实现利益最大化。项目组合中的项目相对独立。如图 12-3 所示，某自行车生产企业，能够提供普通自行车、共享单车和专业赛车，但是这三种类型的产品（产品族）之间资源和产品结构不重叠，是三个独立的产品线，只是在一定时间内对企业的资金和个别资源存在交叉，因此不同的产品线之间在一个时段内构成项目组合。

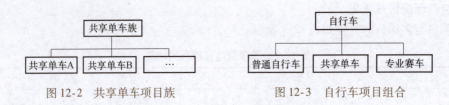

图 12-2　共享单车项目族　　　图 12-3　自行车项目组合

单项目、项目集、项目族、项目组合的关系如图 12-4 所示。

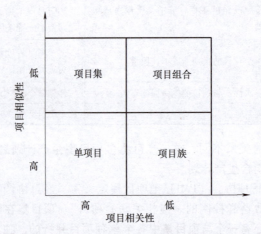

图 12-4　单项目、项目集、项目族、项目组合的关系

12.2　项目范围管理与工作分解结构

12.2.1　项目范围管理

项目范围定义首先要确定满足客户需要的主要目标。项目目标是客户期望在项目结束时所能够实现的结果。为实现目标，项目必须开展一系列的工作和活动，这些工作和活动就构成了项目的工作范围。项目范围管理就是对项目所要完成的工作范围进行管理和控制的活动和过程。一个项目开始的首要工作就是对项目进行范围管理，确保项目能够按照要求的范围完成所涉及的所有过程，包括描述一个新项目、定义项目范围、由项目干系人核定项目范围、编制项目范围计划、对项目范围变更进行控制等。

项目范围的界定是通过项目描述实现的，主要包括可交付物说明、里程碑、约束和假设前提。其中可交付物说明是对项目所要完成的结果的特征和功能进行说明的文件，一般包括时间、质量和成本的验收标准。里程碑是项目在某一时间点上可能发生的一项重要事件。里程碑进度计划显示项目工作进度的主要阶段，一般使用可交付物作为标识，以识别主要阶段工作的终止日期。项目的约束和假设前提应加以明确定义，否则会导致错误的预期和错误的资源分配，每一个项目都受时间、成本和质量的约束，项目管理的目标就是在满足这些约束的前提下获得客户需要的项目可交付物。

12.2.2　工作分解结构

1. 工作分解结构的概念

工作分解结构（Work Breakdown Structure，WBS）是将项目按照内在结构或实施过程的顺序进行逐层分解而形成的结构图。它可以将项目分解到相对独立的、内容单一的、易于成本核算和检查的工作单元,并能够把各工作单元在项目中的地位与构成关系直观地表达出来。WBS 是项目所包含的全部工作的一个清单,对整个项目来说类似于普通制造业的产品 BOM。WBS 主要是将一个项目分解成易于管理的若干个部分或子项目,以便于确保找出完成项目工作范围所需的所有工作要素。层次越往下则组成部分的定义越详细。

在项目管理实践中,工作分解结构是最重要的内容。WBS 总是处于计划过程的中心,也是制订进度计划、资源需求、成本预算、风险管理计划和采购计划等的重要基础。WBS 同时也是控制项目变更的重要基础。

"工作分解结构"中,工作(Work)即可以产生有形结果的工作任务,分解(Breakdown)是一种逐步细分和分类的层级关系,结构(Structure)即按照一定的模式组织各部分。根据这些概念,WBS 有相应的构成因子与其对应:

(1)结构化编码。编码是最显著和最关键的 WBS 构成因子,首先编码用于将 WBS 彻底的结构化。通过编码体系,可以很容易识别 WBS 元素的层级关系、分组类别和特性。并且由于近代计算机技术的发展,编码实际上使 WBS 信息与组织结构信息、成本数据、进度数据、合同信息、产品数据、报告信息等紧密地联系起来。WBS 通常以编码形式表示以便于简化信息传递、识别活动。WBS 编码规则是由上层向下层用多位码编排,要求每项工作有唯一的编码,同时任意等级的一个工作单元,是其次一级工作单元的总和。

(2)工作包。工作包(Work Package)是 WBS 的最底层元素,一般的工作包是最小的"可交付成果",这些可交付成果很容易识别出完成它的活动、成本和组织以及资源信息。正是这些组织、成本、进度、绩效信息使工作包乃至整个 WBS 成为项目管理的基础。一个用于项目管理的 WBS 必须被分解到工作包层次才能够使其成为一个有效的管理工具。

(3)WBS 元素。WBS 元素实际上就是 WBS 结构上的一个个"节点",通俗的理解就是"组织机构图"上的一个个"方框",这些方框代表了独立的、具有隶属关系或汇总关系的"可交付成果"。经过数十年的总结,大多数组织都倾向于 WBS 结构必须与项目目标有关,必须面向最终产品或可交付成果,因此 WBS 元素更适于描述输出产品的名词组成。其中的道理很明显,一方面,不同组织、文化等为完成同一工作所使用的方法、程序和资源不同,但是它们的结果必须相同,必须满足规定的要求。只有抓住最核心的可交付结果才能最有效地控制和管理项目;另一方面,只有识别出可交付结果才能识别内部或外部组织完成此工作所使用的方法、程序和资源。工作包是最底层的 WBS 元素。

(4)WBS 字典。WBS 字典是用于描述和定义 WBS 元素中工作的文档。字典相当于对某一 WBS 元素的规范:WBS 元素必须完成的工作以及对工作的详细描述;工作成果的描述和相应规范标准;元素上下级关系以及元素成果输入输出关系等。同时 WBS 字典对于清晰地定义项目范围也有着巨大的规范作用,它使得 WBS 易于理解和被组织以外的参与者(如承包商)接受。在建筑业,工程量清单规范就是典型的工作包级别的 WBS 字典。

(5)WBS 类型

1)项目纲要性工作分解结构(PBS)。项目纲要性工作分解结构是针对某一特定项目,对纲要性工作分解结构进行裁剪得到的工作分解结构。

2)合同工作分解结构(CWBS)。合同工作分解结构是适用于特定合同或采购活动的完整的工作分解结构。CWBS 概括了项目的任务,确定了这些任务与项目的组织机构、技术状态的关系,为项目的性能、技术目标、进度和费用之间的联系确定了逻辑上的约束框架。合同工作分解结构应与合同规定的层次相一致。合同应指出在合同的哪一级别上进行费用累计。承包商为控制其费用而用到的 CWBS 的扩延级,应具有费用累计的追溯能力。

3）组织分解结构（OBS）。它用于显示各个工作元素被分配到哪个组织单元。

4）资源分解结构（RBS）。它是组织分解结构的一种变异，通常在将工作元素分配到个人时使用。

5）材料清单（BOM）。它表述了用于制造一个加工产品所需的实际部件、组件和构件的分级层次。

除以上五种类型之外，还有投资分解结构、质量分解结构、信息分解结构等。项目分解结构的关系如图 12-5 所示。

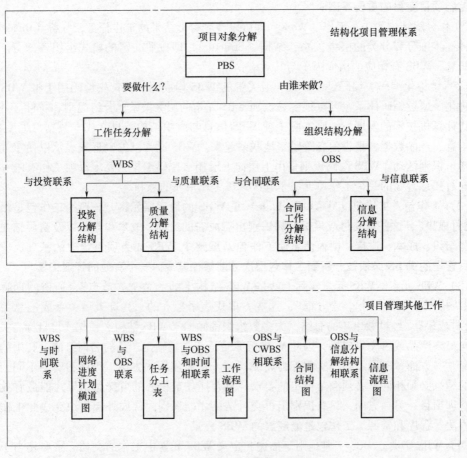

图 12-5 项目分解结构的关系

2. WBS 层级

WBS 的最低级被定义为"工作包"级，这一级为定义活动或者给特定的人或组织分配任务提供了一个逻辑基础。**WBS** 结构的主要目的就是确保项目中要执行的所有工作都被确定。**WBS** 只分解到工作包一级，但是，如果超出 **WBS** 的范围，工作就必须被细分到可以充分实施计划和控制的点。在工作包下面的活动级（作业级）是网络计划执行的层次。每一个活动都有特定的和预期的持续时间、资源、成本、绩效要求和产出，这些都被概括在工作包中。每一个工作包都应该有一个指定的个人或组织对所执行的工作负责。图 12-6 说明了项目 X 的 WBS、工作包和活动之间的关系。

由于项目复杂程度不同、规模大小不同，从而产生不同层次，如图 12-7、图 12-8 所示。WBS 的每一个分支并不一定要分解到相同的层次，可以根据具体情况分解到不同的层次。

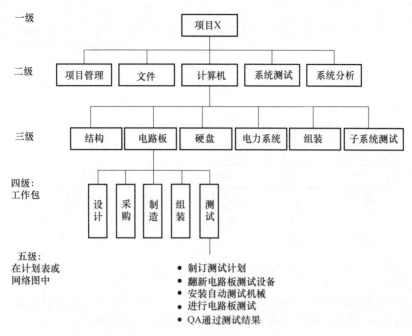

图 12-6　WBS、工作包和活动之间的关系

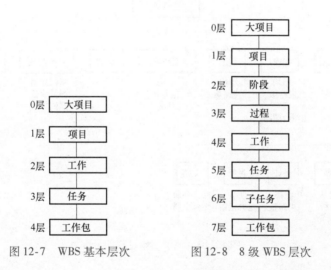

图 12-7　WBS 基本层次　　图 12-8　8 级 WBS 层次

需要注意层次和活动的划分应该谨慎，活动或工作包越小，则项目总体的工作包越多，项目内部协调的问题越多。反之，活动或工作包越大，则活动的时间和成本会上升，监控的准确性会下降。因此需要根据项目的具体情况找到合适的层次划分平衡点。同时另一个需要考虑的因素是，应该方便地将活动安排给某一负责人或执行人，WBS 中每一项底层活动都必须而且能够指定给直接的负责人，这个人对活动负主要责任。基于这个道理，在项目型生产中，往往采购和自制是不同的活动节点。除此之外，分解的时候还要考虑产品属性、地理位置、功能或技术要求等。

3. WBS 的分解形式

按照分解思路的不同，WBS 有两种类型：

1）基于可交付成果的分解。这种方式上层一般是可交付成果，下层是可交付成果的工作内容，即模块化分解法，如图 12-9 所示。

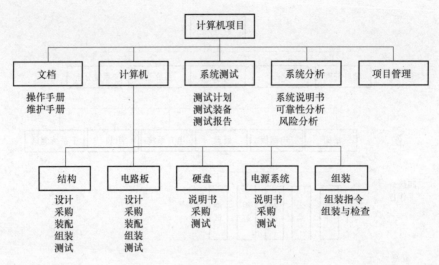

图 12-9 基于可交付成果的分解

2) 基于工作过程的分解。这种方式上层按照工作的流程分解，下层按照工作的内容划分，按照项目的不同阶段分解，即时间顺序分解法，如图 12-10 所示。

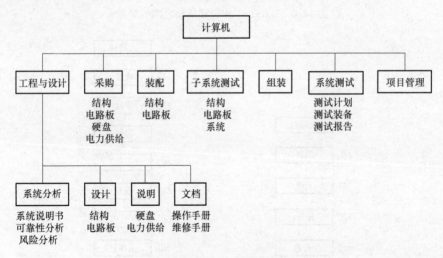

图 12-10 基于工作过程的分解

两种分解方式类似于产品的设计 BOM 和工艺 BOM 的关系。不同的分解类型可以进行转化。在项目型生产的计划确定过程中，要根据使用场景的不同来选择相应的分解方式。两种方式各有优势，也可以把两种方式结合起来成为混合型分解法，即工作分解结构的较高层以成果为导向，较低层次以活动为导向。

ETO 产品的分解结构是产品的层次化分解结构，用于产品逻辑和功能的分解过程，BOM 就是产品分解结构的一种表达形式。要定义项目型生产的 WBS，首先要定义产品分解结构，通过 BOM 的分解定义 BOM 中结构件的项目实现需求，进而建立 WBS 的任务需求，通过实现 WBS 与 BOM 的关联，实现项目管理对象与产品对象的映射。

4. WBS 创建的原则

在进行分解时，应遵守以下基本原则：

(1) WBS 覆盖了项目工作的全部范围，不在 WBS 中的工作也不在项目中。

（2）所有的可交付成果或输出产品都在 WBS 中得到表示。

（3）每一级元素的总和都代表了上一层元素工作的 100%。

（4）每一个元素中的工作都等于其下属元素工作的总和。

（5）每一个 WBS 元素都应该代表一个离散的工作元素，这些工作可以在 WBS 字典中进行描述，且每一个 WBS 元素都应该有一个唯一标识符。WBS 字典是工作陈述或工作授权文档的基础。

（6）所有 WBS 分支的最低级不必是一样的。

12.3 项目进度计划

项目进度计划是指每项活动开始及结束时间具体化的进度计划。在制订了项目的开始和结束时间的具体计划后，就需要将总的目标转化为具体而有序的各项任务，并对每项任务的完成时间做出安排，这种安排就构成了进度计划。安排进度计划的目的是控制时间和节约时间，而项目的主要特点之一是有严格的时间期限要求，由此决定了进度计划在项目管理中的重要性。

12.3.1 常用的制订进度计划的方法

（1）关键日期表。这是最简单的一种进度计划表，它只列出一些关键活动和进行的日期。

（2）甘特图。甘特图也叫作线条图或横道图。它是以横线来表示每项活动的起止时间。甘特图的优点是简单、明了、直观，易于编制，因此到目前为止仍然是小型项目中常用的工具。即使在大型工程项目中，它也是高级管理层了解全局、基层安排进度时有用的工具。在甘特图上，可以看出各项活动的开始和终了时间。在绘制各项活动的起止时间时，也考虑它们的先后顺序。但各项活动上资源约束间的关系却没有表示出来，同时也没有指出影响项目生命周期的关键所在。因此，对于复杂的项目来说，甘特图就显得不足以适应。

（3）生产周期进度表法。生产周期进度表法是一种传统的方法，一般包括以下几个步骤：

首先，根据接受顾客订货的情况，分别安排生产技术准备工作。

其次，根据合同规定的交货期，为每一项订货编制生产周期进度表，如表 12-2 所示。它是单件小批生产企业的主要期量标准。并且，根据合同规定的交货期和生产周期进度表，为每一项产品制定一项生产说明书，详细规定该产品在某一车间投入和产出的时间。订货生产说明书的格式如表 12-3 所示。

再次，进一步调整平衡后，编制综合日历进度计划，正式确定各车间的生产任务。编制综合日历进度计划，就是把各项订货产品的生产周期进度表汇集在一张图表上。其主要内容是编制各项订货的生产进度计划以及进行生产能力与生产任务的平衡。在进行平衡时需要考虑产品工时结构和负荷分布模式，分车间、科室进行能力平衡，做好品种的科学搭配和时间上的相互衔接。综合日历进度表如表 12-4 所示。

最后，由各车间针对关键件编制生产周期和设备负荷计划。

（4）生产进度百分比法。所谓生产进度百分比法，是一种比较粗放的计划控制方法，就是对某项产品规定在各个时间段应完成总任务的百分比的方法。例如，某产品生产周期为 3 个月，要求第一个月完成 30%，第二个月完成 35%，第三个月完成 35%，而具体的工作内容由车间自己掌握。用百分比规定并控制各车间在每个时间段应完成的工作量，可以防止因生产延误而影响交货日期。具体过程是：首先，根据产品的产出日期以及它们在各车间的生产周期，确定各车间制造该项产品的时间；其次，根据进度要求，下达完成计划任务的百分比；最后，车间根据百分比，计算出该项产品在本车间的总工作量并编制车间日历进度计划。

表 12-2 产品生产周期进度表

项目		生产进度													
		4月			5月			6月			7月			8月	
		上	中	下	上	中	下	上	中	下	上	中	下	上	中	下
设计	初步设计															
	技术设计															
工艺装备	图样设计															
	制定工艺															
	工装设计															
	工装制造															
材料准备																
试制生产	试制															
	鉴定															

表 12-3 订货生产说明书

订货编号	交货期限	成套部件编号	工艺路线	投入期	产出期
503	3月31日	110	铸工车间 机械加工车间 装配车间	1月20日 2月25日 3月15日	2月15日 3月10日 —
		111	铸工车间 机械加工车间 装配车间	1月15日 2月10日 3月10日	2月5日 3月5日 —

表 12-4 综合日历进度表

产品名称	产出数量(台)	1月			2月			3月			4月			5月		
		上旬	中旬	下旬	上旬	中旬	下旬	上旬	中旬	下旬	上旬	中旬	下旬	上旬	中旬	下旬
A	2															
B	1															
C	1															
D	2															
E	2															
F	3															

毛坯　　加工　　装配　　保险期

（5）网络计划技术。网络计划技术是用网络计划对任务的工作进度进行安排和控制，以保证实现预定目标的计划管理方法。网络计划是在网络图上加注工作的时间参数而编制成的进度计划。用网络图来表达项目中各项活动的进度和它们之间的相互关系，并在此基础上进行网络分析，计算网络中各项时间参数，确定关键活动与关键路线，利用时差不断地调整与优化网络，以求得最短周期。然后，还可将成本与资源问题考虑进去，以求得综合优化的项目计划方案。

网络计划的基本形式是关键路线法（CPM）和计划评审技术（PERT）。CPM 与 PERT 均是建立在网络模型的基础上，但又有区别：CPM 为确定型的，PERT 为非确定型的，即 CPM 中的网络模型的参数（如活动的作业时间）是确定的，而 PERT 中的参数是用概率方法给出的估算值；CPM 的重点在于费用和成本控制，而 PERT 的重点在于时间控制。

12.3.2　项目进度计划方法的选择

应该采用哪一种进度计划方法，主要应考虑下列因素：

（1）项目的规模大小。很显然，小项目应采用简单的进度计划方法，大项目为了保证按期按质实现项目目标，就需考虑用较复杂的进度计划方法。

（2）项目的复杂程度。这里应该注意到，项目的规模并不一定总是与项目的复杂程度成正比。例如修一条公路，规模虽然不小，但并不太复杂，可以用较简单的进度计划方法。而研制一个小型的电子仪器，要很复杂的步骤和很多专业知识，可能就需要较复杂的进度计划方法。

（3）项目的紧急性。在项目急需进行，特别是在开始阶段，需要对各项工作发布指示以便尽早开始工作，此时，如果花费很多时间去编制进度计划，就会延误时间。

（4）对项目细节掌握的程度。如果在开始阶段项目的细节无法解明，CPM 和 PERT 法就无法应用。

（5）总进度是否由一两项关键事项所决定。如果项目进行过程中有一两项活动需要花费很多时间，而这期间可把其他准备工作都安排好，那么对其他工作就不必编制详细复杂的进度计划了。

（6）有无相应的技术力量和设备。例如，没有计算机，CPM 和 PERT 进度计划方法有时就难以应用。而如果没有受过良好训练的合格的技术人员，也无法胜任用复杂的方法编制进度计划。

此外，根据情况不同，还需考虑客户的要求、能够用在进度计划上的预算等因素。到底采用哪一种方法来编制进度计划，要全面考虑以上各个因素。本章主要介绍项目计划中的网络计划技术。

12.3.3　项目网络图

网络计划由两部分构成，即网络图和网络参数。网络图是由箭线和节点组成的用来表示工作流程的有向网状图形，网络参数是根据项目中各项工作的延续时间和网络图所计算的工作、节点、线路等要素的各种时间参数。

1. 活动定义、时间估算与资源估算

活动定义是指在工作分解结构的基础上，利用活动分解技术将工作分解结构中最底层的工作分解为更小、更容易控制的具体活动。对活动定义后，要得到活动清单、活动属性、里程碑清单。重要的是活动时间的估算，即根据项目范围、资源状况和相关信息，对项目已确定的各项活动可能持续时间的长度进行估算。活动时间估算是进度计划制订的重要基础，直接关系到项目网络时间参数的计算和整个项目总时间的确定。

活动时间是在一定条件下，完成该作业所需的时间，是网络图最基本的参数。一项活动的作业时间与该作业的工作量、劳动定额、参加该作业的人数（或设备数）、工作班次以及每个班次的有效工作时间有关。其确定方法根据项目所具备的条件进行划分,有期量标准法、单一时间估算法与三点时间估算法。

(1) 期量标准法。参照基于统计资料确定的期量标准确定活动的参数值。参见第7章,单件小批生产的期量标准。

(2) 单一时间估算法。每项工作只估计或计算一个确定的持续时间值的方法叫单一时间估算法。该法一般根据工作的工作量、劳动定额资料以及投入的人力多少等,计算各工作的持续时间,也叫定额法。

$$t = \frac{Q}{RSn}$$

式中 t——工作时间;
Q——工作的工作量;
R——可投入的人力和设备数量;
S——每人或每台设备每班能完成的工作量;
n——每天正常工作班数。

这种方法对作业只确定一个时间值,适用于不可知因素少或重复性作业,且具有所需的统计资料的情况。

(3) 三点时间估算法。在不具备有关工作的持续时间的历史资料,比较难估计工作持续时间时,可对工作估计三个时间值,然后计算其平均值。这三个时间值分别是:

1) 乐观时间:在一切顺利时,完成工作需要的最少时间,记作 a。
2) 最可能时间:在正常条件下,完成工作需要的时间,记作 m。
3) 悲观时间:在不顺利条件下,完成工作需要的最多时间,记作 b。

显然上述三种时间发生都具有一定的概率。根据经验,这些时间的发生概率被认为服从正态分布。一般情况下,通过专家估算法给出三点估算的数据。可以认为工作进行时最顺利和最不顺利出现的概率比较小,较多的是出现正常的情况。按平均意义可以用下式来计算工作持续时间

$$t_{ij} = \frac{a + 4m + b}{6}$$

其标准差为

$$\sigma_{ij} = \frac{b - a}{6}$$

这种方法适用于不可知因素较多或无先例可循的作业。

项目活动资源估算主要是确定需要何种资源(人员、设备或材料)、每种资源的使用数量以及每种资源提供给活动使用的时间,活动资源估算与成本估算相关联。

2. AoA 项目网络图

根据网络构成要素表示含义的不同,网络图有两种表达方法,即 AoA(Activity-on-Arc)项目网络和 AoN(Activity-on-Node)项目网络,前者又称为双代号项目网络,后者又称为单代号项目网络。

AoA 项目网络图用箭线代表活动、节点代表事件,通过节点将活动按照它们之间的逻辑关系连接在一起成为项目网络。除节点和事件外,常用术语还包括:①紧前活动,即紧接在某一活动之前的活动;②紧后活动,即紧接在某一活动之后的活动;③开始活动,指在项目网络中没有紧前活动的活动;④结束活动,指在项目网络中没有紧后活动的活动;⑤先行活动,即项目网络中某一活动之前的所有活动,项目实施过程中,当某一活动的所有先行活动

都完成时，该活动才可以开始；⑥后续活动，项目网络中某一活动之后的所有活动，项目实施过程中，当某一活动还未完成时，其后续活动无法开始。

在 AoA 项目网络图中，活动分为实活动和虚活动两种：①实活动是指包含有实际内容的活动，可以是一道工序，也可以是一个分工程。实活动在进行时占用一定的时间，也要消耗一定的资源。对于不消耗资源仅占用一定时间的活动，也视为实活动。②虚活动是指没有实际内容的虚拟活动，仅仅为了项目网络表述需要而人为添加。虚活动不消耗时间和资源，也不要定义名称。但虚活动是项目网络不可缺少的一部分，如果没有虚活动，活动之间的逻辑关系就会陷入无法表述的境地。在计划编制和控制过程中，虚活动和实活动的处理方式是一样的，只不过在计算时虚活动的时间和资源都为 **0**。

项目网络图中各活动必须遵循它们之间的逻辑关系，逻辑关系的正确与否，是网络图能否反映项目实际情况的关键。逻辑关系可分为工艺逻辑关系和组织逻辑关系：①工艺逻辑关系是指生产性工作之间由工艺过程决定的，非生产性工作之间由工作程序决定的先后顺序关系，也称为工艺关系，其先后关系不能改变；②组织逻辑关系是指工作之间由于组织安排需要或资源（劳动力、原材料、施工工具等）调配需要而规定的先后关系，也称为组织关系，其先后关系可视需要改变。

绘制 AoA 项目网络图的主要规则有：①必须正确表达已确定的逻辑关系；②不得有两个或两个以上的箭线从同一节点出发且同时指向同一节点，如果确实存在，则需要增加虚活动；③只能有一个开始节点和一个结束节点，中间事项必须有紧前事项与紧后事项；④不得出现闭合回路，不能有循环；⑤节点编号不重复，箭头节点编号大于箭尾节点编号；⑥表示同一作业的箭线在网络图中只能出现一次，每个箭线的首尾必须有节点；⑦应尽量避免箭线交叉。

绘制网络图的难点在于为满足这些规则正确地引入虚作业。常见的需要引入虚作业的情况有以下几种：

（1）平行作业的表示。

例 12-1：在图 12-11 中，作业 A 结束后，作业 B 和作业 C 可同时开始，两者结束后，作业 D 开始。图 12-11b 的画法不符合绘制规则，需要引入虚作业，绘制成图 12-11c 的形式。

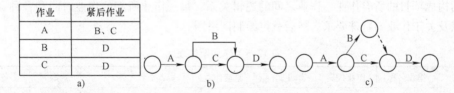

图 12-11 平行作业的表示

（2）平行交叉作业的表示。

例 12-2：在图 12-12 中，作业 A 结束后，作业 B 和作业 C 可同时开始，作业 C 的紧后作业包含在作业 B 的紧后作业中。作业 B 与 C、D 与 E 形成平行交叉关系。正确的画法是从紧后作业多的作业的结束节点引入一个虚作业，指向紧后作业少的作业的结束节点。

例 12-3：在图 12-12 中，作业 B 和作业 C 可同时开始，作业 C 的紧后作业与作业 B 的紧后作业中存在公共部分。作业 D、E、F 形成平行交叉关系。正确的画法是从作业 B 与作业 C 的结束节点各引入一个虚作业，指向公共部分作业的开始节点。

3. AoN 项目网络图

与 AoA 项目网络图相反，AoN 项目网络图用节点及其编号表示活动，用箭线表示活动之间的逻辑关系。与 AoA 相比，AoN 项目网络图绘制方便，由于不必增加虚箭线，因而不易产

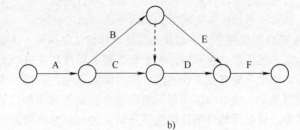

a)   b)

图 12-12 平行交叉作业的表示

生活动逻辑关系的错误。AoN 网络中，一项活动只能有一个唯一的节点与之对应，箭线只表示活动之间的逻辑关系，既不占用时间也不消耗资源。另外也不需要使用虚箭线，但是通常需要增加两个虚活动，即虚的开始活动和虚的结束活动。

AoN 项目网络图绘制规则与 AoA 基本相似，包括：① 必须正确表达活动之间的逻辑关系；② 不允许出现循环回路；③ 不允许出现双向箭线或没有箭头的箭线；④ 不得出现重复编号；⑤ 应尽量避免箭线交叉；⑥ 只能有一个起点和一个终点。

12.3.4 项目进度计划的编制程序

（1）明确计划目标。网络计划的目标关系到后续工作中应当收集哪些数据资料以及应当采用哪些措施或方法进行计划的优化。通常，网络计划的目标包括三个方面：项目的工期、项目的费用以及资源的利用程度。由于这三个目标之间存在着一定的冲突，因此大多以其中一个方面为主要目标，其他方面作为次要目标或约束条件加以考虑，其确定取决于项目的具体情况。

（2）建立项目的工作分解结构。

（3）分析作业间的逻辑关系。

（4）绘制网络图。在前面工作的基础上，编制出作业明细表，如表 12-5 所示。作业明细表表明构成项目的所有作业、作业之间的逻辑关系、每一作业所需的作业时间和各种资源的数量以及关于作业的特殊要求。然后就可绘制网络图。

表 12-5 作业明细表

序号	作业名称	作业代码	作业时间	紧前作业	资源1	…	资源n	备注

（5）项目网络时间参数计算与关键路线确定。网络图时间参数的常用计算法有图上作业法、表格法和计算机辅助计算。图上作业法直接在网络图上进行各时间参数的计算，直观易懂。表格法是在特定的表格上完成计算的。但手工计算方法一般只用于简单网络图。对于复杂网络图应采用计算机软件完成，如微软公司的 MS-Project 2000。

1）节点时间参数的计算

① 节点最早时间 ET_j：开工事项或完工事项的最早可能时间。其公式为

$$ET_j = \max_i \{ET_i + t_{ij}\}$$

这是一个递推关系式，由始节点开始从左向右顺序计算，直至终节点。始节点的最早时间为 0；终节点的最早时间为总工期。

② 节点最迟时间 LT_j：开工或完工事项的最迟必须完成时间。其公式为

$$LT_j = \min_j \{LT_j - t_{ij}\}$$

由终节点开始从右向左逆序计算，直至始节点。终节点的最迟时间为总工期。

2）作业时间参数的计算

① 作业最早开工时间 ES_{ij}：作业的最早可能开始时间，它等于作业开始事项的节点最早时间，也可按照递推关系式从始节点开始顺序计算。其公式为

$$ES_{ij} = ET_i = \max_k \{ES_{ki} + t_{ki}\}$$

② 作业最早完工时间 EF_{ij}：等于作业的最早开始时间与作业时间之和。即

$$EF_{ij} = ES_{ij} + t_{ij}$$

③ 作业最迟开工时间 LS_{ij}：作业的最迟必须开工的时间，它等于作业结束事项的节点最迟时间与作业时间之差。也可按照递推公式从终节点逆序计算，即

$$LS_{ij} = LT_j - t_{ij} = \min_k \{LS_{jk} - t_{ij}\}$$

④ 作业最迟完工时间 LF_{ij}：等于作业的最迟开工时间与作业时间之和。即

$$LF_{ij} = LS_{ij} + t_{ij} = LT_j$$

⑤ 作业的总时差 R_{ij}：在不影响整个项目工程完工的前提下，某作业开工时间允许推迟的最大限度，它等于作业的最迟开始（完工）时间减去作业的最早开始（完工）时间。即

$$R_{ij} = LS_{ij} - ES_{ij} = LF_{ij} - EF_{ij}$$

⑥ 作业的单时差 r_{ij}：在不影响紧后作业最早开工时间的前提下，某作业完工时间允许推迟的最大限度，又称为自由时差。即

$$r_{ij} = ET_j - ET_i - t_{ij}$$

3）关键作业与关键路线。总时差为零的作业称为关键作业。由关键作业组成的路线为关键路线。关键路线的长度即为总工期。

（6）计算完工时间及其概率。当网络图的各作业时间是用三点时间估算法给出时，用上面的算法得到的项目总工期为关键路线上各作业的平均作业时间之和，即项目的平均完工期 $\overline{T}$。其方差 σ^2 为关键路线上各作业的方差之和，即

$$\sigma^2 = \sum \sigma_{ij}^2$$

根据概率论中的中心极限定理，完工期 T 服从正态分布，因此

$$T = \overline{T} + \lambda \sigma$$

式中 λ——概率系数。

项目在给定的工期 T 完工的概率为图 12-13 所示正态分布曲线下阴影区域的面积。在计算出 σ 与 $\overline{T}$ 后，可利用上式与正态概率分布表算出给定 T 情况下项目的完工概率 $P(\lambda)$，或给定完工概率 $P(\lambda)$ 情况下项目的完工工期 T。

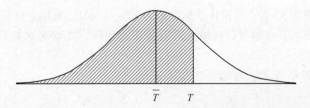

图 12-13　工期 T 的完工概率

例 12-4：表 12-6 是某项目各作业明细表的部分资料，试绘制网络图，计算时间参数，求出总工期及关键路线；求该项目在 35 天内完工的可能性有多大？

表 12-6　某项目各作业的明细表

作业代码	A	B	C	D	E	F	G	H	I	J
作业时间/天	4	8	2	3	5	6	8	15	4	6
紧前作业	—	A	A	B	B	C	C	E、F	D	G
作业时间标准差 σ/天	0.5	1	0.3	0.2	0.5	0.4	0.7	1.5	0.2	0.5

解：根据表 12-6 所给资料先绘制草图，然后整理得到所求网络图，如图 12-14 所示。

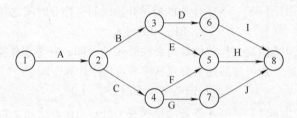

图 12-14　例 12-4 的网络图

根据网络图以及各作业时间，采用表格法计算网络时间参数，如表 12-7 所示。

表 12-7　例 12-4 网络时间参数计算表

作业代码	节点编号		作业时间 T/天	节点最早时间与最迟时间/天		作业最早开始与结束时间/天		作业最迟开始与结束时间/天		总时差/天	单时差/天	关键路线 CP
	i	j		ET	LT	ES	EF	LS	LF	R	r	
A	1	2	4	0	0	0	4	0	4	0	0	*
B	2	3	8	4	4	4	12	4	12	0	0	*
C	2	4	2			4	6	9	11	5		
D	3	6	3	12	12	12	15	12	28	13	0	
E	3	5	5			12	17	25	17	0	0	*
F	4	5	6	6	11	6	12	11	17	5	5	
G	4	7	8			6	14	18	26	12	0	
H	5	8	15	17	17	17	32	17	32	0	0	*
I	6	8	4	15	28	15	19	28	32	13	13	
J	7	8	6	14	26	14	20	26	32	12	12	
	8			32	32							

该项目的总工期为 32 天，关键作业依次为 A→B→E→H。采用表格法计算时，必须首先按照节点顺序依次填入节点编号，再填入对应的作业代码（不必考虑代码的顺序），然后即可进行参数的计算。

项目的平均工期为 32 天，其标准差为

$$\sigma = \sqrt{(0.5^2 + 1 + 0.5^2 + 1.5^2)} \text{ 天} = 1.94 \text{ 天}$$

按式 $T = \overline{T} + \lambda\sigma$ 得

$$\lambda = \frac{35 \text{ 天} - 32 \text{ 天}}{1.94 \text{ 天}} = 1.5464$$

查标准正态分布表得，所求完工概率为 0.94。

（7）网络计划优化。在计算出项目各个作业的时间参数后，就可着手编制初步的项目进度计划，例如，以手工计算得到的各个作业的最早开始时间与最早结束时间为基础进行编制。但是，这样得到的进度计划仅仅满足了作业逻辑关系与既定作业时间的要求，而没有考虑实际条件（如有限的资源或资金量）的限制、所允许的工期的限制以及项目管理目标的实现程度等，往往难以保证其合理可行。所以需要对得到的进度计划进行优化调整。即使采用计算机辅助项目管理软件编制进度计划，也需要以人机交互方式对得到的进度计划结合项目目标进行进一步的优化调整。

时间、资源与费用是项目管理考虑的三个要素。网络计划优化调整就是根据预定目标，在满足约束条件的要求下，按照某一衡量指标寻求最优方案。所用方法主要是利用作业的时差，改变初始进度计划，使之对应的工期、费用和资源构成令人满意的组合，并尽可能地实现工期短、资源耗费少和费用低的目标。一般网络计划优化调整的内容有三类：工期优化、工期-资源优化和工期-费用优化。

1）网络计划的工期优化。工期优化是在费用与资源有保证的前提下，寻求最短的项目总工期或目标工期。**缩短工期的基本途径是采取措施，压缩关键路线上的关键工序的周期**。例如采用新技术和新工艺，或改现有技术和工艺方案等技术措施。在工艺允许的情况下充分利用时差，从非关键作业抽调适当的人力、物力集中用于关键作业；增加人力和设备；重新划分作业的组成，实施平行交叉作业等组织措施。

在不明确目标工期的情况下，这里需要注意的是对关键路线的压缩要逐步进行，避免一次到位式的压缩方式。因为随着关键路线的被压缩，会出现新的关键路线。一次性地将关键路线压缩 K 天，并不能够保证项目的工期也缩短 K 天。

在明确给定了目标工期的情况下，只需将网络图终节点原先的最迟时间，即原工期修改为目标工期，重新计算各作业的最迟开工时间和总时差。出现总时差为负值的作业所在的路线就是为了实现目标工期而必须赶工的赶工路线。而总时差为负值的作业是可能的赶工作业（并不意味着必须赶工）。

例 12-5：假设例 12-4 所给项目的目标工期为 26 天，试确定赶工路线。

解：将节点 8 最迟时间 30 天修改为目标工期 26 天，重新计算节点最迟时间 LT，各作业的最迟结束时间 LF 和总时差 R。计算结果如表 12-8 的阴影区域。

表 12-8 例 12-4 网络赶工路线计算表

作业代码	节点编号		作业时间 T/天	节点最早时间与最迟时间/天		作业最早开始与结束时间/天		作业最迟开始与结束时间/天		总时差/天	单时差/天	关键路线 CP
	i	j		ET	LT	ES	EF	LS	LF	R	r	
A	1	2	4	0	−4	0	4	−6	−2	−6	0	*
B	2	3	8	4	0	4	12	−2	6	−6	0	*
C	2	4	2			4	6	3	5	−1	0	
D	3	6	3	12	8	12	15	19	22	7	0	*
E	3	5	5			12	17	6	11	−6	0	
F	4	5	6	6	5	6	12	5	11	−1	5	
G	4	7	8			6	14	12	20	6	0	
H	5	8	15	17	11	17	32	11	26	−6	0	*
I	6	8	4	15	22	15	19	22	26	7	13	
J	7	8	6	14	20	14	20	20	26	6	12	
	8			32	26							

可以看到，作业 A、B、C、E、F、H 的总时差均为负值。赶工路线有两条：一条是由作业 A、B、E、H 构成，另一条是由作业 A、C、F、H 构成，前者必须赶工的天数为 6 天，后者必须赶工的天数为 1 天，这是因为如原关键路线在非公共作业 B、E 上赶工 5 天时，原先长度为 27 天的次长路线作业 A、C、F、H 成为新的一条关键路线。为实现目标工期，两条路线均需赶工一天。

表 12-9 给出了将作业 B、E、H 分别压缩 1 天、1 天、4 天后网络图的时间参数。

表12-9 例12-4 压缩后的网络时间参数计算表

作业代码	节点编号		作业时间 T /天	节点最早时间与最迟时间/天		作业最早开始与结束时间/天		作业最迟开始与结束时间/天		总时差/天	单时差/天	关键路线 CP
	i	j		ET	LT	ES	EF	LS	LF	R	r	
A	1	2	4	0	0	0	4	0	4	0	0	*
B	2	3	7	4	4	4	11	4	11	0	0	*
C	2	4	2			4	6	7	9	3	0	
D	3	6	3	11	11	11	14	19	22	8	0	
E	3	5	4			11	15	11	15	0	0	*
F	4	5	6	6	9	6	12	9	15	3	3	
G	4	7	8			6	14	12	20	6	0	
H	5	8	11	15	15	15	26	15	26	0	0	*
I	6	8	4	14	22	14	18	22	26	8	8	
J	7	8	6	14	20	14	20	20	26	6	6	
	8			26	26							

2）工期-资源优化。工期-资源优化是指在资源限定的条件下，并在要求的工期内使资源达到充分而均衡的利用。工期-资源优化的基本思路是在不超过有限资源和保证总工期的条件下，将资源优先分配给关键作业和时差较小的作业，并尽可能使资源均衡连续地投入，最后安排给时差大的作业。反之，在进行调整时，先调整时差大的作业，将那些与关键作业同时进行的作业推迟，以消除资源负荷高峰，使资源的总需要量降低到其供应能力的限度内，并尽可能地使其在整个项目工期内均衡。

具体步骤为：先根据工期、工作量计算每一作业所需的资源数量，并结合规定的时间单位做出一个初步的项目进度计划安排。然后，绘制（编制）出工期内对应的资源需求计划图（或表）。若资源需求计划图出现不合理之处或超过了资源的供应限度，则利用非关键作业的时差进行资源的合理调配，即将时差大的作业推迟，从而得到新的进度计划。再次重复上述过程，直至满足资源的限制条件，而且资源需求计划在整个项目工期内应尽可能地均衡。必要时，适当调整总工期，以保证资源的合理使用。下面举例说明这一过程。

例 12-6：在图 12-15 中，图 12-15a_1 为某项目的网络计划依时间做出的进度安排，图中实箭线表示作业，箭线上表明了该作业的代码与所需资源数量，实箭线在横轴上的水平距离表示该作业的作业时间长度。与箭线箭头处连接的虚线的长度表示该作业的总时差。图 12-15b_1 为与图 12-15a_1 对应的工期内资源需求计划变化图。可以看出，该资源需求计划是非常不均衡的。在总工期 11 天内，最高的资源需求量为 24 人，最低的为 1 人。图 12-15a_2 中，将时差最大的作业 A 推迟到第 7 天开工，图 12-15b_2 为对应的资源需求计划，与图 12-15b_1 相比较有所改善。如此进行下去，最后得到图 12-15a_4，对应的图 12-15b_4 中的资源需求图是非常理想的。这只是一个例子，实际条件下的资源均衡过程是非常复杂和烦琐的，但思路是一致的。

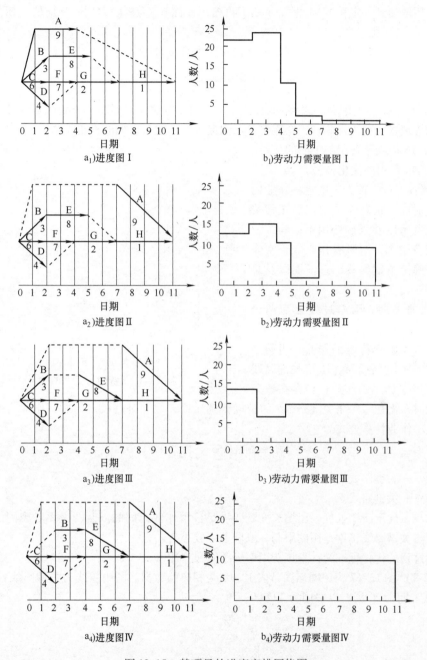

图 12-15 某项目的进度安排网络图

3）工期-费用优化。工期-费用优化是指通过综合考虑工期与费用之间的关系，寻求以最低的工程总费用获得最佳工期。这里包括两个方面：根据最低成本的要求，寻求最佳工期；根据计划规定的工期，确定最低工程费用。

① 工期与费用的关系。为完成一项工程，所需要的费用大致可分为两类：

A. 直接费用。直接费用是指与完成工程项目直接有关的费用，能够直接计入成本计算对象（如直接人工费、加班费、材料费、设备费等）。直接费用一般与工期成反比关系，减少直接费用的投入导致工期延长，当直接费用减少到一定程度时，就不能再减少下去（否则工期成为无限长），称此时的直接费用为正常费用，记为 C_N。反之，直接费用增加，工期缩短，当直接费用增加到一定程度 C_M 时，工期不再缩短，称 C_M 为极限费用。相应的工期分别称为正常工期 T_N 与极限工期 T_M。

称每缩短单位时间工期所需增加的直接费用为直接费用率（赶工费用变化率），即

$$a = \frac{C_M - C_N}{T_N - T_M}$$

B. 间接费用。间接费用是指不能直接计入，而需按照一定标准分摊到成本计算对象的费用。例如管理费、公用设施费、仓库费等。间接费用一般与工期成正比关系。

图 12-16 描绘了费用与工期的关系。

② 工期-费用的优化方法。

A. 预备工作。首先，确定各作业的正常作业时间、极限作业时间、正常费用、极限费用以及直接费用率；确定项目的间接费用率；对所有作业取正常作业时间，确定关键路线、总工期以及总费用。

B. 压缩工期。压缩过程分为两个步骤：

第一步，确定待压缩作业。当网络图仅有一条关键路线时，压缩关键路线上直接费用率最小的作业；当存在数条关键路线时，需使每一条关键路线 l 的长度得到压缩。取关键路线上的所有作业为待压缩作业，其最小作业计算公式为

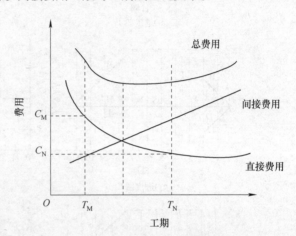

图 12-16 费用与工期的关系

$$l_{\min} = \min\{\sum_l a_{lk} \mid a_{lk} \in l\}$$

式中 a_{lk}——关键路线上的各作业；

l——关键路线。

第二步，确定压缩长度。压缩长度既要满足极限作业时间的限制，又要考虑网络中次长路线工期与关键路线工期差额的限制，取两者中较小者。

压缩过程的优化标准为：直接费用率等于间接费用率。

例 12-7：图 12-17 为一网络图，表 12-10 为相应的数据。图中粗线为关键路线：A→B→E→F，总工期为 20 周，总费用为 30 000 元。

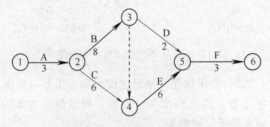

图 12-17 工期-费用优化示例

首先，只有一条关键路线，次长路线工期为 18 周。故压缩该路线上的 B 作业 2 周，总工期变为 18 周。总费用为 29 600 元。

压缩后，网络图的关键路线有 2 条。压缩公共作业中的 E 作业 2 周，总工期成为 16 周，总费用为 29 400 元。再次压缩 B、C 作业各 2 周，总工期为 14 周，总费用为 29 400 元。

表 12-10　工期-费用优化示例

作业代码	作业时间/周		作业费用（元）		直接费用率（元/周）
	正常	极限	正常	极限	
A	3	1	2000	3200	600
B	8	4	5000	6200	300
C	6	3	4000	4600	200
D	2	1	3000	3100	100
E	6	4	4000	4800	400
F	3	2	2000	2800	800

间接费用率为：500 元/周

12.3.5 关键链法

1. 关键链的概念

应用传统的关键路线法时，只考虑任务之间的逻辑制约关系而不考虑资源的约束关系，这样计算得到的关键路线往往不是项目管理过程真正需要控制的关键路线。资源的约束在实施过程中往往带来很多问题，使得进度计划在实际执行过程中的可操作性差，不太适用于存在资源冲突和不确定性因素的项目。

在实践过程中，项目执行存在三个普遍问题：①项目进度延期；②项目成本超支；③项目进度计划变更。而造成这些问题的原因主要来自以下方面：

（1）学生综合征/帕金森定律。学生综合征即人们倾向于去做那些很快就到截止日期的任务，而忽视那些还有很长时间才到截止日期的任务。所谓帕金森定律则，是指工作总是拖延到它所能够允许最迟完成的那一天，也就是说，如果工作总是推迟到它能够最迟完成的那一天，很少有提前完成的。

（2）多任务效应。多任务效应反映了共享资源对项目执行的约束作用。假设某项目成员在同一时间内需要完成 A、B 两个任务，每个任务周期都是 10 天。但在多项目环境、情绪压力或者人为干预等因素影响下，每个任务周期将显著延长。项目的多任务效应直接导致项目延期。

（3）工期变动效应的不对称性。在项目实施过程中，任务的延迟通常会由于工序的逻辑关系不断传递和累加，但是项目本身却很难从任务的提前完成中受益。如果项目成员提前完成任务，他也不会得到奖励，反而导致对类似任务的预估完成时间减少。另外，即使项目提前完成，也许因为各种原因，后续工序无法按时开始，所以最终项目就无法提前完成。

对此，高德拉特将约束理论应用于项目管理，提出了关键链项目管理方法。**所谓关键链，是指在充分考虑资源约束和任务依赖性的前提下，项目总进度最长的路线**。如图 12-18 所示，在关键路线法中，任务 A、D、E、F 组成了项目的关键路线，项目总工期是 10 天。但是如果要考虑资源限制，假设任务 C 和任务 E 需要同一种资源，比如要在同一台设备进行加工，而该设备一次只能执行一项作业，那么任务 C 和任务 E 就不能同时进行，因此在考虑资源约束的情况下，项目的关键任务是 A、D、E、C、F，这五项任务则构成项目关键链，项目的总工期是 11 天。可见，是关键链而不是关键路线决定了项目完成所需的最短时间。

2. 关键链基本原理

关键链项目进度管理方法是约束理论在项目管理中的应用，是继关键路线法和计划评审技术之后项目管理领域取得的重要进展之一。关键链理论克服了传统进度计划管理的局限性，

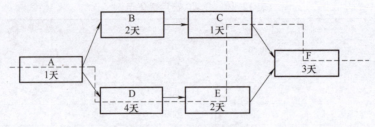

图 12-18 关键链示例

基于"必须遵循整体优化而非局部优化"的思想，考虑时间和资源的双重约束，在整个执行过程中，把每道工序节省下来的安全时间综合利用起来，统一放在项目缓冲区考虑，通过项目缓冲区、汇入缓冲区和资源缓冲区的设置和管理来减少延误。缓冲和关键链是关键链项目进度管理的核心概念。

(1) 关键链的基本原则

1) 项目必须遵守整体优化而非局部优化的思想。

2) 将所有任务的工期都按照 50% 完工概率来估计。

3) 不同于关键路线法的任务应尽可能早开始的原则，关键链设定任务应该尽可能晚开始，以消除学生综合征、帕金森定律以及完工不报告等人为因素对项目工期的影响。

4) 关键链既要考虑项目工序逻辑约束，也要考虑资源约束。

5) 合理地设置缓冲以消除不确定因素对项目执行计划的影响。存在于每个活动中的安全时间并不能很好地保证整个项目工期，应该去掉存在于每个活动中的安全时间，而将安全时间放在能最有效保护项目工期的地方，因此要通过"缓冲"来应付项目执行环境的不确定性。

如紧前任务没有按照计划完成，则其后续任务就不能按照计划按时启动，这就占用了缓冲时间，占用的缓冲时间越多，延误后续关键链任务的可能性就越大，缓冲时间的使用情况可作为项目进度控制的衡量依据。项目经理可以通过监控缓冲时间的使用情况了解项目进度。

(2) 关键链项目管理的特点。关键链项目管理以关键链代替关键路线，强调制约整个项目进度的是关键链而非关键路线，通过缓冲来消除项目中不确定因素对项目计划执行的影响，保证项目基准计划在动态环境下的顺利执行。关键链尤其适用于不确定性较大的项目。关键路线法与关键链法的比较如表 12-11 所示。

表 12-11 关键路线法与关键链法的比较

项 目	关 键 路 线 法	关 键 链 法
路径构成	总时差为零的工序	需要关键资源的工序
数据基础	保守的工期估计	最可能工期和安全时间
路线确定	一经计算可一次确定	根据缓冲时间不同循环往复、不断优化的过程
形式上	工序有紧前和紧后关系	工序可能是并行或者交叉的
关键路线/链的数目	确定，至少不会由关键的变成非关键的	不同的调整方法会产生不同的关键链

3. 缓冲

(1) 项目缓冲 (Project Buffer, PB)。PB 是在关键链的末端附加整块的安全时间，以项目整体缓冲来保护项目的工期。传统的项目管理认为一个项目能否如期完成与每一个活动的完成日期有关，因此都会在每一个活动上加上很多的安全时间，来确保项目能够准时完成。

但是由于"学生综合征"的存在，会使得原本富余的时间变得紧迫，安全时间大部分都会被浪费，而不会累积到下一个活动，因此，删减每个活动的预估时间，释放出足够的时间来设置项目缓冲 PB。通过设置在关键链尾端的 PB 将延误控制在预期范围内，保证项目如期交付。

（2）汇入缓冲（Feeding Buffer, FB）。FB 是在非关键链到关键链的交汇处之前附加安全时间，避免非关键链任务对关键链任务的冲击。虽然关键路线有了项目缓冲，但当有非关键路线与关键路线汇合时，就必须考虑到非关键路线有可能延迟关键路线上的活动，因此必须在非关键路线与关键路线汇合的地方插入 FB。FB 主要是保护关键路线，可以消化非关键链工序带来的工期延误。

（3）资源缓冲（Resource Buffer, RB）。RB 与 PB 和 FB 不同，它本质上是一种警示标识，通常被安放在关键链上，用来提醒项目人员何时需要资源。由于关键链上任何活动的延误都会引起整个项目的延误，因此关键链上的工序一般被赋予最高优先级。RB 被放置在有可能发生资源冲突的活动上，当关键链上的活动准备使用某瓶颈资源时，通过预警机制在工序来临前发出预先警告提醒。项目管理者可以通过对缓冲的监控了解缓冲的剩余情况和项目进展情况，进而即时采取措施进行调控。

4. 缓冲的计算方法

目前缓冲的计算方法主要有剪贴法、根方差法等。

（1）剪贴法

1）PB 等于关键链上各工序节省时间总和的一半。

2）FB 等于非关键链上节省时间总和的一半。

3）RB 一般设置在关键链上，通过制定一定的前置时间，以保证关键链上所需资源能够按时到位。

剪贴法简单明了、缓冲大小随相关链路工序数的变化而变化。但是，链路上工序多时间长时，缓冲容易过大；工序少时间短时，缓冲容易过小。

（2）根方差法。根方差法认为工序的安全缓冲代表工序工期的不确定性，以各工序工期的标准差作为缓冲估计。

设 S_j 为采用传统方法估计的工作 j 的执行时间，a_j 为采用关键链方法估计的工作 j 的执行时间，则两者之差为

$$\delta_j = S_j - a_j$$

则项目缓冲 PB 为

$$PB = \sqrt{\sum_{j \in CC} \delta_j^2}$$

式中　CC——关键链上工作的集合。

非关键链的汇入缓冲 FB 为

$$FB_I = \sqrt{\sum_{j \in I} \delta_j^2}$$

式中　I——非关键链上工作的集合。

5. 应用关键链方法编制项目进度计划的过程

（1）绘制网络图，找出关键工序。绘制网络图应首先应用 WBS，根据项目需求按照实际情况将项目由粗到细分解为若干道工序，依照技术方案找出工序之间的逻辑关系，绘制网络图，确定关键路线和关键工序。

（2）通过资源平衡化解资源冲突。对有资源冲突的工序即多道工序共用一种资源时，按照自由时间少的那道工序优先占用资源的原则进行资源分配。按照资源使用优先顺序重新安排进度。

（3）确定关键链。根据关键链的定义，在考虑工序进度和资源占用的情况下，路线最长的链就是关键链。

（4）设置缓冲。采用剪贴法、根方差法、概率法等方法，统筹考虑资源、工序约束、设置项目缓冲、汇入缓冲、资源缓冲。

（5）参照缓冲进行进度管理。通过对剩余缓冲区的观察就可以对项目的当前执行情况进行了解，并在需要时采用相应的措施。

6. 案例

某项目活动网络图如图 12-19 所示，工作时间及资源情况用 d_j、R_j 表示，其中，d_j 表示工作 j 所需时间，R_j 表示工作 j 所需资源，根据关键链编制进度计划。

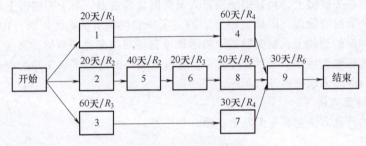

图 12-19　某项目活动网络图

（1）根据活动网络图，确定关键路线为 2→5→6→8→9，项目总周期为 130 天。

（2）消解资源冲突，压缩安全时间。消除各项工作的安全时间之后的网络图如图 12-20 所示。

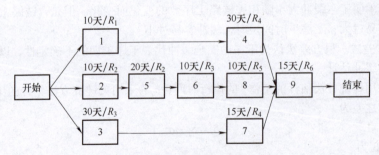

图 12-20　消除安全时间之后的网络图

分析每项工作的资源使用情况，可知活动 3 和活动 6 都需要资源 R_3，活动 4 和活动 7 都需要资源 R_4，则以项目周期最短为目标，确定活动的执行顺序为 3→6、4→7。整个活动网络图如图 12-21 所示。

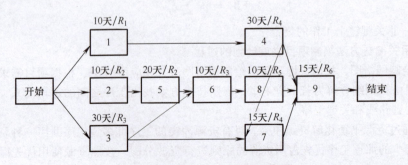

图 12-21　考虑资源的活动网络图

(3) 确定关键链。如图 12-22 所示，重新比较各路线，可知关键链为 1→4→7→9，整体周期为 70 天。

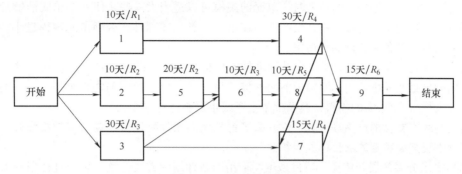

图 12-22　该项目关键链

(4) 设置缓冲。根据缓冲的定义，需要设置两个 FB 和一个 PB。其中，FB_1 设置于 8 和 9 之间，FB_2 设置于 3 和 7 之间，如图 12-23 所示。

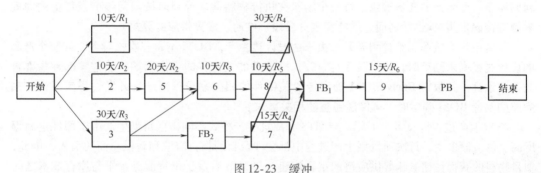

图 12-23　缓冲

采用根方差法计算缓冲，即

$$FB_1 = \sqrt{(20\text{天}-10\text{天})^2+(40\text{天}-20\text{天})^2+(20\text{天}-10\text{天})^2+(20\text{天}-10\text{天})^2} = 26.46 \text{ 天}$$

$$FB_2 = \sqrt{(60\text{天}-30\text{天})^2} = 30 \text{ 天}$$

$$PB = \sqrt{(20\text{天}-10\text{天})^2+(60\text{天}-30\text{天})^2+(30\text{天}-15\text{天})^2+(30\text{天}-15\text{天})^2} = 38.08 \text{ 天}$$

12.3.6　项目型生产的物料需求计划

1. 项目型生产的物料需求计划与批量生产的物料需求计划的区别

批量生产的物料需求计划的基本过程是在完整的产品 BOM 上，由 MPS 确定按照提前期倒排得到的最终产品制造的开始时间，MRP 的相关需求按照这个开始时间进行倒排，并且将不同生产订单中相同的物料按照需求时段进行合并，根据相应的批量规则确定物料的计划时间和批量，达到批量制造/采购降低成本的目的。

与批量生产的 MRP 不同，项目型生产的物料需求有以下特点：

(1) 物料分类进行生产组织。项目型生产的产品大都是结构复杂的产品，构成产品的零件种类很多，且各类零件的形状、体积、材质、工艺复杂程度差异很大，但从生产组织的角度，整个产品的下层零部件可以分为三类，三类零件需要不同的生产组织和物料计划方法。

第一类是项目专用件。这类零部件结构特殊、工艺复杂、加工技术难度大，往往是产品主要功能的承担者，针对专门项目定制设计，对产品性能、质量有关键影响。

第二类是非标设计件。这类零件在通用件的基础上根据项目产品的要求进行相应的定制设计,在设计上具有继承性和相似性;这类零件根据同一类零件结构相似、工艺相似的原则,采用成组单元的生产方式。不过由于每一个零件族中相似零件的数量有可能比通常的成批生产的零件少,因此在组织成组单元时,单元的规模可以适当大一些,使一个单元能够加工若干个零件族,特别是要包括一些在生产能力需求上互补的零部件,否则单元规模过小,不易保证单元内各类设备有合理的负荷率。

第三类是通用件。这类零件往往是标准件或厂标件,被不同的项目直接使用。这些通用件在不同的项目产品中使用,不同于前两种按项目(按订单)组织的物料类型,这一类物料是成批或大批生产/采购的物料,遵循批量生产或重复制造的方式。

项目型生产交付的产品具有唯一性,除了第三类通用件可以合并需求形成批量外,大多数零部件都要按照特定的项目单独组织生产。

(2) 需求分多次展开传递。项目型生产采用网络计划的方式将整个装配过程划分为相互关联的一系列装配单元,装配单元网络图是对复杂产品装配过程的概括。与产品最终相关的技术准备和生产准备也基于装配单元网络计划要求来进行。不同于批量生产的 MRP 将装配 BOM 遍历到最底层得到的多级物料计划,项目型生产面向装配单元网络的节点任务展开,物料归属于一个特定的任务节点,每一个物料在执行物料需求计划时按照网络节点任务的时间参数直接确定需求/供给时间,最终实现分阶段、按时、成套供应的要求。

项目型生产按照网络计划展开,由于边设计边生产,BOM 不是一次性导入。当整个产品的设计过程尚未结束时,为了满足具有较长提前期的关键件的生产周期,这些零部件需要首先完成设计,并根据 Early-BOM 确定传递关键件的相关需求;当产品开发过程完成,产品完整的制造 BOM 确定时,再传递完整的相关需求。

(3) 生产过程涉及多个工厂。与 MTS 和成批生产模式不同,项目型生产由于部件定制程度高、供应商多变,每次项目型生产过程中都会涉及新的物料需求和新供应商的引入,因此,项目物料的获得往往意味着供应链的重新构建。与 MTS 着重于供货服务水平与库存成本之间目标平衡不同,ETO 的供应链是设计选型驱动的。供应链的首要目标是寻找合适的供应商实现定制部件的获得。要在保证满足技术需求的前提下,保证成本降低、效率提升。

一般来说,ETO 产品的供应链结构以"主导者-供应商"的星形或多中心结构为主。很少有分散网络形的结构。同时根据主导者的定位侧重不同,又可以进一步分为"设计主导型"和"制造主导型"供应链。前者的主导者是产品的设计单位,通过技术分包的形式构成供应链;后者的主导者是产品的集成制造商,通过产品工艺集成的形式构成供应链。无论哪种形式,其资源计划和控制的原理是类似的。多个企业供应组件或子系统,由整机厂完成产品的最终装配和测试,大多数整机厂自身还承担了部分专用件/关键件的生产加工。项目型生产的物料需求计划,其范围涉及多项目、多工厂,因此对于 MRP 的运算区域要有限定。

2. 项目型生产的物料需求计划模型

项目型生产的物料需求计划以项目为主线从最终产品到各级物料的范围解决项目产品交付中"需要什么"和"什么时候需要"的问题,同时也为产品开发/生产过程中涉及的各类工作(采购、工装设计/制造、工艺准备、零件制造、产品装配等)建立按项目产品装配时序的物料需求关系的综合计划。项目型生产的物料需求计划模型如图 12-24 所示。

模型包括:

(1) 产品装配网络图。装配序列及其装配 BOM 是整个计划的基础,整个网络图反映最终装配过程的核心装配关系及零部件进装配线的先后顺序。

(2) 项目主计划。项目主计划是基于产品装配网络图编制的网络计划。由于整个产品过程具有较长的总装提前期,整个过程分阶段进行,在整个 BOM 不完整的情况下,以粗网络

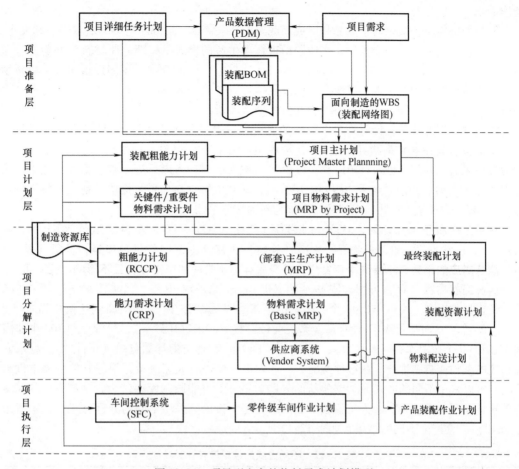

图 12-24　项目型生产的物料需求计划模型

图计划作为主生产计划。项目主计划在网络图节点上关联装配序列所需物料，从而与最终的产品装配 BOM 形成对应关系。

（3）面向项目的物料需求计划。项目型生产 MRP 不是对完整的装配 BOM 的层层遍历，而是基于网络计划以装配节点为对象进行的物料需求分析，满足产品装配过程分阶段、成套物料供应的要求。

（4）最终装配计划。项目计划层通过项目 MRP 产生产品最终装配所需物料的需求计划，进入 MRP 系统进行计划计算。其中专用件和非标设计件按项目计算，通用件在 MRP 区域内合并需求计算。

（5）装配制造资源与计划匹配。在单一物料资源匹配的基础上，对人员、场地、工具工装、设备等制造资源综合考虑，进行综合优化。

3. 项目物料需求计划的计划要素

（1）需求类型与特殊库存。所有可以导致可用库存减少的要素都可以视为需求。MRP 中按照需求来源划分，主要可以分为两种：独立需求和相关需求。

独立需求可以进一步分为来自客户的需求和来自预测的需求；来自客户的需求一般包括销售订单、销售计划协议或项目合同；来自预测的需求来源于销售预测。

独立需求通过 BOM 自上而下触发半成品、原材料和外购件的相关需求。

根据个别需求是否参与 MRP，如何与可用库存进行冲减，需求类型可以分为按单需求和备库需求。

原材料的需求一般是由半成品和产成品触发的相关需求，追溯原材料的需求来源和要求，会有不同的采购方式。一般来说，在按照销售订单生产的模式下，部分原材料或外购件（包括一部分半成品），出于生产过程信息追溯、计划控制、运输方式、零部件重用性、发货地点、价格价值等不同的考虑，可能会采取按照销售订单进行采购，即收到销售订单之后才会根据订单要求进行采购，不能提前编制并执行采购计划。

在按单生产方式下，针对物料主数据的属性来设置"需求标识"，以区分原材料是按单采购（制造）还是按库采购（制造）。在按单生产方式下，相关需求的标志设置为"按单"时为按单采购，入库后进入订单库存；设置为"按库"时，入库后进入常规库存；如果需求标识为"空"时，则原材料采用跟随上层策略，即其上层物料如果是按单，则该物料为按单采购（制造），如果上层物料是按库，则该物料为按库采购（制造）。

按单生产属于单独计划，MTS 与 MTO（包括 ATO、ETO）是分别运行 MRP 的，在 MTO 下，设置为"按单"的物料，生产（采购）入库会形成销售订单库存，发货（发料）时只能从对应的销售订单特殊库存发货，特殊库存与正常的非限制库存互不影响、互不可用。

假设当前物料 X 存在可用非限制库存 100 个，汇总需求 70 个，按单需求（A 订单）60 个，销售订单库存（A 订单）60 个，物料的需求类型为"按单"。此时新到达按单需求（B 订单）50 个。这时运行 MRP 计算后，系统会针对按单需求（B 订单），尽管存在 100 个非限制库存和 60 个按单库存（A 订单），但仍将产生数量为 50 个的计划订单（B 订单），要求安排相应的采购或自制生产。在这种情况下，计划员就要进行人工决策，根据其他的需求供给情况，可以采用不同的方式：①创建新的采购申请；②将非限制库存转为特殊库存；③从 A 订单转移库存至 B 订单；④人工修改上层需求类型为按库。采用不同的处理方式后，重新运行 MRP 后，会产生不同的结果，如表 12-12 所示。

表 12-12　不同方式的按单库存计算

方式	需　求	供　给	结果评估
1	汇总需求 70 个 订单需求（A）60 个 订单需求（B）50 个	非限制库存 100 个 订单库存（A）60 个 订单库存（B）50 个	需求供给都满足，实物库存合计 210 个，有 30 个非限制库存为余量库存
2	汇总需求 70 个 订单需求（A）60 个 订单需求（B）50 个	非限制库存 50 个 订单库存（A）60 个 订单库存（B）50 个	实物库存合计 160 个，A、B 需求满足，非限制净需求 70 个 − 50 个 = 20 个，产生数量为 20 个的非限制计划订单
3	汇总需求 70 个 订单需求（A）60 个 订单需求（B）50 个	非限制库存 100 个 订单库存（A）10 个 订单库存（B）50 个	实物库存合计 160 个，非限制需求、订单 B 需求满足，订单 A 净需求 60 个 − 10 个 = 50 个，产生数量为 50 个的计划订单
4	汇总需求 120 个 订单需求（A）60 个	非限制库存 100 个 订单库存（A）60 个	实物库存合计 160 个，订单 A 需求满足，订单 B 需求撤销。非限制净需求 120 个 − 100 个 = 20 个，产生数量为 20 个的非限制计划订单

从上面的例子可以看出，不同的处理方式会产生不同的 MRP 运行结果，采用何种方式，需要计划员从需求类型和库存类型两方面综合考虑，合理进行决策以实现需求供给的平衡以及库存的控制。同时，如果主数据设置为按单或者备库，则一般不建议在后续执行

过程中手工更改需求类型,使业务执行与主数据设定产生矛盾,否则易造成库存管理的混乱。

(2)库存地点与 MRP 评估区域。工厂不是单指生产管理的组织,更是库存管理的组织。库存地点是在工厂内进一步细分的库存管理的单位,库存地点可以代表实际的位置(如一个实际仓库或者线边仓),也可以是逻辑的,譬如一个实体仓库可以按照物料的类别进一步分为管材库、标准件库等。

每个工厂都存在多个库存地点,不特别设置的时候,MRP 是基于整个工厂运行的,所有的库存地点都参与 MRP 计算,但是在具体实际场景下,伴随生产组织变得越来越复杂,计划范围会向两个方向延伸:一个方向是从工厂内部延伸到工厂外部,在多个工厂范围内合并计算和评估 MRP 结果;另一个方向是工厂内部的分割,随着企业规模的扩大,不断有新产品类别产生,生产相对独立,这样就衍生出对工厂进一步细化管理的要求。

不论何种变化,关键是要定义清楚 MRP 的评估区域。当设定 MRP 评估区域后,MRP 计算将基于 MRP 评估区域进行,将 MRP 评估区域下的需求、供给、库存汇总计算。只有评估区域之内的库存才可以作为供给来冲减需求,不在评估区域内的库存不是可用库存。因此,合理地设定评估区域,是保证 MRP 结果合理的必要前提。

以下简单介绍几种常见的 MRP 评估区域的应用:

1)排除工厂内的某些库存地点。可以指定某些仓库不参与 MRP 计算,这样工厂内的 MRP 评估区域就是排除特定库存地点之外的库存地点的组合。当设定某些仓库不参与计算时,该库存地点的库存、需求、供给都不参与 MRP 运算,该仓库的库存不属于可用库存,不能冲减需求量。同时订单或者相关需求中指定该库存地点的需求属于无效需求,不参与 MRP 计算。

2)MRP 评估区域是一个工厂内特定的库存地点的组合。根据业务发展,在一个工厂内部产生了不同的业务组合,比如生产部门与销售服务部门相互独立,希望生产用物料和售后用物料能够划清界限;又如不同的产品线对应着不同的事业部,但不同的产品线使用的原材料是公用物料,而不同的产品线事业部希望独立划分;再如工厂地域分散,不同的车间、仓库距离较远,彼此之间调配不方便。上述种种情况,就需要根据实际情况将工厂范围进行划分,将不同的库存地点根据需要组合成为不同的 MRP 评估区域,分别进行单独的 MRP 计算。

3)MRP 评估区域是特定的销售订单或者项目的组合。在按订单生产或者项目制造中,不同的项目或者订单之间存在公用物料,但是并非在全部的项目之间进行公用物料评估。因此,在这种情况下,可以通过设定 MRP 区域,将需要合并评估的订单或项目定义为一个 MRP 区域。通过项目组合公用物料评估进行 MRP 计算。

4)MRP 评估区域是特定工厂的组合。物料在多个工厂间流动,就需要能够跨工厂对物料进行产供销的综合评估。通过将多个工厂合并为一个 MRP 评估区域,实现跨工厂的物料供需平衡。

(3)项目物料需求计划的时间参数。项目物料生产主要包括整机装配和关键零部件加工。通常将整个产品装配过程划分为多个装配节点(常被称为进装点),采用网络图的形式将复杂装配过程基于各进装点编制装配工序的计划以及相应零部件的需求计划。装配网络计划由一系列进装点构成计划节点,根据进装点的计划开始时间和完成时间关联相应工序所需的物料及进装顺序。物料需求计划参照进装点时间而不是整机装配的开始时间,由此,物料采购/加工的生产周期延续到对应进装点所在的时段,而不是以装配计划的开始时间为交付时间。

装配网络计划是联系产品设计和物料准备的桥梁。产品设计部门以项目为主线进行产品设计过程管理，以设计 BOM、工艺 BOM 为主线关联各种设计文档，根据装配网络图以及 WBS 将进装点与设计任务关联，计划部门根据装配网络图，参照设计周期、生产周期等时间参数编制粗装配网络计划作为项目主计划，设计进度要符合网络图关键节点的时间要求。

4. 项目型生产的专用件 MRP 相关指标计算

（1）毛需求量（专用件）。专用件的毛需求量与通用件 MRP 的毛需求量计算不同，按项目的物料，不考虑时段和时区。

毛需求量（专用件）= 订单量

（2）计划接收量（专用件）。计划接收量是指在计划日期之前早已下达订单，但是在计划日期之后完成接收的数量。它可看作实际接收时段的可用库存量。

如果前期存在依据 Early-BOM 所做的提前采购，则计划接收量 = 前期计划投入量。

如果没有提前采购，则计划接收量 = 0。

（3）预计可用库存量（专用件）。预计可用库存量是指某个时段的期末库存量，扣除用于其他用途的已分配量后可以用于需求计算的那部分库存量。它与现有量不是一个概念。其公式为

预计可用库存量 = 对应项目的可用库存量

对应项目的可用库存量，由项目订单标识和评估区域库存地点来界定，只有对应项目、对应区域、对应库存地点的非限制使用库存，才可以作为可用库存量。

（4）净需求量（专用件）。净需求量是指在某时段某项目的实际需求数量。其公式为

净需求量 = 本时段毛需求量 – 前一时段末的可用库存量 – 本时段计划接收量

（5）计划产出量（专用件）。计划产出量（Planned Order Receipts）是指当需求不能满足，即净需求量大于零时，根据设置的批量规则计算得到的应该产出或供应的数量。

除非特殊原材料或外购件存在最小包装量或最小单位量，如特殊紧固件、特殊钢板、钢管等，专用件一般采用直接批量。

采用"直接批量"规则，即缺多少补多少，计划产出量等于净需求量。

（6）计划投入量（专用件）。计划投入量是根据计划产出量、提前期和合格率等计算出来的投入数量。其所在时段比计划产出量的时段早一个提前期，其数量是在计划产出量的基础上，增加一定的数量用来补充可能出现的不合格品。

（7）说明

1）类似常规 MRP，项目 MRP 也需要定义物料的计划层次，确定物料属于项目主计划层还是物料计划层。

2）最底层的项目物料的计划投入量作为非项目层物料的订单需求量，参与下层工厂的 MRP/MPS 计算。

3）可用库存只能对应项目计算，即使其他项目使用相同规格的物料，因为不属于同一个项目，也不能直接在 MRP 计算中使用。确需借用的，需要进行跨项目的物料调拨。此过程属于物料调度，而不属于物料计划，不体现在 MRP 计算过程中。

5. 案例

设定共享单车生产项目 A、项目 B 两个项目，每台单车需要一个智能锁。智能锁提前期较长，属于一次齐套件。单车成品和智能锁都属于按项目物料。项目 B 由于设计遗漏，智能锁未做提前采购。该项目的 MRP 计算如表 12-13 所示。

表 12-13 项目专用件的 MRP 计算

MRP区域:	项目A、项目B														
物料:共享单车	属性:按项目			批量:直接批量			提前期:3			MRP层次:PMPS			三次齐套件		
时段	当期	1	2	3	4	5	6	7	8	9	10	11	12	13	14	15
毛需求量(项目A)															100	
计划接收量(项目A)															0	
预计可用库存量(项目A)															0	
净需求量(项目A)															100	
计划产出量(项目A)															100	
计划投入量(项目A)											100					
毛需求量(项目B)																50
计划接收量(项目B)																0
预计可用库存量(项目B)																0
净需求量(项目B)																50
计划产出量(项目B)																50
计划投入量(项目B)													50			
物料:智能锁	属性:按项目			批量:直接批量			提前期:7			MRP层次:PMPS			一次齐套件		
时段	当期	1	2	3	4	5	6	7	8	9	10	11	12	13	14	15
毛需求量(项目A)												100				
计划接收量(项目A)												100				
预计可用库存量(项目A)												0				
净需求量(项目A)												0				
计划产出量(项目A)												0				
计划投入量(项目A)					0											
毛需求量(项目B)												50				
计划接收量(项目B)												0				
预计可用库存量(项目B)												0				
净需求量(项目B)												50				
计划产出量(项目B)												50				
计划投入量(项目B)					50											

6. 项目型生产的物料齐套控制

获取客户订单后,根据客户需求设计定制复杂产品,通常需要较长的提前期,而且设计任务繁重,在整个生产周期中生产准备工作计划安排取决于技术准备的进度,这两部分工作的完成又决定了零部件的加工/采购和产品的最终装配和交付。因此整个产品过程涉及技术准备、生产准备和产品制造。项目型生产首先对产品进行项目定义,确定 WBS 和主要产品架构,作为产品主计划的依据。伴随设计过程和技术准备过程,开始预投一部分长周期的物料及其相应的设计要求,称为一次齐套;在生产准备阶段,随关键部件的设计信息发布,对长周期的关键部件和专用部件进行提前采购/生产,称为二次齐套;在最终装配开始前,根据装配 BOM 进行物料的三次齐套。如图 12-25 所示,通过三次齐套,最终使物料满足产品交付的进装点时间要求。

12.3.7 项目控制

1. 项目进度控制

项目进度控制是指项目进度计划制订之后,在项目实施过程中对实施进展情况进行检查、对比、分析、调整,以确保项目进度总目标能够实施。在实施过程中,要经常检查项目的实际进展情况,与项目进度计划进行比较。如果发现偏离计划,则应分析偏差产生的原因以及对后续工作的影响程度,找出解决问题的办法,制定确保进度计划总目标不受影响的措施,对原计划进行修改使之符合实际情况并保证原进度计划总目标得以实现。然后再进行新的检查、对比、分析、调整直至项目最终完成。

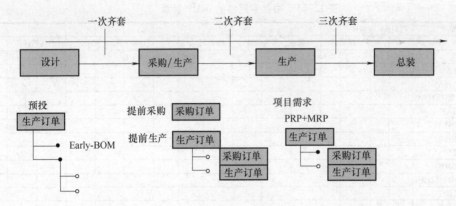

图 12-25 三次齐套

项目进度计划可以分为总进度控制、主进度控制和详细进度控制。总进度控制是对项目中各里程碑事件的进度控制；主进度控制是对项目中每一主要事件进行控制；详细进度控制是对各个具体活动进度计划的控制，这是进度控制的基础，只有详细进度得到较强的控制才能保证主进度计划的进度。

2. 动态监测

在项目实施过程中，收集项目进度实际状况信息，掌握进展动态，对项目进行观测，是进度控制的基础，这一过程称为项目进度动态监测。

动态监测可以采用日常监测和定期监测。日常监测是不断观测进度计划中每一项活动的实际开始时间、结束时间、持续时间、当前状态等。定期监测是每隔一定时间进行观测，间隔时间可以根据项目总工期的长度来确定一个观测周期。监测结果以项目进展报告的形式呈现。常见的项目进展报告包括项目关键点检查报告（里程碑报告）、项目执行状态报告、工作完成报告、重大突发事件报告（异常报告）、项目变更报告等。

3. 项目变更控制

项目变更是指对原来确定的项目计划基准的变化，这些基准包括项目的目标、范围、要求、内外部环境以及项目的技术质量指标等，项目变更是不可避免的，问题的关键是能够掌握项目变更的规律，有效地进行项目变更控制。项目变更控制是指建立一套正规的程序对项目的变更进行有效的控制，从而更好地实现项目的目标。**项目变更控制的目的不是控制变更的发生，而是对变更进行管理，确保项目能够继续有序进行。**

项目变更控制包括范围变更控制、进度变更控制、质量变更控制、成本变更控制、风险变更控制等。对进度变更控制来说，就是对项目进度计划进行的修正。进度计划的变更会要求对整体项目计划进行调整，成本计划、资源计划以及质量计划都会做相应的调整。进度计划的变更仍要遵循最一般的约束：项目必须在规定的日期完成；资源被严格控制。

在进度计划变更时，可利用网络分析技术进行控制。进度延长变更发生在关键工序和非关键工序，对项目总进度的影响是不一样的。发生在关键工序上的进度延迟一定会影响总进度，如要保证总进度不变，则必须设法缩短后续工序工时，即需要重新修订计划；发生在非关键工序上的进度延迟变更如果小于该工序的自由时差，则不会影响后续工期，如果大于该工序的自由时差但小于总时差，后续工序的最早开始时间可能会受到影响，但是不会影响总工期，发生在非关键工序的进度延迟变更如果大于该工序的总时差，则会影响项目的总进度，也需要重新修订计划。

项目变更控制程序如下：

1）明确项目变更的目标。
2）对提出的所有变更要求进行审查。
3）分析项目变更对项目绩效造成的影响。
4）明确各替代方案的变化。
5）接受或否定变更请求。
6）对项目变更的原因进行说明,对所选择的变更方案给予解释。
7）与所有项目相关者就变更进行交流和沟通。

12.4 项目集制造计划

项目集是一组相互关联并需要进行总体协调管理的项目集合,用于获取单个项目无法获得的效益。项目集中的项目需要共享资源,并进行项目之间的资源调配。项目集在各个项目之外增加了对多个项目的管理组件。管理组件不直接参与对每个项目的具体管理,而侧重在整体上进行规划、控制和协调,指导每个项目的具体实施。项目集制造计划是在单个项目计划的基础上制订的,重点任务是排定项目集内各子项目的关联关系、时间进度、资源配置和进度协调,并进行各个关联项目之间的协调和控制,保证整体项目集目标的实现。

项目集进度计划是为定义项目集的子项目构成和生产最终的项目可交付成果进行的时间安排,包括确定各子项目的范围、执行顺序、关键路线和里程碑。项目集进度计划通常使用项目集 WBS 作为出发点,包括产生可交付成果的所有子项目,还包括各子项目和非项目集活动的时间安排,并且标出重大里程碑。

12.4.1 项目集范围管理

项目集范围管理识别可交付成果,估计主要风险,并且建立产品范围和项目集范围之间的关系,同时为达成目标设定标准。项目集范围管理过程主要包括:①规划项目集范围,即识别并制定产生满足项目集目标的可交付成果;②定义项目集目标,即建立项目集的整体目标;③制定项目集要求,即制定和正式识别交付项目集目标的要求;④制定项目集架构,即定义项目集组件结构并识别所有项目集组件之间的相互关系;⑤创建项目集 WBS,即将项目集细分成子项目,提供逐级的子项目结构分解;⑥管理项目集架构,即管理子项目之间的关系,确保项目集结构更新;⑦管理子项目接口;⑧监控项目集范围的变化。

项目集范围管理的交付物是项目集工作分解结构。**建立项目集 WBS 的方法与项目 WBS 类似,但最主要的不同在于项目集 WBS 中有一个协调各子项目的管理组件。**

12.4.2 项目集制造进度计划

项目集进度计划的编制方法与单项目类似,在项目集分解结构基础上编制网络计划。

12.4.3 项目集资源优化与平衡

项目集的资源优化与平衡不同于单个项目,其目的在于实现各个单项目整合之后的整体利益最优。在项目集资源优化与平衡管理的过程中,要将有限的资源在项目集内所属的项目之间进行分配,从而使项目集目标最优。项目集资源优化平衡过程主要包括以下步骤:

（1）分析项目集内各项目对资源的不同需求,明确资源需求种类、数量、时间以及有限顺序。

（2）分析各项目的资源约束情况,找出关键工作,分析各项工作对资源的需求程度。

(3) 根据各个项目的资源需求、资源约束制订合理的资源使用计划。

(4) 在资源使用计划实施的过程中持续进行检查、纠正、修改，根据各项目中出现的问题适时调整资源使用计划。

项目集的资源优化与平衡问题中，既有多项目的资源优化配置，又有单项目的资源优化配置，两者同时存在。对项目集的资源优化和平衡，可以用数学规划方法解决。

12.5 项目族制造计划

虽然不同项目之间存在差异，但是在项目型生产企业的多项目运行环境下，由于不同项目之间在产品结构、产品原理、产品工艺、制造资源方面存在相似性，可以将具有相似性的项目归为一大类，每一类称为一个项目族。项目族有以下特征：

(1) 同属于一个项目族的项目具有相似的客户需求。

(2) 项目族中的项目具有相似的 WBS 结构，并可以用通用结构来表达。

(3) 项目族中项目 WBS 节点上的 WBS 元素具有相似的功能。

但是应注意项目族是针对以多项目为运作方式的项目型生产企业来说的，对于客户来说，不存在项目族的概念。

12.5.1 项目族工作分解结构

多项目环境下的企业中，同属一个项目族的各个项目的工作分解结构有很大共性，因此可以针对项目族构建通用的工作分解结构，称之为项目族工作分解结构（Group Work Breakdown Structure，GWBS）。GWBS 是一种通用的项目分解结构，独立于具体的项目，提供一种用有限数据表示同属一个项目族的大量项目的方式。类似于产品族物料清单（GBOM），GWBS 由一个 WBS 结构和一组配置项构成，其中 WBS 结构由 WBS 元素组成层次结构，它表示同一个项目族的通用工作分解结构。配置项是一个由变量、变量值和配置规则构成的层次结构，GWBS 利用配置项来管理具体项目，通过可选项的配置，逐层确定变量值来确定具体项目的 WBS。

GWBS 的构建方法是，基于项目族中各项目分解结构的相似性，先找出一个结构最复杂的项目作为基线项目，将其 WBS 元素标准化，然后逐个项目进行分析，加入基准项目没有而其他项目拥有的 WBS 元素，对各个 WBS 元素增加属性，最终获得一个涵盖项目族中所有项目工作分解元素的复合结构。在这个结构中，所有 WBS 元素之间存在两种关系，即选择关系和组合关系。选择关系的 WBS 元素是配置变量，根据实际需求从多个元素中选择合适的 WBS，具有选择关系的 WBS 元素多为互斥的；组合关系是父层元素与子层元素的关系，父层必须在子层全部元素确定后才能实现，父层由子层组合而成。

12.5.2 项目族的多项目计划方法

1. 项目族的计划编制要点

项目族的生产计划编制存在两个方面的要求：首先，如何基于 GWBS 快速构建出满足客户需求的订单项目网络结构；其次，需要解决同一项目族多订单并存时，由于相似性的存在，在关键路线和瓶颈工序上资源冲突的问题，满足多订单的交期要求，也就是多个订单项目的复合网络计划的排定。

2. 基于 GWBS 配置的项目型生产网络计划

项目族中订单网络计划与单项目网络计划方法是一样的。差别在于网络图的绘制方法。

项目族的订单计划网络图根据 GWBS 进行配置设计。

第一步，根据客户需求对 GWBS 进行配置设计，通过变量匹配确定满足该订单要求的特定项目分解结构，并从项目族中匹配出各活动的时间元素。

第二步，根据 GWBS 中时间元素和活动关系确定订单项目的活动关系，然后进行调整，确定满足实际要求的活动关系矩阵。

第三步，按照网络图绘制规则绘制网络图，并进行校验。

第四步，将新的网络结构和 WBS 结构补回 GWBS，以便于重用。

3. 多项目的综合计划

项目族多订单项目的综合计划包括项目族主计划和项目族物料需求计划。主计划是项目型生产企业内部汇总一定时段内的项目族订单，制定订单项目完成方案，确定项目工期范围，并通过总体的计划安排消除各项目之间的工期冲突、优化项目生产方案的过程。主计划期间原则上应该超过一个完整的订单项目工期。此处重点论述项目族的主计划编制过程。

（1）确定订单项目的优先级别，并赋予相应的权重。

（2）确定各订单项目的工作分解结构，确定各订单项目内部下层活动之间的逻辑关系/工艺关系。

（3）对各订单项目各阶段活动进行汇总，确定各订单项目及活动之间的逻辑关系/工艺关系。

（4）估计各项目各活动的参数和变量，构造包含全部订单项目的复合网络图。

（5）以活动共用资源为约束对网络进行优化，排定项目族复合网络计划。

（6）通过网络计划优化方法，对复合网络计划进行调整，最终目标是得到每个项目工期在交期要求内同时还能满足资源约束的项目族主计划。

项目族物料需求计划主要是确定主计划期间各订单项目的物料需求，其原理与项目集的物料需求计划类似，分别根据订单确定专用件的物料计划以及项目计划域的通用件计划，特别之处在于项目计划域是相应时段的项目族订单集合。

12.5.3 关键链法在项目族计划中的应用

1. 基本步骤

关键链法也可以用于项目族资源优化和平衡，其应用步骤如下：

步骤一：确定各个项目的优先权，按照优先权排定项目顺序。

1）根据每个项目的重要程度确定项目之间的优先顺序。

2）依照项目的先后顺序分配所需项目资源。

步骤二：通过关键链调度机制，计划调度每一个项目。

1）根据网络计划技术确定各个任务的资源量和任务持续时间，制订每个项目的计划。

2）依照关键链调度机制缩短任务工序的估计工期，重新制订项目计划，确定单个项目的关键链，在资源分配时优先满足关键链上的任务。

3）根据项目缓冲区的量化方法设置 PB 和 FB。

步骤三：按照项目的优先次序，交错各个项目的相关活动。

1）按照项目的优先级将存在约束资源冲突的任务错开进行，避免资源冲突。

2）为保证约束资源能够及时开始后续项目的活动，在项目间加入产能缓冲，确保资源可以按时到位。

步骤四：通过缓冲管理对项目进行监控，对已经启动的项目监视资源使用情况，及时平衡资源过载负荷。

1）设置资源缓冲区，采用资源预报机制保证关键链上所需要的资源及时到位。
2）及时更新每个项目的进程和各缓冲的消耗情况。
3）依照缓冲消耗情况对项目进行管理。

2. 调度规则

整个过程的关键在于步骤三。步骤三在步骤一和步骤二的基础上，将各项目视为一个整体，识别出所有存在资源冲突的工序，由于资源冲突的存在，资源的分配存在主次之分，假设项目1、项目2两个项目之间存在同种资源冲突工序A和工序B，那么就会产生下列情况：

（1）项目1的优先级大于项目2，工序A存在于项目1的关键链上。影响工序A的正常实施会造成项目1工期延误，为保证资源分配的合理性，项目1的工序A优先获得冲突资源的使用权。

（2）项目1的优先级大于项目2，工序A存在于项目1的非关键链上，而工序B存在于项目2的关键链上。由于项目1优先于项目2，工序A获得冲突资源的优先权，但是工序A处于项目1的非关键链上，如果冲突资源的优先获得并未减少项目1的工期，同时由于工序A的优先使用，造成项目2关键链工序B的延迟，进而影响项目2的延迟，这样的分配就没有意义。因此为避免这种情况，工序B获得冲突资源的优先权，此时有两种可能：①由于工序B获得冲突资源的优先权使得非关键链工序A产生延误，进而影响A的紧后工序C的开始，最终造成项目1延迟，这样分配也不合理；②相反，如果工序B优先实施，并未对非关键链工序A的造成延误，那么资源的分配便达到一个合理的情况。

（3）项目1的优先级大于项目2，工序A存在于项目1的非关键链上，工序B也存在于非关键链上，由于项目1优先级大于项目2，工序A获得冲突资源的优先使用权，其中：①因工序A的优先实施使得工序B延误同时造成项目2关键链工序的工期进而影响项目2的工期，而工序A的优先实施并没有帮助项目1压缩工期，资源分配失效；②工序A优先实施未对工序B造成影响，此时工序A获得优先权，具有合理性。

从上面分析可知，在多项目关键链管理中，首先遵从项目优先权规则，在此基础上，优先权大的项目关键链工序对于冲突资源的使用具有优先权，优先权小的项目工序在不影响优先权大的项目工期且自身工期受其影响的情况下，可以相对获得资源的优先使用权。

12.6　项目组合制造计划

项目集、项目族与项目组合都属于多项目管理，其中项目组合更多的是从企业战略和总体业务目标出发，根据分类评价和风险分析归类到一起，组合中的各个元素之间可能并没有太多的业务或技术关联，仅仅是为了监控组合整体绩效以配合企业商业目标需求。

与项目族相似，项目组合是针对企业整体而言的，对客户不存在项目组合的概念，也可以认为项目族是一种特殊的项目组合。

由于各个项目的周期不等，从企业资源目标达成和资源整体优化的角度出发，通常以年为展望期编制项目组合的生产计划，进行产能、资金、制造资源的综合平衡。同时，以季度或月为时段，通过每个具体项目分解，将各个项目的任务节点需求分解落实到相应的工作中心，考虑相应的工作中心在每一个时段的汇总需求，从而将多项目计划转化为工作中心的时段计划来进行计划和控制。项目组合制造计划如图12-26所示。

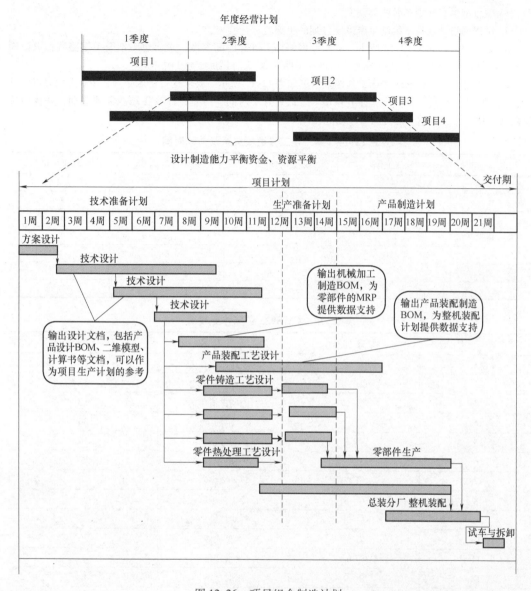

图 12-26　项目组合制造计划

阅读材料

项目型生产计划案例

习　题

1. 企业中什么样的活动可以采用项目管理的方式进行？
2. 项目型生产的特点和难点是什么？

3. 项目型生产计划有哪些类别?
4. 试述网络计划技术编制生产进度计划的步骤。
5. 某工程资料如表 12-14 所示。试绘制网络图,计算时间参数,求出总工期及关键路线;求该项目在 26 天内完工的概率;若所给项目的目标工期为 26 天,试确定赶工路线。
6. 某企业生产 CW8925 铲床,其作业清单如表 12-15 所示。要求这台铲床必须在 260 天内完成。试根据上述资料绘制网络图;计算各节点最早、最迟开工时间、时差;计算各路线需要周期,并找出关键路线,用双箭线表示;进行网络计划优化。

表 12-14 某工程工作逻辑关系及估计时间

工 作	紧前工作	乐观时间/天	最可能时间/天	悲观时间/天
A	—	2	5	8
B	A	6	9	12
C	A	5	14	17
D	B	5	8	11
E	C、D	3	6	9
F	—	3	12	21
G	E、F	1	4	7

表 12-15 CW8925 铲床作业清单

序 号	项目编号	项目名称	项目时间/天
1	①-②	工作图整顿	59
2	②-③	工艺性审查	15
3	②-⑬	外购件清单	16
4	③-④	描图	30
5	④-⑤	工艺路线	10
6	⑤-⑥	晒发	5
7	⑥-⑦	热工艺编制	7
8	⑥-⑧	冷工艺编制	6
9	⑥-⑪	外协件计划	2
10	⑦-⑬	木型检修	30
11	⑦-⑭	材料定额	2
12	⑧-⑨	工时定额	5
13	⑧-⑩	工装设计	30
14	⑩-⑮	工装毛坯	30
15	⑨-⑯	铆切毛坯	20
16	⑬-⑯	毛坯	35
17	⑭-⑯	锻造	30
18	⑮-⑯	工装制造	45
19	⑪-⑰	外协订货	15
20	⑫-⑰	外购件订货	45
21	⑯-⑱	机械加工	44
22	⑰-⑱	外购配套期	80
23	⑱-⑲	装配	31
24	⑲-⑳	鉴定、验收	31

拓 展 训 练

1. 调查一家企业（制造业或服务业）的项目型生产计划模式和方法，分析其整体和局部环节的合理性，提出你的见解并设计你认为更合理的模式与方法，写出分析报告。

2. 针对你熟悉的一个活动，如举办婚宴，将其作为一个项目，编制其 WBS、项目主计划，绘制网络图，并编制项目的物料计划。

参 考 文 献

[1] 胡运权. 运筹学教程 [M]. 2 版. 北京：清华大学出版社，2003.

[2] 田丰，马仲蕃. 图与网络流理论 [M]. 北京：科学出版社，1987.

[3] 高福聚. 工程网络计划技术 [M]. 北京：北京航空航天大学出版社，2008.

[4] 哈佛商学院出版公司. 项目管理 [M]. 王春颖，译. 北京：商务印书馆，2009.

[5] 池仁勇. 项目管理 [M]. 2 版. 北京：清华大学出版社，2009.

[6] 骆珣. 项目管理 [M]. 北京：机械工业出版社，2008.

[7] 马振华. 现代应用数学手册：运筹学与最优化理论卷 [M]. 北京：清华大学出版社，1998.

[8] 卢开澄. 图论及其应用 [M]. 北京：科学出版社，1987.

[9] 王众托，等. 网络计划技术 [M]. 沈阳：辽宁人民出版社，1984.

[10] 单汨源，等. 多项目管理方法及其应用研究 [M]. 北京：中国人民大学出版社，2016.

[11] 卢向南. 项目计划与控制 [M]. 北京：机械工业出版社，2009.

[12] 王庆林. 基于系统工程的飞机构型管理 [M]. 上海：上海科学技术出版社，2017.

[13] 李俊亭. 关键链多项目管理理论与方法 [M]. 北京：中国社会科学出版社，2016.

[14] 何正文. 项目进度计划与控制 [M]. 西安：西安交通大学出版社，2012.

[15] 潘家轺. 现代生产管理学 [M]. 北京：清华大学出版社，2018.

[16] 李长江. 项目群管理理论与实践——北斗导航卫星系统项目群管理最佳实践 [M]. 北京：电子工业出版社，2014.

[17] 乐立骏. SAP 后勤模块实施攻略：SAP 在生产、采购、销售、物流中的应用 [M]. 北京：机械工业出版社，2013.

[18] 徐建萍. 基于资源约束的项目制造型装配生产计划管理方法与应用研究 [D]. 重庆：重庆大学，2010.

第13章 设备管理

 学习要点

- 设备管理的含义
- 设备管理的内容
- 设备管理的发展演变过程
- 设备磨损原理与故障的发生发展规律
- 全员生产维修制

机器设备是现代企业进行生产活动的物质技术基础,也是企业生产力发展水平与企业现代化程度的主要标志。没有机器设备就没有现代化的大生产,也就没有现代化的企业。企业生产能力的大小、生产效率的高低,企业生产的产品品种、质量、交货期,以及安全、环境保护、员工的情绪等,都在不同程度上依赖设备及其管理水平的高低,尤其是随着自动化水平和智能制造的应用,设备的重要程度在企业生产运作中进一步提升。同时,企业的生产、技术、物资、能源和财务管理等方面,都与设备管理有着密切关系。本章主要介绍设备管理的历史发展和设备管理的演变过程,重点阐述设备管理的含义、内容以及各种设备管理的方法。学习设备管理一章,对于全面掌握企业管理的各方面知识、正确理解各管理层面的相关关系具有重要意义。

 ## 13.1 设备管理概述

13.1.1 设备管理的含义及其重要性

1. 设备管理的含义

所谓设备管理,就是以提高设备综合效率、追求设备寿命周期费用经济性、实现企业生产经营目标为目的,运用现代科学技术、管理理论和管理方法,对设备寿命周期全过程,从技术、经济、经营等方面进行的综合研究和管理。现代设备管理是以设备的一生为对象,包括对设备的物质运动形态,即设备的规划、设计、制造、购置、安装、使用、维修、改造,直至报废更新,以及设备的价值运动状态,即设备的初始投资,维修费用支出,折旧,更新改造资金的筹措、积累、支出等的管理,以保持设备的良好状态并不断提高设备的技术素质,保证设备的有效使用和获得最大的经济效益。此外,还需要站在企业经营的层面,将设备的物质运动形态和价值运动形态很好地结合起来进行综合管理。设备管理三个侧面的关系如图 13-1 所示。

2. 设备管理的重要性

设备是企业进行生产活动的重要物质技术基础，在现代化大生产中的作用与影响日益突出。随着科学技术的不断进步，整个工业界对现代化设备的需求和依赖程度越来越高，工人正逐步从笨重的体力劳动中解脱出来，生产活动的主体逐渐由人向设备转移。早在 2004 年的欧洲国际设备维修学术研讨会就指出，21 世纪的企业是设备依赖型企业，即现代化企业的计划、生产、质量、技术、财务等方面的管理和企业效益的好坏，无不取决于设备这一物质技术基础，设备管理在企业管理中的地位日益突出。

图 13-1　设备管理三个侧面的关系

设备管理的重要性表现在以下几个方面：

1. 设备管理是保证企业顺利生产的前提

随着生产的发展和科学技术的进步，生产过程的机械化程度越来越高，而且日趋自动化、连续化、精密化和大型化。设备对生产活动所起的作用和影响越来越大，流水生产线或联动机组中如果有一台设备发生故障，就会造成一条生产线乃至整个生产系统的停产。因此，加强设备管理，使设备经常处于良好的技术状态，是保证企业生产正常进行的前提条件。

2. 设备管理是提高企业经济效益的重要条件

机器设备在现代工业企业固定资产总值中的比重占到了 60% 以上，随着生产的现代化发展，企业花在设备方面的费用（如能源动力费、维修保养费、保险费等）越来越多，搞好设备的经济管理、提高设备技术水平和利用率、减少在用设备台数，对提高企业经济效益意义巨大。

3. 设备管理是工业企业安全生产和环境保护的有力保证

工业生产中意外的设备故障和人身事故，不仅使国家、企业和个人蒙受重大损失，同时也扰乱了企业的生产秩序，因此在实际生产中怎样更加有效地预防设备事故，保证安全生产，避免人身伤亡，已成为现代设备管理的一项重要内容。环境污染在一定程度上是由生产设备陈旧、工艺落后、设备管理不善造成的，同时，管理好有关"三废"设备的处理工作也是搞好环境保护的先决条件。

4. 设备管理是保证产品质量的基础和前提

设备是影响产品质量的主要因素之一，产品质量直接受设备精度、性能、可靠性和耐久性的影响，高质量的产品依靠高质量的设备来获得。在某些情况下，发挥操作者的技能可以在精度差的机器上加工出质量高的零件，但是往往质量不稳定，并且效率不高，不是最合适的方法。所以搞好设备管理，保证设备处于良好的技术状态，也就为生产出优质产品提供了物质上的必要条件。

5. 设备管理对技术进步、工业现代化有明显的促进作用

一方面，科学技术进步的过程是劳动手段不断提高和完善的过程，科学技术的新成就往往迅速地应用在设备上，如 19 世纪电动机的应用和现代计算机技术在设备控制上的应用等，所以从某种意义上讲，设备是科学技术的结晶。另一方面，新型劳动手段的出现又进一步促进科学技术的发展，新工艺、新材料的应用，新产品的发展，都靠新设备来保证。可见提高设备管理的科学性，加强在用设备的技术改造和更新，力求每次修理和更新都使设备在技术上有不同程度的进步，对促进技术进步，实现工业现代化具有重要作用。

综上所述，设备管理不仅直接着影响企业当前的生产经营，而且决定了企业的长远发展和兴衰成败。

13.1.2 设备管理的内容

设备管理的内容总体上包括三个方面：设备的技术管理、设备的经济管理和设备的综合管理。设备的技术管理，表现为对设备实物形态的管理，目的是使设备的技术状况最佳化，确保设备的技术状况不下降或得到改善，确保设备在定修周期内无故障运行。设备的经济管理，表现为对设备的价值形态的管理，目的是使设备寿命周期全过程经济效益最大化。以上两个方面经常是矛盾的，找到它们的平衡点是设备管理追求的目标。而设备的综合管理是实现设备技术管理和经济管理的重要保证。

设备管理三个方面的内容都是紧紧围绕设备寿命周期全过程开展的，既相对独立又相互交织。从时间的角度，设备管理的内容又可分为设备前期管理、设备运行管理、设备改造与更新管理等。

1. 设备前期管理

设备前期管理是从规划到设备运行初期这一阶段的管理工作。它包括设备的规划决策，外购设备的选型和采购、自制设备的设计和制造，设备的安装、调试和验收，以及设备使用初期的管理。设备前期管理内容丰富，几乎占整个设备管理全过程的一半。其重要性也越来越突出，成为企业发展和竞争的关键环节。所以越是大型、规范的企业，对设备前期管理越重视。

（1）设备的规划。设备的规划是设备前期管理遇到的首要问题，其重要性也是显而易见的。规划的失误往往会造成资金的巨大浪费，甚至会导致企业破产。设备前期管理的其他内容如设备的选型、安装、试车、验收及初期管理不善虽可能对企业造成不良影响，但还不一定是致命的，一般是可以补救的。而规划的错误对企业的影响往往是战略性的。

设备规划要服从企业总体规划的目标。在企业总体规划的基础之上，设备规划才可以进行。为了保证企业总体目标的实现，设备规划要把设备对企业竞争能力的作用放到首要地位。同时还应兼顾企业节约能源、环境保护、安全生产、资金能力等各方面的因素，进行综合平衡。

设备规划的主要内容包括：①设备规划的依据；②设备规划表，其内容有设备名称、主要规格、数量、随机附件、投资计划额度、完成日期、使用部门、预期经济效益等；③设备投资来源及分年度投资计划；④可行性分析及批准文件；⑤引进国外设备申请书及批准文件；⑥实施规划的说明及注意事项等。

（2）设备的选型。设备的选型是在规划之后又一个重要的环节，一般应由企业的设备管理部门负责。对于重要、大型、流程型设备，设备管理部门应组织机、电、仪等各方面专家成立专家小组进行选型订货工作。选型是以规划的要求为目标，对不同厂家、不同品牌、不同规格性能的同类设备进行比较筛选，一般通过强制评分法进行定量分析计算，最后多方案选优。

设备选型时应考虑的因素主要有：①技术先进性；②生产能力；③工艺性；④配套性；⑤可靠性；⑥可维修性；⑦经济性；⑧安全、环保性；⑨工作柔性；⑩企业、品牌信誉等。从国外引进设备时，更要特别注意进口设备的配套性、可维修性、运输和安装条件。

(3) 设备安装、调试与验收。按照设备工艺平面布置图及有关安装技术要求，将已经到货并开箱检查的外购设备或大修、改造、自制的设备安装在规定的基础上，进行找平、稳固，达到安装规范的要求。设备安装完成后，必须通过调试、运转、验收使之满足生产工艺的要求。安装调试对确保一次试车成功和今后设备的长期稳定运行起着至关重要的作用。

设备的验收在调试合格后进行。设备基础的施工验收由土建部门质量检查员进行，并填写"设备基础施工验收单"。设备安装工程的验收由设备管理部门、工艺技术部门协同组织安装检查，使用部门有关人员参加，共同鉴定。设备管理部门和使用部门双方签字确认后方为完成。达到一定规模的设备工程（如200万元以上）由监理部门组织。

(4) 设备前期管理中的经济评价。企业在选购设备时要进行经济性评价，其目的是通过对几个设备选择方案的投资费用、使用费用、设备投入运营预期收益进行对比分析，选择出技术性能好、经济性佳的方案。经济性评价的方法很多，如投资回收期法、年费法、现值法等。详细内容参见工程经济课程相关内容。

2. 设备运行管理

设备一旦验收合格交付生产使用，即进入了设备的运行期。设备运行管理是指设备在正常使用过程中所进行的设备管理。运行管理的主要内容就是企业运用管理手段管理操作者如何去用好和维护好设备。设备运行管理主要包括：建立合理的设备运行制度；建立严格的设备操作规程；建立设备定期检查制度；建立科学的日常养护制度等。

(1) 实行岗前技术培训和上岗凭证操作制度。操作工人使用设备前必须接受技术培训，学习设备的结构、操作、维护和安全等基本知识，了解设备的性能和特点，同时进行操作技术学习和训练。理论学习和实际操作技术考核合格后，发给操作证，凭证上机操作。

(2) 实行"定机、定人、定职责"。设备实行"定机、定人、定职责"，即做到设备使用、维护和保管的职责落实到人，这是一条行之有效的设备管理措施。具体做法是：单人使用的设备由操作者个人负责；多人使用的设备由班组长或机长负责；公用设备指定专人负责。为了适应"一专多能"和满足生产的实际需要，允许操作工人同时申请操作几种不同类别和型号的设备，但需经理论学习和技术考核合格。

(3) 建立健全设备使用管理规章制度。设备使用管理规章制度主要包括设备使用守则、设备操作规程、设备维修规程、操作人员岗位责任制等，建立健全并严格执行这些规章制度，是合理使用设备的重要措施。

设备使用守则是指对操作工人正确使用设备的各项基本要求和规定。它包括交接班制度，使用设备的"四项要求"（整齐、清洁、润滑、安全），使用设备的"五项纪律"以及"三好"（管好、用好、修好设备）、"四会"（会使用、会维护、会检查、会排除故障）等工作内容。

设备操作规程是指导操作工人正确使用和操作设备的基本文件，它包括设备的主要规格、加工范围、传动系统图、润滑图表、操作要领（通常指开动设备前的准备、开启、停止的操作顺序及安全注意事项）、常见故障及处理、紧急情况及处理等内容。

设备维修规程是指设备在使用过程中的维护保养和修理的制度及相应流程，这也是本章要介绍的主要内容，详见下面各节。

操作人员岗位责任制就是规定设备操作岗位的具体内容和职责，制定明确的考核标准。

(4) 配备设备管理人员，以检查、监督设备合理使用。设立"设备检查员"，其职责是：负责拟订设备使用守则、设备操作规程等规章制度；检查、督促操作工人严格按使用守则、操作规程使用设备；在企业有关部门的配合下，负责组织操作工人岗前技术培训；负责设备使用期内信息的储存、传递和反馈。设备检查员有权对违反操作规程的行为采取相应措施，直至改正。由于设备检查员责任重大，工作范围广，技术性强，知识面宽，一般选择组织能力较强、具有丰富经验、具有一定文化水平和专业知识的工程师、技师担任。

3. 设备改造与更新管理

设备的技术更新和改造直接影响企业的技术进步、产品开发和市场开拓。因此，从企业产品更新换代、发展品种、提高质量、降低能耗、提高劳动生产率和经济效益的实际出发，进行充分的技术分析，有针对性地用新技术更新和改造现有设备，是提高企业素质和市场竞争力的一种有效方法。

(1) 设备改造。所谓设备改造，是指应用现有的技术成果和先进经验，以满足生产需要为前提，改变现有设备的结构，给旧设备装上新部件、新装置、新附件，以改善现有设备的技术性能，提高设备的技术含量，使之达到或局部达到现代化设备的水平的过程。设备改造是克服现有设备的陈旧、局部更新设备的方法。

设备改造应遵循以下原则：

1) 针对性原则。从实际出发，按照生产工艺的要求，针对生产中的薄弱环节采取有效的新技术，结合设备在生产过程中所处地位及其技术状态决定设备技术改造的内容。

2) 技术先进适用性原则。由于生产工艺和生产批量的不同，设备的技术状态不一样，采用的技术标准应有区别。要遵照先进适用的原则，不要盲目追求高指标，防止功能过剩。

3) 经济性原则。在制订技改方案时，要认真进行技术经济分析，力求以较少的投入获得较大的产出，回收期要适宜。

4) 可能性原则。在实施技术改造时，应尽量由本单位技术人员和技术工人完成；若技术难度较大，本单位不能单独实施时，也可请有关生产厂方、科研院所协助完成，但本单位技术人员应参与，并掌握相关技术，以便以后的管理与检修。

(2) 设备更新。设备更新是指采用新的设备替代技术性能落后、经济效益差的原有设备。设备更新是设备综合管理系统中的重要环节，是企业走内涵型扩大再生产的主要手段之一。

由于设备更新关系到企业经济效益的高低，决定着设备综合效能和综合管理水平的高低，因此设备更新时既要考虑设备的经济寿命，也要考虑技术寿命和物质寿命。所谓设备的物质寿命（也称作物理寿命），是指机器设备从投入使用开始一直到报废为止所经历的时间。设备的经济寿命是指设备从投入使用到因有形磨损和无形磨损使再继续使用已不经济而从原作业中退出为止所经历的时间。在一般情况下，可修复设备的物质寿命长于其经济寿命。而设备的技术寿命，是指这一类设备从投放市场开始，到被更先进的设备所取代而退出市场为止所经历的时间。只有清楚三个概念的关系，才能做好设备更新的规划和分析。

设备更新一般有两种方式：一是原样更换，是指把使用多年、大修多次、再修复已不经济的设备更换一台同型号的设备，这种方式只能满足工艺要求，在没有新型号设备可以替换的情况下采用；二是技术更新，是指用质量更好、效率更高、能耗更少、环保更好的新型设备，替换技术性能落后又无法修复改造或者修理、改造不经济的老设备。技术更新是设备更新的主要方式。

13.1.3 设备管理的发展演变过程

自人类使用机械设备以来，就伴随有设备的管理工作，只是由于当时的设备非常简单，设备的管理工作往往凭操作者个人的经验行事，那个时候设备管理的内容基本上就是维修设备。随着工业生产的发展和科学技术的进步，设备的现代化水平不断提高，在现代化生产中的作用与影响日益扩大，设备管理工作得到不断的重视和发展，逐步形成一门独立的设备管理学科。

人类使用的工具从简单到复杂，其维护和检修模式随工具的进步而发展，设备管理从事后维修逐步过渡到全员生产维修，并且又有了新发展。

1. 事后维修阶段

这个阶段由两个"时代"组成，即兼修时代和专修时代。18世纪，资本主义工业生产刚刚开始时，由于设备简陋，一般都是在设备使用到出现故障时才进行修理，并且是由有经验的操作工人自行修复。工业革命以后，随着工业生产的发展，设备的数量增加，复杂程度提高，设备修理的技术要求越来越高，特别是到了19世纪后半叶，以电力及其应用为主要标志的第二次技术革命后，工厂生产类型逐步增多，设备结构日趋复杂，修理难度越来越大，原有的操作工人兼做修理工人已不能满足要求，因此，逐渐从操作人员中分离出一部分人去专门从事设备的维修工作，开始有了专业分工，进入了专修时代。这个阶段的特点是等机器坏了才修理，不坏不修，被称作事后维修。事后维修的优点是管理简单，能充分利用零部件的物理寿命，维修费用低。缺点是设备故障对正常生产影响较大，由于事先没有准备，维修时间一般较长，停工损失比较大。

2. 预防维修阶段

从20世纪初到20世纪50年代初，随着机器的复杂性不断提高以及社会化大生产的出现，机器设备的故障对生产的影响越来越大，特别是经济上的损失已不容忽视，为了克服事后维修的缺点，于是在1925年前后，美国首先提出了预防维修的概念，设备管理开始进入防止故障、减少损失的预防维修阶段。

美国人提出的预防维修，其基本含义是对影响设备正常运行的故障采取"预防为主""防患于未然"的措施，即在设备使用时加强维护保养，预防发生故障，尽可能在设备发生故障前做预防性修理，以降低停工损失费用和维修费用。主要做法是以日常检查和定期检查为基础，从日常及定期检查中，了解设备实际状况以设备状况为依据组织修理工作，以避免事故的突然发生。

在美国提出预防维修的概念后，大约在20世纪30年代和40年代初，苏联也开始推行设备预防维修制度，称之为"计划预防维修制"。这是以修理复杂系数和修理周期结构为基础的一种维修制度，按待修设备的复杂程度制定出各种修理定额作为编制预防性检修计划的依据，除了对设备进行定期检查和计划修理外，也强调设备的日常维护。

以苏联为代表的计划预防维修制和以美国为代表的预防维修制本质上是相同的，具有相同的理论基础——摩擦学理论，但在形式和做法上有所不同，效果上自然也有所差异。我国的计划保修制是在苏联计划预防维修制基础上加以改进的，也是预防维修制度的一种，它们的区别将在后面详细说明。

预防维修的优点是大幅度降低了设备故障的发生，缩短了设备停修时间，提高了设备效能，把因设备故障造成的停产损失降到了最低。预防维修的缺点是日常检查和定期检查过于频繁，更换的零件过多，往往会造成过剩维修，使设备维修费用居高不下，综合经济效益并不理想。

3. 生产维修阶段

预防维修虽然优点突出，但缺点也很明显。特别是从经济效益的角度来看，其效果并不明显。随着科学技术的发展以及系统理论的普遍应用，1954年，美国通用电气公司提出了"生产维修"的概念，强调要系统地管理设备，其指导思想是只对重点设备实行预防维修，对一般设备实行事后维修。这样可以减少备件储备资金，节省维修费用，提高企业的综合经济效益。

后来生产维修有了新发展，增加了改善性维修，也就是对经常发生故障的设备和部位，在维修时要积极进行设备改造。因为需要经常修理的部位，必定是有问题的地方，如果维修的同时对设备的局部结构进行改进，就会减少故障的发生，减轻修理工作量。

到了20世纪60年代，美国企业界又提出了设备管理"后勤学"的观点。它是从"后勤支援"的要求出发，强调对设备进行系统管理，设备在设计阶段就要考虑其可靠性、维修性及其必要的后勤支援方案。设备出厂后，要在图样资料、技术参数和检测手段、备件供应以及人员培训方面为用户提供良好的、周到的服务，使用户实现设备寿命周期费用最经济的目标。至此，设备管理从传统的维修管理转为重视先天设计和制造的系统管理，后来称作维修预防，设备管理进入了一个新的阶段。

生产维修的实质是事后维修、预防维修、改善维修和维修预防的有机结合。

4. 设备综合管理阶段

体现设备综合管理思想的两个典型代表分别是"设备综合工程学"和"全员生产维修制"。

（1）"设备综合工程学"。它是由英国的丹尼斯·帕克斯（Dennis Parkes）于1971年提出的，它发展并完善了维修预防的思想，以设备寿命周期费用最经济为设备管理目标。在此目标下，设备管理主要围绕以下四个方面进行：

1）对设备进行综合管理。即运用管理工程、运筹学、质量控制、价值工程等管理方法对设备进行技术、组织、财务等多方面的综合管理。

2）研究设备的可靠性与维修性。无论是新设备设计还是老设备改造，都必须重视设备的可靠性和维修性问题，以减少故障和维修作业时间，达到提高设备有效利用率的目的。

3）运用系统工程的观点，以设备的一生而不是其中一个环节作为研究和管理对象，包括设备从提出方案、设计、制造、安装、调试、使用、维修、改造直至报废更新的全过程。

4）重视设计、使用、维修中技术经济信息反馈的管理。一方面，由设备使用部门记录和积累设备在使用过程中发现的各种缺陷，反馈给维修部门，进行状态修理。另一方面，设备使用企业把记录和积累的设备使用过程中发现的缺陷反馈到设备制造厂的设计部门，以便在研制下一代设备时加以改进。应该说，这种设备管理信息化的思想是非常科学和先进的，但在当时由于条件的限制，企业很难做到。今天，随着计算机和互联网的普及，完成这项工作已经变得简单容易。

（2）"全员生产维修制"。它是日本在设备综合工程学的基础上，结合该国的国情提出的一套全员参加的生产维修方法。它具有以下特点：

1）把设备的综合效率作为最高目标。

2）强调全体成员参与，即从企业最高领导到第一线工人都参加到设备管理中来。

3）建立以设备一生为对象的全系统管理体制，包括设备规划、使用、维修、财务等所有部门。重视设备的日常点检、定期点检，突出重点设备的管理，把重点设备的计划预防维修同一般设备的事后修理结合起来。

4）加强设备保养的思想教育工作，广泛进行技术培训，开展多面手活动。

设备综合管理完全不同于前述各种维修制度，不像其他制度只研究维修阶段的管理工作，而是研究从设计、制造、使用、维修、改造到更新的设备一生的管理工作；不是只追求维修阶段的费用节约，而是要求设备一生所消耗的总费用最低；不是单纯的设备管理，而是把技术、管理、财务等各方面综合起来对设备进行研究。因此，设备综合管理的产生是设备管理方面的又一次革命。

5. 设备管理新发展

(1) 企业设备维护业务外包。业务外包是现代企业普遍采用的一种运作战略。一般认为，业务外包是以合约方式将原本应由企业运作的业务交由外部服务商，由其来完成，以维持企业的高效运营。设备维护业务外包是业务外包中的一种独特形式，它对于降低企业的设备维护成本、提高设备维护质量、降低企业风险和快速响应市场变化的要求有着重要的意义。

自20世纪90年代以来，由于市场竞争的加剧，企业面临的经营环境发生了深刻的变化，传统设备维护模式的缺陷逐渐显现。随着社会分工的深化，专业化设备维护由于具有技术水平高、专业性强、维护周期短及收费合理等特点，在先进工业国家已得到广泛应用，许多企业已经通过将设备维护业务外包来寻求竞争优势。

(2) 绿色维修。绿色维修是在综合考虑资源利用效率和对环境影响的条件下，使设备保持或恢复到规定状态的全部活动。其目标是：在实现保持和恢复装备的规定状态这一物理目标的同时，还应实现在设备维修直至报废处理的全部活动中，对环境的污染最小、对资源的利用率最高的可持续发展目标。

绿色维修应从两方面入手：一是在产品设计初期就提出产品的绿色维修性要求，进行绿色维修性设计的有关研究；二是进行绿色维修生产的无污染或少污染工艺方法和污染防治研究。

绿色维修兼顾经济效益和环境效益，最大限度地减少原材料和能源的消耗，降低成本，提高效益；对生产全过程进行科学的改革和严格的管理，使维修过程中排放的污染最少，鼓励使用对环境无害的产品，使对环境的危害大大减轻。因此，绿色维修可以实现资源的可持续利用，是可持续发展和清洁生产在维修管理中的具体体现，是现代维修的可持续发展模式。

此外，设备管理过程中的信息化趋势，以及设备管理的社会化、专业化、网络化趋势也已取得较快的发展。

13.2 设备磨损与设备故障

13.2.1 设备磨损形式及其补偿

设备在使用或闲置过程中会发生两种形式的磨损：一种是有形磨损，也称物质磨损或物质损耗；第二种是无形磨损，也称精神磨损或经济磨损。这两种磨损都会给企业造成经济损失，有时这种损失还非常大。为了减少设备磨损，特别是设备磨损后能够及时进行补偿，必须弄清设备产生磨损的原因和磨损的规律，以便采取相应的技术、组织与经济措施。

1. 设备的有形磨损及其规律

设备无论在使用或闲置过程中都会产生有形磨损。它有两种表现形式：

(1) 第一种有形磨损。设备在使用过程中，做相互运动的零部件的表面在力的作用下，因摩擦而产生各种复杂的变化，使表面磨损、剥落和产生形态改变；另外，由于物理、化学的原因引起零部件疲劳、腐蚀和老化等；这种磨损为第一种有形磨损。

在一般情况下，设备在使用过程中零部件的有形磨损都有一定的规律，大致可分为三个阶段，如图13-2所示。

图中第Ⅰ阶段称为初期磨损阶段。这一阶段，零件之间表面的粗糙不平部分被迅速磨去，磨损速度较快，但时间较短。例如，新买回来的自行车不一定轻便好骑，而骑了一段时间后就会感到很轻便了，这是因为自行车上有相对运动的零件经过初期磨损后得到一种良好的配合状态，此后进入正常磨损阶段。

第Ⅱ阶段是正常磨损阶段。这一阶段的设备处于最佳运动状态，磨损速度缓慢，磨损量小，曲线呈现平稳状态。在这个阶段，只要精心维护，合理使用设备，就能最大限度地延长设备的使用寿命，达到最佳的经济效果。

第Ⅲ阶段称为急剧磨损阶段。在这一阶段中，零件正常磨损关系被破坏，磨损急剧增加，设备的精度、性能和生产效率急速降低。在一般情况下，不允许零件使用到急剧磨损阶段，而应当在正常磨损阶段后期就要修复或更换。否则将加大修理工作量，增加修理费用，延长设备停工修理时间。

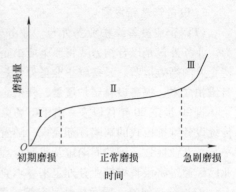

图 13-2　设备有形磨损的一般规律

设备磨损是客观存在的，只有针对磨损规律分别采取有效措施，才能保证设备经常处于良好的技术状态。了解设备磨损规律，就可以研究如何使初期磨损阶段尽量缩短，正常磨损阶段尽量延长，避免进入急剧磨损阶段。

（2）第二种有形磨损。设备在闲置过程中，其零部件由于自然环境的作用而锈蚀、老化，或由于保管不善、缺乏必要的维护保养措施而使设备的精度和工作能力自然丧失，甚至因锈蚀严重而报废，这种磨损称为第二种有形磨损。

在实际生产中，以上两种磨损形式往往不是以单一形式表现出来，而是共同作用于机器设备上。设备有形磨损的技术后果是导致设备性能和精度下降，到一定程度可使设备丧失其使用价值。设备有形磨损的经济后果是生产效率逐步下降，消耗不断增加，废品率上升，与设备有关的费用逐步提高，从而使所生产的单位产品成本上升。当有形磨损比较严重，或达到一定程度仍未采取措施时，设备就不能继续正常工作，并由此会发生事故，使设备提前失去工作能力。这样，不仅要付出较大的修理费用才能恢复其性能、精度，造成经济上的严重损失，还可能直接危及人身安全，影响工人劳动情绪，由此所造成的经济损失就难以估量了。因此，对运行和闲置中的设备，应加强维护、保养管理，做到正确使用、精心维护、合理润滑，减缓有形磨损的发生速度。

当有形磨损达到一定程度时，需要通过设备维修和更新进行补偿。

2. 设备的无形磨损及其规律

设备投入生产以后，在产生有形磨损的同时，还存在无形磨损。所谓无形磨损，是指设备在有效使用期内（即其自然寿命期内），生产同样结构的设备，由于劳动生产率提高，其重置价值不断降低，而引起原有设备贬值；或者由于科学技术进步而出现性能更先进、生产效率更高的设备，而导致原有设备价值贬值。无形磨损由两种原因引起，因而有两种不同的形式，前者为第一种无形磨损，后者为第二种无形磨损。

在第一种无形磨损情况下，设备技术结构和经济性能并未改变，但由于技术进步的影响，生产工艺不断改进，成本不断降低，劳动生产率不断提高，使生产这种设备的社会必要劳动耗费相应降低，从而使原有设备发生相对贬值。这种无形磨损虽然使生产领域中的现有设备部分贬值，但是设备本身的技术性能和功能不受影响，设备尚可继续使用，因此一般不用更新。但如果设备贬值速度比修理费用降低的速度快，修理费用高于设备贬值后的价格，就要考虑更新。

在第二种无形磨损情况下，由于出现了具有更高生产率和经济性更好的设备，不仅原设备的价值会相应降低，而且，如果继续使用旧设备，还会相对降低生产效率和经济效益。这种经济效果的降低，实际上反映了原设备使用价值的局部或全部丧失，这就产生了用新设备代替现有旧设备的必要性。

一般说来，无形磨损的速度与科学技术的发展速度成正比。因此，应充分重视对设备磨损规律的研究。在当代，科学技术的迅速发展使设备的技术寿命日趋缩短，现时评价是先进的设备，过不了多久这种设备在技术上就可能落后了，技术寿命的长短取决于无形磨损的速度。

无形磨损会给企业造成更大的经济损失，更要重视无形磨损的补偿。

3. 设备磨损的补偿

两类磨损的相同点是都会引起设备原始价值的贬值。不同之处是有形磨损的设备，特别是有形磨损严重的设备，在进行修理之前往往不能正常运转使用。而任何无形磨损都不影响设备的继续使用，因为它本身的技术性能和功能并不因无形磨损而受到影响，设备的使用价值没有多大降低。但是，两类磨损都会给企业带来不同程度的经济损失，所以发生了磨损要及时给予补偿。

补偿磨损的形式有两种，分别是局部补偿和完全补偿。要根据设备不同的磨损形式和磨损程度采取不同的补偿形式。设备产生有形磨损后，有一部分可以通过维修、更换零部件来消除，称为有形磨损的局部补偿；另一部分是不能通过维修消除的，这类磨损需要用同样用途的新设备来替换更新。用设备更新的技术措施进行有形磨损补偿，称为有形磨损的完全补偿或整体补偿。

对于设备的无形磨损，其局部补偿的方法是对设备进行现代化改装或技术改造，完全补偿的方法是设备更新。

值得重视的是两类磨损既然同时存在，两类磨损的补偿也应综合考虑。有形磨损的补偿，是为了恢复设备在使用过程中应有的技术性能和生产效率，延长使用寿命，保证生产正常进行的一项基础技术管理工作。但是，由于设备在使用过程中始终面临着新技术的挑战，要使设备技术性能适应科学技术的发展，就要在有形磨损补偿的同时，进行无形磨损的补偿，即结合修理进行局部改进、改装，乃至设备的技术改造，提高原有设备的生产效率和使用经济效果，使之现代化。设备磨损形式及其补偿方式之间的关系如图 13-3 所示。

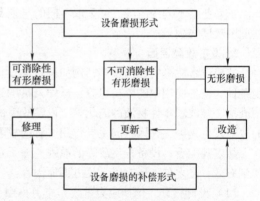

图 13-3 设备磨损形式及其补偿方式示意图

13.2.2 设备故障管理

1. 设备故障及故障分类

设备在投入使用和运行过程中，由于某些原因，使系统、设备或构成系统、设备的零部件丧失了其规定的功能，这种状况称为故障。国际通用的定义是：产品丧失其规定功能的现象叫作故障。这个定义里包括了三种情况：①完全不能工作的产品；②性能劣化、超过规定的失效判据的产品；③失去安全工作能力的产品。发生上述三种情况中的任何一种，都是发生了故障。

通常，设备故障可分为以下几类：

（1）按故障发生是否与时间有关分类

1）突发性故障。这是事先没有明显征兆而突然发生的故障，是一种无发展期的随机故障。发生故障的概率与时间无关，故障无法预测。

2）渐进性故障。该类故障是由于设备的有形磨损或其他方面的原因，使设备规定的功能逐渐变差，以至完全丧失。故障出现前，一般有较明显的征兆。这种故障的概率与时间有关，可以早期预测、预防和控制。

（2）按故障持续时间的长短分类

1）间断性故障。这是设备在短期内零部件由于某种原因而引起故障，经过调整或修理，即可使设备恢复到原有的功能状态。

2）永久性故障。设备某些功能的丧失，必须通过项目修理（简称项修）或大修理、更换零部件才能恢复，这时的故障为永久性故障。

（3）按故障发生的宏观原因分类

1）设备固有故障。这是由于设备设计或设备制造上的原因，使设备本身不能承受其能力允许的最大负载而丧失使用功能所造成的故障。

2）磨损故障。这是设备在长期使用过程中，由于运动件相互摩擦使机件产生磨损而引起的故障。

3）操作不当与维护不良引起的故障。

（4）按故障造成功能表现的程度分类

1）功能故障。故障表现明显，主要表现在不能完成规定的功能，这类故障称为功能故障。

2）潜在故障。这是由于材质的缺陷、零部件制造精度不良等原因，致使在一定条件下引发的故障，但在具体的功能上表现不明显。

了解各类不同的故障，可采取不同的早期预测和防范、控制措施，力求使故障的发生和其危害程度降到最低。

2. 设备故障原因

造成设备故障的原因很多，例如设备的设计质量、制造质量、安装调试水平，使用的环境条件，设备使用中的维护保养，操作人员的素质，设备管理人员的素质和水平，设备零件的磨损、腐蚀和零件材质的老化等。设备故障的发生受设备自身和外界多方面因素影响，有的故障发生是某一种因素起主导作用，有的故障是几种因素综合作用的结果。

从宏观上看，设备发生故障的原因，除了在正常使用过程中由于零部件的有形磨损没有得到有效补偿之外，还有以下几方面原因：

（1）设计错误。例如应力过大，应力集中，材料、配合、润滑方式选用不当，对使用条件、环境影响考虑不周。

（2）原材料缺陷。例如材料不符合技术条件要求，存在铸锻件缺陷、热处理缺陷等。

（3）制造缺陷。例如机械加工、压力加工和装配缺陷、焊接缺陷、热处理变形等。

（4）运转中的问题。例如过载、过热、腐蚀、润滑不良、操作失误、维护不当、修理不当等。

从微观上看，发生机械故障的原因在于设备中零件的强度因素与应力因素和环境因素不相适应。

3. 设备故障的发生发展规律

一台设备，从投入运行到大修或报废，故障的发生是有一定规律可循的。研究表明，设备在整个使用寿命周期内的故障率变化情况如图 13-4 所示。由于其图形很像一个浴盆，故通常称之为浴盆曲线。曲线表现了故障率变化的三个阶段。

第Ⅰ阶段称为早期故障期。这一时期的故障主要是由设计和制造中的缺陷造成的，有时是由操作不习惯、新装配的零件没有磨合、搬运和安装的大意以及操作者不适应等原因造成的,开始时故障率较高,随后逐渐降低,再过一段时间故障率就比较稳定了。在这一时期减少故障的措施有：细致地研究操作方法,并将设计制造中的缺陷及时反馈给相关部门；谨慎搬运安装设备,严格进行试运行并及时消除缺陷；加强岗位培训,提高操作者的工作熟练程度。

第Ⅱ阶段称为偶发故障期。这个阶段设备已进入正常运转阶段,故障较少发生,主要由操作失误、保养不善、设备使用条件不完备所致。此阶段持续时间较长,是设备的实际使用期,决定着设备寿命的长短。这一时期设备管理的主要任务是搞好日常维修、保养,提高生产工人的操作水平和责任心,从而延长设备的有效寿命。

第Ⅲ阶段称为耗损故障期。这一阶段由于构成设备的某些零件已经老化,或进入急剧磨损阶段,因而故障率上升。这时因设备已经不能正常工作,必须停机检修,更换已损坏的零件,以降低故障率,延长设备的有效寿命。

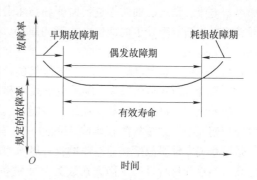

图 13-4 典型故障率曲线图

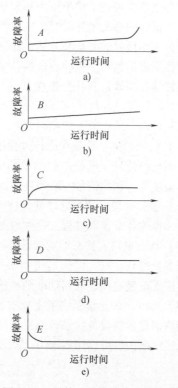

图 13-5 另外五种故障率曲线图

设备故障率曲线变化的三个阶段,真实地反映出设备从磨合、调试、正常工作到大修或报废故障率变化的规律。加强设备的日常管理与维护保养,可以延长偶发故障期。准确地找出拐点,可避免过剩修理或修理范围的扩大,以获得最佳投资效益。

并不是所有的设备都具备以上三个故障期。不少设备只有其中的一个或两个故障期,特别是随着科学技术的不断发展,数控设备、加工中心等现代化装备不断出现,其故障规律与传统的浴盆曲线有所不同。美国国家航空航天局（NASA）通过 30 年的研究发现,除典型的浴盆曲线外,还有五种故障率曲线,如图 13-5 所示。其中图 13-5e 所示的左半浴盆曲线是目前主流的故障率曲线,一般认为目前 68% 的现代化设备的故障规律符合左半浴盆曲线的规律。

13.2.3 设备状态监测与故障诊断技术

所谓状态监测与故障诊断,是指对运行中的设备实施定期或连续监测有关参数,有效地对设备运行状态进行系统自动监测分析或人工分析,读取相应的自诊断状态报告,以便尽早发现潜伏性故障,提出预防性措施,避免发生严重事故,保证设备的安全、稳定和经济运行,并以此指导设备检修。设备状态监测与故障诊断技术也称为预测维修技术,是一门新兴的包含很多新科技的多学科性综合技术。简单地说,它就是通过一些技术手段,对设备的振动、噪声、电流、温度、油质等进行监测和技术分析，掌握设备的运行状态，判断设备未来的发展趋势，诊断故障发生的部位、故障的原因，进而具体指导维修工作。传统的耳听、手摸等也可以算是其中一种比较简单的手段。设备状态监测与故障诊断技术既是设备综合工程学的重要组成部分，也是状态维修、预知维修的核心内容。

自20世纪60年代以来，随着电子技术和计算机技术的快速发展，工业生产逐步现代化，设备朝着大型、高速、自动、连续、智能化的方向发展。这突出表现为三个特点：一是设备更加精密复杂，许多故障很难靠人的感官来发现，甚至有些精密设备不允许随便解体检查；二是设备突发性事故给企业造成的损失越来越大；三是设备的维修成本越来越高。追求设备的高可靠性和最合理的维修方式成为企业设备工程管理的焦点。20世纪70年代以后，设备状态监测与故障诊断技术在发达国家得到了快速推广和发展，尤其是美国、英国、日本、德国等国家。我国从20世纪80年代初期开始引进并应用设备诊断技术，30多年来，此项技术在我国各个行业得到了快速应用和发展，其中振动监测和诊断技术是目前较为普遍采用的方法之一。机器内部发生异常时，一般都会伴随着出现异常振动、噪声和设备性能的变化。通过对机械振动信号的测量和分析，往往可以不停机或不解体设备就可以对设备劣化的部位和故障的性质做出判断。振动测试的技术和仪器都比较成熟，在企业中得到了广泛的应用，产生了很好的经济效益和社会效益。

设备状态监测与故障诊断的内容包括状态监测、分析诊断和故障预测三个方面。其具体实施过程可以归纳为以下四项内容：

（1）信号采集。设备在运行过程中必然会有力、热、振动等各种能量的变化，由此会产生各种不同的信息。根据不同的诊断需要，选择能表征设备工作状态的不同信号，如振动、压力、温度等。这些信号一般使用不同的传感器来拾取。

（2）信号处理。信号处理就是将采集到的信号进行分类处理、加工，获得表征机器特征的过程，也称特征提取过程。例如对振动信号从时域到频域进行频谱分析即是这个过程。

（3）状态识别。状态识别就是将经过信号处理后获得的设备特征参数与规定的允许参数或判别参数进行比对，以确定设备所处的状态，判断是否存在故障及故障的类型和性质等。为此，应正确制定相应的判别准则和诊断策略。

（4）诊断决策。诊断决策是指根据对设备状态的判断，决定采取的对策和措施，同时应根据当前信息预测设备状态可能发展的趋势，进行趋势分析。

上述诊断内容可以用图13-6表示。

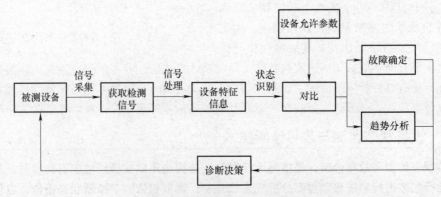

图13-6 设备诊断过程框图

设备故障诊断分为简易诊断和精密诊断两个层面。

（1）简易诊断，即设备的"健康检查"。具体实施时，往往只监测设备的某个特征量，根据量值的范围判断设备是否正常。如果对设备进行定期或连续监测,便可得到一些有规律的数据,并对此进行预测或预报。简易诊断的作用是监护和保护,目的是对设备的状态做出迅速而有效的概括和评价。

(2) 精密诊断。它是在简易诊断基础上更深层次的诊断,通常需要更多的信息。目的是判断故障的性质(渐进性、突发性……)、原因(不平衡、不对中……)、部位(电动机、风机……)、程度(一般故障、严重故障……)等,为设备维修决策提供依据。

设备简易诊断和精密诊断的区别和关系可以用图13-7表示。

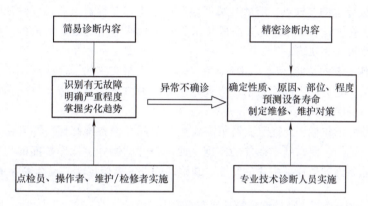

图 13-7 设备简易诊断和精密诊断的区别和关系

目前,成熟的设备状态监测与故障诊断技术主要有:无损检测技术(如渗透探伤法、超声波探伤法、射线探伤法等)、油液检测技术、温度检测技术、噪声检测技术、振动检测技术以及故障诊断专家系统等。

13.2.4 设备零故障管理

设备零故障是零概念的一种,就是在设备故障发生之前,运用适当的维修策略消除故障隐患和设备缺陷,使设备始终处于完好工作状态。**设备零故障管理的基本观点有三个:①设备出现故障是人为造成的;②人的思维及行动改变后,设备就能实现零故障;③要从"设备产生故障"的观念转变为"设备不会产生故障"的观念。**

所以,要实现设备零故障管理,转变观念非常重要。

1. 发现故障的"潜在缺陷"

人们往往意识不到,许多故障在产生之前已经存在某种缺陷,称之为"潜在缺陷"。根据零故障的原则,就是将这些"潜在缺陷"明显化,在未产生故障之前就重视它。这样,在这些缺陷形成故障之前给予纠正,就能避免故障的发生。

所谓"潜在缺陷",一般是指灰尘、污垢、磨损、疏松、泄漏、腐蚀、变形、伤痕、裂纹、温度、振动、声音等的异常。其中有许多缺陷,人们一般认为不予处理也无妨碍,或者认为这些缺陷较为轻微,无所谓。其实,这些"潜在缺陷"正是设备故障发生的根源。

除了以上列举的物理上的"潜在缺陷",还有人们心理上的"潜在缺陷"。心理上的"潜在缺陷"是指由于设备维修人员或操作人员的知识或技能上的不足,故而很难发现存在的缺陷,这也是需要发现和暴露的重要内容。

2. 实现零故障的五大对策

(1) 坚守基本条件。所谓基本条件,是指对设备进行清扫、加油、紧固等。故障是由(设备)劣化引起的,但设备大多数劣化都是在没有做好以上三要素时产生的。

（2）**严守使用条件**。设备在设计时就预先确定了使用条件。如果严格遵守这些使用条件，设备就会很少产生故障。例如，电压、转速、安装条件及温度等，都是根据设备的特点而预先确定的，必须严格遵守。

（3）**随时使设备恢复正常**。一台设备，即使恪守基本条件和使用条件，由于设备的有形磨损等原因，设备还会发生劣化，产生故障。因此，使隐藏的劣化明显化，并使之恢复至正常状态，这就是防故障于未然的必要条件。这意味着应正确地进行检查，进行使设备恢复至正常的预防修理。

（4）**改进设计上的欠缺点**。有些故障即使采取了上述三种对策后仍无法消除，这一类设备故障大多是由在设计、制作或施工阶段技术力量不足或差错等缺陷造成的。应认真分析故障原因，努力改善这些缺陷。

（5）**提高作业者的技能**。以上四项对策，均是由人来实施的，最成问题的是，即使采取了上述四项对策，还会产生操作差错、修理差错等。为防止这类故障，只能靠提高操作人员及设备维修人员的专业技能。

为实现零故障的目标，上述五大对策需要生产部门和设备维修部门相互协作与配合。也就是说，在生产部门，要以基本条件的实施、使用条件的恪守、操作技能的提高为中心；维修部门应以使用条件的遵守、劣化的复原、缺陷的弥补、维修技能的提高等为中心。

13.3 设备维护与修理

13.3.1 设备维修制度简介

设备维修制度是对设备进行维护、检查、修理所规定的一系列规章制度。从事后维修阶段发展到现在，设备维修制度也是在不断提高、完善和发展的。到目前为止，设备维修制度主要有以下几种：

1. 计划预防维修制

计划预防维修制简称计划预修制，是20世纪30年代初由苏联创立，我国工业企业在20世纪50年代引进的一种设备维修制度。这种制度是根据设备的一般磨损规律和技术状态，按预定修理周期及其结构，对设备进行维护、检查和修理，以保证设备经常处于良好技术状态的设备维修制度。计划预修制特别强调通过计划对设备进行周期性的修理，其中包括按照不同设备和不同使用周期安排设备的大修、中修和小修。编制维修计划的依据是设备修理周期定额和修理工作定额。

计划预修制的主要内容有：日常维护、定期检查、计划修理。定期检查就是定期通过外部观察、试运转或拆卸部分部件来查明设备精度、零部件磨损情况，并进行设备调整和消除小的缺陷。计划修理的方法包括标准修理法（又称强制修理法）、定期修理法和检查后修理法，成为计划预修制下三种不同的设备修理方法。详细内容将在后面加以介绍。

设备计划修理按修理程度和工作量大小，又可分为小修理、中修理（或项目修理）和大修理三种方式。对设备进行局部修理称为小修理，通常根据日常维护、点检等设备维护中发现的设备缺陷，针对一些在交接班时不能处理的问题，进行时间不长的修理，以保证设备能正常使用到下一次计划修理。小修理一般是在工艺性停机时进行。工作量介于小修理和大修理之间的设备修理工作称为中修理。由于中修理需要时间较长，有时大修理和中修理工作量、工作内容难以严格区分，所以许多企业取消了中修理，用项目修理来代替。

项目修理也称局部修理或针对性修理。针对设备精度、性能的劣化程度和部分机构存在的问题，当二级保养不能达到要求，又不需大修理时，采用这种修理，针对性地来恢复部分精度、性能，针对性地更换和修复某部分机构中的主要磨损件。

当设备的基准零件磨损严重，设备的主要精度、性能大部分丧失，生产效率严重下降，废品率高时，设备不能继续使用，必须经全面修理才能恢复设备效能时的修理称为大修理。大修理的工作内容通常为：对设备全部拆卸分解、更换和修复主要机构，修理基础件，整机调整等。在大修理时，采用新技术、新工艺、新材料对设备某些工艺性能落后、能耗高、可靠性差、维修性差等问题进行改进、局部改装以至技术改造，使设备结构更合理，性能更先进。

计划预修制的优点是克服了事后修理法的缺陷，能及时发现设备隐患，防止设备发生意外损坏，避免设备急剧磨损，延长设备的使用寿命，同时由于强调修理工作的计划性，有利于做好修理前的准备工作，缩短修理时间，提高维修效率，大大降低了因事后维修造成的停机损失。

计划预修制的缺点是维修的经济性和设备基础保养考虑不够，且由于维修计划固定，过于死板，较少考虑设备实际负荷情况，容易产生维修过剩或维修不足的问题，其综合经济效益并不理想。

2. 计划保修制

这种制度是我国于 20 世纪 60 年代在总结计划预修制优缺点的基础上，结合我国的具体情况建立的一种以防为主、防修结合，突出强调维护保养工作的预防维修制度。它的**主要内容和措施是：日常保养、一级保养、二级保养、计划大修**。其核心在于有计划地对设备进行三级保养和修理。

计划保修制对计划预修制中的修理周期结构，包括大修、中修、小修的界限和规定进行了重大突破，把小修的全部内容和中修的部分内容在三级保养中解决了。一部分中修内容并到大修中去。同时，又突破了大修和革新改造的界限，强调"修中有改""修中有创"，特别是对老设备，把大修的重点转移到改造上来，这是适合我国具体情况的重要经验，是计划预修制的重大发展。目前，国内企业大多推行这种设备维修制度。

计划保修制比计划预修制有了一定的进步，但由于它是从计划预修制发展而来的，故仍然没有从根本上克服计划预修制的主要缺点。

3. 预防维修制

预防维修制是一种通过周期性的检查、分析来制订维修计划的管理方法，也属于预防性维修体系，多被西方国家采用。它与计划预修制的最大区别在于没有固定的修理周期和修理结构，强调通过定期检查设备，在故障处于萌芽状态时加以控制，或采取措施对设备进行预防性修理，以避免突发事故。其优点是可以减少非计划的故障停机，检查后的计划维修可以部分减少维修的盲目性。其缺点是由于当时检查手段、仪器尚比较落后，受检查手段和检查人员经验的制约，可能使检查失误，进一步使维修计划不准确，仍可能造成维修过剩或不足。为了提高经济效益，预防维修制以预防维修为基础，增加了多种维修策略，进一步发展成为生产维修制。

4. 生产维修制

生产维修制是以预防维修为中心，兼顾生产和设备设计制造而采取的多样、综合的设备管理制度。以美国为代表的西方国家多采用这种维修体制。生产维修制由四部分内容组成：

（1）事后维修（Breakdown Maintenance，BM）。设备出了故障再修，不坏不修。

（2）预防维修（Preventive Maintenance，PM）。以检查为基础，包括定期维修和预知维修两方面的内容。预知维修是利用检测、状态监测和诊断技术，对设备状态进行预测，有针对性地安排维修，事先加以排除，从而避免和减少故障停机损失。

（3）改善维修（Corrective Maintenance，CM）。改善维修是不断利用先进的工艺方法和技术对设备进行改造，改正设备的某些缺陷和先天不足，提高其先进性、可靠性及维修性，提高设备的利用率，降低维修费用。

（4）维修预防（Maintenance Preventive，MP）。维修预防的目的是使设备在设计时，就赋予其高可靠性和高维修性，最大可能地减少使用中的维修，其最高目标可达到无维修设计。维修预防是一种很好的思想，它提倡在设计制造阶段就认真考虑设备的可靠性和维修性问题，从根本上防止故障和事故的发生，减少和避免维修。

生产维修制突出了维修策略的灵活性，根据实际情况选择适合的维修方法，或者将几种维修方法组合使用。

5. 全员生产维修制

全员生产维修制是日本在学习美国预防维修的基础上，吸收设备综合工程学的理论和以往设备维修制度中的成就逐步发展起来的一种制度。我国于 20 世纪 80 年代开始引进、研究和推行这种维修制度。本章第四节将做介绍。

13.3.2　设备维护的方式方法

设备的维护是设备在使用过程中自身运行的客观要求，是人们为保持设备正常工作以及消除故障隐患而对设备进行的一系列日常保护工作。三级保养制度是我国 20 世纪 60 年代中期开始，在总结苏联计划预修制的基础上，结合我国自身实践逐步发展和完善起来的一种设备保养修理制度，它体现了我国设备维修管理的重心由修理向保养的转变，反映了我国设备维修管理的进步和以预防为主的维修管理体制的进步。按其工作量的大小以及维护内容的广度、深度，设备维护可以分为下列几种：

（1）日常保养。日常保养由操作工人负责完成，每日轮班进行一次，内容包括清扫、加油、紧固、调整，检查润滑、异音、漏油、安全等工况，随时注意紧固松脱的零件，调整、消除设备小缺陷，检查设备零部件是否完整，工件、附件是否放置整齐等。日常保养又叫作例行保养，它是一种不占工时的设备保养。

（2）一级保养。一级保养是指设备运行一定时间后，以操作者为主，维修工人配合并指导对设备进行的保养。其主要工作内容是"脱黄袍""清内脏"，即检查、清扫、调整电器控制部位；彻底清洗、擦拭设备外表；检查、调整各操作、传动机构的零部件；检查油泵、疏通油路，检查油箱油质、油量；清洗或更换溃毡、油线，清除各活动面飞边；检查、调节各指示仪表与安全防护装置；发现故障隐患和异常时及时予以排除。保养人员应将保养的主要内容、保养过程中发现和排除的隐患、异常，试运转结果，试生产件精度，运行性能以及存在的问题做好记录。

（3）二级保养。二级保养以专业维修人员为主，操作者参加，是以维持设备的技术状况为主的检修形式。其工作量介于中修理和小修理之间，既要完成小修的部分工作，又要完成中修理的部分工作，主要针对设备易损零部件的磨损与损坏进行修复或更换。二级保养要完成一级保养的全部工作，还要求对润滑部位全部清洗，结合换油周期检查润滑油质，进行清洗换油。检查设备的动态技术状况与主要精度（噪声、振动、温升、油压、波纹、表面粗糙度等），调整安装水平，更换或修复零部件，刮研磨损的活动导轨面，修复调整精度已劣化部位，校验机装仪表，修复安全装置，清洗或更换电动机轴承，测量绝缘电阻等。经二级保养后要求精度和性能达到工艺要求，无漏油、漏水、漏气、漏电现象，声响、振动、压力、温升等符合标准。二级保养前后应对设备进行动、静技术状况测定，并认真做好保养记录。

在各类维护保养中，日常保养是基础。保养的类别和内容要针对不同设备的特点加以规定，不仅要考虑设备的生产工艺、结构复杂程度、规模大小等具体情况和特点，同时要考虑不同工业企业内部长期形成的维修习惯。在实际工作中，不同企业对维护保养所规定的具体内容各不一样：有的建立四级保养制度，如某些石油企业的生产设备和泵站设备；有的冶金企业的高炉、转炉则不规定保养类别。

13.3.3　设备修理的方式方法

当设备出现故障或技术状况劣化到某一临界状态时，为恢复其功能而进行的技术活动称为设备修理。设备修理往往与设备检查相结合，因此又称为设备检修。

按照修理的目的，设备修理分为恢复性修理和改善性修理两种类型。通过更换或修复已经磨损、腐蚀或老化的零部件，使设备的功能恢复，并延长其物质寿命，称为恢复性修理；改善性修理则是结合修理对设备中故障率高的部位进行改进或改装，使设备故障发生率降低或不再发生。

从事后维修发展到现在，不同设备管理阶段、不同维修制度下创立了许多设备修理的方法，主要有故障修理法、强制修理法、定期修理法、检查后修理法、状态监测修理法等。下面分别加以叙述。

1. 故障修理法

设备发生故障后再进行修理的方法称作故障修理法，也叫作事后修理法。采用这种修理方法，一般可以避免过分修理，节省修理费用。但是往往因设备突然发生故障而影响正常生产，甚至会因为设备的一个部件损坏而引起其他部件损坏，使检修工作量增加，停产修理时间加长，修理费用增多，因此，这种方式一般只适用于某些结构简单、修理方便、价值不高的非关键生产设备。

2. 强制修理法

强制修理就是按照事先规定的修理周期及修理周期结构、修理内容对设备进行强制性修理，也称为标准修理法。这种方法是计划预修制中常用的一种修理方法。它的优点是：修理工作规范化，修理前不需对设备进行检查，使修理工作占机时间较少；工作计划性强，有利于妥善安排生产计划和充分做好修理前的准备工作；能有效保证设备的正常运行。由于这种方式是当设备运行到规定的修理时限时，不管其实际技术状况如何，都要及时停机，并严格按事前制订的计划和要求进行修理，所以有可能产生过分修理，使修理费用增加。

强制修理法一般适用于自动线、流水线上的设备，生产流程型企业的设备以及某些必须保证安全运转和经济效益特别好的设备。

3. 定期修理法

定期修理法是计划预修制中的第二种方法，它是根据设备修复定额和设备实际使用情况规定设备计划修理日期和大致的修理内容，然后再根据修前检查报告规定具体的修理内容和修理工作量。

这种方法的优点是，对修理日期和内容的规定既有科学依据，又允许根据设备的实际磨损情况做适当的调整。因此，这种方法既便于做好修理的准备工作以缩短修理停歇时间，又能合理地利用零部件的使用寿命，降低修理费用。目前，我国设备维修基础较好的企业多采用此法。

4. 检查后修理法

检查后修理法是计划预修制中的第三种修理法，其特点是只规定设备的检查计划，根据检查的结果以及过去的修理资料，确定修理的日期和内容。其主要工作程序是：事先制定设备的计划检查间隔期；按间隔期要求对设备进行检查；根据检查结果编制修理计划；按修理计划对设备进行修理。检查后修理法的优点是可充分利用零部件的使用期限，避免了过分修理，修理费用较低。但由于设备修理计划要等检查后才确定，所以修理工作的计划性较差，修理前的准备工作时间紧，有时会因准备不足导致停机维修时间延长，修理质量难以保证。这种方式一般适用于无固定负荷的设备，缺乏修理定额资料或简单的、不重要的设备，以及某些修理时特别费工的重型、大型设备。

5. 状态监测修理法

状态监测修理法的特点是通过对设备使用中的技术状态进行监测和诊断，并以设备的状态为依据进行预防性修理。其优点是能避免修理工作的盲目性，大大减少设备修理工作量和修理占机时间，节省修理费用，提高设备的使用率。

这种方法的缺点是由于监测诊断中往往要采用现代化仪器设备，故投资较大。状态监测修理方式主要适用于某些生产中处于重要地位的关键设备，自动化程度高、连续运转的设备或精密昂贵的稀有设备等。随着设备状态监测和诊断技术的完善和发展，这种方式会运用得越来越广泛。

选择最佳的修理方式和方法，就是用最少的费用取得最好的修理效果。如果从修理费用、停产损失、维修组织工作和修理效果等方面去衡量，每一种修理方法都有它的优点和缺点，企业可根据自己的生产特点、设备特点、故障规律、资源和资金等情况分别择优选用。在一个企业里，可采用不同的修理方式，多种修理方式可以并存。

13.3.4 设备修理工作定额

设备修理工作定额是设备修理计划制订的主要依据，也是计划预修制和计划保修制的核心内容之一。其主要内容包括修理周期、修理间隔期、修理周期结构、修理复杂系数、修理劳动量定额、修理停歇时间定额等。

（1）修理周期。这是指相邻两次大修理之间的时间间隔。对于刚购置的设备来说，修理周期是指投产后到第一次大修理的时间。

（2）修理间隔期。这是指相邻两次修理（包括大、中、小修）之间的时间间隔。

（3）修理周期结构。这是指在一个大修理周期内，大、中、小修的次数以及排列顺序，有时也包括定期检查。比如常见的轻中型金属切削机床的修理周期结构为

$$K-O-M-O-C-O-M-O-M-O-C-O-M-O-M-O-K$$

其中，K 为大修，C 为中修，M 为小修，O 为检查。

（4）修理复杂系数。这是表示设备修理复杂程度和确定设备修理劳动量的假定单位。修理复杂系数与设备的结构特点、工艺特性、零部件尺寸有关。设备结构越复杂，加工精度要求越高，零部件尺寸越大，则修理复杂系数就越高。

修理复杂系数作为一个假定单位，其标准是人为规定的，通常是根据不同类型设备的基本特点，制定出不同的修理复杂程度参照标准，然后，再通过每台具体设备的修理工作量与参照标准的比较，得出该设备的修理复杂系数。例如，机械设备就以中心高为 200mm、中心距为 1000mm 的 C620 车床为参照标准，规定其修理复杂系数为 10，其他机械设备的修理复杂系数均与此标准比较而定，较其复杂的设备，其系数大于 10，反之则小于 10。

（5）修理劳动量定额。这是指企业完成设备的各项修理工作所需要的劳动时间消耗标准，往往以一个修理复杂系数所需劳动时间为单位来表示。例如，完成一个修理复杂系数的机床修理任务，需要钳工完成 40 的劳动量，机械加工工人完成 20 的劳动量，其他工种工人完成 4 的劳动量，总计需工时 64。这样，根据各种机械设备的修理复杂系数的大小以及一个修理复杂系数所代表的劳动量的多少，就可以计算出任何一项修理工作所需的劳动工时总量。

（6）修理停歇时间定额。这是指设备停止运行开始准备修理到修理结束并验收合格，重新投入生产为止所经历的时间。在修理前的准备工作已经完成的前提下，修理停歇时间主要取决于修理中的钳工工作量。

13.4　全员生产维修制

13.4.1　全员生产维修制的概念和特点

全员生产维修的英文是"Total Productive Maintenance"，简称 TPM，它经历了一个不断完善和发展的过程。

TPM 是在美国生产维修（PM）的基础上发展起来的。20 世纪 60 年代，日本从美国引进了 PM 活动，并在推进这项活动的过程中不断充实其活动内容。为了引导企业有效开展这项活动，以中岛清一等人为首的日本设备管理协会在总结日本企业推进 PM 活动实践的基础上，吸取了美国的后勤工程学、英国的综合工程学和中国"鞍钢宪法"中提出的"台台（设备）有人管，人人有专责"群众管理设备的思想，于 1971 年将 PM 活动开发扩展为整个企业全员参与的模式，即 TPM，并首次制定了统一的 TPM 定义。之后的 10 年间，日本许多企业依据 TPM 定义开展这项活动，并取得了成效。1982 年，第一本标准化（字典式）的 TPM 专著问世，即《TPM 活动程序》。1989 年，TPM 又一次被重新定义，活动本身被注入了更多的内容。从这个时期起，TPM 在日本得到了更大范围的普及，并从日本逐步走向世界，受到各国企业界的欢迎，给许多企业带来了效益。

早期 TPM 的概念是：以追求设备综合效率最大化为目标，在整个设备一生建立彻底的 PM 体制，由设备的计划、使用以及维修在内的所有部门人员全面参与，通过自主的小组活动使 PM 体制得到推动。

后来被重新定义为：**以追求整个生产系统综合效率最大化为目标，以事后维修、预防维修、改善维修和维修预防综合构成生产维修为总运行体制，构筑对所有损耗防患于未然的机制，由生产、开发、设计、销售以及管理等所有部门，从最高经营管理者到第一线作业人员全员参与，通过重复的小组活动，最终达到零损耗的目的。**

由以上概念可以看出，早期 TPM 的定义侧重于企业的生产部门，其全员参与的意义是有局限性的，那时，设备综合效率最大化是 TPM 的最主要目标。后来的定义实现了由生产部门向企业所有部门的扩展，活动的目标也由对设备综合效率的追求发展到对企业整个生产系统综合效率的追求上来。另外，重复的小组活动是指自主的和职务的小组活动的结合，在提倡自主活动的同时，也特别强调有组织的职务活动，即将活动视为职责的一部分。有组织的职务活动对 TPM 的推进是有很大益处的。

TPM 定义的发展过程也同时表明：今天的 TPM 已不再局限于设备管理范畴，它已逐渐演变成为实现企业经营效益最大化的重要企业管理理念和管理模式。

TPM 与原来的生产维修相比，主要突出一个"全"字。"全"有三个含义，即全效率、全系统和全员参加。三个"全"之间的关系是：全员是基础；全系统是载体；全效率是目标。

所谓全效率，是指设备寿命周期费用评价和设备综合效率，以追求整个生产系统综合效率最大化为目标。TPM 的主要目标落实在"全效率"上，它要限制和降低以下六大损失：

（1）设备停机时间损失。

（2）设置与调整时间损失。

(3) 闲置、空转与短暂停机损失。
(4) 速度降低。
(5) 残、次、废品损失,边角料损失(缺陷损失)。
(6) 产量损失(由安装到稳定生产的间隔)。

设备综合效率的计算公式为

$$设备综合效率 = 时间开动率 \times 性能开动率 \times 合格品率$$

其中

$$时间开动率 = \frac{工作时间}{负荷时间} \times 100\%$$

$$负荷时间 = 总工作时间 - 计划停机时间$$

$$工作时间 = 负荷时间 - 非计划停机时间$$

$$性能开动率 = 速度开动率 \times 净开动率$$

$$速度开动率 = \frac{理论加工周期}{实际加工周期} \times 100\%$$

$$净开动率 = \frac{加工数量 \times 实际加工周期}{开动时间} \times 100\%$$

$$合格品率 = \frac{合格品数量}{加工数量} \times 100\%$$

TPM 中,要求企业设备的时间开动率不低于 90%,性能开动率不低于 95%,合格品率不低于 99%,这样,设备综合效率才不低于 85%。这也是 TPM 所要实现的目标。

全系统即指生产维修的各个侧面均包括在内,如预防维修、维修预防、必要的事后维修和改善维修。

全员参加即指这一维修体制的群众性特征,从公司经理到相关科室,直到全体操作工人都要参加,尤其是操作工人的自主小组活动。

13.4.2 TPM 的总体架构

TPM 通过"全员"参与的方式来推动"全系统"生产维修和自主维修体系的贯彻。在推进方式上,以 5S 活动(整理、整顿、清扫、清洁、素养)为基础,以八大支柱(个别改善、自主维修、专业维修、初期管理、质量改善、安全与卫生环境改善、事务改善、教育培训)为依托,通过重复的小组活动,对设备六大损失和生产现场一切不良实施持续的改善,努力实现 5Z(零事故、零故障、零缺陷、零差错、零库存)的目标,从而达到"全效率"(最佳的设备综合效率和企业经营效益),最终达成 3S(员工满意、顾客满意、社会满意)的可持续发展的企业。

TPM 活动体系总体架构如图 13-8 所示。TPM 活动的支柱、活动的基础、活动的目标以及它们之间的关系在图中进行了描述。可以看出,TPM 活动除了八大支柱外,特别强调作为基础的 5S 活动。5S 活动是企

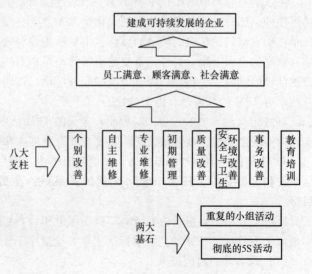

图 13-8 TPM 活动体系总体架构

业现场管理的基础,也是开展各项改善活动的前提条件,一个企业如果连 5S 活动都做不好,那就更谈不上高层次的业务改善。

13.4.3　TPM 的八大支柱

个别改善、自主维修、专业维修、初期管理、质量改善、安全与卫生环境改善、事务改善、教育培训称为 TPM 的八大支柱,即 TPM 八个方面的活动内容。

1. 个别改善

个别改善就是为了提高企业效益和管理水平而进行的改善活动。开展个别改善活动要根据企业的生产经营目标,准确把握自己所在部门或岗位存在的问题来选择课题,然后以最短的时间完成课题,达到改善的目的。开展个别改善活动对于培养员工发现问题、分析问题和解决问题的能力,顺利实现企业生产经营目标,有着重要意义。

2. 自主维修

自主维修就是生产员工自己动手对场所、设备、工厂的维修、维护活动。自主参与是这项活动的主要特征,也就是说自己使用的设备自己维护。建立健全自主管理体制是这项活动的最终目的。

3. 专业维修

专业维修就是专业设备维修人员或外部专业设备维修部门对设备实施的某些专业性较强的或特殊的维修业务。专业维修人员要有能力指导和帮助自主维修活动的开展,专业维修与自主维修相结合,形成更加完善的设备维修体制。

4. 初期管理

产品设计的初期管理是指在产品的设计阶段就要考虑制造产品时的方便性需求。设备及生产技术的初期管理指的是通过生产技术革新,达成新产品的垂直导入（即在极短的时间内完成新产品的试验,并快速开始批量生产的活动）以及设备的维修预防设计。

5. 质量改善

质量改善就是要通过对生产过程的各环节进行有效的控制,来实现提高产品质量和达成质量目标的活动。质量改善活动可以结合 ISO 9000 系列标准进行。其目的是建立健全一套有效的质量保证体系。

6. 安全与卫生环境改善

安全与卫生环境改善以消除任何可能危害人或设备的隐患、减少废弃物、杜绝污染和资源再利用为目标,创造一个舒适、清爽的工作环境。可结合职业安全健康管理体系（OSHMS）和 ISO 14000 系列标准进行。

7. 事务改善

事务改善是指间接部门的效率改善活动。活动的内容主要包括生产管理、销售管理、行政后勤管理以及其他间接管理业务的改善。事务改善活动的目的主要是消除各类管理损耗、提高办事效率,更好地为生产服务。

8. 教育培训

教育培训是指要求企业持续开展对员工的思想意识、业务技能以及其他各方面能力的培训活动,这项活动要贯穿于推进 TPM 的全过程,最终达到员工整体素养水平的全面提升,从而提高企业的综合素质。

如上所述,TPM 活动对象可以涉及企业经营管理的所有方面、所有部门,每一个部门的业务改善都能在某一个活动支柱中得到体现。因此,部门在完成日常工作的基础上,通过积极参与各支柱的活动,就可以达到提高部门管理水平的目的。

13.4.4 TPM 的基本工作

TPM 的基本工作内容可归纳为下列八个方面：

（1）确定重点设备，突出重点设备的维护与修理。从设备管理的观点看，全部设备都要维修，但从经济的观点看，不是所有设备都要实行预防维修的。所以，全员生产维修制以设备发生故障后，对其全效率影响程度作为评价标准，采用平均故障间隔时间（MTBF）分析法和其他有关的数据资料（包括生产、质量、成本、维修等方面）将设备划分为 A、B、C 三类，其中 A 类设备是重点设备。

（2）对设备实行分级管理，确定维修内容。按照总评得分确定设备等级之后，将规定的等级标在设备上，然后根据其规定等级确定维修管理工作的内容。各类设备维修工作的内容和要求如表 13-1 所示。

表 13-1　各类设备维修工作的内容和要求明示表

设备等级	重点设备标记	日常保养	日常保养标准	定期检查	检查标准	MTBF	设备开动状态记录
A	+	+	+	+	特级标准	+	+
B	-	+	+	+	重点标准	+	-
C	-	+	-	-	一般标准	-	-

注：+ 表示需要，- 表示不需要。

重点设备及其重点部位不是一成不变的，而是随生产计划和设备改造、更新计划的变更而变化。因此，要定期（至少一年一次）进行研究。

（3）以点检为重点、预防性检查为核心进行设备维修工作。设备的预防性检查是预防维修的核心。一般将预防性检查分为日常点检、定期点检（检查）与精密点检（检查）三种形式。根据设备分级情况，相应地运用这三种形式而以点检为重点开展维修工作。三种点检形式与计划修理、改善修理的关系如图 13-9 所示。

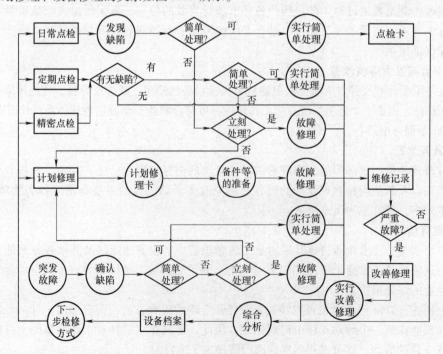

图 13-9　三种点检形式与计划修理、改善修理的关系

(4) 针对设备的具体情况采用多种维修方式。具体包括：①事后维修，即设备发生故障后再维修，适用于对生产影响不大的一般设备；②预防维修，包括日常维护、预防性检查、定期的预防性修理，适用于对生产影响较大的重点设备；③改善维修，其目的是从根本上防止设备发生故障，提高设备素质，适用于对现有设备的革新、改造；④维修预防，是指为从根本上防止故障发生，设备制造厂在设计、制造新设备时就采取措施提高设备的可靠性。

(5) 建立和健全维修记录，开展平均故障间隔时间分析。设备维修记录是推行全员生产维修制的基础。它所涉及的范围很广，要求有关设备的一生都有相应的维修记录，包括从设计、制造、使用、维修一直到设备报废更新所有的数据和资料。

完整地记录设备维修实施情况的原始资料，并进行故障原因分析、平均故障间隔时间分析，编写各种标准化资料，如设备检查标准、维修作业标准等。

(6) 规定一系列指标作为评价设备维修工作的标准。为了评价设备维修工作的完成情况和完善程度，全员生产维修制提出下列一些指标作为评价标准。一般包括四个方面：①计划性指标，如计划作业完成率、设备开动率；②作业内容指标，如预防性维修工时百分比、实发故障作业率；③费用指标，如维修费用率、单位产品维修费用、预防性维修费用率；④故障指标，如故障频率、故障强度、故障停机率、停机损失率等。

(7) 推行5S活动，搞好现场管理，促进文明生产。

(8) 对生产人员进行教育，积极培训专职设备维修人员。

13.4.5 设备点检制

1. 点检制的含义及特点

所谓设备点检制，是指由岗位操作工人的日常点检、专业点检员的定期点检和专业技术人员的精密点检，三个方面的人员对同一设备进行系统的维护、诊断和修理的设备维修管理体制，是 TPM 的核心内容之一。在这种体制下，点检人员既负责设备点检，又负责设备管理。在点检、操作、检修三者之间，点检处于核心地位。点检人员是设备维修的责任者、组织者和管理者，对其管辖区的设备负全权责任，严格按标准进行点检，并承担制定和修改维修标准、编制和修订点检计划、编制检修计划、做好检修工程管理、编制材料计划及维修费用预算等工作。目标是以最低费用实现设备预防维修，保证设备正常运转，提高设备的利用效率。

设备点检制的八大特点如下：

(1) 定人。设立设备操作者兼职的和专职的点检员。
(2) 定点。明确设备故障点，明确点检部位、项目和内容。
(3) 定量。对劣化倾向进行定量化测定。
(4) 定周期。不同设备、不同设备故障点，给出不同的点检周期。
(5) 定标准。给出每个点检部位是否正常的依据，即判断标准。
(6) 定点检计划表。点检计划表又称作业卡，指导点检员沿着规定的路线作业。
(7) 定记录。记录包括作业记录、异常记录、故障记录及倾向记录，都有固定的格式。
(8) 定点检业务流程。明确点检作业和点检结果的处理程序。例如急需处理的问题，要通知维修人员；不急处理的问题则记录在案，留待计划检查处理。

点检管理的要点是：实行全员管理，专职点检员按区域分工管理。点检员本身是一贯制管理者。点检是按照一整套标准化、科学化的轨道进行的。点检是动态的管理，它与维修相结合。

2. 点检制的"三位一体"和"五层防护体系"

"三位一体"是指操作工人的日常点检、专业点检员的定期点检和专业技术人员的精密点检,从组织架构上将以上三个方面的人员组织起来,对同一设备进行系统的维护、诊断和修理,保证了设备的正常运行。

设备点检制度还把岗位日常点检、专业定期点检、专业精密点检、技术诊断与倾向管理、精度测试检查等结合起来,构成了所谓的"五层防护体系",以保证设备良好运转。

第一层,随着设备自动化水平的日益提高,大部分作业实现了集中控制和无人操作,因此岗位生产工人实质上是设备的维护保养人员。通过岗位操作工人的日常点检,发现异常,排除小故障,进行小修理。这是防止设备事故发生的第一层防护线。

第二层,专业点检员是负责设备维护工作的人员,具有较全面的知识和一定的实际经验及管理协调能力。专业点检员靠经验和仪器对重点设备、重要部位进行重复的、详细的解体点检和循环维修点检(即部件更换、送修理部门检查修复),发现隐患,排除故障,是防止设备事故发生的第二层防护线。

第三层,专业技术人员的精密点检,即在岗位日常点检和专业定期点检的基础上,对设备进行严格精密的检查、测定和分析,是第三层防护线。

第四层,与上述"三位一体"的点检制相协同的是技术诊断与倾向管理,无论上述哪一种点检发现异常,必要时都可使用技术诊断的方法探明原因,为决策提供最佳处理方案或控制缺陷的发展,同时对重要部位或系统确定倾向管理项目。技术诊断可不断地记录动态指标,作出曲线,做到一有异常立即发现,为倾向管理提供依据。因此,技术诊断与倾向管理是点检工作的重要组成部分,是防止设备事故发生的第四层防护线。

第五层,经过上述四层防护,设备能否保持基本特性,还要检查设备的综合性精度。要按精度检查表规定的精度点,每半年或一年进行一次精度检测和性能指标检测,计算其精度良好率,分析劣化点,以考评和控制设备性能,评价点检效果。这是防止设备事故发生的第五层防护线。

点检制的五层防护关系如表 13-2 所示。

表 13-2 点检制的五层防护关系表

层 次	负责人员	方 式	点检人员	点检手段
岗位日常点检	岗位生产人员	三班 24h	操作工、值班电工	生产工艺设备结构知识 直感+经验
专业定期点检	设备工人	白班按计划	钳工、电工(点检员)	机、电、液、润、水、仪一般知识 工具仪器+经验
专业精密点检	技术人员	白班按计划	机、电、液、润、水(点检员)	各专业各自的专门知识 精密仪器+理论分析+经验
技术诊断与倾向管理	设备工人	按项进行	点检员	机、电、液、润、水、仪一般知识 仪器+经验
精度测试检查	设备工人	定期检查	点检员、技术员	机、电、液、润、水、仪一般知识 精密仪器+理论分析+经验

点检工作的五层防护是设备点检制的精华，是建立完整的点检工作体系的依据。按照这一体系，把企业的各类点检工作统一起来，使岗位操作人员、专业点检人员、专业技术人员、维修人员等不同层次、不同专业的全体人员都参加管理，把简易诊断、精密诊断以及设备状态监测和倾向管理、寿命预测、故障解析、精度与性能指标控制等现代化管理方法统一起来，从而使具有现代化管理知识和技能的人、现代化的仪器装备手段和现代化的管理方式三者结合起来，形成现代化的设备管理技术。

3. 点检的内容

点检的基本内容可以归纳为 12 个环节、6 项要求，分别如图 13-10 和图 13-11 所示。

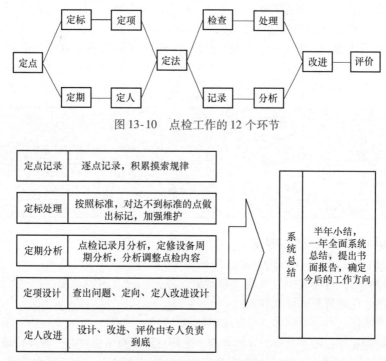

图 13-10　点检工作的 12 个环节

图 13-11　点检工作的 6 项要求

（1）定点。设备点检首先要确定一台设备有多少个维护点。确定维护点就是科学地分析这台设备，找准可能发生故障和老化的部位，逐台制定各种维修标准，并按标准要求有计划地对确定的部位逐点进行预防性检查。只要把所有规定的维护点"看住"，设备就不容易出事故，有了故障也能及时发现。

（2）定标。维护点确定后要逐个点制定标准。例如间隙、温度、压力、流量、松紧度等要有明确的数量标准，只要不超过规定标准就不算故障，当然也就不会发生事故。

（3）定期。多长时间检查一次，要定出检查周期。有的点可能每班要检查几次，有的点可能一个月检查一次，要根据具体情况确定。

（4）定项。检查哪些项目也要有明确规定。每一个点可能检查一项，也可能检查几项。

（5）定人。由谁进行检查，是生产工人、专职点检员还是技术人员，应根据检查的部位和技术精度要求，落实到人。

（6）定法。怎样检查也要有规定，是人工观察还是用工具测量，是采用普通仪器还是精密仪器。

（7）检查。检查的环境、步骤要有规定，是在生产运行中检查还是停机检查，是解体检查还是不解体检查。

（8）记录。检查时详细做记录，并按规定格式填写清楚。要填写检查数据及其与规定标准的差值、判定印象、处理意见，检查者要签名，并注明检查时间。

（9）处理。检查中能处理和调整的要及时处理和调整，并将处理结果记入处理记录。没有能力或没有条件处理的，要及时报告有关人员，安排处理。但任何人、任何时间处理都要填写处理记录。

（10）分析。检查记录和处理记录都要定期进行系统分析，找出薄弱"维护点"，即故障率高的点或损失大的环节，提出意见，交设计人员进行改进性设计。

（11）改进。对检查及记录分析暴露出来的问题要加以改进，以彻底消除薄弱环节。

（12）评价。任何一项改进都要进行评价，看其经济效果如何，然后再不断完善，如此循环往复地进行，设备管理的基础就会牢固。

为了便于对设备进行日常点检，要为每台设备编制点检标准书和日常点检表。表13-3所示为点检标准书（示例）。

表13-3 点检标准书（示例）

部 位	项 目	日 期	方 法	工 具	判定标准	处 置
液压泵	漏油	每日	目测	—	不漏	立即处理
油压管道	漏油	每日	目测	—	不漏	立即处理
液压油	温度	每日	看油温表	油温表	40~50℃	检查冷却水后修理
油冷却器	清扫	1个月	取下罩盖，用风吹扫	压缩空气	不脏	清扫
螺母	松紧	每日	紧固	扳手	拧紧	立即紧固

4. 点检的种类及点检周期的确定

（1）点检的种类。 按照不同的要求，有不同的分类方法。

1）按点检目的，可分为倾向点检（包括劣化倾向、突发故障和更换周期）和劣化点检（包括劣化程度、性能降低和修理判断）。

2）按是否解体，可分为解体点检和非解体点检。

3）按周期和业务范围，可分为日常点检、定期点检和精密点检。三种点检最明显的区别在于：日常点检是在设备运行中由操作人员完成的，而定期点检和精密点检是由专业点检员和专业技术人员完成的，详见表13-4。

表13-4 三种点检方式的区别

种类	对 象	周 期	目 的	检查内容	点检手段	所需时间	实施部门	执行人
日常点检	所有设备	每日	保证设备每日正常运转，不发生故障	异音、漏油、振动、温度、加油、清扫、调整（开车检查）	五感点检	5~10min	使用部门	操作人员
定期点检	重点设备及PM对象	定期（一个月以上）	保证设备达到规定的性能	测定设备劣化程度，确定设备性能，调整修理（停车检查）	五感及器具点检	2~3h	维修部门	专业点检员
精密点检	不定	不定期	保证设备达到规定的性能和精度	对问题做精细的调查、测定、分析	特殊器具诊断点检	2~6天	维修部门	专业技术人员

（2）**点检周期的确定**。点检项目周期的确定，一般由操作、维修两方面的人员根据经验及设备故障发生的实际状况等来决定，已确定的点检周期也要根据实际情况和有关记录适当地修正。

13.4.6　TPM 的小组自主活动

TPM 推进组织的最基本单元或细胞是 TPM 活动小组，TPM 活动体系中的一切活动都是通过小组的方式来推动的。在结构上，TPM 活动小组是与原来的生产组织重叠在一起的；在功能上，TPM 小组活动突出了自主改善的持续进行。出色的小组活动是 TPM 的重要特色之一，也是成功推行 TPM 的关键。

1. 小组活动的组织结构

小组活动可以分为两大范畴，一类起源于早期的 QC（Quality Control，即质量控制）小组，另一类起源于 ZD（Zero Defect，即零缺陷）活动，它们之间的差异如表 13-5 所示。

表 13-5　QC 小组与 ZD 小组的差异

	QC 小组	ZD 小组
小组活动的目标	解决质量问题	减少缺陷
选题的方式	可以自由选题	在企业的指导下，选题必须与企业目标一致
小组的组织形式	自由组合	现有组织
小组活动的时间	工作时间和业余时间都可以	一般在工作时间，个别情况在业余时间
是否有经济补偿	企业不补偿业余时间报酬	如果需要加班，企业补偿加班工资

尽管 QC 小组和 ZD 小组在组织上和形式上有所不同，但它们经常会互相融合、互相渗透，而且其界限变得越来越模糊不清，有些企业干脆就把两种形式共同应用在自己的一套体系之中。

TPM 的小组活动就是在 QC 小组和 ZD 小组基础上发展起来的，但把小组纳入企业的正式组织，也就是说 TPM 小组是以 ZD 小组为基础的，是职务性的。另外，TPM 同时倡导小组活动的自主性，通过小组活动来执行对设备的自主维修，这两者综合构成了 TPM 的小组活动。通过小组的努力，设备故障得以减少，生产率大大提高，工作也变得更轻松了，因而员工会获得一种成就感，这种成就感自然而然地又变成员工的动力和自觉性，最终使员工具备独立自主维修的能力。

2. 小组活动的目标

TPM 小组是通过具体的活动来实现企业发展要求和自我需求的双重目标的。这就要求 TPM 小组把自己的目标设定在企业的大目标之下，通过小组的活动，实现自己的目标，从而推动整个企业目标的实现。这一方面可以使企业的经营结果和成效取得进步，另一方面，通过这些活动，小组的成员也会获得自我成就、自我实现的激励，这些内容就是 TPM 小组活动的典型特征。即 TPM 小组活动的目标要与企业的总体目标保持一致，既要以利润为导向（成本、纯利润、年销售额、盈亏平衡等），又要实现以人为本（主动参与精神、自主决策管理能力、和谐有效的关系、交流和沟通等）的宗旨，把员工从传统的"被动式"管理中解放出来，植根于"参与型"的管理之下。

3. 小组的组成及活动内容

TPM 小组是车间下属的基层组织，一般为 3~10 人，组长由民主选举产生，每周要开一次例会，时间约 0.5~1h。公司的 TPM 大会每年要召开两次，对优秀的小组进行奖励。

小组活动的主要内容为：①根据企业 TPM 总计划，制定本小组的努力目标；②提出减少故障停机的建议和措施，提出个人完成的目标；③认真填写设备状态记录，对实际情况进行分析研究；④定期开会，评价目标完成情况；⑤评定成果并制定新目标。

小组活动在各个阶段是有所侧重的：TPM 实施初期，以清洁、培训为主；中期以维修操作为主；后期以小组会议、检查和自主维修为主。

4. 小组活动的四个阶段

TPM 小组活动大致可以分为以下四个阶段：

第一阶段，自我发展。小组活动之初，其成员以掌握和学习技能为主，随着一些活动成效得到认可，他们的主动性就会逐渐提高。

第二阶段，自我完善。小组活动在企业有意识地直接推动下，通过实施促进企业目标的改善活动，使小组做出成绩，同时使小组成员获得成就感和价值感。

第三阶段，自我成熟。这一阶段的小组不断发展，他们会把小组活动的目标置于企业大目标之下，积极参加难点攻关活动，在这些活动中，小组进一步成熟，企业面貌也不断改善。

第四阶段，自主管理。这是小组活动的最高境界。到了这一阶段，小组会主动选择与企业战略一致的更高目标，独立自主地开展工作。

TPM 的小组活动从一开始就不是以传统的"命令"或"控制"为基础的组织和管理模式出现的，而是以全新的小组活动模式进行的。到了自主管理阶段，则是以自我管理的小组模式，高度自觉地实现企业的目标。也仅在这一阶段，完全的"参与型"管理才真正建立起来，这也是 TPM 小组活动的目标。

5. 如何推动小组活动

成功的小组活动需要三个条件，即动机、能力和适宜的工作环境。在这三个条件中，动机和能力是员工自身的责任，但也不能完全依靠员工自身来解决。动机或参与的热情和积极性往往取决于企业的企业文化、领导魅力和组织的和谐气氛。能力既有自身先天的因素，也有后天的学习与培养教育因素。所有这些，在很大程度上依赖于良好的环境（包含物质环境、心理环境），而良好环境又往往不是员工能够控制的。

作为 TPM 推进组织的领导者，其首要责任是创造一个良好的、可以把员工培养成具有自主维修技能和信心的培训和教育环境。人文教育、技术教育，包括维修和操作技能的培训，必须不断进行。人力资源的开发和培养可以使人了解自己，行为科学则从人的动机开始进行启蒙，而小组动力学又可以告诉人们如何挖掘小组的团队潜力，这些都有助于 TPM 的推进和企业目标的实现。

其次是创造一个良好的工作环境。一方面，要积极建立起一个尊重员工、推动自主管理、具有良好心理环境的企业，让员工在一种相互信任、关心、平等的氛围下工作。另一方面，物质环境的建设也十分重要，如企业自主维修的组织结构，企业内部的培训场所、会议场所、工作场所等。如果小组活动的热情很高，却没有一个场所开会研究问题，员工的热情就会消退；如果员工有大量的改善提案，却无人受理，无人给予物质方面的支持，甚至没有一个改善、革新的工作场所，活动必然会越来越少。

13.5　维修备件管理

13.5.1　备件管理的任务和内容

1. 备件管理的任务

在设备维修工作中，为缩短设备修理的停歇时间，减少停机损失，将某些形状复杂、加工困难、生产（或订购）周期长的设备零部件，按一定数量储备在仓库内，这些零部件称为备件。备件管理是设备管理的重要组成部分。科学、合理地储备备件，为设备维修提供及时、优质的备件，是设备维修必不可少的物质基础，也是缩短设备停修时间、提高维修质量、完成修理计划、保证企业正常生产的重要措施。

备件管理的任务主要包括以下几个方面：

（1）建立相应的备件管理机构和必要的设施，科学、合理地确定备件的储备项目、储备形式和储备量，做好备件的保管供应工作。

（2）及时、有效地向维修人员提供合格的备件，确保关键设备对维修备件的需要，保证关键设备的正常运行，尽量减少停机损失。

（3）在保证备件供应的前提下，尽可能减少备件的资金占用量，提高备件资金的周转率。

（4）做好备件使用情况的信息收集和反馈工作。

2. 备件管理的内容

备件管理工作的内容包括以下几个方面：

（1）备件的计划管理。备件的计划管理是指备件由提出自制计划或外协、外购计划到备件入库这一阶段的工作，包括备件需要量预测、备件计划编制等内容。备件计划主要有：自制备件计划；外购备件年度及分批计划；备件零星采购和加工计划；备件的修复计划等。

（2）备件的技术管理。备件的技术管理是指备件技术基础资料的收集与技术定额的制定工作。具体包括：备件图样的收集、测绘、整理以及备件图册的编制；各类备件统计卡片和储备定额等基础资料的设计、编制及备件卡的编制工作。

（3）备件的库房管理。备件的库房管理是指备件从入库到发出这一阶段的库存控制和管理工作。它包括：备件入库时的质量检查、清洗、涂油防锈、包装、登记上卡、上架存放；备件收、发及库房的清洁与安全；订货点与库存量的控制；备件的消耗量、资金占用额、资金周转率的统计分析和控制；备件质量信息的收集等。

（4）备件的经济管理。备件的经济管理是指备件的经济核算与统计分析工作。它包括：备件库存资金的核定、出入库账目的管理、备件成本的审定、备件消耗统计和备件各项经济指标的统计分析等。经济管理应贯穿于备件管理的全过程，同时应根据各项经济指标的统计分析结果来衡量检查备件管理工作的质量和水平，总结经验，改进工作。

13.5.2 备件分类

备件的种类很多，一般按零件性质和供应来源进行分类。

1. 按零件性质分

（1）机械零件。它是指构成某一型号设备的专用机械构件，一般无通用性，多数由企业自行生产制造，如齿轮、丝杠、轴瓦、曲轴、连杆等。

（2）配套零件。它是指标准化的、通用于各种设备的由专业生产厂家生产的零件，如滚动轴承、液压元件、电器元件、密封件等。

2. 按零件来源分

（1）自制备件。它是指企业自己设计、测绘、制造的零件，基本上属于机械零件范畴。

（2）外购备件。它是指企业对外订货采购的备件。一般配套零件均系外购备件。由于企业自制能力的限制和出于对经济性的考虑，许多企业的机械零件如高精度齿轮、机床主轴、摩擦片等也是外购的。

有时根据需要还将备件分为常备件、非常备件、关键件、一般件。

13.5.3　备件储备形式

根据备件的性质，储备形式分为以下几种：

1. 成品储备

以成品形式储备的备件，用它更换磨损零件时不需任何加工。在设备修理中要求保持原有尺寸的零件一般都以这种形式储备，如摩擦片、齿轮、花键等。

2. 半成品储备

有些零件必须留有一定的修理余量，以便拆机修理时进行尺寸链的补偿，如轴瓦、轴套等可以预留配刮量储存，也可以经过粗加工后储存，这类零件应以半成品形式储备。

储备半成品的目的是缩短因制造备件而延长的停机时间，同时也为了在选择修配尺寸前能预先发现材料或铸件中的砂眼、裂纹等缺陷。

3. 成对（套）储备

为了保证备件的传动和配合精度，有些机床备件必须成对制造、保存和更换，如高精度的丝杠副、蜗杆副、镗杆副、弧齿锥齿轮等。有时为了缩短设备的修理停机时间，常常对一些普通的备件也进行成对储备，如车床的进给丝杠和开合螺母等。

4. 部件储备

为了进行快速修理，可把生产线中的设备及关键设备上的主要部件，制造工艺复杂、技术条件要求高的部件或通用的标准部件等，作为部件储备。同种型号数量较多的一般设备的备件，也可采用这种储备形式。

5. 毛坯（或材料）储备

某些机械加工工作量不大、难以预先决定加工尺寸的备件，可采用毛坯形式储备，如开合螺母、铸铁拨叉、双金属轴瓦、铸铜套、带轮、曲轴及关键设备上的大型铸锻件。采用毛坯储备形式，可以省去设备修理过程中等待准备毛坯的时间，且具有易于保管的优点。

13.5.4　备件的计划管理

1. 备件计划的分类

（1）按备件的来源分类，备件计划一般可分为以下两类：一是自制备件生产计划，包括产品、半成品计划，铸锻件毛坯计划、修复件计划等；二是外购备件采购计划，其中又可分为国内备件采购计划与国外备件采购计划两部分。

（2）按备件的计划时间分类，备件计划可分为年度备件生产计划、季度备件生产计划和月度备件生产计划。

2. 编制备件计划的依据

（1）年度设备修理需要的零件。以年度设备修理计划和修前编制的更换件明细表为依据，由维修部门提前 3~6 个月提出申请计划。

（2）各类零件统计汇总表。它包括：①备件库存量；②库存备件领用、入库动态表；③备件最低储备量的补缺件。由备件库根据现有的储备量及储备定额，按规定时间及时申报。

（3）定期维护和日常维护用备件。由车间设备员根据设备运转和备件状况，提前三个月提出制造计划。

（4）本企业的年度生产计划，机修车间、备件生产车间的生产能力，材料供应等情况分析。

（5）本企业备件历史消耗记录和设备开动率。

（6）设备在大修、项修及定期维护时临时发现需要更换的零件，以及已制成和购置的零件不适用或损坏的急件情况。

（7）本地区备件生产、协作供应情况。

3. 备件生产的组织程序

（1）备件管理员根据年、季、月度备件生产计划与备件技术员进行备件图样、材料、毛坯及有关资料的准备。

（2）备件技术员（或设计组）根据已有的备件图册提供备件生产图样（如没有备件图册应及时测绘制图，审核归入备件图册），并编制出加工工艺卡一式两份，一份交备件管理员，另一份留存。

（3）备件管理员接工艺卡后，将图样、工艺卡、材料领用单交机修车间调度员，便于及时组织生产。

（4）对于本单位没有能力加工的工序，由备件外协员迅速落实外协加工。

（5）各道工序加工完毕后，经检验员和备件技术员共同验收，合格后开具备件入库单并送交备件库。

4. 外购件的订购形式

凡制造厂可供应的备件或由专业工厂生产的备件，一般都应申请外购或订货。根据物资的供应情况，外购件的申请订购一般可分为集中订货、就地供应、直接订货三种形式。

（1）集中订货。对国家统配物资，各厂应根据备件申请计划，按规定的订货时间，参加订货会议。在签订的合同上要详细注明主机型号、出厂日期、出厂编号、备件名称、备件件号、备件订货量、备件质量要求和交货日期等。

（2）就地供应。一些通用件大部分由企业根据备件计划在市场上或通过机电公司进行采购。但应随时了解市场供应动态，以免发生由于这类备件供应不及时而影响生产正常进行的现象。

（3）直接订货。对于一些专业性较强的备件和不参加集中订货会议的备件，可直接与生产厂家联系，函购或上门订货，其订货手续与集中订货相同。对于一些周期性生产的备件、以销定产的专机备件和主机厂已定为淘汰机型的精密关键件，应特别注意及时订购，避免疏忽漏报。

13.5.5 备件的经济管理

备件的经济管理工作，主要是备件库存资金的核定、出入库账目的管理、备件成本的审定、备件消耗统计、备件各项经济指标的统计分析等。经济管理贯穿于设备备件管理工作的全过程。

1. 备件资金的来源和占用范围

备件资金来源于企业的流动资金，各企业按照一定的核算方法确定，并有规定的储备资金限额。因此，备件的储备资金只能由属于备件范围内的物资占用。

2. 备件资金的核算方法

备件储备资金的核定，原则上应与企业的规模、生产实际情况相联系。影响备件储备资金的因素较多，目前还没有一个合理、通用的核定方法，因而缺乏可比性。核定企业备件储备资金定额的方法一般有以下几种：

（1）按备件卡上规定的储备定额核算。这种方法的合理程度取决于备件卡的准确性和科学性，缺乏企业间的可比性。

（2）按照设备原购置总值的2%～3%估算。这种方法只要知道设备固定资产原值就可算出备件储备资金，计算简单，也便于企业间比较。但核定的资金指标偏于笼统，与企业设备运转中的情况联系较差。

（3）按照典型设备推算确定。这种方法计算简单，但准确性差，设备和备件储备品种较少的小型企业可采用这种方法，并在实践中逐步修订完善。

（4）根据上年度的备件储备金额，结合上年度的备件消耗金额及本年度的设备维修计划，企业自己确定本年度的储备资金定额。

（5）用本年度的备件消耗金额乘以预计的资金周转期，加以适当修正后确定下年度的备件储备金额。

3. 备件经济管理考核指标

（1）备件储备资金定额。它是企业财务部门对设备管理部门规定的备件库存资金限额。

（2）备件资金周转期。在企业中，减少备件资金的占用和加速周转具有很大的经济效益，也是反映企业备件管理水平的重要经济指标。其计算方法为

$$备件资金周转期（年）= \frac{年平均库存金额}{年消耗金额}$$

备件资金周转期一般为一年半左右，应不断压缩。若周转期过长造成占用资金过多，企业就应对备件卡上的储备品种和数量进行分析、修正。

（3）备件库存资金周转率。它是用来衡量库存备件占用的每元资金实际上满足设备维修需要的效率。其计算公式为

$$备件库存资金周转率 = \frac{年备件消耗总额}{年平均库存金额} \times 100\%$$

（4）资金占用率。它用来衡量备件储备占用资金的合理程度，以便控制备件储备的资金占用量。其计算公式为

$$资金占用率 = \frac{备件储备资金总额}{设备原购置总值} \times 100\%$$

（5）资金周转加速率。其计算公式为

$$资金周转加速率 = \frac{上期资金周转率 - 本期资金周转率}{上期资金周转率} \times 100\%$$

阅读材料

1. 设备故障预测与健康管理（PHM）技术研究。推荐书目：

[1] 彭喜元，彭宇，刘大同. 数据驱动的故障预测 [M]. 哈尔滨：哈尔滨工业大学出版社，2016.

[2] 周林，赵杰，冯广飞. 装备故障预测与健康管理技术 [M]. 北京：国防工业出版社，2015.

2. TPM。推荐书目：

杨新刚. 图表解精益全面生产维护 TPM 推进实战 [M]. 北京：机械工业出版社，2014.

习 题

1. 简述设备管理的含义及内容。
2. 设备管理的重要性表现在哪几个方面？
3. 设备更新的两种方式是什么？
4. 试总结事后维修、预防维修、生产维修以及设备综合管理各阶段的特点。
5. 设备磨损的原因是什么？设备磨损分哪几类？如何补偿？
6. 设备故障的原因是什么？设备故障分哪几类？有什么规律？
7. 分析比较设备的物质寿命、技术寿命和经济寿命三者的差异。
8. 解释设备状态监测与故障诊断技术的含义。

9. 设备零故障管理的基本观点有哪些?
10. 试分析对比各种设备修理方法的不同点。
11. 什么是全员生产维修制?
12. 点检制的含义及特点是什么?
13. 什么是点检制的"三位一体"和"五层防护体系"?
14. 备件管理的内容有哪些?
15. 备件储备形式有哪些?

拓 展 训 练

1. 调查一家企业的设备管理制度或模式,分析其合理性,提出你的见解并设计你认为更合理的设备管理制度方案,写出分析报告。

2. 针对一家企业的一台典型设备,查阅其使用和维修的历史资料,分析计算其综合效率,写出分析报告。

参 考 文 献

[1] 郁君平. 设备管理 [M]. 北京:机械工业出版社,2010.
[2] 李葆文. 设备管理新思维新模式 [M]. 3版. 北京:机械工业出版社,2010.
[3] 杨耀双. 设备管理 [M]. 北京:机械工业出版社,2008.
[4] 赵艳萍. 设备管理与维修 [M]. 北京:化学工业出版社,2010.
[5] 高福成. TPM全面生产维护推进实务 [M]. 北京:机械工业出版社,2010.
[6] 刘宝权. 设备管理与维修 [M]. 北京:机械工业出版社,2012.
[7] 苏杭. 机械设备状态检测与诊断 [M]. 北京:机械工业出版社,1996.
[8] 任占勇. 航空电子产品预测与健康管理技术 [M]. 北京:国防工业出版社,2013.
[9] 周林,赵杰,冯广飞. 装备故障预测与健康管理技术 [M]. 北京:国防工业出版社,2015.

第 14 章
生产计划与控制系统设计

 学习要点

- 生产计划与控制系统设计的概念、主要内容
- 生产计划与控制系统设计与生产过程规划的关系
- 生产计划与控制系统设计的基本要求
- 生产计划与控制系统设计的基本程序
- 主生产计划、物料计划、生产作业计划的设计方法
- MRP 和 JIT 的集成
- 供应链环境下生产计划与控制系统模型

本章作为本书的最后一章,与前面各章内容均有紧密的联系。本章从系统规划与设计的角度,将前面各章综合运用到整个生产计划与控制系统的设计过程中,并对全书进行总结。

生产计划与控制系统设计属于生产运作战略的范畴,是从战略规划向战略实现的关键环节。本章在前面各章分别对生产计划与控制系统各个构成部分进行详细介绍的基础上,综合讨论生产计划与控制系统的设计问题,同时讨论供应链环境下的生产计划与控制系统。

 ## 14.1　生产计划与控制系统设计概述

14.1.1　生产计划与控制系统设计的主要内容

生产计划与控制系统设计,就是根据企业的产品特征、市场需求特征以及生产过程特征,对生产计划与控制系统进行模式的选择、配置和细化设计,属于生产运作战略规划的范畴。它主要包括生产计划与控制系统整体模式的选择、综合生产计划设计、主生产计划设计、物料计划设计、生产作业计划设计,以及这些计划的综合集成设计。

其中,综合生产计划层是所有企业进行计划管理不可缺少的,但是行业特点、生产类型、企业规模等因素主要影响其他计划层次的模式选择,对综合生产计划层的影响并不显著。因此,本章重点阐述主生产计划、物料计划和生产作业计划的模式选择及其集成方法。

14.1.2　生产计划与控制系统设计的基本要求

生产计划与控制系统是体现整个生产系统运转的内在逻辑的神经系统,控制着生产转换过程的运行,是整个生产系统的重要组成部分。因此,生产计划与控制系统的设计也是生产系统整体设计的重要环节。

生产计划与控制系统设计的基本要求如下：

1. 生产计划与控制系统的设计必须满足生产系统的功能目标

生产计划与控制系统必须与企业生产运作战略目标、企业目标市场的需求特点、生产任务特点、生产过程特点等相匹配，保证生产系统能够在日益激烈的竞争环境下快速响应，实现系统的功能目标。

如图 14-1 所示，生产计划与控制系统规划的依据主要来源于需求，企业为了适应市场需求，常常根据不同目标市场的不同特点来确定其订单赢得方式，突出产品的创新、质量、成本、时间、数量或服务等竞争指标一方面或几方面的竞争优势。这些竞争优势要求生产运作系统具有创新与生产柔性、质量保证、生产弹性、低生产成本、按期交货等功能目标。根据功能目标的不同，企业需要采取不同的生产类型，如按订单生产或按库存生产。不同的生产类型在对产品的工艺技术要求、对预测的要求、生产组织形式、库存方式、设备、人员等方面表现出不同的特点，这些决定了生产运作系统的基本结构、能力以及生产计划与控制活动的运行机制。所以，生产计划与控制系统规划与设计必须以市场需求为依据，与生产系统的功能目标和生产类型相匹配。

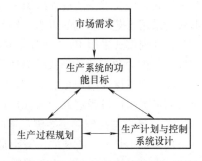

图 14-1 生产计划与控制系统的基本要求

2. 生产计划与控制系统设计和生产过程规划相互依存

图 14-2 揭示了生产系统的整体结构和生产系统设计的整体过程。从系统结构上看，生产系统包括投入子系统、转换过程子系统和产出子系统。从系统设计上看，包括生产计划设计、生产过程规划和生产控制设计。生产过程规划主要包括产品/工艺设计、过程设计、设施布局设计、工作设计等，这些更多地体现为生产系统的物流设计和生产系统的"硬件"结构设

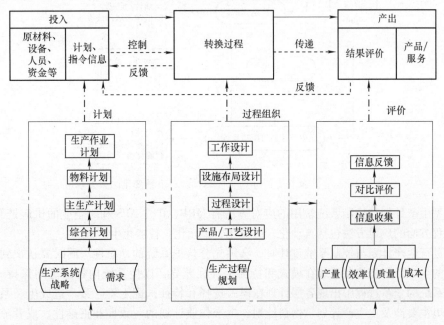

图 14-2 生产系统设计

计，属于结构化要素的设计（见第 2 章）。生产计划设计主要包括对生产系统的计划模式、层次、计划编制方法等的设计。生产控制设计与生产计划设计相辅相成，是在一定的计划模式下，对计划的执行情况如何进行快速、准确的信息收集、反馈、统计分析、实施控制的设计。生产计划与控制系统设计属于生产系统的非结构化要素（软件）的设计。

生产系统的结构化要素与非结构化要素之间相互影响、相互制约。一般来讲，采用不同的生产过程组织形式，就有相对应的生产计划与控制模式与之配套；反之，采用不同的计划与控制模式，也要求生产过程组织形式与之配合。譬如，一个制造型企业，其车间的生产组织形式若采用工艺专业化的班组，则其物料计划模式采用"基于时段"的 MRP 模式较为适合；若其计划模式采用 JIT，则其车间的生产过程组织形式需要调整为"流水线"或"成组生产单元"的对象专业化形式较为适合，相应的库存模式、物流布局等都要做出调整。

因此，为了保证结构化要素和非结构化要素之间的一致性，进行生产计划与控制系统设计时必须考虑生产过程规划，两者是相互依存的关系，共同保证生产系统战略目标的实现。

3. 生产计划与控制系统要满足不断变化与发展的要求

市场需求不是一成不变的，特别是随着企业全球化竞争的加剧，企业面临的市场也在加剧变化，生产系统功能目标也可能随之发生变化，生产计划和控制系统也必须做出相应的调整，以适应这些变化。因此，生产计划与控制系统具有动态性，是随着企业市场变化、生产系统功能目标和生产过程的变化而变化和发展的。图 14-3 描述了企业及其生产计划与控制系统对市场变化的典型响应。

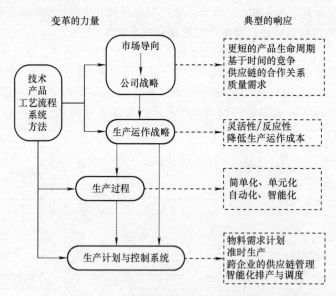

图 14-3 企业及其生产计划与控制系统对市场变化的典型响应

典型生产计划与控制系统常用的应对方法有 MRP、JIT、APS 和跨企业的供应链管理等。生产过程方面的应对方法包括自动化、简单化、单元化、智能化生产等。

在进行生产计划与控制系统设计时，必须充分认识系统的动态性。同时要认识到期望的与现有的生产计划与控制系统在模式和特征上存在差异，以使系统内各层之间保持一致性，避免在系统的变革过程中出现各层计划在模式选择和特征选配上不一致，造成生产系统的混乱。这里主要涉及主生产计划、物料计划、生产作业计划的一致性和正确性。或者随着新理论的发展，可能出现新的生产计划与控制系统的集成模式，如 MRP 与 JIT 之间的结合、转换和集成等。

14.1.3 生产计划与控制系统设计的基本程序

生产计划与控制系统设计的基本程序包括需求分析、架构设计、子模块设计和集成设计（见图14-4）。需求分析是对生产计划与控制系统的各项需求特征进行分析，以便于确定系统的整体目标。架构设计是确定企业生产计划与控制系统的整体模式以及系统的层次、各层完成的任务、各层的计划项目等。子模块设计即各层计划模式的选择，主要包括主生产计划模式的选择、物料计划模式的选择和生产作业计划模式的选择。集成设计是指对计划体系中各层计划进行集成，保证其一致性。

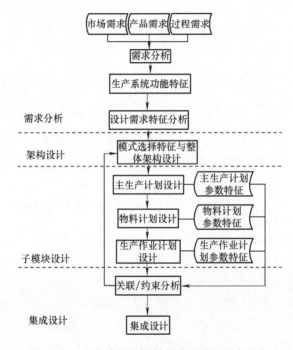

图 14-4　生产计划与控制系统设计的基本程序

14.2　生产计划与控制系统的需求分析和模式选择

14.2.1　生产计划与控制系统的需求分析

表14-1从产品特征、市场需求特征和生产过程特征三个方面分解相应的特征项，展示了一般意义上的需求特征分析框架，供设计过程参照。

表 14-1　生产计划与控制系统的设计需求

特 征 维 度	特 征 项
产品特征	标准化程度
	品种多少
	产品模块化程度（产品组合）
	产品技术变更的频度、产品变更的频度

(续)

特征维度	特征项
市场需求特征	市场需求特征（季节性、离散、稳定、波动等）
	客户承诺（明确交货期强弱）、对订单的关注度
	市场需求量大小
	订单的重复性
	客户的关键需求（目标、任务）（赢得要素）：质量、交付、价格
	市场准入条件（资格要素）：产品交货速度、产品交货可靠性
生产过程特征	批量大小
	工艺的标准化程度
	生产组织形式
	生产成本
	在制品占用量、库存量

　　产品特征反映了产品品种的多少、产品的标准化和模块化程度、产品技术的变更频度等。这些特征对生产计划与控制系统的影响很大，因为产品数据是生产系统的基本数据，整个生产系统的运行就是要保证产品的实现。产品品种多少、标准化程度、变更频度等指标不仅影响企业的生产组织形式，也直接影响生产计划系统某些参数的设定，如产品 BOM 数据的特点，进而影响整个计划系统的运行模式。

　　市场需求特征主要反映市场需求量的大小、波动程度以及目标市场对产品竞争指标的不同关注程度等。这些特征对生产系统提出了更直接的要求，点明了市场竞争的关键要素，对生产计划与控制系统指明了目标和方向。

　　生产过程特征反映了生产过程组织形式的特点。如前所述，生产过程组织形式与生产计划与控制模式是相互影响、相互制约的，一旦生产过程组织形式已定，就应该有相应的生产计划与控制模式与之匹配。

14.2.2 生产计划与控制系统的模式选择

　　行业不同，产品结构和工艺特点不同，生产过程组织形式就各不相同，相应地，生产计划与控制模式也各不相同。但是，从生产计划与控制的精度（时间单位）来看，它与产品的复杂程度、产品的重复性程度等特性之间存在着一定的关系，如图 14-5 所示。

　　在图 14-5 中，用产品品种及零部件数量表示产品的复杂程度，用生产计划与控制的时间单位来表示控制的精度，几种不同生产计划与控制方法分别适应于图表中的不同时点。当产品特性、工艺特性或两者都发生变化时，生产计划与控制系统的重点也会发生变化。例如，当产品的销售量随时间增大时，生产计划与控制系统的重点可能从右向左移动。

　　典型的生产模式分别有项目型生产、MRP、JIT、大批量流水生产、流程型连续生产等。

　　流程型连续生产适用于化工、冶金、食品、石油等生产企业，其各连续生产单元之间几乎没有时间间隔。针对这种生产过程，生产计划与控制系统所关注的是产品在各生产环节的流动速率及其平衡。年度计划和主生产计划非常重要，用于协调销售计划、生产计划、采购计划之间的物料平衡。每周、每日生产计划的物料平衡依靠原材料库存来保证和协调，计划的作用在于协调不同的工艺部门保持一致的速率进行生产。一般来说，这类产品包含的物料数量和层次相对较少。但是在工艺过程中产生的不仅是产品或中间产品，还有协

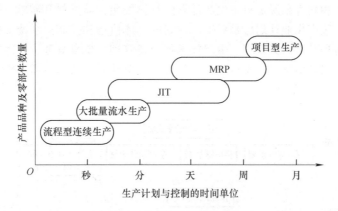

图 14-5 生产计划与控制的精度和生产过程特点之间的关系

品、副产品、回流物、废品等，所以流程型连续生产与离散型生产有很大的不同。生产过程的自动化程度很高，作业层的控制由机器自动完成，车间人员主要从事监视、设备维修等工作。

大批量流水生产主要适用于组装相似产品的企业，如生产汽车、个人计算机、电视机等产品的企业。对这些企业来说，零部件管理是非常重要的，生产过程通过最终产品的流动和装配速率来协调，生产线的节拍通常以分或秒来控制，接近流程型生产。这类企业的物料计划传统上一般采用在制品定额法（参见第7章）。

JIT 的应用范围比较宽，跨越了多种产品和工艺流程。一方面，它适合于重复性的大批量流水生产类型；另一方面，许多多品种、中小批量的生产企业也采用精益制造的方法，力图使生产更具重复性而非独特性，以实现重复生产的运作优势，即更短的生产周期、更短的提前期和更低的库存等。JIT 方法正越来越多地与基于传统的 MRP 系统相集成，其目标是改进生产计划与控制系统的绩效。

大多数企业属于多品种、中小批量的生产类型，零部件较为复杂，MRP 系统是管理复杂零部件情况下生产计划与控制系统的关键组成部分，基于 MRP 的生产计划与控制系统最适合应用于这类企业。

图 14-5 中最后一部分描述了项目型生产，主要适用于具有较长提前期的单件产品的生产，如船舶和一些高度定制化的产品。这种生产过程，成本和时间是相关的，因此关注的通常是时间的管理。项目管理可以根据期望完成的日期和成本，对已完成部分的状况不断地进行评估。项目管理的网络计划技术最适合应用于这类企业。

14.2.3 生产计划与控制系统整体架构及各计划层次的主要特征

生产计划与控制系统的整体架构设计，主要解决的问题有：①生产计划与控制系统的层次；②各层次的主要任务；③各层次计划项目的模式和特点；④各层次之间以及同层次之间，计划项目的关联关系。

图 14-6 展示了一个较完整的生产计划与控制系统的整体架构模型。它包括生产系统战略规划层、综合生产计划层、主生产计划层、物料计划层、生产作业计划层、系统支持层等。生产系统战略规划层是从战略的角度对生产系统进行功能分析，确定企业的竞争优势和战略目标，并进行生产过程规划和生产组织设计等。综合生产计划层与企业的战略目标保持一致，着重于企业行动的整体过程，是连接企业战略规划和具体实施计划的纽带。主生产计划层是生产计划与控制系统中的关键环节，是生产对客户需求的一种承诺，决定了近期所有计划及

制造行为的目标。物料计划层是对主生产计划的具体细化,通过展开需求,确定零部件和原材料的需求计划。生产作业计划层是对生产计划的具体执行和控制。系统支持层主要包括计划与控制系统的各种基础数据管理、生产技术与设备管理、质量管理、人力资源管理等不可缺少的相关内容,以及信息化的支持平台。另外,各个计划层次均有需求管理、库存管理和能力管理的内容。

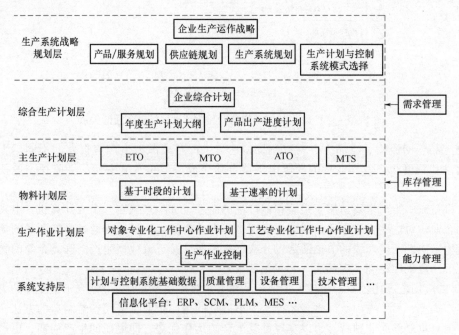

图 14-6　生产计划与控制系统的整体架构

一般来说,不管哪一种生产模式,这些计划层次都是必要的,不同点主要体现在各计划层次的特点和模式上。

对于主生产计划层,根据市场需求的特点,主要有 ETO、MTO、ATO 和 MTS 四种模式。

对于物料计划层,计划的方法很多,如 MRP、JIT、APS、项目管理、在制品定额法等,但是可以将其归纳为两类:基于时段的计划方法和基于速率的计划方法。

对于生产作业计划层,计划方法也很多,如 OPT、周期控制系统、有限能力调度法、标准计划法、投入/产出控制、作业排序等,可以根据生产组织形式将其归纳为对象专业化(如流水线、成组单元)的计划方法、工艺专业化的计划方法两类。

计划体系中各层计划模式如表 14-2 所示。各计划层次在模式选择时应考虑的主要特征如表 14-3 所示。

表 14-2　不同层次生产计划的模式

计划层次	计划模式
主生产计划层	ETO、MTO、ATO、MTS
物料计划层	分时段的计划、基于速率的计划
生产作业计划层	对象专业化、工艺专业化

表 14-3　各计划层次在模式选择时应考虑的主要特征

计划层次	特 征 项
所有层次	计划控制点
	计划对象
	控制的基本单位
主生产计划层	对预测精度要求的高低
	是否使用计划 BOM
	处理设计和工艺不确定性的需求高低
	应对市场需求波动的方法
	生产计划的依据
	客户交货的基本特征
物料计划层	计划是否稳定
	在制品用来辅助计划的程度高低
	更新频率高低
	净库存计算的时间单位
	是否有提前期偏移
	是否需要批量
	是否考虑安全库存/安全提前期
	是否需要考虑容器大小
	物料清单的类型（单层、多层）
生产作业计划层	控制的产品层次的高低
	物流控制的基本规则或方法
	作业排序的规则或方法
	订单跟踪的规则或方法
	监督与反馈的方法
	订单完成的时间
	如何实现交货的可靠性
	批量大小
	在制品与安全库存大小

14.3　主生产计划层可选项分析及模式选择

主生产计划的主要类型包括 MTO、ATO、ETO 和 MTS 等。需要从产品特征、市场需求特征和生产过程特征等方面分析各种不同生产类型主生产计划需求特征，在此基础上对其主要要素进行选择。表 14-4 给出了产品特征、市场需求特征和生产过程特征与主生产计划模式选择之间的关系。

不同生产类型的主生产计划具有不同的特点，这些特点构成了主生产计划的可选项。主生产计划可选项与主生产计划类型之间的关系如表 14-5 所示。

表 14-4　产品特征、市场需求特征和生产过程特征与主生产计划模式选择之间的关系

需求特征		主生产计划方法			
		ETO	MTO	ATO	MTS
产品特征	标准化	用户要求的特殊产品	用户要求的产品/定型产品	标准化产品/按用户要求配置	标准产品
	品种多少	多	→	→	少
	产品模块化程度	低	→	→	高
	变更频度	高	→	→	低
市场需求特征	产品交货速度	通过重叠计划和调度来实现	通过重叠计划来实现	通过减少过程提前期来实现	通过消除过程提前期来实现
	产品交货可靠性	难	→	→	易
	需求特征	不稳定	→	→	稳定
	客户订单承诺	高	→	→	低
	订单赢得要素	交货速度、质量	交货速度、质量	交货速度、质量、成本	质量、成本
	市场需求量	小	→	→	大
	订单重复性	不重复	→	→	重复
生产过程特征	批量大小	单件	小批量	→	大批量
	工艺标准化程度	低	→	→	高
	生产组织形式	工艺原则	工艺原则	成组单元	对象原则
	生产成本	高	→	→	低
	在制品和库存量	在制品多	在制品多	在制品较少	成品库存多

表 14-5　主生产计划可选项与主生产计划类型之间的关系

主生产计划要素	主生产计划方法			
	ETO	MTO	ATO	MTS
计划控制点	积压的订单和订单的各节点进度	最终产品产出	最终产品产出/最终装配前端	预测与实际需求的差异
计划对象	客户订单和各节点工作内容	最终产品/基础零部件、毛坯	最终产品/通用模块、可选模块	产成品
对预测精度的要求	低	→	→	高
是否使用计划BOM	否	是	是	否
处理设计和工艺不确定性的需求	高	→	→	低
应对市场需求波动的方法	调整订单积压/柔性制造系统	调整订单积压/柔性制造系统	调整在制品库存	调整成品库存
计划依据	订单	订单与预测	预测与订单	预测
客户交货的基本特征	准时交货	准时交货	准时交货	备货型制造、补货或按客户发货

14.3.1 ETO 主生产计划

ETO 主生产计划，主要针对根据客户要求进行产品设计并制造的企业，这种企业的产品一般都是较复杂的、大型的专用产品，产量很少或单件，品种很多，生产周期较长。主生产计划一方面要根据产品的交货要求规定产品总装出产的日期；另一方面还要对整个产品生产周期的各个主要节点进行计划控制，如产品设计、毛坯准备、零件加工与外协配套等。主生产计划的对象是用户订单要求的最终产品以及各个主要节点所要求完成的工作内容。各主要节点的工作内容因产品不同而不同，因此计划系统要求必须有较强的项目管理功能予以支持，如将客户订单作为一个项目，采用 WBS 将项目分解到主要节点。在这种情况下，客户订单的交货期和各个主要节点都是主生产计划的控制点。所以，这种按订单设计的生产系统的计划模式也可以用 CPM 加 MRP 来表达，即主生产计划通过 CPM 控制客户订单各主要节点的进度，MRP 则针对各节点进行物料的展开和需求量及进度的计算。

针对客户订单多样化和不稳定的特点，企业可以通过调整客户的订单积压来应对市场需求波动。订单数量是预估物料和能力需求的最重要依据，必须基于订货量以及特定产品的设计、采购与制造等环节的预估进行客户订单承诺分析。在这个过程中，对于关键节点和瓶颈资源的粗能力分析是必需的。由于客户订单的多样化，工艺存在较高的不确定性，产品加工和装配过程差别较大，需要柔性较高的生产制造系统。

14.3.2 MTO 主生产计划

MTO 主生产计划主要针对根据客户订单生产一些标准定型产品的企业。这种企业的产品品种很多、很杂，很难进行最终产品的预测。与 ETO 的类型有点相似，但一般都是标准定型产品，一般不需要新的设计。没有成品库存，接到订单后开始采购、加工和装配等作业。这种类型的企业由于产品是标准或定型的，产品结构的不确定性较少，因此，**主生产计划的主要控制点就是产品的最终装配和产出**。原材料、零部件的采购和加工，可根据稳定的 BOM 由物料需求计划来控制。主生产计划的对象一般就是最终产品。

对于某些依据较少的原材料和零部件种类可以生产出很多最终产品的行业，如钢铁厂，同一种钢牌号的钢坯可以轧制出规格繁多的钢材，这时主生产计划的对象可以是按钢牌号区分的钢坯（相当于 T 形或 V 形产品结构的底层），以减少计划物料的数量，然后再根据订单确定最终产品。

14.3.3 ATO 主生产计划

ATO 主生产计划针对产品设计标准化和模块化程度较高的企业。这种企业所生产的产品既有标准化设计又有特殊设计，一般是通过从一系列标准化通用部件、模块和可选部件中进行选择和组合，来满足客户订单中品种的变化。生产数量在标准化通用部件、模块和可选件层面上是根据预测进行批量或大批量生产的，并有一定的库存。这样，产品的交货时间就缩短为只是产品的装配提前期。这种类型企业的主生产计划的控制点既有最终产品，又有基本的通用部件、模块和可选部件。编制主生产计划时，首先要根据预测和计划 BOM，编制多层的通用件、模块和可选件的计划。一旦收到正式客户订单，就可以编制 FAS 计划安排产品产出计划。

14.3.4 MTS 主生产计划

MTS 主生产计划方法主要针对大批量、标准化产品生产的企业。这种企业产品型号变化很少，往往采用流水型生产制造方法，交货时间和速度是最关键的。根据预测组织生产，并设置成品库存来保证迅速交货和缓冲销售的波动,同时保证生产的稳定性,所以主生产计划对预测的精度依赖程度较高。计划对象就是最终产品,主生产计划的可靠性问题也相对简单,主要是及时识别实际需求与预测的差异并加以修正。

14.4 物料计划层可选项分析及模式选择

物料计划层在我国传统的教材中称为厂级作业计划,是企业的生产计划部门站在"全厂"的角度,将主生产计划确定的成品(整机)生产计划,通过产品BOM分解为部件、零件、毛坯、原材料等物料项目的生产和采购进度计划,并下达到各相应的生产车间、零部件供应商和采购部门。制定物料计划的方法可归纳为两类:基于时段的物料计划和基于速率的物料计划。

对于大量大批生产类型的企业,由于产品品种相对较少,产量很大,生产过程的连续性、重复性较高,一般采用MTS模式。所以物料计划层的任务主要是控制产品及其零部件在各车间之间的流动速度或速率,并以适当的在制品库存作为调节,即可保证各车间之间生产的连续进行。这种生产类型企业的物料计划方法主要有在制品定额法和JIT方法等。

对于多品种成批生产类型的企业,由于产品品种很多,各种产品都成批地轮番、交叉生产,通常采用MTO或ATO模式。这种生产类型企业的物料计划层比较复杂,既要控制各种产品及其零部件在各车间之间在时间上的衔接,也要控制在数量上的衔接。一般采用按时段确定需求量的方法,并通过制定批量、间隔期、生产周期、生产提前期、在制品占用量等期量标准来进行控制。编制计划的方法主要有MRP法、累计编号法等。

近年来,许多多品种成批生产企业,采用丰田公司创立的JIT模式,基于速率来组织生产过程。在产品装配环节采用混流生产,在零部件加工环节运用成组生产单元模式来代替传统的工艺专业化班组,使多品种成批生产企业接近或达到大量大批生产的效率和效益。

对于单件小批生产企业,完全按照订单来组织生产,生产极不稳定,通常是ETO模式。所以物料计划层的工作非常复杂,一般采用基于时段的计划方法来控制产品在各个阶段的需求数量和时间。编制计划的方法有项目管理方法、MRP法等。

表14-6给出了产品特征、市场需求特征和生产过程特征与物料计划模式选择之间的关系。

表14-6 产品特征、市场需求特征和生产过程特征与物料计划模式选择之间的关系

物料计划的影响因素		物料计划方法	
		基于时段的计划方法	基于速率的计划方法
产品特征	标准化程度	客户化	标准
	品种多少	多	少
市场需求特征	周期内各产品批量	小	大
	处理产品组合变化的能力	高要求	有限
	提高产品交货速度	通过计划/超额能力	通过库存
	产品交货计划变更	难	易
生产过程特征	生产过程选择	批量	生产线
	在制品占用量	多	少
	通过间接制造费用降低成本	否	是
	通过能力利用降低成本	是	否

表 14-7 列出了物料计划的可选项及其与物料计划方法之间的关系。

表 14-7 物料计划可选项及其与物料计划方法之间的关系

物料计划要素	物料计划方法	
	基于时段的计划方法	基于速率的计划方法
计划控制点	车间或采购订单	计划清单
控制的基本单位	批量	节拍、看板数、在制品定额
计划对象	基于时段的物料净需求展开的各级物料	基于速率的物料展开的各零部件
计划的稳定性	不稳定	稳定
在制品用以辅助计划的程度	高	低
更新频率	日/周	周/月
净库存计算	是	无
提前期	有	无
批量	有	无
安全库存/安全提前期	需要考虑	无须考虑
容器大小	无须考虑	需要考虑
物料清单	多层	单层

14.4.1 基于时段的计划方法

基于时段的计划方法通常以物料需求计划方法为典型代表。在这种计划方式下，产品各层次物料的分时段计划，是通过物料清单技术将需求展开的，无论是生产订单还是采购订单的建立，都是成批处理的。计划的编制需要一系列制造系统基础数据和生产管理期量标准，包括通过主生产计划和物料清单确定的毛需求量，根据现有库存量和未完成的车间（或采购）订单确定的净需求量、生产提前期、采购提前期以及安全库存、批量规则等（详见第 7 章）。

这种计划方法周期性地（按天或周）更新计划以确定制造和采购的优先顺序，通过良好的计划和调度，可以提高交货的速度。为了保证工作中心（设备）的有效利用，往往保持较高的在制品水平，因此这种计划方法较适用于设备密集型生产企业。而且这种计划方法需要较多的计划人员，处理流程较多。

14.4.2 基于速率的计划方法

基于速率的计划方法通常适用于流程型生产过程。其突出特点是确定各个生产环节的节拍（生产速率），使物料在尽可能短的时间内连续不断地流过整个生产系统。对于特定的零部件，物料计划能够将其分解为以天甚至小时为单位的流动速率。在这种生产方式下，由于产品品种较少，生产批量很大，生产很稳定，物料在同一车间或同一工艺阶段内部采用流水线按一定节拍生产，不产生中间物料。在不同车间或工艺阶段之间，没有时间或期限上的衔接关系，通过设置一定的在制品库存，来调节前后车间或工艺阶段的产量，即可保证生产的连续进行。这种计划方式在处理产品组合变化方面较差，一般通过成品库存来满足客户的交货速度要求。

如前所述，JIT 方法也是基于速率的计划方法，它的突出特点是将流程型生产的模式应用于多品种、小批量生产中，通过混流装配线和成组加工单元来实现。其计划管理的理念也从传统的推式改为拉式，并且不设置专门的产成品、半成品仓库，通过追求整个生产系统平滑、迅速的物料流来实现资金的快速周转和最佳经济效益。JIT 方法是通过生产平准化和看板控制系统完成计划与控制的（详见第 11 章）。

与基于时段的计划方法相比，基于速率的计划方法需要的计划人员和处理流程较少。

14.5　生产作业计划层可选项分析及模式选择

生产作业计划层属于车间内部作业计划的范畴，是企业各车间根据"厂部"下达的物料计划，在确保物料计划规定的各种物料的投入、产出时间和数量的基础上，编制各种物料在车间内部各工作中心（班组）之间和工作中心内部的进度计划。所以车间内部作业计划又分为车间级作业计划和工作中心级作业计划。

根据车间内部工作中心的生产组织方式不同，计划方法可分为对象原则生产单位的作业计划和工艺原则生产单位的作业计划两类。

生产作业计划模式的选择同样与产品特征、市场需求特征和生产过程特征相联系，表 14-8 描述了它们之间的关系。

表 14-8　产品特征、市场需求特征、生产过程特征与生产作业计划模式选择之间的关系

生产作业计划的影响因素		生产作业计划方法	
		工艺原则生产单位的作业计划	对象原则生产单位的作业计划
产品特征	标准化程度	客户化	标准
	品种多少	多	少
市场需求特征	适应需求总量变化	容易/渐进式	难/跳跃式
	适应产品组合变化的能力	高	低
	产品交货速度	调整计划	成品库存
	产品交货计划变更	难	易
生产过程特征	周期内各产品批量	小	大
	生产组织形式	工艺原则"机群"	流水线、成组单元
	通过间接制造费用降低成本	低	高
	通过库存降低成本	低	高
	通过能力利用降低成本	是	否
	组织控制	集中式（基于 MRP）	分散式（基于车间现场）
	在制品	多	少

表 14-9 描述了生产作业计划的可选项及其与两种计划模式之间的关系。

表 14-9　生产作业计划的可选项及其与两种计划模式之间的关系

生产作业计划可选要素	生产作业计划方法	
	工艺原则生产单位的作业计划	对象原则生产单位的作业计划（基于速率/基于时段）
计划控制点	投入、产出时间和工作中心的能力利用	整个生产流动时间/投入、产出时间
控制的基本单位	车间订单	看板卡或容器/车间订单

(续)

生产作业计划可选要素	生产作业计划方法	
	工艺原则生产单位的作业计划	对象原则生产单位的作业计划（基于速率/基于时段）
产品层次	物料在各工作中心之间的进度计划和工作中心内部的作业排序	按需求对下游库存进行补货/工作中心内作业排序
物流控制	按工艺路线和工序提前期	由下游看板拉动或在制品定额/按物料提前期
作业排序	按交货期排序的规则	没有排序问题/工作中心内部作业排序
订单跟踪	按工艺路线（工序）和库存点进行跟踪	无/按工作中心和库存点进行跟踪
监督与反馈	投入/产出分析和车间负荷报告	仅关注总体结果/投入、产出分析和工作中心负荷报告
订单完成	车间订单截止于库存交货	无/车间订单截止于库存交货
交货的可靠性	批次订单报告	通过物流来实现/批次订单报告
在制品与安全库存	大	可以忽略不计/较少

14.5.1 工艺原则生产单位的作业计划

按工艺原则建立的工作中心是由相同工艺设备组成的"机群"。这种生产组织方式适合于多品种、小批量的定制化产品生产，对市场需求的变化具有较好的适应性。这种生产方式的计划系统整体是分时段的。

车间级作业计划要根据各种物料的投入、产出时间、数量和工艺流程，对它们在各工作中心之间的活动进行作业排序，编制进度计划。一般来说，一种零件的工艺过程要经过许多工作中心，需要测算零件在各工作中心的工作量和停留时间（工序周期或工序提前期），而同时有多种零件在车间内各工作中心之间流转，且工艺顺序各不相同。因此，车间级作业计划非常复杂，既要以物料（零件）为对象，安排其在各工作中心之间的进度日程计划，又要以工作中心为对象，安排各工作中心的负荷进度计划。所以，这种生产方式需要有以工作中心为驱动的复杂的车间调度系统做支持。

对于工作中心级作业计划，一般是在车间级作业计划的指导下，根据各种零件的工序交货日期要求和"优先级"，在考虑设备数量和能力的基础上编制工作中心日程进度表，或采用临时派工的方式确定各种零件的加工顺序。

在工艺原则生产方式下，生产作业计划层与物料计划层在编制方法上密切相关，主要有 MRP 和 APS 两种方法。MRP 法在确定物料生产提前期时，考虑到生产作业计划的复杂性，同时给生产作业计划留有足够的余地，在经验统计的基础上，将提前期设为确定值，并以此来计算物料的投入时间。APS 法则是基于 OPT 和约束理论，将物料计划层和生产作业计划层一起考虑，认为提前期不是预先确定值，而是通过车间内部作业优化排序以后的结果值。从合理性上来说，APS 法是比较合理的，但是从操作性上来说，MRP 法较简单易行。采用哪一种方法取决于企业的综合管理水平。

14.5.2 对象原则生产单位的作业计划

按对象原则建立的工作中心，一般有流水线和成组生产单元两种形式。

1. 流水线

流水线适用于产品品种较少、产量较大的大批量生产过程。这种生产组织方式的生产效率很高，并可以使生产提前期很短，但是对产品变化的适应性较差。这种生产方式的车间级作业计划比较简单。因为流水线就是一个工作中心，能够完成物料（零部件）在该车间的全部工艺过程，所以车间级作业计划只需将物料计划下达给流水线的（月、周）计划任务进行分日期和班次的分配即可。对于工作中心级（流水线内部）作业计划，由于流水线在设计的时候就确定了节拍和流水线标准计划（工作指示图标），所以就无须编制进度计划了。在这种生产方式下，增强计划的稳定性显得很有必要。可以采用成品库和缩短生产时间来实现快速交货的目标。通过减少库存和简化车间控制流程，能够在很大程度上削减间接费用和库存成本，为适应价格敏感型的市场需求提供了重要的支持。

2. 成组生产单元

成组生产单元是将多品种、小批量生产按照对象原则建立起来的一种生产组织形式。这里讲的成组生产单元是广义的，包括成组流水线和混流装配线以及狭义的成组生产单元。这种生产组织方式既有流水线生产效率高和生产提前期短的特点，还有较强的适应产品变化的能力。

在这种生产方式下，生产作业计划层与物料计划层在编制方法上也是密切相关的，主要有 MRP 和 JIT 两种模式。

基于 MRP 模式的生产作业计划是基于时段的推式计划，物料计划层按时段直接向工作中心下达带有投入、产出日期的物料进度计划。由于成组生产单元和流水线一样，能够完成零件的全部工艺过程，所以就不需要有车间内工作中心进度计划了。工作中心（成组单元）根据计划期内各种零部件的种数、产量和交货期进行作业排序，编制成组单元内的作业排序计划，并保证按物料需求计划规定的产出日期完工。这种方式与工艺原则的"机群"的不同点是，可大大缩短生产提前期，减少在制品占用量，加速资金的周转。

基于 JIT 模式的生产作业计划是基于速率的拉式系统。主生产计划层汇集一段时间内（月、周）的订单，计算产品品种的构成比例和平均日产量，物料计划层运用 BOM 将产品分解，计算各种物料的需求量、构成比例和平均日产量，并下达给各有关的生产车间和供应商，但不按计划实施生产。真正实施生产的过程是：将主生产计划确定的平均日产量和品种产量比例转化为最终装配计划，下达给最终装配线并实施，装配线上各种物料的需求量和需求时间，运用看板规则向前工序领取，以此类推，一直到原材料（详见第 11 章）。

14.6 生产计划与控制系统的集成设计

14.6.1 生产计划与控制系统的集成模式

生产计划与控制系统的集成设计就是根据市场需求特征、产品特征、生产过程特征，从整体上对生产计划与控制系统各层计划的模式进行选择，以保证主生产计划层、物料计划层和生产作业计划层之间的协调性和一致性。在进行不同层次计划模式的选择过程中，仍然需要站在企业的整体进行分析。首先分析企业在市场需求方面的特点，然后由此确定市场对生产系统的功能要求，即分析生产系统的目标，再确定企业为实现目标所采用的生产过程的特征，最后根据产品/市场需求特征、生产过程特征等来选择不同的计划模式。相关情况如表 14-10 所示。

表 14-10　生产计划与控制系统模式选择过程表

产品特征	市场需求特征	生产过程		计划要素可选项		
		目标/任务	特征	主生产计划	物料计划	生产作业计划
		生产计划模式选择				

如前面所述，企业的产品特征、市场需求特征和生产过程特征的不同，在各计划层次上都形成了若干典型的计划模式，而各计划层次之间在计划模式上存在着一定的逻辑对应关系，如图 14-7 所示。企业在进行生产计划与控制系统的集成设计时，可以参考这些典型的集成模式。图 14-7 中的实线表示一般或通常的对应关系，虚线表示可能的关系。

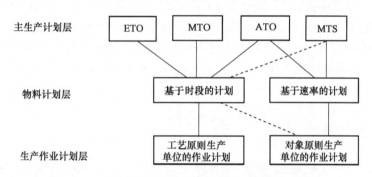

图 14-7　不同特点的生产计划与控制系统的集成模式

14.6.2　基本模式的扩展——MRP 与 JIT 的集成

1. MRP 与 JIT 的比较

MRP 与 JIT 在生产管理的基本思想、生产计划、生产准备与组织要求、生产控制等各方面都有较大的差别，主要表现在以下几方面：

（1）系统模式方面。MRP 是由计划驱动的推式系统，各种物料的采购和生产均按照计划的要求开始和结束，完工后入库。JIT 为拉式系统，只给最终装配线下达计划指令，所有物料根据需要向前工序取料。

（2）追求目标方面。MRP 追求预测的准确、资源的有效利用和合理库存。而 JIT 追求"准时"和零库存，杜绝浪费，并希望通过持续改善在各方面做到尽善尽美，加快流通率。

（3）计划与控制方面。MRP 注重企业资源的合理利用及企业生产的主导作用，计划与控制相分离，控制滞后于计划。JIT 按需准时适量生产，保证生产的同步化和均衡化，计划与控制结为一体，具有较好的控制效果。

（4）管理方式与改进策略方面。MRP 以信息系统为基础，采用集权式的信息管理，通过问题的被动暴露，经过"加工→问题堆积→解决问题→加工"的循环过程完成改进。而 JIT 以经营环境为基础，采用分权式的自主管理，通过库存的降低来探索问题的根源，通过"降低库存→暴露问题→解决问题→降低库存"的循环完成持续改进。

（5）订单处理方面。MRP 系统产出的数量与实际需求的数量往往不一致，无法提供准确的订单交货服务信息，不能很好地处理订单选择和执行客户的订单驱动。而 JIT 系统产出的数量与实际需要量是一致的,可以严格保证交货服务的水平。

(6) 物料及采购方面。MRP 详细安排各个零部件的物料投放计划,采购与供应系统根据下达的物料需求指令,在保证供应的同时以较低的费用进行采购。而 JIT 采用看板控制各个工序具体的物料投放时间、地点、数量等,在需要的时间、地点投放适量的物料,将物料的采购和供应看作生产链的延伸部分。

(7) 生产能力方面。MRP 提供能力需求计划,对生产能力进行平衡,追求生产能力的有效利用,重视设备的利用率。而 JIT 以密切协作的方式保持需求的适当稳定,通过柔性的生产设备来保证生产能力的相对平衡,不追求设备的利用率最高。

(8) 库存方面。MRP 一般设有多级库存,强调对库存管理的明细化、准确化,通过存有一定的库存量来应对需求预测不准、生产中断、生产延期等问题。而 JIT 认为库存是一种浪费,按需准时适量生产,生产过程中一般不设在制品库存,前道工序按被取走零部件的数量组织生产进行物料补充。

2. MRP 与 JIT 集成的必要性

作为两种不同的计划模式,MRP 与 JIT 都拥有自己的优点和不足。MRP 是一种很好的计划工具,但在控制方面却效果不佳;JIT 是一种很好的控制手段,但在计划方面却功能不强。MRP 集中式的信息管理方法便于制造系统中的 CAD/CAM 和自动化加工中心实现信息集成,因而在 CIMS 中采用 MRP 作为生产与物料的计划系统是非常适宜的。另外,JIT 的优点还在于缩短提前期和制造周期,消除一切无效劳动与浪费。所以,将 JIT 管理哲理运用于 MRP 系统的各构成要素中,包括主生产计划、物料需求计划、生产作业计划等,实现 MRP 与 JIT 的集成,必定产生更好的整体效益。

3. MRP 与 JIT 集成应用

MRP 和 JIT 的结合方式最终取决于它们各自的优缺点能否实现互补。MRP 的目的是保证系统中有足够的零件,以便它们可以在需要的时候准时到达指定的工序。因此,企业可以先用 MRP 控制物料供应,再由 JIT 拉式系统来控制生产过程。计划人员首先通过 MRP 技术分解主生产计划,制订出物料需求计划,然后在实际物料需求出现时,通过看板通知各个供应商,以实现物料的 JIT 交货。物料进入工厂之后,它们的流动由工序之间的看板回路控制。图 14-8 所示为 MRP 与 JIT 的集成示意图。

对于该集成的系统,主要存在三个层次的计划与控制:

(1) 主生产计划与最终装配计划。主生产计划汇集一段时间内(按主生产计划期)的订单,按时区和时段进行粗能力平衡。将第一时区的主生产计划以日为单位转化为最终装配计划。

(2) 物料需求计划。根据主生产计划生成各种物料的物料需求计划,但系统并不据此下达生产任务,而是根据最终装配计划给总装车间下达生产指令。为了使生产设备结合得更加紧密,物流流动速度更快,避免出错,能力与负荷要精确匹配。

(3) 生产作业计划。生产由每日最终装配计划驱动,提前期很短,零件从开始加工到完工的时间也较短,从而使车间层控制变得很简单。采用 JIT 的拉动式生产控制方式,根据主生产计划和最终装配计划制订的日产计划或单位时间产出率,从最后总装开始,通过看板由后道工序向前道工序发出"拉"的信号,并进行组织生产。

图 14-8 也反映了零部件供应商在整个系统中的地位和作用。JIT 要求准时和消除浪费,除了消除在制品库存和成品库存之外,还要消除原材料和外购件的库存,这不仅取决于企业内部,还取决于供应厂家。为了避免传统库存管理模式的缺陷,实现准时供应,可采用供应商管理库存的模式进行库存管理。供应商管理库存(Vendor Managed Inventory,VMI)是一种

在供应链环境下运作的库存管理模式，它是客户和供应商之间的合作性策略，在一个双方协定的目标框架下由供应商来管理库存。库存地往往靠近制造企业所在地，由供应商供应原材料或零部件，存货成本由供应商承担。这种模式也被称为 JIT Ⅱ。图 14-8 中还表示了有可能运用第三方物流的情况。

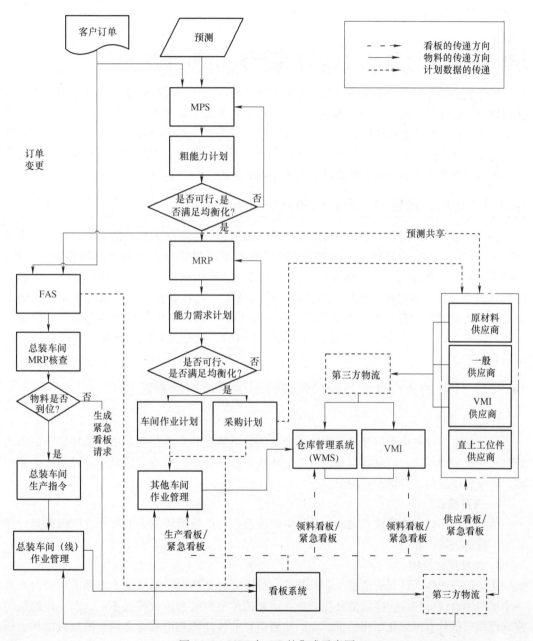

图 14-8　MRP 与 JIT 的集成示意图

供应商与制造商的 VMI 运作模式十分典型。一般来讲，采用这种模式的制造商生产规模比较大，制造商的生产一般比较稳定，即每天对零配件或原材料的需求量变化不大；要求供应商每次供货数量比较小，一般满足 1 天的零配件，有的甚至是几个小时；供货频率要求较高，有时甚至要求 1 天 2~3 次的供货频率；为了保持连续生产，一般不允许发生缺货现象，即服务水平要求达到99%以上。由于这种模式中的制造商必定有几十家甚至上百家的供应商为其供应零配件或原材料，让每一个供应商都要在制造商的附近建立仓库显然是不经济的。因此，有些制造商在自己的厂房旁边建立了一些小库房，然后将它们出租给供应商，以便供应商管理库存，并能起到配送的缓冲作用，方便信息交换和快速供应，更好地应对突发问题。

14.7 面向供应链的生产计划与控制系统

当今社会没有哪个企业能独立存在。真正高效的生产计划与控制系统必须与企业的供应链相融合，实现跨企业边界的协作。有关供应链及其管理的基本概念在本书第2章中已做了介绍。生产计划与控制系统的设计不是一成不变的，需要不断地改进，也需要在面对企业环境、战略、客户需求、特殊问题和新的供应链机遇时做出响应。本节内容主要讨论如何将生产计划与控制系统从企业内部集成转变为企业间的集成。

14.7.1 面向供应链的生产计划的目的和要求

供应链是一个跨越多厂家、多部门的网络化组织，一个有效的供应链企业计划系统必须保证企业能快速响应市场需求。有效的供应链计划系统集成企业所有的计划和决策业务，包括需求预测、库存计划、资源配置、设备管理、渠道优化、生产作业计划、物料需求与采购计划等。作为供应链的整体，以核心企业为龙头，把各个参与供应链的企业有效地组织起来，优化整个供应链的资源，以最低的成本和最快的速度生产最好的产品，最快地满足用户需求，以达到快速响应市场和用户需求的目的，这是面向供应链的生产计划的最根本的目的和要求。

14.7.2 传统的生产计划与面向供应链的生产计划的差别

1. 决策信息来源

传统的生产计划决策信息来源于单体企业的需求信息和资源信息。供应链环境下的需求信息和企业资源不同，信息多源化是供应链环境下生产计划的特点，信息不仅仅来自企业内部，还来自供应商、分销商和用户。

2. 决策模式

传统的生产计划决策模式更多的是集中式决策，而供应链环境下的计划决策模式是分布式的、群体决策过程。

3. 信息反馈机制

传统的企业生产计划的信息反馈机制是一种链式反馈机制，是从企业内部一个部门到另一个部门的直线形传递。供应链环境下企业信息的传递模式和传统模式不同，多主体的组织模式使供应链具有网络化结构特征，生产计划信息的传递不是沿着企业内部的层级结构，而是沿着供应链的不同节点方向（网络结构）传递。

4. 计划环境

传统计划由于在企业内部，其环境相对稳定可控，供应链环境下的生产计划是在不稳定的环境下进行的，因此要求生产计划与控制系统具有更高的柔性和敏捷性。生产商必须具有面对不确定性事件不断修正计划的能力，整个供应链的加工过程、数据、信息系统和通信基础设施要实现无缝链接实时运作，最终实现供应链的同步计划。

14.7.3 供应链环境下的生产计划与控制的特点

1. 具有纵向和横向的信息集成

纵向是指供应链由下游向上游的信息集成,而横向是指生产相同或类似产品的企业之间的信息共享(见图14-9)。在计划编制过程中,上游企业的生产能力信息在生产计划的能力分析中独立发挥作用,通过在主生产计划和投入产出计划中分别进行能力平衡,上游企业承接订单的能力和意愿都反映到下游企业的生产计划中,同时上游企业的生产进度信息也和下游企业的生产进度信息一起作为滚动编制计划的依据,其目的在于保持上、下游企业间生产活动的同步。

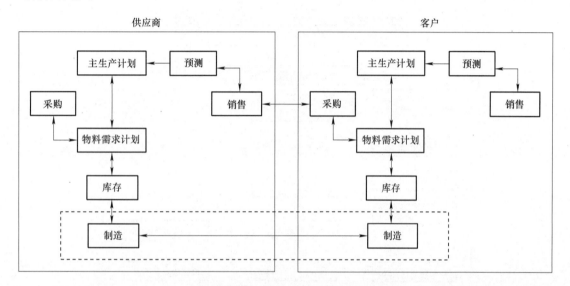

图14-9 上下游企业之间的交互过程

2. 丰富了能力平衡在计划中的作用

在传统的计划编制过程中,能力平衡是分析生产任务和生产能力之间差距的手段,根据能力平衡的结果进行计划修正。在供应链环境下制订生产计划的过程中,能力平衡发挥了更加宽泛的作用:

(1)为修正主生产计划和投入产出计划提供依据,这是能力平衡的传统作用。

(2)能力平衡是进行外包决策和零部件外购的决策依据。

(3)在主生产计划和投入产出计划中所使用的上游企业能力数据,反映了其在合作中所愿意承担的生产负荷,可以为供应链管理的高效运作提供保证。

(4)在信息技术支持下,对本企业和上游企业的能力状态的实时更新可以使生产计划具有较高的可行性。

3. 计划的能力平衡过程突破了企业的限制

从整个供应商企业的生产能力平衡来分配作业资源和任务安排,保证各个节点企业计划之间的同步性。

4. 实现整个供应链的库存和在制品控制

供应链管理模式下,通过JIT准时采购、VMI、JML、CPFR等供应链库存控制模式,在整个供应链各级节点企业之间综合地管理库存和在制品。实施多级、多点、多方管理库存的策略,对提高供应链环境下的库存管理水平、降低制造成本有重要意义。

14.7.4 供应链环境下的生产计划与控制模型

1. 模型特点

供应链环境下的生产计划是基于业务外包和资源外用的生产决策战略,它使得生产计划与控制系统更适应以顾客需求为导向的多变的市场环境的需求;通过产品能力和成本的核算做到事前的计算和分析,真正起到成本计划与控制的作用,同时也以计算的结果来进行自制外包决策和合作伙伴的选择,体现供应链理论的科学性;还可以看到在供应链环境下,对于信息沟通与共享的重视,建立供应链信息集成平台,及时反馈生产进度数据是保证供应链各企业同步运营的基础,如图14-10所示。

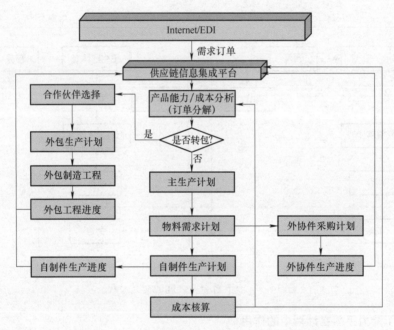

图 14-10 供应链环境下生产计划与控制系统

2. 面向订单的分布式协同生产作业控制模式

与企业内部的作业指令控制方式不同,供应链上不同企业之间的纽带是"订单",企业内部及企业之间的一切经营活动都是围绕订单运行的,通过订单驱动其他企业的活动,如采购部门围绕采购订单活动,制造部门围绕生产订单运作,这是供应链的订单驱动原理。

订单在控制过程中主要起到以下几方面的作用:对整个供应链过程进行监督和协调;规划一个订单的计划完成时间和完成工作量指标;对订单对象的运行状态进行跟踪监控;分析订单完成情况,与计划进行比较分析;根据需求变化和订单完成情况提出改进措施。

供应链环境下这种面向订单的分布式协同作业控制方式,最主要的特点就是信息的相互沟通和共享。建立供应链信息集成平台,及时反馈进度数据,修正生产计划,以保证供应链各企业的同步执行。

习 题

1. 哪些需求特征会对生产计划与控制系统设计产生重大影响?
2. 有些观点认为,JIT模式要优于MRP模式,你如何看待这种观点?
3. 亨利·福特曾说:"只生产黑色车。"而今天的汽车实际上有上百万种的最终组合。对生产计划与控制系统设计来说，市场需求的变化意味着什么？

4. 某公司的需求特征如表 14-11 所示，请据此选择该公司生产计划与控制系统的计划模式。

表 14-11 某公司的需求特征

特征维度	特 征 项	特 征 值
产品特征	标准化程度	客户化产品
	品种多少	品种很多
	产品模块化程度（产品组合）	产品实现了一定程度的模块化
	产品技术变更的频度、产品变更的频度	在新产品投产后，未来重复订单
市场需求特征	市场需求特征（季节性、离散、稳定、波动等）	较稳定的市场需求
	客户承诺（明确交货期强弱）、对订单的关注度	按客户制造的特殊说明
	市场需求量大小	市场需求量较大
	订单的重复性	重复性订单
	客户的关键需求（目标、任务）（赢得要素）	设计能力、交货速度
	市场准入条件（资格要素）	交货可靠、质量高、价格较低
生产过程特征	批量大小	批量小
	工艺的标准化程度	按设计说明和质量标准制造，工艺不确定
	生产组织形式	—
	生产成本	生产成本：人力成本占60%；通过成本预算来控制实际成本
	在制品占用量、库存量	—

拓展训练

整理汇总前面各章的拓展训练成果资料，经过分析与提炼，形成一个较完整的综合分析报告。

参考文献

[1] 姜方桃，陈长彬. 供应链管理实务 [M]. 武汉：武汉理工大学出版社，2007.
[2] 李令遐. 建立具有竞争力的供应链：供应链管理理论与方法 [M]. 张根林，译. 北京：中国水利水电出版社，2005.
[3] 刘国宁，章银武. 经济管理新词汇解读与应用 [M]. 北京：中国言实出版社，2004.
[4] 孙宏岭，王焰. 一体化的供应链：战略、设计与管理 [M]. 北京：中国物资出版社，2002.
[5] 沃尔曼，贝里，怀巴克，等. 制造计划与控制：基于供应链环境 [M]. 韩玉启，陈杰，袁小华，等译. 北京：中国人民大学出版社，2008.
[6] 张阿娟. 一体化供应链管理 [M]. 上海：立信会计出版社，2006.
[7] 张强. 现代物流管理 [M]. 北京：北京理工大学出版社，2006.
[8] 赵继新，阎子刚. 供应链管理 [M]. 北京：机械工业出版社，2017.